D1726317

Roland Berger-Reihe:
Strategisches Management für Konsumgüterindustrie und -handel
Reihenherausgeber: A. W. Bauer · G. Hausruckinger · R. Schütte

Springer

Berlin
Heidelberg
New York
Hongkong
London
Mailand
Paris
Tokio

Reinhard Schütte
Oliver Vering

Erfolgreiche Geschäftsprozesse durch standardisierte Warenwirtschaftssysteme

Marktanalyse, Produktübersicht,
Auswahlprozess

Mit 123 Abbildungen
und 18 Tabellen

 Springer

Dr. Reinhard Schütte
Dohle Handelsgruppe Service GmbH & Co KG
Alte Lohmarer Straße 59
53721 Siegburg
rschuette@dohle.com

Dr. Oliver Vering
Prof. Becker GmbH
Lütke Berg 4–6
48341 Altenberge
olve@prof-becker.de

ISBN 3-540-00536-6 Springer-Verlag Berlin Heidelberg New York

Bibliografische Information Der Deutschen Bibliothek
Die Deutsche Bibliothek verzeichnet diese Publikation in der Deutschen Nationalbibliografie;
detaillierte bibliografische Daten sind im Internet über *http://dnb.ddb.de* abrufbar.

Springer-Verlag ist ein Unternehmen von Springer Science+Business Media
springer.de

© Springer-Verlag Berlin Heidelberg 2004
Printed in Germany

Einbandgestaltung: de'blik, Berlin
SPIN 10914366   42/3130 – 5 4 3 2 1 0 – Gedruckt auf säurefreiem Papier

„Strategisches Management für Konsumgüterindustrie und -handel"

Auch vier Jahre nach Erscheinen der Erstauflage hat sich in deutschen Handelsunternehmen vielerorts der Status bei Warenwirtschaftssystemen verändert. Allerdings sind noch immer die meisten Unternehmen durch den Einsatz von veralteten Systemen in ihrer Effizienz und Fortentwicklung gehindert. Somit ist auch heute noch die Auswahl und Einführung eines Warenwirtschaftssystems die wichtigste strategische Fragestellung eines Handelsunternehmens. Der Trend zu Standardsystemen ist ungebrochen, auch wenn viele Entscheidungsträger einige Systeme als Standard verstehen, obgleich dies strenggenommen nur wenige Systeme sind. Dabei dürfte der Zusammenhang zwischen Informationstechnologie und organisatorischer und strategischer Flexibilität unverkennbar sein, auch wenn einseitig technikzentrierte Entscheidungsträger in den IT-Abteilungen den Zusammenhang von Informationstechnologie, Organisation und Strategie noch immer nicht richtig handhaben. Das Management, welches sich dieser Interdependenzen nicht bewusst ist, geht unnötige Risiken für das Unternehmen ein. Damit die erforderliche Flexibilität der Systeme für die individuelle betriebliche Situation gegeben ist, sollte bei der Auswahlentscheidung auch auf das zukünftige Unterstützungspotenzial der Warenwirtschaftssysteme sowie die Integration der diversen Systeme (Finanzbuchhaltung, Personalwesen, Supply Chain etc.) geachtet werden.

Das vorliegende Buch, welches in der zweiten Auflage erscheint, setzt den erfolgreichen Weg der bereits nach kurzer Zeit vergriffenen Erstauflage fort. Es ist ein Buch mit enormer Praxiskenntnis. Die wichtigsten Funktionen der Handelspraxis, zu deren Unterstützung Warenwirtschaftssysteme erforderlich sind, werden beschrieben. Darauf aufbauend werden mehr als 60 Warenwirtschaftssysteme hinsichtlich ihrer funktionalen Ausgestaltung analysiert. Es werden nur solche Systeme untersucht, die für sich in Anspruch nehmen, Standardsoftware darzustellen. Eine umfassende Untersuchung über verfügbare Warenwirtschaftssysteme wird vorgestellt und anhand eines praxiserprobten Vorgehensmodells zur Softwareauswahl schildern die Autoren, welche Teilschritte die Entscheidungsträger in den Unternehmen zu beachten haben, welche Probleme bestehen und wie die vorliegende Untersuchung zur Reduzierung der mit dem Auswahlprozess verbundenen Aufwendungen beitragen kann.

Andreas Bauer
Gerhard Hausruckinger
Reinhard Schütte

Vorwort zur 2. Auflage

Nachdem das Buch nach kurzer Zeit bereits vergriffen war, wurde uns der hohe Bedarf nach Unterstützungsleistung von objektiver Seite beim Softwareauswahlprozess noch einmal in besonderer Art bewusst. Daher haben wir uns dazu entschlossen, die Analysen dauerhaft fortzusetzen und einen kompetenten Partner zu finden, der die elektronische Auswertungsmöglichkeiten für derartige Aufgaben ermöglicht. Mit der Trovarit AG haben wir einen solchen Partner gefunden, der die in diesem Buch erarbeiteten Struktur nutzt, um mit dem IT-Matchmaker (vgl. Abschnitt 2.5.2) ein Tool zur Unterstützung des Auswahlprozesses zu gewährleisten.

Grundsätzlich besitzt ein Warenwirtschaftssystem innerhalb eines Handelsunternehmens überragende Bedeutung, da effiziente Geschäftsprozesse ohne dieses Softwaresystem nicht mehr denkbar sind. Zudem eröffnen informationstechnologische Entwicklungen die Ausdehnung der „klassischen" Warenwirtschaft. Herausforderungen des Change Management oder Business Engineering sind heute ebenso wenig wie die Anforderungen zwischenbetrieblicher Kooperationsvorhaben (Efficient Consumer Response) oder die Internet-Ökonomie (Electronic Procurement, Electronic Purchasing, usw.) ohne Informationstechnologie zu bewältigen. Insbesondere die seit der Erstauflage realisierte Integration von Filial- und Zentralwarenwirtschaftssystemen in einem System, verbunden über das Internet, bilden einen Meilenstein in der Entwicklung geschlossener Warenwirtschaftssysteme. Verbunden mit automatischen Dispositionssystemen steht der Handel nun vor neuen Herausforderungen.

Neben der Bedeutung von Warenwirtschaftssystemen für die Wettbewerbsstrategie belegen auch die Höhe der Investitionen sowie die nachhaltige Erfolgswirksamkeit von Warenwirtschaftssystemen, wie wichtig das „richtige" Warenwirtschaftssystem ist. Für die Auswahl des richtigen Warenwirtschaftssystems sind die Fragen zu beantworten, *wie bei der Auswahl von standardisierten Warenwirtschaftssystemen vorzugehen ist, welche Alternativen am Markt verfügbar sind und welche Eigenschaften die aktuellen Systeme besitzen. Das vorliegende Buch versucht, auf diese drei Fragen adäquate Antworten zu geben.*

Die Idee zu diesem Buch ist während eines der vielen Softwareauswahlprojekte entstanden, die von den Autoren durchgeführt wurden. Die fehlenden Kenntnisse der eigenen Anforderungen in den Unternehmen sowie die mangelnde Transparenz über Systemalternativen führten zu zeitaufwendigen Analyse- und Selektionsprozessen. Diese Situation wurde von den Verfassern als problematisch empfunden, schließlich

sollten Handelsunternehmen die wichtige Entscheidung für ein Warenwirtschaftssystem effizient und effektiv treffen.

Im vorliegenden Buch wird, aufbauend auf einer Skizze aktueller strategischer
Tendenzen, untersucht, wie bei der Auswahl von Standardsystemen vorgegangen
werden kann. Die Vorgehensweise wurde in der Praxis mehrfach erprobt und wird
anhand einer durchgängigen Mini-Fallstudie praxisnah verdeutlicht.

Den größten Umfang des Buches nimmt eine Marktstudie über das Leistungs-
potential der am Markt verfügbaren Warenwirtschaftssysteme ein. Dabei wurde
besonderer Wert auf die Formulierung von Anforderungen gelegt, damit der -
betriebswirtschaftliche - Aufgabenumfang moderner Anwendungssysteme deutlich
wird. Den State-of-the-Art-Anforderungen wird die Leistungsfähigkeit der Systeme
gegenübergestellt. Die Erfüllungsgrade der einzelnen Systeme können übersichtlichen Tabellen entnommen werden. Die Verfasser haben bewusst darauf verzichtet,
sämtliche Eigenschaften der Systeme, die aus den Tabellen hervorgehen, textuell zu
diskutieren. Statt dessen werden Eigenschaften von Systemen beschrieben, wenn sie
besonders interessante Lösungen darstellen.

Die Autoren möchten mit dem vorliegenden Buch nicht den Eindruck erwecken, dass
sie sämtliche für die Auswahl eines Warenwirtschaftssystems erforderlichen Kriterien skizziert haben. Die Auswahl der angemessenen Softwarelösung kann immer nur
unternehmensspezifisch erfolgen. Allerdings werden mit ca. 230 Kriterien und 1.000
Merkmalen Referenzanforderungen formuliert. Mit diesem Umfang ist die vorliegende Studie die neueste und zugleich umfangreichste Untersuchung von Warenwirtschaftssystemen im deutschsprachigen Raum. Das Buch wurde von den Autoren vor
allem für folgende Nutzungszwecke konzipiert:

- Es besteht aktuell ein Auswahlproblem, so dass Systeme miteinander verglichen
  werden müssen.
- Es werden Informationen über den Auswahlprozess benötigt.
- Es wird ein State-of-the-Art moderner Warenwirtschaftssysteme gesucht, um
  beispielsweise Verbesserungsmöglichkeiten der eigenen Prozesse und Systeme
  identifizieren zu können (Unternehmen, Berater und Softwarehersteller).

Für die genannten Zwecke bietet das Buch, ergänzt um die im World Wide Web
bereitgestellte Datei, vielfältige Instrumente, die eine effiziente Realisierung der
genannten Zwecke ermöglichen.

Abschließend möchten die Autoren Herrn Dr. Hausruckinger und Herrn Bauer für
die Unterstützung bei der Aufnahme des Buches in die Roland Berger & Partner-
Reihe „Strategisches Management für Konsumgüterindustrie und -handel" danken.

Reinhard Schütte
Oliver Vering

Inhaltsverzeichnis

Abbildungsverzeichnis

Tabellenverzeichnis

Tabellen mit Systemmerkmalen

Abkürzungsverzeichnis

ADS	RUEFACH-Artikeldatenservice
APS	Advanced Planning and Scheduling
bbn	bundeseinheitliche Betriebsnummer
CCG	Centrale für Coorganisation
ChemG	Chemikaliengesetz
CISC	Complex Instruction Set Computer
CM	Category Management
CPFR	Collaborative Planning, Forecasting and Replenishment
CPM	Commercial Processing Workload
CRM	Customer Relationship Management
CTI	Computer Telephony Integration
DEL	Drahtbarren-Elektrolytkupfer
DMS	Dokumentenmanagementsystem
DSD	Duales System Deutschland
DV	Datenverarbeitung
EAN	Europäische Artikelnummer
EC	Electronic Commerce
ECR	Efficient Consumer Response
EDI	Electronic Data Interchange
EDIFACT	Electronic Data Interchange for Admininstration, Commerce and Transport
EH	Einzelhandel
EK	Einkauf
EPK	Ereignisgesteuerte Prozesskette
ERP	Enterprise Resource Planning
EStG	Einkommensteuergesetz
EU	European Union
FWWS	Filialwarenwirtschaftssystem
GAEB	Gemeinsamer Ausschuss Elektronik im Bauwesen
GefahrG	Gefahrgutgesetz
GefStoffV	Gefahrstoffverordnung
GB	Gigabyte
GH	Großhandel
GLD	Gleitender Durchschnitt

GoB	Grundsätze ordnungsmäßiger Buchführung
GoM	Grundsätze ordnungsmäßiger Modellierung
GUI	Graphical User Interface (grafische Benutzerschnittstelle)
HGB	Handelsgesetzbuch
ILN	Internationale Lokationsnummer (International Location Number)
ISBN	International Standard Book Number
ISDN	Integrated Services Digital Network
IT	Informationstechnologie
IV	Informationsverarbeitung
KMU	kleine und mittelständische Unternehmen
KTG	Kabeltrommel Gesellschaft
LGK	Lagerklasse
LTS	Lieferantenteilsortiment
MBS	Microsoft Business Solutions
MDE	Mobiles Datenerfassungsgerät
MHD	Mindest-Haltbarkeitsdatum
MRP	Material Requirements Planning
MRP II	Manufacturing Resource Planning
MTV	Mehrwegtransportverpackung
NC	Network Computer
PC	Personal Computer
PLU	Price Look up
POS	Point Of Sale
RCG	Raiffeisen Central-Genossenschaft
RWZ	Raiffeisen Warenzentrale
SB-	Selbstbedienungs-
SCM	Supply Chain Management
SFA	Sales Force Automation
SSW	Standardsoftware
TB	Terabyte
THM	Transporthilfsmittel
VIS	Vertriebsinformationssystem
VK	Verkauf
VRML	Virtual Reality Markup Language
WGR	Warengruppe
WHG	Wasserhaushaltsgesetz
WWS	Warenwirtschaftssystem
WWW	World Wide Web

1 Unternehmens- und Informationsstrategie

1.1 Anforderungen an die Unternehmensstrategie

Der institutionelle Handel steht vor tiefgreifenden Veränderungen. Diese plakative Aussage wird von vielen Experten aus Theorie und Praxis geteilt, sie hat insbesondere durch die Erfahrungen in 2003 und das weiterhin ungebremste Wachstum der Discounter – auch auf der Großfläche – an Dramatik gewonnen. Für den in der Unternehmung beschäftigten Manager oder den selbständigen Händler stellt sich jedoch die Frage, was sich in Zukunft ändert und wie die Unternehmensstrategie angepasst werden sollte.

Eine Unternehmensstrategie wird verstanden als Kombination von Handlungsmustern und Zielen, die vom Unternehmen angestrebt werden.[1] Die bekanntesten Unternehmensstrategien sind die Kostenführerschaft, die Produktdifferenzierung und die Nischenstrategie von PORTER[2] sowie die Zeitführerschaft.[3]

Während Wettbewerbsstrategien die grundlegende Ausrichtung des Unternehmens fixieren, existieren eine Vielzahl derivativer Strategien, die zur Erreichung der Wettbewerbsstrategie erforderlich sind, wie beispielsweise die Finanzierungs- oder die Personalstrategie.[4] Das vorliegende Buch fokussiert auf einen in der Strategielehre wenig beachteten Strategietypus, der hier als Informationsstrategie bezeichnet wird. Unter einer Informationsstrategie[5] werden Handlungsbündel verstanden, die die für die Wettbewerbsstrategie erforderlichen Informationssysteme bereitstellen. Die Informationsstrategie setzt sich aus Komponenten zusammen, beispielsweise gehören die Gestaltung der Hardware- oder der Softwarearchitektur dazu. Die Informationsstrategie wird für die konkrete Ausgestaltung der Wettbewerbsstrategie immer wichtiger, da sie Gestaltungsspielräume erweitern oder begrenzen kann.

---

[1] Vgl. Porter (1980), S. XVI. Zum Strategiebegriff vgl. auch Mintzberg (1995), S. 29 ff.; Corsten (1998), S. 3 ff.; Schreyögg (1995), S. 18 f.

[2] Vgl. Porter (1980), S. 35 ff., der den Terminus Wettbewerbsstrategie verwendet. Die Wettbewerbsstrategie kann als Unternehmensstrategie für Geschäftsfelder verstanden werden, bei denen Wettbewerbsvorteile erzielt werden sollen.

[3] Vgl. Pfähler, Wiese (1998), S. 15, S. 21.

[4] Corsten (1998), S. 5 ff., bezeichnet die genannten Strategien als Funktionalstrategien. Zu einer Auflistung und Typisierung von Strategien vgl. ebenda, S. 5-11.

[5] Vgl. auch Krüger, Pfeiffer (1991), S. 21 ff. An Stelle des Terminus Informationssystem-Strategie wird auch von Informatik-Strategie gesprochen, vgl. Heinrich (1996b), S. 112.

Die Wettbewerbsstrategie eines Handelsunternehmens, und damit auch die Informationsstrategie,[6] ist abhängig von vielen Einflussfaktoren, die in Anlehnung an das PORTERsche Modell der fünf Wettbewerbskräfte (Kunden, Lieferanten, aktuelle Wettbewerber, zukünftige Wettbewerber, Substitutionsleistungen), ergänzt um allgemeine Rahmenbedingungen, untersucht werden sollen. Die Verfasser unternehmen dabei nicht den Versuch einer umfassenden Analyse sämtlicher Faktoren. Sie konzentrieren sich vielmehr auf die für wesentlich erachteten Umweltentwicklungen. Einen Überblick über die zu diskutierenden Einflussfaktoren auf die Unternehmensstrategie gibt Abbildung 1.

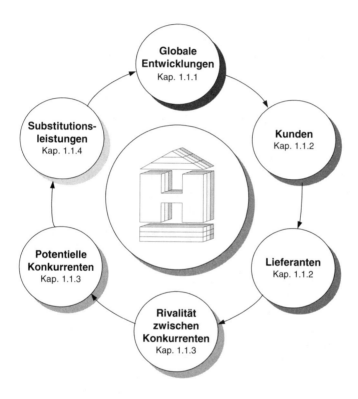

Abbildung 1: Einflussfaktoren auf die Strategieentwicklung[7]

---

[6]   Die Auffassung einer Informationsstrategie geht davon aus, dass die Wettbewerbsstrategie bereits die Rolle der Information für die Unternehmung beachtet hat. Zur Bedeutung der Informationsstrategie für die Wettbewerbsstrategie vgl. Krüger, Pfeiffer (1991), S. 25 ff.

[7]   Vgl. auch Schreyögg (1998), S. 341.

1.1.1 Globale Veränderungen in den Industrieländern

Bei den zu skizzierenden globalen Veränderungen handelt es sich um „sichere" Prognosen, das heisst die Trends sind aktuell schon sichtbar, allerdings ist die Nachhaltigkeit der Trends noch unsicher. Von den Entwicklungen, die für den Handel eine hohe Bedeutung besitzen, sollen vier herausgegriffen werden, denen für die strategische Ausrichtung der Handelsunternehmen besondere Bedeutung zukommt:[8]

- Die *sinkenden Geburtsraten*, die zwischen 0,8 (Italien) und 1,5 (Nordeuropa) Kindern je Familie liegen, führen zu einem dramatischen Bevölkerungsrückgang in den Industrieländern.[9] Prognosen weisen auf eine Reduzierung der Bevölkerung in Italien von 60 auf ca. 22 Millionen Einwohnern hin. In Deutschland soll im Jahr 2010 jeder vierte Kunde älter als 60 Jahre sein.[10] Dieser in allen Industrieländern der Welt zu verzeichnende Trend hat erhebliche Auswirkungen auf die Ausgestaltung der Unternehmensstrategie, da die heutigen Ressourcen für zukünftige Erwartungen eingesetzt werden müssen. Der Handel sieht sich damit gänzlich neuen Käuferstrukturen gegenüber. Bislang hat aber kaum ein Unternehmen langfristig die Veränderungen in seine Unternehmensplanung einbezogen, was an der Rationalität der jeweiligen Planung zweifeln lässt.

- Der Anteil des *verfügbaren Einkommens*, den institutionelle oder private Kunden für Produkte und Dienstleistungen ausgeben, stellt neben der Anzahl an Konsumenten die wichtigste ökonomische Information für den Handel dar. Für die Strategiegestaltung ist es wichtig, die Trends für bestimmte Ausgabekategorien zu erkennen sowie die Veränderung innerhalb einer Kategorie zu beobachten. Dabei erscheint es hilfreich zu sein, die Entwicklung im 20. Jahrhundert nachzuvollziehen, da dort das ökonomische Wachstum vor allem durch die Regierung, das Gesundheitswesen, die Bildung und das Freizeitwesen entstanden ist.[11] Der letztgenannte Bereich hat dabei einen besonders hohen Beitrag für das Wachstum geleistet. Für das 21. Jahrhundert zeichnen sich aber andere Entwicklungen ab. Es ist fraglich, ob der Freizeitbereich weiterhin so stark wachsen wird. In Deutschland hat sich die Arbeitszeit im Laufe des 20. Jahrhunderts von 3.000 Stunden pro Jahr auf ca. 1.500 Stunden reduziert. Diese Tendenz wird zukünftig nicht mehr aufrechterhalten werden können, zumal die Bevölkerungsentwicklung eher auf eine andersgeartete Entwicklung hinweist. Die Regierung beziehungsweise der Staat ist weniger als Konsument von Bedeutung denn als Verantwortlicher für die Umverteilung des Inlandsprodukts durch seine Steuerhoheit. Er redistribuiert zwischen 30 % und 50 % des Volkseinkommens. Die Staatsquote wird, wie die Tendenzen in den westlichen Industrieländern nahe legen, zukünftig sinken. Die Regierung wird Ausweich-

---

[8] Vgl. u. a. Drucker (1999), S. 50 ff.; Blackwell (1997).
[9] Vgl. auch Blackwell (1997), S. 60 ff.
[10] Vgl. Göbbel (1999), S. 44.
[11] Vgl. Drucker (1999), S. 51.

strategien in nicht finanziellen Bereichen (zum Beispiel Umweltschutz) suchen. Das Gesundheitswesen und die Bildung hingegen werden weiterhin Wachstumsmärkte sein. Allerdings werden beide Bereiche Veränderungen erfahren. Im Gesundheitswesen wird dies beispielsweise durch neue Behandlungsmethoden, die eine Beschleunigung des Heilungsprozesses anstreben, der Fall sein. Die Bildung wird sich zunehmend zu einer kontinuierlichen Weiterbildung entwickeln. Der geringe Anteil der manuellen Arbeitskosten an den Gesamtkosten eines Produktes und der hohe Anteil der durch „Knowledge Worker" verursachten Kosten wird dazu führen, dass diese während ihrer Berufstätigkeit besser weitergebildet werden müssen. Innerhalb der Ausgaben für die Bildung wird daher der Sektor Weiterbildung einen enormen Anteil gewinnen und im kommenden Jahrhundert stetig steigen.

- Die *Globalisierung* des Wettbewerbs ist vielfach beschrieben worden und mittlerweile zu einer unumkehrbaren Realität geworden.[12] Das wichtigste Merkmal der Globalisierung ist, dass die Unternehmen - mit Ausnahme einiger weniger Unternehmen (zum Beispiel Handwerker) - zunehmend mit dem weltbesten Anbieter konkurrieren. Dabei sind zwei wichtige Kennzeichen zu beachten, die in der politischen Diskussion um die Arbeitslöhne mitunter verschwiegen werden. Der Anteil manueller Arbeitskosten an der Herstellung von Produkten wird immer geringer, so dass es für ein Unternehmen nicht mehr ausreicht, die Ware mit billigen Arbeitskräften zu produzieren. Vielmehr gewinnt die Gesamtproduktivität an Bedeutung und wird zum entscheidenden Wettbewerbsfaktor. Die tradierten Erfolgsmodelle wie die Fertigung in Korea, in Thailand usw. gehören damit der Vergangenheit an. Die Globalisierung führt nun in allen Bereichen dazu, dass der Wettbewerb nicht regional zu betrachten ist. Verstärkt durch den weiter unten thematisierten Trend des E-Commerce hat sich auch ein Handelsunternehmen einem weltweiten Wettbewerb zu stellen. Neben dem eigenen Wettbewerb ist die Globalisierung vor allem für kostengünstige und qualitätsorientierte Beschaffungswege von Interesse, da der Wettbewerb der Industrieunternehmen für die Handelsunternehmen ungeahnte Möglichkeiten aufzeigt, die diese noch nicht ausreichend beachtet haben.

- Während die vorstehenden Ausführungen die Ausdehnung des wirtschaftlichen Systems hin zu einem globalen Markt nahe legen, gibt es eine Reihe von politischen Systemen, die dieser Entwicklung im Wege stehen.[13] Es besteht somit eine *Inkongruenz zwischen politischer und wirtschaftlicher Realität.* Es bilden sich zwar größere politische Einheiten wie die Europäische Union, die NAFTA

---

[12] Einige deutsche Handelsunternehmen wie Hennes & Mauritz, C&A sowie Metro haben bereits Erfahrungen bei der Internationalisierung ihrer Aktivitäten. Aus Europa sind vor allem Carrefour und Ahold als Vorreiter globaler Geschäftsaktivitäten zu nennen. Fünf Strategien, wie Handelsunternehmen die Globalisierung angehen können, werden bei Incandela, McLaughlin, Smith Shi (1999) beschrieben. Zur Internationalisierung des Handels in der Literatur vgl. Dichtl, Lingenfelder, Müller (1991).
[13] Vgl. Drucker (1999), S. 63 ff.

(North American Free Trade Zone) oder Mercosur, die ökonomische Gemein-
schaft in Südamerika. Allerdings ist ein freier Handel nur innerhalb der jeweils
zusammengeschlossenen Staaten möglich. Zwischen diesen politischen Systemen gibt es erhebliche Beschränkungen, die den weltweiten Handel noch
beeinträchtigen.

1.1.2 Veränderungen bei den Kunden und Lieferanten

Bei den Kunden werden sich nicht nur die beiden makroökonomischen Trends der
Bevölkerungsentwicklung und der Verteilung des Einkommens einstellen, vielmehr
werden sich auch andere Kundengruppen und -verhaltensweisen entwickeln. Die
Identifikation langfristiger Trends ist für eine First-Mover-Politik der Handelsunternehmen von enormer wirtschaftlicher Bedeutung, damit die durchschnittlich
geringen Spannen durch Sortimentsangebote mit höheren Spannen kompensiert
werden können. Von den vielen propagierten Trends sollen zwei herausgegriffen
werden: die Entwicklung zur Erlebnisökonomie und die Bedeutung von Kindern als
Käufergruppe.[14] Der Trend zur Erlebnisökonomie ist verbunden mit dem Trend der
„reduzierten Wertschöpfungstiefe von Haushalten". Während nach dem zweiten
Weltkrieg bis in die achtziger Jahre hinein die Produktion von Marmelade, von
Kuchen oder die Organisation des Kindergeburtstages von den Eltern wahrgenommen wurde, werden heute „Events" veranstaltet. Der Kindergeburtstag wird bei
McDonalds gefeiert. Es findet damit nicht nur eine Verlagerung der Serviceer-
bringung statt, sondern es werden heute zusätzlich Erlebnisse verkauft. Die Einzelhandelsunternehmen in Deutschland haben den Erlebnisgedanken im Vergleich zu
amerikanischen Handels- und Industrieunternehmen kaum umgesetzt. Allerdings
weist beispielsweise die erste Niketown in Berlin den Weg in die Erlebnisökonomie.
Es wären dort möglicherweise Eintrittsgelder erzielbar, wenn Events veranstaltet
werden würden.[15] Der Kunde geht in die Niketown, erlebt etwas und kauft nebenbei
teure Freizeitkleidung. Dabei wird der reine Kaufvorgang unwichtiger, da das
Erlebnis von Bedeutung ist. Die Anzahl an „Käufern" in Elektroketten wie Saturn
oder Schauland belegen, wie sehr bereits das Spielen an Computern, das Betrachten
der neuesten Hifi-Anlage oder das Sichten des Publikums im Café zu einem Erlebnis
werden kann. Für Handelsunternehmen besteht die Herausforderung darin, dass sie
unterschiedliche Waren unter einem Thema präsentieren und Erlebnisse für den
Kunden zelebrieren müssen. Andernfalls bleibt ihnen nur der Preiskampf, den aber
wenige Unternehmen gewinnen werden. Neben der Tendenz zur Erlebnisökonomie
ist der wachsende Einfluss der Kinder auf die Umsätze in Handelsunternehmen
hervorzuheben.[16] In den USA beeinflussen Kinder die Ausgaben der Familien

---

[14]   Zur Erlebnisökonmie vgl. Pine, Gilmore (1999).
[15]   Vgl. Pine, Gilmore (1999), S. 59.
[16]   Dabei sind die beiden Trends gut zu verbinden, da Kinder in besonderem Maße erlebnis-
        empfänglich sind.

zwischen 17 % (Auto, Urlaub) und 80 % (Snacks).[17] Dabei übernehmen Kinder das Einkaufen im Supermarkt ebenso, wie sie heute stärker an Entscheidungsprozessen der Eltern beteiligt werden. Der dritte Grund für den Einfluss von Kindern auf das Ausgabeverhalten besteht in dem direkten Konsumverhalten der Kinder, die heute deutlich mehr Geld zur Verfügung haben als früher.

Neben den Veränderungen auf der Kundenseite zeichnen sich dramatische Neuerungen in der Beziehung zwischen Handel und Industrie ab, die sowohl die Logistik als auch das Marketing betreffen. Die Integration sämtlicher Marktpartner hat zu Überlegungen und Implementierungen von *Supply-Chain-Management- oder Efficient-Consumer-Response-Konzepten* geführt, die das konfliktäre Verhältnis zwischen Industrie- und Handelsunternehmen auflösen und damit sämtliche innerhalb der Wertschöpfungskette vorhandenen Verbesserungspotentiale nutzbar machen sollen.[18]

Die kooperative Logistik zwischen Industrie und Handel dient einer effizienten Gestaltung von Liefernetzwerken (Supply Chain beziehungsweise exakter Supply Webs oder Supply Networks).[19] Unter *Supply Chain Management* wird die Planung, Durchführung, Kontrolle und Steuerung des Material- und Informationsflusses entlang der Lieferkette verstanden, d. h. aus Sicht eines Industrie- und Handelsunternehmens werden sämtliche Lieferanten und Kundenbeziehungen betrachtet. Der Betrachtungsbereich der Supply Webs ist unternehmensübergreifend, damit die Optimierung der Prozesse nicht an den Grenzen der Institutionen endet.

Das Supply Chain Management ist individuell für den jeweils relevanten Anwendungsfall anzupassen (zum Beispiel Quick Response in der Textilwirtschaft[20]), wobei insbesondere das Prinzip der Materialversorgung des jeweiligen Empfängers von Bedeutung ist. Es können das Abruf- und das Auftragsprinzip unterschieden werden. Die Umsetzung des Abrufprinzips liegt beispielsweise bei einer Integration der Prozesse von Industrie- und Einzelhandelsunternehmen vor, bei der der Produzent die Abverkäufe und Lagerbestände im Handelsunternehmen analysiert und für die Disposition des Handelsunternehmens verantwortlich ist. Die Informationen über die Abverkaufsdaten nutzt das Industrieunternehmen für Zwecke der Produktionsprogrammplanung in seinem Produktionsplanungs- und -steuerungssystem. Beim Auftragsprinzip wird der Lieferant durch die Aufträge der Abnehmer aktiv, so dass

---

[17]   Vgl. Blackwell (1999), S. 85. Zur Bedeutung von Kindern beim Einkauf vgl. auch Underhill (1999), S. 141 ff.

[18]   Eine historische Einführung in die ECR-Thematik geben Kilimann, Schenk (1998), S. 5 ff. Eine Einführung in ECR geben et al. Eierhoff (1998); Wiezoreck (1998); Zentes (1998); Zentes (1996), S. 24 ff.; Töpfer (1996); Ritter (1995); Tietz (1995), S. 529 ff. Eine kritische Einschätzung zu den ECR-Prognosen findet sich bei Barrenstein (1998).

[19]   Zum Supply Chain Management vgl. überblicksartig Mertens (1995b); Schütte (1997b). Es wird im folgenden von Supply Webs gesprochen, da in der Regel keine linearen Lieferketten sondern Liefernetzwerke bestehen. Zu Supply Networks vgl. Parunak, VanderBok (1998). Der Terminus Supply Webs geht auf König, Wendt (1999), S. 57, zurück.

[20]   Vgl. Henschel (1991).

im Gegensatz zum Abrufprinzip eine höhere Eigenverantwortung des Material-empfängers gegeben ist.

Die Umsetzung des Supply Chain Managements setzt den Einsatz von überbe-trieblich integrierten Informationssystemen voraus. Neben dem innovativen Einsatz von Informationstechnologie sind die Kooperationsbereitschaft der Partner und die Transparenz der Geschäftsprozesse für die erfolgreiche Umsetzung des SCM erfor-derlich.

Über das Supply-Chain-Management-Konzept geht der Ansatz des *Efficient Con-sumer Response* hinaus, da dort Supply Chain Management als Konzept für die kooperative Logistik nur ein Bestandteil neben dem kooperativen Marketing ist. Im Rahmen des kooperativen Marketings in Form des *Category Managements* ergeben sich andere Beziehungen zu den Lieferanten.[21] Beim Category Management werden Kategorien gebildet, die eine Gruppierung von Artikeln aus Sicht des Kunden dar-stellen.[22] Für die Categories werden Category Captains definiert, die Berater für ein Sortiment darstellen und in der Regel Mitarbeiter des Industrieunternehmens sind. In Kooperation zwischen Industrie und Handel wird das Käuferverhalten analysiert, wobei auch Virtual-Reality-Konzepte zum Einsatz kommen, anhand derer das Kauf-verhalten des Kunden in Abhängigkeit von der Artikelgruppierung und -platzierung simuliert werden soll.[23] Als Beispiel kann der „Visionary Shopper" von Procter & Gamble genannt werden.[24]

Aus den Veränderungen auf Kunden- und Lieferantenseite entstehen zwei unter-schiedliche Anforderungen an die Informationssystemgestaltung. Die Kundenseite erfordert differenzierte Auswertungssysteme, damit das Käuferverhalten adäquat analysiert werden kann. Bei der Zusammenarbeit zwischen Industrie und Handel werden Systeme zur Unterstützung unternehmensübergreifender Prozesse erfor-derlich, die in der Literatur auch als Interorganisationssysteme bezeichnet werden.[25] Bei einer interorganisatorischen Betrachtung sind allerdings nicht nur technische Integrationsaspekte, sondern auch gemeinsame Wertvorstellungen zu vermitteln, das heisst, es ist eine Perspektive notwendig, die auf ein Netzwerk *mehrerer* Unter-nehmen und nicht ausschließlich auf einen einzelnen Kooperationspartner fokus-siert.[26] Besonders anspruchsvoll sind diejenigen Aufgaben, die sowohl die skizzierten Veränderungen auf Kundenseite als auch die Integration in der Wertschöpfungskette betrachten.

---

[21] Dem Category Management als konzeptionellen Ansatz zur Berücksichtigung von Aspekten auf der Demandseite wird mitunter eine noch höhere Bedeutung zugesprochen als dem Supply Chain Management, vgl. Figgen (1998), S. 116; Hebler (1998), S. 29; Schaden (1998), S. 105.

[22] Vgl. Wiezorek (1998), S. 395 ff.

[23] Zu neuen Medien im Einzelhandel vgl. auch Müller-Hagedorn, Preißner (1999), S. 165 ff.

[24] Vgl. Figgen (1998), S. 115 ff.

[25] Vgl. Alt, Catomen (1995).

[26] Vgl. Klein (1996).

1.1.3   Konkurrenzsituation

Die Konkurrenzsituation bei Handelsunternehmen ist seit jeher geprägt durch die wachsende Größe von Handelskonzernen. Bei der Analyse der Konkurrenzsituation sind zunächst die Einzel- und Großhandelsunternehmen zu differenzieren.

Bei den im *Einzelhandel* allseits bekannten Konzentrationstendenzen stellt sich die Frage, ob kleine Einzelhandelsunternehmen zukünftig noch überlebensfähig sind. Aus einer wettbewerbsstrategischen Perspektive ist demnach die Frage zu beantworten, ob ausschließlich die Kostenführerschaft eine erfolgreiche Wettbewerbsstrategie im Handel darstellen kann. Ohne an dieser Stelle die komplexe Thematik der Konzentrationsprozesse im Handel diskutieren zu können, seien Ergebnisse aus einer umfangreichen Untersuchung von OLBRICH zu Wachstumstendenzen im Konsumgüterbereich zitiert:

„1. Die Dynamik der Betriebsformen wird nicht allein durch die in den klassischen Erklärungsansätzen in den Vordergrund gestellten Preisvorteile auf der Absatzseite von Handelsunternehmen erklärt. Vielmehr ist für die Verbreitung von Betriebsformen entscheidend, dass Preis- oder Leistungsvorteile neuer Betriebsformen vom Verbraucher akzeptiert werden.

2. Die Frage, woher die Wettbewerbsvorteile stammen, die neuen Betriebsformen dazu verhelfen, dass sie sich gegenüber traditionellen Angebotsformen durchsetzen können, ist neben den originären Vorteilen aus einer neuartigen Kombination von handelsbetrieblichen Einsatzfaktoren (zum Beispiel Ware, Personal, Fläche) ergänzend mit den im Hintergrund angesiedelten, für den Verbraucher nicht zu beobachtende Ressourcen, Entscheidungsstrukturen und potenziellen Größenvorteilen von Handelssystemen zu beantworten. Somit spielt auch die Systemzugehörigkeit der Betriebsformen eine nicht unerhebliche Rolle. [...]

4. Insgesamt führt die Systembildung im Konsumgüterhandel Bedingungen herbei, die dazu beitragen, dass innovative Betriebsformen in hochkonzentrierten Branchen schneller diffundieren können, die Verbreitung innovativer Angebotsformen also im Bereich der großen Handelssysteme gefördert wird. [...]

5. Kleinere Handelsbetriebe, die nicht über die großen Handelssystemen zur Verfügung stehenden Ressourcen und Charakteristika verfügen, erscheinen solange nicht vom Wettbewerb um die fortschrittlichsten Angebotsformen ausgeschlossen, wie sie ihre unternehmensindividuellen Betriebstypen mit Wettbewerbsvorteilen versehen, die nicht von derartigen Eigenschaften abhängen. Dieses sind derzeit wohl nahezu ausnahmslos Leistungsvorteile, da Preisvorteile auf den besonderen Charakteristika derjenigen großen Handelssysteme zu beruhen scheinen, die Größenvorteile nicht durch Größennachteile verschenken.“[27]

---

[27]   Olbrich (1998), S. 183 f.

Zusammenfassend kann konstatiert werden, dass die Größe der Handelssysteme zu keinem überdurchschnittlichen Erfolg der Unternehmen führt.[28] Die wesentliche Erfolgsdeterminante scheint die Angebotsform zu sein.[29] Die Flexibilität der Handelsunternehmen dürfte insbesondere in den kommenden Jahren wichtiger sein als die Größe, da moderne Technologien auch kleinen Unternehmen große Marktpotentiale eröffnen.[30]

Die Anzahl an *Großhandelsunternehmen* stagniert, im Gegensatz zu der seit Jahrzehnten wachsenden Zahl an Einzelhandelsunternehmen.[31] Die Konkurrenzsituation im Großhandel wird einerseits durch die reduzierte Anzahl an Konkurrenten verschärft, da es in einigen Bereichen zu oligopolistischen Strukturen kommt. Andererseits entstehen neue Konkurrenten, die insbesondere durch den zunehmenden Einsatz von Internet-Technologien im Beschaffungsbereich zu erheblichen Gefahren für den Großhandel führen. Zur Abwehr der Substitutionsgefahren durch neue Technologien haben Großhändler unter anderem die Möglichkeit, auch Einzelhandelsaufgaben zu übernehmen oder in die Wertschöpfungskette zu integrieren.[32]

1.1.4 Substitutionsleistungen

Die von den Handelsunternehmen erbrachten Leistungen sind äußerst vielfältiger Natur und unterscheiden sich in Abhängigkeit vom Betriebstyp nach den erbrachten Serviceleistungen. Allerdings zeichnet sich aktuell ein Trend ab, durch den einige der vom Handel offerierten Leistungen substituiert werden können. Der Trend, der den Handel besonders stark verändert, wird weltweit unter dem Schlagwort *Electronic Commerce* diskutiert.[33] Die Zunahme elektronischen Handels ist vor allem auf die massive Ausweitung des Internets zurückzuführen. Das potenzielle Umsatzvolumen,

---

[28] Vgl. Olbrich (1998), S. 265 ff.; Greuner (1997), S. 190.
[29] Zu einer Entwicklung der Umsatzanteile ausgewählter Betriebstypen vgl. Lingenfelder, Lauer (1999), S. 38 ff.
[30] Vgl. hierzu die Ausführungen in Kapitel 1.1.4 sowie die Prognose von Eggert (1999), S. 211 ff.
[31] Vgl. Müller-Hagedorn (1998), S. 76.
[32] Die letztgenannte Strategie hat beispielsweise der Buchgroßhändler Libri gewählt, der zusammen mit Bucheinzelhändlern ein elektronisches Buchhandelssystem entwickelt hat. Vgl. auch die Ausführungen zu externen Diversifikationen im Handel bei Greune (1997).
[33] Unter dem Begriff des Electronic Commerce werden in der Literatur unterschiedliche Begriffe subsumiert wie Elektronischer Marktplatz, Elektronischer Handel, Electronic Cash, Electronic Business, Electronic Trading, vgl. Deutsch (1999), S. 7 ff. Beispielsweise definieren PICOT et al. den Begriff Electronic Commerce als „jede Art von wirtschaftlicher Tätigkeit auf der Basis elektronischer Verbindungen", Picot, Reichwald, Wigand (1996), S. 331. Allerdings würde ein solches Begriffsverständnis der Definition von „Informationssystemen für Betriebe" gleichkommen, so dass ein Homonym zur Betriebsinformatik entstehen könnte. Das Neuartige an den Inhalten, die mit Electronic Commerce verbunden werden, würde dabei verlorengehen. Electronic Commerce setzt sich mit mindestens bilateralen Beziehungen von Informationssystemen und der damit verbundenen Probleme auseinander. Die Unterstützung von Hierarchien durch elektronische Medien ist nicht Gegenstand des Electronic Commerce.

das über elektronische Medien abgewickelt werden kann, dürfte dabei enorm sein. In den USA wurden 1998 bereits 48 Milliarden Dollar im *Business-to-business-Bereich* (B2B) umgesetzt und im Jahre 2003 sollen es einer Forrester-Studie zufolge 1,3 Billionen Dollar sein.[34] Einer Schätzung von Datamonitor zufolge sollen im Bereich des Online-Shopping (*Business-to-consumer* - B2C) in 2002 in Deutschland ca. 1,9 Milliarden EUR umgesetzt werden.[35] Auch wenn die heutigen Umsatzzahlen eine derartige Entwicklung nicht vermuten lassen, gibt es eine Reihe von Gründen, die für ein rasantes Umsatzwachstum im Internet sprechen. Bereits heute ist es häufig preiswerter, eine CD oder Kontaktlinsen via Internet zu bestellen, als sie in Deutschland bei einem Einzelhandelsunternehmen zu kaufen. Es werden neue Handelsformen entstehen, bei denen beispielsweise auch die logistische Abwicklung von Informationsgütern, den sogenannten „digital products", wie Software, CDs oder Bücher, über das Internet erfolgen kann. Bei derartigen Produkten ist der Siegeszug eines elektronischen Absatzes aus Kostengründen nicht aufzuhalten.

Die beiden Ausprägungen des Electronic Commerce, der Business-to-business-Bereich und der Business-to-consumer-Bereich, gefährden in unterschiedlicher Weise vom Handel wahrgenommene Aufgaben. Während der B2B-Bereich vor allem vom Großhandel geprägte Leistungsbereiche ersetzt, werden beim B2C-Bereich die Einzelhandelsfunktionen in Frage gestellt. Allerdings sind nicht sämtliche Aufgaben des Handels einer Substitutionsgefahr unterworfen, da es weiterhin Aufgaben - zum Beispiel Logistik - gibt, die von einem Akteur in der Distributionskette wahrgenommen werden müssen. Allerdings werden die Handelsunternehmen in den Situationen, in denen sie nicht in der Lage sind, diese Aufgaben wahrzunehmen, durch andere Akteure ersetzt werden. Beispielsweise werden Logistikdienstleister verstärkt zu Konkurrenten von Handelsunternehmen, weil sie lediglich die Internettechnolgie sowie ein Call-Center benötigen, um Aufgaben von Handelsunternehmen in einer Welt des E-Commerce übernehmen zu können.

Ursache für die zunehmende Diskussion des Electronic Commerce sind die durch Anwendungssysteme realisierbaren Einsparungen von Transaktionskosten zwischen Transaktionspartnern unterschiedlicher Organisationen.[36] Die Kosten aller Transaktionsphasen (Anbahnungs- beziehungsweise Such-, Vereinbarungs- beziehungsweise Entscheidungs-, Kontroll- und Anpassungsphase)[37] sind für unterschiedliche Abwicklungsformen zu untersuchen, um die vorteilhafteste Ausgestaltungsform selektieren zu können.

Der Einsatz von Informationssystemen in ausgewählten Phasen der Transaktion wird die Struktur und den Ablauf des Handels beeinflussen.[38] Derzeit ist der institutionelle

---

[34]   Vgl. Forrester Research (1999a).
[35]   Vgl. Göbbel (1999), S. 45.
[36]   Vgl. Clemens, Reddi (1993).
[37]   Vgl. Picot (1982).
[38]   Vgl. Klein (1994).

Handel durch mehrstufige Organisationsstrukturen geprägt.[39] Eine „Elektronifizierung" dieser Strukturen führt zu der in Abbildung 2 wiedergegebenen Konzeption.

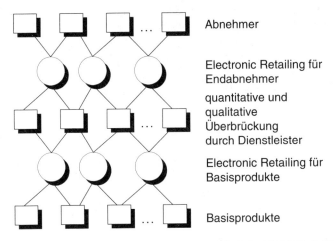

Abnehmer

Electronic Retailing für
Endabnehmer

quantitative und
qualitative
Überbrückung
durch Dienstleister

Electronic Retailing für
Basisprodukte

Basisprodukte

In Anlehnung an Schmid (1995), S. 24.

Abbildung 2:   Electronic Retailing

Die Abnehmer beziehen die Produkte von Anbietern, die als Dienstleister für die Abnehmer ausgewählte „klassische" Funktionen des Handels übernehmen (insbesondere die Sortimentsgruppierungsfunktion). Zur Verbindung zwischen diesen Anbietern und den Abnehmern kommen Electronic Malls (elektronische Warenhäuser) zum Einsatz, zu denen möglichst viele Anbieter und Nachfrager Zugang haben sollen.[40] Es handelt sich somit um ein virtuelles Kaufhaus, in dem mehrere Einzelhandelsmärkte realisiert sind. Der einfache Zugang vieler Nachfrager zu diesem Medium ermöglicht den Anbietern, neue Vertriebsstrategien zu implementieren. Aufgrund der Vielfältigkeit möglicher Informationen sind bei Electronic Malls insbesondere folgende Aspekte zu berücksichtigen: Filterfunktionen zur Selektion aus dem unüberschaubaren Angebot, Navigationshilfen, um sich einfach im Angebot zurechtzufinden und Vertrauen des Kunden in die Electronic Mall.

Die Leistungsbündel, die den Abnehmern angeboten werden, setzen sich aus Basisprodukten zusammen. Sie werden von den Produzenten auf einem eigenen Markt angeboten und von den Dienstleistern nachgefragt, damit aus Sicht der Abnehmer adäquate Leistungsbündel zusammengestellt werden können.

Für die Analyse der Einsatzbedingungen und möglicher Verbreitungstendenzen des Electronic Retailing in der Realität wird die Transaktionskostentheorie verwendet. Sind die Transaktionsobjekte sehr spezifisch, so werden vertragsähnliche Vereinba-

---

[39]   Vgl. Becker, Schütte (2004), S. 213.
[40]   Vgl. Zimmermann, Kuhn (1995), S. 38.

rungen erforderlich. Durch den Einsatz von Electronic Malls werden Informationskosten reduziert. Informationskosten sind ein wesentlicher Bestandteil der Transaktionskosten, die insbesondere bei spezifischen Transaktionsobjekten die Hierarchie
als ökonomisch vorteilhafter erscheinen lassen. Die Senkung der Transaktionskosten
durch eine Electronic Mall führt aber dazu, dass die Transaktion über den Markt
koordiniert wird. Zudem können in der Such- und Entscheidungsphase mehr Informationen über ein Produkt verarbeitet werden, so dass die Produktbeschreibungen
einfacher nachvollzogen werden können. Ebenso können mehr Informationen über
den Anbieter eingeholt werden, so dass die Gefahr opportunistischen Verhaltens
durch den Anbieter reduziert wird.

Durch den Einsatz von Informations- und Kommunikationssystemen kommt es zu
einer „Vermarktlichung der Koordination".[41] Eine besondere Rolle nimmt für den
Erfolg des Electronic Retailing die Möglichkeit ein, Güter im Verbund mit anderen
Produkten oder Dienstleistungen abzusetzen. Hier bieten Information-Broker aus
Sicht der Nachfrager eine Möglichkeit, einen kundengruppenspezifischen Verbund
von Produkten und Dienstleitungen zu realisieren. Mit einer der Spezifität eng verbundenen Eigenschaft, dem *relativen Wertgewicht einer Transaktion*, lässt sich
begründen, wann eine zunehmende Akzeptanz von Electronic Malls erreicht werden
kann. „Je höher der relative Wert eines nachgefragten Produkts [Erzeugnisart im
Original, d. Verf.], desto eher lohnt es sich [...],"[42] die Transaktion separat durchzuführen. Ist es aus Sicht des Kunden möglich, die Nachfrage nach mehreren Produkten mit einer Transaktion zu befriedigen, desto höher ist die Akzeptanz der Mall.
Somit können Informationssysteme insbesondere bei solchen Transaktionen sinnvoll
eingesetzt werden, die eine größere Zahl von Produkten mit jeweils geringem Wertgewicht beinhalten. Durch die Abwicklung vieler Transaktionen bei einem Information-Broker *sinkt die Anzahl an Transaktionen* mit unterschiedlichen Marktpartnern
sowie die mit einer Transaktion verbundene Unsicherheit.

Die Möglichkeiten der Transaktionskostenersparnis des Nachfragers durch Electronic
Malls führt damit zu dem gleichen Ergebnis wie die Existenz von Handelsunternehmen: Es wird die Anzahl notwendiger Kontakte zwischen Nachfragern (m) und
Anbietern (n) reduziert. Ohne elektronische Malls oder Handelsunternehmen wären
m x n Kontakte erforderlich (jeder Nachfrager tritt mit jedem Anbieter in Kontakt),
durch Elektronische Märkte oder Handelsunternehmen sinkt die Anzahl der Kontakte
auf m + n (m Nachfragerkontakte und n Lieferantenkontakte). Beide Parteien
(Nachfrager und Anbieter) sparen Transaktionskosten (vor allem Anbahnungs-,
Such-, und Vergleichskosten), da jeder Marktteilnehmer nur noch einen Kontakt (mit
dem Handelsunternehmen oder der elektronischen Mall) und nicht mehr n (der
Kunde mit n Anbietern) beziehungsweise m (der Anbieter mit m Kunden) Kontakte
wahrzunehmen hat.

---

[41]   Vgl. Picot, Reichwald, Wigand (1996), S. 60. Zu einer gegensätzlichen Auffassung vgl. Wendt
        (1996), S. 8ff.
[42]   Vgl. Picot (1986), S. 8.

Je weniger Anbieter und Nachfrager sich am Markt gegenüberstehen, desto ineffizienter wird der Einsatz elektronischer Malls, sofern eine einfache Kommunikation möglich ist.

Die Änderung der Transaktionsatmosphäre in Form einer zunehmenden Preisreduzierung der *Informationstechnik* erhöht die Möglichkeiten für den Einsatz elektronischer Malls. Dieses führt zu Gefahren der Elimination des institutionellen Handels, die jedoch umso geringer sind, je höher die Konsumenten das Einkaufserlebnis gewichten.

Zusammenfassend ist festzuhalten, dass die ökonomische Notwendigkeit von Handelsunternehmen zunehmend in Frage gestellt wird.[43] Für den Handel entstehen hierdurch langfristig neue Herausforderungen. *Erstens* hat er die Tendenzen im Bereich des Electronic Commerce nicht passiv zu beobachten, sondern aktiv zu gestalten. Handelsunternehmen müssen ihr Erfahrungswissen in der Kommunikation mit den Kunden nutzen, um die Möglichkeiten des Electronic Commerce für eigene Zwecke verwerten zu können. *Zweitens* können Handelsunternehmen die Substitutionsgefahren reduzieren, wenn sie sich in Richtung Erlebnisökonomie entwickeln. Dort wird es nur begrenzt möglich sein, mit elektronischen Hilfsmitteln die Erlebniswünsche des Menschen vollständig zu befriedigen.

---

[43] Vgl. zur Ausschaltungsgefahr institutioneller Händler auch Hansen (1998), der seine These anhand des Buchhandels verdeutlicht.

1.2 Informationsstrategie

Eine Informationsstrategie setzt sich aus den Zielen und Maßnahmen zusammen, die im Rahmen des Informationsmanagements für die Unterstützung der Wettbewerbsstrategie erforderlich sind. Für die Informationsstrategie sind vor allem die Anwendungssysteme und deren Einbettung in die Unternehmensorganisation von hoher Bedeutung. Darüber hinaus ist die Frage nach dem „Make or buy" von Warenwirtschaftssystemen für Handelsunternehmen von hoher Wichtigkeit. Aus diesem Grund wird zunächst kurz skizziert, welche Fragestellungen im Rahmen der Informationsstrategie zu beantworten sind (Kapitel 1.2.1). Der Zusammenhang zwischen Organisation und Anwendungssystem, der den Erfolg eines Warenwirtschaftssystems determiniert, wird in Kapitel 1.2.2 untersucht. Mit der Diskussion der Vor- und Nachteile von Standardsoftware[44] in 1.2.3 und dem Plädoyer für Standardsysteme werden einleitende Ausführungen zur Problematik der Standardsoftwareauswahl formuliert.

1.2.1   Bestandteile einer Informationsstrategie

Der potenzielle Umfang einer Informationsstrategie kann von der Aufgabenverteilung von Mensch und Technik bis hin zu Fragen der Vorgehensweise bei der Softwareentwicklung reichen.[45] Für die weiteren Überlegungen sind vor allem folgende, für die Ausgestaltung der Informationsstrategie wichtige Anforderungen und Aufgaben zu nennen:

- Bedeutung des Produktionsfaktors Information für die Wettbewerbsstrategie

- Gestaltung der Aufbauorganisation (zentralisiert/dezentralisiert)

- Hardware-Architektur, insbesondere Verteilung und Vernetzung der Hardware

- Software-Architektur, insbesondere zulässige Betriebssysteme und Programmiersprachen

- Beschaffung von Standard-Anwendungssystemen

- Entwicklung von Individualsoftware

- Outsourcing der Datenverarbeitung

- usw.

Die Mannigfaltigkeit der Aufgaben, die im Rahmen der Informationsstrategie gelöst werden müssen, belegt den interdependenten Charakter der Teilaufgaben. Für die

---

[44] Zur Definition von Standardsoftware vgl. Kapitel 1.2.5.1.

[45] Zu Objekten, auf die sich Aussagen der Informationsstrategie im Rahmen von Teilstrategien beziehen können, vgl. Heinrich (1996b), S. 119.

weitere Untersuchung ist vor allem die Einordnung der Anwendungssysteme in die Organisation einerseits und die Frage nach Standard- oder Individualsoftware andererseits von besonderer Bedeutung.

1.2.2 Grundprinzip der effizienten Anwendungssystemgestaltung

Anwendungssysteme nehmen bei der Gestaltung von Geschäftsprozessen eine Schlüsselrolle ein, da eine Reorganisation von Unternehmen nicht ohne Beachtung der Wechselwirkungen organisatorischer und anwendungssystembezogener Aspekte erfolgen kann.

Das Handelsmanagement verkennt Anwendungssysteme zumeist als rein unterstützendes Instrument und nicht als „Enabler" neuer Organisationsformen. Es herrscht noch heute in vielen Handelsunternehmen eine funktionszentrierte Sicht vor, die sich auch in Anwendungssystemen manifestiert hat. Die logischen Abhängigkeiten zwischen den Handelsaufgaben, die in einer prozessorientierten Betrachtung zum Ausdruck kommen, bleiben somit bei einer traditionellen Funktionsorientierung unbeachtet. Die funktionsorientierte Sichtweise schlägt sich auch in der klassischen Auffassung von Warenwirtschaftssystemen nieder. Im Gegensatz dazu wird hier eine andere Perspektive eingenommen, indem von Warenwirtschaftssystemen die Unterstützung der dispositiven und logistischen abrechnungsbezogenen Aktivitäten zur Unterstützung der Geschäftsprozesse des Handels (Lager-, Strecken-, Zentralregulierungs- und Aktionsgeschäft sowie das Dienstleistungsgeschäft) gefordert wird.[46]

Die effiziente Gestaltung des Systems Unternehmen ist nicht mehr ohne Informationstechnik möglich. Diese weithin akzeptierte Rolle der Anwendungssysteme in den Unternehmen führt zur Frage, wie die interdependente Gestaltung der Anwendungssysteme und der Organisation erfolgen kann. Welcher Art sind die Wechselwirkungen zwischen dem Design von Anwendungssystemen und der Definition von Aufbau- und Ablauforganisation?

In der Betriebswirtschaftslehre werden Technologien traditionell als Rahmenbedingungen aufgefasst, innerhalb der Gestaltungsspielräume genutzt werden können. Geprägt wird diese Sichtweise durch den informationstechnologischen Stand der siebziger Jahre, in denen die „Datenverarbeitung" die Aufgabe hatte, operative Aufgaben zu automatisieren (zum Beispiel Personalabrechnung, Finanzbuchhaltung). Unter diesen Gegebenheiten wurde die Strategie „Anpassung der Organisation an die EDV-technischen Bedingungen" verfolgt (*Informationstechnik als Restriktion*). Es kam zu einer verstärkten Festlegung von Abläufen, so dass die Abläufe EDVtechnisch unterstützt werden konnten.

---

[46] Vgl. Becker, Schütte (2004).

Einen ersten Wandel erfuhr diese Sichtweise in den achtziger Jahren, in denen durch technologischen Fortschritt insbesondere Dialogverarbeitungen möglich wurden, so dass auch dispositive Aufgaben durch Anwendungssysteme effizienter gelöst werden konnten (*Informationstechnik als Potenzialfaktor*). Die durch Anwendungssysteme entstehenden Gestaltungsfreiräume wurden jedoch nur selten genutzt. Nur in Einzelfällen kam es zur Erweiterung des Aufgabenspektrums (job enlargement) und des Entscheidungsspielraums (job enrichment). Die hohe Bedeutung von Anwendungssystemen beim Management des organisatorischen Wandels wurde besonders deutlich im Business Process Reengineering hervorgehoben, bei dem den Anwendungssystemen katalysatorische Wirkung zukommt (Informationstechnik ist ein „essential enabler [...] since it permits companies to reengineer business processes"[47]).

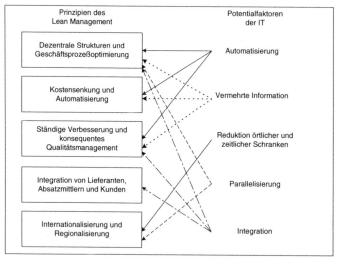

Quelle: Petrovic, 1994, S. 583.

Abbildung 3:   Managementkonzepte und IT-Einsatz

Einen Überblick über die vielfältigen Nutzeffekte der Informationstechnologie gibt Abbildung 3, in der der IT als Potentialfaktor unterschiedliche Managementprinzipien gegenübergestellt werden.

Beispielsweise fördert der Einsatz von Anwendungssystemen eine Automatisierung von Abläufen, den Aufbau dezentraler Strukturen, eine Kostensenkung durch Substitution manueller Aufgabenträger und ein verbessertes Qualitätsmanagement.

---

[47]   Hammer, Champy (1993), S. 88.

1.2.3   Make or buy von Warenwirtschaftssystemen

Von den im Rahmen der Informationsstrategie zu ergreifenden Maßnahmen besitzt die Entscheidung für die Ausgestaltung des Warenwirtschaftssystems überragende Bedeutung. An das Design von Warenwirtschaftssystemen bestehen hohe Anforderungen, da die Kernprozesse des Handelsunternehmens nicht nur unterstützt, sondern auch verbessert werden sollten. Somit wirkt das Warenwirtschaftssystem in sämtlichen Bereichen des Unternehmens restriktiv oder als Enabler für die neuartige Ausrichtung der Geschäftsprozesse.

Aufgrund der Komplexität derartiger Systeme in der betrieblichen Praxis haben sich in der Vergangenheit vor allem unternehmensspezifische Softwaresysteme, sogenannte Individualsoftwaresysteme, verbreitet. Während in der Industrie bereits seit längerem Standard-Anwendungssysteme im Einsatz sind, hat sich im Handel bis Anfang der neunziger Jahre der Einsatz von Standardsystemen noch nicht durchgesetzt. Erst seit kurzem sind diverse Standardsysteme verfügbar, die auch komplexe Geschäftsprozesse unterstützen können. Unter einem standardisierten Warenwirtschaftssystem wird ein Softwareprodukt verstanden, welches aufgrund seiner intendierten Anwendungsbreite nicht nur in einem Unternehmen, sondern in mehreren Unternehmen eingesetzt werden kann. Aufgrund der Vagheit dieser Definition wird im Folgenden unterstellt, dass die Software in mindestens fünf Unternehmen eingesetzt worden ist, bevor von Standardsoftware gesprochen werden kann.

Aufgrund der strategischen Bedeutung und der nachhaltigen Bindung der Unternehmen an das entwickelte oder eingeführte Warenwirtschaftssystem, bedarf es eines detaillierten Kriterienkatalogs, anhand dessen zunächst die Alternativen Individualentwicklung und Standardsoftware bewertet werden können.

Die Chancen und Risiken bei Standard- beziehungsweise Individualsoftware können unter anderem anhand folgender Kriterien aufgezeigt werden:

- Nutzen der Software
  - o Hard- und softwaretechnische Eigenschaften
  - o Funktionsumfang der Software
    - Strukturen
    - Unterstützte Prozesse
    - Flexibilität der Software
    - Integrationsumfang der Software[48]
  - o Qualität der Software

- Kosten
  - o Anschaffungsauszahlung
  - o Wartungsraten

---

[48]   Vgl. Becker (1991), S. 166-191.

- Risiko
    - Allgemeines Anbieterrisiko (Anzahl Mitarbeiter, Referenzkunden usw.)
    - Service des Anbieters (u. a. Wartung und Weiterentwicklung)
    - Betriebssicherheit der Software

1.2.3.1 Bewertung von Standardsoftware

Anhand des zuvor entwickelten Kriterienkatalogs können der Nutzen, die Kosten und das Risiko von integrierter *Standardsoftware* wird folgt bewertet werden:[49]

Nutzen von Standardsoftware

- Hard- und softwaretechnische Eigenschaften
  Standardsoftware wird für viele unterschiedliche Hardwareplattformen ange-boten. Auch die unterstützten Betriebssysteme und Datenbanken variieren, wo-bei die Systeme in der Regel Client/Server-Architekturen unterstützen. Auch wenn der Technologiestand von Standardsystemen unterschiedlich ist, weisen standardisierte Warenwirtschaftssysteme in der Regel gute technologische Ei-genschaften auf.

- Funktionsumfang
  Die in Standardsoftware unterstützten *Strukturen* sind sehr unterschiedlich, je nachdem welche Handelsbranchen unterstützt werden. Allerdings können bei modernen Systemen die Strukturen variiert werden, ebenso wie die unterstützten *Prozesse* Prozessvarianten besitzen. Trotzdem kann der Einsatz von Stan-dardsoftware eine gewisse Inflexibilität mit sich bringen. Diese Gefahr ist umso größer, je geringer die *Flexibilität* der Software hinsichtlich organisatorischer Abläufe ist. Die Software ist im Regelfall auf Erweiterbarkeit ausgelegt, die sich in bestimmten Releasewechseln ausdrückt. Die *Integrationsfähigkeiten* der Software sind normalerweise sehr ausgeprägt. Die Existenz anwendungs-übergreifender Datenstrukturen ermöglicht insbesondere bei offenen Systemen ein großes Integrationspotential. Durch die Funktionsbreite von Standardsoft-ware nimmt die Wahrscheinlichkeit zu, dass Module durch unterschiedliche Bereiche genutzt werden können. Da viele unterschiedliche Module bei Stan-dardsoftware eingesetzt werden, sind vielfältige Möglichkeiten für das Triggern von Funktionen gegeben, zum Beispiel die Benachrichtigung des Disponenten nach erfolgtem Wareneingang. Durch die Abbildung mehrerer Module in einem integrierten System kann eine einheitliche Benutzeroberfläche realisiert werden. Die Software besteht aus vielen miteinander kommunizierenden Modulen, so dass für gleiche oder ähnliche Aufgaben in unterschiedlichen Modulen analoge Konzepte verwendet werden können (beispielsweise kann ein Klassifikations-

---

[49] Vgl. zu einigen Argumenten Dean, Dvorak, Holen (1994); Martiny, Klotz (1990), S. 79 f.

konzept sowohl für unterschiedliche Artikelgruppierungen als auch für die Abbildung von Warengruppenhierarchien verwendet werden).

- Hinsichtlich der *Qualität der Software* können kaum pauschale Urteile über Standardsoftware abgegeben werden. Es ist allerdings darauf hinzuweisen, dass Standardsoftware im technischen Sinn keinesfalls besser sein muss als Individualsoftware. Sofern sich die Entwicklung der Standardsoftware noch im Anfangsstadium befindet, dürften erhebliche Probleme mit der Software auftreten, von deren Existenz die Entwickler zumeist keine Vorstellung haben. Beispielsweise unterschätzen immer noch viele Softwarefirmen das immense Datenvolumen bei Handelsunternehmen. Dies führt nicht selten zur Programmierung betriebswirtschaftlich zwar sinnvoller, technologisch jedoch kaum verkraftbarer Lösungen. Die Anforderungen an die Hardware steigen enorm, so dass unerwartete Kosten entstehen, weil die technische Qualität der Software nicht ausreichend ist. Dieses gilt auch bei Anforderungen an die Antwortzeiten. Beispielsweise wird bei einigen großen ERP-Herstellern (vgl. Kapitel 1.2.5.2) eine Antwortzeit von einer Sekunde für ausreichend erachtet. Für die diversen Massentransaktionen im Handel (zum Beispiel Rechnungserfassung) kann eine derartige Antwortzeit jedoch nicht genügen, da Antwortzeiten von ca. 0,1 Sekunden erforderlich sind, um mit möglichst geringem Mitarbeiteraufwand das Arbeitsvolumen bewältigen zu können.

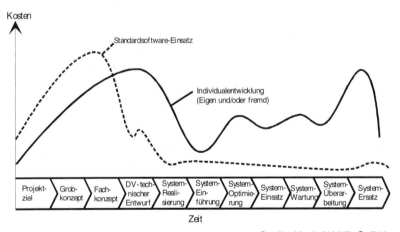

Quelle: Hoch (1987), S. 711.

Abbildung 4: Kosten von Standard- und Individualsoftware

Kosten

- Die Kosten für die Anschaffung von Standardanwendungssystemen müssen nicht in jedem Fall geringer sein als bei der Entwicklung von Individualsoftware. Allerdings ist die Anschaffungsauszahlung sicher zu prognostizieren, während

die Kostenschätzung bei der Entwicklung einer Individuallösung sehr unsicher
ist.

- Der Kostenverlauf während des Lebenszyklus der Software weist meistens ein
  gegenüber der Individualsoftware niedrigeres Niveau auf (vgl. Abbildung 4).

Risiko

- Die Häufigkeit des Einsatzes von Standardsoftware sowie die in der Regel
  vorhandene Unternehmensgröße des *Softwareherstellers* verringern das *Risiko*
  eines Investments in Standardsoftware.

- Eine geringe Marktpräsenz des Standardsoftware-Herstellers kann jedoch
  erhebliche Risiken in der Wartung und Weiterentwicklung des Systems mit sich
  bringen. Die Wartung und Weiterentwicklung der Software als wichtigste
  *Service*leistungen der Softwareunternehmen ist bei größeren Softwarehäusern
  gesichert.

- Die *Betriebssicherheit* der Standardsoftware kann nur dann als akzeptabel
  betrachtet werden, wenn bereits Referenzinstallationen vorliegen. Andernfalls
  bedarf es eines nicht immer berechtigten Vertrauens in die Aussagen des
  Software-Herstellers, um an die Stabilität der Software zu glauben.

1.2.3.2   Individualsoftware

Die Beurteilung der *Individualsoftware* anhand des Kriterienkataloges weist folgende
Ausprägungen auf:

Nutzen der Individualsoftware (ggü. Standardsoftware)

- Hard- und softwaretechnische Eigenschaften
  Aufgrund der unternehmensspezifischen Entwicklung können die Hard- und
  Softwarearchitektur gewählt werden, die aus Sicht des Unternehmens am sinn-
  vollsten sind.

- Die Software wird auf die betriebsindividuellen *Strukturen* und *Prozesse* zugeschnitten. Durch die Individualität lassen sich häufig Wettbewerbsvorteile
  gegenüber Mitbewerbern realisieren. Die Flexibilität der Software ist eingeschränkt, sofern nicht bereits beim Systementwurf eine *Flexibilität* der Software
  eingeplant wird. In der betrieblichen Praxis dürfte sich die frühzeitige Berücksichtigung von Flexibilitätsmaßnahmen nur selten realisieren lassen, da zumeist
  andere Aufgaben für dringender deklariert werden.

- Sofern ein Unternehmensdatenmodell existiert, ist die Möglichkeit der Daten-
  und Datenstruktur*integration* gegeben. Da jedoch in den betriebswirtschaftlich-
  administrativen Bereichen vornehmlich Standardsoftware im Einsatz sein dürfte,
  sind die Möglichkeiten zur Daten- und Datenstrukturintegration zwischen der

Individual- und der Standardsoftware geringer als bei integrierter Standard-
anwendungssoftware. Die im Gegensatz zur Standardsoftware geringere Funktionsbreite reduziert die Wahrscheinlichkeit, dass Module durch unterschiedliche
Bereiche genutzt werden können. Die Realisierung weniger Module bei
Individualsoftware birgt das Risiko, dass das Ausmaß der Funktionsintegration
deutlich unter dem Integrationsniveau bei Standardsoftware liegt. Bei der
Softwareentwicklung muss darauf geachtet werden, dass eine einheitliche
Benutzeroberfläche über alle Module hinweg realisiert wird. Obgleich dieses in
heutiger Zeit keine großen Probleme mehr darstellt, zeichnet sich die betrieb-
liche Realität bei Eigenentwicklungen durch den Einsatz unterschiedlicher
Benutzeroberflächen aus. Eine Konzeptintegration unterbleibt bei Eigenentwicklungen weitgehend.

Kosten

- Die *Anschaffung* von Standardsoftware kostet zwischen 1.000 EUR und 10.000
  EUR je Userlizenz (Lizenzkosten ohne Einführungsaufwand). Die Entwicklung
  einer Individualsoftware verursacht Kosten in Höhe von ca. 1.500 EUR pro Entwickler multipliziert mit der Anzahl an Entwicklungstagen.[50]

- Die laufenden Betriebskosten von Individualsoftware sind in den meisten Fällen
  höher als die von Standardsoftware (vgl. Abbildung 4), da keine Releasewechsel
  zu funktionalen Erweiterungen für eine Vielzahl von Kunden führen, sondern
  jede Erweiterung individuell entwickelt werden muss.

Risiko

- Es besteht eine große Abhängigkeit von den Entwicklern beziehungsweise dem
  Software-Hersteller, der die Entwicklung durchgeführt hat. Damit ist der
  „Anbieter von Individualsoftware" mit einem Risiko behaftet, dass oft über dem
  von Standardsoftware liegt.

- Die Wartung und Weiterentwicklung der Software ist nicht gesichert (*Service*).
  Es existieren erhebliche Risiken in der Wartung, eine Weiterentwicklung des
  Systems ist nicht in dem Ausmaß möglich wie bei Standardsoftware.

- Da Individualsoftware nur für ein Unternehmen erstellt wird, ist die Fehler-
  häufigkeit i. d. R. höher als bei Standardsoftware. Allerdings kann bei auftreten-
  den Fehlern schneller reagiert werden als bei Standardsoftware. Insgesamt kann
  über die *Betriebssicherheit* von Individualsoftware kein eindeutiges Urteil gefällt
  werden.

---

[50] Die Entwicklungsdauer kann nicht seriös geschätzt werden, da die Variationsbreite der
Anforderungen zwischen der Projekte erheblich ist.

1.2.4   Plädoyer für standardisierte Warenwirtschaftssysteme

Es herrscht die weitverbreitete Meinung vor, dass bei Einsatz von Standardsoftware die Abläufe zwangsläufig an die Software angepasst werden müßten (Prozessveränderung). Inwieweit unternehmensindividuelle Besonderheiten durch Standardsoftware abgebildet werden können, hängt von der Softwareveränderlichkeit ab. Hierunter wird bei Standardsoftware die Möglichkeit verstanden, durch Parametervariation (sog. Customizing) Alternativlösungen in der Software einzustellen. Auch wenn eine Standardsoftware einen bestimmten Prozessausschnitt nicht hinreichend unterstützt, liegt noch kein Kriterium vor, das den Einsatz der Software, bezogen auf den untersuchten Prozess, ausschließt. Parametrisierbare Standardsoftware lässt oft Veränderungen und Ergänzungen auch über den durch das Customizing vorgegebenen Rahmen zu. Die größten Freiheitsgrade in der Prozessgestaltung bestehen bei der Individualentwicklung von Software, da bei der Softwareerstellung die gewünschten organisatorischen Abläufe in vollem Maße berücksichtigt werden können. Es ergibt sich allerdings oft bei einem organisatorischen Wandel nach Einführung der Individualsoftware ein Anpassungsproblem, wenn bei dieser kein Parametrisierungsspielraum für Veränderungen vorgesehen ist. Hier hat die Standardsoftware Vorteile, da sie von vornherein für unterschiedliche Abläufe konzipiert wurde und - im einfachsten Fall - durch Parametervariation geänderte Prozesse im Unternehmen abbilden kann.

Auch wenn einige Gründe für Individualsoftware sprechen, so lässt sich aufgrund der Erfahrungen der vergangenen Jahre und der Einschätzung der meisten Experten feststellen, dass es bei einer Betrachtung von Warenwirtschaftssystemen im Großen keine Alternative zur Standardsoftware gibt. Dabei wird die Präferenz für standardisierte Systeme vor allem mit einem Aspekt begründet: der Sicherheit. Die Systeme weisen möglicherweise Schwachstellen auf, die eine Veränderung des Ursprungssystems erfordern. Allerdings hat sich jeder Handelsmanager die Frage zu stellen: Was ist die Alternative. Soll mit der begrenzten quantitativen und qualitativen Kapazität der DV-Abteilungen das Wagnis einer eigenen WWS-Entwicklung eingegangen werden? Ohne diese Diskussion umfangreich führen zu wollen, dürfte es kaum Zweifel daran geben, dass eine komplexe Warenwirtschaftssystementwicklung selten sinnvoll ist. Das begrenzte Wissen in wenigen Mitarbeiterköpfen verbietet es bereits, eine Eigenentwicklung anzustreben. Dieses bedeutet jedoch nicht, dass die Standardsoftware nicht in erheblichem Umfang angepasst werden muss. Die Einführung von Standardsoftware neben dem Betrieb des alten Systems ist jedoch einfacher als sämtliche Kapazitäten für eine Eigenentwicklung zu „opfern" (angesichts des Anwendungsstaus bei der Weiterentwicklung des alten Systems).

Aufgrund der Präferenz für standardisierte Warenwirtschaftssysteme wurde von den Autoren eine Marktübersicht erstellt. Anhand der Marktübersicht konnten verfügbare Produkte analysiert werden (vgl. Kapitel 3). Es wird im Folgenden die Möglichkeit des Einsatzes von Individualsoftware nicht näher in Betracht gezogen. Statt dessen werden ausschließlich am Markt verfügbare Systeme untersucht.

1.2.5   State-of-the-Art moderner Standardsoftware-Systeme

1.2.5.1   Arten von Standardsoftware

Software setzt sich aus Programmen, die auf einem Computer ausführbar sind, und den zugehörigen Daten sowie begleitenden Dokumenten zusammen.[51] Software kann weiter unterteilt werden in System- oder Basissoftware, die für den Betrieb der Hardware erforderlich ist (vgl. Abbildung 5). Aktuell sind die UNIX-Derivate der großen Hardwarehersteller (zum Beispiel IBM, Hewlett Packard, Siemens), das Betriebssystem Linux und das Microsoft Betriebssystem NT am weitesten verbreitet. Zur Basissoftware gehören Softwaresysteme, die die Verbindung zwischen den Applikationen und dem Betriebssystem herstellen. Hervorzuheben sind Datenbankmanagementsysteme, die für die Speicherung, Integritätssicherung und zeitgerechte Bereitstellung der Daten erforderlich sind, und Workflowmanagementsysteme, die die Steuerung der Applikationen übernehmen können.

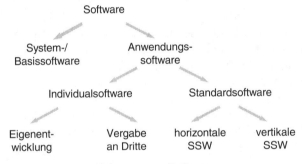

Abbildung 5:   Typisierung von Software

Software, die der betrieblichen Leistungserstellung dient, wird als *Anwendungssystem oder -software* bezeichnet. Anwendungssoftware kann dezidiert für einen Anwendungsfall erstellt werden, so dass Individualsoftware vorliegt. Alternativ kann *Standardsoftware* (SSW) „am Markt" gekauft werden. Standardsoftware ist ein Softwareprodukt, welches nicht spezifisch für eine Anwendungssituation konzipiert ist, sondern in unterschiedlichen Situationen zur Problemlösung beitragen kann. Oder die Software kann am Markt, quasi von der Stange, gekauft werden.

Es können zwei Typen von Standardsoftware,[52] horizontale und vertikale Standardsoftware, differenziert werden. Erstere ist „unabhängig" von der Organisationsstruktur des Unternehmens einsetzbar, wie Textverarbeitungs-, Grafik- oder Tabellenkalkulationsprogramme (zum Beispiel Microsoft Word oder Microsoft Excel).

---

[51]   Vgl. Hesse et al. (1994).
[52]   Es wird im folgenden nur der Terminus Standardsoftware verwendet, obgleich der Begriff Standard-Anwendungssystem exakter wäre.

Vertikale Standardsoftware ist von der Organisationsstruktur des Unternehmens abhängige Standardsoftware. Diese Art von Standardsoftware ist Gegenstand des vorliegenden Buches.

1.2.5.2 Softwaretechnische Realisierungskonzepte für Warenwirtschaftslösungen

Bei aller Fokussierung auf die Warenwirtschaftskomponente darf nicht übersehen werden, dass letztendlich das Warenwirtschaftssystem nur ein Element – wenn auch ein dominierendes – der Gesamt-IT-Architektur von Handelsunternehmen ist. Neben der zentralen Warenwirtschaftskomponente wird beispielsweise in filialisierenden Handelsunternehmen in der Regel eine dezentrale Warenwirtschaftskomponente eingesetzt (z. B. DEWAS von Superdata). Zusatzsysteme werden zudem vielfach im Bereich der automatisierten Disposition (Logomate von Remira, E3 von JDA oder SuperStore/SuperWarehouse von SAF), der Personaleinsatzplanung und der Regalplanung (Space Management) genutzt.[53]

Handelsunternehmen können daher die Ausgestaltung der (zentralen) Warenwirtschaftslösung nicht isoliert betrachten, sondern müssen diese Fragestellung in den Gesamtkontext der Ausgestaltung der IT-Infrastruktur einordnen. Gerade für mittelständische Handelsunternehmen gewinnt vor diesem Hintergrund die Verfügbarkeit integrierter bzw. abgestimmter Gesamtlösungen an Bedeutung. Einerseits kann die Vielzahl der Softwarelieferanten und Ansprechpartner hierdurch reduziert werden, andererseits sinkt die Fehleranfälligkeit, insbesondere im Schnittstellenbereich, und das Releasemanagement wird vereinfacht.

Vor diesem Hintergrund kann bei den softwaretechnischen Realisierungskonzepten für Warenwirtschaftssysteme grundlegend zwischen dem sogenannten „Best-of-Breed"-Ansatz[54], d. h. einer Zusammenstellung der benötigten Gesamtfunktionalität aus einer Vielzahl einzelner Teillösungen unterschiedlicher Hersteller, und einer einheitlichen integrierten Paketlösung differenziert werden. Letztere können weiter unterschieden werden in klassische Warenwirtschaftssysteme und ERP-Systeme, so dass drei wesentliche softwaretechnische Realierungskonzepte denkbar sind.

„Best-of-Breed"-Lösungen

In der Reinform des „Best-of-Breed"-Ansatzes wird die warenwirtschaftliche Gesamtlösung durch eine Vielzahl einzelner Teilapplikationen, die projektindividuell

---

[53] Dieser Aspekt wird in diesem Buch durch eine explizite Betrachtung der wesentlichen Zusatzsysteme (u. a. für die Bereiche Finanzbuchhaltung, Automatische Diposition, Lagersteuerung, Space Management, Zeiterfassung und Archivierung) im Abschnitt 3.11 berücksichtigt.

[54] Beim „Best-of-Breed"-Ansatz wird für die einzelnen Teilfunktionen jeweils das beste auf dem Markt erhältliche Produkt gewählt, so dass sich die Gesamtanwendung aus verschiedenen getrennt entwickelten Teilanwendungen zusammensetzt.

zusammengefügt werden,[55] realisiert. Der Vorteil dieses Ansatzes liegt darin, dass für die einzelnen funktionalen Teilbereiche jeweils die beste am Markt verfügbare Software ausgewählt werden kann. Fehlende standardisierte Schnittstellen sowie eine in vielen Bereichen nur eingeschränkte Verfügbarkeit geeigneter Komponenten führen trotz einer intensiven wissenschaftlichen Diskussion derartiger Ansätze dazu, dass diese (bisher) in der Praxis keine größere Bedeutung besitzen. Neben den bereits erwähnten Schnittstellenproblemen sind als Nachteile insbesondere heterogene Benutzeroberflächen und eine oftmals nicht integrierte redundante Datenhaltung zu nennen.

In einer abgeschwächten Form des „Best-of-Breed"-Ansatzes nimmt ein Anbieter die Zusammenstellung von seiner Einschätzung nach führenden Teilanwendungen (unterschiedlicher Softwarehersteller) für ein bestimmtes Szenario vor. Dem Anwender bleibt es dadurch erspart, die jeweils besten Teillösungen selbst zu ermitteln und diese individuell zu integrieren. Diesem Konzept im weiteren Sinne zuordenbar ist die bis vor kurzem unter der Bezeichnung *Armature A-Series* vertriebene Handelslösung von Armature.[56] Eine entsprechende Offenheit und Dokumentation der einzelnen Teilanwendungen vorausgesetzt, bieten diese Ansätze Spielraum für eine individuelle Erstellung von Zusatzfunktionen. So basiert das Warenwirtschaftssystem von Wal-Mart im Kern auf der Datenhaltungskomponente *A-Series Library* von Armature, während die eigentliche Anwendungsfunktionalität weitestgehend individuell ergänzt wurde.

JDA folgt mit dem Portfolio-Ansatz ebenfalls der „Best-of-Breed"-Idee, indem für einen bestimmten Einsatzbereich (mehrstufiger Handel und Massenfilialisten) die am besten geeignet erscheinenden Einzellösungen zu einem Gesamtportfolio zusammengefügt werden. So konnte JDA in den letzten Jahren sein Portfolio durch die Übernahme von Intactix und E3 und die Integration von deren Speziallösungen (u. a. zur automatischen Disposition und zur Regalplanung) deutlich erweitern. Das JDA-Portfolio dürfte damit derzeit zu den Handelslösungen mit der größten Funktionsbreite gehören. Die Integration der Teilkomponenten – gerade bei den übernommenen Fremdprodukten – beschränkt sich primär auf eine Datenintegration, so dass das Look-and-Feel und die Bedienung der Teillösungen z. T. unterschiedlich ausfallen.

Während im anglo-amerikanischen Raum eine größere Akzeptanz und Verbreitung des „Best-of-Breed"-Ansatzes gegeben ist, lässt sich im deutschsprachigen Raum

---

[55]   Das grundsätzliche Vorgehen entspricht dem Ansatz der Componentware, allerdings ist typischerweise die Granularität der einzelnen Komponenten größer, als dies beim Componentware-Ansatz intendiert ist.

[56]   Die Armature A-Series besteht aus einer Vielzahl individueller Produkte und Routinen, z. T. von unterschiedlichen Herstellern und mit unterschiedlichen Benutzeroberflächen, die jedoch auf einer gemeinsamen Datenbank der A-Series Library aufsetzen. Mitte 2002 wurde Armature von Lawson Software übernommen und die Armature A-Series in die Lawson Merchandising Suite integriert.

eine klare Präferenz der Entscheidungsträger für einheitliche, vollständig integrierte Gesamtlösungen, zu welchen beispielsweise SAP zu zählen ist, feststellen. Lediglich in wenigen abgegrenzten Funktionsbereichen, z. B. Regaloptimierung oder Dispositionsoptimierung (vgl. Abschnitt 3.11), konnten sich am deutschen Markt Spezialsysteme etablieren, die als Ergänzung zu einem Warenwirtschaftssystem eingesetzt werden.

Klassische Warenwirtschaftssysteme und ERP-Systeme

In der aktuellen Diskussion um Standardsoftware wird häufig auch der Terminus Enterprise-Resource-Planning-System (ERP-System) diskutiert. Ein Warenwirtschaftssystem wurde bereits in Kapitel 1.2.2 definiert als System zur Unterstützung der dispositiven und logistischen abrechnungsbezogenen Aktivitäten zur Unterstützung der Geschäftsprozesse des Handels (Lager-, Strecken-, Zentralregulierungs- und Aktionsgeschäft sowie das Dienstleistungsgeschäft). In Abgrenzung zum klassischen Warenwirtschaftssystem wird ein ERP-System hier umfassender interpretiert, da die in der Marktübersicht vorgestellten Warenwirtschaftssysteme entweder Bestandteil von umfassenderen ERP-Systemen sind oder ausschließlich Warenwirtschaftsfunktionen unterstützen.[57]

Die meisten ERP-Systeme sind originär in der Industrie eingesetzt worden. Aus einer historischen Analyse heraus betrachtet wurden die ersten größeren Systeme als Material-Requirements-Planning-Systeme bezeichnet. Sie hatten die Aufgabe, die Stücklistenverwaltung und die Materialdisposition zu unterstützen. Mit zunehmender Leistungsfähigkeit der Hardware hat sich der Anwendungsbereich der Systeme ausgedehnt, was sich auch im Namen Manufacturing-Resource-Planning-Systeme (MRP II) widergespiegelt hat. Als dritte Entwicklungsstufe werden seit Mitte der neunziger Jahre sogenannte Enterprise-Resource-Planning-Systeme propagiert. ERP-Systeme umfassen heute nicht nur die für die Steuerung der Fertigung oder der Logistik relevanten Prozesse, sondern sollen ein integriertes Anwendungssystem für die diversen Aufgaben eines Unternehmens bereitstellen.

Ein ERP-System kann durch folgende Merkmale beschrieben werden:

- Ein ERP-System als spezifisches Anwendungssystem weist zunächst die Charakteristika von Anwendungssystemen auf, das heisst es dient zur Unterstützung von Aufgaben der Anwender.

- Funktional ist hervorzuheben, dass sie die Unterstützung „sämtlicher" Aufgaben eines Unternehmens anstreben und mindestens in die drei Komponenten Human Resources, Financials und Logistics unterteilt sind.

---

[57] Die ERP-Systeme werden in der Marktübersicht als universelle betriebliche Standardsoftware mit Handelsspezifika bezeichnet. Die Systeme, die ausschließlich auf den Handel fokussieren, werden dort als Branchenlösungen für den Handel bezeichnet.

- Ein ERP-System setzt sich aus mehreren Teilsystemen zusammen, welche integriert sind, so dass eine Planung und Kontrolle der Ressourcen und Abläufe eines Unternehmens möglich wird.

- Aufgrund der intendierten Anwendungsbreite zeichnen sich ERP-Systeme durch Ablaufalternativen aus, zwischen denen der Anwender vor der Nutzung des Systems auswählen muss.[58]

ERP-Systeme als insbesondere um Personalwirtschafts- und Rechnungswesen-systeme erweiterte Warenwirtschaftssysteme bilden vor allem aus technologischer Sicht den State-of-the-Art moderner Warenwirtschaftssysteme. Sie besitzen gegenüber reinen Warenwirtschaftssystemen den Vorteil, dass sie mit anderen Teilsystemen integriert sind, so dass beispielsweise eine automatische Leistungslohnberechnung für Kommissionierer möglich wird.

Basierend auf umfangreichen Möglichkeiten zur Anpassung (Customizing) erheben ERP-Systeme den Anspruch branchenübergreifend einsetzbar zu sein. Diese Universalität von ERP-Systemen geht zwangsläufig einher mit der fehlenden Berücksichtigung detaillierter branchenspezifischer Anforderungen, so auch ausgefallener Handelsspezifika.

Idealtypische Stärken von ERP-Systemen	Idealtypische Stärken von reinen WWS
• weitgehende Hardware-, Datenbank- und Betriebssystem-unabhängigkeit, • Erstellung der Software mit modernen Entwicklungs-umgebungen (4GL-Sprachen), • vollständige Integration aller betrieblichen Anwendungsbereiche, insb. auch der Finanzbuchhaltung und der Personalabrechnung, • hohe Zukunftssicherheit aufgrund des technologischen State-of-the-Art und der Marktposition des Anbieters, • hohe Flexibilität durch umfassende Customizing-Möglichkeiten.	• umfassende Kenntnis der Branchen-spezifika und -probleme seitens des Softwareanbieters („Anbieter spricht die Sprache des Handels"), • differenzierte Abdeckung der Branchenterminologie und der branchenspezifischen Funktionalität im Standard, • Unterstützung branchenspezifischer Datenschnittstellen und -formate, • optimierte Abläufe und Benutzer-bedienung für das Massengeschäft im Handel.

Tabelle 1: Zugeschriebene Stärken von ERP-Systemen und reinen WWS

---

[58] Zu einer ähnlichen Definition vgl. von Arb (1997), S. 11.

Mit klassischen Warenwirtschaftssystemen und ERP-Systemen existieren zwei soft-
ware-technische Grundalternativen, die sich in ihrer Philosophie deutlich unterscheiden (vgl. Tabelle 1).

Wenngleich diese Charakterisierung idealisiert ist und eine zunehmende Ännäherung
zu erkennen ist, macht sie deutlich, dass sich ERP-Systeme und reine Warenwirtschaftssysteme in ihren Stärken/Schwächen-Profilen signifikant unterscheiden können. ERP-Systeme zeichnen sich eher durch eine technologische Führerschaft aus,
während klassische Warenwirtschaftssysteme eher eine umfassende Abdeckung der
Branchenanforderungen und eine in Hinblick auf Ergonomie- und Effizienzge-
sichtspunkte überlegene Systemgestaltung und Bedienung bieten. Damit dominieren
sie mitunter ERP-Systeme aus funktionaler und ergonomischer Sicht, während aus
strategischer Sicht den ERP-Systemen eine Führungsposition zugeschrieben wird.[59]
Marktführende Anbieter von ERP-Systemen versuchen diese Problematik durch
branchenbezogene Partnerlösungen[60] oder Spezialisierungen zu beheben bzw. zu
mindern. Somit gilt heute keinesfalls generell, dass eine branchenspezifische Lösung
für die Branche immer besser geeignet ist, da die ERP-Lösungen mittlerweile teilweise Spezialisierung besitzen, die funktional sogar umfassender sind als reine
WWS-Lösungen. Es ist im Einzelfall stets eine Prüfung beider Alternativen erforderlich, damit keine dogmatische Vorentscheidung getroffen wird.

1.2.5.3   Eigenschaften moderner Standardsoftware-Systeme

Im Folgenden sollen einige Eigenschaften moderner Systeme skizziert werden, die
den State-of-the-Art bilden. Obgleich die beschriebenen Eigenschaften nicht nur für
ERP-Systeme gelten müssen, werden sie aufgrund der Technologieführerschaft von
ERP-Systemen insbesondere diesen zugeschrieben.

Zunächst haben die ERP-Systemhersteller einen Trend kreiert, der die Trennung des
I und des T in IT (Informationstechnologie) ermöglicht. Die Informationsrevolution,
wie wir sie heute erleben, ist weniger durch die Technologie bedingt, als vielmehr
durch die Anforderungen an den Umgang mit Informationen. Informationen, die das
Handelsmanagement zur Steuerung des Unternehmens benötigt, sind nicht zwangsläufig an eine informationstechnische Unterstützung gebunden. Es wurde zu lange
auf technologische Möglichkeiten fokussiert, zu wenig auf die Frage, wie das

---

[59]   Eine generelle Bewertung der Vorteilhaftigkeit des einen bzw. anderen Ansatzes ist nicht ohne
       Berücksichtigung des jeweiligen Einsatzszenarios und keinesfalls losgelöst von der Betrachtung
       konkreter Softwareprodukte möglich. Gerade für mittelständische Unternehmen kommen
       grundsätzlich beide technologischen Realisierungskonzepte in Betracht, so dass es i. d. R.
       sinnvoll ist, zunächst Vertreter beider Ansätze bei der Softwareauswahl zu berücksichtigen.
[60]   Vgl. hierzu auch die von Partnerunternehmen der SAP bzw. der Microsoft Business Solutions
       Deutschland erstellten handelsbezogenen Branchenlösungen in Abschnitt 4.2 und Abschnitt 1.1.

Handelsmanagement Informationen nutzen kann.[61] Aufgrund der technischen Komplexität wurde daher auf die Transparenz der in einem System verarbeiteten Informationen verzichtet, das System wurde quasi als „black box" verstanden. Dieses hat sich mittlerweile geändert, da die ERP-Hersteller begonnen haben, eine Trennung von Geschäftslogik und technischer Komplexität vorzunehmen. Auf diese Weise wird auch dem Management ein Weg aufgezeigt, die betriebswirtschaftlichen Prozesse, die mit der Software unterstützt werden, zu erkennen und zu gestalten. Die Entkopplung von Wissen und Technik ist fundamental für jede Form der technologischen Entwicklung. Nachdem in den achtziger Jahren eine Abkopplung von Hard- und Software durch offene Systeme möglich wurde, befinden wir uns am Anfang der Periode, in der die Trennung von Anwendungswissen und Technologie möglich wird.

Im Handel sind die besten Anwendungsexperten nicht etwa die Anwender, vielmehr sind die Anwendungsentwickler, da diese genau wissen, welche Implikationen beispielsweise die Konditionsgestaltung bei der Disposition, in der Rechnungsprüfung und bei der Bestandsbewertung haben. Demgegenüber sind die Anwender immer noch damit beschäftigt, die Daten zu erfassen. Erst das Erkennen der Zusammenhänge erlaubt ein Gestalten der Abläufe. Die Verbindung zur Technologie ist dabei zunächst uninteressant, es geht vielmehr um den betriebswirtschaftlichen Gehalt der in Software enthaltenen Prozesse.

Die Kosten, die mit einem ERP-Einsatz verbunden sind, sollten vor der Projektdurchführung keinesfalls unterschätzt werden. Diverse Projekte haben gezeigt, dass eine Reihe von Entscheidungsträgern enorme Einsparpotentiale im IT-Investitionsbudget vermuten. Diese Erwartungen erweisen sich allerdings häufig als Trugschluss. Die Wirtschaftlichkeit einer IT-Investition ist vor allem durch die Einbettung der Informationstechnologie in die Unternehmensorganisation sicherzustellen. Eine exemplarische Aufstellung der mit dem ERP-Einsatz verbundenen Kosten geht aus Abbildung 6 hervor. Die Investition in die ERP-Softwarelizenzen stellen einen nur geringen Kostenfaktor dar, während die Einführung der Software mit erheblichen Aufwendungen verbunden ist. Auch wenn die Kosten für die Hardware der entsprechenden Forrester-Studie zufolge gering sein sollen, im Handel lässt sich eine derartige Aussage kaum aufrechterhalten. Angesichts des Datenvolumens, welches mit modernen integrierten Systemen im Handel zu verwalten ist, entsteht ein immenser Hardwarebedarf, der einen entsprechenden Investitionsbedarf nach sich zieht.

---

[61] So geht aus einer Untersuchung von Moody (1996) hervor, dass die Fokussierung auf Informationen und nicht deren technische Unterstützung für den Erfolg des IT-Einsatzes von enormer Bedeutung sind.

Software	ERP application suite license (HR, financials, distribution) 1.000 regular trained users, 2.000 casual users	3,2
Hardware	Application, Web, and database servers including storage	0,8
Imple-mentation	9 months to complete pilote site including process engineering, apps. configuration, and testing 30 external consultants at $ 1.200 per day 30 internal staffers at an average salary of $ 100.000 Services to license ration: 3 to 1	9,3
Deployment	3 external consultants at 9 sites for 3 months 9 internal staffers at each site for 6 months 5 days of useres training at an average burdened user salary of $ 50.000 3 full-time training staff at an average burnded salary of $ 100.000	7,5
Total (in Mio $)		20,8

Quelle: Gomley, Bluestein, Gatoff, Chun (1998).

Abbildung 6:   Gesamtkosten des ERP-Einsatzes nach Kostenarten

Für den Vergleich der Enterprise-Resource-Planning-Systeme ist auch die Anpass-barkeit derartiger Systeme an die unternehmensspezifischen Anforderungen zu betrachten. Es können vier Anpassungsarten unterschieden werden:[62]

- Customizing
  Im Rahmen des Customizings werden aus der Vielzahl an Ablaufalterna-tiven die für das Unternehmen geeignetsten selektiert. Das ERP-System sieht Konfigurationsalternativen vor, so dass nur die entsprechenden Para-meter eingestellt werden müssen. Mittlerweile versuchen die ERP-Hersteller den umfangreichen Prozess der Parametereinstellung mit Hilfe von Fragebogenkatalogen zu unterstützen.

- Add-on-Programmierung an definierten Schnittstellen
  Viele ERP-Systeme sehen an Programmstellen, an denen typischerweise sehr individuelle Abläufe benötigt werden, sogenannte User-Exits vor. Da-durch wird es möglich, individuelle Algorithmen realisieren zu können, ohne das Standardsystem verändern zu müssen. Derartige Ergänzungen sind i. d. R. vollständig releasefähig. Eingeschränkt wird diese Form der Anpassung dadurch, dass die User-Exits bereits vom Softwarehersteller

---

[62]   Vgl. hierzu auch Stahlknecht, Hasenkamp (1999), S. 323 f.; Alpar, Grob, Weimann, Winter (1998), S. 294.

vorgesehen sein müssen, und so nur User-Exits an ausgewählten Stellen verfügbar sind.

- Modifizierung
  Im Rahmen der Modifikation, die auch als funktionale und strukturelle Anpassung zu verstehen ist, werden fehlende oder nicht den Anforderungen gerecht werdende Funktionen hinzugefügt oder angepasst.

- Modularisierung
  Eine Modularisierung liegt vor, wenn komplette Programmbausteine im ERP-System fehlen oder ersetzt werden müssen. Derartige Fälle liegen vor, wenn der Standardsoftware Bausteine fehlen oder die installierten Programmbausteine nicht mit kleineren Modifikationen an die Bedürfnisse des Unternehmens angepasst werden können.

Bei der Bewertunng von ERP-Systemen kommt der Frage, über welche der vorgenannten Anpassungstechniken im Standard nicht vorhandene, jedoch zwingend erforderliche unternehmensspezifische Anforderungen abgebildet werden können, eine wesentliche Rolle zu. Während Customizing und Add-on-Programmierungen die Releasefähigkeit erhalten und typischerweise im Zeitablauf nur einen geringen Wartungsaufwand mit sich bringen, ist bei Modifikationen mit erheblichen Folgekosten bei Releasewechseln zu rechnen.[63]

Die führenden ERP-Systeme zeichnen sich heute neben einer ungeahnten funktionalen Mächtigkeit auch durch diverse technologische Merkmale im Bereich der Middleware auf. Beispielsweise verfügen ERP-Systeme zumeist über ein eigenes Workflowmanagementsystem, um auch Fremdsysteme in Abläufe integrieren zu können. Weitere Technologien, die aktuell das Erscheinungsbild von ERP-Systemen prägen, sind Data-Warehouse-Konzepte, Business Engineering Tools sowie Supply-Chain-Management- und Customer-Relationship-Konzepte.

1.2.6 Spezifische Problemstellungen des Handels und Anforderungen an Warenwirtschaftssysteme

Aus Art und Umfang der von Handelsunternehmen wahrgenommenen Funktionen und deren zentraler Stellung in der Wertschöpfungskette als Mittler zwischen Industrie und (End-) Verbrauchern resultieren spezifische Anforderungen an die Anwendungssysteme, die sich teilweise deutlich von denen anderer Branchen unterscheiden.

Nachfolgend werden einige dieser Aspekte betont, wobei der Fokus nicht auf einer vollständigen Auflistung aller Handelsspezifika liegt. Vielmehr wird das Ziel

---

[63] Zur Berücksichtigung dieser Aspekte im Rahmen der Softwareauswahl vgl. Abschnitt 2.4.2.1.

verfolgt, einige für die Auswahl von Warenwirtschaftssystemen für besonders relevant erachtete Aspekte zu verdeutlichen und aufzuzeigen, welche konkreten Anforderungen sich hieraus an ein standardisiertes Warenwirtschaftssystem und den
Auswahlprozess eines solchen ableiten.

1.2.6.1 *Komplexe Organisationsstrukturen*

Umfassende Handelssysteme und mehrstufige Handelsunternehmen zeichnen sich
aufgrund der Bandbreite der wahrgenommenen Funktionen und der räumlichen Ausdehnung ihres Tätigkeitsgebiets in der Regel durch komplexe Organisationsstrukturen aus.

Bei Handelssystemen mit mehreren rechtlich selbstständigen Unternehmen muss aus
rechtlichen Gründen (z. B. hinsichtlich der Bilanzerstellung) eine exakte Abgrenzung
im Warenwirtschaftssystem vorgenommen werden. Neben der Zuordnung der einzelnen Betriebsstätten und Geschäftsvorfälle zum jeweiligen rechtlich selbstständigen
Unternehmen kommt der Abwicklung unternehmensübergreifender, aber system-
interner Prozesse (beispielsweise Lieferungen oder Umlagerungen zwischen zwei
Unternehmen eines Handelssystems) eine besondere Bedeutung zu.

Aus logistischer Sicht sind Ablade- und Empfangsstellen, Lager, Lagerorte und gegebenenfalls lagerplatzbezogene Bestände abzubilden, während die einkaufsorientierte
Sicht die organisatorische Ausgestaltung der Zuständigkeiten im Einkauf beschreibt.
So wird festgelegt, welcher Einkäufer (oder welche Einkäufergruppe) welche Artikel
für welche Betriebsstätten disponiert sowie welcher Beschaffungsweg (z. B. Bezug
über Zentrallager oder direkte Streckenlieferung durch den Lieferanten) in Abhängigkeit vom Artikel bzw. der Art des Geschäftsvorfalls zu nutzen ist. Vertriebsseitig
sind Strukturen, wie unterschiedliche Vertriebswege, Vertriebslinien und Vertriebs-
gebiete bis hin zu einzelnen Filialen, im Warenwirtschaftssystem abzubilden.

Die komplexen Beziehungen, die zwischen diesen unterschiedlichen Organisationsstrukturen bestehen können, werden in Abbildung 7 angedeutet.

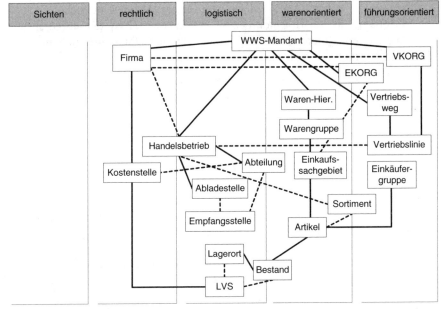

Quelle: Becker, Uhr, Vering (2000), S. 23.

Abbildung 7: Abbildung von Organisationsstrukturen am Beispiel von mySAP Retail[64]

Nicht nur für statistische Auswertungen ist es wichtig, dass hierarchische Organisationsstrukturen (beispielsweise Vertriebslinie-Vertriebsgebiet-Filialgruppe-Filiale) auch im Warenwirtschaftssystem als echte Hierarchie nachgebildet werden können. Dadurch wird es möglich, Bezugswege und Konditionen direkt auf der jeweiligen Hierarchieebene (z. B. für ein Vertriebsgebiet) zu definieren. Neben einer größeren Flexibilität bietet dies den Vorteil, dass Datenredundanzen sowie der damit einhergehende Datenpflegeaufwand minimiert werden.

Resultierende Anforderungen an ein Warenwirtschaftssystem bzw. den Auswahlprozess

- Organisationsstrukturen ziehen sich quer durch alle Funktionen eines Warenwirtschaftssystems und sind nur durch gravierende Eingriffe (strukturelle Modifikation) individuell zu erweitern. Der Analyse der Abdeckung der strukturellen Anforderungen kommt somit bei der Auswahl eines Warenwirtschaftssystems eine hohe Priorität zu.

- Grundsätzlich ist es positiv zu bewerten, wenn ein Warenwirtschaftssystem umfassende und flexible Möglichkeiten zur Abbildung der Organisations-

---

[64] Die einkaufsorientierte und die vertriebsorientierte Sicht sind in dieser Darstellung zusammengefasst als führungsorientierte Sicht dargestellt.

strukturen bietet. Wird jedoch von einem Handelsunternehmen auch langfristig nur ein Bruchteil der im Warenwirtschaftssystem vorgesehenen Organisationsstrukturen benötigt, so besteht die Gefahr, einer zu komplexen Benutzerführung sowie einer Ineffizienz des Systems.

• Eine explizite Erhebung der derzeitigen und – nicht weniger wichtig – der absehbaren künftigen strukturellen Anforderungen ist bei der Softwareauswahl unverzichtbar.

1.2.6.2 *Sortimentsspezifische Anforderungen*

Bei Handelsunternehmen derselben Wirtschaftsstufe (Einzelhandel bzw. Großhandel) wird oftmals eine weitgehende Homogenität hinsichtlich der betriebswirtschaftlichen Funktionen und Prozesse unterstellt. Wenngleich dies bei einer grobgranularen Betrachtung der Beschaffungs-, Logistik- und Vertriebsprozesse durchaus gerechtfertigt erscheint, ergeben sich jedoch auf detaillierter Ebene erhebliche sortimentsbezogene Unterschiede,[65] die im Rahmen einer Softwareauswahl Kernanforderungen darstellen können.

Tabelle 2 zeigt einige Spezifika ausgewählter Sortimentsbereiche.[66] Viele der aufgeführten Aspekte betreffen nicht nur isoliert eine Funktion eines Geschäftsprozesses, sondern wirken auf verschiedene einkaufs- und vertriebsseitige Kernprozesse. Eine Variantenverwaltung hat beispielsweise Einfluss auf die Mehrzahl aller warenwirtschaftlichen Bereiche, da als bestandsführende Einheit (stock keeping unit) nicht mehr der Artikel (z. B. Jeans 501), sondern die Artikelvariante (z. B. Jeans 501, blau, Bundweite 33, Beinlänge 34) zu verwenden ist. Einerseits erfordert dies in der Stammdatenverwaltung geeignete Pflegemasken, andererseits müssen die Disposition, die Bestandsführung sowie die vertriebsseitige Abwicklung auf Variantenebene erfolgen.

Deckt ein standardisiertes Warenwirtschaftssystem derartige Anforderungen nicht ab, so lassen sich diese aufgrund der Vielzahl der betroffenen Funktionsbereiche und der Notwendigkeit zu strukturellen Modifikationen des Warenwirtschaftssystems i.d.R. nicht mit vertretbarem Aufwand realisieren.

---

[65] Zur Relevanz unterschiedlicher Wareneigenschaften vgl. Tietz (1993), S. 25 f. Zu spezifischen Anforderungen unterschiedlicher Betriebstypen des Handels und deren Einfluss auf die Gestaltung von Warenwirtschaftssystemen vgl. Wolf (1993), S. 14 f.

[66] Hervorgehoben sind Spezifika, die eine Vielzahl von funktionalen Bereichen innerhalb des Warenwirtschaftssystems betreffen.

Branche	Spezifika	Branche	Spezifika
Lebensmittel	- **Frischeproblematik** (MHD) - hohe Umschlagsgeschwindigkeit mit häufiger Nachdisposition - **Aktionsmanagement**	Chemikalien	- **Chargenorientierung / -verfolgung** - **Rezepturen** - **Gefahrstoffverwaltung**
Metall, Stahl	- **Biegeauftragsverwaltung** - **differenzierte Stahlpreisberechnung**	Medizin/ Pharma	- Anbindung Pharmazentraldatei (PZD) - **Chargenverwaltung** gemäß Transfusionsgesetz - erweiterte Artikelstammdaten (Darreichungsform, Wirkstoff, Indikation, ...)
Elektro-GH	- umfangreiches Sortiment - **Objektgeschäft** - ELDANORM-Datenpflege - **Metallzuschläge** (z.B. DEL-Notizen, Silberpreisfindung nach Klöckner-Möller) - RGI-Rückvergütung - **Seriennummerverwaltung** / Reparaturabwicklung - **Restlängenverwaltung** - Transportbehältnisverwaltung (z.B. KTG-Trommeln)	Sanitär- / Heizungs-GH	- Artikelstammdatenpflege nach AGS, MKS, ITEK - DATANORM Import / Export - Badplan 3D-Schnittstelle - Küchenplanungsschnittstelle - Baustellenverwaltung - VGA-Gutschriften und -Verfolgung
Baustoffe, Holz	- Rundholzberechnung (z.B. Bruttobandmaß, Kreuzbandmaß, Zopfmaß) - **Aufmaßverwaltung** / Zuschnittoptimierung - **Chargen- u. Nuancenverwaltung**	Textil, Schuhe, Sport	- durchgehende **Saisonorientierung** - Moderisikofaktoren - Verwaltung von **Artikelvarianten** (z.B. Farbe-Bundweiten-Beinlängen-Varianten bei Jeans)

Tabelle 2: Branchenspezifika von Warenwirtschaftssystemen

Eine besondere Problemstellung ergibt sich für große Handelssysteme, die über verschiedene Vertriebskanäle heterogene Sortimente (z. B. Mode, Lebensmittel und Baustoffe) abdecken.[67] Es stellt sich die grundlegende Frage, ob Abstriche hinsichtlich der sortimentsbezogenen Ausrichtung des Warenwirtschaftssystems und somit eine eher universelle Lösung möglich ist, oder ob die parallele Nutzung verschiedener Spezial-Warenwirtschaftssysteme sinnvoll ist. Isolierte Warenwirtschaftssysteme erscheinen nur bei heterogenen und sehr eigenständigen Teilbereichen vertretbar, da primär eine systemübergreifende Integration der Auswertungssysteme erforderlich ist.[68] Existieren jedoch bereichsübergreifende Interdependenzen (beispielsweise gleiche Lieferanten und/oder Kunden oder überlappende Sortimentsbereiche), so ist grundsätzlich ein integriertes Warenwirtschaftssystem vorteilhaft.

Resultierende Anforderungen an ein Warenwirtschaftssystem bzw. den Auswahlprozess

- Eine explizite Ausrichtung eines standardisierten Warenwirtschaftssystems auf die geforderte Branche garantiert im Regelfall eine umfassende und effiziente Abdeckung der branchenspezifischen Anforderungen. Bei branchenneutralen Warenwirtschaftssystemen ist der Prüfung der branchenspezifischen Anforderungen und einer Ermittlung des erforderlichen Anpassungsaufwands große Aufmerksamkeit zu schenken. Es ist zu prüfen, inwie-

---

[67] Ein Beispiel stellt die Douglas Holding AG dar, die über verschiedene Vertriebskanäle Schmuck (Christ Juweliere und Uhrmacher), Bücher (Thalia Bücher), Parfümerieartikel (Douglas Parfümerien), Süßwaren (Hussel) sowie Mode und Sport (Sport Vosswinkel, Appelrath-Cüpper und Pohland) anbietet.

[68] So nutzte die Karstadt AG Mitte der 90er Jahre zehn unterschiedliche Warenwirtschaftssysteme, insbesondere für die Sortimentsbereiche Textilien, Mode, Stoffe, Großstücke, Tonträger, Unterhaltungselektronik und Lebensmittel, vgl. Eierhoff (1994), S. 356 ff.

weit eine gegebenenfalls durch Anpassung des Warenwirtschaftssystems realisierbare Lösung den gestellten fachlichen sowie den Ergonomie- und Effizienzanforderungen entspricht.

• Sind geforderte grundlegende Konzepte (Artikelvarianten, Chargen, Set-Artikel, Saisonorientierung, Einzel-Identverfolgung etc.) in einem Waren-wirtschaftssystem nicht realisiert - aber zwingend erforderlich -, so ist eine effiziente Unterstützung der Geschäftsprozesse kaum möglich.

1.2.6.3 Mengenvolumen und Artikelanzahl

Eine Besonderheit des Handels stellt das im Vergleich zur Industrie hohe Volumen an Geschäftsvorgängen sowie die typischerweise große Artikelanzahl dar.[69] Differen-ziert nach Einzelhandel, Großhandel und Versandhandel lassen sich kritische Kenn-größen identifizieren:

Einzelhandel

Im filialisierenden Einzelhandel ist die primär kritische Größe die Anzahl der zu be-rücksichtigenden Filialen. Da im Extremfall filialindividuell Preise, Konditionen, Be-zugswege etc. definiert werden können, geht die Filialanzahl multiplikativ bei der Berechnung des möglichen Datenvolumens (z. B. der Artikelkonditionen oder der Artikellagerplätze) ein.[70] Besondere Bedeutung kommt in diesem Kontext der effizienten Pflege und Verwaltung der Stammdaten zu.[71]

Ein typisches Beispiel für den filialisierenden Einzelhandel ist die Firma Ihr Platz, die 1998 mit der Einführung des Warenwirtschaftssystem SAP Retail begonnen hat.[72] Tabelle 3 zeigt wesentliche Kenngrößen des Daten- und Geschäftsvorfallvolumens.

---

[69] Vgl. Hertel (1998), S. 82.
[70] So ergeben sich bei 5.000 Artikeln und 1.000 Filialen bereits 5.000.000 Artikellagerplätze mit (theoretisch) ebenso vielen Artikelpreisen und -konditionen.
[71] Vgl. Abschnitt 1.2.6.4.
[72] Zunächst wurden 98 Märkte in 1998 umgestellt, die weiteren folgten bis Mitte 2000. Vgl. Wagner (2000), S. 1.

Einzelhandel (Ihr Platz)		
Artikelstamm	30.000	
Märkte	670	
Lagerplätze		
(artikel-filialspezifische Lager)	12.000.000	
POS-Upload-Positionen[73]	1.200.000	/ Tag
- in der Spitze ca.	3.500.000	/ Tag
Warenausgangsbuchungen	300.000	/ Tag
Anwende	450	
Datenvolumen (GB)	1.400	
Datenzuwachs (GB)	10	/ Tag

Tabelle 3: Exemplarisches Mengenvolumen im Einzelhandel am Beispiel von *Ihr Platz*[74]

Auffällig sind der Umfang des POS-Uploads sowie die Vielzahl definierter Lagerplätze: Das große *POS-Upload-Volumen* - von bis zu 3,5 Mio. Positionen täglich - resultiert aus der unverdichteten Übertragung der täglichen Abverkaufsdaten (Bondaten) von den Kassensystemen zum zentralen Warenwirtschaftssystem. Die POS-Abverkaufsdaten werden in der Unternehmenszentrale für die zentrale Disposition benötigt, so dass ein zeitnaher nächtlicher Upload erforderlich ist. Eine Parallelisierung kann nur begrenzt erfolgen, so dass das zur Verfügung stehende Zeitfenster einen potenziellen Engpass darstellt.[75]

Werden die Lagerbestände der einzelnen Filialen artikelgenau im zentralen Warenwirtschaftssystem geführt, so folgt aus der multiplikativen Verknüpfung von Filialen und Artikeln eine ungewöhnlich große Anzahl an Lagerplätzen (bei Ihr Platz über 12 Millionen). Die Verwaltung dieser Bestandsdaten sowie die Durchführung der entsprechenden Lagerplatzzu- und -abbuchungen stellen enorme Anforderungen an die Leistungsfähigkeit eines Warenwirtschaftssystems und die eingesetzte Hardware.

Großhandel

Die in vielen Großhandelsbereichen gegebene Sortimentstiefe und -breite führt zu einer gegenüber dem filialisierenden Einzelhandel deutlich vergrößerten Arti-

---

[73] Hierbei handelt es sich um den Upload der Bondaten aus den Kassensystemen der Märkte in das zentrale Warenwirtschaftssystem. Zum POS-Upload siehe z. B. Rotthowe (1998), S. 143 ff.
[74] Wagner (2000), S.4.
[75] Karnstädt (2001) nennt als Anforderung eines großen Handelsunternehmens ein Volumen von 16.000.000 POS-Positionen, die in einem Zeitfenster von vier Stunden ins zentrale Warenwirtschaftssystem zu übertragen und zu verbuchen sind, und zeigt Lösungsansätze für derartige Problemstellungen auf.

kelanzahl (vgl. Tabelle 4). Anforderungen ergeben sich im Großhandel darüber hinaus aus der Verkaufsabwicklung, da anders als im Einzelhandel einerseits der komplette Verkaufsprozess – bestehend aus der Angebotserstellung, der Auftragsannahme und -erfassung, der Kommissionierung, dem Versand, der Fakturierung und der Überwachung des Zahlungseingangs – durchlaufen wird. Andererseits wird in Bezug zum Unternehmensumsatz eine im Vergleich zur Industrie untypisch große Anzahl an Verkaufsvorgängen durchgeführt, da der durchschnittlich erzielte Auftragswert im Vergleich zur Industrie oftmals sehr gering ist. Im Bereich des technischen bzw. Elektronik-Großhandels liegt der durchschnittliche Kundenauftragswert beispielsweise bei 180 EUR bis 200 EUR.

Großhandel (Elektronik-Großhändler)	
Artikelstamm	84.000
Lieferantenbestellungen	1.920 / Tag
Lieferantenrechnungen	1.680 / Tag
Kundenangebote	1.480 / Tag
Kundenaufträge	8.800 / Tag
Kundenrechnungen	4.800 / Tag

Tabelle 4: Exemplarisches Mengenvolumen im Großhandel am Beispiel eines Elektronik-Großhändlers

Eine vergleichbare Größenordnung zeigen die Stamm- und Bewegungsdaten des Großhandelsbereichs der *Edeka Minden-Hannover* (vgl. Tabelle 5). Besonders hervorzuheben sind die täglichen 25.000 *Artikeldispositionen*, die auf für den Lebensmittelhandel typische kurze Dispositionszyklen zurückzuführen sind.

Großhandel (Edeka Minden-Hannover)	
Artikel	90.000
Kunden	3.500
Lieferanten	7.500
Wareneingang	2.200 / Tag
Warenausgang (Auslieferungen)	5.000 / Tag (ca. 300.000 Pos. täglich)
Kundenrechnungen	5.500 / Tag
Disposition von Artikeln	25.000 / Tag

Tabelle 5: Exemplarisches Mengenvolumen im Großhandel am Beispiel der *Edeka Minden-Hannover* (Großhandel)[76]

---

[76] Vgl. Piepke (2000), S. 2.

Versandhandel

Die Problematik des Versandhandels entspricht aus Sicht der DV-technisch relevanten Mengen- und Volumengrößen weitgehend der des Großhandels. Sämtliche Verkaufsvorgänge werden wiederum mit Kundenbezug und komplettem Durchlauf des Verkaufsprozesses durchgeführt. Die Anzahl der Verkaufsvorgänge ist aufgrund des direkten Endkundengeschäfts und des damit einhergehenden geringen durchschnittlichen Auftragswerts typischerweise noch kritischer als im Großhandelsbereich. Die Anzahl der Kunden, die mit Kundenstammdaten im Warenwirtschaftssystem geführt werden, kann die Größenordnung von mehreren Millionen erreichen, so dass Performance- und Effizienz-Aspekte zur zentralen Fragestellung werden können. Die Daten des Versandhändlers Conrad Elektronik[77] verdeutlichen dies (siehe Tabelle 6). Hervorzuheben als Besonderheit des Versandhandels ist ferner die Bedeutung der Kundenretourenabwicklung[78] (mit ca. 2000 Retouren pro Tag bei Conrad Elektronik).

Versandhandel (Conrad Elektronik)		
Kundenstamm	4.500.000	
Artikelstamm	70.000	
Lagerplätze	100.000	
Fakturen	35.000	/ Tag
Versandaufträge	30.000	/ Tag
Versandpositionen	150.000	/ Tag
(Kunden-)Retourenvorgänge	2.000	/ Tag
(Lieferanten-)Bestellpositionen	2.000	/ Tag
Druckvolumen (Seiten)	100.000	/ Tag
Anwender	800	
Datenvolumen (GB)	1.000	
Datenzuwachs (GB)	2	/ Tag

Tabelle 6: Exemplarisches Mengenvolumen im Versandhandel am Beispiel von *Conrad Elektronik*[79]

---

[77] Conrad Elektronik hat über längere Zeit mit der SAP AG an der Entwicklung einer auf SAP R/3 basierenden Versandhandelslösung gearbeitet und setzt diese in Teilbereichen seit 1999 produktiv ein.

[78] Im Versandhandel werden je nach Sortimentsbereich teilweise Retourquoten von 30-50 % erreicht. Hohe Retourquoten sind typisch für Textilien und Schuhe. Hier spielen vor allem Passprobleme sowie das Problem, dass Textilien einmal getragen und anschließend retourniert werden, eine große Rolle.

[79] Liebig (2000), S. 4. Bei den genannten Daten handelt es sich um Planwerte, die als Basis für die Systemauslegung und den Leistungstest genutzt wurden. Sie dürften tendenziell (leicht) höher liegen als die tatsächlichen Ist-Werte.

Resultierende Anforderungen an das Warenwirtschaftssystem / den WWS-Auswahl-prozess

- Mittlere und große Handelsunternehmen stellen im Vergleich zur Industrie signifikant höhere Anforderungen hinsichtlich der Anzahl der Stammdaten sowie der abzuwickelnden operativen Geschäftsvorfälle. Gerade bei universellen ERP-Systemen können Performanceaspekte bzw. die erforderlichen Hardwareinvestitionen, die zwingend berücksichtigt werden sollten, ein Problem darstellen.

- Wesentliche Unterschiede bestehen (auch aus Sicht des Mengenvolumens) zwischen dem Einzelhandel einerseits und dem Groß- und Versandhandel andererseits. Für große Handelsunternehmen ist es unverzichtbar, dass ein Warenwirtschaftssystem auf den vorgesehenen Einsatzbereich zugeschnitten ist.

- Die genannten kritischen Kenngrößen sind im Rahmen der Ist-Analyse zu erheben und deren mittelfristige Entwicklung ist zu prognostizieren. Die Eignung der Software für das prognostizierte künftige Datenvolumen ist als Kernanforderung zu verstehen.

- Bei Referenzinstallationen des Softwareanbieters ist die Vergleichbarkeit des Datenvolumens kritisch zu hinterfragen.

1.2.6.4 Stammdatenpflege

Die Stammdatenpflege, insbesondere die Pflege der Artikelstammdaten, stellt in vielen Handelsunternehmen eine zeit- und personalaufwendige Aufgabe dar, die eine adäquate DV-technische Unterstützung erfordert. Typische Szenarien sind:

- die Änderung sämtlicher Einkaufspreise bei einem Lieferanten um einen festen Prozentsatz (einfacher Fall) bzw. eine komplett neue Preisgestaltung des Lieferanten, die eine Preiserfassung für jeden betroffenen Artikel erfordert (komplexer Fall),

- die Änderung der Einkaufspreise eines Sortimentsbereichs bei einem Lieferanten um einen festen Prozentsatz bzw. eine komplett neue Preisgestaltung, die eine Preiserfassung für jeden betroffenen Artikel erfordert,

- die Änderung der Verkaufspreise aller bzw. ausgewählter Artikel einer Niederlassung/ Filiale,

- die Änderung der Verkaufspreise aller bzw. ausgewählter Artikel einer Gruppe von Niederlassungen/Filialen,

- die Änderung der Verkaufspreise aller bzw. ausgewählter Artikel aller Niederlassungen/Filialen.

Diese Beispiele für Preisänderungen machen bereits deutlich, dass flexible Instrumente zur Massendatenpflege erforderlich sind, die über geeignete Kriterien eine möglichst beliebige Auswahl der zu verändernden Stammdaten zulassen sollten. Fehlen derartige Konstrukte, ist ein enormer zusätzlicher Personalaufwand zu erwarten.[80]

Resultierende Anforderungen an das Warenwirtschaftssystem / den WWS-Auswahlprozess

- Für eine effiziente Massendatenpflege unabdingbar sind einerseits mächtige Konstrukte zur Selektion und Bearbeitung von Artikeln, Lieferanten und Filialen nach (weitgehend) beliebigen Kriterien und andererseits flexible anpassbare Schnellerfassungsmasken.

- Relevante Daten (z. B. Preise und Konditionen) sollten auch auf Gruppenebene (z. B. Artikelgruppe oder Filialgruppe) pflegbar und speicherbar sein.

1.2.6.5 Multi-Channel Retailing

Multi-Channel Retailing bezeichnet den parallelen Vertrieb von Ware durch Handelsunternehmen über verschiedene Vertriebskanäle.[81] Wenngleich dieses Vertriebskonzept grundsätzlich keine Neuerung darstellt,[82] so ist der Begriff durch die Verbreitung des Vertriebskanals eCommerce - hier verstanden als eine Form des Fernabsatzes, die über das Medium Internet initiiert wird - zum aktuellen Schlagwort geworden.[83]

Durch die in vielen Sortimentsbereichen gegebene Relevanz von eCommerce sind viele, bisher auf einen Vertriebskanal beschränkte Handelsunternehmen zu Multi-Channel Retailern geworden.[84] Da empirische Erhebungen zeigen, dass Konsumen-

---

[80] Eine Verkaufspreisänderung von 10 Artikeln, die in 200 Filialen geführt werden, erfordert – sofern eine geeignete Massendatenpflege fehlt – bereits das sukzessive Aufrufen und Ändern von 2000 einzelnen Verkaufspreisen.

[81] Teilweise wird eine Differenzierung zwischen dem weitgehend unkoordinierten Vertrieb über verschiedene Vertriebskanäle – bezeichnet als Multiple Channeling – und einem weitergehenden Ansatz, der eine Integration der Daten und Prozesse der unterschiedlichen Vertriebskanäle umfasst (Multi Channeling), vorgenommen, vgl. Ahlert (2001).

[82] Als Beispiele für etablierte Handelsunternehmen, die seit langem eine Multi-Channel Strategie verfolgen, sind Quelle, Ulla Popken und Der Club von Bertelsmann, welche jeweils den Katalogversand mit differenzierten Spezialkatalogen und stationäre Einzelhandelsgeschäfte als Vertriebskanäle nutzen, zu nennen.

[83] Zu aktuellen Fragestellungen des Multi-Channel Retailing vgl. Ahlert, Hesse (2001); Urban (2001); Peter (2001). Zu Aspekten des Marketings vgl. Schlögel (2001).

[84] Hierzu zählen sämtliche konventionellen Handelsunternehmen, die zusätzlich mittels eines eigenen Internet-Shops Fernabsatz anbieten. Exemplarisch seien genannt Schlecker (www.schlecker.de) im Bereich Drogeriemärkte, Obi (www.obi.de) im Bereich Bau-/Heim-

ten eine parallele Nutzung unterschiedlicher Vertriebskanäle (beispielsweise Durchführung der Informationsrecherche im Internet und der Kaufhandlung in der Filiale[85]
oder auch umgekehrt) wünschen,[86] wird die organisatorische und DV-technische
Ausgestaltung des Multi-Channel Retailing in Hinblick auf eine Integration der
verschiedenen Vertriebskanäle zu einer zentralen erfolgskritischen Problemstellung.
Aus konzeptioneller Sicht erfordert das Multi-Channel Retailing:

- eine einheitliche, kanalübergreifend abgestimmte Produktpalette,

- kanalübergreifende Kundeninformationen und damit ein kanalübergreifendes
  Customer Relationship Management (CRM), welches eine einheitliche Ansprache der Kunden unabhängig vom gewählten Vertriebskanal ermöglicht
  sowie

- eine Verknüpfung der operativen Systeme, insbesondere der Warenwirtschaftssysteme, der einzelnen Vertriebskanäle.[87]

Aus dem Konzept des Multi-Channel Retailing leitet sich die zentrale Forderung
nach einer vertriebskanal-übergreifenden Integration der Datenbestände und möglichst auch der Warenwirtschaftssysteme ab. Marktführende Anbieter besitzen
insofern Vorteile, da sie vielfach eine technologische Führerschaft einnehmen und
eine integrierte Gesamtlösung anbieten, welche die verschiedenen Vertriebskanäle
abdeckt, so dass die geforderte kanalübergreifende Integration der DV-Systeme
direkt gegeben ist bzw. einfach zu realisieren ist.[88] Alternativ denkbar ist eine
Kopplung unterschiedlicher Spezialsysteme (bspw. ein klassisches Warenwirtschaftssystem für den stationären Vertrieb und eine reine Internet-Shop-Lösung für den
eCommerce). Dabei ist jedoch kritisch zu hinterfragen, wie eine kanalübergreifende
Integration realisierbar ist, welche Nachteile sich aus Kundensicht ergeben und
welche (zusätzlichen) Kosten gegenüber einer integrierten Lösung anfallen.

---

werkermärkte, Vedes (www.vedes-shop.de) im Sortimentsbereich Spielwaren und Media Markt
(shop.mediamarkt.de) als Vertreter des Segments Elekronikmärkte.

[85] Die Boston Consulting Group prognostiziert, dass künftig 30 % der stationären Käufe online
initiiert sein werden. In den Sortimentsbereichen Computerhard-/-software, Unterhaltungs-
elektronik/Hausgeräte und Reisen nutzen bereits über 10 % der Kunden grundsätzlich das
Internet zur Informationsgewinnung vor der Kaufentscheidung. Weitere 16 bis 20 % der
Kunden geben an, dies häufig zu tun. Zitiert nach Urban (2001), S. 8.

[86] Vgl. Ahlert (2001), S. 6.

[87] Vgl. Ahlert (2001), S. 8; vgl. auch Urban (2001), S. 4.

[88] Zur Einführung von mySAP.com bei einer umfassenden Multi-Channel Handelsorganisation
vgl. Peter (2001).

1.2.6.6 Unternehmensübergreifende Geschäftsprozesse

Die Aktualität überbetrieblicher Optimierungsbestrebungen ist ungebrochen, auch wenn seit dem Anstoß durch eine Coca-Cola-Studie im Jahre 1993 und den vielen Kongressen zu ECR mehr als 10 Jahre vergangen sind. Dabei sind aus Handelssicht die Veränderungen bei den Konsumenten einerseits und den Konsumgüterherstellern anderseits zu analysieren, um zu überprüfen, ob die Aktualität weiter anhalten wird.

Bei den Konsumenten ist eine Tendenz zur Individualisierung der Produkte zu erkennen, wobei die Nachfrage volatiler wird, da die Konsumentenbedürfnisse stärker durch Saison-, Mode- oder Marketing-Kampagnenaspekte beeinflusst werden. Auf der Seite der Konsumgüterhersteller soll der Zielkonflikt zwischen dem Wunsch der Verstetigung des Materialflusses (Ziel: Maximierung Kapazitätsauslastung) und der flexiblen Reaktion auf Kundenwünsche (Ziel: Minimierung der Auftragsdurchlaufzeiten) aufgelöst werden.[89] Zwischen diesen aus Sicht von Handelsunternehmen erheblichen Veränderungen der Beschaffungs- und Absatzseite sind Handelsunternehmen und auch zunehmend Logistikunternehmen bemüht, durch neue Konzepte im Kosten-, Zeit- und Servicewettbewerb zu bestehen.

Aufgrund der Brückenfunktion des Handels besteht die Zielsetzung von Handelsunternehmen darin, eine nachfrageorientierte, rationalisierte und koordinierte Sachgüterversorgung sicherzustellen. Aufgrund der Definition von Efficient Consumer Response (ECR) oder Collaborative Planning Forecasting and Replenishment (CPFR) - als nachfragetriebene (Consumer) Konzepte zur Verbesserung der Waren- und Informationsflüsse zwischen Industrie und Handel - liegt die Aktualität dieser Konzepte in ihrer Nähe zur Kernaufgabe des Handels. Lediglich der Kooperationsaspekt mit der Industrie ist neu, so dass konzeptionell vor allem in diesem Bereich neue Impulse zu erwarten sind, durch die zwei kooperierende Akteure anders vorgehen als bisher.

Bei einer ersten Informationsflussanalyse zeigt sich, in welchen Bereichen überhaupt Kooperationspotenziale bestehen. In Anlehnung an die Architektur für Handelsinformationssysteme und die Architektur für Industrieunternehmen können die Auswirkungen der Zusammenarbeit konkretisiert werden. Dabei sind die Geschäftsprozesse des Lager-, des Strecken- und des Aktionsgeschäfts zu analysieren, um konkrete Kooperationspotenziale bei diesen drei Geschäftsprozessen zwischen Industrie- und Handelsunternehmen zu ermitteln. Der Dienstleistungs- und der Zentralregulierungsgeschäftsprozess bieten kaum spezifisch vertikale Koopcerationspotenziale, so dass sie hier vernachlässigt werden.

---

[89] Es kann an dieser Stelle nicht diskutiert werden, dass die Auflösung des Zielkonflikts, den Gutenberg als das Dilemma der Ablaufplanung bezeichnet hat, nicht möglich ist.

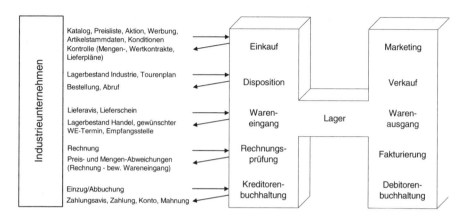

Abbildung 8: Zusammenhang zwischen Handels- und Industrieinformationssystem

Aus der Abbildung 8 kann entnommen werden, dass es insbesondere im Bereich des klassischen Herstellermarketings und des Handelseinkaufs Kopperationspotenziale gibt, die taktischen Charakter besitzen. Zu diesem Kooperationsbereich gehören die effiziente administrative Abstimmung, die effiziente Produkteinführung und die effiziente Promotiongestaltung. Neben diesen Themen, die unter dem Rubrum kooperatives (Hersteller-)Marketing subsumiert werden, sind die Aktivitäten zur Abstimmung der Logistik die zweite wesentliche Säule der Kooperationsbemühungen zwischen Industrie- und Handelsunternehmen. Die Bemühungen um die Verbesserung der Wertschöpfungskette sind einer Überwachung und Steuerung zu unterziehen, so dass es eines Kooperationscontrollings bedarf, welches auch von den beteiligten Akteuren der Wertschöpfungskette gemeinsam mit entsprechenden Regeln bei Abweichungen von den Zielvorstellungen umgesetzt sein muss. In Kapitel 3.12 wird auf die einzelnen Facetten der unternehmensübergreifenden Kooperation näher eingegangen.

1.3 Standardsoftwareauswahl und Informationsstrategie

Bei 39 % der Handelsunternehmen besteht Nachholbedarf auf dem Weg zu einer innovativen Informationsstrategie.[90] Dabei lässt sich keine der heutigen Anforderungen an Handelsunternehmen mehr ohne adäquate Anwendungssysteme umsetzen. Die Ausgestaltung der Anwendungssysteme bildet somit den wichtigsten Ansatzpunkt für eine Unterstützung der Informations- und damit der Unternehmensstrategie.

Im Folgenden wird davon ausgegangen, dass bei der Gestaltung der Warenwirtschaft in Handelsunternehmen eine Grundsatzentscheidung für den Einsatz von Standardsoftware getroffen wurde. Bei der sich anschließenden Softwareauswahl ist das zielsetzungsgerechte Warenwirtschaftssystem zu ermitteln. Die Entscheidung ist insbesondere angesichts des Einsatzzeitraumes von Warenwirtschaftssystemen, der zwischen 5 bis 15 Jahren beträgt,[91] von nachhaltiger wirtschaftlicher Bedeutung.

Für den Erfolg der Informationsstrategie zur Unterstützung der Unternehmensstrategie sind vor allem zwei Faktoren zu betonen: die Interdependenz zwischen Organisation und Standardsystem und das Projektmanagement.

Die Kongruenz zwischen Standardsoftware und Organisation führt zum Kernproblem, das auch im Titel des vorliegenden Buches verankert ist: „erfolgreiche Geschäftsprozesse durch standardisierte Warenwirtschaftssysteme".[92] Es gibt nach dem Verständnis der Autoren keine ernsthafte Alternative zur Standardsoftware als Kernlösung für Handelsunternehmen. Der Erfolg der Informationsstrategie wird sich allerdings nur durch eine geschäftsprozessorientierte Ausrichtung von Warenwirtschaftssystemen realisieren lassen. Die meisten der heutigen Standardsysteme unterstützen eine prozessorientierte Ausrichtung. Bei der Auswahl eines standardisierten Warenwirtschaftssystem ist allerdings vor allem darauf zu achten, inwieweit die Strukturen des Systems die Abbildbarkeit der Geschäftsprozesse gestatten. Erfolgreiche Geschäftsprozesse durch standardisierte Warenwirtschaftssysteme sind damit keine Vision, sondern Realität in vielen Handelsunternehmen.

---

[90] Vgl. Göbbel (1999), S. 46.
[91] Vgl. Schreiber (1994), S. 14.
[92] Vgl. auch die Ausführungen im abschließenden Kapitel 5.

2 Auswahlprozess standardisierter Warenwirtschaftssysteme

2.1 Softwareauswahl als Entscheidungsproblem

Die Auswahl von Standardsoftware als Problem zu verstehen, unterstellt, dass sich ein Entscheidungsträger in einer Situation befindet, die er für nicht wünschenswert erachtet und für deren Überwindung ihm aktuell keine Mittel zur Verfügung stehen.[93]

Charakterisierend für eine derartige Situation ist, dass sich operative oder taktische Ziele durch die genutzte Software nicht erreichen lassen bzw. übergeordnete strategische Unternehmensziele be- oder verhindert werden. Ursache hierfür sind oftmals strukturelle oder funktionale Schwachstellen der eingesetzten Altsysteme:

- *Anwendungsbezogene strukturelle Defizite* sind u. a. zurückzuführen auf sich im Zeitablauf ändernde Unternehmensstrukturen (bspw. durch Firmenzusammenschlüsse, Übernahmen oder der Realisierung neuer Logistikkonzepte, wie Zentrallager- oder Cross-Docking-Konzepte), die sich in den Altsystemen nicht adäquat abbilden lassen. Strukturelle Probleme können ferner auf DV-technischer Ebene vorhanden sein, etwa in Form einer überalteten DV-Infrastruktur, die aus unterschiedlichen Insellösungen mit heterogenen Soft- und Hardwareplattformen besteht, und dadurch den gewünschten Gestaltungsspielraum nicht ermöglicht.

- *Funktionale Defizite*, im Kontext der Individualsoftwareerstellung auch als Anwendungsstau bezeichnet, treten mit zunehmender Nutzungsdauer von Softwaresystemen auf. Sie resultieren oftmals aus einer zu geringen Kapazität der DV-Abteilung, die eine zeitnahe Berücksichtigung geänderter Anforderungen der Fachabteilungen verhindert. Auch bei Einsatz von Standardsoftware können durch geänderte Anforderungen im Laufe der Zeit funktionale Defizite entstehen bzw. anwachsen, die zu einer hohen Unzufriedenheit mit der eingesetzten Software führen.

---

[93] Vgl. Dörner (1976), S. 10.

Ein wirkliches *Entscheidungsproblem* liegt bei der Softwareauswahl vor, wenn verschiedene sich gegenseitig ausschließende Softwarealternativen zur Verfügung stehen, so dass eine Festlegung auf eine dieser Alternativen notwendig wird.[94] Aufgrund der Vielfalt der angebotenen Standardsoftwareprodukte ist bei einer WWS-Auswahl grundsätzlich von einem Entscheidungsproblem auszugehen. Der teilweise (implizit) vertretenen Ansicht, dass große Unternehmen kein echtes Auswahlproblem bei betriebswirtschaftlicher Standardsoftware haben, sondern sich direkt auf die von der SAP AG angebotene Software festlegen können,[95] ist nach Meinung der Verfasser nicht zu folgen.[96] Für große Unternehmen stellt das mySAP-System vielfach eine relevante und potenziell gut geeignete Alternative dar, welche bei einer Softwareauswahl nicht unberücksichtigt bleiben sollte. Allerdings ist aufgrund der weitreichenden Wirkungen auch hier die Schaffung einer abgesicherten Entscheidungsgrundlage geboten und zu prüfen, inwieweit gegebenenfalls andere, die spezifischen Anforderungen eventuell besser abdeckende Systeme verfügbar sind.[97] Auch bei einer frühen Fokussierung auf SAP würde unter Umständen ein Auswahlproblem hinsichtlich der verschiedenen SAP-Branchenlösungen[98] verbleiben. Darüber hinaus ist die Einschätzung, dass es kein Auswahlproblem gibt, eher die Einschätzung praxisferner Theoretiker, da es sich das Management nicht leisten kann, ein faktisch existierenden Auswahlproblem zu negieren.

Die Softwareauswahl kann als Teilproblem einer umfassenderen Problemstellung, wie die Entwicklung einer Informationsstrategie, oder als isoliertes Problem verstanden werden. Sofern die Auswahl der Standardsoftware als Teilproblem eines umfangreicheren Problems verstanden wird, bestehen Wechselwirkungen zwischen den Problemen, die nicht zerschnitten werden dürfen. Beispielsweise kann die Entscheidung für eine Standardsoftware nicht unabhängig von der Softwarearchitektur (Betriebssystem, Programmiersprache, Verteilung der Applikationen) getroffen werden.[99]

---

[94] Vgl. Rieper (1992), S. 27.

[95] So formulieren Stahlknecht, Hasenkamp (1999), S. 306: „Vor echten Auswahlentscheidungen stehen vor allem kleine Unternehmen, weil sie keine Notwendigkeit zu der von der SAP empfohlenen (...) Reorganisation ihrer (...) Geschäftsprozesse sehen und sich deswegen einem erdrückenden Angebot von Programmpaketen anderer Software-Firmen gegenübersehen."

[96] Vgl. auch die Ausführungen von Schreiber (2000), S. 38, der fordert, dass man immer Alternativen prüfen sollte, „um in einem bewussten Schritt den Entscheid für die wirklich 'beste Lösung' treffen zu können."

[97] In der Praxis ist jedoch in der Tat zu beobachten, dass teilweise auf eine fundierte Analyse verzichtet wird und eine als strategische Entscheidung bezeichnete Festlegung marktführende Produkte erfolgt. Vgl. Stahlknecht, Hasenkamp (1999), S. 305 f. Zur Kritik an diesem Vorgehen vgl. u. a. Kaiser, Paegert, Schotten (1998), S. 295 f.

[98] Vgl. hierzu die Übersicht handelsbezogener SAP-Branchen- und Mittelstandslösungen in Abschnitt 4.2.

[99] Es sind eine Vielzahl weiterer Interdependenzen denkbar, die hier nicht näher untersucht werden sollen, vgl. hierzu für das Informationsmanagement Schütte (1996b), S. 138 ff.

2.1.1   Zur Struktur des Entscheidungsproblems

Im Folgenden soll - trotz möglicher Interdependenzen - ausschließlich der Auswahl-prozess von Standardsoftware untersucht werden. Die Dominanz von Anwendungs-systemen im Rahmen von Sollkonzepten erlaubt jedoch eine Fokussierung auf die Auswahl von Standardsoftware. Zudem werden im Kriterienkatalog zur Bewertung der Standardsysteme mögliche Interdependenzen in Form von Kriterien aufge-nommen (zum Beispiel von einer Standardsoftware unterstützte Hardware, um der Interdependenz zur Gestaltung der Hardwarearchitektur Rechnung zu tragen).

Sofern ein Unternehmen vor dem Problem der Softwareauswahl steht, stellt sich die Frage, wie das Problem konkretisiert werden kann. Ein Problem setzt sich obiger De-finition zufolge aus einem Anfangszustand, einem Endzustand und einer Barriere, die die „einfache" Lösung des Problems verhindert, zusammen.[100] Zumeist kann der Zielzustand nicht konkret formuliert werden. Es werden statt dessen häufig Ziele wie „besser als heute", „mindestens so gut wie die Konkurrenz", o. ä. formuliert.

Es handelt sich um Probleme, deren Zielzustand nur vage angegeben werden kann. Angesichts dieser in praxi beobachtbaren Vagheiten sollte das Problem der Soft-wareauswahl zunächst konkretisiert werden. Andernfalls bestehen die Gefahren des Fehlers dritter Art,[101] das heisst, es werden Lösungen für nicht vorhandene Probleme konstruiert. Dabei ist das Problem hochgradig subjektabhängig, da Probleme nicht unabhängig von einer Person in einem Unternehmen existieren. Es wird häufig davon ausgegangen, dass die Probleme per se existieren und daher nur „gefunden" werden müssen. Dieser Ansicht ist zu widersprechen, da immer nur in Abhängigkeit von konkreten Vorstellungen der Entscheidungsträger in einem Unternehmen etwas als Problem aufzufassen ist. Die Annahme, Probleme würden weitgehend von dem problemempfindenden Subjekt unabhängig vorliegen, birgt insbesondere Gefahren, wenn Unternehmensberatungen Problemlösungen anbieten sollen. Die Gefahren liegen vor allem darin begründet, dass aufgrund der Zeitknappheit von Entschei-dungsträgern die Probleme als gegeben angenommen werden. Dieses Fundamental-problem der Konstruktion von Entscheidungsmodellen kann im Folgenden nicht immer explizit betont werden.

Zur Strukturierung des Entscheidungsproblems wird das Software-Auswahlproblem nach dem klassischen, aus zwei Komponenten bestehenden Planungsschema der entscheidungsorientierten Betriebswirtschaftslehre beschrieben (vgl. Abbildung 9).[102] Wie aus Abbildung 9 hervorgeht, stehen dem Problem die Komponenten des klassischen Entscheidungsmodells gegenüber. Die Konstruktion des Problems und

---

[100]   Zum Zustandsbegriff im Kontext der Entscheidungstheorie, vgl. Nida-Rümelin (1987), S. 17 f.

[101]   Vgl. Churchmann (1973); Mitroff, Featheringham (1974).

[102]   Vgl. unter anderem Laux (1998), S. 19 ff.; Sieben, Schildbach (1990), S. 15 ff. Zum Grundmodell der Entscheidungstheorie vgl. auch Schneeweiß (1991), S. 87 ff.; Mag (1990), S. 11 ff.;
Bitz (1981), S. 10 ff.; Pfohl, Braun (1981), S. 26 ff.

die Elemente des Entscheidungsmodells werden danach in einem Vorgehensmodell für die Auswahl von Warenwirtschaftssystemen integriert.

Die *erste Komponente* des Entscheidungsmodells bildet das *Entscheidungsfeld*, welches aus Handlungsalternativen, Umweltzuständen und Handlungsergebnissen besteht. Die Handlungsalternativen sollen die Barriere zwischen dem Ist- und dem Zielzustand überwinden. Umweltzustände sind vom Entscheidungsträger zu prognostizieren und bilden den zweiten „Baustein" des Entscheidungsfelds. Die Handlungsalternativen und die Umweltzustände führen, sofern eine Wirkungsfunktion zwischen Handlungsalternativen und Umweltzuständen existiert, zu den Handlungsergebnissen (-konsequenzen) der Alternativen.

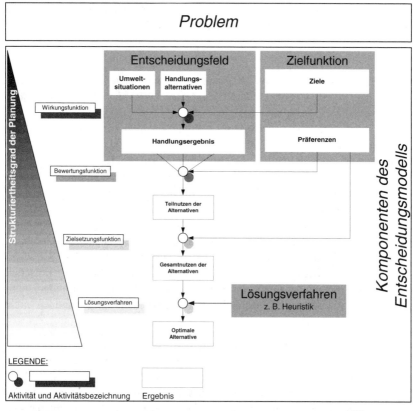

Abbildung 9: Bestandteile des klassischen Entscheidungsmodells[103]

---

[103] Vgl. auch Sieben, Schildbach (1990), S. 16; Rehkugler, Schindel (1986), S. 21.

Die *zweite Komponente* des Entscheidungsmodells ist die *Zielfunktion*,[104] die die Ergebnisse der einzelnen Handlungsalternativen in Zielbeiträge überführt. Die Zielbeiträge stellen eine subjektive Bewertung der Ergebnisse aus Sicht des Entscheidungsträgers dar. In der Regel setzt sich die Präferenzfunktion[105] des Entscheidungsträgers aus fünf unterschiedlichen Elementen zusammen: der Arten-, der Höhen-, der Sicherheits-, der Zeit- und der in der Praxis besonders wichtigen Durchsetzungspräferenz.[106] Die Überführung der Zielbeiträge in die Nutzenfunktion des Entscheidungsträgers führt zu einem zusammengefassten Nutzenbeitrag jeder Alternative. Die Alternative mit dem höchsten Nutzen stellt die beste Handlungsalternative dar.

Die skizzierten Beziehungen zwischen den Komponenten des Entscheidungsmodells sind „defekt", um einen Terminus der Planungsliteratur zu verwenden. Ein gutstrukturiertes (wohlstrukturiertes) Entscheidungsproblem würde nur vorliegen, wenn der Wirkungszusammenhang (Zusammenhang zwischen den Umweltsituationen und Handlungsalternativen einerseits und den Handlungsergebnissen andererseits), die Bewertung der Handlungsergebnisse, eine eindimensionale Zielfunktion und ein effizientes Lösungsverfahren gegeben wären. Ist dieses nicht der Fall, so werden verschiedene Arten von Strukturdefekten unterschieden, die einen unterschiedlich hohen „Defektheitsgrad" aufweisen. In Abbildung 9 wird dies durch den zunehmenden Strukturiertheitsgrad veranschaulicht, das heisst, beim Fehlen des Wirkungszusammenhangs ist der Strukturiertheitsgrad am geringsten.

Die Auswahl standardisierter Warenwirtschaftssysteme zählt, sofern sie eine strategische Dimension aufweist, zu den strukturdefekten Planungsproblemen. Im Regelfall liegt der schwerwiegendste Defekt, der Wirkungsdefekt, vor. Als Ursachen für den fehlenden Wirkungszusammenhang sind unter anderem folgende Aspekte zu nennen. Zunächst ist wenig Wissen über mögliche Handlungsalternativen vorhanden. So ist den Entscheidungsträgern häufig unbekannt, in welchen Unternehmensbereichen Standardsoftware überhaupt einsetzbar ist. Mit der in Kapitel 3 vorgestellten Marktübersicht[107] wird für die Entscheidungsträger ein Weg aufgezeigt, sich Transparenz über den kaum überschaubaren Softwaremarkt zu verschaffen. Allerdings ist auch bei Kenntnis der Alternativen noch die Frage zu beantworten, welche Handlungsergebnisse mit den einzelnen Alternativen verbunden sind. So ist beispielsweise eine Quantifizierung schwierig, wie sich der Einsatz von Standardsoftware auf die betrieblichen Abläufe auswirkt. Es gibt zu viele Einflussfaktoren, die kaum bewert-

---

[104] Die Aufgabe der Zielfunktion, die Konsequenzen von Handlungen zu bewerten, wird in der Literatur auch mit anderen Begriffen wie Zielsetzung, Zielsystem, Zweck oder Zielvorstellung bezeichnet. Vgl. zu einem Literaturüberblick Kahle (1990), S. 26.

[105] Zum Präferenzbegriff vgl. Schneider (1995b), S. 53. Vgl. auch Huber (1977), S. 19 ff. sowie zur Präferenzlogik die Ausführungen auf S. 47 ff.

[106] Vgl. Sieben, Schildbach (1990), S. 25 ff.; Szyperski, Winand (1974), S. 48, bei denen sich auch der Verweis auf die selten diskutierte Durchsetzungspräferenz findet. Die Durchsetzungspräferenz geht auf ein Vorlesungsskript von SIEBEN/SCHILDBACH zurück, vgl. Sieben, Schildbach (1972), S. 5-17.

[107] Die Begriffe Marktübersicht und Marktanalyse werden synonym verwendet.

bar sind. In einer Aussage des amerikanischen Nobelpreisträgers ROBERT SOLOW „we see computers everywhere except in the productivity statistics"[108] kommt die Bewertungsproblematik von Anwendungssystemen in Unternehmen zum Ausdruck. Sie hat zur Formulierung des Produktivitätsparadoxons geführt, demzufolge keine positive Korrelation zwischen Investitionen in Informationstechnik und Produktivität vorliegt.[109] Ein weiterer Faktor, die Umweltzustände, die die Handlungsergebnisse mitbeeinflussen, ist angesichts der Unsicherheit schwer zu prognostizieren (z. B. die zukünftige Entwicklung des Herstellers von Standardsoftware).

Trotz der vielfältigen Strukturierungsprobleme und methodischen Defizite, mit denen sich die Entscheidungsträger bei der Auswahl von Standardsoftware konfrontiert sehen, sollte in praxi ein Vorgehen gewählt werden, welches eine Strukturierung des Problems gestattet. Zwar weist die Problemstellung viele „Defekte" auf; allerdings werden diese auch nicht geringer, wenn bei der Planung auf methodische Sorgfalt wenig Wert gelegt wird. Eine Berechnung der ‚optimalen' Lösung, wie sie bei einem gut-strukturierten Entscheidungsproblem möglich wäre, muss durch heuristische Lösungsansätze ersetzt werden.[110] Besondere Bedeutung erlangt damit die Forderung nach einer nachvollziehbaren Strukturierung des Entscheidungsproblems, der Nutzung bewährter und praxisgeeigneter Methoden und insbesondere einer rationalen[111] Entscheidungsfindung.

Zwar sind auch bei einem solchen Vorgehen methodische Einwände angebracht. Durch deren Offenlegung sollen jedoch die Anwendungsvoraussetzungen aufgezeigt werden, so dass eine Handhabung der Verfahren in der Praxis ohne große methodische Bedenken möglich wird.

2.1.2   Vorgehensmodell zur Softwareauswahl

Aufgrund der bei der Auswahl von Standardsoftware vorhandenen Bewertungsprobleme bedarf es einer Methode, die eine zweckgerechte Problemstrukturierung

---

[108] Zitiert nach Brynjolfsson (1993), S. 67.
[109] Zum Produktivitätsparadoxon vgl. Brynjolfsson, Yang (1996); Brynjolfsson, Hitt (1998). Zu einer theoretisch fundierten Darstellung des Produktivitätsparadoxons vgl. Zelewski (1999). Eine Übersicht über empirische Untersuchungen zu Wirtschaftlichkeitseffekten von Anwendungssystemen gibt Potthof (1998).
[110] Vgl. Adam (1996), S. 15.
[111] Die Qualität einer Entscheidung ist „objektiv" nicht prüfbar („Es gibt keine objektiv richtigen Entscheidungen.", Eisenführ, Weber (1999), S. 1). Ersatzweise wird eine rationale Entscheidungsfindung gefordert, die durch intersubjektiv nachvollziehbare Anforderungen beschrieben wird. Neben einer transparenten Durchführung und Dokumentation der Entscheidung zählen hierzu das Lösen des richtigen Problems, ein angemessener Aufwand zur Entscheidungsvorbereitung, die Berücksichtigung der relevanten Objekte bei der Bildung von Erwartungen über die Zukunft und das Explizieren der eigenen Ziele und Präferenzen sowie die Konsistenz (z. B. Widerspruchsfreiheit) der Entscheidungsgrundlage. Vgl. z. B. Eisenführ, Weber (1999), S. 5 ff.

erlaubt. Der Strukturiertheitsgrad eines Planungsproblems ist eine „Eigenschaft der Problemsicht des Planenden, nicht des konkreten problematischen Sachverhalts"[112]. Aus diesem Grund kann die Strukturierungsleistung des Planenden eine rationale Auswahlentscheidung ermöglichen. Es bedarf hierzu eines Vorgehensmodells, welches das Problem strukturiert und dem Entscheidungsträger die mit der Wahl einzelner Alternativen verbundenen Konsequenzen aufzeigt.

Die Auswahl von Standardsoftware kann in eine umfassendere Methodik zum Software Engineering eingebettet sein.[113] In den Methodiken zum Software Engineering sind in frühen Phasen der Systemplanung unterschiedlich detaillierte Phasen zur Problemerkennung, zur Systemabgrenzung und zur Istanalyse enthalten. Im Folgenden wird eine Verbindung der frühen Phasen des Software Engineering mit den Komponenten eines Entscheidungsmodells hergestellt. Es wird spezifiziert, wer in welcher Phase zu welchem Zweck welche Informationen benötigt. Das Quadrupel (wer, was, Zweck, Information) soll im Folgenden in den einzelnen Phasen dargestellt werden, damit für die betriebliche Praxis ein nachvollziehbares und einsetzbares Vorgehen zur Verfügung gestellt wird. Vor der Skizzierung des Vorgehensmodells werden einige organisatorische Maßnahmen beleuchtet, die für den Erfolg des Projekts von besonderer Bedeutung sind.

2.1.2.1 Maßnahmen des Projektmanagements

Zu den Aufgaben des Projektmanagements gehören unter anderem die Festlegung der Projektaufbauorganisation, der Projektablauforganisation und der Maßnahmen zur Verhaltenssteuerung im Projekt. Während die erstgenannten Aspekte tradierter Betrachtungsgegenstand der Organisationsliteratur sind,[114] wird dem letztgenannten Problemfeld in der Literatur nur selten Beachtung geschenkt. Die Erfahrungen in der betrieblichen Praxis belegen jedoch die Bedeutung „sozialer Faktoren" für den wirtschaftlichen Erfolg des Auswahl- und Einführungsprojekts. Im Folgenden sollen mit den relevanten Stakeholdern und den Projekt-Promotoren zwei Aspekte thematisiert werden, die den Verfassern für den Erfolg des Projekts als besonders wichtig erscheinen.[115]

Identifikation und Berücksichtigung der Stakeholder
Organisationen setzen sich aus vielen Akteuren mit unterschiedlichen Interessen zusammen. In den Organisationen können Konflikte, sogenannte Organisations-

---

[112] Witte (1979), S. 83.
[113] Es soll aus Gründen der Vereinfachung nicht zwischen Software Engineering, Information Engineering oder Information Systems Engineering unterschieden werden. Zur Systemplanung und -entwicklung vgl. unter anderem Whitten, Bentley (1998); Heinrich (1996a).
[114] Vgl. Heinrich (1997); Madauss (1990). Zu einem Überblick über verfügbare Projektmanagement-Software vgl. Dworatschek, Hayek (1992).
[115] Vgl. zur Projektaufbau- und -ablauforganisation unter anderem Frese (1995), S. 470 ff.

konflikte, auftreten, wenn zwischen Personen oder Gruppen sich wechselseitig ausschließende Gegensätze entstehen.[116] Konflikte wirken produktivitätshemmend, so dass sie einen unerwünschten Organisationszustand darstellen. Zur Identifikation von Konflikten sind zunächst unterschiedliche Interessengruppen, die sogenannten Stakeholder, zu identifizieren. Stakeholder sind „Individuen oder Gruppen, die die Ziele einer Organisation beeinflussen können oder die von deren Zielerreichung betroffen sind."[117] Es können vor allem interne und externe Stakeholder unterschieden werden. Erstere sind in der Unternehmung Beschäftigte, während externe Stakeholder Interesse an der Organisation haben, ohne in dieser beschäftigt zu sein (zum Beispiel Shareholder, Lieferanten, Kunden).

Für die Auswahl eines Warenwirtschaftssystems und dessen späteren Einsatz sind unterschiedliche Stakeholder zu identifizieren, damit die Akzeptanz der Auswahlentscheidung sichergestellt wird. Diese ist eine Voraussetzung für die wirtschaftliche Auswahl, Einführung und Nutzung eines Standardsoftwaresystems, da andernfalls Organisationskonflikte die Wirtschaftlichkeit beeinträchtigen können.

Im Folgenden sollen drei interne Stakeholder unterschieden werden:

- Unternehmensführung
  Das Investitionsvolumen und die strategische Bedeutung moderner Warenwirtschaftssysteme für den Unternehmenserfolg erfordern die Beteiligung von Vertretern der Unternehmensführung an dem Softwareauswahlprozess. Die Mitarbeiter werden durch die Beteiligung des Managements motiviert, an dem Projekt aktiv und engagiert mitzuwirken. In der Unternehmenspraxis beteiligt sich die oberste Führungsebene, die in der Regel ihre „fachliche Heimat" nicht im Bereich der Informationsverarbeitung hat, zu selten an Fragestellungen zum Einsatz von Informationstechnologien.

- Fachbereiche
  Über den Erfolg oder Misserfolg von Warenwirtschaftssystemen wird in den Fachbereichen entschieden, da die Mitarbeiter der Fachabteilungen die Nutzer der Systeme sind. Die Geschäftsprozesse, für die die Fachbereiche verantwortlich sind, werden durch das Softwaresystem unterstützt. Dort muss täglich mit dem System gearbeitet werden. Die Fachbereiche müssen ihr fachliches Know-how über die Prozesse und Strukturen ihres Bereiches einbringen. Ferner kennen sie die Probleme, die beim Einsatz des bestehenden Systems auftreten können. Das fachliche Know-how ist auch für die Prognose der Nutzeffekte erforderlich.

- Informationsverarbeitung (IV)
  Der Informationsverarbeitungsbereich hat das auszuwählende System in der Einsatzphase zu betreuen, zu warten und gegebenenfalls anzupassen. Darüber

---

[116]   Vgl. Jost (1998), S. 10, S. 15.
[117]   Freemann (1984), S. 25.

hinaus kann die Informationsverarbeitung aufgrund der Kenntnisse des bestehenden Systems die Probleme der Fachbereiche einordnen und bewerten sowie eine fachbereichsübergreifende Perspektive in den Auswahlprozess einbringen. Auch für die Definition von funktionsunabhängigen Anforderungen, die häufig systemtechnischer Art sind, erscheint der IV-Bereich prädestiniert zu sein. Zudem weisen IV-Aufgaben Projektcharakter auf, so dass auch aus diesem Grund in den IV-Abteilungen ausgezeichnetes Wissen für das Projekt „Auswahl und Einführung von Warenwirtschaftssystemen" verfügbar ist.

Die Identifikation der Stakeholder stellt eine notwendige Voraussetzung für die erfolgreiche Auswahl und Einführung von Warenwirtschaftssystemen dar. Wesentlichen Einfluss auf die Effektivität und Effizienz des Auswahlprozesses sowie die Akzeptanz der Projektergebnisses haben aber auch die Festlegungen des Projektmanagements, die sich mit Verhaltensaspekten befassen.

Bei Softwareauswahlprojekten lassen sich – insbesondere hinsichtlich der Art und Weise der Entscheidungsvorbereitung und -findung – drei Grundformen des Projektmanagements differenzieren[118]

- *Entscheidungsfindung durch das Top-Management* unter Einbeziehung von externen Beratern mit nur geringer Beteiligung sonstiger Unternehmensbereiche,

- *Zentralisierte Entscheidungsfindung* durch die Bereiche Informationsverarbeitung und Betriebsorganisation unter maximal geringer Beteiligung sonstiger Unternehmensbereiche und ohne Rückgriff auf externe Berater,

- *Partizipative Entscheidungsfindung* unter Einbeziehung mehrerer Unternehmensbereiche, d. h. insbesondere auch der Fachbereiche.

Empfehlenswert und zunehmend in der Praxis zu beobachten ist eine partizipative Entscheidungsvorbereitung und -findung, bei der die zuvor identifizierten Stakeholder angemessen beteiligt werden, um u. a. auch eine möglichst breite Zustimmung im Unternehmen zu erreichen.[119] Die letztendliche formale Entscheidung muss aufgrund der geschäftsstrategischen Bedeutung der Auswahlentscheidung von der Unternehmensleitung gefasst werden. Jedoch ist bei der Bewertung der Istsituation, der Entwicklung der Sollkonzeption, der Identifikation, Analyse und Bewertung möglicher Warenwirtschaftssystemalternativen sowie bei der Erarbeitung der Entscheidungsvorlage für die Unternehmensleitung eine durchgehende Einbindung der Informationsverarbeitung und – nicht zuletzt aus motivatorischen Gründen – der Fachbereiche sicherzustellen. In der Praxis hat es sich bewährt, die Projektleitung bei

---

[118] In einer empirischen Studie zeigte sich, dass 17,6 % der betrachteten Unternehmen eine Entscheidungsfindung durch das Top-Management, 10,9 % eine zentralisierte und 35,3 % eine partizipative Entscheidungsfindung bei der Softwareauswahl eingesetzt haben. Die übrigen Unternehmen haben sonstige oder Mischformen angewandt. Vgl. Bernroider, Koch (2000), S. 331.

[119] Vgl. Bernroider, Koch (2000), S. 336.

der Informationsverarbeitung anzusiedeln, da diese aufgrund ihres Know-hows und ihrer fachbereichsübergreifenden Sichtweise sowohl aus fachlichen als auch aus projektpolitischen Gründen hierzu prädestiniert ist.

Bildung des Projektteams unter Berücksichtigung der Promotoren

Bei der Zusammensetzung des Projektteams ist neben der adäquaten Repräsentation der identifizierten Stakeholder vor allem darauf zu achten, dass verschiedene „Typen" im Projekt vertreten sind.[120] Zudem ist zu beachten, dass unterschiedliche Rollen besetzt werden, die für den Erfolg eines Projekts erforderlich sind. In Anlehnung an das empirisch bestätigte Promotorenmodell von WITTE sowie dessen Erweiterung werden vor allem Macht-, Fach- und Prozesspromotoren unterschieden.[121] Promotoren dienen zur Überwindung von Barrieren, die der Erreichung des Sollzustandes im Wege stehen.

Ein *Machtpromotor* soll die Willensbarrieren in einem Unternehmen überwinden helfen. Beispielsweise erfordern Beharrungskräfte in DV-Abteilungen häufig den Einsatz von Macht, um diese Barriere zu beseitigen.

Der *Fachpromotor* wird als Träger des „objektspezifischen Fachwissens"[122] verstanden. Er kennt die Zusammenhänge und besitzt das für den Entscheidungs- und Einführungsprozess erforderliche fachliche und kreative Potential.

Der *Prozesspromotor* wird im Rahmen des Auswahlprozesses besonders wichtig, da er über Kenntnisse der Organisation(-skommunikation) verfügt. Er ist derjenige, der die Verbindung zwischen dem Fach- und dem Machtpromotor herstellen kann. Ihm wird in solchen Projekten eine große Bedeutung zugesprochen, in denen viele Informationsbeziehungen zu aktivieren sind.[123]

Aus den Überlegungen zum Promotorenmodell können wichtige Erkenntnisse für die Besetzung des Projektteams gewonnen werden. Unter Beachtung des ehernen Grundsatzes der Teambildung, dass ein Team besonders gut funktioniert, wenn in dem Projektteam unterschiedliche Persönlichkeitstypen vereint werden, ist in jedem Fall das Vorhandensein eines Fachpromotors erforderlich.[124] Für die Durchsetzung des Vorhabens ist neben dem Fachpromotor ein Machtpromotor nötig, so dass es zu

---

[120] Zur psychologischen Einschätzung von Teammitgliedern wird in der Literatur der Myers-Briggs-Type-Indicator (MBTI) empfohlen, vgl. Patzak, Rattay (1998), S. 47 ff.

[121] Vgl. Witte (1998); Hauschildt, Chakrabarti (1998), S. 77 ff. Die Übertragbarkeit der Ergebnisse der Promotorenforschung auf die Auswahl- und Einführungsproblematik von standardisierten Warenwirtschaftssystemen basiert auf der Annahme, dass auch die vorliegende Problemstellung als Innovationsproblem gewertet wird. Dem stehen aus Sicht der Verfasser keine Bedenken entgegen. Für die Ausgestaltung interorganisatorischer Beziehungen wird in der Literatur auf die Notwendigkeit von Beziehungspromotoren hingewiesen, vgl. Walter (1998).

[122] Witte (1973), S. 18.

[123] Vgl. Hauschildt, Chakrabarti (1998), S. 86.

[124] Vgl. Hauschildt, Chakrabarti (1998), S. 85.

der erfolgversprechenden Gespann-Struktur[125] kommt. Bei komplexeren und größeren Vorhaben sollte dann auch ein Prozesspromotor hinzutreten, der für die Umsetzung des Projektes als Vermittler zwischen Fach- und Machtpromotor tritt.

Das Management hat neben der Initiierung des Projektteams auch den im Projektverlauf wechselnden Anforderungen personell Rechnung zu tragen. Bei zunehmender Projektlaufzeit wird die Bedeutung des ehemaligen Machtpromotors geringer, da seine Rolle dann von in der Unternehmung hierarchisch übergeordneten Mitarbeitern wahrgenommen wird. Entsprechend sind die Personen, die anfänglich die Machtpromotorenrolle repräsentiert haben, zu einem späteren Zeitpunkt für den Projekterfolg weniger wichtig. So kann der DV-Leiter zu Beginn eines Auswahlprojekts durchaus als Machtpromotor fungieren. Kurz vor der Auswahlentscheidung und bei der späteren Einführung der Software besitzt das Projekt hingegen eine derart hohe Bedeutung, dass die Rolle des Machtpromotors vom verantwortlichen Vorstand wahrgenommen wird. In diesen Fällen wechselt die Rolle des DV-Leiters im Projekt, sofern er nicht gleichzeitig als Fachpromotor fungiert. In einer Situation, in der die Projektmitarbeiter den DV-Leiter nur aufgrund seiner Rolle als Machtpromotor akzeptiert hatten, wird er an Akzeptanz verlieren, sobald er diese Rolle nicht mehr einnimmt.

Die Veränderung des Anforderungsprofils an einzelne Mitarbeiter im Projektverlauf ist von enormer Bedeutung, da die Anreize der Organisation das Mitarbeiterverhalten lenken. Das Management hat diese Gefahren zu antizipieren, damit der sozial bedingte Kommunikationsaufwand nicht in jenen Phasen überhand nimmt, in denen die inhaltliche Projektarbeit den Erfolg des Projekts bestimmt. Eine besondere Rolle kommt in jedem DV-Projekt dem Projektleiter zu. In einer empirischen Untersuchung wurden fünf Projektleitertypen unterschieden:[126]

- Der interaktive Projektleiter, der quasi den Alleskönner darstellt.

- Der erfahrene Tüftler, der konstruktiv ist und die für Projekte notwendige Erfahrung besitzt.

- Der unerfahrene Kreative, der konstruktiv ist und ein ausgeprägtes Organisationstalent besitzt.

- Der unkreative Problemlöser, der analytisch und machtbewusst ist.

- Der unkreative, mittelmäßige Projektverwalter. Es handelt sich um Projektleiter, die in allen Fähigkeitsbereichen nur durchschnittliche Werte erreichen.

Der interaktive Projektleiter ist der erfolgreichste Projektleitertyp, der erfahrene Tüftler kann durchschnittliche Ergebnisse aufweisen. Der unerfahrene Kreative fördert in geringem Umfang den Projekterfolg. Der unkreative Problemlöser und der mittelmäßige Projektverwalter erreichen nur unterdurchschnittliche Ergebnisse.

---

[125] Zu empirischen Betrachtungen unterschiedlicher Promotorenkonstellationen vgl. Witte (1998), S. 26 ff.; Hauschildt, Kirchmann (1998), S. 94 ff. sowie die dort zitierte Literatur.

[126] Vgl. im folgenden Hauschildt, Keim (1998), S. 226 ff.

2.1.2.2 Die Phasen des Vorgehensmodells

Das Vorgehensmodell ist dem klassischen Systemansatz folgend in einzelne Phasen gegliedert, um die Gesamtkomplexität in Teilprobleme zu zerlegen. Bevor in den nachfolgenden Kapiteln die einzelnen Schritte des Vorgehensmodells detailliert ausgeführt werden, sollen zunächst die Phasen überblicksartig beschrieben werden (vgl. Abbildung 10).

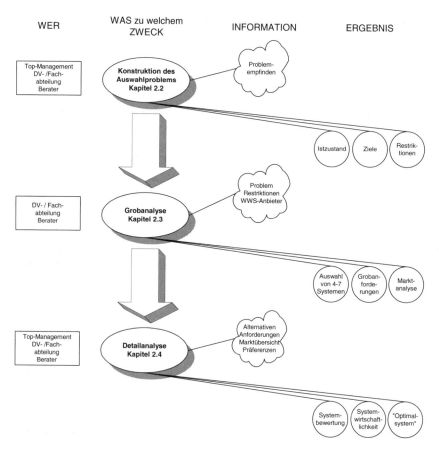

Abbildung 10: Phasen des Vorgehensmodells zur Softwareauswahl

Konstruktion des Auswahlproblems (Phase 1)

In der ersten Phase gilt es, das Problem zu definieren *(Was)*. In der betrieblichen Praxis wird mitunter davon ausgegangen, dass der Konstruktion des Problems nicht zuviel Aufmerksamkeit geschenkt werden soll. Diese Auffassung wird hier nicht geteilt, da der Fehler dritter Art zu häufig in der Praxis eintritt.[127] Der *Zweck* der Problemkonstruktion besteht daher in der Vermeidung des Fehlers dritter Art. Es ist festzuhalten, welche Merkmale die Istsituation charakterisieren und welche - zumindest vagen - Sollvorstellungen existieren (*Informationen*). Diese Informationen haben die Manager zu liefern, die das Projekt initiieren (*Wer*). Beispielsweise kann die Situation in der Logistik vom dafür verantwortlichen Vorstandsmitglied als Problem empfunden werden, weil dort die Aufträge einen Tag länger zur Bearbeitung benötigen als bei der Konkurrenz. Als Barriere zwischen dem Soll- und dem Istzustand identifiziert das Vorstandsmitglied das mangelhafte Warenwirtschaftssystem. Somit liegt neben der Formulierung des Problems eine erste, grobe Lösungshypothese vor.

Zu der Formulierung des Problems gehören auch *Informationen* über die Festlegung der verfolgten Ziele, die Spezifikation des Problemumfangs sowie die Restriktionen, die bei der Suche nach Handlungsalternativen eingehalten werden sollen. Die Ziele können beispielsweise eine konkrete Situationsverbesserung umfassen, indem die Durchlaufzeit im Lager um einen Tag verbessert werden soll. In einer anderen Situation wird der Zielzustand nicht exakt definiert, so dass während des Projekts eine Konkretisierung erfolgen muss. Ohne die Formulierung von Zielen sind keine Bewertungen von Handlungsalternativen und damit keine rationalen Entscheidungen möglich. Die Bedeutung des Problems für das Unternehmen sowie die einzuhaltenden Restriktionen sind ebenfalls zu explizieren, damit die Randbedingungen bei der Generierung von Alternativen beachtet werden können. Es sind finanzielle, zeitliche oder organisatorische Restriktionen denkbar, die vom Management gesetzt werden und daher den Raum möglicher Handlungsalternativen bereits zu Projektbeginn einschränken.

Das *Ergebnis* der ersten Phase ist ein operationales Problem, welches eine Suche nach Alternativen zur Lösung des Problems gestattet. Es kann in Abhängigkeit von der Problemwahrnehmung der Entscheidungsträger vage oder bereits sehr konkret formuliert sein. Eine wichtige Aufgabe in der ersten Phase ist der Versuch, eine konkrete Problemstellung festzulegen. Zu diesem Zweck bietet sich auch der Einsatz von Beratern an, da diese nicht so schnell die intuitiven Problemeinschätzungen der Entscheidungsträger teilen, wie es bei den Mitarbeitern des Unternehmens nicht zuletzt aufgrund des Über-/Unterordnungsverhältnisses der Fall ist.

Grobselektion von Handlungsalternativen (Phase 2)

Es wird eine grobe Anforderungsanalyse und eine Marktanalyse auf den Informationen der vorgelagerten ersten Phase durchgeführt (*Was*). Es werden damit Anforderungen formuliert und darauf basierend standardisierte Warenwirtschaftssysteme als potenzielle Lösungsansätze ermittelt. Der *Zweck* dieser Phase besteht darin, eine

---

[127] Zum Fehler dritter Art vgl. Kapitel 2.1.1.

Einschränkung der detailliert zu untersuchenden Systeme zu erreichen. Als Kriterien, die die Eingrenzung der Systemvielfalt auf ausgewählte Warenwirtschaftslösungen erzielen, können die Größe des Softwareherstellers, die Mindestinstallationszahl oder die Systemgröße dienen. Neben dem ersten groben Anforderungsprofil ist im Rahmen einer Marktanalyse zu untersuchen, welche am Markt verfügbaren Warenwirtschaftssysteme existieren, die grundsätzlich für das Unternehmen in Frage kommen könnten (zum Beispiel die Anforderungen der Branche unterstützen). Für die Durchführung der zweiten Phase ist vor allem die Beteiligung mindestens eines wichtigen Entscheidungsträgers erforderlich (*Wer*), damit die in dieser Phase als K.O.-Kriterien formulierten Anforderungen konsensfähig sind. Die Durchführung der Marktanalyse erfordert keine besonders ausgebildeten Mitarbeiter, so dass eine Beteiligung von Experten der Fach- oder DV-Abteilungen vorrangig psychologische Bedeutung besitzt (*Wer*).

Das *Ergebnis* der zweiten Phase ist eine Auswahl von Warenwirtschaftssystemen, die den Kriterien der Grobanalyse genügen. In der Regel wird eine Eingrenzung auf ca. vier bis sieben Systeme vorgenommen,[128] da sich die Untersuchung einer größeren Zahl von Systemen aus informationsökonomischen Gründen zumeist verbietet.

Detailanalyse ausgewählter Handlungsalternativen (Phase 3)

Es werden detaillierte Anforderungen an die Warenwirtschaftssysteme formuliert, so dass eine Bewertung der Systeme und die Auswahl eines Systems vorgenommen werden kann (*Was*). Aufbauend auf den *Informationen* der groben Anforderungsanalyse dient die dritte Phase dem *Zweck*, eine sukzessive Detaillierung der Kriterien zu erreichen, um die verbliebenen, zulässigen Systeme evaluieren zu können. Zur Evaluation können unterschiedliche Verfahren der Alternativenbewertung herangezogen werden. Die dritte Phase erfordert vor allem die Einbeziehung der Fachexperten, da nur diese in der Lage sind, die Anforderungen zu formulieren (*Wer*). Damit die Fachexperten jedoch keine Kriterien ohne unternehmerische Notwendigkeit festhalten, ist in dieser Phase die Verbindung zwischen den Entscheidungsträgern (mit dem Machtpromotor) und den Experten (mit dem Fachpromotor) herzustellen. Es sollte damit auf das Vorhandensein eines Prozesspromotors geachtet werden.

Das *Ergebnis* der dritten Phase besteht in der Auswahl der - aus Sicht der Entscheidungsträger - vorteilhaftesten Alternative.

---

[128] In der Literatur finden sich auch Empfehlungen für die Begrenzung auf drei Systeme, vgl. Brenner (1990), S. 13. Eine eindeutige Obergrenze lässt sich kaum formulieren, da hierfür keine empirischen Daten vorliegen. Hier wird ein Intervall von vier bis sieben vorgeschlagen, damit einerseits aus informationsökonomischen Gründen wenige Systeme untersucht werden. Andererseits sind maximal sieben Systeme ein ausreichender Betrachtungsbereich, um Sicherheit bei der Auswahl zu besitzen und der Bedeutung der Auswahlentscheidung Rechnung zu tragen.

2.2 Konstruktion des Auswahlproblems (Phase 1)

In dieser ersten Phase des Auswahlprozesses von Warenwirtschaftssystemen werden
die zentralen Ziele des Projektes, der Projektumfang und die Restriktionen, die bei
der Auswahl zu beachten sind, festgelegt. Ferner sind die Projektstakeholder zu
identifizieren. Hierunter werden die Personen verstanden, die von der Auswahl oder
dem Einsatz eines Warenwirtschaftssystems betroffen sind.

2.2.1 Teilaufgaben der Problemkonstruktion

2.2.1.1 Festlegung der Ziele

Ziele sind wünschenswerte zukünftige Zustände (synonym: Sollzustände). Für den
Einsatz von Warenwirtschaftssystemen sind zunächst die Sollvorstellungen anzu-
geben. Zur Umsetzung der Ziele sind Aufgaben erforderlich, die „Zielsetzungen für
zweckbezogene menschliche Handlungen"[129] darstellen. Bei der Festlegung des dem
Auswahlprozess zugrundeliegenden Problems ist es in der Realität kompliziert, die
Ziele zu formulieren, da häufig nur ein vages Diskrepanzempfinden vorhanden ist.
Trotz dieser Schwierigkeit ist die Vorgabe konkreter Ziele, die mit dem Warenwirtschaftssystem erreicht werden sollen, erforderlich. Ziele bilden eine wichtige
Orientierungshilfe, um die Komplexität des Auswahlprozesses zu reduzieren. Ziele
für den Auswahlprozess können entweder aus einer vorhandenen Informationsstrategie übernommen werden, oder aber das Ergebnis einer eigenen Analyse sein. Letzteres dürfte in Handelsunternehmen der häufigere Fall sein, da nur geringe Kenntnisse
über die Wirkungen von Warenwirtschaftssystemen auf die Unternehmensziele
existieren. Aufgrund dieses bereits als Wirkungsdefekt bezeichneten Umstands sind
Analysen erforderlich,[130] um potenzielle Wirkungen zu erfassen.

2.2.1.2 Konkretisierung des Istzustands

Durch die Definition der Ziele wird indirekt bereits das Ausmaß des Problems deutlich, da die Soll-Ist-Diskrepanz zunächst durch den variablen Sollzustand gestaltet
werden kann. Allerdings ist auch der Istzustand nicht so selbstverständlich, wie dies
scheinbar der Fall ist. In der betrieblichen Praxis wird der Istzustand sehr häufig
durch die Kommunikation zwischen den Stakeholdern verzerrt. Die Tendenz zur
übertriebenen - positiven oder negativen - Darstellung des Istzustandes wird durch
die unterschiedlichen Interessen der Stakeholder verstärkt. Auch wenn die Sollvor-

---

[129]   Kosiol (1962), S. 43.
[130]   Es können auch Publikationen zu aktuellen Herausforderungen, vgl. u. a. Schütte (1998c);
        Schütte, von Uthmann (1997) oder Best-Practice-Angaben von Unternehmensberatern herange-
        zogen werden.

stellungen zumeist vom Management vorgegeben werden können, erfordert eine sachgerechte Beschreibung des Istzustandes die Beteiligung der Fachexperten. Erst nach deren Darstellung dürfte eine intersubjektiv nachvollziehbare Diskrepanz und damit das Problem vorliegen. Die Festlegung des Istzustandes sollte dabei auch dazu dienen, eine realistische Vorstellung über das Ausmaß des Verbesserungspotentials zu gewinnen.

Bei der Erhebung des Istzustandes stellt sich die Frage, in welcher Detailliertheit die Betrachtung erfolgen sollte. HAMMER beispielsweise vertritt die Auffassung, dass auf eine Modellierung des Istzustandes verzichtet werden sollte.[131] *Gegen eine detaillier-te Analyse des Istzustandes* spricht vor allem die Einengung der Mitarbeiterkreativi-tät. Durch die Betrachtung des Istzustandes prägt sich der bestehende Zustand derart stark in den „Köpfen" der Beteiligten ein, so dass wenig Möglichkeiten für kreative Ideen zur Neugestaltung bleiben. Die zeitliche Persistenz des Istzustandes und seiner Beschreibung ist sehr gering, da sie mit der Umsetzung der optimalen Handlungs-alternative obsolet wird. Hingegen sprechen für eine detaillierte Istmodellierung vor allem die intersubjektive Nachvollziehbarkeit der Schwachstellen und der daraus ableitbare „Problemdruck", der ohne Istanalyse kaum festgestellt werden kann. Bei einem geringen Veränderungsbedarf werden in dieser Phase bereits die wesentlichen Funktionen und Prozesse des Unternehmens identifiziert, die die Grundlage für die Grob- und die Detailanalyse sind. Wesentlichen Einfluss auf den angemessenen Detaillierungsgrad haben somit:

Umfang des Reorganisationsbedarfs
Besteht bei einem Prozess hoher Reorganisationsbedarf (bspw. in Hinblick auf eine Veränderung der Aufbau- und Ablauforganisation), so kommt der Istsituation bei der Softwareauswahl nur eine geringe Relevanz zu. Anforderungen resultieren vielmehr aus der sich deutlich von der Istsituation unterscheidenden Sollkonzeption. Ist hingegen der Änderungsbedarf gering, so lassen sich die Anforderungen weitgehend aus einer detaillierten Istaufnahme ableiten. Die Zweckmäßigkeit und der Umfang der Istmodellierung korreliert somit mit dem prognostizierten Reorganisationsbedarf, so dass als Grundregel gilt: Je größer das erwartete Ausmaß an Veränderungen ist, desto weniger detailliert ist die Istmodellierung durchzuführen.

Spezifität und unternehmensstrategische Bedeutung
Der Einsatz von Standardsoftware bringt naturgemäß auch bei einer hohen Flexibili-tät und Anpassbarkeit der Software Einschränkungen hinsichtlich der Gestaltbarkeit der Aufbau- und Ablauforganisation mit sich. Eine übermäßig detaillierte Formu-lierung aller Gegebenheiten der Istsituation als Anforderungen an die Software ist wenig hilfreich, sofern von (leicht) abgewandelten Realisierungen der potenziell gleiche Nutzen zu erwarten ist. Zweckmäßig ist vielmehr eine Fokussierung auf Anforderungen, die eine hohe unternehmensstrategische Bedeutung besitzen. Derart-

---

[131] Vgl. Hammer (1990), S. 15, der den sogenannten Grüne-Wiese-Ansatz verfolgt.

ige Prozesse zeichnen sich vielfach durch eine hohe Branchen- und/oder Unternehmensspezifität aus, so dass sie auch nicht zur Standardfunktionalität von Warenwirtschaftssystemen zu zählen sind. Der Detaillierungsgrad der Istmodellierung ist damit um so feiner zu wählen, je größer die unternehmensstrategische Bedeutung und Spezifität der betrachteten Prozesse ist. Eine auf den skizzierten Aspekten basierende Heuristik zur Bestimmung eines zweckmäßigen Detaillierungsgrads ist in Abbildung 11 aufgezeigt.

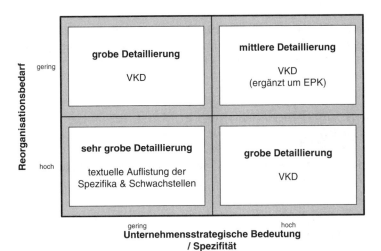

Abbildung 11:   Detaillierungsgrad der Istanalyse

Relevante Bestandteile der Istanalyse im Rahmen der Auswahl eines Warenwirtschaftssystems können sein:[132]

Grobe Aufbauorganisation
Der detaillierten Organisationssicht, im Sinne einzelner Stellen, Abteilungen und aufbauorganisatorischen Beziehungen zwischen diesen, kommt bei der Auswahl eines Warenwirtschaftssystems nur eine untergeordnete Bedeutung zu, da diese Beziehungen typischerweise implizit über Rollenkonzepte und Zugriffsrechte im Warenwirtschaftssystem abgebildet werden. Von großer Relevanz sind hingegen die grundsätzlichen Organisationsstrukturen im Sinne von Konstrukten, wie Mandant, Firma, Lager etc.

Aufgaben (Funktionen)
Dieser Aspekt umfasst eine Beschreibung der durch die Software abzudeckenden bzw. zu unterstützenden Funktionen. Von besonderer Bedeutung sind hochgradig branchen- und unternehmensspezifische Funktionen, die nicht zu den Standardfunktionen von Warenwirtschaftssystemen zu zählen sind.

---

[132]   Vgl. hierzu ausführlich Vering (2002), S. 174 ff.

Abläufe (Prozesse)
Die starke funktionale Spezialisierung und das hohe Transaktionsvolumen im Handel erfordern eine zusammenhängende Betrachtung der Teilfunktionen der Geschäftsprozesse sowie deren DV-Unterstützung, da bei der isolierten Erhebung und Bewertung funktionaler Einzelaspekte die Gefahr besteht, dass zwar einzelne Funktionen gut unterstützt werden, zwischen den Einzelfunktionen aber organisatorische Brüche, Schnittstellen- und Reibungsverluste verbleiben.

Informationen/Daten
Auch bei der Analyse der relevanten Daten muss der Fokus auf spezifischen Anforderungen liegen. Beispiele hierfür sind etwa die Verwaltung von Begleitbelegen, wie Prüf- und Qualitätszertifikaten oder Gefahrstoffblättern, die Rückverfolgung von Artikeln mittels umfassender Chargeninformationen oder die Verwaltung von Seriennummern.

Eingesetzte Sachmittel (z.B. Hard- und Software)
Teilaspekte der Sachmittel, etwa die eingesetzte Hardware sowie die genutzte Basis- und Anwendungssoftware, können von großer Relevanz sein, da diese die Wirtschaftlichkeitsbetrachtung beeinflussen (Weiternutzung vorhandener Ressourcen vs. Neuanschaffung) bzw. im Sinne von K.O.-Anforderungen restriktiv auf die Sollkonzeption einwirken können.

Zugrunde liegendes Mengengerüst
Das Mengengerüst umfasst Angaben zum Umfang der zentralen Stamm- und Bewegungsdaten. Bei den Stammdaten bietet sich eine Berücksichtigung der Größenordnung der Useranzahl und der im Warenwirtschaftssystem zu verwaltenden Artikel-, Lieferanten- und Kundenanzahl an. Als Kenngrößen zur Abschätzung des Aufkommens an Bewegungsdaten eignen sich beschaffungsseitig Lieferantenbestellungen, Wareneingänge und Lieferantenrechnungen sowie vertriebsseitig Kundenaufträge und Kundenrechnungen (bzw. POS-Datensätze im Einzelhandel).[133]

Als Modellierungstechniken für die Prozesssicht eigenen sich vor allem Vorgangskettendiagramme (VKD) und ereignisgesteuerte Prozessketten (EPK).[134] Während ereignisgesteuerte Prozessketten auch eine detaillierte Darstellung komplexerer Prozessalternativen zulassen, eignen sich Vorgangskettendiagramme vor allem für die komprimierte Beschreibung der betriebswirtschaftlichen Ausgangssituation sowie zur Identifikation von Schwachstellen (z. B. Medienbrüche und Redundanzen) und möglichen Verbesserungspotenzialen.[135] Abbildung 12 und Abbildung 13 zeigen exemplarisch jeweils eine EPK bzw. ein Vorgangskettendiagramm.

---

[133] Vgl. hierzu auch Abschnitt 1.2.6.3.
[134] Zur EPK vgl. Scheer (1998c), S. 125 ff.; vgl. auch Becker, Schütte (2004), S. 110 ff., zum VKD vgl. z. B. Scheer (1990), S. 38 ff.
[135] Vgl. Scheer (1998b), S. 18 f.

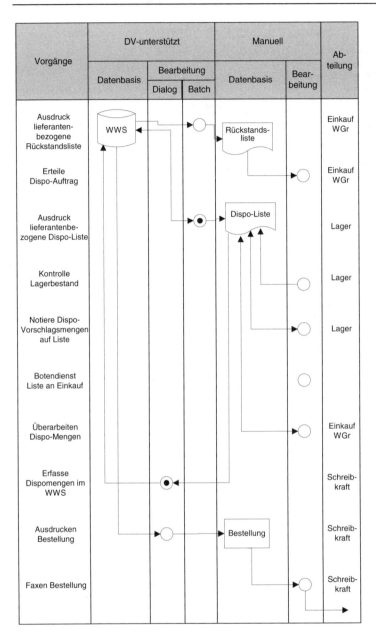

Abbildung 12: Exemplarische Darstellung eines Prozesses als VKD[136]

---

[136] Die Darstellung basiert auf der von SCHEER ursprünglich vorgeschlagenen Form, vgl. Scheer (1990), S. 38 ff. Eine abgewandelte Notation, die stärker auf die ARIS-Architektur ausgerichtet ist, findet sich bei Scheer (1998b), S. 18 und Scheer (1998c), S. 15 ff.

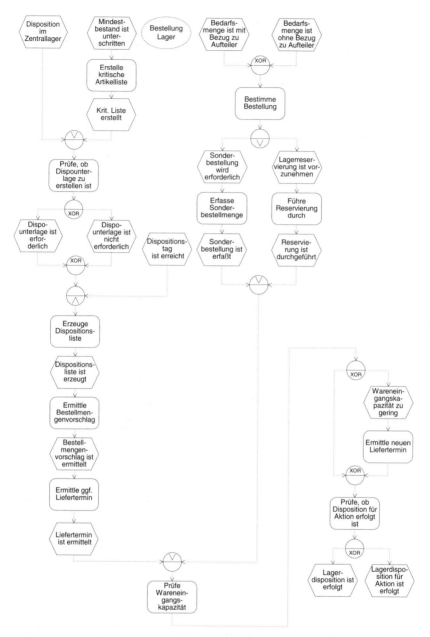

Abbildung 13:   Exemplarische Darstellung eines Prozesses als EPK[137]

---

[137]   Vgl. Becker, Schütte (2004), S. 320.

2.2.1.3 Definition der Restriktionen

Mit der Definition von Soll- und Istzustand ist das Problem zunächst definiert. Für die Suche nach Handlungsalternativen zur Überwindung der Soll-Ist-Differenz sind jedoch weitere Informationen erforderlich. Es ist unbekannt, welche Systeme die Überwindung der Barriere ermöglichen. Die Identifikation von Alternativen, die zur Überwindung des Problems beitragen können, hat sich allerdings nicht nur an der skizzierten Soll-Ist-Differenz zu orientieren. Vielmehr sind weitere Faktoren der Unternehmenssituation zu berücksichtigen, die den Handlungsspielraum bei der Alternativensuche einschränken oder erweitern können. Es können vor allem finanzielle, zeitliche und organisatorische Restriktionen unterschieden werden.

Die *finanziellen Möglichkeiten* eines Unternehmens bilden zumeist eine harte Restriktion für die Alternativensuche. Die Kosten für die Informationstechnologie sind in Handelsunternehmen gestiegen. Mittlerweile sind viele Unternehmen nicht mehr in der Lage, wichtige technologische Entwicklungen nachzuvollziehen, da die Kosten nicht durch die geringen Margen gedeckt werden. Verbunden mit kritischen Einschätzungen zum Nutzen der Informationstechnik, die im bereits angesprochenen Produktivitätsparadoxon der Informationstechnik zum Ausdruck kommen, ist die Investitionsbereitschaft in neue Warenwirtschaftssysteme mitunter begrenzt. Es sollte in der Phase der Problemformulierung bereits die Ausgabebereitschaft des Managements offengelegt werden, damit der Handlungsspielraum für die Projektmitarbeiter transparent wird. Die Investitionsneigung des Managements ist zusammen mit der Problemintensität zu bewerten. Die Projektmitarbeiter haben die Korrelation zwischen Problemintensität und Investitionsbereitschaft bei der Identifikation von Handlungsalternativen zu beachten. Die finanziellen Restriktionen beziehen sich dabei sowohl auf die zu identifizierenden Alternativen als auch auf den Auswahlprozess selbst. Insbesondere die Opportunitätskosten der im Projekt involvierten Mitarbeiter stellen relevante Entscheidungsgrößen dar, die nicht vernachlässigt werden dürfen. Dabei können die Opportunitätskosten beispielsweise daran bemessen werden, wie viel Zeit für die Einführung des selektierten Systems verbleibt, wenn Einführungszeitpunkte nicht verschoben werden können.

Das Kostenbudget des Auswahlprojekts ist an den zu erwartenden Kosten der geplanten Gesamtlösung auszurichten. Als Größenordnung für die Auswahlkosten bei der Beschaffung von IT-Mitteln wird allgemein ein Anteil von 2-20 % der Gesamtkosten der angestrebten Lösung genannt.[138] Bei der Auswahl eines Warenwirtschaftssystems ist – je nach Projekt- bzw. Unternehmensgröße – durchaus mit Auswahlkosten im mittleren (bis oberen) Bereich der genannten Spanne zu rechnen, da zahlreiche Funktionsbereiche betroffen sind, im Regelfall eine umfassende Sollkonzeption entwickelt wird und die Informationsbeschaffungskosten gegebenenfalls relativ hoch sind.

---

[138] Vgl. z. B. Schreiber (2000), S. 39.

Zeitliche Restriktionen für die Produktivnahme des neuen Warenwirtschaftssystems können sich aus prognostizierten Situationen ergeben, die mit den bisherigen Systemen nicht abgewickelt werden können. Derartige harte zeitliche Restriktionen sind bei DV-Projekten besonders problematisch. Beispiele hierfür sind die Inbetriebnahme eines neuen Zentrallagers oder die Übernahme eines Konkurrenten, eine Expansion ins Ausland bei fehlender Mehrwährungsfähigkeit der Altsysteme oder in der Vergangenheit die rechtzeitige Beseitigung des Millenium-Problems oder die Umsetzung einer EURO-Unterstützung. Sinnvoll kann ferner ein geplanter Systemwechsel zum Geschäftsjahresende sein, da dies eine klare Abgrenzung der Geschäftsvorfälle und gegebenenfalls eine vereinfachte Datenübernahme zulässt. Abgeleitet aus einem fixen Termin für die Inbetriebnahme des neuen Warenwirtschaftssystems kann sich so auch für das Auswahlprojekt ein (relativ) fester Endtermin ergeben.

Auch *organisatorische Restriktionen* können den Raum denkbarer Handlungsalternativen einschränken. Aus organisatorischer Sicht können aufgabenbezogene, aufgabenträgerbezogene und standortbezogene Restriktionen zu einer Einengung des Alternativenraums führen. *Aufgabenbezogen* ist zu beachten, wie umfassend die Aufgaben sind, hinsichtlich derer die alternativen Warenwirtschaftssysteme untersucht werden. Grundsätzlich können warenwirtschaftliche Funktionen im engeren Sinne (Beschaffung, Vertrieb, Logistik und gegebenenfalls Lagersteuerung), betriebswirtschaftlich-administrative Funktionen (Finanzbuchhaltung, Kosten- und Erlösrechnung, Personalabrechnung), Verwaltungsfunktionen (Archivierung) und Unternehmensführungsfunktionen (Strategische Planung, Unternehmenssteuerung, Controlling) differenziert werden. Aus Sicht der betroffenen *Aufgabenträger* sind diejenigen Organisationseinheiten zu definieren, für die der Einsatz eines neuen Warenwirtschaftssystems relevant ist. So kann sich der Einsatz eines Warenwirtschaftssystems auf die Zentrale oder die Filialen/Niederlassungen beschränken. Auch organisationsspezifische Einschränkungen sind möglich, so dass beispielsweise einige Vertriebsschienen aufgrund ihrer organisatorischen Eigenständigkeit nicht in den Entscheidungsprozess involviert werden. Die dritte organisatorische Restriktion betrifft die Festlegung der *einzubeziehenden Standorte*. Die Problematik unterschiedlicher Standorte ist vor allem hinsichtlich der Verteilung von DV-Systemen relevant. Es sind hinsichtlich des geographischen Projektumfangs diejenigen Länder beziehungsweise Regionen zu benennen, für die das (die) Warenwirtschaftssystem(e) eingesetzt werden soll(en).

2.2.2 Beispiel einer Problemdefinition

Im Folgenden soll stichpunktartig eine ausgewählte Problemkonstruktion skizziert werden. Sie bildet den Ausgangspunkt einer durchgehenden Mini-Fallstudie, die in den Kapiteln 2.3.4 und 2.4.4 fortgesetzt wird. Auf diese Weise kann anhand eines durchgehenden Beispiels der Auswahlprozess von Warenwirtschaftssystemen nachvollzogen werden.

Ein Unternehmen des Elektrogroßhandels besteht aus zehn Großhandelsniederlassungen sowie einer dezentral-organisierten Einzelhandelskette „e-direkt". Während die Großhandelsniederlassungen über Standleitungen verbunden sind, findet der Datenaustausch zwischen den Filialwarenwirtschaftssystemen der Einzelhandelskette und dem zentralen Warenwirtschaftssystem über Wählleitungen statt. Anhand der zuvor skizzierten Teilschritte der Problemkonstruktion wurden in der Phase Problemkonstruktion folgende Angaben ermittelt:

A) Ziele

- Eine einheitliche Datenbank, ein einheitliches System

- Reduktion der laufenden WWS-Betriebskosten um 10 %

- Transparenz über die Bestände des Zentrallagers und der zehn Niederlassungen und Wechsel zu einer zentralen Disposition

- Unterstützung des in den bisherigen Systemen nur ungenügend realisierten Auftragserfassungsprozesses

- Integrierte Kundenbonitätsprüfung

B) Istzustand

- Es existieren viele Warenwirtschaftssysteme unintegriert nebeneinander.

- Das DV-Budget ist sehr hoch.

- Keine Bestandstransparenz und hohe Lagerbestände

- Schwächen in zentralen operativen Prozessen (dokumentiert durch Vorgangskettendiagramme)

  i. Angebotswesen kann nicht alle Kundenauftragsprozesse effizient abbilden

  ii. Keine Kundenbonitätsprüfung

  iii. Manuelle Abwicklung der KTG-Trommelverwaltung

  iv. Manuelle Abwicklung von Terminaufträgen

  v. Keine Unterstützung von Streckengeschäften

C) Restriktionen

    a. Finanzielle Restriktionen

        i. Die Anschaffung des Warenwirtschaftssystems darf 2,5 Mio. EUR nicht überschreiten.

        ii. Die laufenden Kosten (p.a.) sollen unter 750.000 EUR liegen.

        iii. Das Auswahlprojekt verfügt über ein Budget von 150.000 EUR

    b. Zeitliche Restriktionen

        i. Produktivnahme des Systems am 01.07.2004

        ii. Auswahl des Systems bis 01.12.2004

    c. Organisatorische Restriktionen

        i. Aufgaben
Es sollen alle warenwirtschaftlichen und logistischen Funktionen (nicht jedoch die technische Lagersteuerung) und die angrenzenden betriebswirtschaftlich-administrativen Bereiche (nicht die Archivierung) in die Untersuchung einbezogen werden. Ebenfalls nicht berücksichtigt werden export- und importbezogene Geschäftsprozesse.

        ii. Aufgabenträger
Es sollen 100 Mitarbeiter mit dem neuen Warenwirtschaftssystem parallel arbeiten. Nicht berücksichtigt wird der dezentrale Einzelhandel „e-direkt".

        iii. Standorte
Das Projekt soll das Zentrallager sowie die zehn in Deutschland angesiedelten, dezentralen Großhandelsniederlassungen in die Untersuchung einbeziehen.

D) Stakeholder

    a. Unternehmensführung durch den Vorstand Rechnungswesen / IV

    b. Fachbereiche: Einkauf, Logistik/Lager, Marketing, Vertrieb, Rechnungswesen, Informationsverarbeitung

    c. Kunden, die im Rahmen von überbetrieblichen Kooperationsvorhaben Anforderungen an die DV haben.

2.3 Grobanalyse (Phase 2)

2.3.1 Grob-Anforderungsanalyse

Die in den Gliederungspunkte 2.3.1 und 2.3.2 thematisierten Problemfelder sind interdependent. Die vorgenommene Gliederungsabfolge wird damit begründet, dass ein zumindest rudimentäres Verständnis von Leistungskriterien vorliegen muss, um eine effiziente Suche zu ermöglichen.

Die Grobauswahl dient der bewussten Eingrenzung von Handlungsalternativen, die vor allem durch die bei der Problemkonstruktion definierten Restriktionen möglich wird.[139] Bereits in dieser frühen Phase, in der die Anforderungen an das System noch nicht detailliert vorliegen, können wichtige Kriterien angegeben werden, die sich bei der Grobanalyse bewährt haben.[140] Die Kriterien müssen nicht in jedem Einzelfall als K.O.-Kriterien gelten. In vielen Projekten hat sich jedoch die Nutzbarkeit der Kriterien als solche bewiesen. Im einzelnen sind als K.O.-Kriterien

- die finanzielle Restriktionen (Anschaffungs- und Betriebskosten),

- die Abbildbarkeit der geforderten Organisationsstruktur,

- das Vorhandensein von Referenzkunden aus der Branche als Indikator für die Einsetzbarkeit des Systems in der betrachteten Branche,

- die Unterstützung der Handelsstufe (Groß-, Einzel- oder mehrstufiger Handel),

- die sinnvolle Realisierbarkeit der gewünschten Installationsgröße (z. B. Benutzeranzahl, Mengengerüst),

- die Größe des Systemanbieters,

- die Integrierbarkeit des Systems in die bestehende Hardware- und Softwarearchitektur

geeignet.

---

[139] Zur Notwendigkeit, eine Grob- und eine Feinanalyse zu unterscheiden, vgl. auch von Arb (1997), S. 25; Rinza, Schmidt (1977), S. 19.

[140] Es ist nicht notwendig, dass in der Grobanalyse K.O.-Kriterien definiert werden, da wie auch in der späteren Detailanalyse eine Nutzwertanalyse - auf Basis weniger Kriterien - möglich wäre. Diese Vorgehensweise wird hier jedoch abgelehnt. Die bei den Kriterienausprägungen in der Nutzwertanalyse möglichen Substitutionsmöglichkeiten erschweren die Argumentation, welche Kriterien in die Grobanalyse aufgenommen werden. Es wäre schließlich denkbar, dass die Unterscheidung relevanter Kriterien nach ihrer Wichtigkeit zu Fehlurteilen führt, da eine (oder mehrere) Alternative(n) Substitutionsmöglichkeiten besitzen, die durch die Voranalyse verdeckt bleiben. Bei der Nutzung von K.O.-Kriterien ist diese Gefahr nicht gegeben, weil Substitutionsmöglichkeiten durch die Deklaration von K.O.-Kriterien ausgeschlossen werden. Für den Entscheidungsträger sind die Konsequenzen seiner Handlungen bei der Formulierung von K.O.-Kriterien transparenter, da er durch die Festlegung weiß, dass das Kriterium restriktiv wirkt. Andernfalls werden die potenziell möglichen Substitutionsmöglichkeiten „versteckt", weil eine Abgrenzung suggeriert wird, die aus methodischer Sicht nicht gilt.

Sofern die *finanziellen Möglichkeiten* des Unternehmens eingeschränkt sind, kann es zur Situation kommen, dass einige Systeme aufgrund der mit ihnen verbundenen Kosten nicht in die Untersuchung einzubeziehen sind.

Die *Organisationsstruktur* bezieht sich auf die durch das Warenwirtschaftssystem unterstützten alternativen Organisationsmodelle (zum Beispiel Zentralisationsgrad).

Die *Branchenausrichtung* fokussiert auf die funktionalen Besonderheiten der Branche, in der sich das Unternehmen bewegt. Je branchenbezogener ein System ist, desto geringer ist in der Regel der Anpassungsbedarf. Das Kriterium Branchenausrichtung ist jedoch nur eingeschränkt operational und prüfbar. Gleichwohl ist es geeignet, Systeme zu eliminieren, die eine klare Fokussierung auf solche Branchen zeigen, die von der eigenen Branche stark abweichende Anforderungen besitzen. So ist ein Warenwirtschaftssystem, das explizit auf den Tonträgerfachhandel ausgerichtet ist, mit großer Sicherheit nicht effizient im Textil- oder Lebensmittelhandel einzusetzen. Als Indikator für die Branchenausrichtung kann die Installationszahl in vergleichbaren Unternehmen gewertet werden. Eine detaillierte Überprüfung der unter einer bestimmten Branchenausrichtung subsumierten Einzelanforderungen bzw. Leistungsmerkmale ist Gegenstand der nachgelagerten Detailanalyse.

Die *Handelsstufe* erlaubt eine Differenzierung zwischen den sehr unterschiedlichen Systemen zur Unterstützung des Großhandels beziehungsweise Einzelhandels.

Unterscheiden sich die typische *Installationsgröße* und die erforderliche Installationsgröße signifikant, so ist eine weitere Verfolgung der Alternative nicht zweckmäßig. Ist die typische Systemgröße wesentlich kleiner als die geforderte (bspw. ein System mit typischer Einplatzinstallation bei einem internationalen Handelskonzern), so ist offensichtlich, dass keinerlei Eignung besteht. Ist die typische Installationsgröße hingegen wesentlich größer (bspw. ein System mit typischerweise über 1000 Usern bei einem Einzelhandelsunternehmen mit zwei Filialen), so ist von nicht zweckmäßigen Einführungs- und Anpassungskosten sowie übermäßig hohen Lizenz- und Supportkosten auszugehen.

Die *Größe des Softwareunternehmens* sollte eine Mindestgröße nicht unterschreiten, da andernfalls der Fortbestand des Unternehmens gefährdet sein könnte (Abhängigkeit von wenigen Experten).

Schließlich ist die *Integrierbarkeit des Systems* in die bestehende Hardware- und Software-Architektur ein wesentliches Selektionskriterium. Beispielsweise ist für eine Unternehmensgruppe mit einer Vielzahl von Niederlassungen ein „einfaches" PC-orientiertes System, das nicht netzwerkfähig ist, wegen mangelnder Integrationsfähigkeit aus der weiteren Analyse auszuschließen.

2.3.2   Alternativensuche durch Marktanalyse

Zur Analyse, welche Anbieter von Warenwirtschaftssystemen in Frage kommen, sind
zunächst die potenziellen Anbietergruppen zu ermitteln (Kapitel 2.3.2.1), bevor in
einem zweiten Schritt konkrete Lösungen eruiert werden können (Kapitel 2.3.2.2) .

2.3.2.1   Potenzielle Anbieter von Warenwirtschaftssystemlösungen

Der Markt für Warenwirtschaftssystemlösungen ist heterogen und intransparent, da
Warenwirtschaftssysteme für Handelsunternehmen Systemprodukte darstellen.[141] Es
werden nicht einzelne Systeme, sondern Lösungspakete untersucht. Deshalb sind
nicht nur Softwareunternehmen zu beachtende Anbieter von Warenwirtschaftssystemen, vielmehr ist aus der Perspektive von Paketlösungen auch ein Beratungsunternehmen von Bedeutung dafür, welche Software gewählt wird. Je nach Lösungspaket
sind folgende Anbieter denkbar:

Softwareunternehmen

Das Kerngeschäft von Softwareunternehmen ist die Erstellung von Softwaresystemen. Das Ausmaß der Beteiligung eines Softwareunternehmens an der Einführung
des Systems beim Kunden variiert von Fall zu Fall. Der Vorteil einer direkten
Zusammenarbeit mit einem Softwarehaus besteht in der Verfügbarkeit von System-
Know-how.

Systemintegratoren

Systemintegratoren lassen sich dadurch kennzeichnen, dass sie die gesamte Einführung eines Warenwirtschaftssystems inklusive Hardware, Software und Projektmanagement durchführen. Das Ergebnis sind schlüsselfertige Lösungen. Der Vorteil
dieser Variante liegt in der weitgehenden Entlastung des Managements des Handelsunternehmens von Aufgaben im Zusammenhang mit der Softwareeinführung.

Outsourcing-Dienstleister

Outsourcing-Dienstleister übernehmen üblicherweise neben der kompletten Einführung des Systems auch die laufende operative Betreuung, Wartung und Fehlerbe-
handlung.

---

[141] Beim Systemprodukt Warenwirtschaftssystem sieht der Käufer, das Handelsunternehmen, nicht
nur Teilkomponenten, sondern das eingeführte System als zu bewertendes Systemprodukt an.
Aus diesem Grund kann in der Regel auch nicht mehr isoliert über Software, Beratung etc.
entschieden werden. Vielmehr liegt eine Kombination alternativer Systemprodukte vor (zum
Beispiel Retek 10, Unternehmensberatung Andersen Consulting, Hardware IBM). Zum
Charakter von Systemprodukten vgl. Zerdick, Picot, Schrape et al. (1999), S. 179.

Beratungsunternehmen

Beratungsunternehmen, insbesondere solche, die sich auf die Einführung von Softwaresystemen spezialisiert haben, stellen Mittler zwischen Softwarehaus, Hardwareanbieter und Anwender dar. Sie verkaufen selbst nicht die Software, sondern koordinieren die Einführung. Sie können auch als Systemintegratoren fungieren, so dass sie je nach Beratungsphilosophie klassische Beratungsunternehmen oder Systemintegratoren darstellen.

2.3.2.2 *Alternative Warenwirtschaftssysteme*

Sofern die genannten Anbieter bekannt sind, stellt sich die Frage, wie das Handelsunternehmen zu einem Marktüberblick über die angebotenen Systeme gelangt. Zur Identifikation der wichtigsten Systeme bieten sich die folgenden Informationsquellen an:

- Unternehmensberater
- Branchenpublikationen
- Softwarekataloge
- Messebesuche
- Konkurrenzbeobachtungen
- Fachpublikationen

Wie bereits im Zusammenhang mit der Projektorganisation erwähnt, weisen spezialisierte *Unternehmensberater* aufgrund ihrer umfangreichen Erfahrung aus Projekten mit einer Vielzahl von Unternehmen häufig sehr gute Marktkenntnisse auf. Relativ schnell können auf diese Weise relevante Systemalternativen ermittelt und irrelevante eliminiert werden.

In *Branchenpublikationen* finden sich häufig Berichte oder Anzeigen über Softwaresysteme, die für die jeweilige Branche geeignet sind. Der Detaillierungsgrad dieser Darstellungen ist allerdings relativ gering.

Einen ersten Überblick kann das Handelsunternehmen auch auf *Messen* wie der Cebit in Hannover, der Systems in München oder auf Branchentagungen und -messen wie zum Beispiel der Tagung Handelsinformationssysteme (HIS) in Münster (http://www.his-tagung.de) oder der EuroCIS in Düsseldorf (http://www.messe-duesseldorf.de/eurocis/ de) gewinnen. Für einen effektiven Messebesuch sollte im Vorfeld eine Planung und Vorauswahl von Anbietern erfolgen.

Seit geraumer Zeit sind auch eine Reihe von *Softwarekatalogen* etabliert, die die am Markt angebotenen Softwaresysteme auflisten und anhand einer mehr oder weniger großen Anzahl an Merkmalen beschreiben. Zur Vereinfachung der Recherche in diesen Katalogen existieren elektronische Versionen, die eine Selektion nach Kriterien, wie Branche, Anwendung oder Systemplattform ermöglichen (vgl. Abbildung

14). Aufgrund seiner Struktur und der Recherchemöglichkeiten gehört hierzu auch der Cebit-Messekatalog.

Katalog	Elektronische Version
IT-Matchmaker	http://www.it-matchmaker.com
Softguide	http://www.softguide.de, CD-ROM
Cebit-Messekatalog	http://www.cebit.de

Abbildung 14:   Elektronische Softwarekataloge

Der *IT-Matchmaker* geht über die reine Katalogfunktionaltät hinaus, in dem er die gesamte Vorauswahl der Systeme, inklusive der Anbieter- und Systemidentifikation, der Anforderungsdefinition über Leistungskataloge und der Rangbildung der Systemalternativen, unterstützt. Siehe hierzu ausführlich die Darstellung des Vorgehens zur WWS-Auswahl bei Nutzung des IT-Matchmakers in Abschnit 2.5.2.

Insbesondere bei risikoaverser Einstellung kann auch die Analyse der bei *Konkurrenzunternehmen* eingesetzten Softwaresysteme ein Anhaltspunkt für die Systemfindung sein. Systeme, die sich dort bewährt haben, besitzen eine grundsätzliche Eignung und sind in der Grobauswahl zu beachten.

Fachpublikationen wie dieses Buch bieten als Informationsquelle eine besondere Hilfestellung, da sie nicht ausschließlich für die Marktanalyse genutzt werden können. Sie stellen auch im Rahmen der Anforderungsdefinition sowie in der Phase der Grobevaluation der zur Wahl stehenden Warenwirtschaftssysteme eine nützliche Hilfe dar. In der Regel können für einen Anwendungsbereich anhand spezifischer Kriterien die wichtigsten Warenwirtschaftssysteme ermittelt werden. Gegenüber den zuvor beschriebenen Informationsquellen, insbesondere Softwarekatalogen, weisen Fachpublikationen in der Regel eine höhere Problemspezifität auf. Die Auflistung problemorientierter Kriterien, an denen die unterschiedlichen Systeme gleichermaßen gemessen und verglichen werden, erlaubt eine schnelle Einschätzung der grundsätzlichen Systemeignung. Darüber hinaus eignen sich Kriterienkataloge als hilfreiche Unterstützung bei der Entwicklung unternehmensspezifischer Anforderungen.

2.3.3   Abgleich Grob-Anforderungen und Systemalternativen

Aufbauend auf den Ergebnissen der Grobanalyse werden die bei der Marktanalyse ermittelten Alternativen evaluiert. Die Systeme werden hierbei im wesentlichen anhand des von den Anbietern bereitgestellten Informationsmaterials bewertet. Damit die zur Auswahl stehenden Systeme anhand der vergleichbaren Kernanforderungen zu einem adäquaten Informationsstand über die Systeme führen, sind explizit solche Informationen von den Herstellern anzufordern, die Aufschluss über die Erfüllung der entsprechenden Kernanforderungen ermöglichen.

Bei der Analyse der Informationen sind gegebenenfalls auftauchende Unklarheiten hinsichtlich einzelner Aspekte zu dokumentieren, um sie möglicherweise mit dem Anbieter zu klären. Die Bewertung der einzelnen Systeme wird auf einem sehr hohen Abstraktionsniveau vorgenommen (Abbildung 15). Allerdings sollte dieses Verfahren nicht „mechanisch" angewendet werden. Die Erfüllung einer Anforderung kann nicht die Nicht-Erfüllung eines anderen Kriteriums aufwiegen. Jedes Kriterium steht für sich. Bei den K.O.-Kriterien ist darauf zu achten, dass sie tatsächlich K.O.-Kriterien darstellen. Negative Kriterienausprägungen, die aus Sicht der Entscheidungsträger durch positive Ausprägungen anderer Kriterien zu substituieren sind, stellen keine K.O.-Kriterien dar und sind daher bei der Grobauswahl noch nicht aufzunehmen.

Anforderung	System 1	System 2	System 3	...
Finanzielle Restriktionen	-	+	+	
Organisationsstruktur	-	+	+	
Branchenausrichtung	+	+	+	
Handelsstufe	+	+	+	
Anbietergröße	+	+	+	
Integrierbarkeit	-	+	+	
Gesamt	-	+	+	
Begründung:	Scheidet aus, da die Anpassung der strukturellen Schwächen in absehbarer Zeit nicht realisierbar erscheint.	Wird weiterverfolgt, da das System trotz einiger Mängel die Grundlage für eine langfristige Softwarebasis bildet.	Wird weiterverfolgt, da eine adäquate Systembasis sowie Branchenerfahrung vorhanden sind.	

Abbildung 15:   Exemplarische Kriterien für Grobauswahl

Eine konkrete Zielgröße für die Anzahl der bei der Grobauswahl zu berücksichtigenden Systeme ist nicht allgemein zu definieren. Je nach Ausprägung der K.O.-Kriterien dürfte die tatsächliche Anzahl verfügbarer grundsätzlich geeigneter Warenwirtschaftssysteme zwischen 5 bis 10 Systemen (beispielsweise bei einem internationalen Handelskonzern, bei dem mehrere tausend Einzelhandelsfilialen und Vertriebsschienen mit unterschiedlichen Sortimenten, die integriert in einem Warenwirtschaftssystem abgebildet werden sollen) bis zu mehreren Dutzend Warenwirtschaftssystemen (beispielsweise bei einem kleineren Großhandelsunternehmen ohne ausgeprägte branchenspezifische Anforderungen) liegen.

Eine Vergrößerung der Entscheidungsalternativen um ihrer selbst Willen ist grundsätzlich nicht sinnvoll,[142] da jede Alternative die Komplexität der Softwareauswahl erhöht und zusätzliche Zeit und Kosten für die Begutachtung und Bewertung in Anspruch nimmt. Andererseits ist darauf zu achten, dass bei dieser ersten - zwingend

---

[142]   Vgl. Eisenführ, Weber (1999), S. 73 ff.

nur oberflächlichen - Betrachtung ein gut geeignetes System nicht fälschlicherweise eliminiert wird. Aus Aufwandsgründen erscheint für die nachfolgende Detailanalyse eine Beschränkung auf ca. 4 bis maximal 7 Systeme zweckmäßig.

2.3.4   Beispiel einer Grobanalyse

A) K.O.-Kriterien

- Die Anschaffung des Warenwirtschaftssystems darf 2,5 Mio. EUR nicht überschreiten und muss bis zum 01.01.2005 einführbar sein.
- Software muss Konzernstrukturen und verteilte Logistik unterstützen.
- Die Funktionen der Warenwirtschaft sollen in einem System vollständig integriert sein.

B) Marktanalyse

- Terra-System
- Advantage-Sys
- System-Global
- All for one WWS
- Food-WWS
- usw.

C) Abgleich Grobanforderungen - Systemalternativen

- Als Ergebnis der Grobanalyse lässt sich eine Top-Gruppe bestehend aus drei Systemen (vgl. Abbildung 16) identifizieren, die die Basisanforderungen umfassend erfüllen und sich deutlich von den übrigen Systemen abheben. Es wird beschlossen, sich im Weiteren auf diese drei Systeme zu beschränken und diese detailliert gegenüberzustellen.

Merkmale	WWS 1	WWS 2	WWS 3
Bezeichnung	Terra-System	Advantage-Sys	System-Global
Anbieter	TerraTec	SysSolutions	Universal-Intl.
Anzahl Installationen	23	22	3
Beispiel Kunden	Parker, Glasgow AKE, Berlin	Weil & Co, Kempten	Erste Pilotkunden
System-plattform	Unix	Unix, OS-400	Windows-NT, Unix

Abbildung 16:   Ergebnisliste der Grobanalyse

2.4 Detailanalyse (Phase 3)

2.4.1 Identifikation und Eigenschaften von Kriterien

2.4.1.1 *Identifikation von Kriterien*

Ausgehend von der Problemdefinition stellt sich die Frage, wie die relevanten Anforderungen des Unternehmens an ein Warenwirtschaftssystem umfassend und systematisch erfasst werden können. Bei der Entwicklung von Individualsoftware erfolgt die Ermittlung der Anforderungen traditionell im Rahmen des Requirements Engineering. Ohne an dieser Stelle auf die unterschiedlichen Techniken zur Erhebung der Anforderungen eingehen zu wollen, sind für die Entwicklung eines Kriterienkatalogs in der Regel unterschiedliche Techniken der Systemanalyse wie zum Beispiel freie oder strukturierte Interviews, Beobachtungen, Dokumentenanalysen oder Fragebogen zu nutzen. Welche Erhebungstechniken genutzt werden, hängt vor allem davon ab, ob die Kriterien aus einer Ist-Analyse oder einem Soll-Konzept gewonnen werden sollen.[143]

Durch ein in der betrieblichen Praxis übliches kombiniertes Verfahren aus Ist- und Soll-Ansatz können wichtige zukünftige Anforderungen bei der Systemauswahl berücksichtigt werden, und die Durchführung der vorhandenen Abläufe wird nicht gefährdet.

Bei der *Ist-Analyse* gilt es vor allem, das Mengengerüst, das durch das Warenwirtschaftssystem bewältigt werden muss, zu erfassen. Es bezieht sich einerseits auf die Stammdaten (Artikel, Kunden, Lieferanten) und andererseits auf das Transaktionsvolumen (Anzahl Kundenaufträge, Anzahl Auftragspositionen, Anzahl Lieferantenrechnungen) pro Betrachtungszeitraum (Stunde, Tag, Monat, Quartal, Jahr). Für Handelsunternehmen ist es angesichts ihrer Transaktionsvolumina unverzichtbar, diese Größen zu erheben. Erst auf diese Weise können die Einsetzbarkeit der Systeme sowie die damit verbundenen Kosten bewertet werden. Beispielsweise hat sich bei der Entwicklung des SAP IS-Retail gezeigt, welche ungeahnten Hardware-Anforderungen entstehen, wenn das Mengenvolumen im Handel unterschätzt wird. Ferner sollten die Schnittstellen, die das neue System zu anderen Anwendungssystemen aufweisen muss, im Rahmen der Ist-Analyse identifiziert werden. Warenwirtschaftssysteme haben üblicherweise Schnittstellen zu betriebswirtschaftlich-administrativen Systemen (sofern diese nicht bereits integriert sind) sowie zu technischen Lagersteuerungssystemen, Archivierungssystemen und Auswertungs- und Analysesystemen (zum Beispiel Data-Warehouse-Systemen), deren Ausgestaltung für die spätere Systembewertung elementar sind.

---

[143] Zu Vor- und Nachteilen der beiden Ansätze sowie zur Präferenz eines kombinierten Ansatzes vgl. Kapitel 2.2.1.2.

Im Rahmen der *Soll-Analyse* sollten die strategischen Entscheidungen der Unternehmensführung beachtet werden. Diese können sich aufgrund des umfassenden Geltungsrahmens von Strategien auf sämtliche Anforderungen beziehen. Dabei können Änderungen bei den organisatorischen Strukturen, bei Prozessen oder Geschäftsarten, bei Sortimentsbereichen (zum Beispiel Frische- oder Modeartikel statt Hartwaren) neue Anforderungen an die Systeme stellen. Beispielsweise ist bei geplanten oder bereits getroffenen Entscheidungen für neue Vertriebslinien, Logistikkooperationen o. ä. darauf zu achten, dass entsprechende Anforderungen an das Warenwirtschaftssystem antizipiert werden. Dabei sollte eine Orientierung am Best Practice der Branche erfolgen.

2.4.1.2 *Messung der Kriterien*

Für die Feinanalyse wird eine detaillierte Anforderungsbeschreibung benötigt. Die Anforderungen sind dabei so zu formulieren, dass eine Bewertung der alternativen Systeme möglich wird. Für die Bewertung der einzelnen Kriterien ist zunächst festzulegen, welche Meßskala dem Kriterium zugrunde liegt.[144] Es werden in der Regel die Nominal-, die Ordinal-, die Intervall- und die Ratioskala unterschieden.[145]

Nominalskalen erlauben eine einfache Klassifizierung, in der jedes Objekt eindeutig einer Klasse zugeordnet wird (zum Beispiel gelb, grün, rot). Beispielsweise können die Warenwirtschaftssysteme danach bewertet werden, ob das Kriterium Unix-Unterstützung erfüllt ist oder nicht. In diesem Fall liegt ein nominalskaliertes Merkmal vor.

Die Alternativen können bei einer *Ordinalskala* in eine Rangordnung hinsichtlich der betrachteten Bewertungsdimension gebracht werden. Das klassische Beispiel für eine Ordinalskala ist das Notensystem in der Schule. Die Schulnote 2 ist besser als die Schulnote 3. Allerdings sagt diese Rangordnung nichts über das Ausmaß der Rangordnung aus. Der Abstand zwischen den Noten 2 und 3 muss damit nicht gleich sein wie der zwischen den Noten 3 und 4. Ordinalskalierte Größen werden mitunter auch als qualitativ messbare Anforderungen bezeichnet. Sie werden im Rahmen der Untersuchung von Warenwirtschaftssystemen zur Bewertung der funktionalen Anforderungen verwendet, so kann beispielsweise die Anforderung nach Abbildung der Konditionsstruktur mit den Ausprägungen (a) nicht erfüllt, (b) teilweise erfüllt oder (c) vollständig erfüllt beurteilt werden.

---

[144] Messung wird hier verstanden als „Bestimmung der Ausprägung einer Eigenschaft eines Dings", Orth (1974), S. 13.

[145] Zu den unterschiedlichen Skalen vgl. Pfohl, Braun (1981), S. 228 ff. sowie den Exkurs zur Messproblematik auf S. 238 ff. Vgl. auch Schneeweiß (1991), S. 40 ff.; Orth (1974), S. 14-32. Zur Messung und deren betriebswirtschaftlicher Semantik vgl. Schneider (1995a), S. 204 f.

Bei *Intervallskalen* ist neben der Klassenzugehörigkeit und der Rangordnungs-möglichkeit auch die Aussage möglich, wie der Abstand zwischen zwei Kriterienaus-prägungen zu bewerten ist. Bei intervallskalierten Größen können Aussagen über den Abstand zwischen zwei Größen getroffen werden. Es liegen numerisch messbare (quantifizierbare) Größen vor. Beispielsweise ist die Temperaturmessung in Celsius eine intervallskalierte Größe. Als Transformationsfunktionen der Skala sind sämt-liche mathematische Operationen erlaubt, die die Relationen unterschiedlicher Inter-vallausschnitte nicht verändert.

Ratioskalen stellen Intervallskalen mit einem natürlichen Nullpunkt dar.[146] Der Null-punkt spiegelt die Abwesenheit des Merkmals wider. Bedeutungserhaltende Trans-formationen sind bei einer Ratioskala ausschließlich Multiplikationen. Der Inhalts-reichtum unterschiedlicher Skalen geht aus Abbildung 17 hervor.

| Skalentyp | Festgelegte Eigenschaften | | | | Beispiel |
	Nullpunkt	Abstände	Ränge	Identität	
Nominalskala	nein	nein	nein	ja	Familienstand
Ordinalskala	nein	nein	ja	ja	Zufriedenheit
Intervallskala	nein	ja	ja	ja	Temperatur in C°
Ratioskala	ja	ja	ja	ja	Länge

Quelle: Hill, Schnell, Esser (1995), S. 134.

Abbildung 17:   Eigenschaften von Skalentypen

Im Folgenden werden die Begriffe Messung, Skala, qualitative und quantitative Größe häufiger verwendet, so dass sie zunächst voneinander abgegrenzt werden sollen. Die Messung ist jeder Vorgang, der Ausprägungen von Eigenschaften eines Objekts Werte zuweist. Inwieweit die Werte auf einer spezifischen Skala angeordnet werden können, bleibt zunächst unbestimmt. Es wird lediglich vereinbart, dass Messen immer auf einem bestimmten Skalenniveau vorgenommen wird. Somit ist auch die Klassifikation eine Messung. Qualitative Größen sind solche Eigenschafts-ausprägungen, die sich auf einer ordinalen Skala messen lassen, während eine quantitative Größe auf einer Kardinalskala (Intervall- oder Ratioskala) gemessen werden kann.

---

[146] Intervall-, Ratio- und absolute Skala, die eine fest definierte Skaleneinheit besitzt, vgl. Orth (1974), S. 26, werden auch als Kardinalskalen bezeichnet, vgl. Schneeweiß (1991), S. 46 f.

2.4.1.3 Kriterienklassen

Die Anforderungen, die bei der Auswahl eines Warenwirtschaftssystems zu berücksichtigen sind, können zunächst in softwareabhängige und softwareunabhängige
Anforderungen differenziert werden. Softwareanforderungen sind ihrerseits in anwendungsbezogene (strukturelle und funktionale) und systemtechnische Anforderungen zu differenzieren. Die softwareunabhängigen Anforderungen stellen vor
allem Kriterien zur Bewertung des Systemanbieters dar.

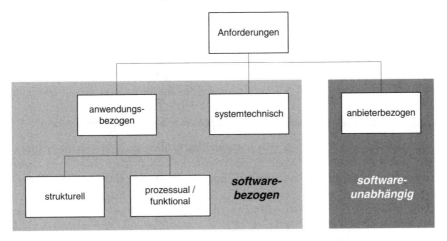

Abbildung 18:   Arten von Anforderungen an Warenwirtschaftssystem

ANWENDUNGSBEZOGENE KRITERIEN

Die anwendungsbezogenen Anforderungen bilden die wichtigste Kriterienklasse, da
sie die Anforderungen zur Unterstützung der Geschäftsprozesse im Handel repräsentieren. Unter den anwendungsbezogenen Kriterien werden strukturelle und funktionale Anforderungen subsumiert.

Strukturelle Anforderungen

Strukturelle Anforderungen beziehen sich auf die Organisations- und Informationsstrukturen, die durch das Softwaresystem abgebildet werden müssen. Bei der Abbildung der Organisationsstrukturen können unterschiedliche Konzepte verfolgt werden.[147]

Das *erste Konzept* sieht keine spezifische informationstechnische Strukturierung von
Organisationen vor. Es werden i. d. R. Unternehmen als eigene systemtechnische
Einheiten verwaltet, die Ausdifferenzierung von Unternehmen wird nicht unterstützt.

---

[147] Zu Anforderungen an Organisations- und Informationsstrukturen vgl. Becker, Schütte (2004),
      S. 213 ff.

Das *zweite Konzept* verfolgt eine Flexibilisierung der informationstechnisch darstellbaren Organisationsstukturen. In diesem Fall werden üblicherweise

- die rechtliche Organisationsstruktur,
- die einkaufsorientierte Organisationsstruktur,
- die logistikorientierte Organisationsstruktur und
- die vertriebsorientierte Organisationsstruktur

unterschieden.

Die *rechtliche Strukturierung* ermöglicht die Abbildung mehrerer rechtlich selbständiger Unternehmen innerhalb eines Systems.

Insbesondere in Unternehmensgruppen kann trotz rechtlicher Selbständigkeit der einzelnen Unternehmen der Bedarf an unternehmensübergreifenden Beschaffungsorganisationen bestehen, so dass Degressionseffekte durch gemeinsame Konditionen realisiert werden. Dazu hat das Softwaresystem Organisationseinheiten abzubilden, die mehrere Organisationseinheiten zu *Beschaffungseinheiten* zusammenfassen.

Auf der *Vertriebsseite* sind erstens auch unternehmensübergreifende Vertriebsorganisationen denkbar, wenn etwa Kunden landesweit einheitlich (zum Beispiel in bezug auf Konditionen) von unterschiedlichen Firmen einer Unternehmensgruppe bedient werden sollen. Zweitens ist eine spezifische Vertriebsstrukturierung erforderlich, wenn der Vertrieb anhand von Regionen, Marketingaspekten, Sortimenten und Preisen differenziert werden soll.

Die Darstellung einer *logistikorientierten* Organisation ist insbesondere für die Warendistribution und die Verwaltung von Beständen wichtig. Die Definierbarkeit einer Logistikorganisation wird vor allem angesichts der Tendenzen zu „Supply Webs" immer wichtiger.[148]

Je größer Unternehmen beziehungsweise Unternehmensgruppen werden, desto höher sind die Anforderungen an die Abbildung alternativer Organisationsstrukturen im Softwaresystem. Für ein Handelsunternehmen mit nur einem Standort wäre die Flexibilität hingegen nur mit Nachteilen verbunden, weil für eine reale Organisationseinheit mehrere systemtechnische Organisationseinheiten zu pflegen sind. Grundsätzlich sollte jedoch die Strategie einer flexiblen Darstellung der Organisation im Anwendungssystem verfolgt werden, da insbesondere im „wandlungswilligen" Handel das auszuwählende System auch offen für denkbare Entwicklungsszenarien des Unternehmens sein sollte.

Weitere strukturelle Anforderungen beziehen sich auf die grundlegenden Objekte der Geschäftsprozesse. Das herausragende Objekt ist dabei der Artikel sowie seine Beziehungen zu Lieferanten, Kunden und Konditionen. Die Beziehung zwischen Kunde und Artikel ist die strukturelle Voraussetzung für die Sortimentsgestaltung (welcher Kunden darf welche Artikel kaufen) und für die Konditions- und Rückver-

---

[148]   Zu Tendenzen überbetrieblicher Logistikkooperationen vgl. Kapitel 1.1.

gütungsregelung (welche Kunden haben über welche Absatzwege welche Artikel bezogen und welche Rückvergütungen werden zu diesem Zweck gewährt). Die Beziehung zum Lieferanten ist die Voraussetzung für die Abrechnung von Rechnungskonditionen und nachträglicher Vergütungen sowie die Grundlage differenzierter Beschaffungsregeln (welcher Artikel wird bei Beschaffung welcher Menge von welchem Lieferanten geliefert).

Funktionale Anforderungen

Die funktionalen Anforderungen zielen auf die Unterstützung der Geschäftsprozesse und ihrer Teilfunktionen (zum Beispiel Lagergeschäft, Streckengeschäft, Zentralregulierung mit den erforderlichen Funktionen).

Bei der Identifikation und Festlegung der funktionalen Anforderungen ist darauf zu achten, dass unternehmens- und branchenspezifische Merkmale erfasst werden. Andernfalls werden wichtige Anforderungen an das Softwaresystem nicht erhoben, die für die Nutzbarkeit des Systems von besonderer Bedeutung sind. Erfahrungen der Verfasser bei der Auswahl von Software haben gezeigt, dass insbesondere die spezifischen Anforderungen von den diversen Standardsystemen sehr unterschiedlich erfüllt werden. Somit kommt der Identifikation dieser Anforderungen der größte Nutzen bei der Bewertung der Alternativen zu, da „Standardanforderungen" meist von allen Herstellern erfüllt werden. So können besondere Formen der Transportmittelabwicklung im Elektrogroßhandel (zum Beispiel Kabeltrommeln), Besonderheiten in bezug auf die gehandelten Artikel (zum Beispiel Seriennummern, Mindesthaltbarkeit, Variantenzahl bei modischen Artikeln), Besonderheiten über die Preisfindung (zum Beispiel variable Edelmetallzuschläge, Konditionssystematik) und vieles mehr spezifische Merkmale sein.

Die potenzielle Vielfalt funktionaler Anforderungen erfordert einen Orientierungsrahmen, der einerseits sämtliche funktionale Anforderungen systematisieren kann und andererseits eine Verdichtung von Funktionen zulässt, die dem Entscheidungsträger sinnfällig erscheint. Ein solcher Ordnungsrahmen wurde von BECKER/ SCHÜTTE mit der Handels-H-Architektur entwickelt, die ihren Namen aufgrund der optischen Darstellungsform trägt (vgl. Abbildung 19).[149] Das Handels-H-Modell stellt einen Rahmen für sämtliche Funktionen eines Handelsbetriebs dar, die zur Durchführung der Aufgaben im Handel erforderlich sind.

Die Anordnung der Aufgaben im Handels-H-Modell repräsentiert deren wesentliche Beziehungszusammenhänge zueinander. Der Beziehungszusammenhang ist bei den operativ-dispositiven Aufgaben prozessorientiert, was sich in der vertikalen Funktionsanordnung innerhalb der beiden Schenkel des Handels-H-Modells widerspiegelt. Der Beschaffungsprozess wird durch die Teilfunktionen Einkauf, Disposition, Wareneingang, Rechnungsprüfung, Kreditorenbuchhaltung und der Distributions-

---

[149] Handels-H-Architektur, Handels-H-Modell und Architektur von Handelsinformationssystemen werden im vorliegenden Buch synonym verwendet.

prozess durch die Funktionsbereiche Marketing, Verkauf, Warenausgang, Fakturierung und Debitorenbuchhaltung beschrieben. Die beiden Prozesse werden durch den Lagerprozess gekoppelt, der die Überbrückungsfunktion zwischen Beschaffung und Distribution sicherstellt. Die weiter unten liegenden Funktionen setzen das Durchlaufen der weiter oben liegenden Funktionen voraus. Ergänzt werden diese Prozesse durch die betriebswirtschaftlich-administrativen Funktionen, die die Aufgaben der Haupt- und Anlagenbuchhaltung, der Kostenrechnung und der Personalwirtschaft umfassen, und die Führungsfunktionen des Controlling, des Executive Information Systems (EIS) und der Unternehmensplanung.

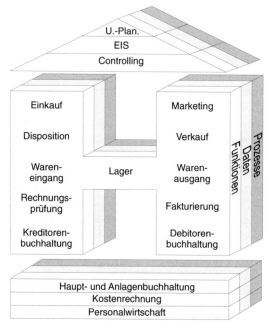

Quelle: Becker, Schütte 1996, S. 11.

Abbildung 19:   Handels-H-Modell

Das Handels-H-Modell ist ein Ordnungsrahmen insbesondere für das klassische Lagergeschäft mit den Handelsfunktionen Beschaffen, Lagern, Distribuieren. Weitere Geschäftsprozesse des Handels, wie das Strecken-, Zentralregulierungs- oder Aktionsgeschäft, stellen jeweils eine Untermenge des Handels-H-Modells dar und führen zu entsprechenden Modifikationen des Ordnungsrahmens.[150]

Für die einzelnen Funktionsbereiche wurden in Form von Funktionsbäumen und Referenzprozessen diverse Anforderungen an die informationstechnische Ausgestaltung von Warenwirtschaftssystemen formuliert (vgl. exemplarisch Abbildung 20).

---

[150] Vgl. Becker, Schütte (2004).

Anhand dieser Funktionsbäume und deren Einbettung in das Handels-H-Modell wird es möglich, detaillierte und zugleich überschaubare Anforderungshierarchien zu formulieren, die für die detaillierte Anforderungsanalyse genutzt werden können.[151] Die transparente Darstellungsform, die sich in vielen Projekten bewährt hat, kann somit zur Strukturierung der detaillierten Anforderungsanalyse genutzt werden. Sie wird im Rahmen der in Kapitel drei dargestellten Marktanalyse genutzt, um die Standard-Warenwirtschaftssysteme anhand eines einheitlichen Bewertungsmusters zu vergleichen.

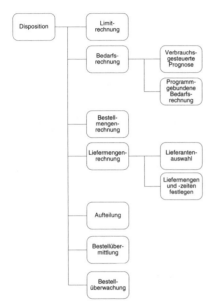

Quelle: Becker, Schütte (2004), S. 292.

Abbildung 20:   Exemplarischer Funktionsbaum des Handels-H-Modells

SYSTEMTECHNISCHE KRITERIEN

Eine Kategorie der systemtechnischen Anforderungen bezieht sich auf die allgemeine Anwendbarkeit des Systems. Diese umfasst insbesondere Aspekte wie Benutzer-freundlichkeit, Hilfefunktionen oder einheitliche Bedienung. Daneben können auch Aspekte, die in bezug auf die Systemeinführung und laufende Wartung von Bedeutung sind, unter dieses Kriterium subsumiert werden. Beispiele hierfür können die Möglichkeit zur Systemkonfiguration über Parameter oder die Dokumentation des Systems mittels Informationsmodellen sein.

---

[151] Die Systemstrukturierung und -dokumentation einiger Warenwirtschaftssysteme, z. B. x-trade von Maxess, vgl. Maxess (o. J.), lehnen sich ebenfalls bewusst an das Handels-H-Modell an.

Eine zweite Kategorie von systemtechnischen Anforderungen bezieht sich auf die Softwaretechnik des Systems. In diesem Zusammenhang können die unterstützten Datenbankmanagementsysteme, zentrale und dezentrale Hardware, die Vernetzung sowie die Integrationsfähigkeit von Fremdanwendungen betrachtet werden. Im Rahmen dieser Anforderungskategorie werden darüber hinaus auch Leistungsanforderungen definiert. Diese beziehen sich einerseits auf die zeitliche Verfügbarkeit des Systems (zum Beispiel sieben Tage x 24 Stunden). Zum anderen beziehen sich Leistungsanforderungen auf die Antwortzeit des Systems bei einem definierten Transaktionsvolumen.

ANBIETERBEZOGENE KRITERIEN

Die Entscheidung für ein Standardsoftwaresystem bedeutet gleichzeitig die Entscheidung für eine Partnerschaft mit dem jeweiligen Anbieter des Softwaresystems. Die anbieterbezogene Bewertung von Warenwirtschaftssystemen ist von großer Bedeutung, da viele Nutzeffekte von Standardsoftwaresystemen nur zum Tragen kommen, wenn die Standardsoftware vom Hersteller weiterentwickelt und gewartet wird. Bei der Evaluation des Anbieters sollen die Sicherheit des Unternehmensfortbestandes und das zukünftige Anbieterverhalten anhand von Kriterien wie finanzielle Situation des Unternehmens, Anzahl an Mitarbeitern, Verhalten den ehemaligen Käufern gegenüber, Zahl der aktiven Installationen beziehungsweise Kunden usw. bewertet werden.

Ein wichtiger Anhaltspunkt für die Leistungsfähigkeit des Systems sowie das Knowhow des Systemanbieters lässt sich aus Auskünften von Referenzanwendern gewinnen.

Die drei Kriterienklassen ermöglichen zusammenfassend eine ganzheitliche Bewertung des Systemprodukts Warenwirtschaftssystem. In Einzelfällen kann es auch erforderlich werden, nicht nur die Auswahl einer Software, sondern umfassendere Lösungspakete von Systemintegratoren oder Unternehmensberatungen einer Evaluation zu unterziehen (Entscheidung für eine Software ist nicht unabhängig von der für ein Beratungsunternehmen). In diesen Fällen sind zusätzliche Merkmale in den Kriterienklassen zu berücksichtigen. Insbesondere bei den anbieterbezogenen Kriterien wären auch Eigenschaften von Unternehmensberatungen zu berücksichtigen, da bei einer Bewertung des Systemprodukts Warenwirtschaftssystem auch die potenzielle Einführungsunterstützung evaluiert werden muss (Annahme: Beratungsunternehmen können nicht für jedes beliebige System hinzugezogen werden).

2.4.2   Analyse der Wirkungen alternativer Warenwirtschaftssysteme

Die mit dem Einsatz von Anwendungssystemen im Unternehmen verbundenen Wirkungen sind kaum bekannt. Während sich die Entscheidungsträger in der Regel Produktivitätssteigerungen erhoffen, belegen diverse empirische Studien die Schwierigkeiten, Wirkungen von Anwendungssystemen zu messen.[i] Trotz dieser unbefriedigenden Situation sind für eine Bewertung von Alternativen zwingend Wirkungen zu prognostizieren. Für die Wirkungsprognose sind zunächst Informationen über die Systemprodukte zu gewinnen (Kapitel 2.4.2.1), die in einem zweiten Schritt die Prognose von Wirtschaftlichkeitseffekten ermöglichen (Kapitel 2.4.2.2).

Die Analyse der Wirkungen sowie deren Bewertung wird für die drei bis sieben Warenwirtschaftssysteme vorgenommen, die im Rahmen der Grobanalyse als Alternativen identifiziert wurden.

2.4.2.1   Informationen über die Systemalternativen

Für die Wirkungsanalyse sind detaillierte Informationen über die zu betrachtenden Handlungsalternativen erforderlich, damit die Wirkungen eines potenziellen Einsatzes eines Warenwirtschaftssystems ermittelt werden können. Die Informationsgewinnung kann auf unterschiedliche Arten erfolgen. In Projekten haben sich vor allem drei Möglichkeiten zur Informationsgewinnung als positiv herausgestellt: die Präsentation der Systeme durch die Anbieter, der Besuch von Referenzkunden sowie die Einforderung von Angeboten der Lösungsanbieter.

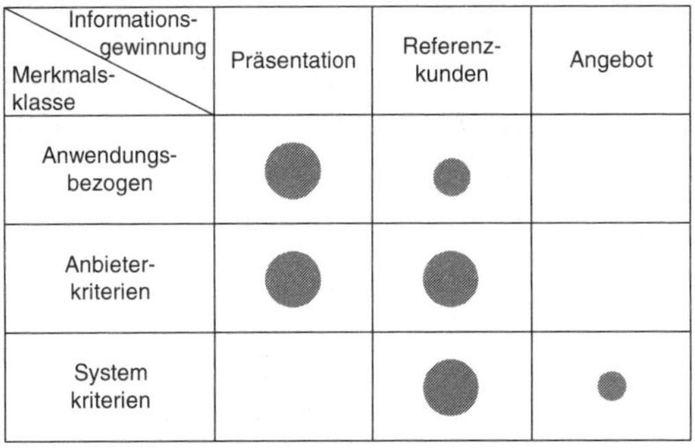

Informations-gewinnung Merkmals-klasse	Präsentation	Referenz-kunden	Angebot
Anwendungs-bezogen	⬤	⬤	
Anbieter-kriterien	⬤	⬤	
System kriterien		⬤	⬤

Abbildung 21:   Informationsgewinnungsverfahren und Kriterienklassen

Zur Informationserfassung sollte auf einheitliche Merkmale zurückgegriffen werden, die in einen Merkmalsrahmen eingebettet sind, wie er beispielsweise in Kapitel 2.4.1.3 dargestellt wurde. Erst auf diese Weise können die alternativen Systeme miteinander verglichen werden. Die Verfahren zur Informationsgewinnung eignen sich in unterschiedlicher Weise für die Datenerhebung der einzelnen Kriterienklassen (vgl. Abbildung 21).

Bei den Maßnahmen zur Informationsgewinnung sollten vor allem folgende Aspekte beachtet werden:

1. *Anbieter- und Systempräsentation*
    Die Präsentation sollte auf die Dauer eines halben Tages begrenzt werden. Dadurch kann sich an die Präsentation eine interne Diskussion und Aufarbeitung der Ergebnisse anschließen.[152] Von großer Bedeutung ist die exakte Dokumentation der einzelnen Systempräsentationen. Die offenen Punkte und die Probleme der Systeme sollten dokumentiert werden. Neben den Informationen über die Anforderungskriterien erlauben solche Präsentationen auch einen allgemeinen Eindruck über die Professionalität der Anbieter sowie über die Antwortzeiten und die Bedienungsfreundlichkeit des Systems.

    Mit der Präsentation werden zwei Zwecke verfolgt. Einerseits soll die noch bestehende *Unsicherheit über die funktionale Leistungsfähigkeit des Systems* reduziert werden. Zum anderen soll die Unsicherheit, die in bezug auf die *Partnerschaft mit dem Systemanbieter* besteht, reduziert werden.

-   *Informationen über das Produkt*
    Hinsichtlich des Produktes sind der grundsätzliche Funktionsumfang, die üblichen Einsatzbereiche (Branche, Unternehmensgröße) und die unterstützten Systemplattformen zu problematisieren. Dem Anbieter sollten bei der Präsentation vor allem Fragen der Art „Wie machen Sie ...?" gestellt werden, da sie zu aussagekräftigeren Ergebnissen führen als Fragen der Art „Können Sie ...?". Antworten auf wichtige Fragen erlauben erste Prognosen über die Wirkungen des Systems im Unternehmen. Es sollte zudem bei der Präsentation sichergestellt sein, dass fachlich kompetente Mitarbeiter des Anbieters „Rede und Antwort" stehen. Diese lapidare Aussage erscheint angesichts vielfältiger Erfahrungen besonders wichtig zu sein, da Systeme aufgrund der Unwissenheit mancher Vertriebsbeauftragter häufig fehleingeschätzt werden.

    Zur Detailanalyse der Leistungsfähigkeit des Systems ist auf detaillierte Kriterien, gegebenenfalls auf Informationsmodelle zurückzugreifen. Im Rahmen der Präsentation sollten die Anbieter die Abwicklung eines vorgegebenen Prozesses demonstrieren. Die aus Sicht des Unternehmens besonders kritischen Aspekte sollten in dem zu präsentierenden Szenario enthalten sein. Solche Aspekte sind beispielsweise Unternehmensstrukturen, Artikelstrukturen und das Konditionswesen. Die Präsentation soll dazu

---

[152] Selbstverständlich ist bei umfassenden Warenwirtschaftssystemen eine halbtägige Präsentation alleine nicht ausreichend, da auf der ersten Präsentation aufbauend weitere Detailfragen am System zu klären sind. Allerdings nehmen an den nachfolgenden Sitzungen auch nicht die Vertreter des Managements teil.

dienen, die Erfüllung der in der Anforderungsdefinition ermittelten Kriterien durch die einzelnen Systeme festzustellen. Entsprechend der Ergebnisskalen der einzelnen Kriterien ist die Erfüllung zu dokumentieren.

Sind wichtige Kriterien nicht oder nur teilweise erfüllt, ist der Aufwand einer Systemanpassung zu prognostizieren. Wird die Anforderung durch den Softwarehersteller in den Standard aufgenommen, wird der Aufwand durch den Anbieter getragen. Die Übernahme der Anpassungen in den Standard ist auch aus Gründen der Releasefähigkeit des Systems von Bedeutung. Releasefähigkeit bedeutet die Eignung des Systems zur Übernahme von Weiterentwicklungen und Fehlerkorrekturen des Anbieters. Anpassungen und Änderungen können häufig dazu führen, dass die Releasefähigkeit nicht mehr oder nur noch eingeschränkt besteht. Dies verhindert, dass die langfristigen Vorteile von Standardsoftware realisiert werden können.

Neben den modifizierbaren Funktionen sind die im Standard nicht erfüllten Anforderungen zu analysieren. Diese erfordern entsprechende Anpassungen. Art und Umfang der erforderlichen Anpassungsmaßnahmen der einzelnen Systeme sind miteinander zu vergleichen. Hierbei ist in der Regel eine Konzentration auf die kritischen Prozesse ausreichend. Bei den Systemmodifikationen können nach dem Schwierigkeitsgrad und den damit verbundenen Aufwendungen strukturelle, funktionale und auswertende Anpassungen unterschieden werden.

Den stärksten Eingriff in das System stellen *strukturelle Anpassungen* dar. Sie bedingen eine Veränderung des dem System zugrundeliegenden Strukturkonzepts, das heisst des Datenmodells. Sie sind normalerweise aufwendig, da mit ihnen regelmäßig Schwierigkeiten bei Releasewechseln einhergehen. *Funktionale Anpassungen* werden erforderlich, wenn im Standard Abläufe nicht oder in einer anderen Ablaufvariante vorhanden sind. Ein Beispiel stellt der Telefonverkauf im Großhandel dar (sofern er nicht im Standard realisiert ist), da nebeneinander stehende Funktionen der Kunden-, Angebots- und Auftragsverwaltung in einer Anwendung integriert werden müssen. *Auswertende oder darstellende Anpassungen* dienen der Anpassung von Standardberichten. Dabei können die Art der zu berichtenden Kennzahlen oder die Darstellung der Ergebnisse verändert werden. Diese Form der Systemanpassung ist die einfachste und im Hinblick auf die Releasefähigkeit unproblematischste Modifikationsvariante.

Ein System ist umso kritischer zu beurteilen, je höher der im Vergleich zu Alternativsystemen struktureller und funktionaler Anpassungsbedarf ist. Zusammenfassend sind die Ergebnisse des Anpassungsbedarfes der einzelnen Systemalternativen zu bewerten. In Abbildung 22 ist der Anpassungsbedarf von drei Systemalternativen nach der Art der Modifikation in Personentagen angegeben.

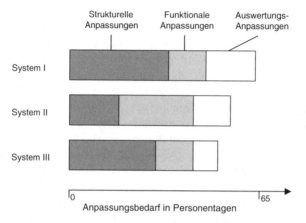

Abbildung 22:   Analyse der erforderlichen Anpassungsmaßnahmen

Mit den für notwendig erachteten Anpassungen der Systeme können allerdings erhebliche Gefahren verbunden sein. Dies trifft insbesondere die strukturellen Systemänderungen sowie in abgeschwächter Form die funktionalen Anpassungsmaßnahmen. DEAN/DVORAK/HOLEN beschreiben die Gefahren treffend: „Many companies start out the advantages of a standard package, but then - piece by piece, exception by exception - change it completely to fit their needs. They end with the worst of both worlds [Standardsoftware und Individualsoftware, d. Verfasser]."[153] Daraus sollten zwei Konsequenzen gezogen werden. *Erstens* sollte bei der Softwareauswahl darauf geachtet werden, dass das Bewertungskriterium Anpassungsaufwand eine gewichtige Rolle bei der Softwareauswahl spielt. Zweitens sollte bei der Einführung eines Systems die Notwendigkeit der Anpassungsmaßnahme erst bewiesen werden. Als Faustformel wird empfohlen: Eine Amortisation des vierfachen Anpassungsaufwands innerhalb eines Jahres, um auch die langfristigen Kostenkonsequenzen der Systemmodifikation erfassen zu können.[154]

---

[153]   Dean, Dvorak, Holen (1994), S. 11.

[154]   Dean, Dvorak, Holen (1994), S. 11, „A one-year payback of four times the cost of customization is typically required to cover the real long-term expenditure involved.". Die Autoren verstehen unter Customization nicht die Anpassung des Systems anhand vorgedachter Ablaufalternativen, wie es in der Literatur üblich ist. Sie nutzen das Wort Customization zur Kennzeichnung „echter" Änderungen in der Systemstruktur und -funktionalität.

- *Informationen über den Anbieter*
  Zur Reduktion der Unsicherheit über die Gestaltung der langfristigen Partnerschaft sollte der Anbieter aufgefordert werden,

  - Einführungsstrategie, -vorgehen und -organisation,[155]

  - Service- und Nebenleistungen wie Schulungen, Hotline, Support und

  - Weiterentwicklungsstrategie des Systems im Hinblick auf die Anforderungen des Unternehmens

  darzustellen.

  Darüber hinaus sind Informationen über die Marktpositionierung des Anbieters, seine vergangene und geplante Entwicklung, die Anzahl an Mitarbeitern sowie über bestehende und zukünftige Kooperationen einzuholen.

2. *Kontaktaufnahme mit Referenzkunden*
   Bei der Kontaktaufnahme mit Referenzkunden, die für die Einholung von Informationen über das Produkt und den Anbieter besonders geeignet sind, sollten vom Anbieter direkte Ansprechpartner bei einem Referenzkunden benannt werden. Im Rahmen der Referenzanfragen sollen die Erfahrungen des Anwenders mit dem System, dessen Stärken und Schwächen, die Dauer und die Unterstützung des Anbieters bei der Einführung ermittelt werden. Der Besuch eines Referenzkunden soll die bereits vorliegenden Erkenntnisse über die tatsächliche Leistungsfähigkeit noch weiter vertiefen. Bei der Auswahl des Referenzkunden ist auf einen möglichst hohen Grad an Übereinstimmung hinsichtlich Branche, Unternehmensstruktur und Größe (Transaktionsvolumen) zu achten. Aus Besuchen dieser Art können Aufschlüsse über die Stärken und Schwächen des Systems, die Performance (Antwortzeit) des Systems sowie Art und Ausmaß der tatsächlichen Unterstützung durch den Anbieter gewonnen werden.

3. *Angebot des Lösungsanbieters*
   Schließlich sind die Anbieter aufzufordern, ein Angebot abzugeben. Sofern nur Teilkomponenten angeboten werden, sind Ergänzungsangebote von Hardwarelieferanten und Schulungsanbietern einzuholen, um eine Vergleichbarkeit der Angebote zu erzielen.

Zusammengenommen bilden diese Informationen die Grundlage für die nachfolgende Wirkungsanalyse der unterschiedlichen Systeme.

---

[155] Zu Einführungsstrategien von Handelsinformationssystemen vgl. Schütte, Schüppler (1995).

2.4.2.2 Ermittlung der Wirtschaftlichkeitseffekte

Die Vorgehensweise zur Ermittlung der Wirkungen, die mit dem Einsatz des jeweils betrachteten Warenwirtschaftssystems zum Tragen kommen, führt zur Überwindung des zunächst vorliegenden Wirkungs- und Bewertungsdefekts. Beispielsweise ist zu prognostizieren, welche Eigenschaften der jeweils betrachteten Alternativen welche Konsequenzen im einsetzenden Unternehmen bewirken.

Zunächst ist zwischen den bei der Bewertung heranzuziehenden Wirkungsarten zu unterscheiden. Es werden monetäre und nicht monetäre Größen differenziert. Monetäre Größen sind immer auch quantitative Größen, während die nicht monetären Größen in die Subklassen quantitativ und qualitativ zerfallen (vgl. auch Abbildung 23).[156] Dabei dürften für die Wirtschaftlichkeitsanalyse von Anwendungssystemen vor allem die qualitativen Größen von Bedeutung sein, da die Wirkungen von Anwendungssystemen vorrangig bei qualitativen Größen entstehen.[157]

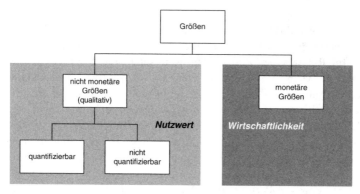

Abbildung 23:   Wirkungsarten bei der Wirtschaftlichkeitsanalyse von Software

Es gibt eine Reihe von Verfahren zur Ermittlung der Wirkungen, die in der Regel auf unterschiedlichen Organisationsebenen genutzt werden können. Die Kombination von Verfahren zur Ermittlung von Wirkungen auf unterschiedlichen Ebenen werden als Ebenenansatz bezeichnet.[158] Auf der untersten Ebene, der *Arbeitsplatzebene*, können zur Wirkungsanalyse beispielsweise das hedonistische Verfahren[159] oder die *Kosten-Nutzen-Analyse* eingesetzt werden.

---

[156] Zu Kosten- und Nutzaspekten von Anwendungssystemen vgl. Antweiler (1995), S. 72-103.

[157] Vgl. Muschter, Österle (1999), S. 455 f.

[158] Vgl. Schumann (1993), S. 176. Zu Verfahren zur Ermittlung der Wirkungen von Software-systemen vgl. unter anderem Wetekam (1996), S. 50 ff.; Antweiler (1995), S. 126 ff.; Schumann (1993), S. 172ff. Zu unterschiedlichen Ebenen, die in der Literatur gemeinhin unterschieden werden, vgl. die Aufstellung bei Antweiler (1995). Eine Wirtschaftlichkeitsbetrachtung auf Basis eines Ebenenansatzes im Bereich der Schmuckindustrie findet sich beispielsweise bei Wild (1995), S. 182 ff.

[159] Vgl. unter anderem Janko, Taudes, Dyduch (1991).

Exemplarisch sei das Vorgehen im Rahmen der Kosten-Nutzen-Analyse verein-
fachend skizziert, indem hier die Kosten- und Nutzeneffekte anhand der Kategorien
monetäre Kosten-Nutzenaspekte, nicht monetär quantifizierbare Nutzenaspekte und
schwer fassbare Nutzenaspekte differenziert werden.[160] Beispiele für die unterschiedlichen Nutzenkategorien können Abbildung 24 entnommen werden. Aufgrund
des mit der Wirkungsanalyse verbundenen Aufwands sind bei der Ermittlung der
Einsparungseffekte nur ausgewählte Bereiche zu analysieren. Es sind insbesondere
solche Bereiche in die Betrachtung einzubeziehen, die mit den bisherigen Systemen
nicht oder unbefriedigend unterstützt werden sowie einen hohen Ressourcenverzehr
bedingen.

Effekte / Kriterien	Monetäre Effekte	Nicht monetäre, quantifizierbare Effekte	Nicht quantifizierbare Kosten-/Nutzeneffekte
Beschreibung	• Auszahlungen • Kosten-einsparung	• Zeitgrößen • Einsparungen durch neue Leistungen des WWS-Systems	• Sekundäre Wirkungen, die nicht unmittelbar mit dem Einsatz der Software zu tun.
Beispiele	• Anschaffungs-kosten für das Softwaresystem • eingesparte Personalkosten	• Dauer der Systemeinführung • Durch die maschinelle Tourenplanung wird die Auftragsdurchlaufzeit um 20 % reduziert.	• Immaterielle Vorteile • Der Außendienst erhält Kennziffer über die Bestellweise der Kunden.
Bewertungs-probleme	• Sowohl Kosten als auch Nutzen sind einfach zu ermitteln.	• Bewertungsgrundlagen sind Schätzungen oder Vergleiche mit anderen Unternehmen.	• Für die Auswirkung der immateriellen Vorteile fehlen Bewertungs-maßstäbe. • Annahmen / Schätzungen

Abbildung 24:   Vergleich der Nutzenkategorien

Viele Nutzeffekte von Anwendungssystemen lassen sich nicht auf der Ebene des
einzelnen Arbeitsplatzes, sondern nur auf einer *Bereichsebene* ermitteln. Die Analyse
auf einer arbeitsplatzübergreifenden Ebene ist mit größeren Problemen behaftet, da
die erhofften Wirkungen des IV-Einsatzes schwieriger zu prognostizieren sind. Es
werden auf Bereichsebene vor allem prozessorientierte Darstellungen genutzt.

---

[160] Die hier vorgeschlagene Methode weicht von der in der Literatur unterbreiteten Vorgehensweise
ab. Zur „klassischen" Vorgehensweise vgl. Ott (1993), S. 525; Nagel (1988), S. 71 ff. Die
Abweichungen betreffen zwei Sachverhalte. *Erstens* wird die Bewertung anhand der hier
unterschiedenen Bewertungskategorien vorgenommen (in der traditionellen Analyse werden
dagegen einerseits direkter Nutzen, indirekter Nutzen und schwer fassbarer Nutzen und andererseits bekannte Kosten, schätzbare Kosten und schwer bewertbare Kosten unterschieden).
Zweitens wird die Unsicherheit hier nicht direkt in der Kosten-Nutzen-Analyse berücksichtigt,
statt dessen wird bei der Bewertung die Szenario-Technik genutzt. Würde auf diese Vorgehensweise verzichtet, wäre das Risiko entweder auf jeder Ebene gesondert zu betrachten (auf
Arbeitsplatz-, auf Bereichs- und auf Unternehmensebene) oder eine abschließende Risiko-
betrachtung hinzuzufügen (mit dem Problem der „Risikodopplung") oder eine Risikoanalyse
nur bei der monetären Betrachtung vorzunehmen.

Beispielsweise können anhand von Prozessmodellen Wirtschaftlichkeitspotenziale aufgezeigt werden.[161]

Zur Ermittlung von *unternehmensweiten und zwischenbetrieblichen* Wirkungen können ebenfalls prozessorientierte Darstellungsformen genutzt werden. Auf diesen beiden Ebenen sind auch sogenannte Nutzeffektketten anwendbar, die ausgehend von Initialwirkungen eines Systems (zum Beispiel bessere Auftragsabwicklung durch Online-Erfassung) die darauf aufbauenden Folgewirkungen aufzeigen.

In Abhängigkeit von persönlichen Präferenzen werden bei Ebenenansätzen unterschiedliche Verfahren zur Wirtschaftlichkeitsermittlung miteinander kombiniert, um sämtliche Effekte eines Anwendungssystems ermitteln zu können.

2.4.3 Vorgehen zur Bewertung von Warenwirtschaftssystemen

Auf der Ermittlung der alternativen Wirkungen bauen die Verfahren zur Beurteilung der Wirkungen auf, die die Aufgabe haben, Alternativen zu bewerten und eine von ihnen als die vorteilhafteste zu selektieren.

Zur Bewertung der Wirkungen von Warenwirtschaftssystemen ist es notwendig, qualitative und quantitative Einflussgrößen zu berücksichtigen. Dazu bestehen drei Möglichkeiten. *Erstens* werden neben den qualitativen, nicht monetären auch die monetären Größen einer qualitativen Bewertung unterzogen. Ein derartiges Vorgehen wird jedoch abgelehnt,[162] da Informationsverluste hingenommen werden müssten. *Zweitens* ist eine Vorgehensweise denkbar, in der mit dem angeblichen Ziel einer einheitlichen Entscheidungsgrundlage[163] qualitative Größen in quantitative Größen transformiert werden. Auch dieses ist nicht sinnvoll, da dabei eine Transformation ordinalskalierter in intervallskalierte Größen stattfindet. Die zu treffenden Bewertungsannahmen sind kaum objektivierbar und bleiben den Entscheidungsträgern weitgehend verborgen. Somit ist *drittens* aus theoretischer Sicht eine transparentere Verfahrensweise dadurch geboten, die quantitativen Größen mittels quantitativer Verfahren und die qualitativen Größen mittels qualitativer Verfahren zu bewerten. Hier werden daher die monetären, quantitativen Größen mittels klassischer Investitionsrechnungsverfahren und nur die qualitativen Größen durch die Nutzwertanalyse bewertet. Sollten die Ergebnisse der quantitativen Verfahren eine andere Vorteilhaftigkeitsreihenfolge der Investitionsalternativen aufweisen, als dies bei der qualitativen Analyse der Fall ist, so hat der Entscheidungsträger eine Beurteilung vorzunehmen, d. h., die Transformation der beiden Größen zu einer einwertigen Zielgröße wird erst durch den Entscheidenden selber vorgenommen. Das empfohlene Vorgehen ist in Abbildung 25 wiedergegeben.

---

[161] Vgl. zum Vorgehen und zu Beispielen Schütte (1997a); Schütte (1996a).
[162] Vgl. Adam (2000), Schumann (1993), S. 1.
[163] Vgl. Rall (1991), S. 13.

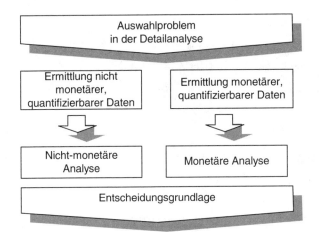

Abbildung 25: Beurteilung monetärer und nicht monetärer Wirkungen

Die Verfahren zur qualitativen und quantitativen Bewertung von Alternativen können danach differenziert werden, von welcher Informationssituation ausgegangen wird (vgl. Abbildung 26).[164] Bezüglich des Informationsstands unterscheidet die betriebswirtschaftliche Entscheidungstheorie zwischen Sicherheit und Unsicherheit.[165] Eine Entscheidungssituation unter Sicherheit ist von geringer praktischer Bedeutung, da deterministische Zusammenhänge selten anzutreffen sind.

Bei der Entscheidungssituation zur Bestimmung der Wirtschaftlichkeit von Warenwirtschaftssystemen handelt es sich im Regelfall um eine Entscheidung unter Unsicherheit. Im Folgenden werden mit der Kapitalwertmethode für die Bewertung monetärer und der Nutzwertanalyse für die Bewertung nicht monetärer Größen zwei Verfahren beschrieben, die, ergänzt um die Szenario-Technik, eine Beurteilung der Wirtschaftlichkeit von Systemalternativen unter Unsicherheit gestatten. Zur Berücksichtigung von Anwendungsproblemen der Nutzwertanalyse wird zudem die Sensitivitätsanalyse genutzt, um die Stabilität des Ergebnisses der Nutzwertanalyse zu prüfen.

Es sind zwar weitere, theoretisch exaktere Bewertungsmöglichkeiten denkbar. Aufgrund der Zielsetzung des vorliegenden Buches, einen praktikablen Lösungsansatz zu entwickeln, erscheint den Verfassern das vorgeschlagene Instrumentarium jedoch der „goldene Mittelweg" zwischen konzeptioneller Eleganz und praktischer Umsetzbarkeit zu sein.

---

[164] Vgl. im folgenden Schneeweiß (1991), S. 34-40.
[165] Zu unterschiedlichen Informationsständen vgl. unter anderem Schneider (1995b), S. 27; Bitz (1981), S. 14 f.

Verfahren zur Investitionsrechnung

bei Sicherheit
- *Ein Investitionsobjekt*
  - Verfahren für die monetäre Analyse
    - Statische Verfahren
      - Kostenvergleichsrechnung
      - Gewinnvergleichsrechnung
      - Rentabilitätsrechnung
      - Amortisationsrechnung
    - Dynamische Verfahren
      - Kapitalwertmethode
      - Interner Zinsfuß
      - Sollzinssatz
      - MAPI-Methode
      - Annuitätenmethode
      - Vermögensendwertmethode
      - Vollständige Finanzpläne (VOFI)
  - qualitative Verfahren
    - Nutzwertanalyse
- *Investitionsprogrammplanung*
  - Dean-Modell
  - Simultanplanungsmodell
  - Marktzinsmethode
  - Endogene Grenzzinsfüße
  - Vollständige Finanzpläne (VOFI)

bei Unsicherheit
- *Ein Investitionsobjekt*
  - Ergänzung der Verfahren bei Sicherheit um:
    - Szenario-Technik
    - Korrekturverfahren
    - Sensitivitätsanalyse
    - Risikoanalyse
    - Bayes-Regel
    - $\mu-\sigma$-Prinzip
    - Bernoulliprinzip
    - Entscheidungsbaumverfahren
- *Investitionsprogrammplanung*
  - Ergänzung der Verfahren bei Sicherheit um:
    - Szenario-Technik
    - Sensitivitätsanalyse
    - Chance Constraint Programming
  - Portfolio Selection
  - Capital Asset Pricing Model (CAPM)
  - Flexible Investitionsprogrammplanung

Abbildung 26:   Methoden zur Investitionsrechnung[166]

2.4.3.1   Nicht-monetäre Analyse

Das bekannteste Verfahren zur Bewertung von qualitativen Faktoren ist die *Nutzwertanalyse*,[167] die ein differenziertes Verfahren zur multikriteriellen Beurteilung von Investitionsalternativen darstellt. Mittels eines Kriterienkataloges werden die Alternativen gewichtet und eine Punktbewertung der Systemalternativen vorgenommen. Im einzelnen sind fünf Schritte bei der Nutzwertanalyse notwendig.

Zuerst sind die *Bewertungskriterien* und die zugehörigen Skalenniveaus *festzulegen*. Darüber hinaus sind die zulässigen Kriterienausprägungen (zum Beispiel Installationszahl kleiner zehn, Installationszahl zwischen zehn und 30, Installationszahl größer 30) zu bestimmen. Für die Nutzbarkeit der unterschiedlichen Kriterienausprägungen im Rahmen der Nutzwertanalyse ist darüber hinaus eine Normierung der Kriterienausprägungen vorzunehmen. Die unterschiedlichen Ergebnisdimensionen sind in einen dimensionslosen Erfüllungsrad zu transformieren.[168] Beispielsweise

---

[166]   Die skizzierten Verfahren werden unter anderem bei Grob (1995); Adam (2000); Kruschwitz (1993) beschrieben.

[167]   Zur Nutzwertanalyse vgl. zum Beispiel Zangemeister (1993).

[168]   Vgl. Heeg (1993), S. 140; Hoff (1986), S. 172.

sind die Ausprägungen des Kriteriums Installationszahl auf ein Intervall von [0,9] zu übertragen. Erst durch die Bewertung sämtlicher Kriterien anhand eines dimensionslosen Erfüllungsgrads wird es möglich, die unterschiedlichen Ergebnisse zusammenzufassen.

Daran anschließend müssen die *Gewichtungsfaktoren festgelegt* werden. Die einzelnen Alternativen müssen im nächsten Schritt bezüglich der Kriterien mit Ergebnissen bewertet und durch Multiplikation mit den Gewichtungsfaktoren in *Teilnutzenwerte für die einzelnen Kriterien* überführt werden. Abschließend kommt es zur Ermittlung der *Gesamtnutzenwerte* und der *vorteilhaftesten Alternative*. Das Vorgehen ist zusammenfassend der Abbildung 27 zu entnehmen, in der auch der Bezug zu den Elementen des Grundmodells der Entscheidungstheorie hergestellt wird.

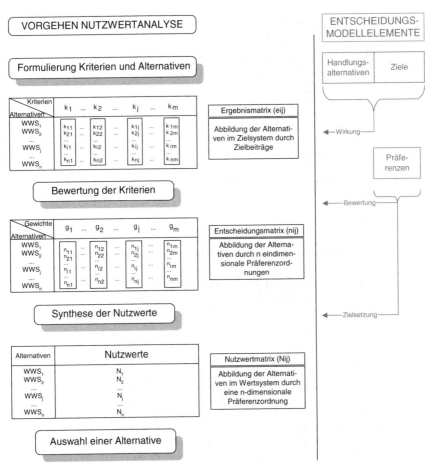

In Anlehnung an Zangemeister (1993), S. 73; Braun (1982), S. 50.

Abbildung 27: Grundmodell der Nutzwertanalyse

Bei einer großen Anzahl von Kriterien bietet sich eine mehrstufige Hierarchisierung der Kriterien und somit eine *mehrstufige Nutzwertanalyse*[169] an. Die mehrstufige Hierarchisierung erlaubt es, in einfacher Weise Aussagen über die Stärken und Schwächen der Systemalternativen hinsichtlich einzelner Kriterienbereiche zu erhalten. Auch gestaltet sich die Ermittlung der Gewichtungsfaktoren in der Regel bei einer mehrstufigen Nutzwertanalyse einfacher. Bei der einstufigen Gewichtung besteht die Gefahr, dass bei einer elementarkriterienbezogenen Gewichtung diejenigen Kriteriengruppen bevorzugt werden, bei denen viele Kriterien zu bewerten sind. Durch die Gewichtung der „Elementarkriterien" (Gewichtungsstufe 0) als auch der „Teil- und Hauptkriterien" (Gewichtungsstufe 1 bis 3) (vgl. Abbildung 28) wird diese Gefahr reduziert.[170]

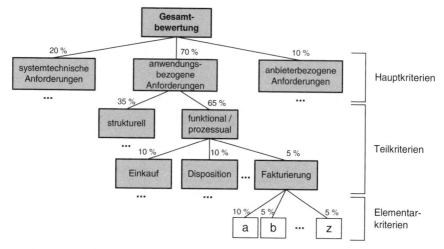

Abbildung 28:   Exemplarische Struktur einer mehrstufigen Nutzwertanalyse

Abgesehen von den Problemen der Nutzwertanalyse, die auftreten, wenn eine Vermischung ordinal- und intervallskalierter Größen stattfindet (also qualitative und quantitative Größen miteinander vermengt werden), sind insbesondere folgende implizite Annahmen der Nutzwertanalyse problematisch:[171]

---

[169] Eine mehrstufige Nutzwertanalyse zeichnet sich dadurch aus, dass die Nutzwerte der Einzelkriterien nicht direkt in den Gesamtnutzwert eingehen, sondern zunächst Nutzwerte für einzelne Kriteriengruppen gebildet werden, die dann zum Gesamtnutzwert verdichtet werden. Neben einer größeren Übersichtlichkeit bietet dieses Vorgehen den Vorteil, dass auch eine Analyse und Gegenüberstellung von Teilnutzwerten, d. h. Nutzwerten von Kriteriengruppen, möglich wird.

[170] Sämtliche Bewertungsergebnisse unterstellen, dass nur ein Entscheidungsträger zu beachten ist. Auf multipersonale Entscheidungen wird nicht eingegangen, da dort komplexe Lösungsansätze erforderlich sind, die wiederum in der Praxis abgelehnt werden. Zu multipersonalen Entscheidungen vgl. Mollaghasemi, Pet-Edwards (1997); Kahle (1990), S. 155 ff.

[171] Vgl. Weber, Krahnen (1995), S. 1621 ff.; Schneeweiß (1991), S. 122-125. Zur Kritik an der Nutzwertanalyse vgl. auch Heidemann (1981); Eeckhoff, Schellhaass (1978).

1. Die Vergabe von Punkten zu Bewertungskriterien setzt eine Substituierbarkeit von Kriterien voraus, da die Punktvergabe für die einzelnen Kriterien nicht unabhängig voneinander zu sehen ist.

2. Die Erfordernis der Substituierbarkeit von Bewertungsdifferenzen zwischen einzelnen Kriterien setzt voraus, dass die einzelnen Attribute (Bewertungskriterien) zumindest auf einer Intervallskala messbar sind.

3. Zeitpräferenzen, die für einzelne Wirkungen relevant sein könnten, werden nicht berücksichtigt.

4. Die Inkaufnahme der Subjektivität bei der Ermittlung von Kriterien, Gewichten und Nutzwerten ist sehr kritisch, da das Ausmaß der Subjektivität das Vertrauen in derartige Rechnungen stark einschränken kann.

Zur Sicherstellung der Stabilität des Ergebnisses, insbesondere des Verhältnisses der Nutzwerte zueinander, können sogenannte Sensitivitätsanalysen durchgeführt werden. Dabei wird die Auswirkung der Veränderung der Gewichtungsfaktoren der Kriterien auf das Ergebnis untersucht. Ändert sich die Reihenfolge der Alternativen bereits bei leichter Variation der Gewichtungsfaktoren, ist das Ergebnis nicht hinreichend stabil. Der Unterschied zwischen Alternativen ist unter Umständen kleiner als durch den Nutzwert zunächst zum Ausdruck kommt. Eine Variante der Sensitivitätsanalyse stellt die Elimination sämtlicher als weniger wichtig eingestuften Anforderungskriterien dar. Gegebenenfalls kann aus der Erfüllung der wichtigen Kriterien ein eindeutigeres Ergebnis ermittelt werden.

2.4.3.2   Monetäre Analyse

Für die quantitative Analyse eignen sich Verfahren der traditionellen Investitionsrechnung. Ein weitverbreitetes Verfahren zur Wirtschaftlichkeitsberechnung ist die Kapitalwertmethode. Die einfachste Form der Kapitalwertmethode stellt für alle Perioden Ein- und Auszahlungen gegenüber und zinst diese auf den aktuellen Zeitpunkt ab. Die Kapitalwertmethode geht von einem vollkommenen Kapitalmarkt aus, d. h., der Zinssatz, zu dem Kapital beschafft wird, ist gleich dem Zinssatz, zu dem Kapital ausgeliehen wird. Die einfache Kapitalwertmethode berücksichtigt keine Steuereffekte. Diese sind Bestandteil der Kapitalwertmethode nach dem Standardmodell. Das Standardmodell[172] berücksichtigt die Steuereffekte in zweifacher Hinsicht. *Erstens* reduzieren die Abschreibungseffekte explizit die Steuerlast durch Korrektur der Zahlungsreihe. *Zweitens* werden die Auswirkungen auf die Zinsen durch den steuerkorrigierten Zinssatz abgebildet. Hierbei spielt der anzusetzende Steuersatz, der die Ertragsteuereffekte in einer Größe zusammengefasst berücksichtigt - daher auch als ertragsteuerlicher Multifaktor bezeichnet -, die entscheidende

---

[172]   Zum Standardmodell vgl. Grob (2001), S. 304 ff.; Adam (2000), S. 176 ff.

Rolle für die Berechnung des Diskontierungsfaktors und des Abschreibungseffektes. Bei der Ermittlung des ertragsteuerlichen Multifaktors ist zwischen Einzelunternehmungen (bzw. Personengesellschaften) und Kapitalgesellschaften zu differenzieren: Während bei Kapitalgesellschaften der Steuersatz der Körperschaftssteuer, der Steuersatz der Gewerbesteuer sowie der Steuersatz des Solidaritätszuschlags in den ertragsteuerlichen Multifaktor eingehen, sind bei Einzelunternehmungen (bzw. Personengesellschaften) der Steuersatz der Einkommenssteuer, der Kirchensteuer, der Gewerbesteuer und des Solidaritätszuschlags zu berücksichtigen.[173]

Unter Beachtung des Multifaktors ergibt sich folgendes Standardmodell zur Berechnung des Kapitalwertes:

$$C^{St} = -a_0 + \sum_{t=1}^{n}[d_t - s \times (d_t - A_t)] \times [1 + i_m \times (1-s)]^{-t}$$

Symbole

a_0 : Anschaffungsauszahlung in t_0

a_t : Auszahlungen in t

A_t : Abschreibungen in t

C^{St} : Kapitalwert nach dem Standardmodell

d_t : Einzahlungen in t

e_t : Einzahlungsüberschüsse in t ($= e_t - a_t$)

i_m : Marktzins

n : gesamte Nutzungsdauer

s : ertragsteuerlicher Multifaktor

t_{Afa} : Abschreibungsdauer

Zur Berücksichtigung der Unsicherheit wird sowohl für die Bewertung qualitativer als auch quantitativer Größen die Szenario-Technik empfohlen, bei der die Konsequenzen weiterer möglicher Fälle berücksichtigt werden.[174] Auf diese Weise werden die Zielwerte einer Investitionsalternative bei unterschiedlichen Umweltszenarien expliziert. In praxi werden wie in Abbildung 29 dargestellt regelmäßig drei Fälle betrachtet (optimistisch, pessimistisch und realistisch).

---

[173] Zur Berechnung des ertragsteuerlichen Multifaktors vgl. Grob (2001), S. 318 ff.

[174] Zur Szenario-Technik vgl. u. a. Scherm (1992).

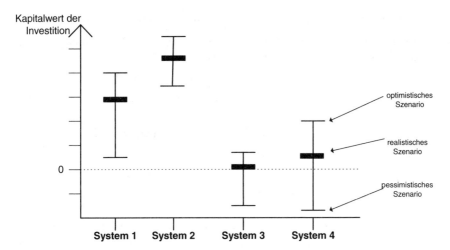

Abbildung 29: Wirtschaftlichkeit der Softwarealternativen unter Berücksichtigung alternativer Szenarien

2.4.4 Beispiel einer Detailanalyse

Ausgehend von den drei Systemalternativen, die in der beispielhaften Grobanalyse ermittelt wurden (vgl. Kapitel 2.3 sowie die ausgewählten Systeme Abbildung 16), sollen im Folgenden die Teilschritte der Detailanalyse für das Beispiel veranschaulicht werden.

Ermittlung der Wirkungen

Anhand einer Präsentation, der Kontaktaufnahme mit jeweils einem Referenzkunden sowie den Angeboten der Lösungsanbieter wurden die Ausprägungen der Merkmale der drei Systemalternativen ermittelt. Somit liegen Informationen über die Systeme vor, anhand derer in einem weiteren Schritt die Wirkungen der Systeme analysiert werden müssen.

Es können auf Basis von arbeitsplatzbezogenen Kosten-Nutzen-Analysen und einer prozessmodellbasierten bereichs- und unternehmensweiten Untersuchung folgende monetäre Wirkungen für das System Terra prognostiziert werden:[175]

- Auszahlungen Hardware und Netz: a_0=900.000 EUR, a_1=1.300.000 EUR, a_2=1.300.000 EUR.
- Auszahlungen Software: a_1=2.300.000 EUR.
- Wartungskosten nach Implementierung: 10 % von a_1 p. a.

---

[175] Auf die Angabe detaillierter Daten für die beiden anderen Systemalternativen wird hier aus Platzgründen verzichtet.

Quantitativ monetäre Nutzeffekte nach erfolgter Implementierung (Mitte t$_3$) sind:[176]

- Einsparung von 10 Mitarbeitern, die jeweils 70.000 EUR Lohnkosten p. a., einschließlich Lohnnebenkosten verursachen.
- Einsparung von 2 DV-Mitarbeitern (90.000 EUR p. a. pro Mitarbeiter).
- Wegfall der Leasingrate für die bestehende Hardware in Höhe von 500.000 EUR p. a.
- Bestandsreduktion: 593.500 EUR p.a. (15 % des Bestandswertes).
- Inventurdifferenzenreduktion: 100.000 EUR p. a.
- Sonstige Einsparungen in Höhe von 100.000 EUR p. a.

Bewertung der Wirkungen

Mit der *Nutzwertanalyse* als erstem Baustein der Systembewertung werden die qualitativen Kriterienausprägungen der drei Warenwirtschaftssysteme evaluiert. Die Ausprägungen der Anforderungskriterien sind zunächst vergleichbar zu machen, indem die Erfüllungsgrade der einzelnen Kriterien auf eine einheitliche Skala überführt werden. Dabei ist insbesondere zu beachten, dass Übererfüllungen nicht zu höheren Erfüllungsgraden führen als eine maximal erforderliche Erfüllung der Anforderungskriterien. In Abbildung 30 wird für die Kriterien „mehrstufige Warengruppenhierarchie" und „Anzeige der letzten Kundenangebote bei der Auftragserfassung" eine Normierung der Ausprägungen auf einer normierten Skala von [0,9] vorgenommen.

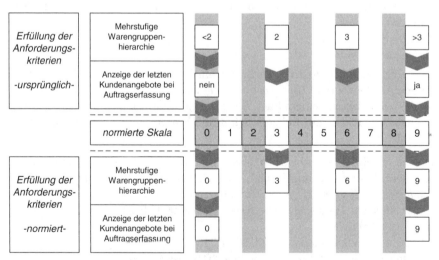

Abbildung 30:   Normierung der Kriterienausprägungen auf einer Kardinalskala

---

[176] Zur Vereinfachung der Rechnung wird unterstellt, dass der Nutzen ab einem Zeitpunkt vollständig erzielt wird.

Um die unterschiedliche Bedeutung der einzelnen Kriterien zu berücksichtigen, sind diese zu gewichten. Zu diesem Zweck sind Expertenbefragungen erforderlich, die zu den subjektiven Bewertungsgewichten führen sollen. Die Bewertungsgewichte spiegeln die Artenpräferenz der Entscheidungsträger wider.

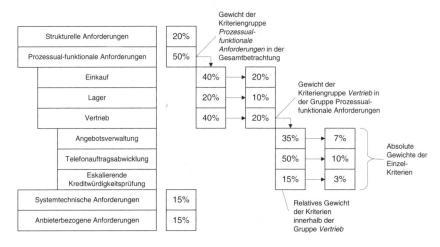

Abbildung 31:   Kriteriengewichtung im Rahmen der Nutzwertanalyse

Aufgrund der bereits diskutierten Vorteile (vgl. Abschnitt 2.4.3.1) wird eine mehrstufige Nutzwertanalyse verwendet. Deren Struktur und die Berechnung der absoluten Kriteriengewichte sind in Abbildung 31 skizziert. Zur Ermittlung des Gesamtnutzwertes der Alternativen werden zunächst die normierten Kriterienausprägungen mit den Gewichten des jeweiligen Kriteriums multipliziert. Die Summe der Nutzwerte der Einzelkriterien ergibt schließlich den Nutzwert einer Alternative. Durch Ordnung der Alternativen in Abhängigkeit der Nutzwerte, ergibt sich eine Präferenzreihenfolge. Die unter Nutzung der Gewichtungsfaktoren ermittelten Teilnutzenwerte sowie der Gesamtnutzwert der Alternativen gehen aus Abbildung 32 hervor.

Merkmale *Anbieter*	Anwendungs- bezogene (70%)	System- technische (15%)	Anbieter- bezogene (15%)	Gesamtnutzen
Terra System	7	4	5	6,25
Advantage System	5	6	4	5
System Global	4	3	8	4,45

Abbildung 32:   Teilnutzenwerte der drei Systemalternativen

Die Ergebnisse der Nutzwertanalyse sind den Entscheidungsträgern im betrachteten Elektrogroßhandelskonzern zu unübersichtlich, da die Anzahl an Bewertungskriterien und -gewichten nicht überschaut werden kann. Die Verdichtung auf einen Nutzwert hingegen wird als zu oberflächlich aufgefasst.

Es bietet sich in derartigen Fällen an, die relativen Stärken und Schwächen der Systeme anhand von Erfüllungsprofilen transparent zu machen, die die Nutzwerte differenziert nach Kriteriengruppen darstellen. Dabei kann durch die Größe des Symbols das Gewicht der Kriteriengruppen an der Gesamtbeurteilung dargestellt werden.

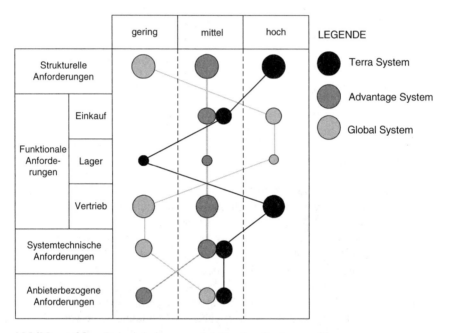

Abbildung 33:   Beispiel eines vergleichenden Systemprofils

An Stelle des Systemprofils oder komplementär zu diesem sind in der Unternehmenspraxis auch die sogenannten Argumentenbilanzen verbreitet. Die *Argumentenbilanz* stellt ein einfaches qualitatives Verfahren zur Beurteilung von Investitionen dar. Es basiert auf der bloßen Aneinanderreihung von Argumenten für oder gegen eine Alternative aus Sicht der anderen Alternative. Die Argumente werden in einer Bilanz aufgelistet und nach Gegenüberstellung kann es zu einem Soll- oder Habensaldo kommen. In Abhängigkeit von der Saldoart (der als Argumentengewinn der vorteilhaften Alternative bezeichnet wird) liegt die Vorteilhaftigkeit für eine der beiden Alternativen vor.

Als Verfahren ist die Argumentenbilanz aufgrund ihrer fehlenden theoretischen Durchdringung sowie mangelnder Bewertungstransparenz abzulehnen. Durch beliebiges, im nachhinein kaum nachvollziehbares Ausweiten des Argumentengewichtes, können die Entscheidungen stark manipuliert werden. Somit findet sich in den Argumentenbilanzen die Subjektivismen der Planer wieder, die von den Entscheidungsträgern nachträglich identifiziert werden müssen. In Abbildung 34 wird aufgelistet, wie die Bewertung des Systems Terra in Form einer Argumentenbilanz ausgestaltet sein kann.

PRO	Argumentenbilanz: Terra	CONTRA
Anwendungsbezogene Anforderungen		
• Gegenwärtige und zukünftig denkbare Unternehmensstrukturen sind im System abbildbar • Grundsätzliche Funktionalität weitgehend abgedeckt	• Telefonverkauf nicht ausreichend unterstützt	
Systemtechnische Anforderungen		
• Datenbankunabhängigkeit	• Bedienungsfreundlichkeit ist verbesserungsbedürftig • Keine moderne Systemarchitektur	
Anbieterbezogene Anforderungen		
• Langfristiger, sicherer Partner • Im Wesentlichen sind funktionale Anpassungen an die Branchenbedürfnisse möglich • Kompetente Betreuung und Support	• Lange Einführungsdauer, begrenzte Performance, insbesondere in transaktionsintensiven Anwendungen	
Sonstige Bemerkungen		

Abbildung 34:   Argumentenbilanz des Systems Terra

Für die Auswahl eines Systems sind jedoch nicht nur nicht monetäre, quantifizierbare Kriterien zu bewerten. Vielmehr sind auch die monetären Größen anhand einer Wirtschaftlichkeitsrechnung zu bewerten. Aufgrund der ermittelten ökonomischen Wirkungen wird eine Berechnung der Kapitalwerte vorgenommen.

Zur Durchführung der Kapitalwertrechnung nach dem Standardmodell, welches auch Steuern berücksichtigt, wurden weitere Daten erhoben. Im einzelnen wurde ermittelt, dass die Abschreibungsdauer fünf Jahre ($t_{Afa}=5$ Jahre), der steuerliche Multifaktor

37,5%,[177] der Kalkulationszinsfuß 6,5% und die Nutzungsdauer sieben Jahre betragen.

Zunächst sei unterstellt, dass alle Systeme über sieben Perioden betrachtet werden sollen. Aufgrund der Investitionen für das System Terra (2,3 Mio. EUR für Software-investitionen, 3,76 Mio. EUR für erforderliche Neuausrichtung der Hardware und des Netzes) werden die in Abbildung 35 enthaltenen Abschreibungsbeträge in der untersten Zeile der jeweiligen Spalten angegeben.

t	1	2	3	4	5	6	7
Software	460.000	460.000	460.000	460.000	460.000	0	0
Hardware	340.000	600.000	600.000	600.000	600.000	260.000	0
Netzwerk	100.000	100.000	100.000	100.000	100.000	0	0
Summe Afa	900.000	1.160.000	1.160.000	1.160.000	1.160.000	260.000	0

Abbildung 35:   Abschreibungsberechnung bei Alternative Terra System

Die Berechnung des Kapitalwertes geht aus Abbildung 36 hervor. In den Zeilen des oberen Blocks sind die einzelnen Auszahlungs- und Einzahlungspositionen enthalten, die in den unteren Zeilen a_t (Auszahlungen in der Periode t) und e_t (Einzahlungen in Periode t) summiert dargestellt werden. Als zusätzliche Zeile im unteren Bereich werden die Abschreibungen aufgeführt, die der Summenzeile aus Abbildung 35 entspricht. Unter Berücksichtigung des steuerlichen Multifaktors in Höhe von s = 37,5 % ergibt sich ein Kapitalwert von 802.186 EUR für die Alternative Terra Systems.

Die Kapitalwerte der Alternativen können nach dem gleichen Schema berechnet werden, sie sollen im Beispiel für das Advantage System 900.200 EUR und für das Global System 605.321 EUR betragen.

---

[177]   Auf die Berechnung des steuerlichen Multifaktors wird aus Vereinfachungsgründen verzichtet. Für Interessierte: Körperschaftsteuersatz 25 %, Gewerbesteuerhebesatz 400 % und Maßzahl 0,05. Zur Berechnung vgl. Becker, Schütte (2004), S. 194; vgl. auch Grob (2001), S. 323 f.

Jahre	t=0	t=1	t=2	t=3	t=4	t=5	t=6	t=7
Anwendungssystem		-2.050.000						
systemnahe Software		-250.000						
Hardware	-400.000	-1.300.000	-1.300.000					
Netzwerk	-500.000							
Lohnkosten				350.000	700.000	700.000	700.000	700.000
DV-Abteilung				90.000	180.000	180.000	180.000	180.000
Alte Hardware (Leasing entfällt)				250.000	500.000	500.000	500.000	500.000
Wartung				-115.000	-230.000	-230.000	-230.000	-230.000
Bestandsreduktion				296.750	593.500	593.500	593.500	593.500
Inventurdifferenzen				50.000	100.000	100.000	100.000	100.000
Sonst. Einsp.				50.000	100.000	100.000	100.000	100.000
a_t	-900.000	-3.600.000	-1.300.000					
e_t				971.750	1.943.500	1.943.500	1.943.500	1.943.500
Abschreibung		900.000	1.160.000	1.160.000	1.160.000	1.160.000	260.000	
Zahlungsreihe	**-900.00**	**-3.262.500**	**-865.000**	**1.042.344**	**1.649.688**	**1.649.688**	**1.312.188**	**1.214.688**
Kapitalwert	**802.186**							

Abbildung 36: Kapitalwertberechnung System Terra[178]

Die Ergebnisse der monetären und nicht monetären Bewertung weisen unterschiedliche Präferenzreihenfolgen auf (vgl. Abbildung 37). Für die Entscheidungsrechnung sollen aus den bereits diskutierten Gründen beide Rechenergebnisse nebeneinander stehen. Eine Verdichtung auf einen Nutzwert wird nicht befürwortet.

Präferenzreihenfolge	Monetäre Analyse	Qualitative Analyse
1	*System Advantage* (Kapitalwert 900.200 EUR)	*System Terra* (6,25 Punkte)
2	*System Terra* (Kapitalwert 802.186 EUR)	*System Advantage* (5 Punkte)
3	*System Global* (Kapitalwert 605.321 EUR)	*System Global* (4 Punkte)

Abbildung 37: Präferenzwerte nach monetärer und nicht monetärer Analyse

---

[178] Es wird angenommen, dass die Kriterien zur monetären Wirtschaftlichkeitsbeurteilung unabhängig von denen in der Nutzwertanalyse sind. Andernfalls wäre es denkbar, dass ein Kriterium zweifach bewertet wird.

Es stellt sich im vorliegenden Fall die Frage, ob das System Terra (höchste Punktzahl mit 6,25 Punkten und zweithöchster Kapitalwert mit 802.186 EUR) oder das System Advantage (zweithöchste Punktzahl mit 5 Punkten und höchster Kapitalwert mit 900.200 EUR) die optimale Handlungsalternative darstellt.

Da den Entscheidungsträgern bekannt ist, wie sensitiv die Nutzwertanalyse auf die Variation der Bewertungsgewichte reagiert, soll zunächst eine Sensitivitätsanalyse durchgeführt werden, um die Stabilität des Ergebnisses in Abhängigkeit von den Bewertungsgewichten zu ermitteln. Als Ergebnis der Sensitivitätsanalyse ergibt sich, dass die Präferenzreihenfolge der Alternativen auch bei einer größeren Variation der Bewertungsgewichte konstant bleibt. Angesichts der potenziellen Unsicherheit möchten die Entscheidungsträger des Elektrogroßhandelskonzerns, dass die monetäre und die nicht monetäre Bewertung auch für drei Umweltszenarien erfolgt (optimistische, pessimistische und realistische Szenario). Durch die Szenarienbetrachtung soll untersucht werden, ob die Reihenfolge der drei Alternativen szenarieninvariant ist. Die Anwendung der Szenario-Technik führt zu zwei Erkenntnissen. *Erstens* ist das Global System in allen Szenarien die schlechteste Alternative. *Zweitens* ist das Terra System nur im pessimistischen Fall qualitativ betrachtet schlechter als das System Advantage. Die Entscheidungsträger wählen aufgrund der weitgehenden Überlegenheit des Systems Terra (Annahme einer risikoneutralen Sicherheitspräferenz) bei einer qualitativen Bewertung sowie der nur geringfügig schlechteren monetären Bewertung das System Terra als optimale Alternative aus.

2.5 Vorgehensmodell und Marktübersicht

2.5.1 Vorgehensweise bei Nutzung der Marktübersicht

Das vorliegende Buch beinhaltet in Kapitel 3 eine gegenüber der ersten Auflage komplett aktualisierte umfassende Untersuchung standardisierter Warenwirtschaftssysteme. Mit Hilfe dieser Marktstudie wird das aufgezeigte Vorgehen der Auswahl von Warenwirtschaftssystemen wirtschaftlicher gestaltbar. Im einzelnen kann die Marktübersicht in den zuvor skizzierten Phasen wie folgt genutzt werden:

- *Bei der Konstruktion des Entscheidungsproblems* hilft die Studie, Anleihen an dem Best Practice zu nehmen, der für die Definition des Soll-Zustands sinnvoll sein kann. Allerdings ist die Problemdefinition derart individuell, dass eine Studie in dieser Phase traditionsgemäß von geringerem Nutzen ist als in den nachgelagerten Phasen.

- *Bei der Grobanalyse* helfen die Marktübersicht und der Produktvergleich.

  o Der Marktüberblick bietet zunächst Sicherheit hinsichtlich der maximal zu betrachtenden Alternativen. Es werden Informationsbeschaffungskosten bei der Grobauswahl reduziert, weil die meisten der möglichen Alternative in der Marktübersicht enthalten sind.

  o Die für die Grobanalyse erforderlichen K.O.-Kriterien dürften für die meisten Anwendungssituationen im Produktvergleich enthalten sein. In derartigen Fällen reduziert sich die Grobanalyse auf die Auswertung des vorliegenden Buchs.

- *In der Feinanalyse* bietet die Marktübersicht wichtige Hilfestellungen, da eine Vielzahl an Softwaresystemen anhand von ca. 1200 Kriterien untersucht wurde, von denen etwa 500 zentrale Kriterien tabellarisch in diesem Buch aufgeführt sind. Auf diese Kriterien und vor allem auf die Kriterienklassifikation kann bei einem individuellen Auswahlproblem zurückgegriffen werden. Somit reduziert sich die Identifikation von Kriterien sowie deren systemindividueller Ausprägungen auf diejenigen, die noch nicht erfasst wurden.

2.5.2 Vorgehensweise bei kombinierter Nutzung der Marktübersicht und des IT-Matchmaker

Kooperation mit dem IT-Matchmaker

Auch bei Nutzung des vorliegenden WWS-Buches und der darin enthalten Systemangaben und Leistungsmerkmale verbleibt zum einen die Schwierigkeit, dass je nach Anwendungkontext in einzelnen Teilbereichen eine stärkere Detaillierung erforderlich sein kann, die allerdings den Umfang eines jeden Buches sprengen würde. Zum anderen erfordert die direkte Gegenüberstellung der Leistungsmerkmale der relevanten Systemalternativen und deren Bewertung (beispielsweise in Hinblick auf die Abdeckung der individuellen Anforderungen) notwendigerweise eine aufwendige manuelle Übertragung und Anpassung. Diese Aspekte haben die Autoren veranlasst, über die Prof. Becker GmbH eine Kooperation mit der führenden deutschsprachigen Internetplattform zur herstellerneutralen Standardsoftwareauswahl, dem *IT-Matchmaker der Trovarit AG* (vgl. Abbildung 38), einzugehen und die dieser Marktstudie zugrundeliegenden Systemangaben in diese Auswahlplattform zu integrieren.

Durch diese Kooperation wurde zum einen die Erfassung der Leistungsprofile der Warenwirtschaftssysteme erleichtert, die nun vollständig über die Internetplattform erfolgen kann. Zum anderen ermöglicht der IT-Matchmaker den detaillierten Vergleich der Systeme auf Basis der eigenen Anforderungen sowie die vollständig internetbasierte Kommunikation mit den Anbietern. Damit ist der IT-Matchmaker das ideale Werkzeug zur praktischen Nutzung dieser Marktstudie und zur effizienten Durchführung einer WWS-Auswahl. Darüber hinaus können die Anbieter Ihre Angaben auf dem IT-Matchmaker auch zwischen den „Releasezyklen" dieses Buches laufend aktualisieren.

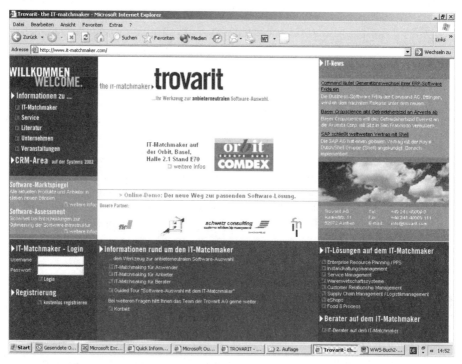

Abbildung 38:   Hauptseite des IT-Matchmaker (www.it-matchmaker.com)

Der IT-Matchmaker bietet internetbasiert eine umfassende Übersicht der marktführenden Standardsoftwarelösungen sowie deren detaillierte Leistungsmerkmale
u. a. in den Anwendungsbereichen:

- **Warenwirtschaftssysteme**
- Produktionsplanung und –steuerung
- Finanzbuchhaltung
- Customer Relationship Management
- Supply Chain Management/Logistikmanagement
- Shopsysteme
- Food & Process

Neben der allgemeinen Katalog- und Recherchefunktion unterstützt der IT-Matchmaker ferner den gesamten Prozess der Softwareauswahl durch die Definition und
Gewichtung der eigenen Anforderungen, den Abgleich der Anforderungen mit den
Leistungsmerkmalen der Systeme, eine Kostenbetrachtung der Alternativen bis hin
zur Einholung von Kostenvoranschlägen im Rahmen einer anonymen Ausschreibung.

Ziel ist es, effizient die relevanten Standardsoftwaresysteme zu identifizieren und
abgesichert eine Reduktion auf die bestgeeigneten 3 bis 5 Systeme zu erreichen. Um
die Auswahl der Systeme abzusichern, bietet der IT-Matchmaker neben den detaillierten Systemprofilen auch Unternehmens-, Dienstleistungs- und Referenzprojekt-
profile der entsprechenden Softwareanbieter an.[179] Die Endauswahl erfolgt letztlich
offline im direkten Kontakt mit den verbliebenen Anbietern, z. B. in Form von
Systempräsentationen, Workshops, Referenzkundenbesuchen etc.

Für den Anwendungsbereich Warenwirtschaftssysteme haben die Autoren zusammen
mit der Prof. Becker GmbH die Rolle des Content-Providers für den IT-Matchmakers
übernommen, so dass

- der bewährte Kriterienkatalog dieses Buchs in erweiterter Form auf dem IT-
  Matchmaker digital zur Verfügung steht und dort als Grundlage für die Pflichtenhefterstellung genutzt werden kann,

- die vollständigen Leistungsangaben der in diesem Buch betrachteten Systeme[180]
  (über 1200 Kriterien je System) sowie Zusatzinformationen zu den Anbietern
  auf dem IT-Matchmaker verfügbar sind,

- zusätzliche Warenwirtschaftssysteme, die aufgrund ihrer Spezialisierung den
  Rahmen dieses Buches gesprengt hätte, auf dem IT-Matchmaker berücksichtigt

---

[179] Zur Zeit sind in den verschiedenen Anwendungsbereichen des IT-Matchmaker insgesamt über
600 Standardsoftwarelösungen mit insgesamt ca. 1.000.000 Einzelmerkmalen erfasst. Der IT-
Matchmaker dürfte damit die umfangreichste Datenbank mit Leistungsmerkmalen führender
Standardsoftwarelösungen sein.

[180] Einige Systeme sind gegebenenfalls nicht auf dem IT-Matchmaker verfügbar. Derzeit gilt dies
u. a. für die Systeme Sangross und TS.

werden konnten, wodurch auf dem IT-Matchmaker Angaben zu über 85 im deutschsprachigen Raum verfügbaren Warenwirtschaftssystemen abrufbar sind,

• die auf dem IT-Matchmaker als verifiziert freigeschalteten Leistungsangaben der Warenwirtschaftssysteme vor Ort bei den Anbietern validiert wurden und

• den Käufern dieses Buchs eine vergünstigte Nutzung des IT-Matchmakers angeboten werden kann.[181]

Durch diese Kombination der buchbasierten WWS-Marktstudie und der internet-basierten Auswahlplattform IT-Matchmaker lassen sich in konkreten Software-auswahlprojekten die Vorteile beider Medien verknüpfen. Die WWS-Studie bietet den Vorteil, dass umfassend auf das methodische Vorgehen bei einem Software-auswahlprojekt, die betriebswirtschaftliche Relevanz der Leistungsmerkmale und deren Zusammenspiel im Rahmen umfassender Konzepte eingegangen werden kann. Dabei werden bewusst auch besonders innovative Lösungen einzelner Anbieter vorgestellt und diskutiert. Der IT-Matchmaker erlaubt andererseits in einfacher Weise die individuelle Definition von Anforderungen und den automatisierten Ab-gleich mit den aktuellen Leistungsprofilen der Anbieter und dies bei größtmöglicher Objektivität. Aufwendige manuelle Erfassungs- und Auswertungsarbeiten entfallen weitgehend. Nicht nur für größere und komplexere Auswahlprojekte verspricht diese Möglichkeit der kombinierten Nutzung der buchbasierten Marktstudie und des IT-Matchmaker signifikante Zeit- und Kostenvorteile.

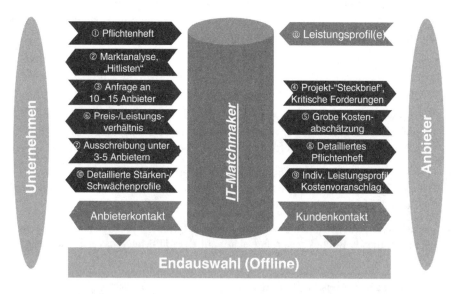

Abbildung 39:   Softwareauswahlprozess mit dem IT-Matchmaker

---

[181] Am Ende des Buches ist ein Registrierungsgutschein für den IT-Matchmaker enthalten.

Softwareauswahl mit dem IT-Matchmaker

Wie in Abbildung 39 schematisch dargestellt, bietet der IT-Matchmaker ein mehrstufiges Vorgehen zur Identifikation und zur sukzessiven Reduktion der relevanten Systemalternativen.

1. Anforderungsdefinition / Pflichtenhefterstellung

Nach Freischaltung seiner Nutzungslizenz kann der Anwender ein Softwareauswahlprojekt auf dem IT-Matchmaker anlegen und direkt mit der Anforderungsdefinition beginnen. Hierzu steht ihm der auf diesem Buch basierende WWS-Merkmalskatalog des IT-Matchmakers als Checkliste zur Verfügung. Der WWS-Katalog folgt der Handels-H-Struktur und ist hierarisch aufgebaut, so dass in den späteren Phasen auch eine differenzierte Analyse und Gegenüberstellung der Leistungsabdeckung einzelner Kriterienkategorien (z. B. Einkauf oder Filialunterstützung) möglich wird. Ergänzt wird der WWS-Katalog durch einen allgemeinen Systemkatalog, der umfassende Angaben zur Branchen- und Unternehmensausrichtung der Software, zur software- und hardwaretechnischen Basis sowie zu ergonomischen Aspekten enthält.

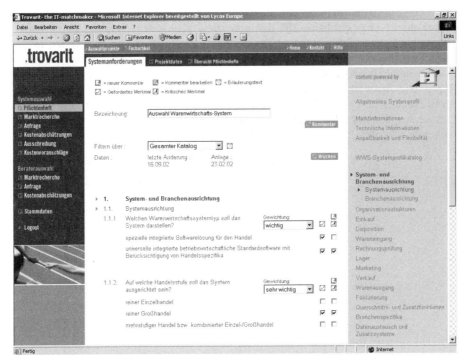

Abbildung 40: Anforderungsdefinition mit dem IT-Matchmaker

Zur Pflichtenhefterstellung wählt der Anwender die für sein Unternehmen relevanten Anforderungen aus der Checkliste aus. Spezifische Anforderungen, die im gegebenen Merkmalskatalog nicht vorgesehen sind, lassen sich individuell als Zusatzanforderungen ergänzen und können detailliert mit Erläuterungen versehen werden.

Sämtliche Anforderungen lassen sich gemäß ihrer Bedeutung für das Unternehmen einerseits in kritische Anforderungen („K.O."-Kriterien) und nicht-kritische Anforderungen unterteilen und zudem kategoriell gewichten („sehr wichtig", „wichtig", „weniger wichtig"). Entsprechend dem in diesem Buch aufgezeigten Vorgehen zur Softwareauswahl kann für die Grobauswahl die Anforderungsdefinition zunächst auf die kritischen Anforderungen beschränkt und erst im Vorfeld der Ausschreibung (Phase 4) detailliert werden.

Abbildung 40 zeigt die Definition und Gewichtung der Anforderungen im IT-Matchmaker. Im rechten Bereich des Screenshots wird dabei die Strukturierung des Anforderungskatalogs gemäß den Hauptbereichen der Handels-H-Struktur deutlich.

2. Marktanalyse / Grobauswahl

Nach der Zusammenstellung der Kernanforderungen lässt sich mit dem IT-Matchmaker direkt eine Grobauswahl der potenziell geeigneten Systeme durchführen. Hierzu wird vom IT-Matchmaker das definierte Anforderungsprofil mit den in der Datenbank hinterlegten Leistungsprofilen der unterschiedlichen Warenwirtschaftssysteme abgeglichen und je System ein Erfüllungsgrad ermittelt (vgl. Abbildung 41).[182] Die Auswertungen können sowohl bezogen auf das gesamte Anforderungsprofil durchgeführt als auch hinsichtlich der unterschiedlichen Aufgabenbereiche und Gewichtungsklassen differenziert betrachtet werden. Die Ergebnisse dieser Marktrecherchen werden in Form von Ranglisten angezeigt.

---

[182] Die Systemnamen wurden in dieser Abbildung bewusst anonymisiert. Dem Anwender stehen die Systemnamen und -anbieter zur Verfügung.

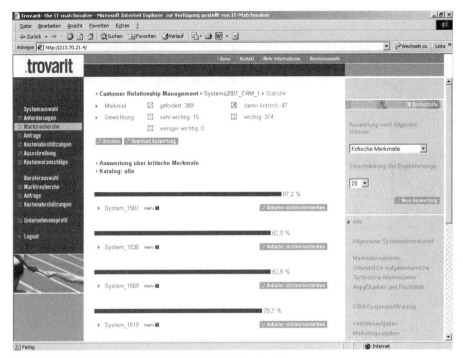

Abbildung 41:   Marktanalyse im IT-Matchmaker[183]

Direkt aus den Ranglisten kann zu jedem Warenwirtschaftssystem sowohl das Leistungsprofil als auch die Liste der verfügbaren Anbieter (Hersteller und Vertriebspartner) aufgerufen und in die Zusatzinformationen zu den Anbietern (vgl. Abbildung 42) verzweigt werden. Eine weitere Auswahlhilfe bietet das Projektdatenblatt, das auf Eckdaten typischer Referenzprojekte des Anbieters eingeht. So können beispielsweise die typische Systemgröße oder Angaben zum Mengenvolumen (Stamm- und Bewegungsdaten) bei der Grobauswahl berücksichtigt werden.

Basierend auf den Rangfolgen und den verfügbaren Hintergrundinformationen können dann bis zu maximal 15 Systeme selektiert werden, die im weiteren Auswahlprozess berücksichtigt werden.

---

[183] Beispieldarstellung mit anonymisierten Anbietern. Bei einem Echtprojekt sind die Anbieterangaben nicht anonymisiert.

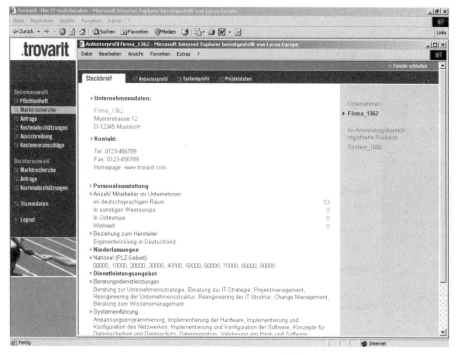

Abbildung 42:   Auszug aus dem Anbietersteckbrief[184]

3.   Anfrage an Anbieter

Im Anschluss an die Grobauswahl kann an die selektierten Systemanbieter – direkt über den IT-Matchmaker – eine zunächst anonymisierte Projektanfrage gesendet werden.

Neben den als kritisch definierten und den gegebenenfalls individuell erfassten Zusatzanforderungen werden die anonymisierten Rahmendaten des Projekts (organisatorische und zeitliche Aspekte, Useranzahl, Mengengerüst etc.) an die Anbieter übermittelt. Diese können hierauf eine erste Stellungnahme und eine grobe Kostenabschätzung abgeben. Insbesondere können vom Anbieter Lösungsvorschläge für gegebenenfalls nicht im Standard abgedeckte Kernanforderungen aufgezeigt sowie Aussagen zur Abdeckung der individuell erfassten Zusatzanforderungen gemacht werden. Hierzu kann der Anbieter auch beliebige Dokumente als Datei anhängen.

---

[184] Beispieldarstellung mit anonymisierten Anbietern. Bei einem Echtprojekt sind die Anbieterangaben nicht anonymisiert.

4. Analyse des Preis-/Leistungsverhältnisses

Basierend auf den Kostenabschätzungen der Anbieter und der typischerweise in der Zwischenzeit vervollständigten Definition der Anforderungen, kann eine weitere Eingrenzung der Anbieter anhand der Gesamtabdeckung der Anforderungen und unter Berücksichtigung des Preis-/Leistungsverhältnisses erfolgen. Ergebnis der Eingrenzung sollte ein Favoritenkreis von 3-5 Anbietern sein, die im Rahmen der Endauswahl Ihr Angebot präsentieren sollen. Darüber hinaus kann auf Basis der Kostenabschätzungen in Verbindung mit prognostizierten Einspareffekten eine erste Wirtschaftlichkeitsrechnung durchgeführt werden.

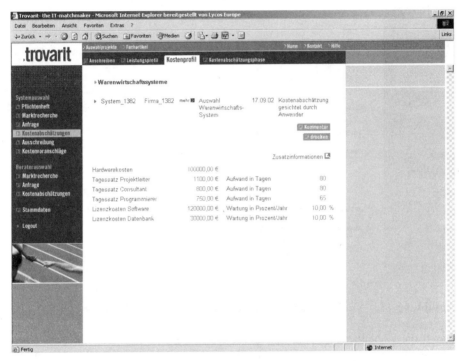

Abbildung 43: Eckdaten Kostenschätzung

5. Ausschreibung

An die eingegrenzte Favoritengruppe von 3 bis 5 Anbietern wird – wiederum direkt über den IT-Matchmaker – eine detaillierte Ausschreibung inklusive des vollständigen Anforderungskatalogs versandt. Die Anbieter geben nun insbesondere Lösungsvorschläge zu den nicht abgedeckten nicht-kritischen Anforderungen sowie einen konkretisierten, belastbaren Kostenvoranschlag ab.

6. Detaillierte Analyse der Stärken-/Schwächenprofile

Basierend auf den in diesem mehrstufigen Verfahren definierten Anforderungen und den von den Anbietern erhaltenen Kostenangaben und Lösungsvorschlägen, kann der IT-Matchmaker für eine detaillierte Gegenüberstellung der Stärken und Schwächen der verbliebenen Top-Systeme genutzt werden.

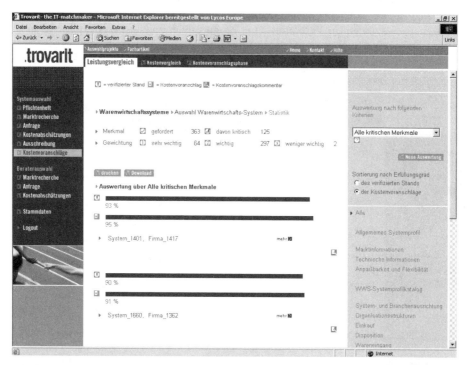

Abbildung 44:　Vergleich der Anforderungserfüllung der Systemalternativen

Durch die einheitliche Strukturierung der Kostenvoranschläge der Anbieter lassen sich die Kosten differenziert, d. h. sowohl auf Ebene des Gesamtprojektvolumens als auch für einzelne Kostenarten, vergleichen. Basierend auf den vom Anbieter genannten Kosten berechnet der IT-Matchmaker auch die Total Cost of Ownership für beliebige Zinssätze und Abschreibungsperioden, so dass die Kostenvoranschläge der Anbieter unabhängig vom jeweiligen Preismodell (einmalige vs. laufende Kosten) realistisch verglichen und die zu erwartenden Anschaffungs- und Betriebskosten ermittelt werden können. Die Kostendaten können zudem zur Offline-Verwendung als Excel-CVS-Datei exportiert werden. Diese Informationen und Auswertungen bilden eine fundierte Grundlage für die sich anschließende direkte Ansprache der WWS-Anbieter und die Durchführung von gemeinsamen Workshops und Systempräsentationen.

Durch die kombinierte Nutzung dieser WWS-Marktstudie und des IT-Matchmaker kann die Effizienz der Softwareauswahl deutlich gesteigert und zugleich das Risiko gesenkt werden:

- Effizienz

  o alle Softwareprodukte auf dem IT-Matchmaker sind mit detaillierten Leistungs- und Anbieterprofilen in einer Recherchedatenbank erfasst,

  o die Recherchekosten können gegenüber einer freien Suche oder einer eigenen Datenerhebung deutlich gesenkt werden (vgl. Abbildung 45),

  o die Systemangaben basierend auf einem erprobten Kriterienkatalog und können optimal verglichen werden,

  o die standardisierten Kommunikationsprozesse reduzieren den Anfrage- und Ausschreibungsaufwand erheblich und

  o der IT-Matchmaker erleichtert das Projektmanagement und ist 24 Stunden online verfügbar.

- Sicherheit

  o überprüfte Produktprofile schützen vor „bösen Überraschungen",

  o der Anwender kann die Datenbankrecherche auf Basis seiner individuellen, detaillierten Anforderungen durchführen,

  o die Anonymität des Anwenders ermöglicht in der Anfragephase eine objektive und ungestörte Vorentscheidung,

  o die Angebote der Anbieter sind optimal vergleichbar.

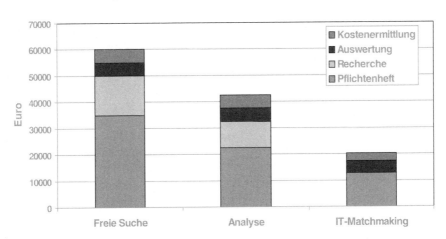

Quelle: Trovarit AG

Abbildung 45: Reduktion der Vorauswahlkosten durch Nutzung des IT-Match-makers

3 Marktübersicht

3.1 Aktuelle Marktentwicklung

Die Anforderungen an standardisierte Warenwirtschaftssysteme variieren in Abhängigkeit von Handelsformen und -branchen. Dementsprechend ist auch der Markt für Warenwirtschaftssystemen durch große Heterogenität und Intransparenz gekennzeichnet. Neben großen, bekannten Anbietern existieren mittlere und kleinere Systemanbieter, die sich vielfach auf dedizierte Lösungen für einzelne Handelsbranchen spezialisiert haben.

Der deutschsprachige Markt für Warenwirtschaftssysteme umfasst insgesamt mehr als 300 warenwirtschaftliche Standardsoftwarelösungen. Von diesen entfällt der Großteil auf Lösungen für kleine und kleinste Handelsunternehmen. Diesen Lösungen kommt – trotz einer oftmals andersartigen Positionierung seitens der Anbieter - zudem vielfach der Charakter einer Individuallösung (insbesondere im Hinblick auf die nur eingeschränkte Anpassbarkeit) zu, da sie speziell für einen Kunden oder nur wenige im Vorfeld bekannte Kunden entwickelt wurden.

Das in diesem Buch fokussierte Segment der mittleren und großen Warenwirtschaftslösungen umfasst im deutschsprachigen Raum unter Berücksichtigung diverser Speziallösungen über 100 Systeme. Auch in diesem Segment ist in den letzten Jahren eine hohe Marktdynamik zu konstatieren: Bestehende Lösungen wurden technologisch und funktional grundlegend weiterentwickelt, diverse Systeme bzw. Anbieter sind aus verschiedensten Gründen nicht mehr am Markt präsent und einige wenige Systeme bzw. Anbieter sind neu hinzugekommen.

Betrachtet man diese Marktentwicklungen im Detail, so lassen sich insbesondere die nachfolgenden Faktoren identifizieren:

1.) Ausscheiden von Anbietern

Die nach dem Jahrtausendwechsel eingetretene Abschwächung im IT-Sektor und insbesondere im Neugeschäft mit betrieblichen Anwendungssystemen, hat bei einer Reihe von Anbietern standardisierter Warenwirtschaftssysteme zu wirtschaftlichen Problemen bis hin zur Insolvenz geführt. So sind nach Kenntnis der Autoren u. a. die folgenden, in der ersten Auflage des Buches berücksichtigten Anbieter nicht mehr am Markt präsent:

- Miracle Software – System Miracle V

- TSI Software AG, Gröbenzell – System Advance

- Infomatec Integrated Information Systems AG, Augsburg – System F 3

- Elon Informationssysteme GmbH, Ostfildern – System Elon-Navision

Wie bereits bei der Betrachtung der Grundalternativen Standardsoftware und Individualsoftware thematisiert, ist die mittel- und langfristige Wartung und Weiterentwicklung der Standardsoftware eine wesentliche Voraussetzung, damit die Vorteile von Standardsoftware erschlossen werden können. Das hier aufgezeigte Risiko, dass Anbieter – gerade in schwächeren Marktphasen – in ihrer Existenz bedroht sind bzw. vom Markt ausscheiden, verdeutlicht die Wichtigkeit des Kriteriums „Zukunftssicherheit" bei der Softwareauswahl und -bewertung.

2.) Kooperation mit führenden WWS- / ERP-Anbietern

Für mittelständische Softwarehäuser mit vergleichsweise niedrigen Installationszahlen ist es – gerade bei geringem Neukundengeschäft – kaum wirtschaftlich möglich, langjährig gewachsene Speziallösungen auf eine moderne Softwarearchitektur und -technologie umzustellen.[185] Allein für die Abdeckung der Basisfunktionen, die in allen führenden Warenwirtschaftssystemen in ähnlicher Weise zur Verfügung stehen, ist ein Entwicklungsaufwand in signifikanter Mannjahreshöhe einzuplanen. Da diese Kosten letztendlich nur auf wenige Installationen umgelegt werden können, sind kaum konkurrenzfähige Preise möglich.

Ein Ansatz dieses Problemszenario zu umgehen und basierend auf einer marktführenden ausgereiften „Basislösung" den Fokus auf das oftmals langjährig erworbene Branchen-Know-How zu legen, zeigt sich in vielfältigen Vertriebs- und/oder Entwicklungspartnerschaften kleinerer Systemhäuser mit marktführenden ERP-/WWS-Anbietern. Auf der anderen Seiten wird eine enge Kooperation mit spezialisierten Systemhäusern auch seitens der ERP-Anbieter gefördert, da so auf einfache Weise Branchen-Know-How aufgebaut und Zugang zu einer Branche und einem etablierten Kundenstamm geschaffen werden kann. Als Beispiel hierfür kann die Übernahme des auf Lösungen für den Getränkehandel und die Getränkeindustrie spezialisierten

---

[185] Grundsätzlich ist nicht zwingend die neueste Softwaretechnologie und -architektur erforderlich, um eine Lösung effizient einsetzen zu können. So gibt es durchaus Einsatzszenarien in denen zeichenorientierte Oberflächen keinen Nachteil darstellen. Allerdings lassen sich derartige Lösungen im Neukundengeschäft kaum erfolgreich vermarkten.

Anbieters COPA GmbH aus Wesel durch die SAP Systems Integration AG gesehen werden.[186]

Die Bandbreite der Ausgestaltung der Kooperation reicht von der vollständigen Einstellung des Vertriebs der Eigenlösung bis zum (übergangsweisen) Parallelvertrieb mehrerer Systeme.

Einige Systemhäuser nutzen ihr Branchen-Know-How auch um parallel zur ihrer erfolgreichen Eigenlösungen eine SAP- oder Navision-Branchenlösung anzubieten Ein Beispiel hierfür ist die Command AG, Ettlingen, die neben dem etablierten Eigenprodukt *oxaion* (ehemals FRIDA) parallel mit TRADE*sprint* eine auf mySAP basierende Branchenlösung für den (technisch geprägten) Großhandel entwickelt hat.

Um diesem wachsenden Angebot an handelsbezogenen Branchenlösungen basierend auf mySAP bzw. Microsoft Business Solutions-Navision gerecht zu werden, wurde in dieser Neuauflage ein explizites Zusatzkapitel mit einer Kurzcharakterisierung führender derartiger Lösungen aufgenommen (vgl. Abschnitt 4.1 bzw. 4.2).

3.) Neue ERP-Lösungen

Wenngleich der Gesamtmarkt durch eine Konsolidierung der Anbieter und der Systemlösungen gekennzeichnet war, sind in den letzten Jahren dennoch einige Anbieter mit komplett neuen Lösungen angetreten. Diese Lösungen zeichnen sich i.d.R. durch eine moderne Systemarchitektur und -technologie (flexible Masken, ergonomische Oberflächen, XML, Outlook-/Office-Integration) aus. Oftmals besitzen sie allerdings noch nicht die Funktionstiefe wie sie langjährig etablierte Systeme bieten. Zu den von der Funktionstiefe und -breite umfassendsten neuentwickelten Systemen der letzten Jahre, welches sich auch mit langjährig etablierten Systemen messen lassen kann, zählt das ERP-System *Semiramis* der C.I.S. AG.

Abschließend seien noch einige wesentliche Umbenennungen und Entwicklungen aufgelistet, die sich insbesondere auf die in der ersten Auflage dieses Buches berücksichtigten Systeme beziehen:

- Die Firma BSS GmbH (Eigenlösung ASF/400) ist nun Vertriebspartner der Bison-Group AG (System: Bison Solution).

---

[186] Neben der langjährig entwickelten Eigenlösung COPA wurde von COPA auch die in Zusammenarbeit mit der SAP erstellte SAP-Branchenlösung Getränke vertrieben. Vgl. hierzu auch www.copa.de. Zum 1.7.2003 wurde die COPA GmbH in die SAP Systems Integration AG (SAP SI) integriert, welche sich mit der Lösung *SAP Beverage* nun als IT-Komplettanbieter für die Getränkeindustrie positioniert und die Altanwender bei der Mirgation von der COPA-Lösung zu SAP Beverage unterstützt („Mit unserer Unterstützung [...] migrieren Sie von der COPA-Lösung zu SAP Beverage", vgl. SAP SI (2003)).

- Das System *C.I.P.-Logistik SQL* und die C.I.P. Eckel GmbH sind in dieser Form nicht mehr am Markt präsent. Letztere ist aufgegangen in die net solutions AG, ein Tochterunternehmen der net AG.

- Das System *FRIDA* der Command AG wurde im Rahmen eines grundlegenden Redesigns umbenannt in *oxaion*, welches weiterhin in dieser Untersuchung berücksichtigt wurde.

- Das System *proGrosshandel* der Pascal Beratung GmbH wurde abgelöst durch das Nachfolgesystem NUCLEUS.

- Unter *Oracle Retail* wurde seinerzeit von Oracle in Deutschland die Retek-Lösung vermarktet. Retek ist nunmehr seit mehreren Jahren selbst auf dem deutschen Markt präsent und vertreibt seine Lösung direkt unter der Bezeichnung *Retek 10*. Oracle bietet hingegen mit der *E-Business Suite* eine eigenentwickelte Lösung an, welche auch Anforderungen des Handels abdeckt. Aufgrund der starken Handelsausrichtung wurde Retek 10 nun direkt berücksichtigt.

- Alle Rechte am System *FAMAC* sind mit der Übernahme von AC-Service an die Bäurer AG übergegangen. Trotz einer Vielzahl an Bestandskunden wird FAMAC nur noch eingeschränkt aktiv vermarktet. Das technologisch modernere System *b2 Handel* der Bäurer AG erscheint von der Positionierung her mittelfristig als Nachfolger. Das System FAMAC wurde daher in dieser Neuauflage durch b2 Handel ersetzt.

- Mit der Übernahme von Great Plains und der anschließenden Übernahme von Navision ist Mircosoft über die *Microsoft Business Solutions* zu einem der führenden Anbieter für betriebswirtschaftliche Anwendungssoftware bei mittelständische Unternehmen aufgestiegen und hat insbesondere bei den Navision Produkten einen erheblichen Kundenstamm übernommen. Die unterschiedlichen Lösungen werden parallel als Mircosoft Business Solutions weiterentwickelt und aktiv vertrieben. Die drei zentralen Lösungen für den Handelsbereich sind:
    - Microsoft Business Solutions – Navision (ehemals Navision Attain)
    - Microsoft Business Solutions – Axapta (ehemals Navision Axapta)
    - Microsoft Business Solutions – Apertum (ehemals Apertum)

- *Armature* hat nach mehreren Jahren Präsenz die deutsche Niederlassung aufgelöst. Eine umfassendere Armature-Installation in Deutschland ist den Autoren nicht bekannt. Mitte 2002 wurde die Armature-Lösung von *Lawson Software* übernommen und in die Lawson Solutions for Retail integriert, welche nunmehr international als *Lawson Merchandising Suite* vertrieben werden (vgl. www.lawson.com).

- *J.D. Edwards* wurde im Herbst 2003 von *Peoplesoft* übernommen. Die – in dieser Auflage berücksichtigte – Produktlinie *J. D. Edwards 5* wird künftig unter dem Nachfolgeprodukt *Peoplesoft EnterpriseOne* fortgeführt.

3.2 Aufbau der Marktstudie

Die Identifikation verfügbarer Lösungen im Rahmen der Softwareauswahl ist derzeit ein zeitaufwendiges und risikobehaftetes Unterfangen. Bisher sind kaum umfassende Untersuchungen erhältlich, die sowohl für eine erste Grobanalyse als auch für eine anschließende Detailuntersuchung genutzt werden können.[187] Die vorliegende Marktübersicht verfolgt das Ziel einer möglichst umfassenden Darstellung der betriebswirtschaftlichen und technischen Eigenschaften standardisierter Warenwirtschaftssysteme. Die Marktübersicht und Produktanalyse enthält 64 Warenwirtschaftssysteme.

Basierend auf Erfahrungen aus vielen Projekten im Groß-, Einzel- und mehrstufigen Handel, wurden mehr als 1.500 Merkmale zur Systemauswahl formuliert, die allgemeingültig und nicht unternehmensspezifisch sind („Referenzkriterien").

Durch eine Marktanalyse[188] wurden über 300 Warenwirtschaftssysteme, die auf den Handel ausgerichtet sind, ermittelt. Um einen Überblick über die von Warenwirtschaftssystemen angebotenen Leistungspotenziale zu erhalten, wurden die Ausprägungen der Referenzkriterien in Frageform bei den Anbietern erhoben. Die mit einer schriftlichen Erhebung verbundenen Vorteile werden insbesondere darin gesehen, dass ein großer geographischer Raum abgedeckt und eine Beeinflussung der Befragten weitgehend unterbunden werden kann, sowie die Ergebnisse aufgrund der möglichen „Denkpausen" der Befragten qualitativ hoch sein müssten.[189]

Um die bei schriftlichen Anbieterbefragungen gegebenen inhärenten Probleme, u. a. Interpretationsprobleme bei der Beantwortung schwieriger Fragen oder eine tendenziell eher (zu) positive Einschätzung der Leistungsfähigkeit der eigenen Software, zu reduzieren, wurden die Angaben der meisten Systemanbietern im Rahmen eines umfassenden Workshops vor Ort beim jeweiligen Anbieter am System validiert.[190]

Die nachfolgenden Ausführungen über die Leistungsfähigkeit der Warenwirtschaftssysteme sind wie folgt aufgebaut:

- In jedem Abschnitt werden die betrachteten Merkmale, mögliche Ausprägungen und deren Auswirkungen ausführlich in der Reihenfolge ihrer tabellarischen

---

[187] Dieses Phänomen gilt in erster Linie für den Handel. Für PPS-Systeme der Industrie existieren mit den Analysen von Fandel, François, Gubitz (1997) und Paegert, Schotten, Treutlein, Vogeler, Kaiser (1997) aktuelle Untersuchungen.

[188] Vgl. hierzu Kapitel 2.3.2.

[189] Zu den Vorteilen einer schriftlichen Befragung vgl. u. a. Pfeiffer (1990), S. 30; Böhler (1992), S. 78 f.; Möhrle, Hoffmann (1994), S. 247.

[190] *Aufgrund des Umfangs der Daten und der Funktionsbreite und -tiefe der betrachteten WWS ist jedoch keine vollständige Verifikation möglich. Die Verfasser übernehmen daher keine Gewähr für die Richtigkeit aller Einzelangaben.*

Darstellung vorgestellt. Dabei werden die Anforderungen an Warenwirtschafts-systeme zunächst allgemeingültig in Form von Referenzkriterien beschrieben (vgl. Abbildung 46):

o   *Erstens* werden Basisinformationen zu den einzelnen Systemen vorge-stellt. Hierunter fallen insbesondere Angaben zur Handelsstufe (Einzel-handel- oder Großhandelsfokus), zur Branchenausrichtung und zur typischen Systemgröße (Kapitel 3.3).

o   *Zweitens* werden anwendungsbezogene Kriterien, handelsspezifische Strukturen (Kapitel 3.4) und Funktionen untersucht. Zur Strukturierung der Funktionen wird, wie in Kapitel 2.4.1.3 ausgeführt, das Handels-H-Modell von BECKER/SCHÜTTE genutzt.[191] Ausgehend vom Beschaf-fungsprozess (Kapitel 3.5) werden Lageraufgaben (Kapitel 3.6) und Funktionen des Distributionsprozesses (Kapitel 3.7) betrachtet. Die Funktionsbereiche Kreditorenbuchhaltung und Debitorenbuchhaltung wurden nicht detailliert untersucht, da hier weitgehend homogene Lei-stungsprofile der Anbieter vorliegen. Der insbesondere bei verteilten Warenwirtschaftssystemen notwendigen Unterstützung von Filial-systemen wird in Kapitel 3.8 durch entsprechende Kriterien Rechnung getragen. Funktionen des Rechnungswesen sowie Schnittstellen zu an-deren Systemen bilden den Abschluss funktionsorientierter Kriterien.

o   *Drittens* werden nicht handelsspezifische Merkmale, wie Hardware-voraussetzungen, die softwaretechnische Realisierung und Bedienungs-aspekte untersucht (Kapitel 3.3.2 und 3.3.3). Aufgrund der Bedeutung des Datenaustausches wird den damit verbundenen Anforderungen ein eigenes Kapitel gewidmet (Kapitel 3.10).

•   Den Anforderungen werden die verfügbaren Systemfunktionen gegenüberge-stellt. Die Daten zu den einzelnen Systemen finden sich am Ende des jeweiligen Kapitels in Form von Tabellen, in denen die Namen der Systeme alphabetisch angeordnet sind.[192] In den Tabellen dienen folgende Symbole zur Leistungs-bewertung: ● (Merkmal vollständig erfüllt), ◑ (Merkmal teilweise erfüllt) und ○ (Merkmal nicht erfüllt).[193] Die Bedeutung einer teilweisen Erfüllung eines Merkmals wird im Text erläutert. Der Eintrag „k.A." (= „Keine Angabe") zeigt an, dass der Anbieter zu diesem Merkmal keine Aussage gemacht hat. In den Tabellen verwendete Abkürzungen für Merkmalsausprägungen sind direkt unter der jeweiligen Tabelle in Fußnoten erklärt.

---

[191]   Vgl. Kapitel 2.4.1.3.

[192]   Eine nach Anbietern sortierte Übersicht der Systeme findet sich am Anfang von Kapitel 4.

[193]   Die Systeme werden nicht nach ihrer Zugehörigkeit zu Betriebstypen differenziert dargestellt, so dass es vorkommen kann, dass Systeme in (funktionalen) Bereichen, die sie aufgrund ihrer Ausrichtung nicht unterstützen, auch keinerlei Merkmale erfüllen. Gleichwohl können diese Systeme gute oder sehr gute Lösungen für die Einsatzbereiche darstellen, für die sie konzipiert sind (zum Beispiel Filialwarenwirtschaft).

- Zur Verdeutlichung innovativer Lösungsansätze werden in den einzelnen Abschnitten teilweise spezielle Funktionen ausgewählter Warenwirtschaftssysteme hervorgehoben. Wenngleich hierbei naturgemäß nicht alle relevanten Funktionen aller betrachteten Warenwirtschaftssystemen berücksichtigt werden konnten und ähnliche Funktionen auch bei den nicht explizit beschriebenen Warenwirtschaftssystemen existieren können, dürften die Ausführungen – auch wenn sie damit zwingendermaßen nur exemplarischen Charakter haben – dazu beitragen, aktuelle Leistungsmerkmale führender Warenwirtschaftssysteme zu verdeutlichen und weitere Hilfestellungen für die eigene Anforderungsdefinition zu liefern. Umfassendere Konzeptdarstellungen finden sich unter anderem in den Bereichen Filialwarenwirtschaft (am Beispiel von mySAP Retail) und Space Management (am Beispiel der Lösungskomponenten des JDA-Portfolios).

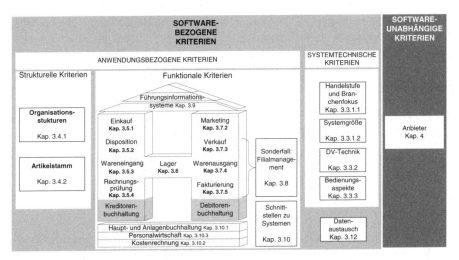

Abbildung 46:   In der Marktanalyse untersuchte Kriterien der Systeme

3.3 Ausrichtung und technische Grundlagen der Systeme

3.3.1 Basisinformationen

3.3.1.1 Handelsstufe und Branchenfokus

Von den identifizierten 300 Warenwirtschaftssystemen eignen sich die meisten Lösungen für kleine und mittlere Handelsbetriebe. Die Anzahl verfügbarer Warenwirtschaftslösungen, die mehrere Vertriebslinien, Zentral- oder Auslieferungslager oder unternehmensübergreifende Einkaufsverbünde unterstützen können, ist gering. Das Angebot an Warenwirtschaftssystemen spiegelt die Strukturen des deutschen Handels wider, da der Anteil an Unternehmen, die einen Umsatz über 100 Millionen EUR tätigen, unter 1% liegt.[194] Des weiteren waren große Handelsunternehmen lange Zeit vom „Zwang zur Individualsoftware" überzeugt.[195] Dem geringen Angebot großer WWS-Lösungen steht aufgrund des seit einiger Zeit zu beobachtenden Konzentrationsprozesses im Handel und des klar erkennbaren Trends zur Nutzung von Standardsoftware eine wachsende Nachfrage gegenüber. Aktuell weisen die angebotenen Systeme eine große Abhängigkeit von der fokussierten Wirtschaftsstufe auf. Bei einer die Wirtschaftsstufen aufgreifenden Klassifikation lassen sich vor allem für folgende *Handelsstufen* dezidierte Lösungen klassifizieren:

- *Großhandel* mit Lager- und Tourenverwaltung sowie umfangreicher Unterstützung des (Telefon-)Verkaufs.

- *Einzelhandel*, insbesondere mit Kassensystemanbindung und Personaleinsatzplanung.

- *Mehrstufiger Handel*, der die beiden ersten Kategorien verbindet und um wertere Spezifika - wie Aufteilerverwaltung und Sortimentsmanagement - erweitert.

Bei den 64 im Folgenden vorgestellten WWS handelt es sich um eine Auswahl der größeren und funktional umfassenderen Systeme. Dadurch ist insbesondere eine Reihe von "Kleinstlösungen" (üblicherweise aus dem Einzelhandelssegment) unberücksichtigt, so dass in der Untersuchung der Anteil der Großhandelslösungen und der Lösungen für den mehrstufigen Handel größer ist als bei einer Betrachtung des Gesamtmarktes für Warenwirtschaftssysteme (Vgl. Abbildung 47).

---

[194] Vgl. die Quellen des Statistischen Bundesamtes, die unter anderem bei Müller-Hagedorn (1998), S. 79, zitiert wurden.

[195] Zur lange vorherrschenden negativen Einschätzung von Standardsoftware durch das Handelsmanagement vgl. Köpper (1993), S. 106-108. Der im Vergleich zu anderen Branchen immer noch recht hohe Anteil von Individualsoftware bei mittleren und großen Handelsunternehmen ist möglicherweise darauf zurückzuführen, dass diese bereits frühzeitig um eine adäquate DV-Unterstützung bemüht waren. Aufgrund mangelnder bzw. nicht ausgereifter Standardsoftware bestand die einzige Lösung oftmals in der Entwicklung eines individuellen DV-Systems.

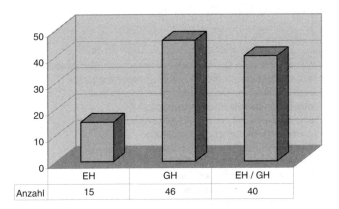

	EH	GH	EH / GH
Anzahl	15	46	40

Abbildung 47: Unterstützte Handelsstufen der 64 vorgestellten WWS

Während die Einzelhandelssysteme meist speziell als Branchenlösungen für den Handel erstellt wurden, sind viele Großhandelslösungen durch handelsspezifische Erweiterungen aus „universellen" Standardsystemen (zum Beispiel ERP-Software[196]) hervorgegangen. Diese Systeme decken vielfach die Anforderungen produzierender Betriebe mit ab. Beispiele für derart umfassende ERP-Systeme, die ihren Ursprung im Produktionsbereich haben, sind *iBaanERP,* IFS Applications und *mySAP Retail.*

Orthogonal zu der Handelsstufe lassen sich die Systeme anhand ihres Branchenfokuses differenzieren. Der *Branchenfokus* des Systems sollte als zentrale Anforderung („Brancheneignung") in die Softwareauswahl eingehen. Ein WWS, das speziell auf eine (oder mehrere bestimmte) Branchen ausgerichtet ist, wird tendenziell die branchenspezifischen Besonderheiten[197] und Abläufe besser unterstützen als ein universelles branchenübergreifendes System. Während die Anforderungen bei einigen Branchen ähnlich sind (bspw. bei den Formen des technisch ausgerichteten Handels, wie Sanitär-, Elektro-, Geräte- oder Kfz-Teile-Handel), unterscheiden sie sich bei anderen Branchen erheblich. Die Unterschiede führen mitunter zu einer Fokussierung auf ausgewählte Branchen. So gibt es kaum Systeme, welche gleichzeitig auf den Einsatz im Modebereich, im Lebensmittelbereich und im Bereich des technischen Handels ausgerichtet sind und die jeweiligen Spezifika umfassend abdecken. Hingegen gibt es viele WWS für den technischen Großhandel, die durch branchenspezifische Ergänzungsmodule individuelle Zusatzanforderungen dedizierter Spezialbranchen des technisch geprägten Handels abdecken können. Ein Beispiel für ein *branchenübergreifendes* System ist das *SANGROSS,* welches in seiner Basisversion auf den allgemeinen technischen Großhandel zugeschnitten ist. Durch Zusatzpakete - sogenannte Branchen-Module - können spezifische (Detail-)Anforderungen des Baustoffgroßhandels, des Holz-Großhandels, des Elektro-Großhandels, des Sanitär-Groß-

---

[196] Zu ERP-Systemen vgl. Kapitel 1.2.4.
[197] Vgl. hierzu Abschnitt 1.2.6.2.

handels, des Stahl- und Eisengroßhandels und des Kfz-Teile-Großhandels berücksichtigt werden.[198]

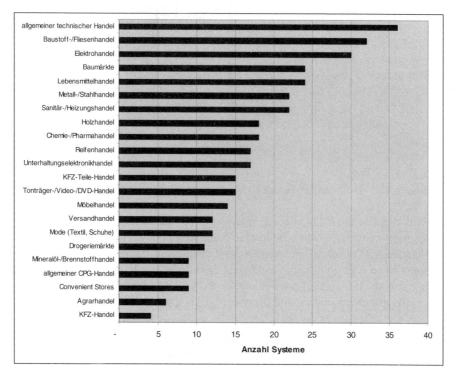

allgemeiner technischer Handel
Baustoff-/Fliesenhandel
Elektrohandel
Baumärkte
Lebensmittelhandel
Metall-/Stahlhandel
Sanitär-/Heizungshandel
Holzhandel
Chemie-/Pharmahandel
Reifenhandel
Unterhaltungselektronikhandel
KFZ-Teile-Handel
Tonträger-/Video-/DVD-Handel
Möbelhandel
Versandhandel
Mode (Textil, Schuhe)
Drogeriemärkte
Mineralöl-/Brennstoffhandel
allgemeiner CPG-Handel
Convenient Stores
Agrarhandel
KFZ-Handel

Anzahl Systeme

Abbildung 48:   Branchenfokus der 64 vorgestellten Systeme

Neben den branchenübergreifenden Systemen existiert eine Vielzahl von *branchenspezifischen Lösungen*. Hierzu seien zum Beispiel Spezialpakete für den Schallplattenhandel, den Reifenhandel oder den Mineralölhandel einerseits sowie für die Außenhandelsabwicklung andererseits genannt. Einige dieser Lösungen zeichnen sich dadurch aus, dass sie in Kooperation mit Branchen- oder Einkaufsverbänden realisiert wurden. Für die Verbandsmitglieder bietet diese Konstruktion den Vorteil, dass existierende Branchen- und Verbandsspezifika (Artikelstammdaten, WGR-Einteilungen, Schnittstellenformate etc.) umfassend ab gebildet sind. Das System *W5* bietet in der Ausprägung für den Reifenhandel (Systemname R4) eine direkte Anbindung an die Konditionsdatenbank der im Reifenhandel dominierende Einkaufsvereinigung TOP Service Team, so dass bei der Auftragserfassung jeweils automa-

---

[198] Die große Anzahl an Branchenmodulen ist dadurch zu erklären, dass SANGROSS mit über 20.000 SANGROSS-Anwendern zu den Marktführern im technischen Großhandel gehört und die große Anzahl an Kundeninstallationen eine differenzierte Branchenmodulbildung erlaubt.

tisch die aktuell gültigen Einkaufspreise (als VK-Kalkulationsbasis) übernommen werden können.

Die untersuchten Warenwirtschaftssysteme weisen die in Abbildung 48 dargestellte Branchenorientierung auf.[199] Als ein wesentliches Kriterium für den Branchenfokus kann auch die Anzahl an Systeminstallationen in den jeweiligen Branchen verwendet werden, da diese zumindest bei langjährig am Markt verfügbaren Systemen oftmals ein besserer Indikator für die Brancheneignung ist, als die reine herstellerseitige Einschätzung der Systemeignung für verschiedene Branchen. In vielen Branchen lassen sich zudem wenige zentrale Anforderungen identifizieren, welche eine effiziente Validierung der Branchenausrichtung der Systeme erlauben. Hierzu gehören beispielsweise die Abdeckung der MHD- und Pfandthematik im Lebensmittelbereich, die Saisonorientierung im Modebereich oder die Abbildung von Metallzuschlägen und die Seriennummernverwaltung im Technischen Großhandel.[200] Ist in der nachfolgenden Tabelle bei einem System eine Vielzahl (heterogener) Branchen vermerkt, so ist dies i. d. R. ein Hinweis, dass es sich eher um eine universelle, branchenübergreifende Lösung handelt.

3.3.1.2 Systemart und Funktionsumfang

Entsprechend der Typisierung von Warenwirtschaftslösungen in Abschnitt 1.2.5.2 kann zwischen klassischen Warenwirtschaftssystemen und den umfassender verstandenen ERP-Systemen differenziert werden. Letztere umfassen vielfach eine größere Funktionsbreite (z. B. von Modulen zur Finanzbuchhaltung bis hin zu integrierten DMS-Lösungen) und bieten zusätzlich dedizierte Funktionen zur Unterstützung der Produktionsplanung- und -steuerung. Die klassischen WWS sind in der Übersichtstabelle als Branchenlösungen für den Handel („H") aufgeführt. In Abgrenzung dazu werden analog zum Verständnis des ERP-Begriffs „universelle betriebliche Standardsoftwarelösungen mit Handelsspezifika" differenziert („U"). Für viele Handelsunternehmen stellen grundsätzlich Systeme beider Kategorien potenziell geeignete WWS-Lösungen dar. Zu den typischen Vor- und Nachteilen dieser beiden Systemtypen vgl. Abschnitt 1.2.5.2.

Basierend auf dieser grundlegenden Systemcharakterisierung lassen sich WWS-Lösungen nach den von ihnen integriert mit abgedeckten Funktionsbereichen (z. B. Finanzbuchhaltung, Liquiditätsplanung, Kostenstellenrechnung, Lagersteuerung, Produktionsplanung und -steuerung (PPS), Personaleinsatzplanung, Zeiterfassung, Shop-Systeme / eCommerce, Dokumentenmanagement (DMS) und Customer-Relationship-Management (CRM) charakterisieren.

---

[199] Eine detaillierte Betrachtung der Ausrichtung der einzelnen Systeme enthält die tabellarische Systemübersicht am Kapitelende.

[200] Zu den Branchenspezifika ausgewählter Branchen vgl. auch Kapitel 1.2.6.2.

System-merkmale 1: Basisinformationen	Handelsstufe			Branchenfokus									
	EH	GH	EH/GH	Lebensmittel, Frische	Chemie, Pharma	allgem. techn. Handel	Elektro	Sanitär / Heizung	Baustoffe / Fliesen	Mode	Unterhaltungselektr.	Versandhandel	Sonstige[A]
A.eins	○	●	●	●	○	●	○	○	●	○	○	○	Mi, A, B
abas	○	●	○	○	○	●	●	○	●	○	○	○	T, M, B, H, Me
ASW	○	●	○	○	●	●	●	○	○	○	○	○	H
AUPOS	○	●	●	○	●	●	●	●	●	○	○	○	Glas, H, Me
AW 400	○	●	○	○	○	●	●	○	○	○	○	○	B, Me
b2 Handel	○	●	●	●	●	●	●	●	○	●	○	●	DL, K, R, B., P
Bison Solution	●	●	●	●	●	●	●	●	●	●	●	●	T, CPG, A, R, Mö, E
Brain AS	○	●	●	○	○	●	●	○	●	●	●	○	Büroartikel, K, Me
Compex	●	●	●	●		●	○	●	●	○	●	○	D, B, Me
Conaktiv	●	●	○	○	○	○	○	○	○	○	○	●	P, Projektgesch., DL
Corporate WINLine	○	●	●	○	●	●	●	○	●	●	○	●	T, R, Mö, B, H, Me
CSB-System	○	●	●	●	●	○	○	○	○	○	○	○	Kosmetik, L, Mi
DCW-Wawi.	○	●	●	○	●	●	●	●	○	●	○	●	Getränke, A, C, B
DEWAS / MESS	●	○	●	●	●	●	○	○	○	○	○	○	C, D, B, H
diamod	○	●	○	○	○	○	○	○	○	●	○	○	-
e.fet Wawi.	○	○	●	●	●	●	●	●	●	○	●	○	T, Mi, K
FEE	●	○	○	○	○	○	○	○	○	●	○	○	
Formica SQL	○	●	○	●	○	●	○	○	○	○	○	○	T, K, R, Mö, H, Me
Futura ERS	●	○	○	○	○	○	○	○	○	●	○	○	-
G.O.L.D.	●	●	●	●	●	●	●	●	●	●	●	●	T, A, C, D, Mö, B, H
GEAC System 21	○	●	●	●	○	○	●	○	○	●	○	○	-
gevis	●	●	●	●	○	○	○	○	●	○	○	○	EK, Mi, A, B, H
i/2	●	●	●	○	○	●		●	●	●	●	●	T, CPG, D, K, B
iBaanERP	○	●	●	○	●	●	●	●	○	●	○	○	K, Mö, B, H, Me
IFS Applications	○	●	●	○	●	●	○	○	○	○	●	○	R
IN:ERP	○	●	○	●	○	●	●	●	●	○	●	●	CPG, Mö
J.D. Edwards	○	●	●		●	○	●	●	●	○	○	○	Mi, Me
JDA-PMM	●	○	●	●	○	○	●	○	●	●	●	○	T, CPG, C, D, R, B,
KARAT	●	●	●	●	○	●	●	●	●	○	○	○	T, Mi,C, H, Me
MBS-Apertum	●	●	●	●	○	●	●	○	●	○	○	○	T, C, Mö, B
MBS-Axapta	●	●	●	branchenneutral									
MBS-Navision	●	●	●	branchenneutral									

[A] A=Agrarhandel; B=Baumärkte; C=Convenient Stores; CPG=allgem. CPG-Handel; D=Drogerien; EK=Einkaufsgenossenschaften; H=Holz, K=KFZ-Teile; L=Lacke&Farben; Me=Metall/Stahl; Mi=Mineralöl, Mö=Möbel; Brennstoffe; P=PC-Distribution; R=Reifen; T=Tonträger/Video/DVD

Systemart[A]	Abgedeckte weitere Funktionsbereiche[B]														Systemmerkmale 1: Basisinformationen
	Finanzbuchhaltung	Liquiditätsplanung	Anlagenbuchhaltung	Kassenbuch	Kostenstellenrechn.	Kostenträgerrechn.	LVS	PPS	Personalwirtschaft	Personaleinsatzplanung	Zeiterfassung	Shop-Systeme / E-Commerce	DMS	CRM	
U	●	○	○	○	●	○	●	○	○	○	○	○	○	○	A.eins
U	●	●	●	●	●	●	●	●	●	○	○	●	●	○	abas
U	●	○	●	○	●	●	●	●	○	○	●	●	○	●	ASW
U	○	○	○	○	○	○	●	●	○	●	●	●	●	●	AUPOS
H	○	○	○	○	○	○	○	○	●	○	●	●	●	○	AW 400
H	●	●	●	●	●	●	●	●	●	○	○	●	●	●	b2 Handel
H	○	○	○	○	○	○	●	○	○	○	○	○	●	●	Bison Solution
U	●	○	●	○	●	●	●	●	●	○	●	○	●	●	Brain AS
H	●	○	○	○	●	●	○	○	○	○	●	●	○	●	Compex
U	○	○	○	●	●	○	○	○	○	○	●	○	●	●	Conaktiv
U	●	○	●	●	●	●	●	●	●	●	○	●	●	●	Corporate WINLine
U	●	●	●	●	●	●	●	●	●	●	●	●	●	●	CSB-System
H	●	●	●	●	●	●	●	○	○	○	○	●	●	○	DCW-Wawi.
H	○	○	○	○	○	○	○	○	○	○	○	○	○	○	DEWAS / MESS
H	●	●	○	○	●	●	●	●	○	○	●	○	●	○	diamod
U	○	○	○	○	○	○	●	○	○	○	●	○	●	●	e.fet Wawi.
H	○	○	○	○	○	○	○	○	○	○	○	○	○	○	FEE
U	●	○	●	●	●	●	●	●	●	●	○	●	●	●	Formica SQL
H	●	●	○	●	●	●	○	○	○	○	●	○	○	○	Futura ERS
H	○	○	○	○	○	○	●	○	○	●	○	●	○	○	G.O.L.D.
H	●	○	○	○	●	○	●	○	●	○	○	○	○	○	GEAC System 21
H	●	●	●	●	●	●	○	○	○	●	○	●	●	●	gevis
H	●	●	●	●	●	●	●	○	●	○	●	●	○	●	i/2
U	●	●	●	●	●	●	●	●	●	●	●	●	●	●	iBaanERP
U	●	●	●	○	●	●	●	●	●	●	●	●	●	●	IFS Applications
U	○	○	○	○	●	●	●	●	●	●	●	●	○	●	IN:ERP
U	●	●	●	●	●	●	●	●	●	○	●	●	○	●	J.D. Edwards
H	○	○	○	○	○	○	○	○	○	●	○	●	○	●	JDA-PMM
H	●	○	●	●	●	○	●	○	●	○	○	○	○	○	KARAT
U	●	●	●	●	●	●	●	●	●	○	●	○	●	○	MBS-Apertum
U	●	●	●	●	●	●	●	●	○	●	●	●	●	●	MBS-Axapta
U	●	●	●	○	●	●	●	●	○	●	○	●	●	●	MBS-Navision

[A] U=Universelle Standardsoftware mit Handelsspezifika; H=Branchenlösung für den Handel
[B] Es sind nur die Bereiche aufgeführt, die vollständig integriert sind (Datenintegration) und i. d. R. vom WWS-Anbieter selbst erstellt wurden. Nicht abgedeckte Bereiche können vielfach durch vorgesehene Schnittstellen zu Drittprodukten oder verbundenen OEM-Produkten abgedeckt werden.

System-merkmale 1: Basis-informationen	Handelsstufe			Branchenfokus									
	EH	GH	EH/GH	Lebensmittel, Frische	Chemie, Pharma	allgem. techn. Handel	Elektro	Sanitär / Heizung	Baustoffe / Fliesen	Mode	Unterhaltungselektr.	Versandhandel	Sonstige[A]
MKS Goliath	○	●	●	○	○	●	●	●	○	○	●	●	Me
Movex	○	●	●	●	●	●	●	●	●	●	●	○	CPG, K, R, B
oxaion	○	●	●	○	○	●	●	●	●	○	●	○	K, R, Mö, B, H, Me
P2plus	○	●	●	○	○	●	●	●	●	○	○	○	Mi, R, Me
PISA – Wawi.	○	●	●	○	○	○	○	○	●	○	○	○	B, H
Pollex LC	○	●	●	○	○	●	○	○	●	○	○	○	R
priMio – E/Con	●	●	●	●	●	●	●	●	●	●	○	○	D, H, Me
ProALPHA	○	●	○	●	●	●	●	●	●	○	○	●	T, CPG, R, Mö, Me
PRODIS	○	●	○	○	●	○	○	○	○	○	○	○	-
Profit-WWS	●	○	○	○	○	○	●	○	○	○	●	○	-
ProWWS	○	●	○	●	○	○	○	○	○	○	○	○	C, D
Regulus	○	●	●	●	●	○	○	○	○	○	○	○	-
Retek 10	●	○	●	●	○	●	●	○	●	●	●	●	T, C, D, K, R, H
Sangross V	○	●	○	○	○	●	●	●	●	○	○	○	-
SAP Business One	●	●	●	○	○	●	●	●	○	●	●	○	D, Mö
SAP mySAP Retail	●	●	●	●	●	●	○	●	○	●	●	○	C,D,H,Mi, T
SDS fashion	●	○	○	○	○	○	○	○	○	●	○	○	-
Semiramis	○	●	●	●	●	●	●	●	●	○	●	○	T, CPG, Mi, A, K, R
Skill Commercial	○	●	●	●	○	○	○	●	●	○	○	●	Me
SO:Business Soft.	○	●	●	○	●	○	●	●	○	○	●	●	T, CPG, Mi, A, K,
SoftM Suite	○	●	●	●	●	○	●	○	○	○	○	○	Mi
SQL-Business	○	●	●	○	●	●	●	●	●	○	●	○	H, Me
Steps Business Sol.	○	●	●	○	○	●	●	○	○	○	○	○	DL
TRADEsprint	○	●	●	○	○	●	○	○	○	○	○	○	Werkzeuge, K, R
TS	○	●	○	○	○	○	○	○	○	○	○	○	Me
Unitrade	●	●	●	○	○	●	●	●	●	○	●	○	T, Mö, B, H, Me
UPOS	○	●	●	○	○	●	●	●	●	○	○	○	L, K, Me
VERA	●	●	●	○	○	○	○	○	●	○	○	○	B, H
W 5	○	○	●	○	●	●	●	○	●	○	○	○	K, R, B, H
WEST System	○	●	●	○	○	●	○	●	●	○	○	○	K
Wilken Materialw.	○	●	○	○	○	○	○	●	●	●	○	○	CPG, C, D, R, Mö,
x-trade	○	●	●	●	○	○	○	○	○	○	○	○	D

[A] A=Agrarhandel; B=Baumärkte; C=Convenient Stores; CPG=allgem. CPG-Handel; D=Drogerien; EK=Einkaufsgenossenschaften; H=Holz, K=KFZ-Teile; L=Lacke&Farben; Me=Metall/Stahl; Mi=Mineralöl, Mö=Möbel; Brennstoffe; P=PC-Distribution; R=Reifen; T=Tonträger/Video/DVD

Systemart [A]	Abgedeckte weitere Funktionsbereiche [B]														System-merkmale 1: Basisinformationen
	Finanzbuchhaltung	Liquiditätsplanung	Anlagenbuchhaltung	Kassenbuch	Kostenstellenrechn.	Kostenträgerrechn.	LVS	PPS	Personalwirtschaft	Personaleinsatzplanung	Zeiterfassung	Shop-Systeme / E-Commerce	DMS	CRM	
U	○	○	○	●	●	●	●	●	●	○	○	●	●	●	MKS Goliath
U	●	●	●	●	●	●	●	●	●	○	○	○	●	○	Movex
U	●	●	●	●	●	●	●	●	●	○	○	○	●	○	oxaion
U	●	●	●	●	●	●	●	●	●	●	●	●	●	●	P2plus
U	●	●	●	●	●	●	●	○	○	○	●	●	●	●	PISA – Wawi.
U	●	○	○	○	○	○	●	○	○	○	○	●	○	●	Pollex LC
U	●	○	○	●	○	○	○	○	○	○	○	○	●	○	priMio – E/Con
U	●	●	●	●	●	●	●	●	●	●	●	●	●	●	ProALPHA
U	○	○	○	○	○	●	●	●	○	○	○	●	○	○	PRODIS
H	○	○	○	○	○	○	○	○	○	○	○	○	○	○	Profit-WWS
H	●	●	●	●	●	●	●	○	○	○	○	○	○	○	ProWWS
U	○	○	○	○	○	●	○	○	○	○	○	○	○	○	Regulus
H	○	○	○	○	○	○	●	○	○	○	○	●	○	●	Retek 10
U	●	○	○	○	○	○	○	○	○	●	○	●	●	○	Sangross V
U	●	●	●	●	●	●	●	●	●	○	○	●	○	●	SAP Business One
U,H	●	●	●	●	●	●	●	●	●	○	○	●	●	●	SAP mySAP Retail
H	○	○	○	○	○	○	○	○	○	○	●	○	○	○	SDS fashion
U	●	●	●	○	●	●	●	●	●	○	○	●	●	●	Semiramis
H	○	○	○	●	●	●	●	●	○	●	●	○	○	●	Skill Commercial
U	●	●	●	●	●	●	●	●	●	●	●	●	●	●	SO:Business Soft.
U	●	●	●	●	●	●	○	○	○	○	●	●	●	●	SoftM Suite
U	●	●	●	●	●	●	●	○	○	○	●	●	●	●	SQL-Business
U	●	●	●	○	●	●	●	○	●	●	●	●	●	●	Steps Business Sol.
U,H	●	●	●	●	●	●	●	●	●	●	○	●	●	●	TRADEsprint
U	●	○	○	○	●	○	○	●	○	○	○	●	○	●	TS
H	●	●	●	○	●	○	○	○	○	○	○	○	●	○	Unitrade
H	○	○	○	○	●	○	○	○	●	○	●	●	●	●	UPOS
H	●	○	●	●	●	○	●	○	●	○	○	●	○	○	VERA
U	●	●	○	●	●	●	●	●	●	○	○	●	●	●	W 5
U	●	●	●	●	●	●	●	●	○	●	○	●	●	●	WEST System
H	●	●	●	●	●	●	●	○	○	○	●	○	●	●	Wilken Materialw.
H	○	○	○	○	○	○	●	○	○	○	○	●	○	○	x-trade

[A] U=Universelle Standardsoftware mit Handelsspezifika; H=Branchenlösung für den Handel
[B] Es sind nur die Bereiche aufgeführt, die vollständig integriert sind (Datenintegration) und i. d. R. vom WWS-Anbieter selbst erstellt wurden. Nicht abgedeckte Bereiche können vielfach durch vorgesehene Schnittstellen zu Drittprodukten oder verbundenen OEM-Produkten abgedeckt werden.

3.3.1.3 Systemgröße

Der aggregierte Bewertungsmaßstab „Systemgröße" ermöglicht es, ein Warenwirtschaftssystem hinsichtlich seiner Eignung für unterschiedliche Betriebsgrößen und
Einsatzszenarien einzuschätzen. Als Subkriterien der Systemgröße eignen sich das
verarbeitbare Stammdatenvolumen (insbesondere Artikeldaten und Kundendaten)
sowie die Anzahl - gleichzeitiger - User. Wenngleich die Warenwirtschaftssysteme
selten die Anzahl gleichzeitiger User oder die Anzahl gleichzeitig aktiver Artikel
beschränken,[201] erlauben Angaben über die typische und die größte Installation eine
Einschätzung der Skalierbarkeit des Systems. Ein WWS, das typischerweise von 20
Usern genutzt wird und dessen größte Installation 70 User umfasst, dürfte – insbesondere unter Performancegesichtspunkten - kaum für einen internationalen Groß-
handelskonzern mit 100 Niederlassungen und 1.200 Online-Usern geeignet sein.
Ebensowenig erscheint ein großes WWS, dessen typische Installationsgröße mehrere
hundert User umfasst, für ein kleines Einzelhandelsgeschäft geeignet zu sein.
Während die Nutzung kleinerer Systeme in großen Organisation bereits an technischen Restriktionen scheitert, verbietet sich die Installation großer Systeme in kleineren Unternehmen aus ökonomischen Gründen. Bei der Nutzung zu groß dimen-
sionierter WWS sind die hohen Software- und Hardwarekosten und der bei großen
Lösungen tendenziell höhere Anpassungs- und Einführungsaufwand negativ zu
bewerten.

Der Betrachtung der Systemgröße kommt aufgrund dieser Aspekte eine große Bedeutung im Rahmen der Softwareauswahl zu. Die mit geringem Aufwand verbundene Einschätzung der typischen Systemgröße von Warenwirtschaftssystemen ermöglicht bereits in der Grobanalyse die Nutzung dieses Kriteriums.[202] Aufgrund dieser
Bedeutung der Systemgröße ist diese – basierend auf der Einschätzung der Autoren –
explizit als kategorielle Einstufung mit den Ausprägungen "klein", "mittel" und
"groß" in die Kurzübersicht der WWS in Kapitel 4 aufgenommen worden.

3.3.1.4 Marktposition

Für die Einschätzung der nicht nur aus Aspekten des Investitionsschutzes wichtigen
Frage der Zukunftssicherheit einer Lösung können neben einer Analyse des
Anbieters, einer Bewertung der softwaretechnischen und -architektonischen Basis
auch die Marktpositionierung des Anbieters bzw. des Softwareprodukts wichtige
Anhaltspunkte liefern.

---

[201] Durch die festgelegten Nummernkreise für Kunden, Artikel und gegebenenfalls User existiert
zwar oftmals eine DV-technisch bedingte Maximalanzahl, jedoch stellt diese aufgrund ihrer
Größe (zum Beispiel 10^6 Kunden oder 10^9 Artikel) in der Regel in der Praxis keine tatsächliche
Einschränkung dar.

[202] Zur Grobanaylse vgl. Kapitel 2.3.

Über das Jahr der *Erstinstallation* einer Lösung sind Rückschlüsse auf der Einordnung im Lebenszyklus möglich. So ist bei sehr jungen Lösungen oftmals eine geringere Funktionsbreite und -tiefe festzustellen. Langjährig am Markt etablierte Lösungen versprechen zudem eine größere Ausgereiftheit und ein geringeres Fehlerrisiko. Aus technologischer und ergonomischer Sicht sind hingegen die neueren Lösungen vielfach führend (im Sinne einer Abdeckung des technologischen und software-technischen State-of-the-Art).

Eine Betrachtung der Installationsanzahl verspricht grundsätzlich eine gute Beurteilungsmöglichkeit der Verbreitung eines Systems und erlaubt bei einer entsprechenden Aufschlüsselung der Angaben auch eine Identifikation der geografischen Hauptvertriebs- bzw. -tätigkeitsgebiete des Anbieters. Eine größere Installationsanzahl weist zudem auf entsprechend hohe regelmäßige Lizenzerlöse des Anbieters hin, welche letztendlich die Basis für die laufende Weiterentwicklung des Standardsystems sind. Problematisch ist hingegen, dass die Angaben vielfach sehr stark von Marketingaspekten beeinflusst und aufgrund unterschiedlicher Bezugsgrößen nur schwer vergleichbar sind. Je nach Verständnis des Herstellers können sich veröffentlichte Installationsanzahlen u. a. auf die Anzahl der Kunden, die die Software gekauft haben, auf die Anzahl der Kunden, welche die Software tatsächlich (noch) einsetzen, oder auf die Anzahl der Kundenstandorte, an denen die Software eingesetzt wird, beziehen. Teilweise wird seitens der Hersteller auch jedes Softwaremodul (z. B. Lager, Finanzbuchhaltung etc.) als eigenständige „Installation" gezählt. Bei einer entsprechenden Modulzahl können sich so „mehrere hundert Installationen" auf wenige duzend tatsächlich unterschiedliche Kundeninstallationen reduzieren. Zu berücksichtigen ist ferner, dass teilweise auch Installationen der Vorgängersysteme mit aufgenommen werden, so dass zumindest die Einschätzung der Verbreitung des aktuellen Systems verfälscht wird.

Bei den nachfolgend in der Tabelle aufgeführten Angaben zur Installationsanzahl wurde versucht, diese Problematik durch eine gezielte Befragung der Anbieter und eine damit einhergehende Normierung der Angabe (im Sinne: „Installation = ein Kunde, der die Software aktiv nutzt") zu reduzieren. Die Angaben basieren auf den von den Herstellern 2002-2003 auf dem IT-Matchmaker eingepflegten Werten.

Betrachtet man rein die Installationszahlen für Deutschland, so haben 22 % der untersuchten Systeme weniger als 50 Installationen, 17 % zwischen 50 und 200 Installationen, 20 % zwischen 201 und 500 Installationen und 20 % mehr als 500 Installationen in Deutschland.[203]

---

[203] Bei 21 % der Systeme machten die Hersteller keine Angaben bzw. nannten keine detaillierten Zahlen für die Installationsanzahl in Deutschland.

System-merkmale 2: Marktposition	Erstinstallation (aktuelles System)	Name des Vorgängersystems	Installationszahlen					
			Deutschland	Österreich	Schweiz	Restl. West-Europa	Ost-Europa	Restl. Welt
A.eins	1994	X-Com	800	20	2	5	-	-
abas	1985	abas-EKS, TRO1	1200	35	30	12	15	130
ASW	k.A.	-	k.A.	k.A.	k.A.	k.A.	k.A.	5000[A]
AUPOS	1995	-	280	4	3	13	-	-
AW 400	1994	-	28	1	-	-	-	-
b2 Handel	2000	[B]	350	-	70	k.A.	k.A.	k.A.
Bison Solution	2000	Alpha.px2	-	-	5	-	-	-
Brain AS	2001	BRAIN	300	35	38	52	k.A.	k.A.
Compex	1998	Compex 2	k.A.	k.A.	k.A.	k.A.	k.A.	-
Conaktiv	1995	-	150	-	-	-	-	-
Corporate WINLine	1996	WINLine 5.x	8000	5000	15000	300	800	15600[A]
CSB-System	1983	-	600	-	200	270	100	k.A:
DCW-Wawi.	1990	-	k.A.	k.A.	k.A.	k.A.		k.A.
DEWAS / MESS	1988	-	6000	200	100	250	10	k.A.
diamod	1996	diamod-ix	130	2	2	3	-	-
e.fet Wawi.	k.A.	-	k.A.	k.A.	k.A.	k.A.	-	-
FEE	k.A.	-	k.A.	k.A.	k.A.	k.A.	-	-
Formica SQL	2003	Formica 9.0	205	1	1	-	3	-
Futura ERS	1992	SV-Handel	1200	-	180	153	3	-
G.O.L.D.	1988	-	10	1	20	128	19	k.A.
GEAC System 21	1995	Business 400	k.A.	k.A.	k.A.	k.A.	k.A.	k.A.
gevis	1999	HAPOS	80	-	-	-	-	-
i/2	2000	i/2 Version 3.0	3	-	76	-	-	-
iBaanERP	2000	Baan IV	800	100	100	2600	200	6500[A]
IFS Applications	1996		400	k.A.	k.A.	k.A.	k.A.	3000[A]
IN:ERP	1988	=Office/2=	-	-	200	-	2	-
J.D. Edwards	1996	OneWorld Xe	260	k.A.	130	1680	k.A.	6400[A]
JDA-PMM	1995	MMS	1	k.A:	-	42	0	88[A]
KARAT	1990	ASS	10	1	-	-	-	-
MBS-Apertum	1991	Apertum 2000	1200	100	180	56	20	4
MBS-Axapta	1998	-	205	-	163	1369	138	186
MBS-Navision	1997	Nav. Financials	9000	k.A.	k.A.	k.A.	k.A.	60000[A]

[A] Gesamtanzahl der Installationen weltweit.
[B] bäurer.TRADE / FAMAC / AUDIAL.

System-merkmale 2: Marktposition	Erstinstallation (aktuelles System)	Name des Vorgängersystems	Installationszahlen					
			Deutschland	Österreich	Schweiz	Restl. West-Europa	Ost-Europa	Restl. Welt
MKS Goliath	2001	MKS WaWi 4.5	261	11	-	-	-	-
Movex	1994	-	120	k.A.	150	4900	100	*6000*
oxaion	1983	FRIDA	267	-	25	11	-	6
P2plus	1993	P2	1296	-	170	23	-	12
PISA – Wawi.	1986	-	90	-	-	-	-	-
Pollex LC	1998	logicalCIRCLE!	100	-	100	13	1	-
priMio – E/Con	2001	-	1	1	-	-	2	-
ProALPHA	1993	-	700	140	30	10	10	20
PRODIS	1991	-	26	-	6	11	14	*60[A]*
Profit-WWS	1995	PROFIT 260	k.A.	k.A.	k.A.	k.A.	-	-
ProWWS	1995	SERWIS/400	13	-	-	-	-	-
Regulus	1998	-	11	-	-	-	-	-
Retek 10	2002	Release 9	1	k.A.	k.A.	16	k.A.	*180[A]*
Sangross V	1994	Sangross V4.x	160	-	4	1	-	-
SAP Business One	2002	-	k.A.	k.A.	k.A.	k.A.	k.A.	k.A.
SAP mySAP Retail	1994	-	k.A.	k.A.	k.A.	k.A.	k.A.	k.A.
SDS fashion	1980	SDS muftel	k.A.	k.A.	k.A.	k.A.	k.A.	k.A.
Semiramis	2001	-	10	10	2	-	-	-
Skill Commercial	1998	-	k.A.	k.A.	k.A.	-	-	-
SO:Business Soft.	1995	Apertum (z.T.)	500	-	-	30	5	-
SoftM Suite	2000	SoftM Basis/400	45	2	4	5	-	*60[1]*
SQL-Business	1989	-	200	-	50	-	-	-
Steps Business Sol.	1999	-	180	-	50	-	-	-
TRADEsprint	1997	-	16	-	-	-	-	-
TS	1980	-	k.A.	k.A.	k.A.	k.A.	k.A.	k.A.
Unitrade	1987	-	250	-	50	-	1	-
UPOS	1995	-	260	2	6	2	-	-
VERA	1993	BAUHA	700	-	2	-	-	-
W 5	1982	W5 Version 5	71	-	2	-	-	-
WEST System	1992	-	138	3	-	10	-	-
Wilken Materialw.	1995	-	850	-	-	-	-	-
x-trade	1998	WWS 2000	4	-	-	-	-	-

[A] Gesamtanzahl der Installationen weltweit.

3.3.2   DV-Technik

Der Einsatz von Warenwirtschaftssystemen setzt weitere Hard- und Softwarekomponenten voraus. Als Hardwarevoraussetzungen sind zentrale Rechner und dezentrale Rechner (Arbeitsplatzrechner, Endbenutzergeräte) zu unterscheiden. Die für Anwendungssoftware erforderlichen Basissoftwarekomponenten sind Betriebssysteme, Datenbank- und Netzwerkmanagementsysteme.

Hardware

Aufgrund der gestiegenen Leistungsfähigkeit und des Preisverfalls der Hardware haben sich Client-Server-Architekturen durchgesetzt.[204] Client-Server-Architekturen zeichnen sich dadurch aus, dass die Informationsverarbeitungsaufgaben zwischen verbundenen Rechnern aufgeteilt werden. Die Rechner stehen dabei in einem Kunde (Client) – Dienstleister (Server) Verhältnis. Der Server bietet dem Client entsprechend seiner Informationsverarbeitungsaufgaben Dienste an. Die von den Rechnern wahrgenommenen Aufgaben können sich auf die Speicherung und Bereitstellung der Daten (Datenmanagement), die Verarbeitung der Daten entsprechend der definierten Geschäftsregeln und Prozesse (Anwendungsmanagement) oder die Aufbereitung der Informationen für den Anwender (Präsentationsmanagement) erstrecken.

Üblicherweise werden Daten- und Anwendungsmanagement auf zentralen Hardwaresystemen betrieben (Server). Sie stellen Daten- und Anwendungsdienste zur Bearbeitung von Geschäftsprozessen für die dezentralen Arbeitsplätze bereit, die die Rolle des Clients einnehmen. Während für die Client-Programme kostengünstige Arbeitsplatzrechner (normalerweise PCs) eingesetzt werden können, sind für die Serveraufgaben leistungsfähige Rechner erforderlich.

Als Rechnerklassen werden Personalcomputer, Workstations, Minirechner und Großrechner unterschieden (vgl. Abbildung 49).

Personalcomputer und die leistungsfähigeren Workstations waren ursprünglich für die Nutzung durch einen einzelnen Anwender vorgesehen. Inzwischen kommen leistungsfähige Geräte dieser beiden Rechnerklassen auch als Server-Rechner zum Einsatz. Der Markt für PC-Systeme wird im wesentlichen durch Rechner mit Intel- bzw. AMD-Prozessoren dominiert, die von einer Vielzahl von Herstellern angeboten werden. Workstations, die sich durch die sogenannte RISC-Architektur (Reduced Instruction Set Computer) auszeichnen, werden insbesondere durch die Hersteller SUN, HP und IBM angeboten. Minirechner sind speziell als Server für ca. 10 bis 150

---

[204] Bis in die achtziger Jahre wurde die betriebliche Informationsverarbeitung durch zentrale Großrechner und daran sternförmig angeschlossene Bildschirmarbeitsplätze beherrscht. Die gesamte Verarbeitung erfolgte in dem zentralen Großrechner. Das Aufkommen preisgünstiger Rechner für den Arbeitsplatz (Personalcomputer) führte zu einer zunehmenden Dezentralisierung der Informationsverarbeitungsaufgaben.

Client-Systeme konzipiert. In der Vergangenheit wurde diese Rechnerklasse durch proprietäre Betriebssysteme dominiert, die sich durch aufeinander abgestimmte Komplettlösungen (Hardware und Software) auszeichneten. Beispiele hierfür sind Nixdorf Quattro, HP3000, DEC VAX und IBM iSeries (ehemals IBM AS/400). Einzig die IBM iSeries kann heute einen signifikanten Marktanteil vorweisen. Sie wird regelmäßig an den neuesten Stand der Technik angepasst (so basiert der Prozessor der leistungsfähigeren Modelle seit ca. 2001 auf dem *Power4 Chip* von IBM) und ist aufgrund der breiten Skalierbarkeit mittlerweile auch für größere Installationen gut einsetzbar.

Die iSeries-Produktreihe spannt eine Bandbreite von der Einstiegslösung *iSeries 800 – Value Edition* (ab 300 CPW[205], 256 MB Hauptspeicher, 18 GB Festplattenspeicher) bis hin zu den Topmodellen der Enterprise Edition, z. B. der *iSeries 890 – Enterprise Edition* (mit bis zu 37.400 CPW, max. 256 GB Hauptspeicher und max. 144 TB Festplattenspeicher) auf.

Einen interessanten Lösungsansatz zur Bedienung von Lastspitzen bietet IBM bei der iSeries mit der *On/Off-Capacity* an. Neben den eigentlichen Prozessoren werden herstellerseitig zusätzliche Prozessoren als Stand-by-Prozessor installiert, aber nicht aktiviert. Diese Prozessoren werden nicht klassisch gekauft bzw. über die Leasingrate bezahlt, sondern entsprechend ihrer tatsächlichen Inanspruchnahme. Bei Bedarf kann per Mail oder Web-Zugang ein Freischaltungscode angefordert werden, mit dem der Stand-by-Prozessor aktiviert werden kann. Vierteljährlich erfolgt eine Abrechnung entsprechend der tatsächlichen Inanspruchnahme der Stand-by-Prozessoren. Damit wird ein Weg aufgezeigt, wie zeitweise auftretende Lastspitzen gut abgedeckt werden können, ohne dass permanente Kosten für die Vorhaltung dieser Zusatzkapazitäten entstehen.[206]

Die IBM iSeries zeichnet sich durch eine große Palette von System- und Anwendungssoftwarelösungen und eine vorbildlichen Daten- und Betriebssicherheit aus.[207] Neben dem traditionellen IBM Betriebssystem für die iSeries (OS/400) wird auch LINUX unterstützt. Von den betrachteten WWS können 16 – immerhin ein Anteil von 25 % – auf der IBM iSeries eingesetzt werden. Hierzu zählen einerseits reine iSeries-Systeme wie *ASW, AW400, Brain, DCW* und *oxaion*; andererseits sind auch viele der plattformunabhängigen (ERP-)Systeme auf der iSeries nutzbar, so. z. B. *Bison Solution, iBaan ERP, J.D. Edwards, Movex, proAlpha, SAP, Semiramis* und *SoftM Suite*.[208]

---

[205] CPW (Commercial Processing Workload) ist die Kenngröße für die Messung der relativen Systemleistung auf der iSeries. Die Produktreihe der iSeries erlaubt eine Skalierbarkeit dieser Kenngröße um mehr als den Faktor 100.

[206] Vgl. hierzu IBM (2002).

[207] Vgl. hierzu auch Abbildung 52 auf Seite 147.

[208] SoftM Suite, ursprünglich als reine iSeries-Lösung konzipiert, steht seit 2002 auch für Windows-Plattformen zur Verfügung. Eine Linux-Unterstützung ist für 2004 angekündigt.

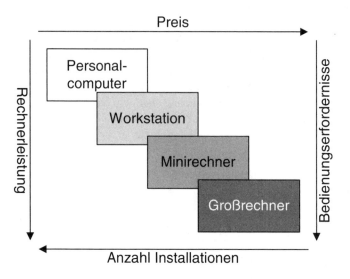

In Anlehnung an: Hansen (1996), S. 50.

Abbildung 49:   Klassen und Merkmale von Rechnersystemen

Großrechner bedienen üblicherweise mehrere hundert bis zu mehrere tausend Clients oder führen algorithmisch extrem komplexe Aufgaben durch. Großrechner basieren auf der sogenannten CISC-Architektur (Complex Instruction Set Computer). Sie zeichnen sich in der Regel durch einen sehr hohen Preis aus und können damit nur bei einer sehr großen Benutzerzahl wirtschaftlich betrieben werden.

Der Markt im Großrechnersegment wird von IBM dominiert. Die IBM S/390 (bzw. des Vorgängermodells S/360) wird insbesondere von den „großen" ERP-Lösungen unterstützt. IBM bietet darüber hinaus Mainfraime-Lösungen mittlerweile als zSeries in verschiedenen Ausprägungen an.

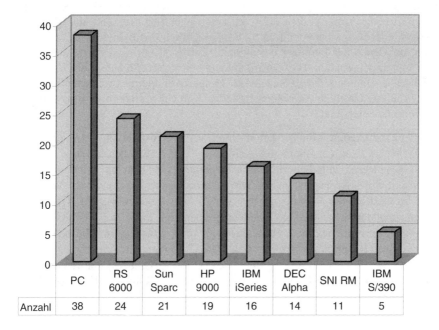

	PC	RS 6000	Sun Sparc	HP 9000	IBM iSeries	DEC Alpha	SNI RM	IBM S/390
Anzahl	38	24	21	19	16	14	11	5

Abbildung 50: Unterstützte zentrale Hardwareplattformen

Bei der dezentralen Hardware können Personalcomputer und Terminals unterschieden werden. *Personalcomputer* übernehmen als *Endgeräte* in einer Client-Server-Architektur Präsentations- und / oder Verarbeitungsaufgaben. *Terminals* verfügen selbst über keine Verarbeitungslogik, sie bereiten die von dem zentralen System bereitgestellten Informationen lediglich auf. Zeichenorientierte Terminals sind heute vor allem noch im Großhandelsbereich anzutreffen. Auf Erfassungsgeschwindigkeit optimierte Erfassungsmasken sind hier in einigen Tätigkeitsbereichen Windows-oberflächen aus Effizienzgesichtspunkten überlegen.

Eine Zwischenlösung stellen *Terminalemulationen* dar. Terminalemulationen sind Programme, die auf einem Personalcomputer in einem gesonderten Fenster ein Terminal simulieren können. An einem Arbeitsplatz können daher auf einem PC sowohl Office-Anwendungen als auch ein Terminal für das Warenwirtschaftssystem bereitgestellt werden. Die betrachteten WWS unterstützen durchgängig *Windows-basierte PCs* als Endgeräte. Darüber hinaus wird auch im Client-Bereich zunehmend *Linux* unterstützt.

Eine besondere Form des „Endgeräts" stellt im weiteren Sinne auch ein *Web-Client* dar, welcher den Zugriff auf das zentrale WWS direkt über einen Internet-Browser erlaubt. Damit kann – unter Berücksichtigung eventueller Sicherheitseinschränkungen – weltweit von jedem Standort via Internet auf das Anwendungssystem zugegriffen werden. Eine Installation von lokaler Client-Software ist (mit Ausnahme eines Standard-Internet-Browsers) nicht mehr erforderlich. Die Identifizierung und Authentifizierung erfolgt derzeit i.d.R. klassisch über Benutzername und Passwort. Zunehmende Bedeutung werden künftig voraussichtlich zertifikatsbasierte Verfahren erhalten, bei denen der Benutzer ein digitales Zertifikat vorlegen muss, um Zugriff auf das System zu erhalten. Das Zertifikat kann beispielsweise auf einem USB-Stick gespeichert sein, so dass der Benutzer den Computer problemlos wechseln kann. Ein derartiges internetgestütztes zertifikatsbasiertes Anmeldeverfahren wird u. a. bereits von *Semiramis* unterstützt.

Neben dem reduzierten Administrations- und Softwareinstallationsaufwand verein-facht ein Web-Client vor allem die Anbindung von Außendienstmitarbeitern und externen Benutzern. Mitarbeitern von Lieferanten oder Kunden kann – ein ent-sprechend flexibles Rechtesystem des WWS vorausgesetzt – auf einfache Weise der Zugang zu bestimmten Funktionen des WWS freigeschaltet werden. Gerade bei kleineren und mittelständischen Handelsunternehmen kann der Web-Client als kostengünstiges und flexibles Hilfsmittel für den Einstieg in überbetriebliche Planungs- und Integrationskonzepte und deren erfolgreiche Umsetzung dienen. Ausgereifte Web-Client-Lösungen, über welche die gesamte Systemfunktionalität nutzbar ist, bieten u. a. die Java-basierten Systeme Bison Solution, IFS Applications, Movex, P2plus und Semiramis.

Betriebssysteme

Betriebssysteme sind Softwaresysteme, die als Schicht zwischen der Hardware und dem Anwendungssoftwaresystem liegen und diese miteinander verbinden. Sie haben insbesondere die Aufgabe, den Zugriff auf die unterschiedlichen Systemressourcen der Hardware zu steuern sowie unterschiedliche Softwarekomponenten wie Anwendungssoftware, Datenbankmanagementsystem und Kommunikationssoftware zu integrieren. Betriebssysteme sind stark von der Spezifität der Hardwaresysteme abhängig.

Für zentrale Hardwaresysteme auf Basis von Personalcomputern oder Workstations sind die unterschiedlichen Windows-Versionen und Linux als mögliche Betriebs-systeme von Bedeutung. Das für PCs klassische Betriebssystem MS-DOS ist tech-nisch überholt. Bei der Neugestaltung der betrieblichen Anwendungsarchitekturen, ist heute im Intel-basierten Umfeld eine Entscheidung zwischen Windows und Linux zu treffen.

Für den Einsatz als Serverbetriebssystem eignet sich aus der Windows-Familie auf-grund zusätzlicher Server-spezifischer Funktionalitäten und einer höheren Betriebs- und Zugriffssicherheit insbesondere *Windows 2000* (bzw. *Windows 2003 Server*[209]). Dies zeigt sich auch daran, dass bei vielen Warenwirtschaftssystemen, die ver-

---

[209] Eine Unterstützung von Windows 2003 Server wurde bei der Erhebung nicht abgefragt. Es kann jedoch i.d. R. davon ausgegangen werden, dass die Anbieter, welche die Windows-Plattformen unterstützen auch zeitnah die neue Windows-Version abdecken.

schiedene Windows-Plattformen als Serverbetriebssystem unterstützen, vom Systemanbieter Windows 2000 empfohlen wird. Die dennoch hohe Anzahl an Systemen, die
beispielsweise auch Windows XP unterstützen, ist auf den vielfach geringen
Aufwand zurückzuführen, mit dem Programme auch für diese Plattform lauffähig
gemacht werden können.

Für Workstations und Minirechner mit RISC-Architektur dient i. d. R. UNIX als
Betriebssystem. UNIX steht als Synonym für ein offenes Betriebssystem, das eine
Unabhängigkeit von Hardware und Betriebssystem ermöglichen soll. Allerdings hat
sich diese Hoffnung nur bedingt erfüllt. Nahezu jeder Hardwarehersteller in diesem
Segment bietet eine auf die eigene Hardware abgestimmte UNIX-Variante, ein
UNIX-Derivat, an. Beispiele sind AIX von IBM, HP-UX von HP, SINIX von
Siemens oder Solaris von Sun.

Eine Besonderheit stellt das hardwareunabhängige und als Open-Source-Produkt
kostenlos bzw. kostengünstig verfügbare UNIX-Derivat LINUX[210] dar, das ausgehend vom Privatbereich eine zunehmende Verbreitung in Unternehmen findet.
Sowohl Softwareanbieter als auch Hardwareanbieter (zum Beispiel Siemens, die
unter anderem ihre Celsius Workstations und die Serverbaureihe Primergy als Linux-
Version anbieten, oder IBM mit einer Linux-Version der iSeries) setzen zunehmend
auf das Linux-Betriebssystem.[211] Mit einem Anteil von bereits 23 der 64 betrachteten
Systeme, ist *Linux* auf dem besten Weg, sich zur zweitwichtigsten Betriebssystemplattform zu entwickeln.[212] Bei einer Reihe von Anbietern – vor allem im Segment
des mittelständischen Großhandels – ist Linux bereits die dominierende Plattform im
Neukundengeschäft.

Neben signifikanten Kostenvorteilen im Bereich der Lizenzkosten, wird oftmals auch
die Auflösung der Abhängigkeit von einem bestimmten Betriebssystemlieferanten als
wesentlicher Vorteil gesehen. Durch die Vielzahl unterschiedlicher Linux-Distributionen,[213] welche sich erheblich in Art und Umfang der Treiberunterstützung, dem
Systemumfang und der Aktualität der Programme unterscheiden können, ergibt sich
jedoch faktisch auch bei Linux eine Abhängigkeit - und zwar eine Abhängigkeit vom
gewählten Linux-Distributor.

OS/400 ist das proprietäre Betriebssystem für Rechner vom Typ IBM iSeries
(ehemals IBM AS/400). Insbesondere im Gegensatz zu UNIX zeichnet sich OS/400
durch eine benutzerfreundliche Bedienung und eine umfangreiche Unterstützung bei
Installation, Wartung und Betrieb von Hard- und Software aus.

---

[210] Zu den führenden Linux-Versionen gehören SUSE Linux (vgl. www.suse.de) und Redhat Linux
       (vgl. www.redhat.de).
[211] Vgl. o.V. (1999a), S. 12. Für eine ausführliche Darstellung vgl. Borkner-Delcarlo (1998).
[212] Die Dynamik der Linux-Entwicklung wird deutlich bei einem Vergleich zur ersten durch-
       geführten Marktanalyse 2000. Seinerzeit wurde Linux nur von etwa 10% der betrachteten WWS
       unterstützt.
[213] So werden unter www.linux.org derzeit über 190 verschiedene Linux-Distributionen aufgeführt.

Der Marktstandard für Großrechnerbetriebssysteme ist OS/390 von IBM. Es basiert auf dem Vorgängersystem MVS/ESA und ist insbesondere für den oberen Groß-rechnerbereich konzipiert. OS/390 zeichnet sich durch einen von anderen Betriebs-systemen unerreichten Grad an Betriebs- und Zugriffssicherheit sowie Datenintegri-tät bei minimalen Zugriffszeiten für eine große Benutzeranzahl aus. Eine vergleich-bare Funktionalität wie OS/390 weist das Betriebssystem BS2000 von Siemens auf, das für die Großrechnerserie von Siemens konzipiert ist. Seit einiger Zeit existieren auch Linux-Versionen für die IBM zSeries und die IBM S/390.

Die von den Systemanbietern unterstützten Betriebsysteme für Serversysteme gehen aus Abbildung 51 hervor. Aufgrund der Abhängigkeit zwischen Hardwareplatt-formen und Betriebssystemen ist eine Analogie zu den Ausführungen zu Hard-waresystemen erkennbar. Auffällig ist im Bereich kleiner und mittelgroßer Server weiterhin die Dominanz von Windows (aktuell in den Versionen Windows 2000 und Windows XP), gefolgt von den zahlreichen Unix-Derivaten, insbesondere Linux. Das ebenfalls in diesem Serversegment angesiedelte OS/2 besitzt als Plattform für WWS keine Bedeutung.[214]

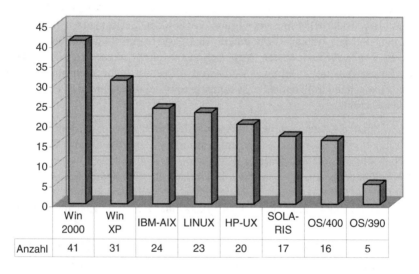

	Win 2000	Win XP	IBM-AIX	LINUX	HP-UX	SOLA-RIS	OS/400	OS/390
Anzahl	41	31	24	23	20	17	16	5

Abbildung 51:   Unterstützte zentrale Betriebssysteme

Die Entscheidung für eine bestimmte Hardware-/Betriebssystemplattform ist inter-dependent zur Auswahlentscheidung für eine bestimmte Warenwirtschaftslösung. Wird zunächst die Hardwareplattform festgelegt, so reduziert sich der Entschei-dungsspielraum für die Warenwirtschaftslösung; wird andererseits zunächst das WWS ausgewählt (ohne besondere Berücksichtigung der Hardwareplattform), so

---

[214] Vergleiche auch die empirische Untersuchung zum „EDV-Rückstand im Großhandel", Borchert (1999), S. 15-17.

reduziert sich gegebenenfalls der Entscheidungsspielraum für die zu wählende Hardwareplattform. Zunehmend ist zwar eine wachsende Plattformunabhängigkeit der WWS zu erkennen, jedoch sind insbesondere viele der Lösungen für die IBM iSeries rein auf diese Plattform beschränkt, so dass sich mit der Festlegung auf ein derartiges WWS automatisch auch die Hardwareplattform ergibt. Generell ist es sinnvoll, im Rahmen der Softwareauswahl die Hardwarepräferenzen (z. B. aufgrund der entsprechenden IT-Infrastruktur oder des entsprechenden personellen Know-Hows) explizit und gegebenenfalls mit hoher Gewichtung in die Alternativenbewertung einfließen zu lassen. Auf eine Definition als K.O.-Kriterium sollte jedoch möglichst verzichtet werden, um den Alternativenraum nicht frühzeitig übermäßig einzuschränken.

Wesentliche Ansatzpunkte für die Bewertung unterschiedlicher Hardwareplattformen sind - neben der bereits erwähnten Berücksichtigung der vorhandenen IT-Infrastruktur und des personellen Know-Hows - Aspekte wie die Anschaffungskosten und die laufenden Kosten für Hardware und Betriebssystem, der zu erwartende Administrationsaufwand sowie erforderliche Sicherheitskonzepte und typische Ausfallzeiten. Wie Abbildung 52 mit einem Vergleich der wichtigsten Hardware/ Betriebssystem-Plattformen im Hinblick auf ungeplante Ausfallzeiten verdeutlicht, belegt die IBM iSeries bei den letztgenannten Aspekten eine führende Position.

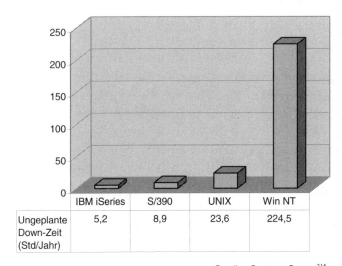

	IBM iSeries	S/390	UNIX	Win NT
Ungeplante Down-Zeit (Std/Jahr)	5,2	8,9	23,6	224,5

Quelle: Gartner Group[215].

Abbildung 52:   Ungeplante Down-Zeiten im Vergleich

---

[215] Zitiert nach Daemisch (1999), S. 40.

Datenbankmanagementsysteme

Datenbankmanagementsysteme verarbeiten die für die Anwendungssoftware notwendigen Daten. Sie haben die Datenintegrität (Widerspruchsfreiheit) und eine akzeptable Verarbeitungsgeschwindigkeit sicherzustellen. Das logische Datenbankmodell wird durch das Design des Anwendungssystems bestimmt, während die Speicherung und Wiedergewinnung der Daten mit unterschiedlichen, das logische Datenbankmodell unterstützenden Datenbankmanagementsystemen erfolgen kann. In diesen Datenbankmanagementsystemen wird jeweils die spezifische Architektur der anwendungsabhängigen Datenbank abgebildet. In den letzten 10 Jahren haben sich relationale Datenbankmanagementsysteme durchgesetzt.

Abbildung 53 zeigt als Übersicht die von den untersuchten WWS unterstützten Datenbankmanagementsystemen (inklusive Mehrfachnennungen). Der Markt wird in diesem Bereich klar von Oracle, IBM DB/2 und dem Microsoft SQL-Server dominiert. Dabei ist zu berücksichtigen, dass auf der IBM iSeries (fast) ausschießlich IBM DB/2 eingesetzt wird. Auf den übrigen UNIX- und den Windowsplattformen wird daher vor allem eine Unterstützung für Oracle und den Microsoft SQL-Server angeboten. Informix hat im Vergleich zur letzten Marktanalyse stark an Bedeutung verloren.[216] Neben Sybase werden vereinzelt auch noch Datenbanken wie Ingres, InterBase, Progress, FoxPro oder Btrieve unterstützt.

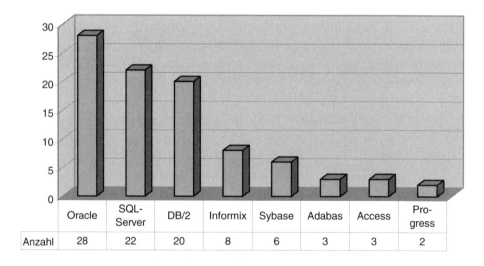

Anzahl	Oracle	SQL-Server	DB/2	Informix	Sybase	Adabas	Access	Pro-gress
	28	22	20	8	6	3	3	2

Abbildung 53:   Unterstützte Datenbankmanagementsysteme

---

[216] Gegenüber 22 Systemen mit Informix-Unterstützung bei der Marktanalyse 2000 wird diese Datenbank nunmehr lediglich von 8 WWS explizit unterstützt. Vgl. Schütte. Vering, Wiese (2000), S. 101.

Einen individuellen Ansatz verfolgt im Bereich der Datenhaltung abas software mit einer Beschränkung auf die vollständig integrierte eigene, objektorientiert aufgebaute Datenbank abas-Base. Vorteile werden hierbei durch eine optimale Ausrichtung der Datenbank an den Anforderungen der abas-Software und die Möglichkeit, durch die Festlegung auf diese Datenbank auch deren spezifische Funktionen umfassend nutzen zu können, gesehen.

Als Kriterien für die Auswahl eines Datenbankmanagementsystems sind insbesondere die Skalierbarkeit und die Möglichkeit der Verteilung der Daten von Bedeutung. Skalierbarkeit bezieht sich auf die Fähigkeit eines Datenbankmanagementsystems, mit dem Datenvolumen „mitzuwachsen". Der Aspekt der Verteilung bezieht sich auf die Möglichkeit, den Gesamtdatenbestand aufzuteilen und Teilmengen räumlich auszulagern und dabei die Konsistenz der Gesamtdatenbank zu gewährleisten. Objektorientierte Datenbankmanagementsysteme spielen derzeit noch eine untergeordnete Rolle beim Einsatz für kommerzielle Anwendungssoftware.

Programmiersprachen

Programmiersprachen dienen der Formulierung der vom Anwender geforderten Logik in einer der Maschine verständlichen Sprache.[217] Bei der Programmerstellung werden vor allem Sprachen der 3. und 4. Generation unterschieden. Die Sprachen der 3. Generation sind prozeduraler Natur, das heisst, sie beschreiben, wie, in welcher Abfolge, die Aufgaben zu bearbeiten sind. Bei den Sprachen der 4. Generation hingegen wird nur mehr beschrieben, was geschehen soll. Sie werden auch als deskriptive Programmiersprachen bezeichnet.[218] Von ihnen wird eine Effizienzsteigerung bei der Systementwicklung erwartet.

---

[217] Vgl. im folgenden Goldammer (1994), S. 200 ff.; Heinrich (1993), S. 166 ff., S. 332.
[218] Vgl. Hansen (1996), S. 850 ff.

System-merkmale 3: DV-Technik	Hardware (zentral)								Betriebssystem (zentral)							
	PC	IBM iSeries (AS/400)	IBM RS 6000	IBM S/390	HP 9000	DEC Alpha	SNI RM	SUN	Windows XP	Windows 2000	IBM AIX	OS/390	OS/400	Solaris	Linux	Unix-Derivate
A.eins	●	○	○	○	○	○	○	○	●	●	○	○	○	○	○	○
abas	●	○	●	○	●	●	○	○	○	●	●	○	○	○	●	●
ASW	○	●	○	○	○	○	○	○	○	○	○	○	●	○	○	○
AUPOS	●	○	●	○	●	●	●	●	●	●	●	○	○	●	●	●
AW 400	○	●	○	○	○	○	○	○	○	○	○	○	●	○	○	○
b2 Handel	●	○	○	○	●	●	○	○	●	●	○	○	○	○	○	●
Bison Solution	●	●	●	○	○	●	○	○	●	●	●	○	●	○	●	○
Brain AS	○	●	○	○	○	○	○	○	○	○	○	○	●	○	○	○
Compex	○	○	●	○	○	○	○	○	○	○	●	○	○	○	●	○
Conaktiv	●	○	○	○	○	○	○	○	○	●	○	○	○	○	○	○
Corporate WINLine	○	○	○	○	○	○	○	○	●	●	○	○	○	○	○	○
CSB-System	●	○	○	○	○	○	○	●	●	●	●	○	○	●	●	○
DCW-Wawi.	○	●	○	○	○	○	○	○	○	○	○	○	●	○	○	○
DEWAS / MESS	●	○	○	○	○	○	○	○	○	●	○	○	○	○	○	○
diamod	○	○	○	○	○	○	○	○	●	●	○	○	○	○	●	○
e.fet Wawi.	●	●	●	○	●	○	○	●	●	●	●	○	○	●	●	●
FEE	●	○	○	○	○	○	○	○	●	○	○	○	○	○	○	○
Formica SQL	●	○	○	○	○	○	○	○	●	●	○	○	○	○	●	○
Futura ERS	●	●	○	○	○	○	○	○	○	●	○	○	●	○	○	○
G.O.L.D.	●	○	●	○	●	●	○	●	●	●	●	○	○	○	●	●
GEAC System 21	●	●	○	○	○	○	○	○	○	○	○	○	●	○	○	○
gevis	●	○	○	○	○	○	○	○	●	●	○	○	○	○	○	○
i/2	○	○	●	○	●	●	●	●	●	●	●	○	○	○	●	●
iBaanERP	●	●	●	●	●	●	●	●	○	●	●	●	●	●	○	●
IFS Applications	●	○	●	○	●	●	●	●	○	●	●	○	○	●	●	●
IN:ERP	●	○	○	○	○	○	○	○	●	●	○	○	○	○	●	●
J.D. Edwards	●	●	●	●	●	●	○	●	○	●	●	●	●	●	○	○
JDA-PMM	●	○	●	○	●	○	○	●	●	●	●	○	○	●	○	●
KARAT	●	○	●	○	●	●	○	●	●	●	●	○	○	●	●	●
MBS-Apertum	●	○	○	○	○	○	○	○	●	●	○	○	○	○	○	○
MBS-Axapta	●	○	○	○	○	○	○	○	●	●	○	○	○	○	○	○
MBS-Navision	○	○	●	○	○	○	○	○	●	●	●	○	○	○	○	○

Datenbankmanagementsysteme						Endgeräte					Programmierspr.				System-merkmale 3: DV-Technik
DB/2	Oracle	Informix	MS SQL-Server	Sybase	Weitere	PC, Windows	PC, Linux	Terminal-Emulation	ASCII-Terminal	Web-Client	C / C++	Java	Visual Basic	RPG	
○	○	○	○	●	-	●	○	○	○	○	●	○	○	○	A.eins
○	○	○	○	○	abasBase	●	●	●	●	○	●	●	○	○	abas
●	○	○	○	○	-	●	●	●	●	●	○	●	●	●	ASW
○	●	●	●	●	Ingres	●	●	●	●	○	●	○	●	○	AUPOS
●	○	○	○	○	-	●	○	○	○	○	○	○	○	●	AW 400
○	●	●	○	○	-	●	○	○	○	○	●	●	○	○	b2 Handel
●	●	○	●	○	-	●	●	○	○	●	●	○	○	○	Bison Solution
●	○	○	○	○	-	●	○	●	●	○	●	●	○	●	Brain AS
○	●	○	○	○	-	●	●	●	○	○	●	●	○	○	Compex
○	○	○	○	○	4th Dimen	●	○	○	○	○	○	○	○	○	Conaktiv
○	○	○	●	○	-	●	○	○	○	●	●	○	○	○	Corporate WINLine
●	●	●	●	●	Btrieve	●	●	●	○	●	●	●	○	○	CSB-System
●	○	○	○	○	-	●	○	●	○	○	●	○	○	●	DCW-Wawi.
○	●	○	○	●	-	●	○	○	○	○	●	●	●	○	DEWAS / MESS
○	●	○	○	○	-	●	○	○	○	○	○	○	●	○	diamod
●	●	●	●	●	MySQL	●	●	○	○	●	●	●	●	○	e.fet Wawi.
○	○	○	○	○	ISAM	●	○	○	○	○	○	○	○	○	FEE
○	○	○	●	○	Interbase	●	○	●	○	○	●	○	○	○	Formica SQL
●	○	○	●	○	-	●	○	○	○	○	○	○	○	○	Futura ERS
○	●	○	○	○	-	●	○	○	○	●	●	●	●	○	G.O.L.D.
●	●	○	○	○	-	●	○	○	○	○	○	○	●	●	GEAC System 21
●	●	●	●	○	-	●	○	○	○	○	●	○	○	○	gevis
○	○	○	○	○	Progress	●	○	●	○	●	●	○	○	○	i/2
●	●	●	●	●	-	○	●	●	●	●	●	●	●	○	iBaanERP
○	●	○	○	○	-	●	●	●	●	●	●	●	●	○	IFS Applications
○	●	○	●	○	-	●	○	○	○	●	○	○	○	○	IN:ERP
●	●	○	●	○	-	●	○	○	○	○	●	●	○	●	J.D. Edwards
○	●	○	○	○	-	●	○	○	○	○	●	○	○	○	JDA-PMM
○	○	○	○	○	C-Isam	●	●	●	●	○	○	○	○	○	KARAT
○	●	○	●	○	-	●	○	●	○	○	●	○	●	○	MBS-Apertum
○	●	○	●	○	-	●	○	○	○	●	○	○	○	○	MBS-Axapta
○	○	○	●	○	-	●	○	○	○	○	○	○	○	○	MBS-Navision

System-merkmale 3: DV-Technik	Hardware (zentral)								Betriebssystem (zentral)							
	PC	IBM iSeries (AS/400)	IBM RS 6000	IBM S/390	HP 9000	DEC Alpha	SNI RM	SUN	Windows XP	Windows 2000	IBM AIX	OS/390	OS/400	Solaris	Linux	Unix-Derivate
MKS Goliath	●	○	○	○	○	○	○	○	●	●	○	○	○	○	●	○
Movex	●	●	○	○	○	○	○	●	○	●	○	○	●	●	○	○
oxaion	○	●	○	○	○	○	○	○	○	○	○	○	●	○	○	○
P2plus	●	○	○	○	○	●	○	○	●	●	○	○	○	○	○	○
PISA – Wawi.	●	○	●	○	●	○	●	●	●	●	●	○	○	●	●	●
Pollex LC	●	○	○	○	○	○	○	○	●	●	○	○	○	○	○	○
priMio – E/Con	●	○	○	○	●	○	○	○	●	●	●	○	○	●	●	●
ProALPHA	●	●	○	○	●	○	●	○	●	●	●	○	●	●	●	●
PRODIS	●	●	●	●	●	○	●	●	○	○	●	●	●	●	○	●
Profit-WWS	●	○	○	○	●	○	○	○	●	●	○	○	●	○	○	●
ProWWS	○	●	○	○	○	○	○	○	○	○	○	○	●	○	○	○
Regulus	●	○	○	○	○	○	○	○	●	●	○	○	○	○	●	○
Retek 10	○	○	●	○	●	●	●	●	●	●	●	○	○	●	○	●
Sangross V	●	○	●	○	●	●	●	○	○	●	●	○	○	○	●	●
SAP Business One	●	○	○	●	○	○	○	○	○	●	○	○	○	○	○	○
SAP mySAP Retail	●	●	●	●	●	●	●	●	●	●	●	●	●	●	●	●
SDS fashion	●	○	○	○	○	○	○	○	○	●	○	○	○	○	○	○
Semiramis	●	●	●	○	○	○	○	●	●	●	●	○	●	●	●	●
Skill Commercial	●	○	○	○	○	○	○	○	●	●	○	○	○	○	○	○
SO:Business Soft.	●	○	●	○	●	●	○	●	●	●	●	○	○	●	●	●
SoftM Suite	●	●	○	○	○	○	○	○	●	●	○	○	●	○	○	○
SQL-Business	●	○	○	○	○	○	○	○	○	●	○	○	○	○	○	○
Steps Business Sol.	●	○	○	○	○	○	○	○	●	●	○	○	○	○	○	○
TRADEsprint	○	●	●	●	●	●	○	●	●	●	●	●	●	●	●	●
TS	●	○	●	○	●	●	●	○	●	●	●	○	○	○	○	●
Unitrade	●	○	●	○	●	●	●	●	●	●	●	○	○	●	●	○
UPOS	●	●	●	○	○	○	○	○	●	●	●	○	○	●	●	●
VERA	●	○	●	○	○	●	●	○	○	●	●	○	○	●	●	●
W 5	●	○	●	○	●	●	●	●	●	●	●	○	○	●	●	●
WEST System	●	○	●	○	●	○	○	●	●	●	●	○	○	○	●	●
Wilken Materialw.	●	○	●	●	●	○	●	●	●	●	●	●	○	●	●	●
x-trade	●	○	●	●	●	○	○	●	○	●	●	○	○	●	●	○

Datenbankmanagementsysteme						Endgeräte					Programmierspr.				System-merkmale 3: DV-Technik
DB/2	Oracle	Informix	MS SQL-Server	Sybase	Weitere	PC, Windows	PC, Linux	Terminal-Emulation	ASCII-Terminal	Web-Client	C / C++	Java	Visual Basic	RPG	
○	○	○	○	○	Foxpro	●	○	○	○	○	○	○	○	○	MKS Goliath
●	●	○	●	○	-	●	○	○	○	●	●	●	○	●	Movex
●	○	○	○	○	-	●	○	○	●	○	○	●	○	●	oxaion
○	○	○	●	○	-	●	○	○	○	○	●	●	●	○	P2plus
○	○	●	○	○	-	●	●	●	●	○	○	○	○	○	PISA – Wawi.
○	●	○	●	○	GUPTA	●	○	○	○	○	●	○	○	○	Pollex LC
○	●	○	○	○	-	●	○	○	●	○	●	○	○	○	priMio – E/Con
●	●	○	●	●	Progress	●	●	●	●	●	○	○	○	○	ProALPHA
○	○	○	○	○	-	●	●	●	○	○	○	○	○	○	PRODIS
●	●	○	○	○	Progress	●	○	○	○	○	○	○	○	○	Profit-WWS
●	○	○	○	○	-	●	○	●	○	●	●	○	●	●	ProWWS
○	○	○	●	○	FoxPro	●	●	○	○	○	●	●	●	○	Regulus
●	●	○	○	○	-	●	○	○	○	●	●	●	○	○	Retek 10
○	○	○	○	○	Caché	●	●	○	●	○	○	○	○	○	Sangross V
●	○	○	●	○	-	●	○	○	○	○	●	●	●	○	SAP Business One
●	●	●	●	○	-	●	●	●	●	●	●	●	○	○	SAP mySAP Retail
○	○	○	○	○	-	●	○	○	○	○	○	○	●	○	SDS fashion
●	●	○	●	○	-	●	○	○	○	●	●	●	○	○	Semiramis
○	○	○	●	●	-	●	○	○	○	○	●	○	●	○	Skill Commercial
○	●	○	●	○	Centura	●	○	○	○	○	●	○	○	○	SO:Business Soft.
●	●	○	●	○	-	●	○	●	●	●	○	○	●	●	SoftM Suite
○	●	○	○	○	-	●	●	○	○	○	○	○	○	○	SQL-Business
○	○	○	●	○	-	●	○	○	○	○	●	○	●	○	Steps Business Sol.
●	●	●	●	○	-	●	●	●	●	●	●	○	○	○	TRADEsprint
○	○	●	○	○	Access	k.A.	○	○	○	○	○	○	○	○	TS
○	●	○	○	○	-	●	●	○	○	○	○	○	○	○	Unitrade
●	●	○	○	○	-	●	●	○	○	●	○	●	○	●	UPOS
○	○	●	○	○	-	●	○	○	○	○	○	○	○	○	VERA
○	●	●	○	○	Ingres	●	●	●	●	○	○	●	○	○	W 5
●	●	○	●	○	-	●	●	○	○	●	●	●	●	○	WEST System
●	●	●	●	○	-	●	●	○	○	●	●	●	●	○	Wilken Materialw.
●	●	○	○	○	-	●	●	○	○	○	○	○	○	○	x-trade

3.3.3   Bedienungsaspekte

Bei der Einführung neuer Softwareprodukte treten in der Praxis häufig Probleme mit
der generellen Bedienung des Systems sowie der adäqaten Nutzung der Funktionalität des Systems auf. Diese Aspekte können zu Akzeptanzproblemen der neuen
Software führen und eine Ablehnung des Systems durch die Mitarbeiter bewirken.
Gerade bei der Einführung einer neuen Software ist aber die Bereitschaft der Mitarbeiter, sich konstruktiv mit den Möglichkeiten der neuen Software auseinander zu
setzen, ein Erfolgsfaktor für einen schnellen und problemlosen Umstieg.

Darüber hinaus hat die Ergonomie der eingesetzten Software - insbesondere bei Software zur Abwicklung beziehungsweise Unterstützung der operativen Geschäftsprozesse - große Auswirkungen auf die Effizienz und Effektivität der Prozesse.
Gerade im Handelsbereich, der durch eine sehr große Anzahl an Geschäftsvorgängen
geprägt ist (vgl. Abbildung 54), besitzen diese Faktoren eine große Bedeutung bei
der Softwareauswahl. Ein Rechenbeispiel möge dies veranschaulichen: Die Firma 1
untersucht die Warenwirtschaftssysteme A und B. Aufgrund einer ineffizienten und
komplizierten Maskenführung dauert die Auftragserfassung in dem Warenwirtschaftssystem B durchschnittlich eine Minute länger als beim Warenwirtschaftssystem A. Bei 450.000 Kundenaufträgen pro Jahr in der Firma 1 ergibt dies einen
Mehraufwand von 450.000 Mitarbeiterminuten. Die ergonomische Gestaltung des
Systems B erfordert somit 4 Mitarbeiter zusätzlich, was zu <u>jährlichen</u> Zusatzkosten
von ca. 120.000 EUR führt.[219] Führt man die analoge Berechnung für die Firma 3
(2,2 Millionen Kundenaufträge) durch, so ergeben sich jährliche Mehrkosten in Höhe
von 600.000 EUR.

Firmentyp	Firma 1	Firma 2	Firma 3
	Techn. GH; Elektronik-GH	Techn. GH	Techn. GH
Jahresumsatz	92 Mio. EUR	44 Mio. EUR	409 Mio. EUR
(aktive) Artikel	60.000	74.000	84.000
Lieferantenanfragen/Jahr	120.000	2.500	k.A.
Lieferantenbestellungen/Jahr	32.000	40.000	480.000
Lieferantenrechnungen/Jahr	25.000	58.000	420.000
Kundenangebote/Jahr	100.000	15.000	370.000
Kundenaufträge/Jahr	450.000	250.000	2.200.000
Kundenrechnungen/Jahr	355.000	100.000	1.200.000
durchschnittlicher Auftragswert pro Kundenauftrag	205 EUR	174 EUR	186 EUR

Abbildung 54:   Exemplarische Geschäftsvorfallvolumen im Großhandel

---

[219]   450.000 Mitarbeiterminuten pro Jahr (= 7.500 Mitarbeiterstunden) entsprechen in etwa 4
Mitarbeitern. Bei fiktiven Lohn- und Lohnnebenkosten in Höhe von 30.000 EUR pro Mitarbeiter und Jahr ergeben sich Kosten in Höhe von 120.000 EUR pro Jahr.

Angesichts dieser Erkenntnisse hat sich mit der Software-Ergonomie eine Teildisziplin der Softwareentwicklung herausgebildet. Das Ziel der Software-Ergonomie ist die Bedienung der Software an den Bedürfnissen der Benutzer auszurichten, um ihnen einen hohen Nutzen möglichst vieler relevanter Fähigkeiten und Fertigkeiten zu ermöglichen.[220] Die Bedeutung der Software-Ergonomie wird auch von den Softwareherstellern erkannt, wie die Bemühungen der *SAP* im Rahmen der *„Enjoy SAP"*-Initiative belegen, welche das Ziel hatte, Schwachpunkte in der Gestaltung der Benutzeroberfläche und der Bedienung des R/3-Systems zu beseitigen.

Anfänger	
Benutzeroberfläche	
	- einfach und übersichtlch
	- keine Informationsüberflutung
	- direkte Manipulation
	- anschauliche Analogien
Anwendungsgestaltung	
	- kurzfristige Erfolgrerlebnisse ermöglichen
	- keine Informationsüberflutung
	- Mikrowelt mit reduzierter Komplexität
Anwendungsfunktionalität	
	- vorhandene Erfahrungen berücksichtigen
Gelegenheitsbenutzer	
Benutzeroberfläche	
	- direkte Manipulation
	- Piktogramme
Anwendungsgestaltung	
	- kein neues Training, wenn nach längerer Zeit die Anwendung wieder benutzt wird
Experte	
Benutzeroberfläche	
	- Automatisierungsmöglichkeiten für repetitive Arbeiten
	- Abkürzungen (Short Cuts)
	- Anpassung d. Systemoberfläche an individuelle Anforderungen
	- Kommandosprache

In Anlehnung an Balzert (1996), S. 478.

Abbildung 55:   Anforderungen unterschiedlicher Benutzertypen

Eine kontextunabhängige Analyse und Bewertung der ergonomischen Gestaltung der unterschiedlichen WWS ist nicht möglich, da die diversen Anwendertypen unterschiedliche Anforderungen an die Software stellen. So legt ein gelegentlicher Systemnutzer besonderen Wert auf eine einfache, intuitive Bedienbarkeit und möglichst umfassende Kontext- oder Online-Hilfen. Hingegen stehen für den geübten Intensivnutzer Möglichkeiten wie eine Automatisierung von Abläufen oder die Nut-

---

[220] Vgl. Balzert (1996), S. 453.

zung von Kurzbefehlen (Short Cuts) im Vordergrund. Abbildung 55 zeigt differie-
rende Anforderungsprofile in Abhängigkeit vom Erfahrungsgrad der Benutzer.

Neben grundlegenden Anforderungen, wie einer geeigneten Dokumentation, einer
übersichtlichen Oberflächengestaltung und effizienten Hilfsfunktionen, ist insbesondere auch eine Anpassbarkeit der Systemoberfläche (zum Beispiel der Menüstrukturen) hilfreich, um eine möglichst gute individuelle Ausrichtung des Systems
an die Anforderungen und das Tätigkeitsprofil der einzelnen Benutzer zu erreichen.

Dokumentation

Bei der Dokumentation können zunächst drei Grundformen unterschieden werden:
das *gedruckte Handbuch*, das *Online-Handbuch* und die (in der Regel feldbezogene)
kontextsensitive Hilfe. Während das gedruckte und das Online-Handbuch eher für
eine intensivere inhaltliche Auseinandersetzung mit bestimmten Themenbereichen
(beziehungsweise Modulen des Systems) gedacht sind und insbesondere Anwendung
bei der Einarbeitung in ein neues Warenwirtschaftssystem finden, wird die kontext-
bezogene Hilfe primär bei operativen Bedienungsproblemen genutzt. Die unterschiedlichen Zielsetzungen erfordern erfahrungsgemäß sowohl eine Kontexthilfe als
auch ein Handbuch. Während ein Handbuch (gedruckt oder online) bei fast jast
jedem Systeme vorhanden ist, wird eine kontextsensitive feldbezogene Hilfe nur von
35 Systemen unterstützt. Daneben bieten jedoch einige Systeme zumindest eine
maskenbezogene kontextsensitive Hilfe an.

Informationsmodelle und modellgestützte Softwareeinführung

Eine weitere Form der Dokumentation stellen zunehmend Informationsmodelle dar,
die die in der Software realisierten betriebswirtschaftlichen Prozesse (Prozessmodelle) oder Datenstrukturen (Datenmodelle) in Modellform dokumentieren. Insbesondere *Baan* und *SAP*, die zu den ersten Anbietern gehörten, die umfassende
Prozess- und Datenmodelle mit ihrer Software standardmäßig ausgeliefert haben,
sind auf diesem Gebiet führend. Hilfreich sind derartige Modelle einerseits während
der Softwareauswahl und andererseits bei der konkreten Softwareeinführung.[221]
Problematisch bei einer Nutzung im Rahmen der Softwareauswahl ist allerdings, dass
unterschiedliche Anbieter oftmals nicht die gleiche Modellnotation verwenden, so
dass eine direkte Vergleichbarkeit erschwert wird. Zur Beschreibung der Prozesssicht
werden unter anderem Ereignisgesteuerte Prozessketten (EPK)[222] und Petrinetze[223]

---

[221] Zur Nutzung von Referenzmodellen von ERP-Systeme vgl. Rosemann, Rotthowe, Schütte
(1998). Zu Referenzmodellen und deren Nutzen vgl. Schütte (1998a).

[222] Vgl. auch Scheer (1997), S. 49-54; Hoffmann, Kirsch, Scheer (1993); Keller, Nüttgens, Scheer
(1992).

[223] Petri-Netze gehen auf die Disserationsschrift von Petri zurück, vgl. Petri (1962). Einführende
Darstellungen zu Petri-Netzen finden sich unter anderem bei Rosenstengel, Winand (1991);
Baumgarten (1990), Reisig (1986). Vgl. auch Schönthaler, Nemeth (1990), S. 174 f.; Leszak,
Eggert (1988), S. 5 ff.

(vgl. Abbildung 56) verwendet. Die Ereignisgesteuerte Prozesskette scheint sich als Beschreibungssprache für Prozessmodelle durchzusetzen, obgleich sie erhebliche theoretische Defizite gegenüber Petrinetzen besitzt. Die Unterstützung der EPK durch das ARIS-Toolset als Modellierungstool bietet den Unternehmen die Möglichkeit, ihre Geschäftsprozesse mit der gleichen Methode zu modellieren, mit der sie ein entsprechend dokumentiertes Warenwirtschaftssystem einführen.[224]

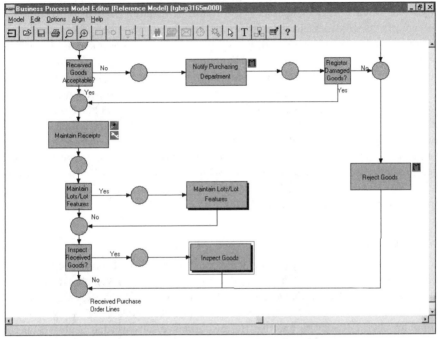

Quelle: Baan Deutschland GmbH.

Abbildung 56:   Prozessmodellausschnitt des Baan-Modells

Im Rahmen der *Softwareeinführung* sind Informationsmodelle insbesondere dann hilfreich, wenn eine modellgestützte Einführung möglich ist. Unter einer modellgestützten Einführung wird verstanden, dass die Anpassung der Software an die konkreten Kundenanforderungen (oftmals als Customizing bezeichnet) unter Nutzung der Informationsmodelle (geschäfts-)prozessorientiert durchgeführt wird.

Neben den vom Hersteller *vordefinierten Standardprozessen*, sollte es möglich sein, die kundenindividuellen Abläufe und das kundenspezifische Customizing der Standardsoftware in den Modellen darzustellen. Aufgrund des möglichen Umfangs derartiger Modelle ist eine Möglichkeit zur Hierarchisierung der Modelle - sinnvoll

---

[224] Zum ARIS-Konzept und zum Modellierungs-Tool, dem ARIS-Toolset, vgl. Scheer (1998a).

erscheinen *mindestens drei Hierarchisierungsebenen* - hilfreich. Erlaubt das System zudem ein *Verzweigen aus dem (kundenspezifischen) Prozessmodell* in die Transaktionen/Masken des Warenwirtschaftssystems, so können den Mitarbeitern die sachlogischen Zusammenhänge zwischen einzelnen Bearbeitungsschritten oftmals wesentlich einfacher transparent gemacht werden. Derartige interaktive Prozessmodelle eignen sich auch zur Schulung neuer Mitarbeiter.

Darüber hinaus ist grundsätzlich eine Möglichkeit, die Software direkt durch Änderungen auf Modellebene anzupassen, zu fordern, da dadurch das Customizing deutlich vereinfacht werden kann. Diesen Ansatz verfolgt insbesondere *Baan*. Realisiert wird dies durch ein integriertes Orgware-System, das den gesamten Einführungsprozess unterstützt. Die wesentlichen Komponenten sind der *Enterprise Modeler* (unterstützt die Umsetzung individueller Geschäftsprozesse und -anforderungen in die Baan-Konfiguration), das *Enterprise Reference Model* (ein branchenspezifisches Geschäftsmodell) und der *Enterprise Implementer* (als Hilfsmittel zur Konfiguration und effektiven Implementierung sowie zum Konsistenzabgleich zwischen Anforderungen, Modellen und der Baan-Konfiguration). In einem ersten Schritt werden, basierend auf den Referenzmodellen, die für das konkrete Szenario am besten geeigneten Prozeduren und Methoden selektiert. Darauf basierend, werden die Geschäftsmodule des Baan-Systems automatisch (vor-)konfiguriert, so dass die konkrete Implementierung deutlich vereinfacht wird.[225]

Oberflächengestaltung

Bei der Oberflächengestaltung lassen sich alphanumerische, halb-grafische und grafische Oberflächen unterscheiden. *Alphanumerische Oberflächen* erlauben ausschließlich zeichenbasierte Darstellungsformen und repräsentieren den ältesten Oberflächentyp. Sie werden heute nur noch für Terminalsysteme eingesetzt. Aufgrund des technologischen Fortschritts und des Hardwarepreisverfalls werden heute vorrangig Client-Server-Konzepte mit PC-basierten Clients eingesetzt, so dass die Bedeutung alphanumerischer Oberflächen stark abnimmt. Bei einer *halb-grafischen* Oberflächengestaltung werden neben alphanumerischen Zeichen grafische Elemente wie Fenster oder Menüs „simuliert", die das verwendete Betriebssystem nicht zur Verfügung stellt. Eine Maussteuerung wird in diesen Systemen üblicherweise noch nicht unterstützt.

Die Vorteile *graphischer Oberflächen* sind neben übersichtlicheren Darstellungsmöglichkeiten die intuitive und damit einfachere Bedienung. Sie gestatten insbesondere die anwendungsübergreifende Standardisierung des Bildschirmlayouts und der Anwendungsbedienung. Jeder GUI-Hersteller hat hierzu Regelwerke (style guides) erstellt, die bei der Gestaltung der Anwendung beachtet werden sollen. Diese sollen insbesondere sicherstellen, dass das „look and feel" und die Grundregeln über

---

[225] Vgl. Baan (1996), S. 13-19; eine umfassendere Darstellung findet sich in Perreault, Vlasic (1998) und in Wenzel, Post (1998).

verschiedene Anwendungen hinweg gleich bleiben. Im Arbeitsplatzbereich wird der GUI-Standard von den Windows-Betriebssystemen von Microsoft geprägt. Viele Benutzer kennen diese Bedienungsstandards aufgrund der Office-Programme Microsoft Word (Textverarbeitung) und Microsoft Excel (Tabellenkalkulation).[226] *Grafische Oberflächen* werden mittlerweile von allen modernen WWS-Lösungen angeboten.

Trotz der Vorteile grafischer Oberflächen ist darauf zu achten, dass die kombinierte Nutzung von *Tastatur* (zur Dateneingabe) und *Maus* (zur Programmsteuerung und Befehlsauswahl) in einigen Fällen ineffizient ist. Massendateneingaben sollten komplett ohne unterbrechende Mausinteraktionen möglich sein. Ein geübter Benutzer kann zudem auch Befehle oftmals schneller über Short Cuts als über umfangreiche Menühierarchien ausführen. Außerdem gibt es Einsatzbereiche (beispielsweise im Lager), bei denen aufgrund der räumlichen Gegebenheiten, der Arbeitsabläufe oder der Mitarbeiterqualifikation auf eine Mausnutzung bewusst verzichtet werden sollte.

Diesen und anderen Argumenten folgend, erlauben alle untersuchten Programme außer *x-trade* eine vollständige Tastatursteuerung. Dennoch ist im konkreten Einzelfall zu prüfen, inwieweit die Tastatursteuerung in einem WWS mit grafischem Frontend auch ergonomisch sinnvoll gestaltet ist und nicht nur eine „Notlösung" für den Fall eines Ausfalls der Maus darstellt.

Eine Reihe von Systemen, speziell aus dem Umfeld des (technisch geprägten) Großhandels bieten zudem die Möglichkeit in einer Installation parallel sowohl Endgeräte unter einer grafischen Oberfläche als auch Endgeräte unter einer zeichenorientierten Oberfläche einzusetzen. Dies stellt letztendlich auch einen Investitionsschutz für die im Großhandel vielfach noch vorhandenen zeichenorientierten Terminals dar und öffnet damit einem Weg zur Einführung eines modernen WWS ohne die gegebenenfalls vorhandene Terminalhardware direkt an allen Arbeitsplätzen ablösen zu müssen.

---

[226] Hinsichtlich des verstärkten Einsatzes plattformunabhängiger Java-Oberflächen ist folgendes anzumerken: Aus Sicht des Standardsoftwareanbieters bietet eine Java-Oberfläche den Vorteil, dass sie für verschiedene Plattformen genutzt werden kann. Aus Sicht eines Handelsunternehmens, das ausschließlich auf Windows basierende Betriebssysteme einsetzt, bestehen gegebenenfalls Nachteile bei Java-Oberflächen durch die Inkonsistenz zwischen den Java-Style-Guides und den Windows-Richtlinien.

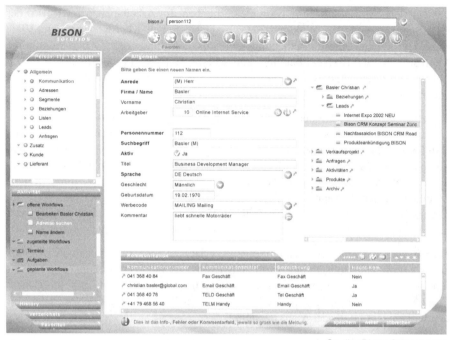

Quelle: Bison Schweiz AG.

Abbildung 57:   Web-Client Bison Solution

Zunehmende Bedeutung erhalten in der jüngsten Zeit Java-basierte Oberflächen. Einerseits sind eine Reihe der neueren Systeme rein in Java erstellt, andererseits haben verschiedene Hersteller zu ihrem bewährten Lösungen ein zusätzliches Java-Frontend entwickelt. Das WWS wird entweder als eigenständige Java-Applikation oder direkt im Internetbrowser ausgeführt.[227]

Sowohl vom Maskendesign als auch von der Systembedienung bieten mittlerweile[228] verschiedene Hersteller überzeugende Web-Clients an. Exemplarisch sind die aktuellen Java-Clients von *Bison Solution* (Abbildung 57) und *P2plus* (Abbildung 58) aufgeführt.

---

[227] Vgl. die Ausführungen zum Web-Cient in Abschnitt 3.3.2.

[228] Einige der ersten Web-Client-Versionen verschiedener Hersteller waren – trotz einer proklamierten Marktreife – aufgrund ergonomischer Defizite kaum für das Massengeschäft in Handelsunternehmen geeignet. Dies hat sich in den letzten eineinhalb Jahren deutlich verbessert.

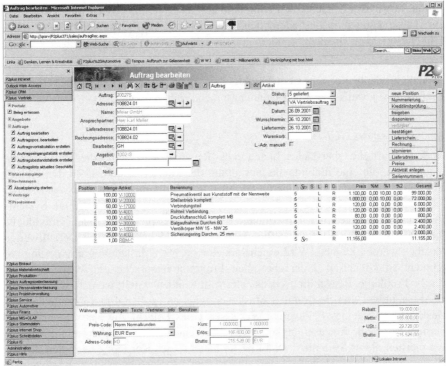

Quelle: AP Automation, Karlsruhe.

Abbildung 58:   Auftragserfassung im Internet-Browser

Mehrsprachigkeit (Dialogsprachen)

Insbesondere für multinationale Unternehmen ist die Bereitstellung unterschiedlicher Dialogsprachen eine wichtige Einsatzvoraussetzung.

Alle betrachteten Warenwirtschaftssysteme bieten deutschsprachige Oberflächen an. Englisch und Französisch werden standardmäßig von etwa zweidrittel der untersuchten Programme angeboten. Weitere europäische Sprachen wie Tschechisch, Holländisch, Italienisch oder Spanisch finden sich vereinzelt und deuten oftmals auf weitere Vertriebsschwerpunkte des Anbieters hin. Bei den größeren, weltweit vertriebenen Programmen sind in der Regel alle bedeutenderen Sprachen standardmäßig verfügbar. So unterstützen u.a. *ASW-DIS, CSB-System, G.O.L.D, iBaanERP, Microsoft Business Solutions - Navision und mySAP Retail* standardmäßig jeweils 15 bis 30 Weltsprachen. Darüber hinaus ist es oftmals im konkreten Einführungsprojekt - natürlich verbunden mit zusätzlichen Kosten - möglich, weitere Dialogsprachen zu realisieren.

Neben der Dialogsprache, welche sich auf die Bezeichner in der GUI (z. B. Menübeschriftungen und Feldbezeichner) bezieht, kann in einigen Systemen, wie z. B. bei *Semiramis*, zusätzlich userbezogen eine Inhaltssprache festgelegt werden. Diese bestimmt, in welcher Sprache die Feldinhalte auf der Systemoberfläche angezeigt werden. Diese können insbesondere dann abweichend sein, wenn Feldinhalte (z. B. Artikelteste) nicht in allen, sondern nur in ausgewählten Landessprachen gepflegt werden.

Zusätzlich erlauben es alle mehrsprachigen Systeme bei den Marktpartner (Kunden/ -Lieferanten) jeweils eine Korrespondenzsprache zu hinterlegen.

Anpassbarkeit des GUI

Moderne grafische Oberflächen bieten in der Regel auch einfach bedienbare Maskengeneratoren, die eine individuelle Gestaltung der Masken erlauben. Zu den Grundfunktionen gehört das Positionieren der einzelnen Maskenelemente, das Ändern der Cursorreihenfolge, das Ein- und Ausblenden von Standardfeldern. Einige Systeme bieten eine weitergehende Funktionalität, so dass beispielsweise auch individuelle Datenfelder erstellt, Felder als Pflichtfelder gekennzeichnet oder mit Defaultwerten versehen werden können. Wird ergänzend eine „echte" Maskenprogrammierung angeboten, so können in einer speziellen Programmiersprache einfachere algorithmische Probleme, Plausibilitätschecks etc. vom Kunden erstellt werden, welche dann in Abhängigkeit von bestimmten Maskenereignissen (z. B. Öffnen / Schließen der Maske, Eingabe eines Feldwertes, Verlassen eines Feldes) automatisch ausgeführt werden. Wird eine Releasefähigkeit dieser Maskenprogramme sichergestellt, was bei den meisten dieser Systeme der Fall ist, so bietet dieses Konzept einen interessanten Lösungsansatz, um kleinere (maskenbezogene) Anpassungen und Ergänzungen effizient individuell realisieren zu können. So bietet *abas-EKS* mit der Ereignis-gesteuerten-Flexiblen-Oberflächen-Programmierung (EFOP) umfassende Möglichkeiten, selbsterstellte Programme in Abhängigkeit von bestimmten (Masken-)Ereignissen auszuführen. So können organisatorische Anforderungen und Restriktionen innerhalb der einzelnen Bearbeitungsschritte innerhalb der entsprechenden Masken abgebildet werden. Ähnliche Ansätze verfolgen u. a. auch *IFS Applications* und *MOVEX*.

Flexibilität

Die Flexibilität von Standardsoftware umfasst üblicherweise mit der betriebswirtschaftlichen Ausgestaltung und der - eher eingabe- bzw. ausgabeorientierten - Masken-, Formular- und Reportgestaltung zwei Flexibilitätsfacetten.

Die *betriebswirtschaftliche inhaltlich-funktionale Anpassbarkeit* beschreibt die Möglichkeiten, alternative Abläufe und Gegebenheiten in einer Standardsoftware abzubilden. Standardsoftware ist für eine Vielzahl heterogener Kunden konzipiert, so dass ihre Anpassbarkeit - insbesondere hinsichtlich der abgebildeten Prozesse - an individuelle Gegebenheiten zwingend erforderlich ist. Das Customizing erfolgt oftmals parameterbasiert. Bei der Vielzahl der Parameter, welche bei den größeren Systemen leicht mehrere tausend umfassen können, ist es oftmals nicht einfach, die Zusammenhänge zwischen den Parametern zu erkennen. Eine erste Vereinfachung stellt eine regelbasierte Systemkonfiguration dar, bei der sich basierend auf anwendungs-orientierten Fragestellungen die (Basis-)Parameter des Systems automatisch ableiten lassen, ohne dass jeder Parameter einzeln manuell gesetzt werden muss. Eine einfache Form des prozessorientierten Customizings stellen *vordefinierte Prozess-folgen* dar, von denen im Rahmen des Customizings jeweils eine auszuwählen ist. Nachteilig ist bei diesem Ansatz, dass nur die vom Softwareanbieter „vorgedachten" Prozesse abgebildet werden können, so dass bei der Softwareeinführung eine Umstel-lung der eigenen (gegebenenfalls langjährig optimierten) Prozesse notwendig werden kann.[229] Einen anderen Ansatz stellt die Abbildbarkeit flexibler Prozesse durch eine Zusammenstellung und Konkretisierung von herstellerseitig definierten Prozessbau-steinen dar. Diese Idee der Kopplung von Komponenten, die unter dem Schlagwort Business Objects propagiert wird, ist allerdings bislang nicht in der Lage, um-fassende Objekte mit der erforderlichen Funktionalität zu koppeln. Es steht vielmehr die Bereitstellung wesentlicher Strukturen und rudimentärer Funktionen im Vorder-grund.

Eine Reihe von Systemen erlaubt gleichwohl bereits eine flexible Definition arbeits-teiliger Prozesse im Sinne einer Workflowdefinition. Abhängig von bestimmten Ereignissen oder Dokument- bzw. Vorgangszuständen können automatisch Folge-funktionen und zu erfüllende Aufgaben definiert werden. Über eine entsprechende Rollenzuordnung lassen sich die zu erledigenden Aufgaben Mitarbeitern zuordnen, welche sie in ihrer Aufgabenliste angezeigt bekommen. Die Bandbreite dessen, was die WWS-Anbieter unter Workflowfunktionalität fassen, reicht von einer Beschrän-kung auf (einfache) automatische Funktionsaufrufe bei bestimmten Ereignissen bis zu einer detaillierten Definition arbeitsteiliger Prozesse mit Rollenauflösung, der Einbindung externer Programme etc. Wird eine grafische *(pictogramm-basierte) Definition von Workflows* unterstützt, so kann im Regelfall von einer umfassenderen Abdeckung der unter dem Terminus Workflowfunktionalität subsummierten Anfor-derungen ausgegangen werden.

User-Exits erlauben es, unter Umständen auch bei erforderlichen Anpassungen auf Code-Ebene die Releasefähigkeit des Systems zu erhalten.[230] Sie sind insbesondere bei den Systemen aus dem ERP-Umfeld zu finden.

Die zweite Flexibilitätsfacette, die *Masken-, Report- und Formulargestaltung,* wird wesentlich durch die technologische Basis der Standardsoftware geprägt. Moderne WWS bieten sowohl hinsichtlich der Masken- als auch der Formular- / Report-gestaltung typischerweise umfassende Anpassungsmöglichkeiten an. Vor allem bei Systemen, die mit Sprachen der 4. Generation entwickelt wurden, gehören mächtige Formular- und *Berichtsgeneratoren* zum Standard. Diese bieten teilweise Funk-

---

[229] Zum Verhältnis von Standardsoftware und Prozessgestaltung vergleiche die Ausführungen in Kapitel 1.2.2.

[230] Vgl. Abschnitt 1.2.5.3.

tionen, wie die Auswahl und Positionierung der Felder mittels Drag & Drop, die individuelle Festlegung von Sortier- und Gruppierungskriterien, die Verwendung komplexer mathematischer Formeln in berechneten Feldern und das Einbinden von Grafiken.

Die *benutzerindividuelle Anpassbarkeit* von Warenwirtschaftssystemen wird durch die Möglichkeit zur benutzerindividuellen Menükonfiguration sowie durch Masken-, Formular- und Reportgeneratoren geboten. *Benutzerindividuelle Menükonfigurationen* dienen dazu, die Anpassung der Menüstrukturen nach funktionalen Aspekten zu ermöglichen, das heisst, jedem Benutzer werden nur die Funktionen angeboten (angezeigt), die für seinen Tätigkeitsbereich erforderlich sind. Dies vereinfacht die Menüstrukturen und damit die Bedienung des Systems.

Zunehmende Bedeutung haben in den letzten Jahren Möglichkeiten zur *Maskenanpassung* erlangt. Anwenderseitig besteht vielfach der Wunsch, zusätzliche Eingabefelder einzubinden, die Feldreihenfolge (bzw. Cursorreihenfolge) aus ergonomischen Gründen zu ändern, nicht benötigte Felder auszublenden oder unterschiedliche Masken (z. B. mehrere Sichten des Artikelstamms) zusammenzulegen. *Maskeneditoren* bieten auf grafischer Ebene, typischerweise mittels Drag & Drop-Funkionalität, die Möglichkeit auch ohne Detailkenntnisse des Systems und ohne Programmiererfahrung effizient derartige Maskenänderungen vornehmen zu können. Während einige Systeme solche Änderungen nur in Form genereller, systemweiter Anpassungen erlauben, ermöglichen die meisten Systeme bereits eine *benutzer- bzw. benutzergruppen-bezogene Anpassung* der Masken.

Durch eine solche benutzerindividuelle Menü- und gegebenenfalls auch Maskengestaltung kann auf die unterschiedlichen GUI-Anforderungen der verschiedenen Benutzertypen eingegangen werden.

Ein *Berechtigungskonzept* erlaubt Festlegungen, welcher Benutzer welche Funktionen im WWS ausführen darf. Berechtigungen werden in der Regel benutzerbezogen auf der Ebene von Programmmodulen (zum Beispiel Auftragserfassung) oder detaillierter für einzelne Funktionen (zum Beispiel Auftragsstornierung) festgelegt. Teilweise wird auch ein Berechtigungskonzept auf Feldebene (zum Beispiel Kundenstammfeld Kreditlimit) unterstützt. Die detaillierteste Rechtevergabe findet über den Wertebereich eines Merkmals statt, so kann beispielsweise einem Sachbearbeiter nur Zugriff auf bestimmte Kreditorenkontennummern (von...bis) gegeben werden.[231] Die Verwaltung der Berechtigungen lässt sich wesentlich vereinfachen, wenn Rechte auch auf Ebene ganzer Organisationseinheiten (einer Gruppe von Benutzern) definiert werden können, oder wenn es möglich ist, Rechte zunächst zu Rollen zusammenzufassen und diese dann Benutzern zuzuordnen. Systeme, die diese Möglich-

---

[231] Konzeptionell eleganter ist zwar in einem solchen Fall die Bildung von Kontengruppen und eine Rechtevergabe auf Gruppenebene; derartige Funktionen sind aber vielfach nicht in allen Bereichen und nicht in der erforderlichen Flexibilität vorhanden.

keiten umfassend unterstützen, sind in den Tabellen mit ● gekennzeichnet. Ein ◐ wird verwendet, wenn nur einige dieser Konstrukte zur Verfügung stehen.

Suchmechanismen

Suchmechanismen stellen oftmals einen wesentlichen Faktor für die effiziente Nutzung eines Warenwirtschaftssystems dar. Das Suchen von Kunden, Lieferanten und speziell von Artikeln stellt eine häufig benötigte Hilfsfunktion dar. Eine *Match-Code-Suche* ermöglicht die Suche von Objekten über die Angabe einer Merkmalsausprägung oder eines Teils einer Merkmalsausprägung. Letzteres kann durch die Verwendung von Jokern erreicht werden (z. B. Eingabe von Mü* beim Kundennamen zur Anzeige aller Kunden, deren Name mit „Mü" beginnt). Auch das Suchen über an beliebiger Position enthaltene Zeichenfolgen wird üblicherweise unterstützt und findet insbesondere bei der Artikelsuche Anwendung. Bei der einfachsten Form der Match-Code-Suche beschränkt sich die Suche auf ein Attributfeld (zum Beispiel Artikeltext 1). Eine mehrere Felder umfassende Match-Code-Suche erlaubt das gleichzeitige Suchen nach Begriffen in mehreren Attributfeldern (zum Beispiel Artikeltext 1, Artikeltext 2 und Artikeltext 3). Grundsätzlich beschränkt sich eine Match-Code-Suche aber stets auf wenige, meist explizit anzugebende Attributfelder. Als umfassendere Suche steht teilweise eine Freitextsuche zur Verfügung, mit der Zeichenfolgen im kompletten Kunden-, Lieferanten- und Artikelstamm ohne Beschränkung auf einzelne Attributfelder gesucht werden können.

Eine sehr flexible und gegenüber einer Freitextsuche semantisch mächtigere und deutlich performantere Lösung bietet *Compex Commerce* mit dem Superindex. Durch Parametrisierung können beliebige Felder des Artikelstamms (und auch des Kunden- und Lieferantenstamms) zu einem Superindex zusammengefasst werden, auf den über ein Eingabefeld zugegriffen werden kann. Dabei kann jedes beliebige Feld als Superindex-Feld genutzt werden. So kann ein Artikel nicht nur über die eigentliche Artikelnummer, sondern auch alternativ über die Artikelbezeichnung, die Lieferanten- oder die Kundenartikelnummer, über die EAN oder eine DIN-Bezeichnung gesucht werden. Im Telefonverkauf bietet sich dadurch - sofern keine CTI-Lösung[232] genutzt wird - die Möglichkeit, Kundendaten durch Eingabe der Telefonnummer aufzurufen. Abgerundet wird dieses Konzept durch eine Volltextsuche per Superindex und durch die Tatsache, dass keinerlei manueller Pflegeaufwand für die Superindexstrukturen erforderlich ist.

---

[232] CTI steht für Computer Telephony Integration. Diverse Unternehmen haben mittlerweile ihre Telefonanlagen und die Anwendungssysteme integriert. Dies ermöglicht zum Beispiel einen automatischen Zugriff auf die Kundenstammdaten beim Anruf eines Kunden, der über seine Telefonnummer identifiziert wird.

System-merkmale 4: Bedienungsaspekte	Dokumentation[A]	Vordefinierte Prozesse	Unternehmensspezifische Prozessmodelle[B]	Frontends			Komplette Tastatursteuerung	Weitere Dialogsprachen			
				zeichenorientiert	grafisch	Web-Frontend		Englisch	Französisch	Italienisch	Weitere[C]
A.eins	H, O, F	●	-	○	●	○	●	●	○	○	-
abas	H, O, F	○	-	●	●	○	●	●	●	○	PL, U, T, IN, ++
ASW	H, O	○	-	●	●	●	○	●	●	●	S,PL,NL,DK,SK,++
AUPOS	H, O, F	●	-	●	●	○	●	●	○	○	-
AW 400	H, O	○	-	●	●	●	●	○	○	○	-
b2 Handel	H, O, F	●	-	○	●	○	●	●	●	○	PL, TS, U
Bison Solution	H, O, F	●	D, V	○	●	●	○	●	●	○	-
Brain AS	H, O, F	●	D	●	●	○	●	●	●	●	PL, TS, U
Compex	H, O, F	●	D, V	●	●	○	●	○	○	●	TSCH, U
Conaktiv	H, O	○	-	○	●	○	●	●	○	○	-
Corporate WINLine	H, O, F	●	-	○	●	●	●	●	●	○	● SK, TS
CSB-System	H, O, F	●	D, V	●	●	●	●	●	●	●	S,PL,NL,TS,TR,++
DCW-Wawi.	O, F	●	-	●	○	○	●	●	●	●	S,PL,NL,U, GR,++
DEWAS / MESS	k.A.	○	-	○	●	○	●	●	●	●	R, NL
diamod	H, O, F	○	-	○	●	○	○	●	●	○	-
e.fet Wawi.	O, F	●	D	○	●	●	●	●	●	●	S, PL, NL
FEE	H, O, F	●	-	○	●	○	●	○	○	○	-
Formica SQL	H, O	○	-	●	●	○	●	●	●	●	S,PL,NL,DK,SK,++
Futura ERS	H, O	○	-	●	●	○	●	●	●	●	-
G.O.L.D.	H, O, F	●	-	○	k.A.	●	●	●	●	●	S, PL,NL,SK,U,++
GEAC System 21	H, O	○	-	○	●	○	●	●	●	○	-
gevis	H, O	●	-	○	●	○	●	○	○	○	-
i/2	H, O	●	D, V	●	●	●	●	●	●	●	-
iBaanERP	H, O, F	●	D, V	●	●	●	●	●	●	●	S,PL,NL,DK,SK,++
IFS Applications	O	●	D, V	●	●	●	○	●	●	●	S,PL,NL,DK,SK,++
IN:ERP	O, F	●	D	○	●	●	●	●	●	●	-
J.D. Edwards	H, O, F	●	D	○	●	○	●	●	●	●	S,PL,NL,DK,SK,++
JDA-PMM	H, O	○	V	○	●	○	○	●	●	○	-
KARAT	k.A.	○	-	●	●	○	●	○	○	○	-
MBS-Apertum	H, O	○	V	●	●	○	●	●	●	●	TS
MBS-Axapta	O, F	●	-	○	●	●	●	●	●	●	S,PL,NL,U,TS,++
MBS-Navision	H, O, F	●	-	○	●	○	●	●	●	●	S,PL,NL,U,TS,++

[A] H=(gedrucktes) Handbuch; O=Online-Handbuch; F=feldbezogene kontextsensitive Hilfe

[B] D=detailliertes Prozessmodell (mind. 3 Ebenen); V=Verzweigen in Anwendung möglich

[C] DK=Dänisch; GR=Griechisch; NL=Holländisch; NOR=Norwegisch; PL=Polnisch; R=Russisch; S=Schwedisch; SK=Slowakisch; SP=Spanisch; TS=Tschechisch; U=Ungarisch; VCH=Chinesisch

Betriebswirt. Flexibilität					Anpassbarkeit Berichte, Masken							System-merkmale 4: Bedienungs-aspekte
Regelbasierte Systemkonfiguration	Vordefinierte Prozessalternativen	Pictogramm-basierte Definition von Workflows	User-Exits	Berichtsgenerator	Individuelle Menügestaltung	Maskeneditor	Ausblenden von Maskenfeldern	Generelle, system-weite Anpassungen	Benutzerspezifische Anpassungen	Berechtigungs-konzept	
○	●	○	●	●	●	●	●	●	●	◑	A.eins
●	○	○	●	●	●	●	●	○	○	●	abas
○	○	○	●	●	●	○	○	●	●	◑	ASW
●	●	○	●	●	●	●	●	●	●	●	AUPOS
○	○	○	○	●	●	●	●	●	○	◑	AW 400
○	●	●	●	●	●	●	●	●	●	●	b2 Handel
●	●	●	●	●	●	●	●	●	●	●	Bison Solution
●	●	●	●	●	●	○	●	●	●	●	Brain AS
●	●	●	●	●	●	●	●	●	●	●	Compex
○	○	○	○	●	○	●	●	●	●	●	Conaktiv
○	●	○	○	●	●	●	●	●	●	●	Corporate WINLine
●	●	●	○	●	●	●	●	●	●	●	CSB-System
○	●	○	●	●	●	○	○	●	○	◑	DCW-Wawi.
○	○	○	○	○	●	○	○	○	○	◑	DEWAS / MESS
○	○	○	○	●	●	○	○	●	○	●	diamod
●	●	○	●	●	●	○	●	○	○	●	e.fet Wawi.
○	●	○	○	○	○	●	○	○	●	◑	FEE
○	○	○	○	●	●	○	●	●	●	◑	Formica SQL
○	○	○	○	●	●	○	○	○	○	◑	Futura ERS
●	●	○	●	●	●	●	●	●	●	◑	G.O.L.D.
○	○	○	○	●	●	●	○	○	○	◑	GEAC System 21
●	●	○	○	○	●	○	●	○	●	◑	gevis
○	●	○	●	●	●	○	●	●	●	●	i/2
●	●	●	●	●	●	●	●	●	●	●	iBaanERP
●	●	●	●	●	●	●	●	●	●	●	IFS Applications
○	●	●	○	●	●	●	●	●	●	●	IN:ERP
●	●	○	○	●	●	●	●	●	●	●	J.D. Edwards
●	○	○	○	○	○	○	○	●	●	●	JDA-PMM
○	○	○	○	○	○	○	●	●	●	◑	KARAT
●	○	○	●	●	●	●	●	●	●	●	MBS-Apertum
○	●	○	○	○	●	○	●	○	○	●	MBS-Axapta
○	●	○	○	●	●	●	●	●	●	●	MBS-Navision

Systemmerkmale 4: Bedienungsaspekte	Dokumentation[A]	Vordefinierte Prozesse[B]	Unternehmensspezifische Prozessmodelle	Frontends			Komplette Tastatursteuerung	Weitere Dialogsprachen			
				zeichenorientiert	grafisch	Web-Frontend		Englisch	Französisch	Italienisch	Weitere[C]
MKS Goliath	H, O, F	●	-	○	●	○	○	●	●	●	PL,NL,DK
Movex	H, O, F	●	D, V	○	●	●	●	●	●	●	S,PL,NL,DK,U,TS+
oxaion	H, O, F	●	-	●	●	○	●	●	○	○	NL,SK,U,GR, TS
P2plus	O	●	D, V	○	●	●	○	●	●	●	TS, T
PISA – Wawi.	O, F	○	-	●	●	○	●	○	○	○	-
Pollex LC	H, O	○	-	○	●	○	●	●	●	○	U
priMio – E/Con	O, F	●	-	●	●	○	●	●	○	○	Rumänisch
ProALPHA	O, F	●	D, V	●	●	●	●	●	●	●	TS,U
PRODIS	O, F	●	-	●	●	○	●	●	○	●	PL,TS
Profit-WWS	H	○	-	○	●	○	●	○	○	○	-
ProWWS	H, F	●	-	●	●	●	○	●	○	○	-
Regulus	H, O	●	-	○	●	○	●	●	○	○	PL
Retek 10	H, O	●	-	●	●	●	●	●	●	○	-
Sangross V	H, O	○	-	●	●	○	●	○	○	○	-
SAP Business One	H, O	○	-	○	●	○	○	●	●	●	S,PL,NL,DK,++
SAP mySAP Retail	H, O	○	D,V	○	●	○	●	●	●	●	diverse
SDS fashion	H, O	○	-	○	●	○	●	○	○	○	-
Semiramis	H, O, F	●	D, V	○	●	●	●	●	●	●	-
Skill Commercial	H, O, F	○	-	○	●	○	○	●	●	●	-
SO:Business Soft.	H, O, F	○	-	○	●	●	●	●	●	○	-
SoftM Suite	O, F	●	-	●	●	●	●	●	●	●	NL
SQL-Business	O	○	-	○	●	○	●	○	○	○	-
Steps Business Sol.	H, O, F	○	-	○	●	○	●	●	○	○	-
TRADEsprint	H, O, F	○	V	●	●	●	○	○	○	○	-
TS	H	○	-	○	●	○	●	●	●	○	-
Unitrade	H, O, F	●	-	○	●	○	●	●	●	●	PL
UPOS	H, O, F	●	V	○	●	●	●	●	○	○	-
VERA	O	○	-	●	○	○	●	○	○	○	-
W 5	H, O	●	-	●	●	○	●	●	●	●	NL
WEST System	H, O, F	●	-	○	●	●	○	●	○	○	-
Wilken Materialw.	H, O	●	-	○	●	●	●	●	●	○	-
x-trade	H, O	●	D	○	●	○	●	○	○	○	-

[A] H=(gedrucktes) Handbuch; O=Online-Handbuch; F=feldbezogene kontextsensitive Hilfe

[B] D=detailliertes Prozessmodell (mind. 3 Ebenen); V=Verzweigen in Anwendung möglich

[C] DK=Dänisch; GR=Griechisch; NL=Holländisch; NOR=Norwegisch; PL=Polnisch; R=Russisch; S=Schwedisch; SK=Slowakisch; SP=Spanisch; TS=Tschechisch; U=Ungarisch; VCH=Chinesisch

Betriebswirt. Flexibilität					Anpassbarkeit Berichte, Masken						System-merkmale 4: Bedienungsaspekte
Regelbasierte Systemkonfiguration	Vordefinierte Prozessalternativen	Pictogramm-basierte Definition von Workflows	User-Exits	Berichtsgenerator	Individuelle Menügestaltung	Maskeneditor	Ausblenden von Maskenfeldern	Generelle, systemweite Anpassungen	Benutzerspezifische Anpassungen	Berechtigungskonzept	
○	●	○	○	●	○	○	○	●	●	◑	MKS Goliath
○	●	●	○	●	●	●	●	●	●	●	Movex
●	●	○	●	○	●	●	●	●	●	●	oxaion
●	●	●	●	○	●	○	●	●	●	●	P2plus
○	○	○	○	●	○	○	○	●	●	◑	PISA – Wawi.
○	○	○	○	●	●	○	○	○	○	◑	Pollex LC
○	●	○	○	●	●	○	○	●	●	◑	priMio – E/Con
○	●	●	●	○	●	○	●	●	●	●	ProALPHA
○	●	○	○	○	●	●	●	●	●	◑	PRODIS
○	○	○	○	●	●	○	○	○	○	◑	Profit-WWS
○	●	○	○	○	●	○	●	●	●	●	ProWWS
●	●	○	○	●	●	○	●	●	●	◑	Regulus
●	●	○	●	●	●	●	●	○	●	◑	Retek 10
○	○	○	○	●	●	●	○	○	○	◑	Sangross V
●	○	○	○	●	●	○	●	●	○	◑	SAP Business One
●	●	●	●	●	●	●	●	●	●	●	SAP mySAP Retail
○	○	○	○	●	○	○	○	○	○	◑	SDS fashion
○	●	●	●	●	●	●	●	●	●	●	Semiramis
●	○	○	○	●	○	○	○	●	●	●	Skill Commercial
○	○	●	●	●	●	●	●	●	●	●	SO:Business Soft.
○	●	○	●	●	●	●	●	●	●	●	SoftM Suite
○	○	○	○	●	●	●	○	○	○	◑	SQL-Business
●	○	○	○	●	●	●	●	●	●	●	Steps Business Sol.
○	○	○	●	●	●	○	●	●	●	●	TRADEsprint
○	○	○	○	●	●	●	○	○	○	◑	TS
●	●	○	○	●	●	○	●	●	●	●	Unitrade
●	●	○	●	●	●	●	●	●	●	◑	UPOS
●	○	○	○	●	●	●	●	●	●	◑	VERA
●	●	○	●	●	●	●	●	●	●	●	W 5
●	●	●	○	●	●	●	●	●	●	●	WEST System
○	●	●	●	●	○	●	●	●	●	●	Wilken Materialw.
○	●	○	○	●	○	○	○	●	○	◑	x-trade

3.4   Grundlegende Konstrukte

Neben den zahlreichen handelsspezifischen Funktionen eines Warenwirtschaftssystems existieren mit den *Organisationsstrukturen* und dem *Artikel(-stamm)* zwei
wichtige Basiselemente, die im Folgenden als grundlegende Konstrukte eines Warenwirtschaftssystems bezeichnet werden. Sowohl dem Konstrukt des Artikels als auch
den Organisationsstrukturen ist gemeinsam, dass ihre Ausgestaltung Einfluss auf
(fast) alle funktionalen Bereiche des Warenwirtschaftssystems hat. Lässt sich in
einem Warenwirtschaftssystem eine im Unternehmen vorhandene Organisationsebene (zum Beispiel das Konstrukt Region) nicht abbilden, so wird es beispielsweise
schwer fallen, regionale Einkaufsrabatte zu pflegen (Bereich Einkauf), regionale
Sortimente (Bereich Marketing) und regionale Verkaufspreise (Bereich Marketing)
zu hinterlegen. Fehlende Funktionalitäten beim Konstrukt Artikel können zu ähnlich
weitreichenden Problemen führen. Ist für die Artikel keine Chargenverwaltung
vorgesehen, so hat dies unmittelbare Auswirkungen auf die Bestellung, den Wareneingang, das Lager, den Verkauf, das Marketing und nicht zuletzt den Warenausgang. Für ein Handelsunternehmen im Chemiebereiche wäre eine solche Lösung
bereits aus diesem Grund nicht nutzbar.

Durch ein Warenwirtschaftssystem nicht abgedeckte Anforderungen in diesen
Bereichen haben, wie aufgezeigt, somit in der Regel negative Auswirkungen in fast
allen Funktionalbereichen des Handels-H-Modells.[233] Erschwerend kommt hinzu,
dass eine Erweiterung von Standardsoftware im Bereich des Artikels und insbesondere der Organisationsstrukturen kaum oder nur mit erheblichem Aufwand möglich
ist, da in die Grundstrukturen der Software eingegriffen werden muss, die sämtliche
Funktionen tangieren. Im Gegensatz zu lokalen funktionalen Anpassungen ist durch
derartige Veränderungen oftmals die Releasefähigkeit gefährdet. Nachträgliche
Erweiterungen der Organisationsstrukturen haben regelmäßig signifikante Auswirkungen auf die Gesamtperformance des Warenwirtschaftssystems (vgl. auch die
Ausführungen in Kapitel 2.4.2.1).

3.4.1   Organisationsstrukturen

Die Anforderungen an die Ausgestaltung der Organisationsstrukturen in Handelsinformationssystemen sind sehr heterogen.[234] Ein mehrstufiges Handelsunternehmen
muss üblicherweise mindestens ein Zentrallager, mehrerer Vertriebsschienen und

---

[233]   Zur Bedeutung organisatorischer Einheiten in Handelsinformationssystemen vgl. Becker,
        Schütte (2004), S. 213 ff.
[234]   Zu grundsätzlichen Konzepten für die Gestaltung der Organisationseinheiten in Handelsinformationssystemen vgl. auch Kapitel 2.4.1.3.

Einkaufsorganisationen sowie Filialen abbilden können. Ein einzelnes Großhandelsunternehmen hat hingegen deutlich einfacher zu realisierende Anforderungen.

Eine Referenzanforderung an Anwendungssysteme ist die *Mehrfirmenfähigkeit*, da bei den meisten Handelsorganisationen mehr als ein Unternehmen abzubilden ist. Mehrfirmenfähigkeit, verstanden als die Möglichkeit zur Abbildung mehrerer rechtlich selbstständiger Firmen mit eigener GuV und Bilanz, wird von den WWS-Anbietern über unterschiedliche Konstrukte gelöst. Bei den kleineren und mittleren Systemen entspricht die rechtlich selbstständige Firma im Warenwirtschaftssystem i.d.R. einem Mandant (Ist die Anzahl der Mandanten auf maximal 10 beschränkt, so ist dies in der Tabelle durch ◑ gekennzeichnet.). Dahingegen erlauben die umfassenderen (ERP-)Systeme die Abbildung kompletter Konzernstrukturen innerhalb eines Mandanten. So wird in *mySAP Retail* die rechtlich selbstständige Firma typischerweise nicht als Mandant sondern als Buchungskreis abgebildet. Die Mehrfirmenfähigkeit kann im Extremfall auch die Darstellung konzernübergreifender Sachverhalte bedeuten. Der Unterstützungsgrad konzernübergreifender Strukturen ist in den heutigen Warenwirtschaftssystemen gering, da der Mandant als zumeist höchste Organisationseinheit in den Systemen mit einem Konzern gleichgesetzt wird.

Die Bereitstellung *firmenübergreifender Stammdaten* ist für viele Unternehmen eine absolute Minimalanforderung an ein Warenwirtschaftssystem. In den zentralen Einkaufsorganisationen werden die für viele Vertriebslinien geltenden Artikel- und Lieferantenstammdaten gepflegt. Ohne die Möglichkeit, firmenübergreifend auf ein Stammdatum zugreifen zu können, wären die mit der Zentralisierung diverser Organisationseinheiten verbundenen Degressionseffekte nicht realisierbar. Die meisten untersuchten Warenwirtschaftssysteme unterstützen auch firmenübergreifende Stammdaten.

Die *firmenübergreifende Hierarchisierung* von Artikeln, Einkaufs- und Vertriebsgruppen stellt eine wichtige, zu den Stammdaten analoge Anforderung an Warenwirtschaftssysteme dar. Beispielsweise ist eine häufig im Handel anzutreffende Anforderung die Unterstützung konzernübergreifender Einkaufsorganisationen.

In Deutschland sind beispielsweise bei den nationalen Einkaufskontoren des Lebensmittelhandels die Markant AG, die Rewe Zentrale AG und die Edeka Zentrale AG am bedeutendsten.[235] Die nationalen Kontore verbinden sich vermehrt zu internationalen Kontoren, die auch als Mega-Kontore bezeichnet werden. Hervorzuheben sind insbesondere die EMD[236], die AMS, die CEM, die ERA, die EUROGROUPS und die INTER COOP. Wie bereits die Struktur nationaler und internationaler Kontore belegt, handelt es sich bei den Einkaufsorganisationen nicht nur um eine übergreifende Einheit, sondern um mehrere, in eine hierarchische Struktur eingeordnete

---

[235] Vgl. im folgenden Tietz (1993b), S. 622 ff.

[236] Die EMD mit Sitz in Pfäffikon in der Schweiz besteht aus folgenden Mitgliedsunternehmen: Selex (Italien), Markant (Niederlande), ZEV (Österreich), Markant (Deutschland), Selex (Spanien), Sodacip (Frankreich) und Uniarme (Portugal).

Organisationseinheiten. Exemplarisch sei eine Einkaufsorganisationshierarchie anhand von Lidl & Schwarz geschildert, die national der Markant AG angehören. Somit bildet die Markant AG eine konzernübergreifende Einkaufsorganisation. Die Markant AG wiederum ist Mitglied in der EMD als internationalem Einkaufskontor, so dass sich bereits bei diesem einfachen Fall (ohne Beachtung mehrerer Hierarchien innerhalb einer Einkaufsorganisation sowie weiterer konzernübergreifender Einkaufsorganisationen, die unterhalb des nationalen Einkaufskontors angeordnet sind) eine zweistufige Hierarchie der Einkaufsorganisation ergibt.

Die *Transparenz* über mehrere Organisationseinheiten, in denen *Bestände* verwaltet werden, ist insbesondere für ein firmenübergreifendes Beschaffungsmanagement eine bedeutsame Voraussetzung. Beispielsweise sollen für Filialen unterschiedlicher Vertriebslinien gemeinsam Waren für eine Aktion beschafft werden. Für diesen Zweck ist es erforderlich, die Bestände von Organisationseinheiten unterschiedlicher Firmen zusammenfassen zu können.

Die Darstellung von *Zentral-Filialstrukturen* ist für den mehrstufigen Handel, in dem es Zentral- und Verteilzentren (mitunter auch selbstständige Großhandelsunternehmen) gibt, unverzichtbar, um die Logistik steuern zu können. Neben der Logistik ist auch der Einkauf und der Vertrieb von der Darstellbarkeit der Zentral-Filialstruktur abhängig (zum Beispiel bei Einkaufs- und Werbeaktionen). Ist die Anzahl der abbildbaren Filialen auf maximal 100 beschränkt, so ist die in der Tabelle durch ❍ gekennzeichnet. Bei Massenfilialisten können durchaus mehrere tausend Filialen integriert in einem System abgebildet werden. Zu den Warenwirtschaftssystemen, die speziell auf die Zentral-Filialstruktur und diese Größenordnung ausgerichtet sind, zählen u. a. *Retek*[237] und *JDA*.

Bei den *Lieferungen zwischen Firmen* können automatische und manuelle Abwicklungsformen unterschieden werden. Bei der automatischen Abwicklung werden die mit den logistischen und buchungsmäßigen Prozessen verbundenen Buchungsvorgänge im System automatisiert (zum Beispiel Auslagerung in der Zentrale führt zu automatischer Buchung des Wareneingangs in der Filiale und entsprechender Fakturierung). Eine automatische Verbuchung kann entweder über hinterlegte *feste Verrechnungspreise* oder flexibler über *prozentuale Auf-/Abschläge* erfolgen.

Die untersuchten Warenwirtschaftssysteme weisen ein uneinheitliches Bild bei der Unterstützung der Organisationsstrukturen von Handelsunternehmen auf. Als erste Anhaltspunkte für die Analyse der organisatorischen Eignung eines Systems können

---

[237] Mit der Gewinnung des US Postal Service als Neukunden, musste bei Retek von einigen Jahren die Filialnummer von 4-stellig auf 5-stellig erweitert werden, da die mehr als 40.000 Postämter des US Postal Service integriert in einem Retek-System abgebildet werden sollten. Es dürfte sich damit, um die WWS-Installation mit der größten Anzahl integriert abgebildeter „Filialen" handeln (allerdings mit einer im Vergleich zum typischen Handelsunternehmen überschaubareren Artikelanzahl).

die Handelsstufe und die Branchenzugehörigkeit dienen, da den einzelnen Branchen typische Organisationsstrukturen zu eigen sind.[238]

Die „großen" ERP-Lösungen, wie bspw. *SAP* und *iBaan ERP* erlauben die Abbildung (fast) beliebig komplexer Unternehmensstrukturen.[239] Üblich ist bei diesen Systemen insbesondere eine Differenzierung der Organisationsstrukturen nach verschiedenen Sichten. Unterschieden werden üblicherweise eine rechtliche, eine einkaufsorientierte, eine logistikorientierte, eine vertriebsorientierte und gegebenenfalls eine führungsorientierte Organisationsstruktur.[240] Über eine explizite einkaufsorientierte Sicht lassen sich dann Konstrukte, wie ein konzerneinheitlicher Zentraleinkauf elegant abbilden. Es können zentral Einkaufspreise, -konditionen und gegebenenfalls Einkaufskontrakte vereinbart und im WWS einmalig hinterlegt werden, welche dann für mehrere rechtlich selbstständige Firmen des Handelskonzerns gültig sein können.

Bei den kleineren und mittleren Warenwirtschaftssystemen ist hingegen teilweise eine geringe Mächtigkeit der realisierten Organisationsstrukturen zu konstatieren. Dennoch ist auch bei kleineren und mittelständischen Handelsunternehmen vielfach eine explizite Abbildung von Organisationsstrukturen im Warenwirtschaftssystem erforderlich (bspw. zur Abbildung von Einzelfirmen in Unternehmensgruppen oder zur Abbildung von Zentral- und Regionallagerstrukturen).

Aus dem Segment der mittelgroßen Warenwirtschaftssysteme bietet u. a. das System *VERA* ein für kleinere und mittelständische Unternehmen ausreichend flexibles Konzept zur Abbildung von Einzelfirmen in Unternehmensgruppen. Mit der Intercompany-Abwicklung von *VERA* ist es möglich, mehrere rechtlich selbständige Einzelfirmen innerhalb eines Warenwirtschaftssystem-Mandanten mit gemeinsamen Stammdaten und einer firmenübergreifenden Bestandstransparenz abzubilden. Durch die Abbildung der Firmen innerhalb eines Warenwirtschaftssystem-Mandanten können auch alle Hierarchien (z. B. Artikelgruppierungen, Warengruppen, Einkaufsgruppierungen und Vertriebsgruppierungen) firmenübergreifend genutzt werden. Das Warenwirtschaftssystem ist dabei firmenneutral gehalten. Die Firmenzuordnung der Geschäftsvorgänge (Zuordnung zu einem Fibu-Mandanten) kann über das (Verkäufer-)Team, das Lager oder eine explizite Kundenzuordnung definiert werden. Zu den einzelnen Geschäftsvorfällen können automatisch Buchungen für die interne Verrechnung erzeugt werden. Die einzelnen Fibu-Mandaten können zur Erstellung der Konzern-Bilanz und der Konzern-GuV konsolidiert werden.

Die grundsätzliche Struktur der Intercompany-Abwicklung in *VERA* ist in Abbildung 59 wiedergegeben.

---

[238] Vgl. hierzu die Angaben zur Branche und zur Handelsstufe in Merkmalstabelle 1.

[239] Einschränkungen existieren primär bei der Definition konzernübergreifender Strukturen.

[240] Zu den unterschiedlichen Sichten und den damit verbundenen Vorteilen und Nachteilen vgl. die Ausführungen zu strukturellen Kriterien auf S. 81 f.

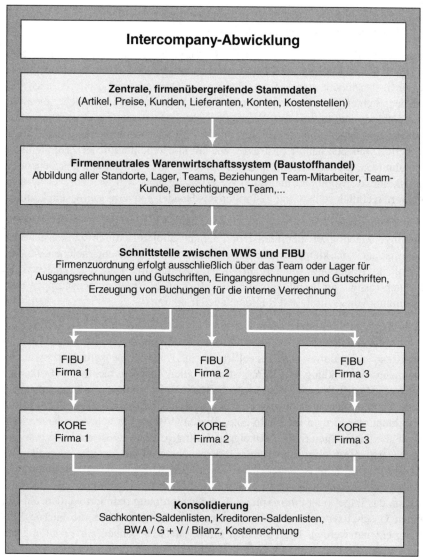

Quelle: Neutrasoft.

Abbildung 59:   Intercompany-Abwicklung in *VERA*

System-merkmale 5: Organisations-strukturen	Mehrfirmenfähigkeit	Firmenübergreifende Stammdaten			Firmenübergreifende Hierarchien			Firmenübergreifende Bestandstransparenz	Zentral-Filial-Strukturen	Lieferungen zwischen Firmen[A]	Firmenübergreifende Einkaufsvereinbahrungen[B]
		Artikelstamm	Lieferantenstamm	Kundenstamm	Artikelgruppen	Einkaufsgruppen	Vertriebsgruppen				
A.eins	◐	○	○	○	○	○	○	○	◐	M,V	-
abas	●	○	○	○	○	○	○	○	-	M,V	-
ASW	●	●	●	●	○	●	●	○	-	M,V	P,K
AUPOS	●	●	●	●	●	●	●	●	●	M,V,A	P,K
AW 400	●	●	●	●	●	●	●	○	◐	M,V	-
b2 Handel	●	●	●	●	●	●	●	●	-	M,V	P
Bison Solution	●	●	●	●	●	●	●	○	●	M,V,A	-
Brain AS	●	●	●	●	●	●	●	○	●	M,V,A	P,K
Compex	●	●	●	●	●	●	●	○	●	M,V,A	-
Conaktiv	●	○	○	○	○	○	○	○	-	M	-
Corporate WINLine	●	●	○	○	●	○	○	○	-	M,V,A	P,K
CSB-System	●	●	●	●	●	●	●	●	●	M,V,A	P,K
DCW-Wawi.	●	●	●	●	●	○	○	●	●	M,V,A	P,K
DEWAS / MESS	◐	●	●	○	●	●	●	●	●	M,V	P
diamod	●	●	●	●	●	●	●	○	●	V	-
e.fet Wawi.	●	●	●	●	●	●	●	●	●	M,V,A	P,K
FEE	◐	●	●	○	●	○	○	○	●	M	k.A.
Formica SQL	●	●	●	●	○	○	○	○	-	M	-
Futura ERS	●	●	●	●	●	●	●	○	●	M	P,K
G.O.L.D.	●	●	●	●	●	●	●	●	●	M,V,A	P,K
GEAC System 21	●	○	○	○	○	○	○	○	●	M,V	-
gevis	●	●	●	●	●	○	●	○	◐	M,V,A	P,K
i/2	●	●	●	●	○	○	○	●	●	M,V,A	-
iBaanERP	●	●	●	●	●	●	●	●	●	V	P,K
IFS Applications	●	●	●	●	●	●	●	●	●	M,V,A	-
IN:ERP	●	●	●	●	●	●	●	●	-	M	-
J.D. Edwards	●	●	●	●	●	●	●	●	●	M,V,A	P
JDA-PMM	●	●	●	○	●	●	●	●	●	M,V	P,K
KARAT	●	●	●	●	●	●	●	○	◐	M,V,A	P,K
MBS-Apertum	●	●	●	●	●	○	○	●	●	M	-
MBS-Axapta	●	●	●	●	●	●	●	●	●	M,V,A	P,K
MBS-Navision	●	●	●	●	●	○	○	○	●	M	-

[A] M=manuelle Abwicklung; A=automatische Abwicklung
[B] P=firmenübergreifende EK-Preise und -Konditionen für ausgewählte eigene Standorte; K=firmenübergreifende EK-Kontrakte für ausgewählte eigene Standorte

System-merkmale 5: Organisations-strukturen	Mehrfirmenfähigkeit	Firmenübergreifende Stammdaten			Firmenübergreifende Hierarchien			Firmenübergreifende Bestandstransparenz	Zentral-Filial-Strukturen	Lieferungen zwischen Firmen[A]	Firmenübergreifende Einkaufsvereinbahrungen[B]
		Artikelstamm	Lieferantenstamm	Kundenstamm	Artikelgruppen	Einkaufsgruppen	Vertriebsgruppen				
MKS Goliath	●	○	○	○	○	○	○	○	-	M	-
Movex	●	●	●	●	●	●	●	●	●	M,V,A	P,K
oxaion	●	●	○	○	●	○	○	●	●	M,V,A	-
P2plus	●	●	●	●	●	●	●	●	●	M,V,A	P,K
PISA – Wawi.	●	●	●	●	●	●	●	●	●	V,A	-
Pollex LC	●	●	●	●	●	●	●	○	●	M,V	-
priMio – E/Con	●	●	●	●	●	●	●	●	●	M	-
ProALPHA	●	●	●	●	●	●	●	●	-	M,V,A	-
PRODIS	●	○	○	○	○	○	○	○	◐	M,V	-
Profit-WWS	●	○	○	○	○	○	○	○	●	M	-
ProWWS	●	○	○	●	○	○	○	○	●	M	-
Regulus	●	●	●	●	●	●	●	●	○	M,V,A	P,K
Retek 10	●	●	●	●	●	●	●	●	●	V,A	P,K
Sangross V	●	●	●	●	●	●	●	○	●	M,V	-
SAP Business One	●	○	○	○	○	○	○	○	-	M	-
SAP mySAP Retail	●	●	●	●	●	●	●	●	●	M,V	P,K
SDS fashion	●	●	●	●	○	○	○	○	◐	M,V	-
Semiramis	●	○	○	○	○	○	○	○	●	M,V,A	-
Skill Commercial	◐	●	●	●	●	●	●	○	●	M	-
SO:Business Soft.	●	●	●	●	●	●	●	●	●	M,V,A	P,K
SoftM Suite	●	●	●	●	●	●	●	○	●	M,V	-
SQL-Business	◐	●	●	●	●	●	●	●	◐	M,V	P,K
Steps Business Sol.	◐	●	●	●	○	○	○	○	-	-	-
TRADEsprint	●	●	●	●	●	●	●	●	●	M,V,A	P,K
TS	●	●	●	●	●	●	●	●	◐	M,V	-
Unitrade	●	●	●	●	●	●	●	●	●	M,V,A	P,K
UPOS	●	●	●	●	●	●	●	●	◐	V,A	P,K
VERA	●	●	●	●	●	●	●	○	◐	M,V,A	P
W 5	●	●	●	●	●	●	●	●	●	M,V	P,K
WEST System	●	○	○	○	○	○	○	○	●	M	-
Wilken Materialw.	●	●	●	●	●	●	●	●	-	M	P
x-trade	●	●	●	●	●	●	●	○	●	M	P,K

[A] M=manuelle Abwicklung; A=automatische Abwicklung

[B] P=firmenübergreifende EK-Preise und -Konditionen für ausgewählte eigene Standorte; K=firmenübergreifende EK-Kontrakte für ausgewählte eigene Standorte

3.4.2 Artikelstamm

Der *Artikelstamm* umfasst die identifizierenden, klassifizierenden und beschreibenden Merkmale eines Artikels und die eng mit dem Artikel verbundenen Funktionen,
wie die Artikelvariantenverwaltung, die Chargenverwaltung und die Ersatzartikelver-
waltung.

Der Artikelstamm ermöglicht die Beschreibung der Artikel. Da der Artikel das zentrale Objekt in fast allen funktionalen Bereichen eines WWS ist, fallen vielfältige
artikelbezogene Informationen an. Der Artikelstamm wird deshalb in vielen Systemen in unterschiedliche Teilbereiche - oftmals Sichten genannt - aufgeteilt. Diese
Aufteilung dient der Strukturierung der oftmals mehrere hundert Einzelattribute
umfassenden Artikelinformationen, die für jeden Artikel hinterlegt werden können.
Typischerweise finden sich explizit oder implizit unter anderem folgende Sichten im
Artikelstamm:

- Grunddaten
  Die Grunddaten umfassen die identifizierenden Attribute (Artikelnummer,
  EAN), die beschreibenden Attribute des Artikels (Basistexte, Bild- und gegebenenfalls Tondateien) und die interne Artikelgruppierung (Warengruppenzuordnung). Auch die logistischen Einheiten (Verpackungseinheiten) werden als Teil
  der Grunddaten betrachtet.

- Einkaufsdaten
  Die Einkaufsdaten sind in den meisten Fällen lieferantenabhängig und enthalten
  zum Beispiel mögliche Bezugsquellen, Preise, EK-Konditionen und Planliefer-
  zeiten. Zu den wenigen lieferantenunabhängigen Einkaufsdaten gehört zum
  Beispiel eine Einkäufer- oder Einkäufergruppen-Zuordnung, die die einkaufs-
  organisatorische Verantwortung für einen Artikel definiert.

- Logistikdaten
  Logistikdaten fassen die Informationen eines Artikels zusammen, die Einfluss
  auf die logistische Abwicklung haben beziehungsweise besondere Anforderungen an diese stellen. Zu nennen sind insbesondere Gewichts- und Volumen-
  daten, spezielle Transport- und Lagerungsanforderungen (zum Beispiel Kühl-
  oder Gefahrstofflager), artikelspezifische Einlagerungsstrategien und im weiteren Sinne auch die Bestandsdaten.

- Verkaufsdaten
  Die Verkaufsdaten sind im Einzelhandelsbereich meist filialbezogen, im Großhandelsbereich treten zudem kundenbezogene Daten (beispielsweise kundenbezogene Sonderkonditionen) auf. Im wesentlichen sind dies Standard-Verkaufs-
  preise, Konditionen und gegebenenfalls Aktionsdaten.

- POS-Daten
  Die POS-Daten bestehen aus den verschiedenen Bontexten und zahlreichen Steuerungsparametern für den POS-Upload und -Download.

- Listungsdaten
  Die Listungsdaten, die besonders im filialisierenden Handel eine große Bedeutung besitzen, umfassen das Listungsverfahren sowie gegebenenfalls feste Zuordnungen von Artikeln zu Sortimentsbausteinen / Sortimenten oder Filialen.

Während auf die lieferanten-, kunden-, filial- oder lagerbezogenen Merkmale im jeweiligen Funktionalbereich des Handels-H-Modells eingegangen wird, werden im Folgenden die zentralen, rein artikelbezogenen Merkmale diskutiert.

Artikelnummer

Zur Identifikation wird jeder Artikel mit einer eindeutigen Artikelnummer[241] versehen. Grundsätzlich lassen sich in der Praxis zwei Formen von Artikelnummern unterscheiden: rein identifizierende und klassifizierende Artikelnummern.

Im ersten Fall erhält jeder Artikel eine beliebige, jedoch eindeutige Artikelnummer. Bei diesem Verfahren werden die Artikelnummern üblicherweise in einem Nummernkreis automatisch sequentiell vergeben. Aus der Artikelnummer lassen sich keine Informationen über den Artikel ableiten. Wird hingegen das Konzept der klassifizierenden Artikelnummer verwendet, so werden bestimmte Artikelinformationen mit in die Artikelnummer aufgenommen. In der Praxis oftmals anzutreffen sind sprechende Artikelnummern, die Warengruppen- und Lieferanteninformationen enthalten. So ist aus der Artikelnummer BOS-673-4312, direkt ablesbar, dass es sich um einen Artikel des Lieferanten Bosch (BOS) und um ein Tiefkühlgerät (Warengruppe 673) handelt. Vereinzelt wird auch der Bezugsweg (Lager oder Strecke) mit in sprechende Artikelnummern aufgenommen.

Wenngleich klassifizierende Schlüssel aufgrund ihrer intuitiven Eingängigkeit praktische Vorteile besitzen, entstehen durch die Einengung des Nummernkreises Probleme. Wird eine nicht sprechende sechsstellige numerische Artikelnummer verwendet, so können eine Million Artikel (mit den Artikelnummern 0 - 999999) definiert werden. Werden hingegen bei einer sechsstelligen Artikelnummer die ersten drei Stellen zur Kodierung des Lieferanten verwendet, so können pro Lieferant nur noch 1000 Artikel bezogen werden. Während ein Sortimentsumfang von einer Million Artikeln für die meisten Handelsunternehmen keine Einschränkung darstellt, besteht die Gefahr, dass 1000 Artikel pro Lieferant nicht ausreichen. Dieses Beispiel zeigt, dass das Aufnehmen von klassifizierenden Elementen in die Artikelnummer tendenziell zu längeren Artikelnummern führt.

---

[241] Der Begriff Artikelnummer wird hier in seiner üblichen weiten Definition verwendet, so dass auch alphanumerische Artikelidentifizierer darunter subsumiert werden.

Die Einführung eines neuen WWS ist - sofern sprechende Artikelnummern verwendet werden - häufig der Anlass, historisch gewachsene, nicht mehr ausreichende Artikelnummernkreise neu zu strukturieren. Vor allem bei gewachsenen selbsterstellten Altsystemen (Individualsoftware) existieren regelmäßig softwaretechnische Restriktionen (zum Beispiel Beschränkung auf rein numerische Artikelnummern oder Artikelnummern mit zu wenig Stellen), die eine adäquate Neustrukturierung der Artikelnummernkreise verhindern. Neben der Frage, ob rein identifizierende oder klassifizierende Artikelnummern bei einer Umstellung zu präferieren sind, wird seit langem ausgiebig die Frage der optimalen Artikelnummernlänge diskutiert. Aufgrund der Branchenabhängigkeit und der Unternehmensspezifität der Entscheidung soll hier eine weitere Problematisierung unterbleiben.

Die *Artikelnummernvergabe* kann entweder manuell erfolgen oder vom System automatisch (fortlaufend) generiert werden. Bei sprechenden Artikelnummern unterstützen viele Systeme auch eine automatische Teilgenerierung der Artikelnummer, d. h., nach Vorgabe der klassifizierenden Bestandteile wird die Artikelnummer vom System automatisch vervollständigt.

Wegen der fehlenden Integration der Artikeldaten des Herstellers mit denen des Großhändlers und denen des Einzelhändlers/Verbrauchers existiert für einen Artikel nicht eine allgemeine Artikelnummer, vielmehr verwenden der Hersteller, der Großhändler und der Einzelhändler/Verbraucher jeweils eigene Artikelnummern für denselben Artikel.[242] Lieferanten fordern bei Bestellungen die Angabe ihrer Lieferantenartikelnummer, analog bestellen Großkunden (zum Beispiel industrielle Kunden) oftmals mit ihren Artikelnummern beim Handelsunternehmen. Insbesondere für Großhandelsunternehmen, als Mittler zwischen Verbraucher und Hersteller, besteht die Notwendigkeit, die Artikelnummern ihrer Geschäftspartner mitverwalten zu können, um gegebenenfalls zu einer Kundenartikelnummer im Auftrag die zugehörige Lieferantenartikelnummer für die Bestellung ermitteln zu können.

Dass das parallele Verwenden verschiedener Artikelnummern nicht immer ohne Probleme funktioniert, zeigen die Erfahrungen von Wal-Mart mit der Einführung ihres amerikanischen Warenwirtschaftssystems in Deutschland: "*[...]Der Haken: Das Wal-Mart-System funktioniert noch gar nicht programmgemäß[...]. Da das System von einer Belieferung durch das eigene Lager ausgeht, versieht es Bestellungen mit Wal-Mart-Artikelnummern und nicht mit denen der Lieferanten. Die Folge: Viele Hersteller können die Bestellungen nicht lesen und es kommt häufig zu Präsenzlücken in den Regalen. [...].*"[243]

Dennoch gehört die Verwaltung der Lieferantenartikelnummern, die eigentlich auch das Wal-Mart-System unterstützt, zum Standard bei Warenwirtschaftssystemen. Die

---

[242] Es sei hier angemerkt, dass der Handel in einigen Branchen (beispielsweise im Teppichbodenhandel) bewusst auf eine Verwendung der Herstellerbezeichnungen und -artikelnummern verzichtet, um dem (End-)Kunden die Vergleichbarkeit zu erschweren.

[243] o.V. (1999c), S. 4.

Funktionalität zur Verwaltung kundenspezifischer Artikelnummern findet sich jedoch erwartungsgemäß primär bei auf den Großhandel zugeschnittenen Warenwirtschaftssystemen.

Artikelcodes

Von den vielfältigen Artikelcodes stellt die Europäische Artikelnummer (EAN) eine besonders wichtige Artikelcodierung dar.[244] Ziel des EAN-Konzeptes ist es, durch eine zentrale Nummernvergabe eine weltweite Überschneidungsfreiheit und damit Eindeutigkeit von Artikelnummern zu realisieren. Jede logistische Einheit eines Artikels (zum Beispiel Karton, Umkarton, Palette etc.) besitzt in der Regel eine 13-stellige EAN[245], die eine eindeutige Identifizierung des Artikels und der logistischen Einheit ermöglicht. Die Artikel werden vom Hersteller mit der jeweiligen EAN bedruckt (bezeichnet als Source Marking), so dass die EAN in allen nachgelagerten Logistik- und Verkaufsprozessen zur Verfügung steht.

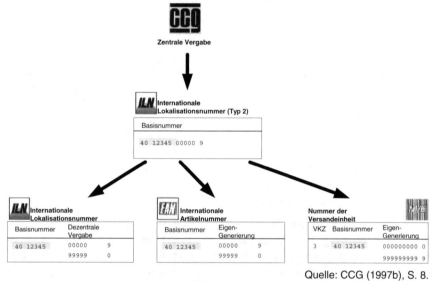

Quelle: CCG (1997b), S. 8.

Abbildung 60:   Die EAN-Systeme[246]

Die *EAN* basiert auf einer Internationalen Lokationsnummer (ILN), die in Deutschland zentral von der CCG (Centrale für Coorganisation) vergeben wird.[247] Die

---

[244]   Eine Kurzbeschreibung der im folgenden vorgestellten EAN-Varianten findet sich in CCG (1995), S. 79-91; eine ausführlichere Darstellung der Artikel-EANs in CCG (1997b), S. 8-27.

[245]   Mehrere EANs können auftreten, wenn ein Artikel von mehreren Produzenten in unterschiedlichen europäischen Ländern hergestellt wird.

[246]   Zusätzlich zur der ILN vom Typ 2 gibt es noch eine vereinfachte ILN (Typ 1), die nur die Abbildung eines Unternehmensstandorts erlaubt. Vgl. auch CCG (1995), S. 75-77.

ILN dient der weltweit eindeutigen Identifikation von Unternehmen im elektronischen Geschäftsverkehr und ersetzt damit die beim zwischen- oder überbetrieblichen digitalen Datenaustausch bisher übliche Pflege bilateral abzustimmender Kunden- und Lieferantennummern. Ende 1997 nutzten in Deutschland bereits 84.000 Unternehmen eine ILN.[248] Durch das Anfügen weiterer Ziffern (vgl. Abbildung 60) kann jeder Teilnehmer einerseits bis zu 99.999 ILN zur Identifizierung seiner unterschiedlichen Unternehmensstandorte ableiten. Andererseits lassen sich basierend auf der ILN bis zu 100.000 weltweit eindeutige Internationale Artikelnummern (Hersteller-EAN) generieren. Darüber hinaus lassen sich bis zu eine Milliarde Nummern für Versandeinheiten (NVE) ableiten.

Auch Handelsunternehmen müssen, ergänzend zum beschriebenen Source Marking, eine Möglichkeit haben, eigene Artikelnummern zu bilden. Dies ist insbesondere dann erforderlich, wenn die Artikel herstellerseitig nicht ausgezeichnet sind. Derartige handelsinterne EAN, die wegen fehlender Überschneidungsfreiheit nicht betriebsübergreifend eingesetzt werden können, werden als Instore-EAN bezeichnet.[249] Eine weitere Besonderheit stellen gewichts- und mengenvariabel abgepackte Artikel dar, bei denen jede Packung in der Regel einen anderen Preis hat (zum Beispiel Obst, Wurst, Käse). Eine Spezialcodierung (Gewichts- / Preis-EAN) schafft hier die Möglichkeit, dass die Scannerkasse den Preis beziehungsweise das Gewicht direkt aus dem Strichcode auslesen kann.

Abbildung 61:   Die EAN-13 als Strichcode

Weitere Varianten des EAN-Codes stellen die 8-stellige Kurz-EAN und die EAN-128 dar. Die EAN-128 ermöglicht es, Zusatzinformationen zur Artikelidentifikation zu codieren. Neben herstellerinternen Daten sind dies unter anderem das Produktionsdatum, das Verpackungsdatum, das Mindesthaltbarkeitsdatum, die Produktvariante, die Seriennummer, Gewichte und Maße sowie die Bestellnummer des Warenempfängers.[250] Die EAN-8 wird hingegen für Produkte verwendet, bei denen eine Platzierung des EAN-13-Strichcodesymbols (vgl. Abbildung 61) aufgrund der

---

[247]   Die ILN, die zum Stichtag 1.5.96 ihre volle Gültigkeit für alle Kommunikationsprozesse erlangte, löste die zuvor verwendete Bundeseinheitliche Betriebsnummer (bbn) ab.

[248]   Vgl. CCG: http://www.ccg.de/deutsch/index_d.htm.

[249]   Für Instore-EANs sind im EAN-System die Präfixe „2" und „20" reserviert.

[250]   Vgl. Husi (1989), S. 32-36.

Verpackungsgröße problematisch ist.[251] Typische Produkte, bei denen die EAN-8 Verwendung findet, sind beispielsweise Radiergummis oder Streichholzschachteln. Auch das ISBN-System[252], ein branchenspezifisches Nummernsystem des Buchhandels, kann in die EAN-13 integriert werden.

Die betrachteten Warenwirtschaftssysteme erlauben – bis auf einzelne Spezialsysteme für Branchen, in denen die EAN keine große Bedeutung hat – durchgängig die Abbildung von der EAN im Artikelstamm. Vielfach wird hierbei die EAN lediglich als alternative Artikelnummer verwaltet. Eine umfassende EAN-Verwaltung mit Funktionen, wie

- *mehrere EAN je Artikel/Verpackungseinheit,*
- *Zeitsteuerung der EAN-Gültigkeit,*
- Angabe des EAN-Typs und Überwachung der EAN-Korrektheit mittels *Prüfziffernalgorithmus,*

ist hingegen nur in wenigen Systemen – vor allem aus den Branchen Lebensmittel und Konsumgüter – vorhanden.

Der große Erfolg der EAN beruht darauf, dass sie nicht nur die digitale zwischenbetriebliche Kommunikation vereinfacht, sondern auch unternehmensintern an vielen Stellen der logistischen Kette ein Scannen der Ware ermöglicht. So kann die EAN im Handel für mehrere Zwecke genutzt werden. Im Wareneingang dient sie der Identifizierung der Ware und der Wareneingangserfassung. Bei der Inventur wird mittels MDE-Geräten der vorhandene Bestand erfasst. Das Haupteinsatzgebiet von EAN ist jedoch die Erfassung der Abverkäufe mittels Scannerkassen.[253] Führend beim Einsatz von Scannerkassen ist in Deutschland - begünstigt durch eine hohe herstellerseitige EAN-Auszeichnungsquote bei Lebensmitteln - der Lebensmittelhandel. Zunehmend finden Scannerkassen jedoch auch Verbreitung im Großhandelsbereich, in Baumärkten, Textil- und Sportgeschäften etc.

Durch Scannerkassen, deren Einsatz erst durch die elektronisch lesbare Auszeichnung der Artikel mittels EAN möglich geworden ist, werden im Handel vielfältige Vorteile erzielt:

- Durch die normalerweise herstellerseitige Bedruckung der Artikel mit der EAN kann im (Einzel-)Handel darauf verzichtet werden, jeden einzelnen Artikel mit einem Verkaufspreis zu versehen. Preise an den Regalen - um den wettbewerbs-

---

[251] Aufgrund des stark begrenzten Nummernkreises, sind die Kurz-EANs zentral bei der CCG zu beantragen. Als Anhaltspunkt gilt, dass eine EAN-8 verwendet werden soll, wenn ein EAN-13-Symbol mehr als 25 % der Frontfläche eines Produktes bedecken würde.

[252] Internationale Standard-Buchnummer. Zum Aufbau vgl. Tietz (1993a), S. 1030; CCG (1997b), S. 21.

[253] Um ein einfaches Einscannen des EAN-Codes zu ermöglichen, wird dieser auf Produkten stets auch als Strichcode aufgedruckt. Beim EAN-13 Code reicht eine Größe von 30,5 x 21,5 mm aus.

und verbraucherschutzrechtlichen Anforderungen zu genügen - und aktuelle Preisinformationen in der Scannerkasse reichen aus.

- Eine einfache und schnelle Verkaufspreisänderung wird möglich, da nur der Preis am Regal und in der Scannerkasse geändert werden muss.[254] Hierdurch werden neue innovative Konzepte - wie tageszeitabhängige Preise - möglich.

- Durch die Preisauszeichnung mittels eines direkt aufgedruckten EAN-Codes hat der Kunde keinerlei Manipulationsmöglichkeiten hinsichtlich des Preises (beispielsweise durch Umkleben von Preisetiketten).

- Die elektronische Preisermittlung mittels EAN-Scanner ist - bei einer konsequenten und zeitnahen Preispflege in der Scannerkasse - wesentlich weniger fehleranfällig und in der Regel deutlich schneller als eine manuelle Preiseingabe. Lediglich bei sehr schmalen Sortimenten, bei denen es den Kassiererinnen möglich ist, die Preise beziehungsweise die PLU-Nummern auswendig zu kennen, werden durch manuelle Preiseingaben größere Geschwindigkeiten als bei Scannerkassen erreicht.[255] Ein typisches Beispiel ist der Lebensmitteldiscounter ALDI mit seinem Sortiment von ca. 600-700 Artikeln.[256]

- Die mittels Scannerkasse erhobenen artikelgenauen Abverkaufs- und Bondaten bieten die Grundlage für detaillierte Analysen der Verkaufsvorgänge. Zudem sind die Scannerdaten für diverse Strategien im Umfeld der ECR-Bemühungen erforderlich.[257]

Trotz dieser Nutzenpotenziale hat die EAN bisher ein Ziel weitgehend verfehlt: Kaum ein Handelsunternehmen nutzt die EAN als ausschließliche Artikelnummer, das heisst als einzige identifizierende Nummer für den Artikel. Trotz der erzielbaren Vorteile (Reduktion des Pflegeaufwandes, Vermeidung von Identifikationsproblemen etc.) überwiegen aus Sicht der Praxis die Nachteile. So können für einen Artikel, wenn er von mehreren Herstellern oder von einem Hersteller in mehreren Ländern hergestellt wird, unterschiedliche EAN existieren.[258] Dies würde im Warenwirtschaftssystem dazu führen, dass diese Artikel wie zwei vollständig unabhängige Artikel gehandhabt würden - mit allen daraus resultierenden Problemen, beispielsweise für die Bestandsführung oder die optimale Bezugsquellenfindung. Ein weiterer

---

[254] Bei elektronischen Regaletiketten und integrierten Warenwirtschaftssystemen ist nur die einmalige Pflege der Preise erforderlich.

[255] PLU-Nummern (Price-Look-Up-Nummern) stellen Kurznummern zur Identifikation von Artikeln in den Kassensystemen dar. Gegenüber der direkten Eingabe der Artikelpreise hat die PLU-Verwendung den Vorteil, dass artikelbezogene Auswertungen möglich werden und dass die Kassiererinnen bei Preisänderungen (nicht ausgezeichneter Ware) nicht umlernen müssen. Die PLU bleibt bei Preisänderungen gleich.

[256] Vgl. Brandes(1997).

[257] Zu ECR vgl. Kapitel 1.1.2.

[258] Ein typisches Beispiel hierfür ist die 0,33 l Coca Cola-Dose, welche je nach Abfüller unterschiedliche EANs haben kann, obwohl diese aus Handelssicht nur einen Artikel darstellen.

Nachteil ergibt sich daraus, dass die EAN eine sprechende Nummer ist, das heisst Zusatzinformationen wie das Länderkennzeichen des Herstellers und die Herstellernummer enthält, die über die reine Artikelidentifikation hinausgehen. Die dadurch resultierende Länge von 13 Stellen - gegenüber üblichen 6-8 Stellen bei einer eigenen nicht-sprechenden Artikelnummerierung - bedeutet erhebliche Zeitverzögerungen bei reinen Massenerfassungsvorgängen.

Aufgrund dieser konzeptimmanenten Probleme der EAN werden auch zukünftig eigene Artikelnummern in Handelsunternehmen dominieren, denen dann eine oder mehrere EAN zugeordnet werden, die im Rahmen des überbetrieblichen Datenaustauschs und des innerbetrieblichen Scannens der Ware Verwendung finden. Die Warenwirtschaftssysteme müssen angemessene Möglichkeiten bieten, um den Artikeln zusätzlich zu einer (betriebsinternen) Artikelnummer mehrere EAN zuordnen zu können. Dabei ist zu konstatieren, dass derzeit viele Warenwirtschaftssysteme Preis- und Gewichts-EAN nicht unterstützen können.[259]

Artikelbeschreibung

Beschreibende Artikelmerkmale finden sich in vielfältiger Form: Kurzbezeichnungen und Artikellangtexte erlauben eine detaillierte Beschreibung der Artikel, die dann in Angeboten, Rechnungen etc. mit aufgeführt werden können. Für international tätige Handelsunternehmen ist es erforderlich, mehrsprachige Artikeltexte zu hinterlegen, so dass für jeden Kunden der richtige Sprachtext verwendet werden kann.[260]

Neben der textuellen Beschreibung erlauben Warenwirtschaftssysteme auch zunehmend die Hinterlegung von *Bild-* und *Tondateien.*[261] Erstere können dazu genutzt werden, den Artikel oder die Artikelverwendung bildlich zu illustrieren. Im Kundengespräch kann das Artikelbild aufgerufen werden, um beispielsweise zu klären, ob es sich um den gewünschten Artikel handelt. Darüber hinaus werden im technischen (Groß-)Handel oftmals Konstruktions- oder Ersatzteilzeichnungen hinterlegt. Weitere Anwendungsmöglichkeiten stellen Verlegemuster (Fliesenhandel) oder Farbmuster dar. Weiterhin lassen sich die Bilddateien im Großhandelsbereich zur Katalogerstellung und generell zur Einbindung in die Auftrags-, Angebots- und Rechnungsformulare. Eine Tondatei erweist sich bei Artikeln als sinnvoll, bei denen akustische Merkmale kaufentscheidend sind. Ein Beispiel für derartige Artikel sind Türglocken oder -klingeln. Verschiedene Hersteller bieten für bereits digitale Klangdateien an.

---

[259] Es ist zu berücksichtigen, dass bei einigen WWS-Lösungen aufgrund ihres Branchenfokuses diese Funktionalität nicht erforderlich ist (beispielsweise im Modebereich).

[260] Die Steuerung, welcher Sprachtext für welchen Kunden verwendet werden soll, erfolgt generell über einen Eintrag im Kundenstamm des Kunden. Wird dort etwa ein „E" als Sprachkennzeichen für einen englischsprachigen Kunden gesetzt, so werden in der Korrespondenz mit diesem Kunden automatisch die englischsprachigen Artikeltexte verwendet.

[261] Einige moderne workflow-orientierte Systeme erlauben das Anhängen beliebiger und beliebig vieler Dateien an sämtliche Belege/Vorgänge und auch an die Stammdatensätze. Dieser Ansatz stellt die flexibelste Möglichkeit dar, Zusatzdokumente oder Dateien zu verknüpfen.

Artikelgruppierungen

Zur Vereinfachung der Artikelverwaltung und zur Strukturierung des Sortiments werden Artikel nach verschiedenen Gesichtspunkten gruppiert. Dabei lassen sich drei Gruppierungsformen unterscheiden: Warengruppen, Lieferantenteilsortimente und Vertriebssortimente. Eine *Warengruppe* dient der Strukturierung und Verdichtung des gesamten Sortiments in Tiefe und Breite. Diese Verdichtung von Einzelartikeln dient primär dem logistischen Zusammenfassen von Artikeln und wird insbesondere für Planungs- und Auswertungszwecke genutzt. Ein Artikel wird dabei eindeutig einer Warengruppe zugeordnet. Aufgrund der Sortimentsgröße hat es sich bewährt, eine echte Warengruppenhierarchie mit mehreren Hierarchiestufen aufzubauen und somit eine stufenweise Verdichtung der Daten zu ermöglichen.

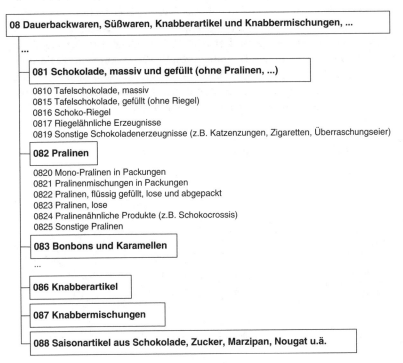

Abbildung 62: Ausschnitt der CCG-Warengruppenhierarchie

Da Warengruppen meist nach unternehmensinternen Gesichtspunkten aufgebaut werden, lassen sich in Handelsunternehmen der gleichen Branche die verschiedensten Warengruppen und Warengruppenhierarchien finden. Firmenübergreifende Auswertungen (zum Beispiel innerhalb von Firmengruppen oder Einkaufsverbänden) lassen sich dann nur nach einer (manuellen und oftmals sehr aufwendigen) Nachbearbeitung der Daten realisieren. Dieses Problem versucht der CCG-Warengruppenkatalog, der einen De-facto-Standard für die Warenklassifikation in Deutschland darstellt, zu lösen.[262] Die dreistufige CCG-Warengruppenhierarchie (Warenbereich, Warengruppe, Artikelgruppe) ist sowohl zur Klassifikation von Verbrauchs- und Gebrauchsgütern wie auch zur Klassifikation von Investitionsgütern und Rohstoffen geeignet. Abbildung 62 zeigt einen Ausschnitt des Warenbereichs 08 „Dauerbackwaren, Süßwaren, Knabberartikel und Knabbermischungen, Saisonartikel".[263]

Trotz dieses standardisierten Warengruppenkataloges ist in vielen Handelsunternehmen ein Festhalten an individuellen, historisch gewachsenen Warengruppen festzustellen. Gründe hierfür sind einerseits die Möglichkeit, Auswertungen im Zeitvergleich vornehmen zu können, andererseits werden oftmals differenziertere (beziehungsweise nach anderen Kriterien gebildete) Warengruppen genutzt.

Angesichts der aktuellen Category-Management-Tendenzen[264] sind zudem alternative Artikelgruppierungen erforderlich. So geht der Verbraucher nicht mit dem Plan, *Mono-Pralinen* oder *Riegelähnliche Erzeugnisse* zu kaufen, in das Geschäft, sondern er möchte bestimmte physische (zum Beispiel „Ich brauche Erfrischung", „Ich brauche Energie" oder „Es ist meine Hauptmahlzeit") oder emotionale Bedürfnisse („Jeder ißt es", „Ich will mich verwöhnen") befriedigen. Abbildung 63 zeigt exemplarisch unterschiedliche Sichtweisen englischer Handelsketten auf das Süßwarensortiment anhand der Regalsegmente in den Märkten.

Händler	Tesco	Asda	Safeway	Somerfield
Category	Süßigkeiten	1. Snacks 2. Süßwaren	Süßwaren	Süßwaren
Segmente	Tafelschokolade Riegel Multipack Riegel-Snacks Pralinen Mischungen Multipacks Kindersüßigkeiten Single Süßigkeiten Saison Ostereier	Schokolade Süßwaren Zuckerwaren	Singles Spaß Kids Tüten Multipacks Tafeln Geschenke	Zwischendurch Familie Geschenke Verwöhnen
Quelle	Tesco Marktforschung	Händlerentscheidung	Händlerentscheidung	Händlerentscheidung

Abbildung 63:   Sichten englischer Handelsketten auf das Süßwarensortiment[265]

Allgemein nehmen Forderungen nach mehreren, parallel geführten Artikelhierarchien in Warenwirtschaftssystemen zu. In vielen Warenwirtschaftssystemen ist es

---

[262] Der CCG-Warengruppen-Katalog ist ein von der CCG entwickelter Referenz-Warengruppen-Katalog, an den sich viele Unternehmnen bei der Definition ihrer Warengruppen anlehnen.

[263] Nach CCG (1997c) Warenbereich 08.

[264] Vgl. Kapitel 1.1.2 und insbesondere den Exkurs zum kooperativen Marketing in Kapitel 3.7.2.

[265] Vgl. o.V. (1999b), S. 42.

möglich, die CCG- oder eine andere (externe) Warengruppe mit im Artikelstamm zu hinterlegen. Allerdings handelt es sich dabei zumeist um ein Textfeld, das maximal für einfache Auswertungen genutzt werden kann. Warengruppenfunktionalität (beispielsweise Definition von EK- oder VK-Rabatten auf Warengruppenebene) bieten diese "Warengruppen" jedoch nicht.

Neben der Strukturierung des Gesamtsortiments führt das Vorhandensein von Warengruppen zu deutlichen Vereinfachungen in der Massendatenpflege. Konditionen, die sich auf komplette Warengruppen beziehen, können auf Warengruppenebene (als Warengruppen-Kondition) gepflegt werden. Auch Verkaufsvorgänge - u. a. in den Sortimentsbereichen Obst/Gemüse oder Fleisch/Wurst - können auf Warengruppenebene (zum Beispiel über einen Warengruppenwertartikel) vorgenommen werden. Die vielfältigen Verdichtungsnotwendigkeiten belegen die Bedeutung einer stringenten Warengruppendefinition, die nicht zuletzt für konsistente Auswertungen und damit für die Steuerung des Unternehmens unabdingbar ist.

Lieferantenteilsortimente sind Artikelgruppierungen aus Sicht eines Lieferanten. Die Nachbildung der Sortimentsstruktur des Lieferanten ist erforderlich, weil Lieferantenkonditionen oder Lieferbedingungen häufig individuell für Lieferantensortimente definiert werden. Bei einem Verzicht auf die Konditionen auf Lieferantenteilsortimentebene wären artikelindividuelle Konditionen notwendig.[266] Somit dienen Lieferantenteilsortimente einerseits einer vereinfachten Massendatenpflege, andererseits erlauben sie die Abbildung komplexer einkaufsseitiger Konditionen.

Vertriebssortimente nehmen eine Strukturierung des Gesamtsortiments aus Sicht des Handelsunternehmens vor.

Abbildung verschiedener Verpackungseinheiten

Die Beschaffung, Lagerung und Distribution der Artikel erfolgt nicht nur in einer Mengeneinheit. Artikeln werden mindestens eine oder aber mehrere logistische Einheiten (synonym: Verpackungseinheiten) zugeordnet. Typische logistische Einheiten sind die Palette, der Umkarton, die Lage usw. Logistikeinheiten können mehrstufig in kleinere Untereinheiten aufgelöst werden (Palette, Lagen, 6-er-Kartons, Einzelstücke). Eine strenge Hierarchie muss nicht gegeben sein, wenn zum Beispiel der Artikel im 6-er-Karton und im 8-er-Karton geführt wird. Deswegen wird bei den logistischen Einheiten keine Hierarchie gebildet. Große Sorgfalt ist bei die Festlegung, welche Größeneinheiten bei welchen Funktionen verwendet werden, geboten (z. B. Mindestbestellmenge des Zentrallagers: Palette, Abgabe an Filiale: Umkarton, Verkauf in der Filiale: Einzelartikel).

Die meisten betrachteten Systeme erlauben die Definition mehrerer Verpackungseinheiten - allerdings ohne hierarchische Verknüpfung (❶). Vor allem bei den Syste-

---

[266] Bestimmte Konditionen lassen sich ohne Lieferantenteilsortimente nicht abbilden, so zum Beispiel einkaufsseitige Rabatt-Mengenstaffeln, die sich auf eine Gruppe von Artikeln beziehen.

men, die auf den Modebereich ausgerichtet sind, wird branchenbedingt auf eine Abbildung verschiedener Verpackungseinheiten verzichtet (○). Ihre mehrstufige Verknüpfung (●) ist hingegen typisch für Systeme, die auf den Baustoff-(groß)handel ausgerichtet sind.

Ersatzartikel

Insbesondere im Großhandelsgeschäft (speziell im Telefonverkauf) ist es notwendig, kurzfristig alternative Artikel nennen zu können, falls der gewünschte Artikel nicht oder nicht in ausreichender Menge lieferbar ist. Hierzu werden in den Warenwirtschaftssystemen üblicherweise Verweise auf Ersatz- oder Alternativartikel hinterlegt.

Die einfachste Form stellt die feste *Zuordnung* eines oder mehrerer Alternativartikel dar. Flexibler wird diese Zuordnung, wenn eine Zeitsteuerung unterstützt wird, so dass saisonal unterschiedliche Alternativen genutzt werden können und beim planmäßigen Auslaufen eines Artikels bereits frühzeitig künftige Ersatzartikel hinterlegt werden können. Weiterhin kann die Realisierung des Verweises auf Ersatzartikel danach differenziert werden, inwieweit die *Zugriffsfolge* bei mehreren Alternativen gesteuert werden kann. Eine feste Reihenfolge hat den Nachteil, dass vom ersten hinterlegten Alternativartikel gegebenenfalls auch keine ausreichenden Bestände vorhanden sind. Sofern mehrere Alternativartikel angegeben sind, können auch bei den weiteren Artikeln keine Bestände mehr verfügbar sein. Daher wäre eine verfügbarkeitsabhängige Zugriffsreihenfolge auf die Alternativartikel für den Ablauf vorteilhaft. Bisher wird diese Zugriffsfolge jedoch nur von wenigen WWS unterstützt.

Verkaufssets

Ein Verkaufsset stellt eine aus Sicht des Verkaufs gebildete Zusammenfassung von Artikeln zu Zwecken der Verkaufsförderung oder Produktpräsentation dar. Die Besonderheit eines Verkaufssets liegt darin, dass dieses erst im Handelsunternehmen aus Einzelartikeln zusammengestellt wird. Das Handelsunternehmen kauft Einzelartikel ein und verkauft diese ausschließlich oder zusätzlich als Set. Beispiele sind unter anderem die Bildung von Geschenkkörben, die Bildung von Servicen im Porzellanbereich oder der Verkauf komplett eingerichteter Küchenzeilen.

Problematisch ist die Set-Abwicklung, wenn die Set-Komponenten auch außerhalb des Sets als Einzelartikel verkauft werden, was bei Verkaufssets üblich ist. So kann es beispielsweise notwendig sein, auch im Lager ein Set als Set-Artikel und zudem in Form der Einzelartikel zu führen. Würde man auf eine Abbildung als Set verzichten, so hätte dies zur Folge, dass die Lieferfähigkeit des Sets nur nach Kontrolle aller Einzelbestände der Set-Komponenten möglich wäre. Zudem erlaubt eine auf die Einzelartikel beschränkte Bestandsführung den ungeplanten Abverkauf einer Set-Komponente, so dass unerwartet komplette Sets nicht mehr verfügbar sind. Es sei jedoch darauf hingewiesen, dass das parallele Führen von Beständen auf Set- und

Einzelartikelebene zu Zuordnungsproblemen des Wareneinsatzes und der Verkaufs-erlöse führt. Werden Einzelartikel eingekauft und als Set verkauft, so können keine Aussagen über den Umsatz des Einzelartikels getroffen werden, und der Warenein-satz des Sets wird (aufgrund des Einkauf der Einzelartikel) falsch ausgewiesen.

Analog zur Bestandsführung stellt sich auch bei der *Set-Bewertung* die Frage, ob sich diese implizit aus den aufsummierten Einzelbewertungen der zum Set gehörenden Einzelartikel ergibt oder explizit auf Set-Ebene gepflegt wird. Eine echte Verkaufs-set-Abwicklung ist nur realisierbar, wenn eine Bewertung auch auf Set-Ebene möglich ist. Andernfalls kann die Idee der Verkaufsförderung durch günstige Set-Preise nicht umgesetzt werden, da der Set-Preis stets der Summe der Einzelpreise entsprechen würde.

Eine *individuelle Anpassung der Verkaufssets* (beispielsweise bei der Auftragser-fassung) erlaubt es, definierte Sets an kundenspezifische Anforderungen anzupassen. So können typischerweise Einzelartikel herausgenommen oder ausgetauscht werden. Auch Mengenänderungen sollten unterstützt werden. Insbesondere bei Mengenände-rungen sollte das Warenwirtschaftssystem automatisch einen neuen Set-Preis vor-schlagen. Beispiele aus dem Bereich des technischen Handels/Elektrogroßhandels für Set-Artikel, die eine auftragsindividuelle Set-Anpassung (zum Beispiel die Länge oder die Anzahl an Halterungen) erfordern, sind Kabelkanäle und Lichtbänder.

Die Grundfunktionen zu Verkaufssets werden von den meisten betrachteten WWS abgedeckt. Unterschiede zeigen sich in Detail, beispielsweise der Möglichkeit, die Set-Bestandteile im Auftrag, dem Lieferschein und der Rechnung anzudrucken, oder der Flexibilität bei der Preisfindung und der Erlöszuordnung als Basis für eine artikelbezogene Deckungsbeitragsrechnung. Ausgeprägte Set-Funktionalität findet sich bei Lösungen für den Baustoffhandel. So bietet beispielsweise *VERA* die Mög-lichkeit, neben normalen Set-Komponenten auch fixe Set-Komponenten abzubilden. Im Gegensatz zu normalen Set-Komponenten erhöht sich bei diesen die Menge nicht, wenn die Set-Menge erhöht wird. So kann ein Kabelkanal als Set abgebildet werden mit den Set-Komponenten Anfangsstück (fix), 1-Meter-Mittelstück (variabel) und Endstück (fix). Zum Verkauf eines 10 Meter langen Kabelkanals muss dann lediglich die „Set-Menge" 10 erfasst werden.

Lot-Verwaltung

Im Modebereich ist es bei Textilien und Schuhen üblich, bei Bestellungen beim Hersteller die Größen nicht individuell zusammenzustellen, sondern zur Verein-fachung des logistischen Ablaufs vordefinierte Lots zu ordern. Ein typisches 12er-Lot im Bereich Damenschuhe besteht beispielsweise aus 1 x Größe 36, 2 x Größe 37, 3 x Größe 38, 3 x Größe 39, 2 x Größe 40, 1 x Größe 41. Das Handelsunternehmen vereinnahmt den Wareneingang auf Basis des Lots, während der Warenausgang in den Filialen und damit auch die Fakturierung auf Basis der Einzelartikel erfolgen. Als pragmatische Lösung lässt sich ein Lot über ein (Einkaufs-)Set abbilden; aller-dings muss dies dann für jeden Artikel einzeln definiert werden. Bei einer echten

Lot-Funktionalität, wie sie beispielsweise von *Retek* oder *Futura ERS* angeboten wird, muss die Lot-Einteilung nur einmalig (artikelunabhängig) definiert werden und kann dann mehreren Artikeln als Bestelleinheit zugeordnet werden.

Variantenverwaltung

Erschwert wird die Handhabung der Artikeldaten dadurch, dass viele Artikel in unterschiedlichen Ausprägungen oder Varianten existieren. So gibt es bei Schokoladentafeln bis zu 30 verschiedene Geschmacksrichtungen, bei Schuhen mehr als 10 Größen und bei Teppichböden bis zu 100 verschiedene Farben- und Designkombinationen eines Artikels. Solange eine Artikelvariante nur durch ein Variantenmerkmal beschrieben wird (bspw. Farbe des Lichtschalters), ist das Problem gut handhabbar. Existieren jedoch mehrere (beliebig) kombinierbare Merkmale, so ergibt sich eine kombinatorische Explosion. Ein Beispiel aus dem Bereich des Textilhandels stellen Jeans dar. Bei einer Markenjeans gibt es neben der Farbe zwei Variantenmerkmale: die Bundweite und die Beinlänge. Geht man nun von acht verschiedenen Bundweiten und acht verschiedenen Beinlängen aus, so gibt es theoretisch 64 verschiedene Variantenausprägungen (ohne Berücksichtigung der Farbproblematik).

Ohne eine explizite Variantenverwaltung muss entweder für jede Variantenausprägung ein Artikelstammsatz angelegt werden, oder es wird lediglich ein variantenunabhängiger Artikel „Jeans" angelegt. Angesichts des Pflegeaufwands ist die manuelle Anlage sämtlicher Artikel nicht vertretbar. Die Funktionalität zur Abbildung *einfacher Varianten* (ein Variantenmerkmal) ist in zahlreichen WWS vorhanden. Es sollte allerdings darauf geachtet werden, dass jede Variante im WWS auch eine eindeutige Artikelnummer erhält, da dies die Voraussetzung für eine effiziente elektronische Auftragsannahme und Bestellungsübermittlung darstellt.

Ein Variantenkonzept für zwei oder mehr miteinander kombinierbare Variantenmerkmale ist fast ausschließlich in WWS für den Textilhandel zu finden. So bietet das System *FEE* ein spezielles „Jeans-Modul", welches mit Hilfe von Matrixdarstellungen insbesondere die Disposition und den Wareneingang vereinfacht.

Seriennummern

Technische Geräte werden in der Regel von Herstellerseite mit einer Seriennummer versehen. Diese dient zur eindeutigen Identifizierung des konkreten Geräts und wird vor allem zum Nachweis des Kaufdatums bei Garantieansprüchen und Reparaturen verwendet. Spätestens beim Warenausgang des Artikels werden die Seriennummern vom Handel erfasst, so dass neben den üblichen Artikel- und Mengenangaben auch die Seriennummern zu verwalten sind. Hierbei ist zu beachten, dass pro Wareneingangsposition mehrere Seriennummern anfallen können. Verschiedene Systeme mit Fokus auf den Technischen Großhandel bieten auch die Möglichkeit, Seriennummernintervalle zu erfassen. Es kann eine Startnummer vorgegeben und definiert werden, welche Nummerteile in welchem Intervall hochgezählt werden sollen. Die

Fähigkeit zur Seriennummernverwaltung bei Warenwirtschaftssystemen umfasst neben der Nummernverwaltung auch eine integrierte Suchfunktion, so dass in Reklamations- oder Reparaturfällen der ursprüngliche Geschäftsvorfall auch basierend auf der Seriennummer gesucht werden kann.

Chargenverwaltung

Unter einer Charge versteht man eine Teilmenge eines Artikels, die bestandsmäßig von anderen Teilmengen des Artikels getrennt geführt wird. Chargen werden etwa bei Artikeln genutzt, die aufgrund eines nicht vollständig deterministischen Herstellungsprozesses (zum Beispiel chemische Reaktionen) bei jedem Fertigungslos leicht unterschiedliche Merkmale besitzen. Typische Chargenartikel sind Keramikartikel/Fliesen (unterschiedlicher Brennton), Farben, Teppichböden (unterschiedliche Farbintensität), zahlreiche Rohstoffe (unterschiedliche Reinheitsgrade etc.), Lebensmittel (unterschiedliche Mindesthaltbarkeitsdaten) oder Medikamente (Rückverfolgung der Rohstoffe aufgrund gesetzlicher Auflagen). Eine besondere Form der Chargenverwaltung stellt die Rollenverwaltung dar, für die das spezifische Merkmal ihre Restlänge ist. Typische Artikel, für die eine Rollenverwaltung erforderlich ist, stellen Kabel und Leitungen, Stoffe, Teppichböden etc. dar. Eine Rollenverwaltung lässt sich im Normalfall mittels Chargenverwaltung realisieren.

Eine integrierte Chargenverwaltung hat neben der Führung differenzierter Lagerbestände auch Auswirkungen auf den Einkaufs- und Vertriebsprozess. So ist beim Wareneingang eine Unterstützung erforderlich, um Chargen neu anzulegen. Ebenso muss das WWS dem Verkäufer eine Möglichkeit bieten, bei der Angebotserstellung oder der Auftragsannahme zu prüfen, welche Chargen von einem Artikel vorhanden sind, und festzulegen, welche für den Auftrag verwendet werden soll.

Zur Beschreibung und Identifikation der Chargen werden *Chargenmerkmale* verwendet. Häufig sind in den Warenwirtschaftssystemen feste Chargenmerkmale (zum Beispiel Chargennummer, Mindesthaltbarkeitsdatum beziehungsweise Verfalldatum, Date-Code oder %-Gehalt) vorgegeben. Einige Systeme erlauben zusätzlich eine freie Definition von Chargenmerkmalen und bieten so eine deutlich größere Flexibilität. Wird nur ein Teil der aufgezeigten Chargenmerkmale unterstützt, so ist dies in der Tabelle entsprechend gekennzeichnet (◗).

Gefahrgutklassifizierung

Gefahrstoffe[267] sind nach der Gefahrgutverordnung definiert, als „Stoffe und Gegenstände, von denen aufgrund ihrer Natur, ihrer Eigenschaften oder ihres Zustandes im Zusammenhang mit der Beförderung Gefahren für die öffentliche Sicherheit oder Ordnung, insbesondere für die Allgemeinheit, für wichtige Gemeingüter, für Leben

---

[267] Gefahrstoffe werden oftmals synonym als Gefahrgut bezeichnet. Jedoch nicht identisch mit dem Begriff „gefährliche Stoffe" im Sinne der Gefahrstoffverordnung und des §3a ChemG.

und Gesundheit von Menschen sowie für Tiere und andere Sachen ausgehen können."[268] Die Gefahrgutverordnung bezieht sich somit insbesondere auf den Transport der Gefahrstoffe (zum Beispiel Deklarationsvorschriften, Definition von Höchstmengen, Verbot des gemeinsamen Transportes bestimmter Stoffe).

Die Lagerung von Gefahrstoffen und Chemikalien unterliegt einer ganzen Reihe von Gesetzen und Vorschriften.[269] Der Lagerbetreiber muss einen exakten Einlagerungsplan über die Art und Menge der eingelagerten Gefahrstoffe sowie deren exakte Lagerorte erstellen. Für den Alarmfall müssen unter anderem Informationen über die exakten Stoffbezeichnungen, über erforderliche Sicherheitsmaßnahmen, über Hilfeleistungen für Personen, die mit den gelagerten Stoffen in Berührung kommen, sowie mögliche Maßnahmen zur Vermeidung von Umweltschäden bereitstehen. Darüber hinaus sind zahlreiche Zusammenlagerungsverbote zu beachten. Zu diesem Zweck sind 22 Lagerklassen (LGK) definiert, in die sich alle Stoffe einordnen lassen.[270] Stoffe einer Lagerklasse können normalerweise gemeinsam gelagert werden, für Stoffe unterschiedlicher Lagerklassen gelten komplexe Regeln und Sicherheitsvorschriften. Für Kleinmengen gibt es sehr häufig Ausnahmen.

Eine Gefahrgutklassifikation im Warenwirtschaftssystem stellt sowohl hinsichtlich der Lagerung wie auch des Transports die informationstechnische Grundlage zur Erfüllung dieser vielfältigen gesetzlichen Vorschriften dar. Die Hauptaufgaben der Gefahrstoffverwaltung im Handel stellen die Berücksichtigung der Zusammenlagerungsverbote, die Beachtung der unter „normalen" Lagerbedingungen möglichen stoffspezifischen Höchstlagermengen und die Erstellung der erforderlichen Dokumentations- und Deklarationsunterlagen dar.

Da die im Einzelhandel gelagerten Gefahrstoffmengen in der Regel unproblematisch sind, ist primär der Großhandel mit den Problemen der Gefahrstoffverwaltung konfrontiert. Eine Gefahrstoffklassifikation (◑) ist viele der betrachteten Warenwirtschaftssysteme realisierbar, eine umfassende Gefahrstoffverwaltung im obigen Sinne (●) ist hingegen primär bei den auf den chemischen, pharmazeutischen oder technischen Großhandel ausgerichteten Warenwirtschaftssystemen zu erkennen.

Artikelpflege

Um den Aufwand zur Artikelanlage und laufenden Artikelstammdatenpflege möglichst gering zu halten, wurden von den WWS-Anbietern verschiedene Hilfsfunktionen geschaffen. Weitestgehend durchgesetzt hat sich in den WWS das Konstrukt

---

[268]   §2 Abs. 1 GefahrgutG .

[269]   Zu nennen sind unter anderem die Gefahrstoffverordnung (GefStoffV) und die dazugehörenden Technischen Regeln, die Verordnung über brennbare Flüssigkeiten und die dazugehörigen Technischen Regeln, §19 des Wasserhaushaltsgesetzes (WHG) und die dazugehörigen Länderverordnungen über Anlagen zum Lagern, Abfüllen und Umschlagen wassergefährdender Stoffe.

[270]   Ein praxisorientiertes Verfahren zur Ermittlung der Lagerklasse findet sich beim Chemie Informationsdienst Aachen, vgl. http://www.cheminform.de/gefstoff/zusammen.html.

des Vorlageartikels. In einem Vorlageartikel werden grundlegende Attributwerte hinterlegt, die bei der Neuanlage eines Artikel automatisch übernommen werden. Entweder wird ein universeller *Vorlageartikel* (❍) verwendet oder es können warengruppen- oder lieferantenbezogene Vorlageartikel (●) genutzt werden. Unabhängig davon erlauben es die meisten Systeme bei der Neuanlage eines Artikels, manuell einen vorhandenen Artikel als Vorlage auszuwählen, dessen Attribute als Vorbelegung für den neuen Artikel übernommen werden.

Eine *tabellarische Schnellerfassung* mit welcher ausgewählte Attribute des Artikelstamms tabellarisch dargestellt und auch verändert werden können, kann wesentlich dazu beitragen, Massenänderungen (z. B. Änderungen der Listenpreise eines Lieferanten) effizient durchzuführen (vgl. Abbildung 64). Beschränkt sich die Schnellerfassung primär auf Preise so ist dies in der Merkmalstabelle als ❍ dargestellt; können auch weitere Attribute individuell hinzugenommen werden, so ist dies mit ● gekennzeichnet. Auch die Definition *spezifischer Artikelstammmasken* für unterschiedliche Artikelarten kann zu einer vereinfachten Artikelverwaltung beitragen, da jeweils nur die für den jeweiligen Artikeltyp relevanten Eingabefelder angezeigt werden.

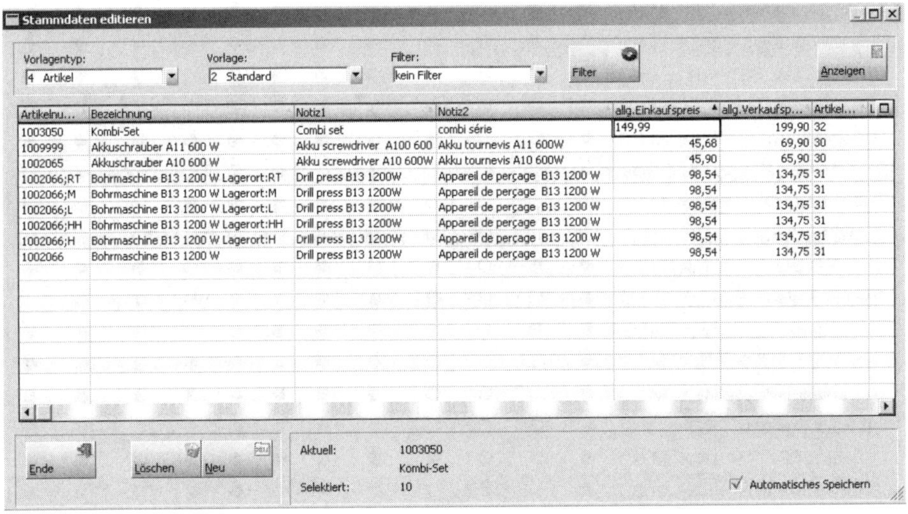

Quelle: Mesonic.

Abbildung 64: Flexible tabellarische Artikelstammdatenpflege in WinLINE

Ein besonders elegantes und äußerst flexibles Konstrukt, um Befehle auf mehreren Artikel auszuführen, bietet *Retek 10*. Zunächst kann über Selektionen dynamisch eine Menge von Artikeln gebildet werden. Auf dieser Artikelmenge lassen sich (fast) alle Funktionen ausführen, die auch auf einen einzelnen Artikel anwendbar sind. Nutzbar ist diese Funktionalität nicht nur für die Artikelstammpflege, sondern auch für diverse weitere Anwendungsbereiche, wie etwa die Artikellistung.

System-merkmale 6: Artikelstamm	Typ[A]	Artikelnummern-vergabe[B]	Artikelnummer / EAN				Artikelbeschreibung					Gruppierungen		
			EAN	Mehrere EAN je Artikel	EAN mit Zeitsteuerung	EAN-Prüfung m. Prüfzifferalgorithmus	Umfang der textuellen Artikelbeschreibung	Artikelmaße	Artikelgewichte	Bilddateizuordnung	Tondateizuordnung	Anzahl WGR-Hierarchiestufen	Lieferanten-teilsortimente	Vertriebssortimente
A.eins	N,X	M, G	●	○	○	○	◐	●	●	○	○	◐	●	●
abas	N,X	M,G,T	●	○	○	○	●	●	●	●	●	○	●	●
ASW	X	M, G	●	○	○	○	●	●	●	●	●	○	○	○
AUPOS	N,X	M,G,T	●	○	○	●	◐	●	●	●	●	●	●	●
AW 400	N	M,G,T	●	●	○	○	◐	●	●	●	○	◐	●	●
b2 Handel	N,X	M,G,T	●	●	○	○	●	●	●	●	●	●	●	●
Bison Solution	N,X	M,G,T	●	●	○	○	●	●	●	●	○	●	●	●
Brain AS	N,X	M,G,T	●	○	○	○	●	●	●	●	●	●	●	●
Compex	X	M,G	●	●	○	●	●	●	●	●	●	◐	●	●
Conaktiv	N,X	M,G	●	●	○	○	◐	●	●	●	○	○	○	●
Corporate WINLine	N,X	M,G,T	●	○	○	○	◐	●	●	●	○	◐	○	○
CSB-System	N,X	M,G,T	●	●	○	●	●	●	●	●	○	●	●	●
DCW-Wawi.	N,X	M,G	●	●	○	●	●	●	●	●	●	●	●	●
DEWAS / MESS	N	k. A.	●	○	○	●	◐	●	●	○	○	◐	●	●
diamod	N,X	M,T	●	●	●	●	◐	●	●	●	○	○	○	●
e.fet Wawi.	N,X	M,G,T	●	○	○	●	◐	●	●	●	●	●	●	●
FEE	X	M,G	●	○	○	○	◐	○	○	○	○	○	●	○
Formica SQL	N,X	M,G,T	○	○	○	○	●	●	●	●	●	○	○	○
Futura ERS	X	G	●	○	○	○	◐	●	●	●	○	○	●	●
G.O.L.D.	N,X	M,G,T	●	●	○	●	◐	●	●	●	●	○	●	●
GEAC System 21	X	k. A.	●	○	○	○	●	●	●	●	●	○	○	○
gevis	N,X	M,G	●	●	○	○	◐	●	●	●	○	◐	●	●
i/2	N,X	M,G,T	●	○	○	○	●	●	●	●	●	◐	●	●
iBaanERP	N,X	M,G,T	●	○	○	○	●	●	●	●	●	◐	●	●
IFS Applications	N,X	M,G	●	○	○	○	●	●	●	●	●	○	○	●
IN:ERP	N,X	M,G,T	●	○	○	●	●	●	●	●	●	◐	●	●
J.D. Edwards	N,X	M,G,T	●	○	○	○	●	●	●	●	●	●	●	●
JDA-PMM	N,X	M,G	●	●	○	●	●	●	●	●	○	●	●	●
KARAT	N,X	M	○	○	○	○	◐	○	●	○	○	○	○	○
MBS-Apertum	N,X	G,T	●	○	○	○	●	●	●	●	●	○	●	○
MBS-Axapta	N,X	M,G,T	●	●	○	○	●	●	●	●	●	●	○	●
MBS-Navision	N,X	M,G	●	○	○	○	●	●	●	●	○	○	○	○

[A] N=nummerisch, X=alphanummerisch

[B] M=manuelle Vergabe, G=Generierung (automatische Vergabe), T=Teilgenerierung (bei teilsprechenden Nummern)

| Abbildung versch. VPE | Ersatzartikel | | Verkaufssets | | | Lot-Verwaltung | Artikelvariantenverwaltung | Seriennummern | Chargen | | Gefahrgutklassifizierung | Artikelpflege | | Spez. Masken | Systemmerkmale 6: Artikelstamm |
	Zuordnung	Zugriffsfolge[B]	Set-Artikel	Set-Bewertung[A]	Individ. Anpassung				Chargenverwaltung	Chargenmerkmale		Vorlageartikel	Schnellerfassung		
●	F	F	●	E,S	●	O	O	●	●	O	◑	O	O	O	A.eins
●	-	-	●	S	●	O	O	●	●	●	◑	◑	O	O	abas
●	F,Z	O	●	E,S	●	O	●	●	●	●		●	◑	O	O	ASW
●	F	O	●	E,S	●	O	●	●	●	●	◑	◑	◑	O	AUPOS
●	F	-	●	S	O	O	●	O	O	O	◑	O	O	O	AW 400
●	F,Z	O	●	E,S	●	O	●	●	●	●	◑	●	O	O	b2 Handel
◑	F	-	●	E,S	●	●	●	●	●	◑	◑	O	◑	O	Bison Solution
●	F,Z	O	●	E,S	●	O	●	●	●	●	◑	●	◑	●	Brain AS
●	F	-	●	E,S	O	O	O	●	●	O	◑	◑	O	O	Compex
◑	F	-	●	E,S	●	O	O	●	O	O	◑	◑	◑	O	Conaktiv
O	F	O,F	●	E,S	●	O	●	●	●	◑	◑	●	●	●	Corporate WINLine
●	F,Z	O,F,V	●	E,S	●	●	●	●	●	●	●	●	●	●	CSB-System
◑	F	-	●	E,S	O	O	O	●	O	O	O	◑	O	O	DCW-Wawi.
◑	F,Z	-	●	S	O	O	O	O	O	O	O	O	O	O	DEWAS / MESS
O	F		●	E,S	●	●	●	O	●	O	◑	◑	◑	O	diamod
◑	F,Z	O,F,V	O	E,S	●	O	●	●	●	O	●	O	O	O	e.fet Wawi.
◑	-	-	●	E,S	●	O	k.A.	O	O	O	O	O	O	O	FEE
◑	-	O	●	E,S	●	O	O	●	O	O	◑	●	O	O	Formica SQL
●	-	-	●	E,S	●	●	●	●	O	O	O	●	O	O	Futura ERS
●	F	-	●	S	O	O	●	O	O	O	◑	●	●	O	G.O.L.D.
●	F	O	●	S	●	O	●	●	●	O	◑	O	O	O	GEAC System 21
◑	F,Z	O,F	●	E	●	O	O	●	●	O	●	◑	◑	O	gevis
◑	F,Z	O	●	E,S	●	●	O	●	●	●	◑	●	◑	●	i/2
●	F	O,F,V	●	E,S	●	O	●	●	●	●	●	●	◑	O	iBaanERP
◑	F	-	●	E,S	O	●	●	●	●	◑	◑	◑	◑	O	IFS Applications
●	F	O	●	E,S	●	O	O	●	●	◑	◑	●	O	●	IN:ERP
●	F,Z	O	●	E,S	●	●	●	●	●	●	●	●	◑	●	J.D. Edwards
◑	F	-	●	S	●	●	●	O	O	O	◑	●	◑	O	JDA-PMM
	-	-	●	E	O	O	O	●	O	O	O	O	◑	O	KARAT
◑	F	-	●	E,S	●	O	●	●	●	O	◑	◑	O	O	MBS-Apertum
●	F,Z	F,V	●	E,S	●	●	●	●	●	●	O	◑	●	●	MBS-Axapta
◑	F	O	●	E,S	O	O	●	●	●	◑	●	●	◑	O	MBS-Navision

[B] F=fest; O=ohne Zugriffsfolge (z. B. manuell auszuwählen); V=verfügbarkeitsgesteuert
[A] E=auf Einzelartikelebene; S=auf Set-Ebene

System-merkmale 6: Artikelstamm	Artikelnummer / EAN						Artikelbeschreibung					Gruppierungen		
	Typ[A]	Artikelnummern-vergabe[B]	EAN	Mehrere EAN je Artikel	EAN mit Zeitsteuerung	EAN-Prüfung m. Prüfziffernalgorithmus	Umfang der textuellen Artikelbeschreibung	Artikelmaße	Artikelgewichte	Bilddateizuordnung	Tondateizuordnung	Anzahl WGR-Hierarchiestufen	Lieferanten-teilsortimente	Vertriebssortimente
MKS Goliath	N,X	M,G,T	●	●	○	●	●	●	●	●	●	○	○	●
Movex	N,X	M,G,T	●	●	●	●	◐	●	●	●	●	●	●	●
oxaion	N,X	M,G,T	●	○	○	●	●	○	●	●	●	●	●	●
P2plus	N,X	M,G,T	●	○	○	○	◐	●	●	●	●	◐	●	●
PISA – Wawi.	X	M,G,T	●	●	○	●	◐	●	●	○	○	●	●	●
Pollex LC	N,X	G	●	○	○	○	◐	●	●	●	○	●	●	●
priMio – E/Con	N,X	M,G,T	●	○	○	○	◐	●	●	●	●	◐	○	○
ProALPHA	N,X	M,G,T	●	●	○	○	◐	●	●	●	●	●	●	●
PRODIS	X	M	●	○	○	○	◐	○	●	○	○	○	●	●
Profit-WWS	N,X	k.A.	●	○	○	○	◐	●	●	●	○	●	○	●
ProWWS	X	M	●	○	○	●	◐	●	●	○	○	◐	●	●
Regulus	N,X	M,G	●	●	○	●	●	○	●	●	●	◐	●	●
Retek 10	N,X	M,G,T	●	●	○	●	●	●	●	●	●	●	●	●
Sangross V	N,X	k.A.	●	○	○	○	●	●	●	●	●	○	○	○
SAP Business One	N,X	M	●	●	○	○	◐	○	○	●	●	○	○	○
SAP mySAP Retail	N,X	M,G,T	●	●	○	○	●	◐	●	●	●	●	●	●
SDS fashion	N	k.A.	●	○	○	○	◐	○	○	●	○	○	○	○
Semiramis	N,X	M,G	●	●	●	●	●	○	○	○	○	●	●	●
Skill Commercial	N,X	M,G,T	●	○	○	○	●	●	●	●	●	●	●	●
SO:Business Soft.	N,X	M,G,T	●	●	○	●	●	●	●	●	●	○	●	●
SoftM Suite	N,X	M, G	●	○	○	○	●	●	●	●	○	●	●	●
SQL-Business	N,X	M	●	○	○	○	●	●	●	●	○	●	●	○
Steps Business Sol.	N,X	G	●	○	○	○	◐	●	●	○	○	◐	○	○
TRADEsprint	N, X	M,G,T	●	●	○	●	●	●	●	●	●	●	●	●
TS	N	k.A.	●	○	○	○	◐	●	●	●	○	○	●	●
Unitrade	N,X	M,G,T	●	●	○	●	●	●	●	●	●	◐	●	●
UPOS	N,X	M,G	●	●	○	●	◐	●	●	●	○	●	○	●
VERA	N,X	M,G,T	●	●	○	●	◐	●	●	●	●	◐	●	●
W 5	N,X	M,G,T	●	○	○	●	●	●	●	●	○	◐	●	●
WEST System	N,X	M,G	●	○	○	○	◐	●	●	●	○	○	●	●
Wilken Materialw.	N	M,G	●	○	○	○	◐	●	●	○	●	●	●	●
x-trade	N,X	M,G	●	●	●	●	●	●	●	○	○	●	●	●

[A] N=nummerisch, X=alphanummerisch

[B] M=manuelle Vergabe, G=Generierung (automatische Vergabe), T=Teilgenerierung (bei teilsprechenden Nummern)

Abbildung versch. VPE	Ersatzartikel		Verkaufssets			Lot-Verwaltung	Artikelvarianten-verwaltung	Seriennummern	Chargen		Gefahrgutklassifizierung	Artikelpflege		Spez. Masken	System-merkmale 6: Artikelstamm
	Zuordnung	Zugriffsfolge[B]	Set-Artikel	Set-Bewertung[A]	Individ. Anpassung				Chargenverwaltung	Chargenmerkmale		Vorlageartikel	Schnellerfassung		
◐	-	○	●	E,S	●	○	○	●	●	◐	◐	●	○	○	MKS Goliath
●	F,Z	O,F,V	●	E,S	●	●	●	●	●	●	●	●	○	●	Movex
●	F,Z	-	●	E,S	●	○	●	●	●	●	◐	●	○	○	oxaion
◐	-	-	●	E,S	●	○	○	●	●	○	◐	◐	●	○	P2plus
●	F,Z	○	●	E,S	●	●	●	●	●	●	●	●	○	○	PISA – Wawi.
◐	F	F	●	E,S	●	○	○	●	●	●	◐	○	◐	○	Pollex LC
◐	-	-	○	-	○	○	○	○	●	○	◐	○	◐	○	priMio – E/Con
●	F	○	●	E,S	●	○	●	●	●	●	◐	◐	◐	○	ProALPHA
●	-	-	●	E,S	●	○	●	○	●	○	◐	○	○	○	PRODIS
○	-	-	●	E,S	●	○	●	●	○	○	○	○	○	○	Profit-WWS
●	F,Z	-	●	E,S	●	○	○	○	●	●	◐	○	○	○	ProWWS
●	-	-	○	-	○	○	●	●	●	●	◐	○	○	○	Regulus
●	-	F,V	●	E,S	○	●	●	○	○	○	◐	◐	●	●	Retek 10
◐	F	F	●	E,S	●	○	●	●	○	○	○	○	○	○	Sangross V
○	-	○	○	E,S	○	○	○	●	●	○	◐	○	○	○	SAP Business One
●	F,Z	○	●	E,S	○	○	●	●	●	●	◐	●	●	●	SAP mySAP Retail
○	-	-	○	-	○	○	●	●	○	○	○	○	○	○	SDS fashion
●	F,Z	O,F,V	●	E,S	●	●	●	●	●	●	◐	●	○	○	Semiramis
◐	F	-	●	E,S	○	●	●	●	●	○	◐	◐	◐	○	Skill Commercial
●	F,Z	O,F,V	●	E	●	●	●	●	●	●	◐	○	●	●	SO:Business Soft.
●	F	-	●	S	●	○	●	●	●	○	◐	●	○	○	SoftM Suite
◐	F	○	●	E,S	●	○	○	●	●	○	◐	○	○	○	SQL-Business
◐	F	-	●	E,S	●	○	○	●	○	○	●	○	●	○	Steps Business Sol.
●	F,Z	O,F	●	E,S	●	●	●	●	●	●	●	●	◐	●	TRADEsprint
○	F	F	●	E,S	●	○	●	●	●	○	○	○	○	○	TS
●	-	F	●	E,S	●	○	●	●	●	●	○	●	◐	●	Unitrade
◐	F	-	●	E,S	●	○	●	●	●	○	◐	○	◐	○	UPOS
●	F	-	●	E,S	●	○	●	●	●	○	◐	○	◐	○	VERA
●	F	F	●	E,S	●	○	○	○	●	●	○	◐	◐	○	W 5
●	F	-	○	-	○	○	○	●	●	○	●	○	○	○	WEST System
●	F	-	●	E,S	●	●	○	●	●	●	●	●	○	○	Wilken Materialw.
●	F	○	●	E,S	○	○	●	○	●	●	◐	●	◐	●	x-trade

[B] F=fest; O=ohne Zugriffsfolge (z. B. manuell auszuwählen); V=verfügbarkeitsgesteuert
[A] E=auf Einzelartikelebene; S=auf Set-Ebene

3.5 Beschaffungsprozess

Der Beschaffungsprozess dient der Sicherstellung einer bedarfsgerechten und wirtschaftlichen Versorgung des Handelsunternehmens mit Waren. Funktional lässt sich der Beschaffungsprozess in die operativen Teilbereiche Disposition, Wareneingang, Rechnungsprüfung und Kreditorenbuchhaltung sowie den - administrative Aufgaben wahrnehmenden - Einkauf unterteilen.

Der Einkauf besitzt die Stammdatenhoheit über die im Rahmen des Beschaffungsprozesses erforderlichen Stammdaten (insbesondere die Lieferantendaten und weite Teile des Artikelstamms), so dass eine direkte Beziehung zu den vier operativen Bereichen gegeben ist (vgl. Abbildung 65).

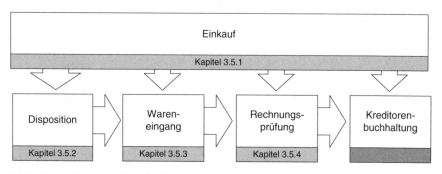

Abbildung 65:   Der Beschaffungsprozess

Die Disposition initiiert einen Beschaffungsvorgang durch das Erstellen von Lieferantenbestellungen. Neben der Vermeidung von Fehlmengen beziehungsweise der Sicherstellung einer permanenten Lieferbereitschaft ist die Minimierung der Lagerbestände ein zentrales Ziel der Disposition. Als wesentliches Instrument dient hierzu die kosten- und zeitmäßige Optimierung der Liefermengen bzw. -termine.

Aufgabe des Wareneingangs ist die logistische Abwicklung der angelieferten Waren mit den zentralen Teilaufgaben Warenannahme, Warenkontrolle und Wareneinlagerung.

In der Rechnungsprüfung werden anhand von Bestell-, Lieferschein-, Wareneingangs- und Rechnungsdaten die mengen- und wertmäßigen Konsequenzen der Beschaffungsvorgänge zu Zwecken der Rechnungskontrolle zusammengeführt.

Der Kreditorenbuchhaltung obliegt die kreditorische Zahlungsabwicklung sowie die Überleitung der Daten zur Hauptbuchhaltung.

3.5.1   Einkauf

Der Einkauf umfasst die Aufgabengebiete der Geschäftsaufnahme mit neuen Lieferanten, der Verhandlung über die Artikellistung und der Verhandlung von Konditionen und Kontrakten. Basierend auf diesen mit den Lieferanten ausgehandelten
Vereinbarungen, sind die entsprechenden Daten im Warenwirtschaftssystem zu erfassen. Mit der Anlage der Lieferanten-, Artikel-, Konditions- und Kontraktstamm-
daten verfügt der Einkauf über die Stammdatenhoheit. Als die beiden zentralen Aufgaben des Einkaufs lassen sich somit einerseits die Kommunikation mit den Lieferanten und andererseits die Pflege der wesentlichen Stammdaten im Warenwirtschaftssystem nennen. Eine Übersicht über die Teilfunktionen des Einkaufs ist in
Abbildung 66 dargestellt.

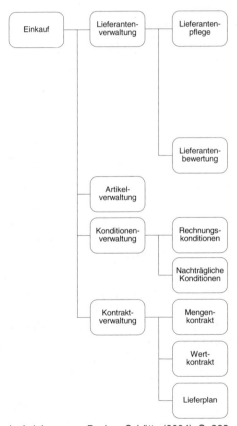

In Anlehnung an Becker, Schütte (2004), S. 262.

Abbildung 66:   Einkauf: Teilfunktionen

3.5.1.1 Lieferantenmanagement

Das Lieferantenmanagement lässt sich in die Funktionen Lieferantenstammdatenverwaltung und Lieferantenbewertung unterteilen.

Lieferantenstammdatenverwaltung

Bei der Lieferantenstammdatenanlage beziehungsweise -pflege sind neben den allgemeinen Daten, wie der *Lieferantennummer*, dem Lieferantennamen, Ansprechpartnern etc., insbesondere Einkaufs- und Buchhaltungsdaten (beispielsweise Bankverbindungen, Zahlungsmodalitäten) erforderlich. Ebenfalls im Lieferantenstamm ist ein lieferantenbezogener *Mindestbestellwert* zu pflegen. Dieser dient im Rahmen der Disposition dazu, Kleinbestellungen, die zu hohen Versandkosten oder Kleinmengenzuschlägen seitens des Lieferanten führen, zu verhindern. Bei den Mindestbestellwerten kann zwischen „warnenden" und bindenden Mindestbestellwerten unterschieden werden. Bei „warnenden" Mindestbestellwerten wird lediglich die Unterschreitung des Mindestbestellwertes angezeigt, während bei bindenden Werten eine Bestellung unterhalb der Mindestbestellwerte unmöglich ist. Eine hohe Flexibilität bei der Definition von Mindestbestellwerten, welche u. a. auch erlaubt Mindestbestellwerte als bindend zu definieren, ist in der nachfolgenden Merkmalstabelle mit ● gekennzeichnet.

Darüber hinaus bedarf es im Rahmen der Lieferantenpflege der Angabe von Rollen, die ein Lieferant einnehmen kann. *Lieferantenrollen* legen fest, welche operativen Aufgaben der Lieferant innerhalb eines Geschäftsvorfalls spielt. So kann ein Lieferant zum Beispiel während eines Beschaffungsvorgangs zuerst der Bestellempfänger des Handelsunternehmens, dann der Warenlieferant, der Rechnungssteller und schließlich der Zahlungsempfänger sein. Dabei ist es durchaus möglich, dass eine oder mehrere dieser Rollen abweichende Adressdaten besitzen. Typische Lieferantenrollen, die im Warenwirtschaftssystem abbildbar sein sollten, sind:

● *Bestellempfänger*
Bestellempfängern werden die Bestellungen des Handelsunternehmens übermittelt. Der Bestellempfänger nimmt die Bestellung des Handelsunternehmens entgegen. Die Bestellempfängeradresse kann dabei bei einem Lieferanten für Lieferantenteilsortimente unterschiedlich sein. Eine zusätzliche Anforderung existiert in filialisierenden Handelsunternehmen, wenn ein Lieferant mehrere Regionallager besitzt, so dass die geographische Lage des disponierenden Abnehmers das zuständige Lager des Lieferanten bestimmt. Bei Streckenbestellungen sind unterschiedliche Bestellempfänger denkbar, um u.a. beim jeweils nächstgelegenen Lager bestellen zu können. Um dies im Warenwirtschaftssystem abzubilden, sind *filialabhängige Bestelladressen* erforderlich.

● *Warenlieferant*
Die Warenlieferanten liefern die Ware an und müssen unter anderem für Zwecke einer möglichen Reklamation bekannt sein. Die regionale Niederlassung, die als

Bestelladresse zuständig ist, bestimmt beispielsweise in Abhängigkeit von der Lieferregion des Abnehmers unterschiedliche Warenlieferanten, da es im Liefergebiet diverse Auslieferungslager gibt.

- *Rechnungssteller*
  Die Rechnung wird möglicherweise von einem anderen Lieferanten geschickt, da häufig die Rechnungsschreibung über eine Zentrale vorgenommen wird.

- *Konditionsgewährer*
  Der Konditionsgewährer ist diejenige Organisationseinheit, die die Konditionen für die einzelnen Geschäftsvorfälle gewährt.

- *Zahlungsempfänger*
  Die Zahlung kann aufgrund von Verflechtungen der Lieferanten wiederum an eine andere Organisationseinheit als die der Rechnungsstellung erfolgen. Im Handel obliegt die Regulierung der Rechnung insbesondere Kontoren[271].

- *Bonuskreditor*
  Der Bonuskreditor gewährt dem Handelsunternehmen die nachträglichen Vergütungen. Analog zu den Ausführungen zum Zahlungsempfänger ist es auch hier denkbar, dass am Jahresende von einem Kontor Rückvergütungen gewährt werden, wenn ein bestimmter Jahresumsatz überschritten wurde.

Die Skizzierung der unterschiedlichen Lieferantenrollen verdeutlicht die potenzielle Vielfältigkeit von Beschaffungsprozessen im Handel. Erfahrungsgemäß sind bei mehrstufigen Handelsstrukturen die Anforderungen an die Variabilität der Prozesse höher als im Großhandel.

Ferner wird von den Handelsunternehmen zunehmend auch eine Möglichkeit zur Verwaltung von Ansprechpartnern beim Lieferanten gewünscht. Während ein Ansprechpartner in fast allen betrachteten WWS hinterlegt werden kann, wird eine Verwaltung von *mehreren Ansprechpartnern* noch nicht umfassend unterstützt. Sehr unterschiedlich ist auch der Funktionsumfang. Wünschenswert ist eine Zuordnung von Rollen bzw. Positionen zu den Ansprechpartnern und die Möglichkeit erweiterte Informationen und – idealerweise auch Korrespondenzdokumente – zu hinterlegen.

Lieferantenhierarchien

Analog zu den Konzentrationstendenzen im Handel ist auch bei den Lieferanten – insbesondere im Konsumgüterbereich – ein verstärkter Konzentrationsprozess zu beobachten. Damit ergeben sich neue Herausforderungen für den Handel und die WWS-Hersteller. Es wird erforderlich, diese komplexen Lieferanten(konzern)- strukturen als *Lieferantenhierarchien* im System abzubilden. Einerseits ist es erforderlich, für die Jahresgespräche das *Gesamteinkaufsvolumen* über alle Tochterunternehmen

---

[271] Ein Kontor ist eine horizontale Kooperation von selbständigen Großhändlern zum Zwecke der Erzielung von reduzierten Einstandspreisen durch eine gemeinsame Warenbeschaffung.

eines Lieferanten zu ermitteln, andererseits werden zunehmend auch *Einkaufspreise und -konditionen* mit dem Lieferanten auf Konzernebene ausgehandelt, so dass sie auch für Tochterunternehmen des Lieferanten gültig sind. Einige Systeme ermöglichen auch eine Definition von übergeordneten *Kontrakten*, die für mehrere rechtlich selbstständige Lieferanten gelten können.

Lieferantenbewertung

Bei der Lieferantenbewertung[272] handelt es sich um eine zeitraumbezogene Bewertung der Lieferanten, die für den Einkauf vornehmlich zur Durchführung der Jahresverhandlungen von Interesse ist. Für eine exakte Lieferantenbewertung müssen zahlreiche Daten der einzelnen Geschäftsvorfälle, das heisst für jede einzelne Bestell-, jede Wareneingangs- und jede Rechnungsposition, gesammelt und ausgewertet werden. Der Einsatz eines integrierten Warenwirtschaftssystems erlaubt eine automatische Sammlung dieser Daten. Das *Preisniveau* lässt sich über Vergleiche mit Alternativlieferanten ermitteln, die *Liefertreue* kann aus den Plandaten und den tatsächlichen Wareneingangsmengen und -terminen abgeleitet werden. Eine *Qualitätsbeurteilung* kann basierend auf der Wareneingangsprüfung und gegebenenfalls der Auswertung von Kundenreklamationen ermittelt werden. Eine Identifikation von *Rechnungsdifferenzen* erfolgt - sofern eine automatische Rechnungsprüfung eingesetzt wird - automatisch.

Darüber hinaus können in den Warenwirtschaftssystemen weitere Kriterien (beispielsweise die Qualität der lieferantenseitigen Artikelauszeichnung, der Umfang und die Aktualität zur Verfügung gestellter digitaler Stammdaten etc.) definiert werden, die dann mit in die systemgestützte Lieferantenbewertung eingehen können. Wenige Systeme bieten auch die Möglichkeit, die Einzelbewertungen eines Lieferanten im Sinne einer (mehrstufigen) Nutzwertanalyse[273] zu einer Gesamtnote zu aggregieren (dargestellt als ●).

---

[272] Zur Lieferantenbewertung vgl. Harting (1989).
[273] Zur Nutzwertanalyse vgl. Abschnitt 2.4.3.1.

Systemmerkmale 7: Lieferantenmanagement	Lieferantennummer [A]	Lieferantenbezogener Mindestbestellwert	Lieferantenrollen / -adressen							Mehrere Ansprechpartner je Lieferant	Lieferantenhierarchien [B]	L.-Bewertung	
			Bestellempfänger	Warenlieferant	Rechnungssteller	Konditionsgewährer	Zahlungsempfänger	Bonuskreditor	Filialabhängige Bestelladressen			Systemgestützte L.-Bewertung	Automatische Berücksichtigung von... [C]
A.eins	N,X	◐	●	●	●	○	○	○	●	○	-	◐	P,R
abas	N,X	●	●	●	●	○	●	○	●	●	-	◐	L,Q
ASW	X	◐	●	○	○	○	●	○	○	●	S,P,K	◐	L,Q
AUPOS	N,X	●	●	●	○	○	○	○	○	●	S,P	◐	P,L,Q,R
AW 400	N	●	●	●	●	○	○	○	●	○	-	◐	P,L,Q,R
b2 Handel	N	●	●	●	●	○	●	○	●	●	-	◐	P,L,Q
Bison Solution	N	◐	●	●	●	○	○	○	●	●	S	◐	L,R
Brain AS	N,X	●	○	●	●	○	●	○	●	○	-	●	P,L,Q
Compex	N	●	●	●	○	○	○	○	●	●	-	◐	P,L,R
Conaktiv	N,X	○	●	●	●	●	●	○	○	●	-	○	-
Corporate WINLine	N,X	●	●	●	●	○	○	○	○	●	S	◐	P,L,Q
CSB-System	N,X	◐	●	●	●	●	●	●	●	●	S,P,K	●	P,L,Q,R
DCW-Wawi.	N	◐	●	●	●	○	○	○	●	●	-	◐	L,R
DEWAS / MESS	X	◐	●	●	●	○	●	○	●	○	-	◐	L
diamod	N	○	●	●	●	○	●	○	●	●	S,P	○	-
e.fet Wawi.	N	●	●	●	●	●	●	○	●	●	S,P,K	○	-
FEE	N,X	○	●	○	○	○	●	○	○	○	k.A.	◐	k.A.
Formica SQL	N,X	◐	●	○	○	○	○	○	○	●	-	○	-
Futura ERS	N	◐	●	●	●	○	○	○	○	○	S	○	P,L,Q,R
G.O.L.D.	N	○	●	●	●	○	●	○	●	●	S	◐	P,L,Q,R
GEAC System 21	X	○	●	●	●	○	●	○	●	○	-	◐	P,L,Q,R
gevis	N,X	◐	●	●	●	●	●	●	●	○	S,P	○	-
i/2	N,X	●	●	●	●	●	●	○	○	●	S,P	●	P,L,Q,R
iBaanERP	N,X	◐	●	●	●	●	●	●	●	●	S,P,K	●	P,L,Q,R
IFS Applications	N,X	●	●	●	●	●	●	●	●	●	S	◐	L,Q,R
IN:ERP	N	◐	●	●	●	●	●	○	○	●	-	○	-
J.D. Edwards	N	●	●	●	●	●	●	●	●	●	S,P	◐	L,Q,R
JDA-PMM	N,X	●	●	●	●	●	●	○	●	●	S	◐	P,L,Q,R
KARAT	N,X	◐	●	●	●	○	●	○	○	○	-	◐	R
MBS-Apertum	N,X	●	●	●	●	○	●	○	●	●	-	○	-
MBS-Axapta	N,X	●	●	●	●	○	●	○	●	●	S,P,K	◐	-
MBS-Navision	N,X	○	●	●	●	○	○	○	○	●	-	○	-

[A] N=numerisch (sprechend); X=alphanumerisch (sprechend)
[B] S=Statistiken (z. B. Gesamt-EK-Volumen); P=Preise/Konditionen; K=Kontrakte
[C] P=Preisniveau; L=Liefertreue; Q=Qualität; R=Rechnungsdifferenzen

System-merkmale 7: Lieferanten-management	Lieferantennummer[A]	Lieferantenbezogener Mindestbestellwert	Lieferantenrollen / -adressen						Filialabhängige Bestelladressen	Mehrere Ansprechpartner je Lieferant	Lieferantenhierarchien[B]	L.-Bewertung	
			Bestellempfänger	Warenlieferant	Rechnungssteller	Konditionsgewährer	Zahlungsempfänger	Bonuskreditor				Systemgestützte L.-Bewertung	Automatische Berücksichtigung von...[C]
MKS Goliath	N	◐	●	●	●	●	●	●	○	○	●	-	◐	P,L,Q,R
Movex	N,X	◐	●	○	○	○	●	○	●	●	S,K	●	L,Q,R
oxaion	N	●	●	●	●	○	●	○	●	●	S,P,K	●	P,L,Q
P2plus	N,X	●	●	●	●	○	●	○	○	●	S	●	P,L,Q
PISA – Wawi.	N,X	●	●	●	●	○	○	●	●	●	S,P,K	◐	P,L,Q,R
Pollex LC	N	◐	●	○	○	○	○	○	○	●	-	○	-
priMio – E/Con	N,X	○	●	●	●	○	○	○	○	●	-	◐	P,L
ProALPHA	N	●	●	●	●	●	●	○	○	●	S	●	P,L
PRODIS	X	◐	●	●	●	○	●	○	○	○	-	○	-
Profit-WWS	N	◐	●	●	○	○	●	●	●	○	-	○	-
ProWWS	N	◐	●	●	○	●	●	○	○	○	-	○	-
Regulus	N	◐	●	●	●	●	●	○	○	●	S,P,K	○	-
Retek 10	N	●	●	●	●	○	●	●	○	●	S,P	●	P,L,Q,R
Sangross V	N,X	◐	●	●	●	●	●	●	●	○	-	○	L,Q,R
SAP Business One	N,X	○	●	●	●	●	●	○	●	●	-	○	-
SAP mySAP Retail	N,X	●	●	●	●	●	●	●	●	○	S	◐	L,Q
SDS fashion	N	○	●	○	○	●	○	○	●	○	-	○	L
Semiramis	N,X	◐	●	●	●	○	●	○	○	●	S,P,K	○	-
Skill Commercial	N,X	○	●	●	●	○	○	○	●	○	S,P,K	○	-
SO:Business Soft.	N,X	●	●	●	●	●	●	●	●	●	S	◐	-
SoftM Suite	N	●	●	○	●	○	○	○	●	●	S,P	◐	P,L,Q,R
SQL-Business	N	◐	●	○	●	●	●	○	●	●	-	◐	Q
Steps Business Sol.	N	○	○	●	●	○	○	○	○	●	S	◐	-
TRADEsprint	N,X	●	●	●	●	●	●	●	●	●	S,P,K	●	P,L,Q,R
TS	N	◐	●	●	●	●	●	●	●	○	-	○	L,Q
Unitrade	N,X	●	●	●	●	●	●	●	●	●	S,P,K	◐	L,Q,R
UPOS	N	◐	●	●	●	●	●	○	●	●	S,P	◐	R
VERA	N	●	●	●	●	○	●	●	●	●	S	◐	L
W 5	N	●	●	●	●	●	○	●	●	●	S,P,K	◐	P,L,Q,R
WEST System	N,X	◐	●	●	●	○	●	○	●	●	K	●	L,Q,R
Wilken Materialw.	X	●	●	●	●	●	●	○	○	●	S	○	-
x-trade	N,X	●	●	●	●	○	○	○	○	●	S,P,K	○	-

[A] N= numerisch (sprechend); X=alphanumerisch (sprechend)

[B] S=Statistiken (z. B. Gesamt-EK-Volumen); P=Preise/Konditionen; K=Kontrakte

[C] P=Preisniveau; L=Liefertreue; Q=Qualität; R=Rechnungsdifferenzen

3.5.1.2 Artikelmanagement

Das Artikelmanagement umfasst die initiale Anlage neuer Artikel sowie deren laufende Pflege. Die Artikelanlage ist eine vorbereitende Aufgabe für die später erfolgende Artikellistung. Im Rahmen der Artikellistung werden die Artikel für einen bestimmten Zeitraum Abnehmern zugeordnet. Die Artikellistung ist Aufgabe des Funktionsbereichs Marketing.[274]

Auf die zentralen Merkmale des Artikelstamms, die im Rahmen der Artikelverwaltung zu pflegen sind, wurde bereits ausführlich in Kapitel 3.4.2 eingegangen.

Neben diesen inhaltlich-funktionalen Aspekten ist die konkrete organisatorische Ausgestaltung der Artikelstammdatenpflege von großer Bedeutung. Üblicherweise wird die Artikelanlage und -pflege in den zentralen Einkaufsorganisationen vorgenommen. Lediglich bei einer stark dezentralen Organisation eines Handelsunternehmens[275] sowie bei regionalen Zusatzsortimenten, die nur in einer oder wenigen Filialen geführt werden, wird den Filialen die Stammdatenhoheit (das Recht zum eigenständigen Verändern von Artikelstammdaten) übertragen. Sofern kein direkter Online-Zugriff der dezentralen Einheiten auf das zentrale Warenwirtschaftssystem besteht, müssen geeignete DV-technische Maßnahmen getroffen werden, um Datenänderungen an alle betroffenen Unternehmenseinheiten weiterzuleiten. So werden die zentral durchgeführten Stammdatenänderungen periodisch (zum Beispiel per nächtlichem Batch-Lauf) an die Filialen übertragen; ebenso müssen dezentral durchgeführte Änderungen an die Zentrale übermittelt werden. Es sind zur Umsetzung der Stammdatenpflege vor allem organisatorische Regeln erforderlich, damit eine eindeutige Stammdatenhoheit für alle Sortimentsbereiche gegeben ist. Andernfalls ist bei zeitgleichen Änderungen - zum Beispiel von Zentrale und Filiale - stets ein manuelles Eingreifen zum Abgleich der Änderungen erforderlich.

Betrachtet man die Stammdaten-Verteilungsszenarien, die in Warenwirtschaftssystemen unterstützt werden, so dominiert das Konzept einer eindeutigen Stammdatenhoheit. mySAP Retail bietet die Möglichkeit, Stammdaten redundant auf mehreren (gegebenenfalls geographisch) getrennten Servern zu speichern. Bezüglich möglicher Stammdatenänderungen muss jedoch klar definiert werden, welches das führende System ist. Dabei erlaubt es mySAP Retail, für unterschiedliche Stammdatenteile (zum Beispiel Sortimentsteile oder Warengruppen) unterschiedliche führende Systeme zu definieren. Diese Differenzierung kann genutzt werden, um eine grundsätzlich zentrale Artikelstammdatenverwaltung mit Regionalsortimenten zu kombinieren, bei denen die Stammdatenhoheit in den dezentralen Einheiten liegt.

---

[274] Vgl. Becker, Schütte (2004), S. 397 ff. Anderer Auffassung ist Hertel (1997), S. 177, der die Artikellistung als Aufgabe der operativen Einheit Einkauf betrachtet. Zur Artikellistung vgl. Kapitel 3.5.1.

[275] Zur Charakterisierung dezentraler, zentraler und gemischt zentral/dezentraler Organisationsformen bei mehrstufigen Handelsunternehmen vgl. Rotthowe (1998), S. 119-133.

3.5.1.3 Konditionenverwaltung

Die Konditionenverwaltung umfasst die Vereinbarung und Verwaltung von Liefe-rungs- und Zahlungsbedingungen, Preisen und Rabatten. Geprägt wird die Konditio-nenverwaltung durch eine extreme Konditionsvielfalt.

Im Einzelhandel werden die Konditionen (insbesondere die Rabatte) in sogenannten Jahresgesprächen[276] zwischen einzelnen Herstellern und Handelsunternehmen bila-teral ausgehandelt. Die unüberschaubare Vielzahl von einkaufsseitigen Rabatten - gerade im Einzelhandel -, ist auf eine faktische Irreversibilität einmal gewährter Rabatte zurückzuführen.[277] Bedingt ist dies durch die Einkaufsmacht großer Handels-konzerne, die eine Verschlechterung einmal gewährter Rabatte und Rabatthöhen verhindert. Andererseits können komplexe Konditionsgefüge seitens der Hersteller - im Großhandelsbereich auch seitens des Handels - genutzt werden, um den Handels-unternehmen beziehungsweise den Großhandelskunden bei alternativen Bezugs-quellen die Vergleichbarkeit der Bezugspreise zu erschweren.

Typische Konditionsarten sind beispielsweise:

- **Mengenrabatte**
    - Mengen- / Preisstaffelrabatt
    - Auftragsgrößenrabatt
    - Karton-, Lagen-, Paletten-, LKW- und Waggonrabatt
    - Jahresmengenrabatt
- **Funktionsrabatte**
    - Handwerkerrabatt
    - Stützpunkthändlerrabatt
    - Exklusivrabatt
    - Treuerabatt
    - Messerabatt, Ausstellungsrabatt
    - Listungsrabatte
    - Vollsortimentsrabatt
    - Sortimentserweiterungsrabatt
    - Frühbezugs- / Früheinteilungsrabatt
    - Saison- / Vorsaisonrabatt
    - Muster- / Schaufensterrabatt
    - Werbekostenvergütung
    - Selbstabholrabatt

---

[276] Vgl. Irrgang (1989), S. 125 f.
[277] Vgl. Meffert (1998), S. 568.

- **Boni**
  - Vierteljahres-, Halbjahres-, Jahresbonus
  - Klassik-Bonus (bei Schallplatten)
  - Gewährleistungsbonus
  - Einführungsbonus
  - Steigerungsbonus

Weiterhin sind auch die verschiedensten Zuschläge, die teilweise als negative Rabatte abgebildet werden können, zu berücksichtigen:

- **Zuschläge**
  - Metallzuschläge
  - Kleinmengenzuschläge

Insbesondere in der Lebensmittelbranche, die durch eine große Marktmacht der Handelskonzerne gekennzeichnet ist, lassen sich besonders kreative Konditionen beziehungsweise Konditionswünsche finden:[278]

- Neueinlistungsgelder / Auslistungsverhinderungsrabatte
  Sowohl für die Aufnahme neuer Artikel in das Sortiment als auch für das Beibehalten eines Artikel im Sortiment werden mitunter Sonderkonditionen gefordert.

- Jubiläumsprämien
  Handelskonzerne erwarten von ihren Lieferanten zu ihren „runden" Geburtstagen finanzielle Geburtstagsgeschenke in Form von einmaligen Sonderkonditionen. Ein aktuelles Beispiel stellt der von Edeka zum 90. Firmenjubiläum verschickte Aufruf an die Industrie: „... *wenn Sie uns einen einmaligen Betrag von 50.000 EUR zur Verfügung stellen, kann das Umsatzfeuerwerk im Herbst wie geplant über die Bühne gehen...*"

- Ladenöffnungszeitenverlängerungsrabatt
  Dies stellt einen Versuch dar, zusätzliche Konditionen mit der Begründung zu erhalten, dass die Waren der Industrie durch die im Rahmen der Ladenschlussgesetzänderung in Deutschland erfolgte Verlängerung der Ladenöffnungszeiten von 18.30 Uhr auf 20.00 Uhr nunmehr eineinhalb Stunden länger dem Kunden präsentiert werden.

- Juniorenrabatt
  Eine von der Firma Tengelmann an die Industrie gerichtete (mündliche) Forderung nach Sonderkonditionen, um einen reibungslosen Generationswechsel von Erivan Haub zu seinem Sohn zu unterstützen.

---

[278] Vgl. Brandes (1998), S. 208ff. und die dort genannten Quellen.

- Milleniums-Bonus
  Der Rack-Jobber und Distributor Wenco, Mettmann, forderte von seinen Lieferanten per Rundschreiben einen Milleniums-Bonus von 25 %. Eine angeführte
  Rechenhilfe erläutert diese Forderung beispielhaft: „statt 3 % jetzt 3,75 %"
  Rabatt. In dem Schreiben, in dem die Lieferanten den neuen Konditionen zum
  1.1.2000 zustimmen oder sich aus dem "Kreis der ausgewählten Lieferanten-
  klientel" verabschieden dürfen, wird weiterhin auf die Vorzüge dieses Vor-
  schlags hingewiesen: „Ist es nicht genial und bemerkenswert, wenn Sie auf so
  preiswerte Art und Weise eine langjährige Kundenfreundschaft erhalten und
  stabilisieren können". Begründung für diese Konditionsforderung: Wenco selbst
  würde für „jedes, oft nicht logische Ereignis" vom Handel zur Kasse gebeten.[279]

So plakativ die obigen „Konditionswünsche" sind, so gut geben sie dennoch die in
der Praxis in einigen Branchen vorherrschende Situation wieder: Rabatte werden
zunehmend weniger an die Erfüllung bestimmter Leistungsanforderungen gebunden,
sondern sind lediglich Ausdruck der bestehenden Machtasymmetrie zwischen den
Handelskonzernen und den auf sie angewiesenen Herstellern dar.[280] Die Definition
zahlreicher unterschiedlicher Funktionsrabatte stellt somit weniger eine aufwands-
bezogene Zuordnung von Rabatten zu einzelnen vom Handel durchzuführenden
Funktionen, sondern vielmehr eine (willkürliche) Aufteilung des aufgrund der Marktmacht des Handelsunternehmens erzielbaren Gesamtrabattes dar. Dabei ist die parallele Nutzung einer großen Anzahl von Rabatten und Rabattarten einerseits auf eine
durchaus bewusst beabsichtigte Intransparenz und andererseits auf das bereits ange-
sprochene Festhalten des Handels an allen einmal erzielten Rabatten (Irreversibilität
der Rabatte) zurückzuführen.

Die Abbildung 67 zeigt die konkrete Konditionsforderungen zweier Handelskonzerne gegenüber Industrielieferanten und macht das konkrete Ausmaß der Kon-
ditionskomplexität deutlich. So sind 29 beziehungsweise 33 unterschiedliche Konditionsarten aufgeführt, die alle vereinbart, im Warenwirtschaftssystem gepflegt und
bei vielen operativen Geschäftsvorgängen (zum Beispiel Disposition oder Rechnungsprüfung) berücksichtigt werden müssen.[281] Dabei ist zu berücksichtigen, dass
sich die einzelnen Konditionen inhaltlich-strukturell stark unterscheiden (absolute vs.
prozentuale Rabatte, Rabatte auf Artikelebene vs. auf Teilsortimentsebene, zeitlich
befristete Rabatte, mengenabhängige vs. wertabhängige Rabatte etc.) und sich zudem
zeitlich überlappen können.

---

[279] o.V. (1999d), S. 4.
[280] Vgl. Steffenhagen (1995), S. 72.
[281] Andere Praxisbeispiele dokumentieren noch komplexere Konditionsgefüge. Vgl. Sandler
(1981), S. 464.

Konditionsforderungen Handelsunternehmen A	
1. Umsatzerhaltungsbonus 2. Grundbonus 3. Umsatzbezogene Bonusstaffel 4. Steigerungsbonus 5. Zielprämie 6. Sortimentsbonus 7. Stammplatzsicherungsvergütung 8. Distributionsbonus 9. Konzentrationsbonus 10. Verkaufsförderungszuschuss 11. Kostenausgleich für Verwaltungsaufwand 12. Frachtvergütung 13. Zentrallagervergütung 14. Dispositionsvergütung 15. Retourenvergütung 16. Zweitplatzierungsrabatt 17. Insertionszuschuss 18. PoS Vergütung 19. Skonto	20. Skontoausgleich 21. Delkredere 22. Valuta 23. Lagerservice 24. Kostenbeteiligung für Auszeichnungsgeräte 25. Rabatte - Grundkonditionen - Sonderkonditionen 26. Einführungsrabatt 27. Vergütung für Anbringen von Regalstoppern 28. Druckkostenbeteiligung 29. Ordersatzdruckkostenbeteiligung 30. Neueröffnungsrabatt je Filiale 31. Listungszuschuss 32. Kostenübernahme Regalschienensystem 33. Kostenanteil Produktinformation in Hauszeitschrift

Konditionsforderungen Handelsunternehmen B	
1. Sonderkondition 2. Bezugsmengenrabatt 3. Sofortabzugsrabatt 4. Boni für Direktbezug 5. Artikelgruppenrabatt 6. Boni für Lagerbezug 7. Steigerungsvergütung auf Gesamtumsatz 8. Zentralvergütung 9. Leistungsvergütung 10. Sortiments-Koordinations-Vergütung 11. Jahresbonus 12. Kleinstreklamationsvergütung 13. Delkredere-Ausgleich 14. Skonto 15. Verlängertes Zahlungsziel 16. Muster kostenlos 17. Preiserhöhung Mindestvorlauf zwölf Wochen	18. Aktionskonditionen (Laufzeit sechs Wochen) 19. Paletten Werbekostenzuschuss 20. Bei Weitergabe von Informationen an Dritte Schadensersatzanspruch von ein Prozent auf Jahresbrutto-Umsatz 21. Eröffnungskonditionen je Größe des Marktes in EUR absolut 22. Wiedereröffnungskondition 23. Valuta 24. Vergütung für produktbegleitenden Service 25. Vergütung für Preisauszeichnung und Regalpflege 26. Werbevergütung - ohne Insertion - mit Insertion 27. Distributionsrabatt 28. Listungsrabatt / Werbekostenzuschuss 29. Artikelsofortrabatt

Quelle: Steffenhagen (1995), S. 39 f.

Abbildung 67: Konditionsforderungen in der Praxis

In Hinblick auf eine Abbildbarkeit der zuvor genannten Konditionen in einem Warenwirtschaftssystem ist eine strukturelle Differenzierung der Konditionen notwendig. Zunächst lassen sich Konditionen grundlegend danach differenzieren, ob es sich um Rechnungs- oder nachträgliche Konditionen handelt. Unterscheidet man zudem nach Konditionen, die abhängig von einem oder mehreren Bestellvorgängen sind, und solchen, die generell gewährt werden, so lassen sich nach BECKER/ SCHÜTTE drei Konditionstypen identifizieren:[282]

- *Grundsätzliche Konditionen*
  Konditionen, die generell gewährt werden und damit unabhängig von den einzelnen Geschäftsvorfällen grundsätzliche Gültigkeit besitzen (zum Beispiel Listungsrabatte).

- *Geschäftsvorfallabhängige Konditionen*
  Konditionen, die abhängig von einer oder mehreren Bedingungen im Rahmen eines Geschäftsvorfalls sind (zum Beispiel Mengenstaffelrabatte).

- *Nachträgliche Konditionen*
  Konditionen, die nach einer bestimmten Zeit unter festgelegten Bedingungen rückwirkend gewährt werden (und daher als *nachträgliche Konditionen* oder *Bonusvereinbarungen* bezeichnet werden).

Während die ersten beiden Konditionstypen zum Zeitpunkt des Geschäftsvorfalls klar definiert sind und somit im Rahmen der Rechnungsprüfung kontrolliert werden können, handelt es sich bei den nachträglichen Konditionen um unsichere Konditionen, bei denen erst ex post (am Ende der Abrechnungsperiode) festgestellt wird, ob - beziehungsweise in welcher Höhe - sie gewährt werden.

Basierend auf diesen unterschiedlichen Konditionstypen, können bei der Bestimmung des Einstandspreises eines Artikels vier Preise unterschieden werden. Zunächst ist der Listenpreis des Lieferanten zu nennen, der die Basis für die Lieferantenverhandlungen bildet. Der Einkaufspreis-netto ergibt sich aus dem um die grundsätzlichen und die geschäftsvorfallabhängigen Konditionen bereinigten Listenpreis. Werden zusätzlich noch die (erwarteten) nachträglichen Konditionen miteingerechnet, so ergibt sich der EK-netto-netto (vgl. Abbildung 68). Der EK-netto-netto stellt einen prognostizierten Preis dar, da Konditionen einkalkuliert werden, die erst nach Ende der Abrechnungsperiode, wenn die Höhe der nachträglichen Konditionen feststeht, ermittelt werden können.

Konditionen sind im Warenwirtschaftssystem dahingehend zu kennzeichnen, ob es sich um Rechnungskonditionen oder um nachträgliche Konditionen handelt. Bei nachträglichen Konditionen ist zudem fallweise zu entscheiden, ob - beziehungsweise zu welchem Anteil - diese als kalkulationsrelevant einzustufen sind, das heisst bei der Ermittlung des EK-netto-netto berücksichtigt werden sollen.

Neben den drei genannten EK-Preisen gibt es noch einen vierten Preis, den tatsächlichen Preis des Artikels, der erst nach Abschluss der Abrechnungsperiode ermittelt

---

[282] Vgl. Becker, Schütte (2004), S. 266.

werden kann. Dieser unterscheidet sich vom EK-netto-netto beispielsweise hinsichtlich der als nicht kalkulationsrelevant eingestuften nachträglichen Konditionen.

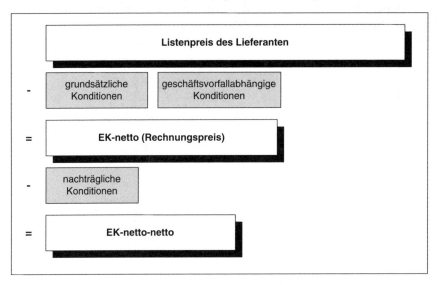

Abbildung 68: Einstandspreise im Rahmen der EK-Preiskalkulation

EK-Preis

Unter dem EK-Preis soll im Folgenden der im Warenwirtschaftssystem hinterlegte
Ausgangspreis - also in der Regel der Listenpreis des Lieferanten - verstanden
werden.

Um die oftmals gegebene Mengen- oder Wertabhängigkeit von EK-Preisen abzubilden, werden *Mengen-* beziehungsweise *Wertstaffeln* genutzt (vgl. Abbildung 69).
Die von den Systemen mittlerweile angebotene maximale Anzahl an Staffelstufen
(i. d. R. zumindest 9, teilweise bis zu 256 Stufen) stellt typischerweise für die Praxis
keine Restriktion mehr dar.

Eine weitere Differenzierung kann nach dem möglichen *Staffelbezug* erfolgen. Eine
Staffel kann sich entweder auf einen Artikel (oder eine Bestellposition) beziehen
oder übergreifend für eine definierte Artikelgruppe gültig sein. Werden beide Formen
der Staffeln unterstützt, so ist dies in der nachfolgenden Merkmalstabelle als ●
dargestellt.

Das Programm *Sangross* unterstützt mit der „Raffgruppen"-Preisfindung eine besonders komplexe Form der artikelübergreifenden mengenabhängigen Konditionsermitt-
lung. Unter einer Raffgruppe wird eine Menge von Artikeln verstanden, deren Preise
und Konditionen abhängig von der gesamten Raffgruppen-Bestellmenge sind. Im
Gegensatz zu einer auf Artikelgruppenebene definierten Mengenstaffel, können bei
dem Raffgruppenkonzept durchaus unterschiedliche Preise und Rabattsätze für die

verschiedenen Artikel einer Raffgruppe gelten. Da die Raffgruppen-Bestellmenge zur Preisfindung bekannt sein muss, können die exakten Konditionen für die einzelnen Bestellpositionen erst am Ende der Auftragserfassung ermittelt werden. Anwendung finden Raffgruppen beispielsweise bei OSRAM-Glühlampen, bei denen jeweils alle Glühlampen einer Sorte (unabhängig von der Wattzahl) eine Raffgruppe bilden.

| Mengenstaffel | | Wertstaffel | |
| "Bewegungsmelder X30 UP" | | "Bausplitt, grau 15/30" | |
Menge	**Preis je Stück**	**Wert**	**Preis je Tonne**
1	279,75	-	104,86
2 - 5	266,41	ab 500 DM	100,00
6 - 10	261,56	ab 1.000 DM	94,26
11 - 24	250,00	ab 5.000 DM	89,21
ab 25	230,00	ab 10.000 DM	84,08

Abbildung 69:   Mengen und Wertstaffeln

Der EK-Preis einer Mengeneinheit eines Artikels ist in der Regel von den beschafften *Verpackungseinheiten* abhängig. Der günstigere Preis wird nicht ab einer bestimmten Menge, sondern nur für Mengen, die ein vielfaches einer Verpackungseinheit darstellen, gewährt.[283] Im Warenwirtschaftssystem sind die verschiedenen Verpackungseinheiten (als mögliche Bestelleinheiten) explizit abzubilden.

EK-Rabatte

Rabatte, die als spezifische mengen- oder wertmäßige Preisreduzierung interpretiert werden können, besitzen in Form von *prozentualen* oder *absoluten Rabatten* zwei Erscheinungsformen. Prozentuale Rabatte sind die in der Praxis dominierende Rabattform. Sie besitzen den Vorteil, dass sie auch auf Teilsortimente oder auf das gesamte Lieferantensortiment angewendet werden können. Ein von einem Hausgerätelieferant auf jeden Artikel seines Sortiments gewährter absoluter Rabatt (zum Beispiel 10 EUR) hingegen ist problematisch, da beispielsweise eine Waschmaschine immer noch 1489 EUR (statt 1499 EUR) kostet, während eine Küchenuhr statt 19,90 EUR nur noch 9,90 EUR kostet. Analog zu den zuvor beschriebenen Staffelkonditionen können die Rabatte mit *Wert- und Mengenstaffeln* kombiniert werden.

---

[283]   Der Lieferant gibt dabei seine durch die Abgabe kompletter logistischer Einheiten verringerten Handhabungs- und Logistikkosten an den Handel weiter.

Während sich die meisten zuvor genannten Rabattarten auf eine einfache Rabattform zurückführen lassen, stellen *Naturalrabatte* und *Frühbezugs-/Frühlieferungsrabatte* besondere Anforderungen an ein Warenwirtschaftssystem.

Naturalrabatte führen grundsätzlich dazu, dass weniger Ware bezahlt als geliefert wird. Sie haben entweder inklusiven (100 Stück bestellt und geliefert, 95 Stück berechnet) oder exklusiven Charakter (100 Stück bestellt und berechnet, 105 Stück geliefert).[284] In der Bestandsfortschreibung führt der Naturalrabatt bei einer Bewertung zum gleitenden Durchschnittspreis zu einer Reduzierung des durchschnittlichen Bestandspreises. Besonders schwierig abzubilden sind Naturalrabatte, die sich auf einen anderen als den bestellten Artikel beziehen (zum Beispiel 10 Waschmaschinen bestellt, geliefert und berechnet sowie einen 1 Wäschetrockner kostenlos geliefert), da der Preisnachlass (in Form des Wäschetrockners) artikelübergreifend verrechnet werden muss. Naturalrabatte werden im Bereich des Großhandels oftmals zielgerichtet eingesetzt, um den (selbständigen) Einzelhändler durch den „kostenfreien" und „steuerfreien" Bezug von privat zu nutzenden Artikeln (zum Beispiel Lebensmittel, Spirituosen oder einem Fahrrad etc.) zu Postenkäufen zu motivieren. Insbesondere in den neuen Bundesländern waren derartige Naturalrabatte zu Beginn der neunziger Jahre üblich. Erkennbar sind diese Konstruktionen oftmals an einem fehlenden Bezug zwischen dem bestellten Artikel und dem mit besonders hohen „privaten Nutzen" verbundenen Naturalrabattartikel (zum Beispiel Kauf von 10 Kühlschränken, Naturalrabatt in Form von einem Mountain-Bike).

Frühbezugs- und Frühlieferrabatte sind insbesondere bei Saisonartikeln (zum Beispiel modische Artikel, Gartengeräte) anzutreffen. Hierbei handelt es sich um Sonderrabatte, die gewährt werden, wenn die Artikel frühzeitig - bereits vor der Saison - bestellt oder geliefert werden. Bei Saisonartikeln ist die Prognose der Absatzmenge besonders schwierig, so dass die ökonomischen Risiken einer Lagerproduktion erheblich sind. Daher gewähren die Hersteller Sonderkonditionen, um das Prognoserisiko zu reduzieren. Während die frühzeitige Bestellung die Planungssicherheit des Herstellers erhöht, führt die frühe Belieferung - sofern nicht besondere Zahlungskonditionen vereinbart werden - zu geringeren Kapitalbindungskosten, und es können keine Opportunitätskosten des Lagers entstehen (andernfalls wäre eine Situation knapper Lagerkapazität denkbar, die zu Opportunitätskosten führt).

Die Anlage und Pflege von Rabatten gestaltet sich in der Handelspraxis aufgrund der handelstypischen Vielfalt und Vielzahl an Rabatten als sehr aufwendig. Zur Vereinfachung werden daher (prozentuale) Rabatte für ganze Lieferanten(-teil-)sortimente vereinbart. Die Definition von Rabatten wird vor allem durch die organisationsspezifischen Vereinbarungen mit den Lieferanten unnötig kompliziert. Beispielsweise werden bei filialisierenden Handelsunternehmen in Abhängigkeit von der geographischen Lage der Filiale bei Streckenbestellungen unterschiedliche Rabatte

---

[284] Naturalrabatte mit inklusivem Charakter werden auch als „Dreingabe" und Naturalrabatte mit exklusivem Charakter auch als „Draufgabe" bezeichnet.

gewährt. Im Gegensatz zu *filialbezogenen* Konditionen können auch auf *Unternehmensebene* Rabatte vereinbart werden (zum Beispiel Listungsrabatte). Eine dritte Form von Konditionen kann sogar *unternehmensübergreifend* gültig sein. Werden Konditionen auf verschiedenen Ebenen hinterlegt, so ist im Warenwirtschaftssystem zu kennzeichnen, ob diese alternativ oder additiv gelten.

Die größte Flexibilität besitzt ein Warenwirtschaftssystem, das auf Filialebene, auf Unternehmensebene und unternehmensübergreifend sowohl die Definition von Rabatten für Artikel als auch für Lieferantenteilsortimente und komplette Lieferantensortimente zulässt. Insbesondere die „großen" Warenwirtschaftssystem-Lösungen unterstützen diese flexibelste Form der Rabattdefinition in vollem Umfang.

Zeitsteuerung der Konditionen

EK-Preise und *EK-Rabatte* besitzen im Regelfall eine zeitliche Gültigkeit. Basierend auf periodisch erscheinenden Lieferantenpreislisten oder im Rahmen von Lieferantenjahresgesprächen festgelegten Preisen, können weitere Preisvariationen durch eine aktive Preispolitik des Lieferanten oder saisonale Preisabhängigkeiten (zum Beispiel bei Obst & Gemüse) eintreten. Bei Waren mit einem geringen Veredelungsgrad (zum Beispiel Kupferkabel im Elektrogroßhandel oder Kupferrohre im Baustoffgroßhandel) findet zudem eine zeitnahe Anpassung der Preise an Rohstoffpreisänderungen statt.[285] Preisvariationen lassen sich unter anderem hinsichtlich ihres Ursprungs und der Feststellung, ob sie zyklisch oder nicht-zyklisch stattfinden, differenzieren (vgl. Abbildung 70).[286]

Beschaffungsseitige preispolitische Maßnahmen der Handelslieferanten führen zumeist auch zu einer gleichgerichteten Veränderung der Abverkaufspreise des Handels, so dass die Konstrukte zur Abbildung der Zeitsteuerung von Konditionen in den Warenwirtschaftssystemen meist einkaufs- und verkaufsseitig strukturanalog gelöst sind.

Die einfachste Form der Unterstützung, die ein Warenwirtschaftssystem für die Zeitsteuerung der Konditionen liefern kann, stellt die *Vorerfassung* von Preisen und Rabatten dar. Die Vorerfassung erlaubt das Eingeben neuer Preise oder Rabatte mit

---

[285] Um stark rohstoffpreisabhängige Produkte sowohl einkaufs- wie auch verkaufsseitig verwalten zu können, wird die rohstoffpreisabhängige Preiskomponente explizit als eigene Kondition (zum Beispiel Kupferzuschlag) definiert. Über ein Warenwirtschaftssystem zentral gepflegte (tagesaktuelle) Rohstoffpreise wird dann automatisch der richtige Zuschlag ermittelt. In der Praxis sind zwei Preisermittlungs-Strategien zu unterscheiden. Entweder wird der Rohstoffpreis in der Basiskalkulation nicht berücksichtigt und beim jeweiligen Geschäftsvorfall als – tagesaktueller – Zuschlag addiert, oder der Basispreis, wird basierend auf einem durchschnittlichen Rohstoffpreis, ermittelt und die Abweichung zum Tagespreis berücksichtigt. Neben dem Effekt, dass die Zuschläge bei letzterem Verfahren bei niedrigen Rohstofftagespreisen auch negativ werden können, führt die willkürliche Festlegung des Basispreises zu einer schlechten Vergleichbarkeit der Preise. Bei einer höherpreisigen Preisstrategie kann dies durchaus ein gewünschtes Ziel darstellen.

[286] Vgl. Kysela (1994), S. 180-185, insbes. S. 183.

einem „gültig ab"-Datum. Dadurch ist keine stichtagsgenaue Eingabe der Änderungen erforderlich, was aufgrund der großen Artikelanzahl problematisch wäre. Oftmals parallel zur Vorerfassung unterstützen viele Warenwirtschaftssysteme eine *Preishistorie*, das heisst, es ist möglich, Preise und gegebenenfalls Rabattsätze von Zeitpunkten in der Vergangenheit anzuzeigen (etwa um Preisentwicklungen zu analysieren).

	zyklisch	nicht-zyklisch
naturbedingt	Preisvariationen im Jahresverlauf bei Obst / Gemüse	Preisvariationen aufgrund von witterungsbedingten Ernteausfällen, Erschöpfung von Rohstoffquellen, Förder- oder Transportproblemen von Rohstoffen
natur- und kulturbedingt	Preisvariationen bei Sommermode[287]	„Sommerhits" bestimmter Gruppen im Tonträgergroßhandel
kulturbedingt	Preisvariationen bei Oster- und Weihnachtsartikeln	Preisnachlässe für (technisch) überalterte Ware beziehungsweise zum Zweck der Lagerräumung, Frühbezugsrabatte, Sonderaktionen, zum Beispiel Herbstwochen im Elektrogroßhandel

Abbildung 70:   Typisierung von Preisvariationen

Aufgrund der vielfältigen Beschaffungs- und Distributionsaktivitäten werden die Konditionen im Laufe eines Jahres zeitlich differenziert, zum Beispiel durch Einkaufs- und Verkaufsaktionen. Insbesondere durch Aktionspreisvereinbarungen können in einem Zeitraum mehrere unterschiedliche Konditionen übereinanderliegen. Verdeutlicht wird dies anhand des in Abbildung 71 dargestellten Beispiels. Im Rahmen der jährliche Lieferantengespräche wurde eine allgemeine Konditionsvereinbarung in Höhe von 13,75 % ausgehandelt. Mitte Mai bietet der Hersteller im Rahmen der Aktion „Sommer" einen bis zum 20.9. befristeten Sonderrabatt. Aufgrund einer weiterhin unbefriedigenden Absatzsituation gibt der Lieferant ab dem 01.8. einen weiteren Rabatt im Rahmen der Aktion „Herbst", die bis zum 1.12. läuft.

Für die parallel gültigen Konditionen (beispielsweise am 15.8.: Allgemeine Konditionsvereinbarung, Sonderkondition Aktion „Sommer" und Sonderkondition Aktion „Herbst") muss festgelegt werden, welche Kondition jeweils gültig ist - beziehungsweise bei Rabatten, ob diese additiv oder alternativ gelten. Im vorliegenden Beispiel wird unterstellt, dass alle Rabatte additiv gelten.

---

[287]   Bei modischen Saisonartikeln existiert einerseits eine Abhängigkeit von der Jahreszeit (naturbedingt), andererseits auch von den aktuellen Modetrends (kulturbedingt).

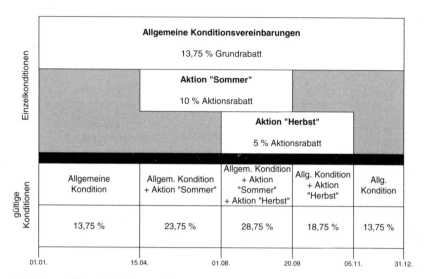

Abbildung 71: Zeitlich geschachtelte Rabatte

Sofern neben den Aktionskonditionen des betrachteten Artikels auch die Konditionen auf Ebene von Teilsortimenten geändert werden, wird die Problematik zeitgesteuerter Konditionen besonders deutlich. Erstens kann der Pflegeaufwand in der betrieblichen Praxis ermessen werden. Zweitens wird die Zuordnungsproblematik von Konditionen offensichtlich. Beispielsweise stellt sich bei einer Bestellung am 10.7. mit Liefertermin am 10.8. die Frage, ob das Bestell- oder das Lieferdatum als Konditionsdatum zu verwenden ist. In den Warenwirtschaftssystemen wird dies oftmals dadurch gelöst, dass bei der Bestellung ein Preisdatum (das heisst ein vom Bestelldatum abweichendes Konditionsdatum) mit angegeben werden kann. Auch dies führt zu einem erhöhten Bearbeitungsaufwand. In der Praxis sehen die Einkäufer, die derartige Sonderkonditionen vereinbaren, oftmals nur den ausgehandelten Rabatt, nicht aber den dadurch verursachten internen Aufwand. Ein Beispiel für eine strikte Vereinfachung der Konditionen stellt der Lebensmitteldiscounter ALDI dar. Im Rahmen der jährlichen Lieferantengespräche wird ein fester Einkaufspreis ausgehandelt, Nachverhandlungen, Sonderkonditionen, Aktionskonditionen etc. gibt es nicht. Wenn dieses Konzept dem obigen Beispiel der zeitgesteuerten Konditionen gegenübergestellt wird, wird klar, wie viel Pflegeaufwand, Zuordnungsprobleme und Unklarheiten durch diesen einfachen Ansatz vermieden werden können. Insbesondere im Großhandel und im filialisierenden Einzelhandel hat sich diese Einsicht angesichts der aktuellen Industrie-Handels-Konstellation noch nicht durchgesetzt. Dementsprechend verfügen viele der Warenwirtschaftssysteme für den Großhandel über umfassende Zeitsteuerungsmöglichkeiten für die EK-Konditionen.

Bonusverwaltung

Nachträgliche Konditionen (Boni) sind auf sämtlichen Handelsstufen üblich. Die dominierenden Bonusformen sind *Steigerungsboni* (Steigerung des Umsatz um einen vereinbarten Prozentsatz gegenüber der Vorperiode) und Volumenboni (Erreichen eines bestimmten Umsatzvolumens.) Hierbei können wiederum sowohl *mengen- wie auch wertmäßige Staffeln* vereinbart werden. Bonusvereinbarungen sind in der Regel befristet, so dass auch hier die bereits bei den EK-Rabatten genannten Probleme von zeitgesteuerten Konditionen auftreten.

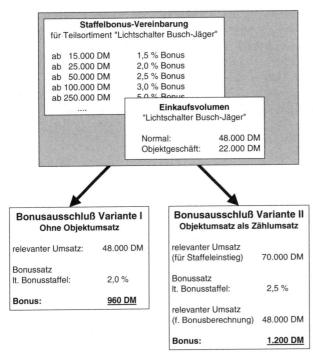

Abbildung 72: Formen des Bonusausschlusses

Idealerweise sollte ein Warenwirtschaftssystem die Vereinbarung von Boni sowohl auf Artikelebene wie auch auf Lieferantenteilsortiments- und Lieferantensortiments-ebene unterstützen. Erschwert wird die Bonusabwicklung dadurch, dass für bestimmte Umsätze (beispielsweise Großaufträge im Rahmen von Objektgeschäften, für die lieferantenseitig spezielle Objektpreise gewährt wurden) die Bonusver-einbarungen nicht gelten. Dieser *Bonusausschluss* bestimmter Geschäftsvorfälle lässt sich danach differenzieren, ob der betreffende Umsatz komplett unberücksichtigt bleibt oder ob er als - nicht bonusberechtigter - Zählumsatz beispielsweise beim Einstieg in die Bonusstaffeln mitberücksichtigt wird (vgl. Abbildung 72).

Da die Bonuszahlungen in einigen Handelsbranchen, derartige Größenordnungen erreicht haben, dass sie den Deckungsbeitrag nicht nur wesentlich beeinflussen, sondern teilweise der Unternehmensgewinn geringer als die Summe der Bonusausschüttungen ist, kommt der permanenten Verfolgung und der *Berechnung der Bonusansprüche* eine zentrale Bedeutung zu. Einerseits können so zum Ende des Bonuszeitraums gegebenenfalls noch Maßnahmen eingeleitet werden, um beispielsweise noch die nächste Stufe eines Steigerungsbonus zu erreichen. Andererseits stellt die korrekte Ermittlung der Bonusansprüche die Basis für die Kontrolle der Bonuszahlungen des Lieferanten dar.

Systeme die keine direkte Berechnung der Bonusansprüche erlauben, bieten meist nur die Möglichkeit, die relevanten Wert- bzw. Mengengrößen über das Statistikmodul abzufragen und so manuell bzw. Excel-basiert die Bonusansprüche zu ermitteln. Werden nur vereinzelt Bonusvereinbarungen mit Lieferanten abgeschlossen, so ist dies ein gangbarer Weg. Haben jedoch die Bonuszahlungen eine zentrale Bedeutung für den Unternehmenserfolg, so ist eine integrierte laufende Überwachung und Berechnung der Bonusansprüche im Warenwirtschaftssystem zu fordern.

3.5.1.4 Rahmenverträge

Rahmenverträge lassen sich in Kontrakte und Lieferpläne unterteilen. Ein Kontrakt ist die Vereinbarung eines Handelsunternehmens mit einem Lieferanten über die in einem bestimmten Zeitraum abzunehmenden Artikeln. Das Bezugsobjekt kann sowohl die Artikelmenge (*Mengenkontrakt*) als auch der Artikelwert (*Wertkontrakt*) sein. Mengenkontrakte definieren für einen bestimmten Zeitraum ein mengenmäßiges Abnahmevolumen zu fixierten (günstigeren) Preisen, wohingegen bei Wertkontrakten in der Regel keine festen Preise, sondern Sonderkonditionen vereinbart werden. Auf Artikelebene dominieren Mengenkontrakte, obgleich im Rohstoffhandel aufgrund der starken Preisschwankungen Wertkontrakte üblich sind. Kontrakte auf Warengruppenebene werden üblicherweise als Wertkontrakte definiert.

Kontrakte stellen eine Möglichkeit dar, die Konditionenvielfalt zu reduzieren. Insbesondere im Großhandelsbereich ist eine zunehmende Bedeutung von Kontrakten festzustellen. *Lieferpläne* stellen eine weitere Konkretisierung einer langfristigen Liefervereinbarung dar. In ihnen werden nicht nur die in einem definierten Zeitraum abzunehmenden Artikelmengen oder -werte definiert, sondern es werden bereits die genauen (in der Regel periodischen) Liefertermine und Liefermengen für einen längeren Zeitraum festgelegt. Für den Lieferanten wird hierdurch die Planungssicherheit weiter erhöht, was durch entsprechende Sonderkonditionen honoriert wird. Für den Handel besteht bei derartigen Lieferplänen das Problem, dass bei einem Nachfragerückgang keine Reduktion des Bestellvolumens möglich ist. Daher finden Lieferpläne primär Verwendung bei Artikeln mit gut prognostizierbarer, wenig schwankender Nachfrage. Üblich ist zudem, nur einen Teil der prognostizierten Bedarfe - quasi die sicheren Bedarfe - durch Lieferpläne abzudecken.

Mengenkontrakte sind in 53 der untersuchten Warenwirtschaftssysteme abbildbar. Wertkontrakte und Lieferpläne hingegen sind primär bei Systemen mit einem starken Großhandelsfokus zu finden. Die Definition von Rahmenverträgen auf *Artikelgruppenebene* (zum Beispiel ein Wertkontrakt über den Kauf von Obst&Gemüse im Wert von 250.000 EUR) ist erstaunlicherweise nur bei weniger als der Hälfte der Systeme, die Rahmenverträge unterstützen, möglich. Dahingegen erlauben die meisten Systeme eine *Überlappung* von Rahmenverträgen, das heisst das zeitgleiche Vorliegen mehrerer Rahmenverträge, die sich auf einen Artikel beziehen.

System-merkmale 8: Konditionen-verwaltung	EK-Preis				EK-Rabatt				Rabattdefinition		
	Staffelarten[A]	Staffelbezug	VPE-abhängige Preise	Ebene der Preisdefinition[B]	Rabattarten[C]	Staffelarten[A]	Frühbezugs-/-lieferungsrabatte	Naturalrabatte	Unternehmens-übergreifend[D]	Unternehmensebene[D]	Filialebene[D]
A.eins	M,W	●	●	Ü,U,F	P,A	M,W	●	○	L,T,A	L,T,A	L,T,A
abas	M	◐	●	U	P,A	M	○	●	-	L,T,A	-
ASW	M,W	◐	●	U	P,A	M	○	●	-	L,T,A	L,T,A
AUPOS	M,W	●	●	Ü,U	P,A	M,W	●	●	L,T,A	L,T,A	-
AW 400	M,W	◐	●	U,F	P,A	M	●	●	L,T,A	L,T,A	L,T,A
b2 Handel	M,W	●	○	Ü,U,F	P,A	M,W	○	○	L,A	L,A	L,A
Bison Solution	M,W	●	●	U	P,A	M,W	○	○	L,T,A	L,T,A	L,T,A
Brain AS	M,W	●	○	U	P,A	M,W	●	○	-	L,A	-
Compex	M,W	●	●	Ü,U,F	P,A	M,W	●	○	L,T,A	L,T,A	L,T,A
Conaktiv	M	◐	●	U,F	P	M	○	○	-	L,T,A	-
Corporate WINLine	M	◐	●	U,F	P,A	M,W	○	○	-	L,T,A	L,T,A
CSB-System	M,W	●	●	Ü,U,F	P,A	M,W	●	●	L,T,A	L,T,A	L,T,A
DCW-Wawi.	M,W	●	○	U,F	P,A	M,W	○	●	-	L,T,A	L,T,A
DEWAS / MESS	M,W	●	●	F	P,A	M,W	●	●	-	-	L,T,A
diamod	M	●	○	U	P,A	M	○	○	-	L,A	-
e.fet Wawi.	M,W	●	●	Ü,U,F	P,A	M,W	○	○	L,T,A	L,T,A	L,T,A
FEE	-	○	○	k.A.	P,A	-	○	○	-	-	-
Formica SQL	M	●	○	U	P	M	○	○	-	L,A	-
Futura ERS	M,W	●	●	U,F	P,A	-	○	○	-	L,T,A	L
G.O.L.D.	M,W	●	○	Ü,U,F	P,A	M,W	●	●	L,T,A	L,T,A	L,T,A
GEAC System 21	M,W	●	●	U	P,A	M,W	○	○	-	L,T,A	-
gevis	M,W	●	●	U,F	P,A	M,W	●	●	-	L,T,A	L,T,A
i/2	M,W	●	●	U	P,A	M,W	●	●	-	L,T,A	-
iBaanERP	M,W	●	●	Ü,U,F	P,A	M,W	●	○	L,T,A	L,T,A	L,T,A
IFS Applications	M	●	●	F	P,A	M,W	●	○	L,T,A	L	L,T,A
IN:ERP	M,W	●	●	U	P,A	M,W	○	○	-	L,T,A	-
J.D. Edwards	M,W	●	●	Ü,F	P,A	M,W	○	●	L,T,A	L,T,A	L,T,A
JDA-PMM	M,W	●	●	Ü,U,F	P,A	M,W	○	○	L,T,A	L,T,A	L,T,A
KARAT	M,W	◐	●	Ü,U	P,A	M,W	○	○	L,T,A	L,T,A	-
MBS-Apertum	M,W	●	●	U,F	P,A	M	○	○	-	L,A	L,A
MBS-Axapta	M,W	●	●	Ü,U,F	P,A	M,W	○	●	L,T,A	L,T,A	L,T,A
MBS-Navision	M,W	●	●	U	P,A	M,W	○	○	L,T,A	L,T,A	L,T,A

[A] M=Mengenstaffeln; W=Wertstaffeln
[B] F=Filialebene; U=Unternehmensebene; Ü=unternehmensübergreifend
[C] P=prozentual; A=absolut
[D] L=Lieferant; T=Lieferantenteilsortiment; A=Artikel

Zeitsteuerung						Bonusverwaltung					Rahmenverträge				System-merkmale 8: Konditionen-verwaltung
Preise	EK-Rabatte	Vorerfassung	Preishistorie	Mehrere Zeiträume	Mehrere geschachtelte Zeiträume	Ebene der Bonusvereinbarung[A]	Zeitsteuerung	Bonusstaffeln[B]	Bonusausschluss	Berechn. Ansprüche	Kontrakte	Lieferpläne	Kontrakte für WGR	Überlappung	
●	●	●	○	●	●	L,T,A	●	M,W	○	○	M,W	●	●	●	A.eins
●	●	●	○	●	○	A	○	-	○	○	M	●	○	●	abas
●	●	○	○	●	○	-	○	-	○	○	M	●	○	●	ASW
●	●	●	●	●	●	L	●	W	○	●	W	●	○	●	AUPOS
●	●	●	○	●	○	T,A	●	M,W	●	●	-	○	○	○	AW 400
●	●	●	●	○	○	-	○	-	○	○	M	●	○	○	b2 Handel
●	●	●	●	●	○	L,T,A	●	-	○	○	M,W	●	●	●	Bison Solution
●	●	●	●	●	○	L	○	W	●	●	M,W	●	●	●	Brain AS
●	●	●	●	●	●	L,T,A	●	M,W	●	●	M,W	○	●	○	Compex
●	○	○	○	○	○	-	○	-	○	○	-	○	○	○	Conaktiv
●	●	●	●	●	●	-	○	-	○	○	M	○	○	○	Corporate WINLine
●	●	●	●	●	●	L,T,A	●	M,W	●	●	M,W	●	●	●	CSB-System
●	●	●	●	●	●	L	○	-	○	●	M,W	●	○	●	DCW-Wawi.
●	●	○	○	●	●	L,T,A	●	M,W	●	○	-	○	○	○	DEWAS / MESS
●	●	●	○	●	○	-	○	-	○	○	M	●	○	●	diamod
●	●	●	●	○	●	-	○	-	○	○	M,W	●	○	●	e.fet Wawi.
○	○	○	○	○	○	-	○	-	○	○	-	○	○	○	FEE
●	●	●	○	○	○	-	○	-	○	○	M	●	○	●	Formica SQL
●	●	○	●	○	○	L	●	W	●	●	W	○	●	○	Futura ERS
●	●	●	●	●	●	L,T,A	●	M,W	●	●	-	○	○	○	G.O.L.D.
●	●	○	○	●	○	-	○	-	○	○	M	●	○	●	GEAC System 21
●	●	●	●	●	●	L,T,A	●	M,W	●	●	M	●	●	●	gevis
●	●	●	●	●	●	L,T,A	●	M,W	●	●	M,W	●	○	○	i/2
●	●	●	●	●	●	L,T,A	●	M,W	○	●	M,W	●	●	●	iBaanERP
●	●	●	●	●	○	-	○	-	○	○	M,W	●	●	●	IFS Applications
○	●	●	●	○	○	-	○	-	○	○	M,W	○	○	●	IN:ERP
●	●	●	●	●	●	L,T,A	●	M,W	●	●	M	●	○	●	J.D. Edwards
●	●	●	●	●	●	L,T,A	●	M,W	●	●	M,W	●	●	●	JDA-PMM
●	●	●	○	○	○	L,A	○	-	○	●	-	○	○	○	KARAT
●	●	●	○	●	●	A	○	-	○	○	M,W	●	○	●	MBS-Apertum
●	●	●	○	●	○	-	○	-	○	○	M	●	○	●	MBS-Axapta
●	●	●	●	●	●	-	○	-	○	○	M,W	○	○	●	MBS-Navision

[A] L=Lieferant; T=Lieferantenteilsortiment; A=Artikel
[B] M=Mengenstaffeln; W=Wertstaffeln

System-merkmale 8: Konditionen-verwaltung	EK-Preis				EK-Rabatt				Rabattdefinition		
	Staffelarten[A]	Staffelbezug	VPE-abhängige Preise	Ebene der Preisdefinition[B]	Rabattarten[C]	Staffelarten[A]	Frühbezugs-/-lieferungsrabatte	Naturalrabatte	Unternehmens-übergreifend[D]	Unternehmensebene[D]	Filialebene[D]
MKS Goliath	M	◐	●	U	P	M	○	○	-	L,A	-
Movex	M	●	●	Ü,U,F	P	M,W	○	○	L,T	-	-
oxaion	M,W	●	●	U,F	P,A	M,W	○	●	-	L,T,A	L,T,A
P2plus	M,W	●	●	Ü,U,F	P,A	M,W	○	○	L,T,A	L,T,A	L,T,A
PISA – Wawi.	M,W	●	●	Ü,U,F	P,A	M,W	●	○	L,T,A	L,T,A	L,T,A
Pollex LC	M,W	●	●	Ü	P,A	M,W	●	○	L,T,A	-	-
priMio – E/Con	M	◐	●	Ü	P,A	-	○	○	L,T,A	-	-
ProALPHA	M	◐	○	Ü,F	P,A	M	●	○	L,T,A	L,T,A	-
PRODIS	M	●	●	U	P,A	M,W	●	○	-	L,A	-
Profit-WWS	M	◐	●	F	P,A	M,W	○	●	L,T,A	L,T,A	L,T,A
ProWWS	M	●	○	U	P,A	M,W	●	○	-	L,A	-
Regulus	M,W	●	●	U,F	P,A	M,W	○	●	-	L,T,A	L,T,A
Retek 10	M,W	●	●	Ü,F	P,A	M,W	●	●	L,T,A	L,T,A	L,T,A
Sangross V	M,W	●	●	Ü,U,F	P,A	M,W	○	●	L,T,A	L,T,A	L,T,A
SAP Business One	M	◐	○	F	P,A	M	○	○	-	L,T,A	-
SAP mySAP Retail	M,W	●	●	Ü,U,F	P,A	M,W	●	●	L,T,A	L,T,A	L,T,A
SDS fashion	-	○	○	k.A.	P	-	○	○	-	-	-
Semiramis	M,W	●	●	U,F	P,A	M,W	●	○	-	L,T,A	-
Skill Commercial	M	●	○	Ü	P,A	M	●	○	-	-	-
SO:Business Soft.	M	●	●	Ü,U,F	P,A	M	○	○	L,T,A	L,T,A	L,T,A
SoftM Suite	M,W	◐	●	U	P,A	M,W	○	●	L,T,A	L,T,A	-
SQL-Business	M,W	●	●	Ü,U,F	P,A	M,W	○	○	L,T,A	L,T,A	L,T,A
Steps Business Sol.	M,W	●	○	U	P,A	M,W	○	○	-	L,T,A	-
TRADEsprint	M,W	●	●	Ü,U,F	P,A	M,W	●	●	L,T,A	L,T,A	L,T,A
TS	M,W	●	●	F	P,A	M,W	○	●	-	-	L,T,A
Unitrade	M,W	●	●	Ü,U,F	P,A	M,W	●	●	L,T,A	L,T,A	L,T,A
UPOS	M	●	●	Ü,U	P,A	M,W	○	○	L,T,A	-	-
VERA	M,W	●	●	Ü,U,F	P,A	M,W	○	○	L,T,A	L,T,A	L,T,A
W 5	M,W	◐	●	Ü,U,F	P,A	M,W	●	○	L,T,A	L,T,A	-
WEST System	M,W	●	●	Ü,U,F	P,A	M,W	○	○	L,T,A	L,T,A	L,T,A
Wilken Materialw.	M,W	●	●	Ü,U,F	P,A	M,W	●	○	L,T,A	L,T,A	L,T,A
x-trade	M,W	●	●	U,F	P,A	M,W	●	●	-	L,T,A	L,T,A

[A] M=Mengenstaffeln; W=Wertstaffeln
[B] F=Filialebene; U=Unternehmensebene; Ü=unternehmensübergreifend
[C] P=prozentual; A=absolut
[D] L=Lieferant; T=Lieferantenteilsortiment; A=Artikel

Zeitsteuerung						Bonusverwaltung					Rahmenverträge				System-merkmale 8: Konditionenverwaltung
Preise	EK-Rabatte	Vorerfassung	Preishistorie	Mehrere Zeiträume	Mehrere geschachtelte Zeiträume	Ebene der Bonusvereinbarung[A]	Zeitsteuerung	Bonusstaffeln[B]	Bonusausschluss	Berechn. Ansprüche	Kontrakte	Lieferpläne	Kontrakte für WGR	Überlappung	
●	●	●	●	●	○	-	○	-	○	○	M	○	○	○	MKS Goliath
●	●	●	●	●	●	L	●	W	○	●	M	●	●	●	Movex
●	●	●	●	●	●	L,T,A	●	M,W	●	●	M	●	○	●	oxaion
●	●	●	●	●	●	L,T,A	●	M,W	●	●	M,W	●	●	○	P2plus
●	●	●	●	○	●	L,T,A	●	M,W	●	●	M,W	●	●	●	PISA – Wawi.
●	●	●	○	●	●	A	○	-	○	○	M	○	○	●	Pollex LC
●	●	●	●	○	○	-	○	-	○	○	M	○	○	○	priMio – E/Con
●	●	●	○	●	●	-	○	-	○	○	M	●	○	●	ProALPHA
●	●	●	●	●	○	L,A	●	M,W	○	○	W	●	○	○	PRODIS
●	○	●	○	●	○	L,T,A	●	M,W	●	○	-	○	○	○	Profit-WWS
●	●	●	●	●	○	L,A	○	-	○	○	-	○	○	○	ProWWS
●	●	●	●	●	●	L	●	M,W	○	●	M	○	●	●	Regulus
●	●	●	●	●	●	L,T,A	●	M,W	●	●	M,W	●	○	●	Retek 10
●	●	●	●	●	●	L,T,A	●	M,W	●	○	M,W	●	●	●	Sangross V
●	●	●	●	●	○	-	○	-	○	○	-	○	○	○	SAP Business One
●	●	●	●	●	○	L,T,A	●	M,W	●	○	M,W	●	○	●	SAP mySAP Retail
○	○	○	○	○	○	-	○	-	○	○	-	○	○	○	SDS fashion
●	●	●	●	●	●	-	○	-	○	○	M,W	●	○	●	Semiramis
●	●	●	●	●	○	-	○	-	○	○	-	○	○	○	Skill Commercial
●	●	●	●	●	○	L,A	●	M,W	○	●	M	●	○	●	SO:Business Soft.
●	●	●	●	●	●	A	○	-	○	○	M,W	○	○	●	SoftM Suite
●	●	●	●	●	○	-	○	-	○	○	M	●	○	●	SQL-Business
●	●	○	○	●	●	-	○	-	○	○	M,W	○	○	○	Steps Business Sol.
●	●	●	●	●	○	L,T,A	●	M,W	●	●	M,W	●	●	●	TRADEsprint
●	●	●	●	●	○	L,T,A	●	M,W	○	○	M,W	●	●	●	TS
●	●	●	●	●	○	L,T,A	●	M,W	●	●	M,W	●	○	●	Unitrade
●	●	●	●	●	○	L,T,A	●	M,W	●	●	M	○	○	●	UPOS
●	●	●	●	●	●	L,A	○	-	●	○	M	○	○	○	VERA
●	●	●	●	●	●	L,T,A	●	M,W	●	●	M	○	○	●	W 5
●	●	●	●	○	○	-	○	-	○	○	M,W	●	○	○	WEST System
●	●	●	●	●	●	T,A	○	-	○	○	M,W	●	●	●	Wilken Materialw.
●	●	●	●	●	●	L,T,A	●	M,W	○	○	M,W	○	●	●	x-trade

[A] L=Lieferant; T=Lieferantenteilsortiment; A=Artikel
[B] M=Mengenstaffeln; W=Wertstaffeln

3.5.2 Disposition

Die zentrale Aufgabe der Disposition ist die zielgerichtete und bedarfsgesteuerte Warenbeschaffung. Hierzu ist es erforderlich, die zukünftigen Artikelbedarfe im Rahmen der Bedarfsrechnung zu ermitteln und darauf basierend Bestellmengen abzuleiten. Zur Dispositionsdurchführung lassen sich die verschiedensten Verfahren einsetzen: von einer manuellen Sichtdisposition (z. B in Filialen ohne system-gestützte artikelgenaue Bestandsführung) bis hin zu einer vollautomatischen Disposi-tion und Bestellauslösung durch das Warenwirtschaftssystem. Die Übermittlung und Überwachung der Bestellungen fällt ebenso in den Bereich der Disposition, wie die eher mittelfristig ausgerichtete Limitplanung, die der Steuerung und Überwachung der Einkaufsvolumina dient.

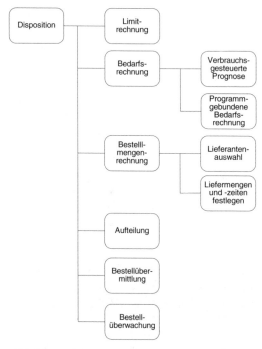

Abbildung 73:   Disposition: Teilfunktionen

Häufig wird die Disposition in Handelsunternehmen in der organisatorischen Einheit Einkauf durchgeführt. Diese Zuordnung hat ihre Ursache in der Verhandlung zusätz-licher geschäftsvorfallbezogener Konditionen bei der Bestellung (beispielsweise Sonderkonditionen im Rahmen von Objektgeschäften).

3.5.2.1 Limitrechnung

Die Limitrechnung ist ein Instrument zur Steuerung der Warenbeschaffung, mit dem die Ziele der Kostensenkung und der Liquiditätssicherung verfolgt werden.[288] Bei der Limitrechnung werden Beschaffungshöchstwerte für Sortimentsteile (i.d.R Warengruppen) festgelegt. Darauf basierend werden Beschaffungshöchstwerte für einzelne Organisationseinheiten und Disponenten berechnet. Die Basis für die Ermittlung der Limits bilden die im Rahmen der Absatzplanung ermittelten (Plan-) Werte für den Umsatz, die Handelsspanne und den Lagerbestand. Vereinfacht lässt sich das maximale Beschaffungsvolumen einer Warengruppe als Differenz zwischen dem erwarteten Umsatz und der erwarteten absoluten Handelsspanne dieses Umsatzes definieren. Dieses Beschaffungsvolumen wird dann oftmals noch um bereits vorliegende Verkaufsaufträge und gewünschte Bestandsveränderungen angepasst (vgl. Abbildung 74).

Plan-Umsatz	650.000 €	
- Handelsspanne	300.000 €	
Wareneinsatz	350.000 €	
+ Bestände an Verkaufsaufträgen	60.000 €	
Limit I	410.000 €	
Lagerdifferenz		
- Ist-Lagerbestand		170.000 €
+ Plan-Lagerbestand		180.000 €
+/- Differenz	10.000 €	
Limit II	420.000 €	

Abbildung 74: Beispiel zur Limitrechnung[289]

Durch die Limitrechnung können Überbeanspruchungen der Lagerkapazität vermieden und die damit verbundenen Kapitalbindungskosten begrenzt werden. Im Bereich der modischen Ware, die in der Regel innerhalb einer Saison umgesetzt werden muss, wird mit der Anpassung des Einkaufsvolumens an die erwarteten Abverkäufe das Ziel der Vermeidung von Ladenhütern verfolgt.[290]

---

[288] Vgl. Tietz (1974), Sp. 1198 f. Konkrete Beispiele zur Limitrechnung finden sich beispielsweise bei Barth (1996), S. 330 ff. Einen umfassenderen Überblick über Verfahren zur Limitrechnung gibt Ebert (1986), S. 222 ff.
[289] In Anlehnung an Tietz (1974), Sp. 1201.
[290] Vgl. Ebert (1986), S. 225.

Von den untersuchten Warenwirtschaftssystemen unterstützt lediglich ein Drittel der Systeme eine Limitrechnung. Zudem ist die Limitrechnung oftmals nur für ein Bezugsobjekt (beispielsweise Artikel) möglich. Insbesondere die geringe Disponentenorientierung fällt auf. Eine Limitrechnung, die die Bezugsobjekte Disponent, Lieferant, Warengruppe und Artikel umfasst, bieten u a. die Systeme *Futura ERS*, *iBaanERP* und *mySAP Retail*.

3.5.2.2 Bedarfsrechnung

Aufgabe der Bedarfsrechnung ist es, zukünftige Artikelbedarfe zeit- und mengenmäßig zu ermitteln. Es lassen sich bei der Bedarfsrechnung deterministische und stochastische Verfahren unterscheiden. Bei der deterministischen Bedarfsrechnung wird der Bedarf anhand bereits vorliegender Kundenaufträge ermittelt. Während in der Industrie, ausgehend vom Primärbedarf, mittels Stücklistenauflösung die Sekundärbedarfe bestimmt werden, ist eine Stücklistenauflösung im Handel üblicherweise nicht erforderlich.[291] Eine deterministische Bedarfsrechnung lässt sich im Handel unter anderem beim Aktionsgeschäft nutzen, wenn die Aktionsbestellmengen der Kunden/Filialen mit ausreichendem zeitlichen Vorlauf eingehen, so dass sie aufsummiert den Bedarf des Handels beziehungsweise der Zentrale ergeben. Einsatz findet die deterministische Bedarfsrechnung auch im Großhandel bei langfristigen Lieferverbindlichkeiten, die etwa aufgrund konkreter Lieferpläne bereits frühzeitig bei der Disposition berücksichtigt werden können.

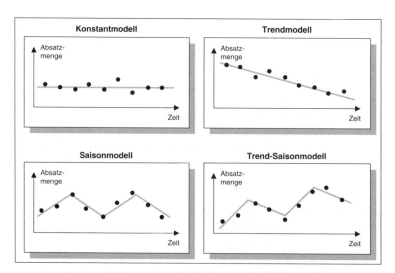

Abbildung 75:   Prognosemodelle

---

[291] Eine Ausnahme können Verkaufssets bilden, die intern nur als Einzelartikel geführt werden.

Bei der im Handel dominierenden stochastischen Bedarfsrechnung wird eine Prognose der künftigen Bedarfe basierend auf einem gewählten Prognosemodell und den gegebenen Abverkaufswerten der Vergangenheit ermittelt (daher auch als verbrauchsgesteuerte Bedarfsrechnung bezeichnet). Es lassen sich vier Prognosemodelle unterscheiden. Das *Konstantmodell* ist bei einem im wesentlichen konstanten Verlauf der Vergangenheitswerte zu wählen. Unterschiede in den Abverkäufen resultieren aus zufälligen Schwankungen. Beim *Trendmodell* steigen (oder fallen) die Vergangenheitswerte über einen längeren Zeitraum. Der Trend kann wieder von zufälligen Schwankungen überlagert sein. Typisch ist ein derartiger Verlauf für Produkte, die sich am Beginn beziehungsweise Ende ihres Produktlebenszykluses befinden.[292] In den vergangenen Jahren konnte ein solcher positiver Trend beispielsweise bei Handys und ein negativer Trend bei Schallplatten festgestellt werden. Beim dritten Prognosemodell, dem *Saisonmodell*, ist kein gleichmäßiger Trend, sondern eine periodische Nachfrageschwankung zu beobachten. Die Werte weichen dabei regelmäßig in erheblichem Umfang vom Durchschnittswert ab. Die Saisonperiode ist oftmals jährlich (beispielsweise Modeartikel, Weihnachtsartikel, Wintersportgeräte etc.). Unterjährige Perioden sind beispielsweise der Semesterbeginn in Studentenstädten oder der Ferienbeginn an Schulen. Beim *Trend-Saison-Modell* wird ein längerfristiger Trend durch einen saisonalen Verlauf überlagert. Die Abbildung 75 zeigt idealtypische Vergangenheitswerte für die jeweiligen Prognosemodelle.

Eine außergewöhnlich umfassende Prognose- und Dispositionsfunktionalität bietet für ein System mittlerer Größenordnung *SQL-Business*. Anhand der historischen Abverkaufsmengen können parallel sechs unterschiedliche Dispositionsverfahren durchgerechnet werden und es kann anhand der Varianz automatisch das „beste" Verfahren für die Prognose ermittelt werden. Basierend auf den Prognosewerten und der gewünschten Reichweite, ist dann eine vollständig automatisierte Disposition möglich. Dabei kann das Risiko aus dem Bedarfsverlauf sowie der Lieferantenzuverlässigkeit eingeschätzt und über einen Sicherheitsfaktor mit berücksichtigt werden.

Die Betrachtung von Trend- und Saisoneinflüssen ist im Handel von großer Bedeutung. Einerseits unterliegen große Sortimentsteile starken saisonalen Nachfrageschwankungen, andererseits führen periodisch wiederkehrende Aktionen und weitere verkaufsfördernde Maßnahmen dazu, dass das Absatzgeschehen der Vergangenheit nicht direkt in die Zukunft projiziert werden kann. Grundsätzlich ist zu fordern, dass neben der Berücksichtigung von verkaufsfördernden Maßnahmen für den betrachteten Artikel auch die Absatzmengen möglicher Alternativartikel berücksichtigt werden. Aufgrund der Schwierigkeit, derartige Verbundbeziehungen zwischen Artikeln bei einer großen Anzahl von Artikeln und damit einer Vielzahl möglicher Verbundeffekte zu bestimmen, werden diese bei der Analyse des Absatzes regelmäßig vernachlässigt. Eine Berücksichtigung von Trend- und/oder Saisoneinflüssen wird hingegen von einer Reihe der untersuchten Warenwirtschaftssysteme unterstützt. Fehlen derartige Prognosemodelle, so wird bei Saison- und Trendartikeln kaum eine

---

[292] Zum Produktlebenszyklus vgl. beispielsweise Meffert (1998), S. 328 ff.

adäquate automatisierte Absatzprognose möglich sein. Dementsprechend ist für alle Handelsbetriebe, die mit derartigen Artikeln in größerem Umfang konfrontiert sind, der Einsatz von Warenwirtschaftssystemen zu fordern, die diese Prognosemodelle unterstützen.

Realisiert werden die verschiedenen verbrauchsgesteuerten Prognoseverfahren meist durch die einfache und gewichtete Mittelwertrechnung sowie die Methoden der exponentiellen Glättung. Bei letzteren Verfahren können insbesondere die beschriebenen Trend- und/oder Saisonverläufe adäquat berücksichtigt werden.[293]

Das Ergebnis der Bedarfsplanung stellt somit prognostizierte (im Falle einer stochastischen Bedarfsrechnung) beziehungsweise errechnete, bereits feststehende (im Falle einer deterministischen Bedarfsrechnung) zukünftige Artikelbedarfe dar.

Für die Ermittlung von Bedarfsmengen stehen auch Spezialsysteme zur Verfügung, die, aufbauend auf den Daten eines Warenwirtschaftssystems, dezidiert auf eine optimierte Berechnung von Artikelbedarfen ausgerichtet sind (z. B. SAF, E3 Trim und LOGOMATE).[294]

3.5.2.3 Bestellmengenrechnung

Basierend auf den ermittelten (eher längerfristigen) Bedarfsdaten wird im Rahmen der Bestellmengenrechnung festgelegt, welche Artikelmengen zu welchem Zeitpunkt zu bestellen sind. Hierbei unterscheidet sich die Disposition im (Zentral-) Lager von der in der Filiale vor allem hinsichtlich der planerischen Unterstützung. Derzeit werden in den Zentrallagern häufig Bestellmengenmodelle eingesetzt, während im Einzelhandel die statistisch gestützt Bestellmengenrechnung eine geringe Bedeutung besitzt.

Eng mit der Bestimmung der optimalen Bestellmenge verbunden ist bei möglichen Alternativlieferanten die Lieferantenauswahl. Da Alternativlieferanten im Handel jedoch eher die Ausnahme sind und vielfach lediglich die Rolle eines Ersatzlieferanten haben, der in Anspruch genommen wird, wenn der Vorzugslieferant nicht liefern kann, reduziert sich das Problem der simultanen Bezugsquellen- und Bezugsmengenfestlegung auf eine reine Mengenfestlegung. Dennoch unterstützen viele Systeme mit einer *Bestpreisfindung* das Auffinden der günstigsten Bezugsquelle. Die Bestpreisfindung beschränkt sich allerdings oft auf die betrachtete Bestellposition, so dass keine positionsübergreifende Gesamtoptimierung erfolgt. Aus theoretischer Sicht wäre dies zwar wünschenswert, aufgrund der Komplexität der Verbundeffekte

---

[293] Die exponentielle Glättung zweiter Ordnung ist einsetzbar für Zeitreihen mit Trendverlauf. Sind Saisoneinflüsse zu berücksichtigen, so ist eine exponentielle Glättung dritter Ordnung erforderlich. Vgl. beispielsweise Mertens (1995a), S. 81; Scheer (1983), S. 107 ff.

[294] Vgl. Abschnitt 3.11.1.

und der geringen Bedeutung von Alternativlieferanten, stellt das jedoch kaum einen wirklichen Mangel der Systeme dar.

Die Bestellmengenfestlegung wird üblicherweise *lieferantenbezogen* oder bei Lieferanten mit einer großen Sortimentsbreite auch auf *Lieferantenteilsortimentsebene* durchgeführt. Daneben können die Artikel nach internen Gesichtspunkten (zum Beispiel *Warengruppen*) oder *kundenbezogen* disponiert werden. Letzteres wird insbesondere im Großhandelsbereich im Objektgeschäft genutzt, wo ein Mitarbeiter des Großhandelsunternehmens einerseits den Auftrag des Kunden annimmt, technische Details und notwendige Rückfragen abklärt und andererseits auch direkt die benötigte Ware bei Lieferanten bestellt. *Sammelbestellungen* werden genutzt, um bei kundenbezogenen Beschaffung die Bedarfe mehrere Kunden zu bündeln und in Form einer gemeinsamen Bestellung an den Lieferanten weiterzugeben. Hierdurch verringern sich das Belegvolumen und letztlich auch die administrativen Kosten; darüber hinaus können teilweise bessere Konditionen erreicht werden (z. B. Vermeidung von Mindermengenzuschlägen oder Erreichen höherer Staffelstufen).

Eine *Lieferantenangebotsverwaltung* ist in Branchen mit einer hohen Anzahl an Lieferantenangeboten sinnvoll. Während in vielen Handelsbranchen Lieferantenangebote nur eine untergeordnete Rolle spielen, da einerseits (z. B. bei Markenprodukten) oftmals keine alternativen Bezugsquellen existieren und andererseits die Preise basierend auf den Jahresgesprächen weitgehend fixiert sind, werden sie in Branchen mit Tagespreisen (z. B. Rohstoffhandel, Elektronikhandel), mit alternativen Bezugsmöglichkeiten (Baustoffhandel) oder mit ausgeprägtem Objektgeschäft intensiv genutzt.[295] Eine explizite Verwaltung der Angebote stellt nicht nur die Basis für einen systemgestützten Preisvergleich dar, sondern bietet auch die Möglichkeit, die Erstellung von „Erinnerungen" zur Angebotsabgabe zu automatisieren und die Entwicklung von Angebotspreisen im Zeitverlauf zu verfolgen.

Aufgrund der Komplexität der Disposition im Handel (ein SB Warenhaus führt ca. 30.000 Artikel, ein Zentrallager hat ca. 10.000 Artikel) und der Häufigkeit der Aufgabenstellung, wird seit langem die Zielsetzung verfolgt, durch IT-Systeme eine bestandsreduzierende, mit weniger out-of-stock-Situationen und geringerem Personalaufwand verbundene Disposition zu erreichen. Nach dem Grad der Automatisierung lassen sich bei der Bestellmengenermittlung drei *Dispositionsarten* unterscheiden:

- *Manuelle Disposition*
  Bei der manuellen Disposition werden die Bestellmengen vom Disponenten ermittelt. Die einfachste Form der manuellen Disposition ist die *Sichtdisposition*. Bei diesem Verfahren wird die Disposition im Lager - anhand der Bestandslücken - durchgeführt: Es wird das nachbestellt, was fehlt. Die Bestellmenge ergibt sich aus dem für den Artikel reservierten Lagerplatz oder aus dem Erfahrungswissen des Disponenten. Bei der zweiten, stärker DV-gestützten Form der

---

[295] Vgl. hierzu auch die Angaben zum Belegvolumen eines Elektronikgroßhändlers (jährlich 120.000 Lieferantenanfragen/-angebote bei 92 Mio. EUR Umsatz) in Abbildung 54.

manuellen Disposition ermittelt der Disponent *die Bestellmengen am Bildschirm des Warenwirtschaftssystems*. Das Warenwirtschaftssystem stellt ihm dazu die benötigten Informationen (beispielsweise Lagerbestände, Abverkaufsmengen in der Vergangenheit, Reservierungen, Lieferzeiten, Verpackungseinheiten, Mindestbestellmengen etc.) zur Verfügung. Die konkrete Bestellmenge muss jedoch vom Disponenten ermittelt werden, da das System keine Bestellvorschläge erstellt. Die manuelle Bestellung mehrdimensionaler Variantenartikel kann deutlich effizienter gestaltet werden, wenn nicht je Variantenausprägung eine separate Bestellposition angelegt werden muss, sondern eine Erfassung der Variantenmengen in einer *Maxtrix* erfolgen kann. Eine bei der manuellen Disposition zudem hilfreiche Funktion stellt das *Kopieren kompletter Bestellungen* dar. Hierdurch können periodisch anfallende, ähnliche Bestellungen ohne großen manuellen Aufwand wiederholt werden.

- *Automatische Disposition mit manueller Freigabe*
  Bei der automatischen Disposition ermittelt das Warenwirtschaftssystem - in der Regel lieferantenbezogen zum Bestelltag des Lieferanten - Bestellmengen (Bestellvorschläge) für die einzelnen Artikel. Die vom Warenwirtschaftssystem automatisch ermittelten Bestellmengen führen bei der automatischen Disposition mit manueller Freigabe nicht direkt zu Bestellungen, sondern müssen zumindest freigegeben werden. Dadurch erhält der zuständige Einkaufsmitarbeiter die Möglichkeit, alle Bestellungen auf Plausibilität zu prüfen und diese bei Bedarf anzupassen. Eine derartige Anpassung ist sinnvoll, wenn einkaufs- oder absatzrelevante Informationen vorliegen, die nicht im Warenwirtschaftssystem erfasst sind. Typische Beispiele sind erwartete zukünftige Lieferschwierigkeiten des Lieferanten, sicher prognostizierbare untypische künftige Großaufträge, erwartete Preiserhöhungen des Lieferanten, die Investitionskäufe rechtfertigen, etc.

- *Automatische Disposition und Bestellauslösung*
  Bei der automatischen Disposition mit automatischer Bestellauslösung führt das Warenwirtschaftssystem die Disposition vollständig autonom durch.[296] Nach der Ermittlung der optimalen Bestellmenge, die analog zum vorherigen Verfahren erfolgt, wird eine Bestellung erstellt und im Idealfall automatisch (zum Beispiel per EDI oder Fax) an den Lieferanten übermittelt. Da bei diesem Verfahren keine Korrekturmöglichkeit der Bestellmengen durch den Disponenten möglich ist, ist eine hohe Prognosegenauigkeit erforderlich. Die automatischen Dispositionsverfahren lassen sich weiter differenzieren in Verfahren der *Bestellpunktdisposition* und in *rhythmische Dispositionsverfahren*.[297] Bei ersteren Verfahren wird eine Bestandsmenge festgelegt, ab der eine Bestellung ausgelöst wird, bei letzteren Verfahren ist der Bestellrhythmus konstant. Aufgrund fester Lieferrhythmen vieler Lieferanten (Anlieferung an festen Wochentagen), ist es sinnvoll die Disposition im gleichen Rhythmus, allerdings verschoben um die (Plan-)Lieferzeit des Lieferanten, vorzunehmen. Liefert ein Lieferant zum Bei-

---

[296] Diese Dispositionsunterstützung wird auch als automatisches Bestellsystem bezeichnet. Vgl. Zentes, Exner (1989), S. 27 f.

[297] Vgl. Barth (1996), S. 320ff. Zu Bestellpunktverfahren vgl. Reichwald, Dietel (1991), S. 528 ff.

spiel wöchentlich jeweils montags und hat eine Planlieferzeit von 3 Werktagen, so sollte das Lieferantensortiment zum spätest möglichen Zeitpunkt, also donnerstags, disponiert werden. Rhythmische Verfahren stellen in der Regel das Standarddispositionsverfahren in den Warenwirtschaftssystemen dar, daher wird im Folgenden lediglich auf eine Sonderform, die *Nachschubdisposition*, eingegangen, die nicht zwingend zur Standardfunktionalität von Warenwirtschaftssystemen gehört. Bei der Nachschubdisposition werden periodisch - oftmals täglich - so viele Artikel nachbestellt, wie abverkauft wurden („one sell - one order"). Voraussetzung für die Nachschubdisposition sind kleine Bestell- und Liefereinheiten, geringe Lagerumschlagsgeschwindigkeiten und geringe Bestände pro Artikel.[298] Aufgrund dieser Merkmale findet die Nachschubdisposition zum Beispiel in weiten Sortimentsteilen des Buchhandels und des Tonträgerhandels Anwendung. Bei einer Erweiterung dieses Verfahrens wird nicht die exakte Verkaufsmenge nachbestellt, sondern es können Rundungsverfahren (beispielsweise zum Erreichen ganzer Verpackungseinheiten) genutzt werden. Verwendung findet dieses Verfahren zunehmend in Filialen ohne eigene Bestandsführung, um die täglichen Abverkäufe aus dem Verteilzentrum des Handelsunternehmens direkt nachschieben zu können. Dadurch kann die vielfach noch vorherrschende Sichtdisposition in den Filialen durch ein automatisiertes Verfahren abgelöst werden. Wird dieses Dispositionsverfahren auch für Lieferantenbestellungen genutzt, so können hierdurch die Bestrebungen zur Etablierung eines kontinuierlichen Warenflusses zwischen Hersteller und Endverbraucher, wie sie derzeit im Rahmen von ECR-Konzepten (Efficient Consumer Response) diskutiert werden, unterstützt werden.[299]

In den Handelsunternehmen wird üblicherweise eine Kombination der vorgestellten Dispositionsarten für unterschiedliche Sortimentsteile verwendet. So lassen sich nicht-saisonale Schnelldreher gut mittels automatischer Disposition disponieren. Bei einem stark saisonalen Artikel, der zudem primär im Rahmen von Aktionen verkauft wird, ist hingegen der Pflegeaufwand für die im Warenwirtschaftssystem benötigten Dispositionsparameter vielfach größer sein als der manuelle Dispositionsaufwand. Dieses Beispiel macht deutlich, dass ein Warenwirtschaftssystem eine *differenzierte Festlegung der Dispositionsart* erlauben muss. Die Anforderung einer artikel- oder lieferantenbezogenen Festlegung der Dispositionsart wird von fast allen betrachteten Warenwirtschaftssystemen erfüllt. Eine Möglichkeit zur Festlegung der Dispositionsart auf Warengruppen- oder Lieferantenteilsortimentsebene, was bei homogenen Teilsortimenten den Pflegeaufwand der Dispositionsparameter deutlich reduzieren kann, findet sich hingegen nur bei wenigen Systemen. Eine automatische Bestellpunktdisposition wird von einer Reihe der betrachteten Warenwirtschaftssysteme nicht unterstützt.

Die Warenwirtschaftssysteme, die eine automatische Bestellpunktdisposition umfassen, können zumeist alle vier bereits zuvor diskutierten Prognosemodelle (Konstant-,

---

[298] Vgl. Zentes, Exner (1989), S. 28.
[299] Vgl. zu ECR Kapitel 1.1.2 und die dort zitierte Literatur.

Trend-, Saison- und Trend-Saisonmodell) bei der Bedarfsrechnung zugrundelegen. Neben einer automatischen Disposition durch das WWS werden in Handelsunternehmen in letzter Zeit vermehrt auch spezielle Dispositionssysteme eingesetzt, welche über Schnittstellen mit dem WWS verbunden sind und basierend auf den Abverkaufs- und Bestandsdaten sowie den Bezugsbedingungen einen „optimalen" Bestellvorschlag berechnen und an das WWS übergeben. Diese Dispositionssysteme bieten im Vergleich zur typischen Funktionalität von WWS insbesondere bei der artikelübergreifenden Bestelloptimierung umfassende Zusatzfunktionen.[300]

Je nach gewählten (automatischem) Dispositionsverfahren, sind unterschiedliche *Parameter* durch das Warenwirtschaftssystem zu berücksichtigen. Die Qualität der ermittelten Bestellmengen (-vorschläge) ist hinsichtlich einer kostenoptimalen Bestellpolitik umso besser, je mehr relevante Einflussfaktoren vom Warenwirtschaftssystem berücksichtigt werden. Als wesentliche Parameter können - neben dem aktuellen Lagerbestand und den im Rahmen der Bestellmengenrechnung ermittelten Absatzprognosen - die VPE (beispielsweise bei VPE-abhängigen Preisen), Mengen- und Preisstaffeln sowie vereinbarte Mindestbestellmengen oder -werte dienen. Während VPE und Mindestbestellmengen von den meisten betrachteten Warenwirtschaftssystemen bei der Ermittlung der optimalen Bestellmenge berücksichtigt werden, bleiben Mengenstaffeln oftmals unberücksichtigt.

3.5.2.4 Aufteilung

Unter Aufteilung werden alle Funktionen subsumiert, die eine beschaffte Gesamtwarenmenge auf verschiedene Abnehmer, in der Regel Filialen, verteilen. Somit werden Aufteiler insbesondere von den Logistikzentralen filialisierender Handelsunternehmen im Rahmen einer zentralen Disposition genutzt, um zentral Ware zu disponieren und dann auf die Filialen zu verteilen.

Der Aufteilung können entweder *feste Mengen* oder *prozentuale Verteilungssätze* zugrundeliegen. Bei der mengenmäßigen Aufteilung wird ausgehend von der gesamten Bestellmenge eine Aufteilung in absoluten Größen auf die einzelnen Filialen vorgenommen. Dieses Verfahren kann in solchen Fällen zu Problemen führen, in denen die Liefermenge nicht mit der Bestellmenge übereinstimmt. Durch die Verwendung von prozentualen Aufteilern werden diese Probleme umgangen. Allerdings ist in diesen Fällen zur Optimierung der logistischen Abläufe eine Rundung der einzelnen Aufteilermengen auf ganze Liefermengeneinheiten (zum Beispiel Kartons, Lagen oder Paletten) vorzunehmen. Oftmals wird diese Funktionalität von den Warenwirtschaftssystemen, im Rahmen der prozentualen Aufteilerabwicklung unterstützt. Während diese einfache Form der zentralen Beschaffung von einer Reihe von WWS angeboten wird, ist eine Unterstützung der in der Praxis häufig anzutreffenden

---

[300] Zu automatischen Dispositionssystemen vgl. Abschnitt 3.11.1.

Abruf-Aufteiler auch bei den WWS mit „Aufteilerfunktionalität" seltener anzutreffen.

Ein Abruf-Aufteiler dient dazu, im Postengeschäft unter aktiver Einbindung der
Filialen Ware zentral zu beschaffen. Initiiert durch die Planung einer entsprechenden
Verkaufsaktion, legt die zentrale Einkaufsabteilung im WWS einen Abruf-Aufteiler
an und schlägt die Bedarfsmengen der teilnehmenden Filialen (i. d. R. anhand der
Filialgröße und des bei früheren vergleichbaren Postengeschäften beobachteten Ab-
verkaufsverhaltens der Artikel)[301] vor, welche den Filialen mit der Aufforderung zur
endgültigen Festlegung der Bestellmenge übermittelt werden. Einige WWS unterstützen eine Erinnerungsfunktion für die Filiale, welche retrograd aus dem letzt-
möglichen Bestelltermin, ein Datum ermittelt, an dem die Filiale automatisch an die
Bestellung erinnert wird. Sofern auch nach dieser Erinnerung keine Rückmeldung
von der Filiale erfolgt, wird die ursprünglich vorgeschlagene Bestellmenge fest-
gesetzt.

Beim Wareneingang kann die Ware direkt entsprechend den hinterlegten Aufteilermengen der Filialen bereitgestellt werden, so dass der Zeitraum zwischen dem
Wareneingang im Zentrallager und der Anlieferung in den Filialen kurz gehalten
werden kann. Die Aufteilerfunktionalität umfasst i. d. R. auch die Verteilung von
Restbeständen des Zentrallagers an Filialen.

Zu den Warenwirtschaftssystemen mit ausgeprägten Funktionen zur Abwicklung von
Abruf-Aufteilern gehören u. a. *JDA-PMM*, *Retek* und *mySAP Retail*.

3.5.2.5 *Bestellübermittlung und -überwachung*

Die Bestellübermittlung umfasst den digitalen oder physischen Transport der Be-
stelldaten vom Handelsunternehmen zum Lieferanten. Aufgrund der großen Anzahl
an Einzelbestellungen werden oftmals automatisierte Übertragungsverfahren eingesetzt. Neben dem direkten Versenden von Faxen aus dem Warenwirtschaftssystem
finden zunehmend die Verfahren des elektronischen Datenaustauschs (EDI) Anwendung. Nähere Angaben hierzu finden sich in Kapitel 3.12.1.

Eine aktive *Bestellüberwachung*, bei der die Einhaltung der Liefertermine durch den
Lieferanten überprüft wird, ist eine im Handel selten genutzte Funktion. DV-technisch kann eine Bestellüberwachung durch das automatische Versenden von Nachfragen bei fehlenden Auftragsbestätigungen, von Erinnerungen kurz vor dem Liefertermin und von Mahnungen bei Lieferterminüberschreitungen unterstützt werden.
Wird nur ein Teil der zuvor skizzierten Funktionen zur Bestellüberwachung angeboten, so ist dies in der nachfolgenden Tabelle entsprechend gekennzeichnet (◗).

---

[301] Einige Warenwirtschaftssysteme unterstützen zusätzlich die automatische Generierung von Aufteilerregeln, basierend auf statistischen Informationen (beispielsweise Abverkäufe vergleich-
barer Aufteiler der Vorperiode).

System-merkmale 9: Disposition	Limitrechnung				Disposition nach...				Dispositionsarten			Festlegung Dispoart			
	Artikel	Warengruppe	Lieferant	Disponent	Lieferant	LTS	Warengruppe	Kunde	Manuell	Autom. Dispo. mit manueller Freigabe	Autom. Dispo. und Bestellauslösung	Lieferant	LTS	Warengruppe	Artikel
A.eins	○	○	○	○	●	●	●	●	●	●	●	●	●	●	●
abas	○	○	○	○	●	○	○	○	●	●	○	○	○	○	●
ASW	○	○	○	○	●	●	○	○	●	●	○	○	○	○	●
AUPOS	●	●	●	○	●	●	●	●	●	●	●	○	○	●	●
AW 400	○	○	○	○	●	●	●	●	●	●	●	○	●	●	●
b2 Handel	○	○	○	○	●	○	●	●	●	●	●	○	○	●	●
Bison Solution	○	○	○	○	●	●	●	○	●	●	●	○	○	○	●
Brain AS	●	○	●	○	○	○	●	○	●	●	●	○	○	○	●
Compex	○	○	○	○	●	●	●	●	●	●	●	●	●	●	●
Conaktiv	○	○	○	○	●	○	○	○	●	●	○	○	○	○	●
Corporate WINLine	●	○	●	●	●	●	●	●	●	●	●	●	●	●	●
CSB-System	○	○	○	○	●	●	●	●	●	●	●	●	●	●	●
DCW-Wawi.	●	●	●	○	●	○	●	○	●	●	●	●	○	●	●
DEWAS / MESS	○	○	○	○	●	●	○	○	●	●	●	●	●	○	●
diamod	●	○	○	○	●	○	●	●	●	●	●	○	○	○	●
e.fet Wawi.	○	○	○	○	○	○	●	○	○	●	○	○	○	○	●
FEE	○	●	○	○	●	●	●	○	●	●	○	●	○	○	○
Formica SQL	●	○	●	○	●	○	○	○	●	●	○	●	○	○	●
Futura ERS	●	●	●	●	●	●	●	●	●	●	●	●	○	●	●
G.O.L.D.	○	●	○	○	●	●	●	○	●	●	●	●	●	●	●
GEAC System 21	○	○	○	○	●	○	○	○	●	●	●	●	●	○	●
gevis	○	○	○	○	●	●	●	○	●	●	○	●	●	●	●
i/2	●	○	●	○	●	●	●	●	●	●	●	○	○	○	●
iBaanERP	●	●	●	●	●	●	●	●	●	●	●	●	●	●	●
IFS Applications	○	○	○	●	●	●	●	●	●	●	●	○	○	○	●
IN:ERP	○	○	○	○	●	○	●	○	●	●	○	○	○	○	●
J.D. Edwards	○	○	○	○	●	●	●	●	●	●	●	●	●	●	●
JDA-PMM	●	●	●	○	●	●	●	○	●	●	●	●	●	●	●
KARAT	○	○	○	○	●	○	○	○	●	●	○	●	○	●	●
MBS-Apertum	●	○	○	○	●	●	●	●	●	●	●	○	○	○	○
MBS-Axapta	●	●	●	○	●	●	●	●	●	●	●	○	○	●	●
MBS-Navision	○	○	○	○	●	○	●	○	●	●	○	●	○	○	●

Sammelbestellungen	Bestpreisfindung	Lieferantenangebotsverwaltung	Matrixerfassung für Variantenartikel	Kopierfunktion für Bestellungen	Autom.Verf.		Param. autom. Dispo				Aufteiler[B]	Bestellüberwachung	Systemmerkmale 9: Disposition
					Nachschubdisposition	Bestellpunktdisposition[A]	VPE	Mindestbestellmengen	Mindestbestellwerte	Mengenstaffeln			
●	●	●	○	●	●	-	○	●	○	○	M,F	◑	A.eins
●	●	●	○	●	●	-	●	●	●	○	M	●	abas
●	○	○	○	●	○	T,S,T/S	●	●	○	●	M,F,P	◑	ASW
●	●	●	○	●	○	T,S,T/S	○	●	●	○	M,F	●	AUPOS
●	●	○	○	●	○	T,S,T/S	●	●	●	○	M,F	◑	AW 400
●	●	●	○	●	●	T,S,T/S	●	●	●	●	M,F	●	b2 Handel
●	●	●	●	●	●	T	○	○	●	○	M,P	●	Bison Solution
●	●	●	●	●	●	-	○	●	●	●	M,P	●	Brain AS
○	●	●	○	●	○	T	●	●	●	●	M,F	○	Compex
○	○	●	○	●	○	-	○	○	○	○	-	◑	Conaktiv
●	●	●	○	●	●	-	○	○	●	●	M	◑	Corporate WINLine
●	●	●	○	●	●	T,S,T/S	●	●	●	●	M,F,P	●	CSB-System
●	●	●	●	●	○	-	○	●	○	○	M	◑	DCW-Wawi.
●	○	○	○	○	○	T,S,T/S	●	●	●	●	-	○	DEWAS / MESS
●	○	○	●	●	●	S,T/S	○	○	○	○	M	◑	diamod
○	○	○	○	○	○	-	○	●	○	○	M	●	e.fet Wawi.
k.A	○	○	○	○	●	k.A.	○	●	○	○	k.A.	○	FEE
●	●	●	○	●	○	-	○	●	●	●	M	◑	Formica SQL
●	○	○	●	○	●	T,S,T/S	●	●	●	○	M,F,P	◑	Futura ERS
●	○	●	●	○	●	T,S,T/S	●	●	○	●	M,F,P	◑	G.O.L.D.
●	○	●	○	○	●	T,S,T/S	●	●	●	●	-	◑	GEAC System 21
●	○	○	○	●	○	-	●	●	○	○	M	◑	gevis
●	●	●	●	●	●	T,S,T/S	●	●	●	●	M,P	●	i/2
●	●	●	○	●	●	T,S,T/S	●	●	●	●	M,P	●	iBaanERP
●	●	●	○	●	○	T,S,T/S	●	●	●	●	M,F	●	IFS Applications
○	○	●	○	●	○	-	○	○	○	○	-	◑	IN:ERP
●	●	●	●	●	●	T,S,T/S	○	●	○	○	M,F,P	◑	J.D. Edwards
●	●	○	●	●	●	T,S,T/S	●	●	●	●	M,F,P	●	JDA-PMM
○	○	○	○	○	○	-	○	●	○	○	M	◑	KARAT
●	●	●	●	●	○	T	●	●	●	○	M	◑	MBS-Apertum
●	●	○	●	●	○	-	○	○	○	○	M	○	MBS-Axapta
●	●	●	○	●	●	-	○	●	●	○	M	◑	MBS-Navision

[A] T=mit Trendmodell; S=mit Saisonmodell; T/S=mit Trend-Saisonmodell
[B] M=manuelle Aufteilung; F=automatische Aufteilung nach festen Mengen;
P=automatische Aufteilung nach prozentualen Werten

System-merkmale 9: Disposition	Limitrechnung				Disposition nach...				Dispositionsarten			Festlegung Dispoart			
	Artikel	Warengruppe	Lieferant	Disponent	Lieferant	LTS	Warengruppe	Kunde	Manuell	Autom. Dispo. mit manueller Freigabe	Autom. Dispo. und Bestellauslösung	Lieferant	LTS	Warengruppe	Artikel
MKS Goliath	○	○	○	○	●	○	●	●	●	●	●	●	○	○	●
Movex	○	○	○	●	○	●	●	○	●	●	●	○	○	○	●
oxaion	●	●	○	○	●	○	●	●	●	●	●	●	●	●	●
P2plus	○	○	○	○	●	○	●	●	●	●	●	○	○	○	●
PISA – Wawi.	○	○	○	○	●	●	●	●	●	●	●	●	●	●	●
Pollex LC	○	○	○	○	●	●	●	○	●	●	●	○	○	○	○
priMio – E/Con	○	○	○	○	●	○	○	●	●	○	●	●	●	○	●
ProALPHA	○	○	○	○	●	○	○	●	●	●	●	○	○	○	●
PRODIS	○	○	○	○	○	○	○	○	●	●	●	○	○	○	●
Profit-WWS	○	○	○	○	○	○	●	●	●	●	●	○	○	●	○
ProWWS	○	○	○	○	●	●	○	●	●	●	●	○	○	○	●
Regulus	○	○	○	○	●	○	○	○	●	○	●	○	○	○	○
Retek 10	○	●	○	○	●	●	●	●	●	●	●	●	●	●	●
Sangross V	●	●	○	○	●	●	○	○	●	●	●	●	●	●	●
SAP Business One	●	○	○	○	○	○	○	○	○	○	○	○	○	○	○
SAP mySAP Retail	●	●	●	●	●	●	●	●	●	●	●	○	○	●	●
SDS fashion	○	●	●	○	●	○	●	○	●	●	●	○	○	○	●
Semiramis	○	○	○	○	●	○	●	○	●	●	●	○	○	○	●
Skill Commercial	○	○	○	○	●	○	●	○	●	●	●	○	○	○	●
SO:Business Soft.	○	○	○	●	●	●	●	●	●	●	●	●	○	●	●
SoftM Suite	○	○	○	○	●	○	●	○	●	●	●	○	○	○	●
SQL-Business	○	○	○	○	●	●	●	○	●	●	●	○	○	○	●
Steps Business Sol.	○	○	○	○	●	○	○	●	●	○	○	●	○	●	●
TRADEsprint	●	●	●	○	●	●	●	○	●	●	●	●	●	●	●
TS	○	○	●	○	●	●	●	●	●	●	●	●	●	●	●
Unitrade	○	○	○	○	●	●	●	●	●	●	●	●	●	●	●
UPOS	○	○	○	○	●	●	●	●	●	●	●	●	●	●	●
VERA	○	○	○	○	●	●	○	●	●	●	○	●	●	●	●
W 5	○	○	○	○	●	●	●	●	●	●	●	●	●	●	●
WEST System	○	○	○	○	●	●	●	●	●	●	●	●	●	●	●
Wilken Materialw.	○	●	○	○	○	●	●	○	●	●	●	○	●	●	○
x-trade	○	○	○	○	●	●	○	○	●	●	●	●	○	○	●

Sammelbestellungen	Bestpreisfindung	Lieferantenangebotsverwaltung	Matrixerfassung für Variantenartikel	Kopierfunktion für Bestellungen	Autom.Verf.		Param. autom. Dispo				Aufteiler[B]	Bestellüberwachung	System-merkmale 9: Disposition
					Nachschubdisposition	Bestellpunktdisposition[A]	VPE	Mindestbestellmengen	Mindestbestellwerte	Mengenstaffeln			
●	●	●	○	○	○	-	○	●	●	○	-	◐	MKS Goliath
●	○	●	●	●	●	T,S,T/S	○	●	○	●	M,F,P	●	Movex
●	●	●	○	●	●	T,S,T/S	●	●	●	●	-	●	oxaion
●	○	●	●	●	○	T	●	○	●	○	M	●	P2plus
●	●	●	○	●	●	-	●	●	●	●	M	●	PISA – Wawi.
●	●	●	○	○	○	-	●	●	●	●	M	●	Pollex LC
○	○	○	○	●	○	-	○	○	○	○	-	◐	priMio – E/Con
●	●	●	○	○	○	T	●	●	●	●	M	●	ProALPHA
●	○	●	●	●	●	T,S,T/S	●	●	○	○	M	◐	PRODIS
●	○	○	○	○	○	-	○	○	○	○	-	◐	Profit-WWS
○	○	○	○	○	○	-	○	●	○	○	-	◐	ProWWS
○	○	○	○	○	○	-	○	○	○	○	M	○	Regulus
●	●	○	○	●	●	T,S,T/S	●	●	●	●	M,F,P	◐	Retek 10
●	○	○	○	○	○	T,S,T/S	●	●	●	●	-	○	Sangross V
○	○	○	○	●	○	-	○	○	○	○	-	◐	SAP Business One
●	●	●	●	●	●	T,S,T/S	●	●	●	●	M,F,P	●	SAP mySAP Retail
○	○	○	○	○	○	T	●	●	●	○	M	○	SDS fashion
●	●	●	○	●	●	-	●	●	○	○	M	●	Semiramis
○	●	○	○	●	○	-	○	●	○	●	-	○	Skill Commercial
●	●	●	○	○	●	T,S,T/S	○	○	○	●	M	●	SO:Business Soft.
●	●	●	○	●	●	T,S,T/S	●	●	●	●	M,F,P	◐	SoftM Suite
●	●	●	○	●	●	T,S,T/S	○	●	○	○	-	◐	SQL-Business
○	○	○	○	○	○	-	○	○	○	○	-	◐	Steps Business Sol.
●	●	●	○	●	●	T,S,T/S	●	●	●	●	M,F,P	●	TRADEsprint
●	●	●	○	●	●	T,S,T/S	○	●	○	●	M,F	◐	TS
●	●	●	●	●	●	T,S,T/S	●	●	●	●	M,F,P	●	Unitrade
●	○	●	○	●	○	-	●	●	●	●	M	●	UPOS
●	○	●	○	●	○	-	○	●	●	●	-	◐	VERA
●	●	●	○	●	●	S,T/S	●	●	●	●	M	●	W 5
●	●	●	○	○	○	-	●	●	●	●	M,F	●	WEST System
○	●	●	○	●	●	T	●	○	○	○	M,F,P	○	Wilken Materialw.
●	●	○	○	●	○	-	○	●	●	○	M,P	◐	x-trade

[A] T=mit Trendmodell; S=mit Saisonmodell; T/S=mit Trend-Saisonmodell
[B] M=manuelle Aufteilung; F=automatische Aufteilung nach festen Mengen;
P=automatische Aufteilung nach prozentualen Werten

3.5.3   Wareneingang

Der Wareneingang hat die Aufgabe der Kontrolle und physischen Vereinnahmung der angelieferten Ware. Als wesentliche Teilfunktionen sind die Wareneingangsplanung, die physische Warenannahme, die Warenkontrolle, die Wareneingangserfassung und die Einlagerung, die den Übergang zum Funktionsbereich Lager darstellt, zu nennen. Die insbesondere im Großhandel anzutreffende Rückstandsauflösung wird aufgrund ihrer Integration in den Wareneingangsablauf ebenfalls dem Bereich Wareneingang zugeordnet (vgl. Abbildung 76).

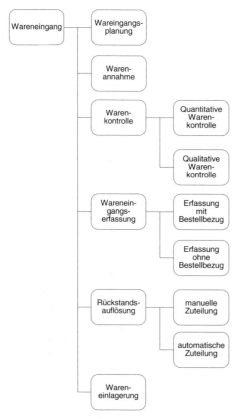

Abbildung 76:   Wareneingang: Teilfunktionen

Die Ausgestaltung und der informationstechnische Unterstützungsgrad der Teilfunktionen des Wareneingangs ist insbesondere von der Handelsstufe abhängig. So beschränkt sich der Wareneingang bei kleinerern Filialen auf eine rein logistische Abwicklung ohne informationstechnische Unterstützung, während in großen Filialen, in Verteilzentren und im Großhandel eine starke informationstechnische Unterstützung zur Optimierung der Abläufe genutzt wird. Gerade moderne Lagerkonzepte wie Cross-Docking- oder Transshipmentlager erfordern dies zwingend. Cross-Docking bezeichnet das direkte Durchschleusen von Waren durch ein Warenverteilzentrum (zentrale oder regionale Lager) eines Handelsunternehmens. Dabei wird die Ware direkt am Wareneingang filialbezogen kommissioniert, verladen und zu den Filialen weitertransportiert. Teilweise werden die Lieferungen bereits vom Hersteller filialbezogen vorkommissioniert. Die Warenverteilung wird auf diese Weise beschleunigt. Puffer- und Sicherheitsbestände werden reduziert und eine geringe Kapitalbindung erreicht.[302]

3.5.3.1 Wareneingangsplanung

Im Rahmen der Wareneingangsplanung werden die zu erwartenden Wareneingänge aus langfristigen Lieferplaneinteilungen und aktuellen Bestellungen geplant. Mögliche Abweichungen zwischen dem erwarteten Liefertermin und dem von Lieferanten realisierten Liefertermin können in der Wareneingangsplanung durch Nutzung von *Lieferantenavisen* Berücksichtigung finden. Ein Lieferantenavis stellt eine Mitteilung des Lieferanten über den voraussichtlichen Liefertermin und die Liefermenge dar, das im Falle einer elektronischen Kommunikations mittels EDIFACT als Liefermeldung (DESADV) bezeichnet wird. Je nach Detaillierung der Wareneingangsplanung können die Lieferantenavise lediglich den Anliefertag oder exakte Anliefer-Zeitfenster enthalten.

Je nach Branche und Handelsstufe lassen sich unterschiedliche Ausprägungen der Wareneingangsplanung differenzieren. Im filialisierenden Einzelhandel ist ein Trend zu einer täglichen Belieferung aus dem Zentrallager zu beobachten. Soweit in den Filialen überhaupt eine Wareneingangsplanung durchgeführt wird, beschränkt sich diese auf Streckenanlieferungen. Im Großhandelsbereich erfordert die große Anzahl an verschiedenen Lieferanten und der aufgrund des großen Warenvolumens erforderliche logistische Aufwand eine umfassendere Planung der Wareneingänge. Üblicherweise sind im Großhandelsbereich feste Anliefertage der einzelnen Lieferanten anzutreffen (Lieferant X liefert montags an, Lieferant Y dienstags und donnerstags usw.). Eine wesentliche Voraussetzung für einen über den Wochenverlauf möglichst konstanten Wareneingang stellt in diesen Fällen somit die langfristige Abstimmung der Anliefertage (möglichst Festlegung eines Zeitfensters) mit den einzelnen Lieferanten dar. Die seitens des Lieferanten durchgeführte Optimierung der Ausliefertouren beschränkt sich jedoch in den meisten Fällen auf die Änderung der Anliefertage. Die Optimierung aus Sicht der Handelsunternehmen ist bislang noch ein selten problematisiertes Thema in Theorie und Praxis (und damit auch in heutigen Systemen noch nicht unterstützt).

---

[302] Hertel (1997), S. 35f.

Eine weitergehende Form der Wareneingangsplanung im Großhandels- und Zentral-
lagerbereich stellt die Rampenbelegungsplanung dar. Als derivative Ziele verfolgt
die Rampenbelegungsplanung eine Minimierung der Abwicklungszeiten (inklusive
einer Optimierung der logistischen Abwicklung, der Entladung und der Warenannahme), eine Maximierung der Auslastung der einzelnen Rampen und eine Maximierung der Termintreue (zum Beispiel gegenüber den Lieferanten hinsichtlich der zuge-
sicherten Entladezeitfenster). Bei bestimmten Geschäftsvorfällen (zum Beispiel
Eintreffen verspäteter Aktionsware) besteht eine deutliche Dominanz des Ziels der
Minimierung der Abwicklungszeit. Darüber hinaus sind die konkreten räumlichen
Lagergegebenheiten zu berücksichtigen. So ist bei umfangreichen Anlieferungen die
Wahl der dem geplanten Lagerplatz nächstgelegenen Rampe wichtiger als bei Klein-
mengenlieferungen.

3.5.3.2 Warenanahme

Die Warenanahme stellt die erste Funktion des operativen Wareneingangs dar. Die
Art und Weise der Warenannahme ist im wesentlichen davon abhängig, ob die zugehörige Bestellung im Warenwirtschaftssystem erfasst ist. Liegt die Bestellung im
Warenwirtschaftssystem vor, so wird im Regelfall ein grober Abgleich des Lieferscheins mit der Bestellung vorgenommen, um zu prüfen, ob die Lieferung zur
Bestellung passt. Liegt keine systemseitige Bestellung vor, so wird üblicherweise
Rücksprache mit den zuständigen Einkäufern genommen. In vielen Großhandelsunternehmen und Zentrallagern ist eine systemseitig vorliegende Bestellung unabding-
bare Voraussetzung für die Warenannahme. Wird die Ware angenommen, so erfolgt -
zumindest bei externen Lieferanten - eine Kontrolle der Packstückzahl (Paletten etc.).

Da der Wareneingang in Spitzenzeiten oftmals nicht alle Wareneingänge exakt
kontrollieren und erfassen kann, ist es sinnvoll, die erfolgte Warenanlieferung bereits
bei der Warennahme im Warenwirtschaftssystem zu dokumentieren. Sofern eine
systemseitige Bestellung zum Wareneingang vorliegt, sind die erwarteten Wareneingangsmengen bereits systemseitig bekannt, so dass diese direkt in einen Waren-
eingangsbestand oder *WE-Prüfbestand* gebucht werden können. Aus diesen Zwi-
schenbeständen werden die Waren nach der vollständigen Durchführung der Waren-
eingangsbearbeitung in den freien Lagerbestand umgebucht. Der Prüfbestand dient
einerseits den Disponenten dazu, frühzeitig zu erkennen, dass die Ware bereits angeliefert wurde und auf Lieferantenmahnungen gegebenenfalls verzichtet werden kann;
andererseits kann die Ware im Rahmen der mittelfristigen Lieferbereitschaftsüber-
prüfung mitberücksichtigt werden. Entsprechend dem zweistufigen Vorgehen wird
diese Form des Wareneingangs auch als zweistufiger Wareneingang bezeichnet.

Abbildung 77 stellt den Ablauf des einstufigen Wareneingangs dem zweistufigen
Wareneingang gegenüber und hebt den informationstechnischen Vorsprung hervor,
der durch die Vorabbuchung in den WE-Prüfbestand realisiert werden kann.

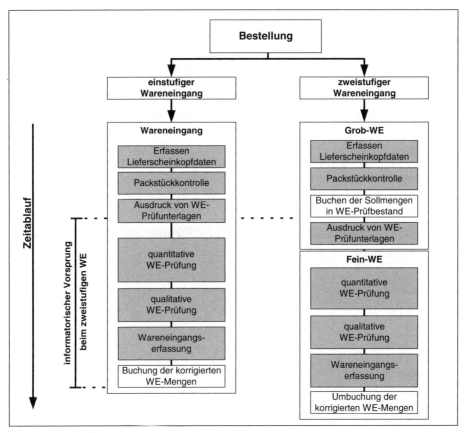

Abbildung 77:   Einstufiger und zweistufiger Wareneingang mit Bestellbezug

3.5.3.3   Warenkontrolle

In der Warenkontrolle werden die einzelnen Lieferscheinpositionen qualitativ und quantitativ geprüft. Während sich die quantitative Prüfung auf einen Abgleich der tatsächlichen Wareneingangsmengen mit den Angaben des Lieferscheins und gegebenenfalls der Bestellung beschränkt, steht bei der qualitativen Prüfung der allgemeine Zustand der Ware (Verpackung, Etikettierung, Bruch, ausreichende MHD-Restlaufzeit etc.) im Vordergrund. Die Warenkontrolle basiert in der Regel auf dem Lieferschein (gegebenenfalls ergänzt um zusätzliche Kontrolllisten).

Grundsätzlich besitzt die Warenkontrolle innerhalb des Wareneingangsprozesses optionalen Charakter. Insbesondere bei Umlagerungen zwischen Organisationseinheiten eines Handelskonzerns (zum Beispiel Belieferung der Filialen aus dem Zentrallager) wird häufig auf eine derartige Kontrolle verzichtet.

3.5.3.4   Wareneingangserfassung

Primäre Aufgabe der Wareneingangserfassung ist es, die tatsächlichen Wareneingänge mengenmäßig im Warenwirtschaftssystem zu dokumentieren. Je nach Sortimentsbereich können neben der reinen Mengenerfassung zusätzliche Angaben erforderlich sein. Im Lebensmittelbereich gilt dies z.B. für das Mindesthaltbarkeitsdatum;
speziell bei Tiefkühlware ist ein Erfassen der Warentemperatur üblich, um eine un-
unterbrochene Kühlkette nachweisen zu können. Ein weiteres Beispiel stellt das
Frischesortiment (Obst & Gemüse) dar. Neben der Wareneingangsmenge werden
unter anderem das Herkunftsland, die Behandlungsart und die Handelsklasse erfasst.
Abbildung 78 zeigt exemplarisch unterschiedliche Sichtweisen englischer Handelsketten auf das Süßwarensortiment anhand der Regalsegmente in den Märkten.

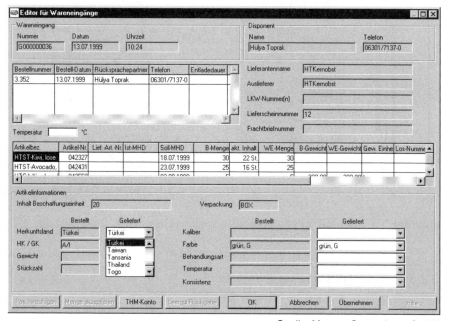

Quelle: Maxess Systemhaus GmbH.

Abbildung 78:   Wareneingang für Frischeartikel in *x-trade*

Generell lassen sich zwei Grundformen der Wareneingangserfassung unterscheiden:

Wareneingangserfassung ohne Bestellbezug

Diese Form der Wareneingangserfassung wird verwendet, wenn die dem Wareneingang zugrundeliegende Bestellung im Warenwirtschaftssystem nicht vorliegt. Da
somit im Warenwirtschaftssystem keinerlei Angaben über den Wareneingang vorliegen, müssen alle Artikel und Artikelmengen manuell erfasst werden. Problematisch ist hierbei das Heraussuchen der Artikel, da der Lieferant möglicherweise an-

dere Artikelnummern und -bezeichnungen als das Handelsunternehmen verwendet. Als Standardhilfsmittel bieten die Warenwirtschaftssysteme differenzierte Suchmöglichkeiten (Artikelnummer, Lieferantenartikelnummer, Artikeltexte etc.), wobei sich die EAN auch in diesem Bereich als sehr hilfreich erwiesen hat. Sofern eine herstellerseitige EAN-Auszeichnung vorliegt, lässt sich der Artikel im Warenwirtschaftssystem relativ einfach durch die Eingabe der auf der Artikelverpackung aufgedruckten EAN identifizieren.

Wareneingangserfassung mit Bestellbezug

Eine Wareneingangserfassung mit Bestellbezug kann genutzt werden, wenn die Bestellung im Warenwirtschaftssystem erstellt wurde und somit auf diese zugegriffen werden kann. Im Wareneingang kann dann (zum Beispiel über die auf dem Lieferantenlieferschein aufgedruckte eigene Bestellnummer[303]) ein Bezug zu der Bestellung aufgebaut werden. Dadurch ist direkt bekannt, welche Artikel und Artikelmengen in dem jeweiligen Wareneingang erwartet werden. Diese Werte können zur Reduktion des Erfassungsaufwands als Vorschlagswert in die Wareneingangserfassungsmaske übernommen werden. In der Praxis haben Analysen gezeigt, dass Mengenabweichungen bei vorgegebenen Soll-Wareneingangsmengen häufiger nicht bemerkt werden als bei fehlenden Soll-Mengen. Dies ist auf eine weniger sorgfältige und unkritischere quantitative Warenkontrolle und Mengenerfassung zurückzuführen. Daher lassen sich in vielen der größeren Warenwirtschaftssysteme zwei Varianten der Wareneingangserfassung mit Bestellbezug nutzen. In der einfachen Form werden nur die Artikel ohne Bestellmengen vorgeschlagen; in der umfassenderen Form werden zusätzlich die Bestellmengen mit eingeblendet. Analog zu den Bestellmengen können, basierend auf den Daten der Bestellung, auch die zu erfassenden qualitativen Merkmale vorgeschlagen werden.

Einige Warenwirtschaftssysteme bieten zusätzlich zum vorgestellten Wareneingang mit Bestellbezug auch die Möglichkeit auf andere Belegtypen des Warenwirtschaftssystems zu referieren. So bietet *mySAP Retail* die Möglichkeit, einen Wareneingang mit Bezug zu einem Kundenauftrag, einem systemseitig bereits vorhandenen Lieferantenlieferschein oder einem Lieferantenavis zu erfassen. Ein Bezug zu einem systemseitig bereits vorhandenen Lieferschein beziehungsweise Lieferavis ist dann sinnvoll, wenn der Lieferant diese digital (zum Beispiel per EDI) übermittelt hat, so dass die Daten ohne Erfassungsaufwand direkt zur Verfügung stehen.

---

[303] Fehlt ein Hinweis auf die eigene Bestellnummer, so unterstützen viele WWS die Suche der Bestellung über EAN, Artikelbezeichnungen, Artikelnummern, die Lieferantennummer und teilweise über das Lieferdatum. Werden diese Suchfunktionen umfassend abgedeckt, so ist die in der Tabelle mit ● gekennzeichnet.

3.5.3.5 Rückstandsauflösung

Die Rückstandsauflösung ist eine wesentliche Funktion von Warenwirtschaftssystemen im Großhandel. Als Rückstände (oder Kundenrückstände) werden Artikelmengen bezeichnet, die von Kunden in der Vergangenheit bestellt wurden aber aufgrund mangelnder Lieferfähigkeit noch nicht geliefert wurden. Das Ziel der Rückstandsauflösung ist es, bestehende Kundenrückstände so schnell wie möglich zu bearbeiten. Hierzu werden bereits beim Wareneingang von Artikeln mit Rückstandsmengen Rückstandslisten erzeugt. Diese enthalten artikelbezogen die in der Warenlieferung enthaltenen Rückstandsartikel und -mengen. Es werden Rückstandslieferscheine ausgedruckt, die Rückstandsartikel von der übrigen Ware separiert und entsprechend der Rückstandslieferscheine kommissioniert. Die Rückstände werden dann direkt vom Wareneingang - ohne Einlagerung - in den Versand oder Warenausgang transportiert.

Der Vorteil der sofortigen Rückstandsauflösung beim Wareneingang ist erstens die Eliminierung der Ein- und Auslageraktivitäten. Zweitens wird eine sofortige "Rückstandskommissionierung" möglich, so dass die Ware gegebenenfalls mit einer früheren Tour ausgeliefert werden kann. Diesen Vorteilen steht der Nachteil gegenüber, dass es - aufgrund des begrenzten Wareneingangsplatzes - zu Beinträchtigungen der Wareneinlagerung kommen kann. Problematisch ist zudem, dass bei der Rückstandsauflösung möglicherweise Verpackungseinheiten anzubrechen sind und so die Einlagerung erschwert wird.

Zusammenfassend lässt sich die "Rückstandskommissionierung" im Wareneingang insbesondere für kleinere und mittelgroße Lager als effiziente Möglichkeit zur Rückstandsbearbeitung bewerten. Hingegen werden bei großen Lagern die negativen Auswirkungen auf die logistischen Entlade- und Einlagerungsabläufe überwiegen, da dort entgegengerichtete Warenflüsse die Optimierung der Kapazitäten zu sehr beeinträchtigen.

Von den untersuchten Warenwirtschaftssystemen unterstützen die meisten Systeme sowohl eine manuell angestoßene Rückstandsauflösung (*einfache Rückstandsauflösung*) als auch eine automatische Rückstandsauflösung, die auch für die Umsetzung von Cross-Docking-Konzepten genutzt wird.

Differenzierter ist die Unterstützung der Warenwirtschaftssysteme bei Engpässen bei der Rückstandsauflösung zu betrachten. Wenn die eingegangene Ware nicht zur Deckung aller offenen Rückstände ausreicht, sind entsprechende Zuteilungsregeln erforderlich. Da die Lagermitarbeiter, die die Rückstandsauflösung durchführen, kaum die Wichtigkeit der Kunden festlegen beziehungsweise die Dringlichkeit der Warenzuteilung entscheiden können, sollten derartige Informationen vom Verkauf/ Vertrieb im Warenwirtschaftssystem gepflegt werden. Hierzu kann eine grundsätzliche *Zuteilungspriorität* im Kundenstamm hinterlegt und bei Bedarf am einzelnen Auftrag nochmals überschrieben werden.

3.5.3.6   Wareneinlagerung

Die Wareneinlagerung umfasst die physische Einlagerung der Ware auf einem Lagerplatz. Bei Filialen wird die Ware manuell in den Regalen des Verkaufsraums platziert. Bei Zentrallagerlieferungen werden zunehmend Ansätze verfolgt, die Ware im Zentrallager entsprechend dem Layout der Filiale zu kommissionieren, so dass ein einfaches Einräumen der Ware möglich wird. In den Filialen vorhandene Reserve- oder Zwischenlager werden in der Regel informationstechnisch nicht unterstützt, wenngleich aus Gründen der Bestandstransparenz eine differenzierte Bestandsführung wünschenswert wäre. In Großhandelslagern, die eine Vielzahl von Warengruppen lagermäßig führen, werden meist warengruppenbezogene Lagerbereiche gebildet, für die unterschiedliche Einlagerungsstrategien gelten können. Überwiegend wird mit Kommissionierfestplätzen gearbeitet, so dass eine gängige Lagerstrategie die Einlagerung der Ware auf dem Kommissionierplatz vorsieht, sofern der Artikelbestand zu gering ist. Während die Ware bei vorhandenem Bestand auf einem Reserveplatz, der sich möglichst in räumlicher Nähe zum Kommissionierplatz befinden sollte, eingelagert wird.

Das Auffinden eines geeigneten freien Lagerplatzes kann entweder manuell erfolgen oder auf einem Vorschlag des WWS basieren. Letzteres impliziert eine detaillierte Abbildung der einzelnen Lagerplätze sowie deren Belegung im WWS. Eine Reihe von Systemen bietet diese Funktionen nicht an und beschränkt sich weitestgehend auf eine lagerortbezogene Bestandsführung. Ist eine lagerplatzbezogene Bestandsführung möglich, so wird von den meisten Systemen auch eine *Zulagerung von Ware auf teilbelegten Lagerplätzen* und ein *Splitting der WE-Menge auf mehrere Lagerplätze* ermöglicht. Letzteres ist eine zwingende Voraussetzung für durchgängig lagerplatzorientierte Bestandsführung.[304]

Bietet ein WWS eine Lagerplatzverwaltung (mit lagerplatzbezogener Bestandsführung), so können beim Erfassen des Wareneingangs systemseitig automatisch geeignete freie Lagerplätze identifiziert werden. Hinsichtlich der dabei berücksichtigten Parameter unterscheiden sich die Systeme deutlich. Denkbar ist u. a. die Berücksichtigung nachfolgender Restriktionen:

- *Einlagerung nach erforderlichen Lagerbedingungen:* Es können im Artikelstamm explizit erforderliche Lagerbedingungen (z. B. Tiefkühllager, Wertlager) hinterlegt werden. Über eine Klassifizierung der Lagerplätze können diese Restriktionen direkt bei der Lagerplatzauswahl berücksichtigt werden.

- *Einlagerung nach ABC/XYZ-Kriterien:* Artikel, welche bestimmte Merkmale erfüllen (z. B. hohe Umschlagsgeschwindigkeit), werden automatisch in dafür vorgesehenen Lagerbereichen eingelagert.

---

[304]   Wird beispielsweise ein Palettenlager abgebildet, so muss es zwingend möglich sein, eine WE-Position, die aus sechs Euro-Paletten besteht, auf sechs unterschiedlichen Lagerplätzen einzulagern.

- *Einlagerung nach Warengruppe/Artikelart:* Den einzelnen Artikelarten oder Warengruppen werden bestimmte Lagerplatzbereiche zugeordnet.

- *Einlagerung nach Gewicht:* Gewichtsrestriktionen der Lagerplätze werden automatisch berücksichtigt. Dies erfordert einerseits die Verwaltung der maximal zulässigen Belastung je Lagerplatz und andererseits die Ermittlung der Palettengewichte (entweder über ein Wiegen der Paletten beim Wareneingang oder über eine Berechnung des Soll-Gewichts basierend auf im Artikelstamm gepflegten Angaben zum Artikelgewicht).

- *Einlagerung nach Artikelmaßen bzw. –volumen:* Analog zur Überwachung der Gewichte kann auch eine Berücksichtigung der Maße erfolgen. Ein typisches Anwendungsbeispiel ist die Differenzierung von Lagerplätzen nach Plätzen für Voll- und Halbpaletten.

- *Einlagerung nach Artikelmenge:* Bei diesem Ansatz werden große Artikelmengen eines Artikels typischerweise in anderen Lagerbereichen eingelagert, als kleinere Mengen. Eine derartige Abgrenzung kann auch zur Unterscheidung von Normal- und Aktionsware oder zur separaten Lagerung von Ware für das Objektgeschäft genutzt werden.

- *Einlagerung unter Berücksichtigung von Zusammenlagerungsverboten (z.B. bei Gefahrstoffen):* Eine der komplexesten Restriktionen bei der Einlagerung von Artikel stellt die Überwachung von Zusammenlagerungsverboten und Lagerhöchstmengen dar. Hier reicht es nicht aus, die Artikelanforderungen mit den Lagerplatzstammdaten zu vergleichen, vielmehr ist es erforderlich, die derzeitige tatsächliche Belegung der Lagerplätze zu berücksichtigen. Auch außerhalb des Gefahrstoffbereich gibt es Szenarien, in denen eine Überwachung derartiger Restriktionen gewünscht ist. So wird bspw. in Kommissionierlagern im Textilbereich versucht, gleichartige Artikel, die sich nur in der Größe unterscheiden, nicht direkt nebeneinander zu lagern.[305]

Systeme die diese Anforderungen weitgehend beim systemseitigen Vorschlag eines geeigneten Lagerplatzes berücksichtigen können, sind in der nachfolgenden Tabelle mit ● gekennzeichnet. Wird hingegen nur ein geringerer Teil dieser Anforderungen abgedeckt, so ist ein ◑ aufgeführt.

Zunehmend werden von den WWS-Anbietern auch abgestimmte Lösungsansätze für die Realisierung papierloser Lager aufgezeigt. So bietet beispielsweise *G.O.L.D.* umfassende Zusatzlösungen für eine integrierte funkgesteuerte Stapler-Anbindung.[306]

---

[305] Anstatt beispielsweise alle weißen T-Shirts direkt nebeneinander im Kommissionierbereich einzulagern, wird eine Lagerplatzzuordnung gewählt, die sicherstellt, dass dazwischen immer ein andersartiger Artikel (idealerweise mit einer anderen Farbe) eingelagert wird.

[306] Vgl. Wenzel (2003).

System-merkmale 10: Wareneingang	Lieferavis-Verwaltung	2-stufiger WE	Suchfunktion f. Best.	WE-Erfassung			Rückstandsaufl.			Einlagerung		
				WE-Erfassung mit Bestellbezug[A]	WE-Erfassung ohne Bestellbezug	Voll- / Teillieferungskennzeichen	Einfache Rückstandsauflösung	Zuteilungsprioritäten[B]	Cross-Docking	Zulagerung auf teilbelegtem Lagerplatz	Splittung der Einlagerungsmenge	Automatische Vorgabe von Lagerplätzen
A.eins	●	○	◐	O,M	●	●	●	K	●	○	○	○
abas	○	●	◐	O,M	●	●	●	-	●	●	○	○
ASW	●	●	◐	M	○	○	●	K	●	●	●	●
AUPOS	●	●	●	O,M	●	●	●	K,A	○	●	●	●
AW 400	○	●	◐	O,M	●	●	●	K	●	○	○	○
b2 Handel	○	●	●	O,M	●	●	●	K,A	○	●	●	◐
Bison Solution	●	●	◐	O,M	●	●	●	K,A	○	●	●	◐
Brain AS	○	●	●	M	●	●	●	K,A	○	●	●	●
Compex	●	●	◐	O,M	●	●	○	K,A	●	●	●	○
Conaktiv	○	●	●	O,M	●	●	●	-	●	○	○	◐
Corporate WINLine	●	●	●	M	○	●	●	A	○	●	●	○
CSB-System	●	●	●	O,M	●	●	●	K,A	●	●	●	●
DCW-Wawi.	○	●	●	M	●	●	○	-	○	●	●	○
DEWAS / MESS	●	○	●	O,M	●	○	○	-	○	○	○	○
diamod	●	○	◐	M	●	○	●	A	○	○	●	◐
e.fet Wawi.	○	●	●	M	●	●	○	-	○	●	●	◐
FEE	○	○	◐	O,M	●	●	●	-	○	○	○	◐
Formica SQL	○	○	◐	M	○	●	●	A	○	○	○	○
Futura ERS	●	●	●	O,M	●	●	●	K,A	○	○	○	○
G.O.L.D.	●	●	◐	M	●	●	●	K,A	●	●	●	●
GEAC System 21	●	●	◐	M	●	●	●	K,A	●	○	○	◐
gevis	○	●	●	M	●	●	●	-	●	●	●	●
i/2	●	●	◐	M	●	●	●	K,A	●	●	●	◐
iBaanERP	●	●	●	O,M	●	●	●	K,A	●	●	●	●
IFS Applications	●	●	◐	O,M	●	○	●	K,A	●	●	●	◐
IN:ERP	○	●	◐	O,M	●	●	●	K	○	●	●	◐
J.D. Edwards	●	●	◐	O,M	○	●	●	K	●	●	●	●
JDA-PMM	●	●	◐	O,M	●	●	●	A	●	○	○	○
KARAT	○	●	◐	O,M	○	●	●	K	●	●	●	○
MBS-Apertum	●	○	◐	O,M	●	●	○	-	○	○	○	○
MBS-Axapta	○	●	●	M	○	●	○	-	○	●	●	●
MBS-Navision	○	●	◐	O,M	○	○	●	A	●	●	●	◐

[A] O=ohne Vorschlagswerte; M=mit Vorschlagswerten
[B] K=Kundenpriorität; A=Auftragspriorität

System-merkmale 10: Wareneingang	Lieferavis-Verwaltung	2-stufiger WE	Suchfunktion f. Best.	WE-Erfassung			Rückstandsaufl.			Einlagerung		
				WE-Erfassung mit Bestellbezug[A]	WE-Erfassung ohne Bestellbezug	Voll- / Teillieferungs-kennzeichen	Einfache Rückstandsauflösung	Zuteilungsprioritäten[B]	Cross-Docking	Zulagerung auft teil-belegtem Lagerplatz	Splittung der Einlagerungsmenge	Automatische Vorga-be von Lagerplätzen
MKS Goliath	○	○	◐	M	○	●	●	K,A	●	●	○	○
Movex	●	●	◐	O,M	●	●	●	K,A	●	●	●	◐
oxaion	●	●	●	O,M	○	●	●	-	●	●	●	●
P2plus	○	●	●	O,M	●	○	●	A	○	●	●	◐
PISA – Wawi.	●	●	●	M	○	●	●	-	●	●	●	●
Pollex LC	○	●	●	O,M	●	●	●	K,A	○	●	●	○
priMio – E/Con	○	○	◐	M	●	●	○	-	○	○	○	○
ProALPHA	●	●	●	O,M	●	●	○	-	○	●	●	◐
PRODIS	●	●	◐	O	○	●	○	-	○	●	●	◐
Profit-WWS	●	○	◐	M	○	●	○	-	○	○	○	○
ProWWS	●	●	●	O,M	●	○	●	-	●	○	●	◐
Regulus	●	○	◐	O,M	●	●	●	A	●	●	●	◐
Retek 10	●	●	●	O,M	●	●	●	K,A	●	●	●	●
Sangross V	○	●	◐	M	○	●	●	A	●	○	○	○
SAP Business One	○	○	◐	M	●	○	○	-	○	○	●	○
SAP mySAP Retail	●	●	●	M	●	●	●	K,A	●	●	●	●
SDS fashion	○	●	◐	O	○	●	●	-	●	○	○	○
Semiramis	○	●	◐	O,M	●	●	●	K,A	○	●	●	◐
Skill Commercial	●	○	◐	O,M	●	●	○	-	○	○	○	○
SO:Business Soft.	●	●	●	O,M	●	●	●	K,A	●	●	●	◐
SoftM Suite	●	●	●	O,M	●	●	●	K,A	●	●	●	◐
SQL-Business	○	●	◐	M	○	●	●	-	●	●	●	○
Steps Business Sol.	○	○	◐	O,M	●	●	○	-	○	○	●	○
TRADEsprint	●	●	●	O,M	●	●	●	K,A	●	●	●	●
TS	●	●	◐	M	○	●	●	-	●	○	●	○
Unitrade	●	●	●	O,M	●	●	●	K,A	●	●	●	○
UPOS	●	●	◐	O,M	●	●	●	-	●	○	●	●
VERA	○	●	◐	O,M	●	●	●	A	○	●	○	○
W 5	○	●	●	O,M	●	●	●	K,A	○	○	○	○
WEST System	●	●	◐	O,M	●	●	●	K,A	○	●	●	●
Wilken Materialw.	○	○	◐	O,M	●	●	●	K	●	●	●	○
x-trade	●	●	◐	O,M	●	●	●	K	●	●	●	●

[A] O=ohne Vorschlagswerte; M=mit Vorschlagswerten
[B] K=Kundenpriorität; A=Auftragspriorität

3.5.4   Rechnungsprüfung

Die Rechnungsprüfung hat die Aufgabe, die eingehenden Lieferantenrechnungen sachlich, preislich und rechnerisch zu prüfen. Die Rechnungsprüfung erfolgt auf Grundlage der Lieferantenbestellung (Preis) und des gebuchten Wareneingangs (Menge, Qualität). Nach der Erfassung der Rechnung erzeugt das Warenwirtschaftssystem in der Finanzbuchhaltung eine Verbindlichkeit gegenüber dem Kreditor, die nach der Rechnungsfreigabe mit einer Zahlung ausgeglichen wird.

Der Funktionsbereich der Rechnungsprüfung umfasst somit die Teilfunktionen Rechnungserfassung, -kontrolle, -freigabe und -nachbearbeitung sowie die Kontrolle beziehungsweise Fortschreibung nachträglicher Vergütungen (Boni).

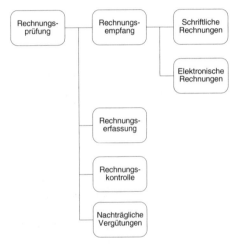

Abbildung 79:   Rechnungsprüfung: Teilfunktionen

Die in der Praxis eingesetzten Verfahren der Rechnungsprüfung reichen von einer manuellen Kontrolle ausgewählter Rechnungen bis zur weitgehend automatisierten Abfolge der Funktionen Erfassung (beziehungsweise Übertragung), Kontrolle und Buchung. Angesichts des großen Rechnungsvolumens und des Aufwandes einer manuellen Rechnungsprüfung stellt die Unterstützung einer automatisierten Rechnungsprüfung die wesentliche Anforderung an ein Warenwirtschaftssystem aus Sicht dieses Funktionsbereichs dar. Daher wird in der folgenden Beschreibung eine automatische Rechnungsprüfung unterstellt.

3.5.4.1   *Rechnungsempfang*

Beim Rechnungsempfang muss zwischen schriftlichen und elektronischen Rechnungen differenziert werden. Werden die Lieferantenrechnungen elektronisch (zum Beispiel per EDI) übertragen, so stehen die Rechnungsdaten unmittelbar im Warenwirtschaftssystem zur Verfügung (gegebenenfalls sind die empfangenen Daten periodisch zu konvertieren und in das Warenwirtschaftssystem einzulesen). Werden hingegen papierbasierte Rechnungen empfangen, ist eine aufwendige manuelle Erfassung der Rechnungsdaten im Warenwirtschaftssystem erforderlich.

Aufgrund der großen Einsparungspotentiale wird es künftig für Handelsunternehmen keine Alternative zur elektronischen Übermittlung von Rechnungen geben. So sprechen aus Sicht der Handelsunternehmen drei zentrale Gründe für den elektronischen Empfang der Lieferantenrechnungen:[307]

- Die personalintensive Erfassung der Rechnungen kann entfallen.
- Die Qualität der Daten ist bei einer elektronischen Übermittlung deutlich höher als bei einer Neuerfassung, da Erfassungsfehler entfallen. Dadurch treten in der Rechnungsprüfung weniger (unberechtigte) Fehlermeldungen auf.
- Die Rechnungsdaten stehen dem Warenwirtschaftssystem wesentlich früher zur Verfügung.

Aus Sicht des Lieferanten spricht für eine elektronische Versendung der Rechnungen, dass diese, wenn die Infrastruktur einmal hergestellt wurde, selbst bei geringem Transaktionsvolumen kostengünstiger realisiert werden kann, als der aufwendige papierbasierte Versand.

3.5.4.2 Rechnungserfassung

Die Erfassung der Rechnung im Warenwirtschaftssystem stellt die Grundlage für eine anschließende dv-gestützte Kontrolle der Rechnung dar. Die Rechnungsdaten werden entweder manuell erfasst oder stehen als vom Lieferanten übermittelte elektronische Daten bereit.

Bei einer *manuellen Erfassung* der Rechnungen werden in großen Handelsunternehmen üblicherweise nur die (gegebenenfalls nach Mehrwertsteuersätzen getrennten) Rechnungssummen erfasst, eine Erfassung aller Rechnungspositionen wird aufgrund des damit verbundenen Personalaufwands nicht vorgenommen. Treten bei der anschließenden Prüfung auf Rechnungssummenebene Fehler auf, so müssen die einzelnen Positionen gegebenenfalls nacherfasst werden. Wird die Rechnungserfassung von anderen Mitarbeitern als die Prüfung durchgeführt, werden die Rechnungen in der Regel zunächst ohne Prüfung vorerfasst. Für diese Rechnungsvorerfassung können zwei Gründe vorgebracht werden: Erstens wird die Eingabe nicht durch parallel ablaufende Prüfprozesse verzögert. Zweitens bietet sich aus kontrolltechnischen Gründen die Aufteilung von Erfassung und Prüfung auf zwei Mitarbeiter (4-Augen-Prinzip) an. Zudem ist es bei größeren Handelsunternehmen Praxis,

---

[307] Vgl. Becker, Schütte (2004), S. 360 f.

Rechnungen in den dezentralen Einheiten vorzuerfassen und sie zentral zu prüfen.[308] Systeme, die keine Vorerfassung der Rechnung unterstützen, lassen diese organisatorische Trennung zwischen der Rechnungserfassung und der Rechnungsprüfung nicht zu. Rechnungen werden stets direkt bei der Erfassung geprüft und der Benutzer muss auf entsprechende Abweichungen reagieren.

Um eine Rechnungsprüfung auf Rechnungssummenebene zu ermöglichen, ist eine Zuordnung von Rechnungen zu Bestellungen oder Wareneingängen erforderlich. Eine weitere Anforderung an die automatische Rechnungsprüfung stellt die Prüfung von *Sammelrechnungen* dar. Die Prüfung von Sammelrechnungen ist komplexer, da sich diese sowohl auf mehrere Bestellungen als auch auf mehrere Lieferungen beziehen können.

Eine Besonderheit bei der Rechnungserfassung stellen die *Bezugsnebenkosten* dar. Einerseits kann diesen eine andere Bezugsgröße als der Warenwert zugrundeliegen (zum Beispiel Gewicht oder Volumen), andererseits fließen sie nur optional in die Bestandsbewertung der Ware ein. Bezugsnebenkosten sollten, sofern ihnen eine erkennbare Bezugsgröße zugrunde liegt, automatisch auf die bezogenen Waren verrechnet werden. Dadurch wird sichergestellt, dass die Bestandsbewertung des Umlaufvermögens auch die Anschaffungsnebenkosten umfasst, wie es § 255 Abs. 1 Satz 1 des HGB fordert.[309] In den Warenwirtschaftssystemen ist eine adäquate Bezugsnebenkostenzuordnung vielfach unzureichend gelöst. Sofern überhaupt eine automatische Bezugsnebenkostenzuordnung unterstützt wird, beschränkt sich diese in der Regel auf eine mengen- oder wertmäßige Zuordnung.

3.5.4.3   Rechnungskontrolle

Bei der Rechnungskontrolle erfolgt ein Abgleich der Rechnung mit den zugehörigen bewerteten Wareneingängen. Zur Eingrenzung des zu kontrollierenden Rechnungsvolumens werden statistische Verfahren angewendet, um sich bei bestimmten Lieferanten auf *Stichprobenprüfung* beschränken zu können. Mit den Stichproben wird überprüft, ob die Rechnungen des Lieferanten weiterhin dem bewerteten Wareneingang entsprechen, oder ob sich Unstimmigkeiten häufen und somit der Stichprobenumfang zu erhöhen beziehungsweise zu einer vollständigen Prüfung überzugehen ist. Analog dazu kann der Stichprobenumfang gesenkt werden, wenn keine oder nur geringfügige Abweichungen festgestellt werden.

Die Rechnungskontrolle kann grundsätzlich auf zwei *Arten* durchgeführt werden: Online am Bildschirm oder als Batch-Lauf im Hintergrund. Batch-Läufe haben den

---

[308] Dies ist meist dann der Fall, wenn Rechnungen nicht an die Zentrale, sondern an die dezentralen Verursacher gesandt werden. Eine dezentrale Erfassung erlaubt eine schnellere Erfassung der Rechnungen im System und es besteht die Möglichkeit eines frühzeitigeren Vorsteuerabzugs.

[309] Nicht den Artikeln zurechenbare Bezugsnebenkosten dürfen nach den Bestimmungen des HGB hingegen nicht aktiviert werden.

Vorteil, dass sie durch eine Verlagerung der rechenintensiven Rechnungskontrolle (zum Beispiel in der Nacht) keine Performancebeeinträchtigungen für den operativen Geschäftsbetrieb mit sich bringen. Als Ergebnis einer im Batch durchgeführten automatischen Rechnungskontrolle wird eine Liste der Rechnungen mit signifikanten Abweichungen erzeugt, die ausgedruckt oder am Bildschirm eingesehen werden kann.

Da die Nachbearbeitung von Rechnungen mit Unstimmigkeiten einen enormen zeitlichen Aufwand erfordert, ist die Definition von *Toleranzen* hilfreich. Sofern die bei der Rechnungskontrolle festgestellten Abweichungen innerhalb dieser - lieferantenspezifisch festgelegten - Toleranzintervalle liegen, wird die Rechnung als fehlerfrei akzeptiert. Bezüglich der Abbildung der Toleranzen können Warenwirtschaftssysteme danach differenziert werden, ob sie prozentuale und/oder absolute Toleranzen erlauben. Teilweise werden auch Kombinationen unterstützt (zum Beispiel Abweichung darf maximal 1% oder 10 EUR betragen).

3.5.4.4   *Rechnungsfreigabe & Nachträgliche Vergütungen*

Um frühzeitig den Vorsteuerabzug vornehmen zu können, werden Rechnungen sofort nach der (Vor-)Erfassung als kreditorischer Offener Posten gebucht und zunächst mit einem Zahlungssperrzeichen versehen. Wird bei der Rechnungskontrolle keine signifikante Abweichung zwischen der Rechnung und dem bewerteten Wareneingang festgestellt, so wird dieses Sperrkennzeichen aufgehoben. Dadurch wird die Rechnung zur Zahlung in der Kreditorenbuchhaltung freigegeben.

Ebenfalls in den Bereich der Rechnungsprüfung lässt sich die Fortschreibung und die Kontrolle der nachträglichen Vergütungen einordnen. Im Anschluss an die Rechnungskontrolle werden, basierend auf den im Einkauf angelegten nachträglichen Vergütungen, Sollpositionen aufgebaut, die am Ende des Konditionszeitraums zu Ansprüchen gegenüber dem Lieferanten führen. Da die einkaufsseitig vereinbarten nachträglichen Vergütungen im Warenwirtschaftssystem definiert sind, ist zu fordern, dass die resultierenden Bonusansprüche automatisch fortgeschrieben werden. Wird dies nicht unterstützt, so muss in der Regel den Bonusberechnungen der Lieferanten „geglaubt" werden oder die Einkäufer verfolgen die laufenden Bonusansprüche außerhalb des Warenwirtschaftssystems (beispielsweise in klassischen Office-Produkten wie Microsoft Excel).

Wichtig ist eine Möglichkeit, die laufenden Bonusansprüche integriert im Warenwirtschaftssystem zu verfolgen, um zum Beispiel bei der Gefahr der Verfehlung von Bonus-Staffelstufen durch Zusatzkäufe oder absatzseitige verkaufsfördernde Maßnahmen reagieren zu können. Um dies zu ermöglichen, muss das Warenwirtschaftssystem - basierend auf der gegebenenfalls korrigierten Rechnung - eine automatische Fortschreibung der Bonusansprüche vornehmen. Diese Anforderung wird zunehmend von den Systemen erfüllt.

Systemmerkmale 11: Rechnungsprüfung	Rechnungsvorerfassung	Prüfung für Rechnungen ohne Bestellung	Sammelrechn.		Manuelle Zuordnung von Bezugsnebenkosten	Autom. Zuordnung von Bezugsnebenkosten[A]	Rechnungskontrolle				
			Bezug zu mehreren Bestellungen	Bezug zu mehreren Lieferungen			Prüfung der Gesamtrechnung	Prüfung auf Positionsebene	Stichprobenprüfung	Art der Prüfung[B]	Berücksichtigung von Toleranzen
A.eins	●	●	●	●	●	M,W	●	●	○	B	○
abas	●	●	●	●	○	W	○	●	○	-	○
ASW	●	●	○	●	●	-	○	●	○	-	○
AUPOS	●	○	●	●	●	M,W	●	●	●	B,D	○
AW 400	○	●	●	●	●	-	○	●	○	-	○
b2 Handel	●	○	●	●	●	M,W	●	○	○	B,D	●
Bison Solution	●	●	●	●	●	M,W	●	●	○	-	○
Brain AS	●	●	●	●	●	W	●	●	●	B,D	●
Compex	●	●	●	●	●	W	●	●	○	-	○
Conaktiv	●	●	●	○	●	-	●	○	○	-	○
Corporate WINLine	●	○	○	○	●	M,W	○	○	○	-	○
CSB-System	●	●	●	●	●	-	●	●	●	B,D	●
DCW-Wawi.	●	●	●	●	●	W	●	○	○	B	○
DEWAS / MESS	●	●	●	●	●	M,W	●	●	○	B	○
diamod	●	○	●	●	○	-	●	●	○	-	○
e.fet Wawi.	○	○	●	●	●	M,W	●	●	○	-	●
FEE	●	●	○	●	k.A.	k.A.	●	●	○	D	○
Formica SQL	○	○	●	●	●	W	●	●	○	B,D	○
Futura ERS	●	●	●	●	●	W	●	●	○	B	◐
G.O.L.D.	●	●	●	●	○	-	●	●	○	B	○
GEAC System 21	●	●	○	●	●	W	●	●	○	-	○
gevis	●	●	●	●	●	M,W	●	●	○	B	○
i/2	●	●	●	●	●	M	●	●	○	B,D	○
iBaanERP	●	●	●	●	●	M,W	●	●	○	B,D	●
IFS Applications	●	●	●	●	●	-	●	●	○	B,D	○
IN:ERP	●	●	●	●	●	M	●	●	○	B	●
J.D. Edwards	●	●	●	●	●	M,W	●	●	○	B	◐
JDA-PMM	●	○	●	●	●	M,W	●	●	●	B,D	○
KARAT	○	●	●	●	○	W	●	●	○	-	◐
MBS-Apertum	●	○	●	●	●	M,W	○	○	○	-	○
MBS-Axapta	●	●	●	●	●	M,W	●	●	○	B,D	●
MBS-Navision	○	●	●	●	●	M,W	●	●	○	-	○

[A] M=mengenabhängige Zuordnung; W=wertabhängige Zuordnung
[B] D=Online im Dialog, B=im (periodischen) Batchlauf

System-merkmale 11: Rechnungs-prüfung	Rechnungsvorerfassung	Prüfung für Rechnungen ohne Bestellung	Sammelrechn. Bezug zu mehreren Bestellungen	Bezug zu mehreren Lieferungen	Manuelle Zuordnung von Bezugsnebenkosten	Autom. Zuordnung von Bezugsnebenkosten[A]	Rechnungskontrolle Prüfung der Gesamtrechnung	Prüfung auf Positionsebene	Stichprobenprüfung	Art der Prüfung[B]	Berücksichtigung von Toleranzen
MKS Goliath	●	●	○	●	●	-	●	●	○	-	○
Movex	●	●	●	●	●	W	●	●	○	B,D	○
oxaion	●	●	●	●	●	-	●	●	○	D	○
P2plus	●	●	●	●	●	M,W	●	●	○	D	○
PISA – Wawi.	●	●	○	●	●	W	●	●	○	B,D	○
Pollex LC	●	●	●	●	●	-	●	●	○	-	○
priMio – E/Con	●	●	●	●	●	M	○	○	○	-	○
ProALPHA	●	●	●	●	●	M	●	●	○	D	○
PRODIS	●	○	●	●	●	-	●	●	○	B,D	○
Profit-WWS	○	●	●	○	○	-	○	○	○	-	○
ProWWS	○	○	○	●	●	-	●	○	○	-	○
Regulus	●	●	●	●	●	-	●	●	○	-	○
Retek 10	●	●	●	●	●	-	●	●	○	B,D	●
Sangross V	○	●	●	●	●	-	●	○	○	-	●
SAP Business One	○	○	●	●	○	-	○	○	○	-	○
SAP mySAP Retail	●	●	●	●	●	-	●	●	○	B,D	●
SDS fashion	○	○	○	○	○	-	○	○	○	-	○
Semiramis	●	●	●	●	●	M,W	●	●	○	B	○
Skill Commercial	○	○	○	○	●	W	●	○	○	B	●
SO:Business Soft.	●	●	●	●	●	-	●	●	○	D	○
SoftM Suite	●	●	●	●	●	M	●	●	○	-	○
SQL-Business	○	○	○	●	●	M,W	○	○	○	-	○
Steps Business Sol.	○	●	●	○	●	M	●	●	○	-	○
TRADEsprint	●	●	●	●	●	W	●	●	●	B,D	○
TS	●	○	●	●	●	W	●	●	○	-	◑
Unitrade	●	●	●	●	●	M,W	●	●	●	B,D	●
UPOS	●	○	●	●	●	W	●	●	○	D	◑
VERA	●	●	●	●	●	M,W	●	●	○	B,D	●
W 5	●	●	●	●	●	-	●	●	○	B,D	○
WEST System	●	●	●	●	●	-	●	●	○	B,D	○
Wilken Materialw.	●	●	●	●	●	-	●	●	○	B,D	●
x-trade	●	●	●	●	●	-	●	○	○	B,D	○

[A] M=mengenabhängige Zuordnung; W=wertabhängige Zuordnung
[B] D=Online im Dialog, B=im (periodischen) Batchlauf

3.6 Lager

Unter einem Lager wird eine organisatorische Einheit verstanden, die zur Verwaltung von Artikeln dient, die nach geographischen, technischen oder ökonomischen Überlegungen sortiert an unterschiedlichen Stellen aufbewahrt werden.

Die Art der Lagerorganisation ist im Handel insbesondere von der Handelsstufe abhängig. Während im Einzelhandel auf eine Abbildung der einzelnen Präsentationsplätze in den Regalen als Lagerplätze im Warenwirtschaftssystem verzichtet wird (dort werden lediglich in speziellen Regaloptimierungssystemen die Lagerplätze zum Zweck einer besseren Artikelplatzierung festgehalten[310]), wird in Großhandelsunternehmen in der Regel eine komplexe Lagerstruktur im Warenwirtschaftssystem abgebildet. Die Lagerstruktur wird auch durch die Warenvolumina, die Warengewichte, die üblichen Transporteinheiten, die benötigten Transporthilfsmittel sowie die Auftragsgrößen und -zusammensetzungen determiniert.[311]

Aus einer funktionalen Perspektive umfasst das Lager die Anlage und Verwaltung der Lagerstruktur, die Umlagerung und Umbuchung, die MTV-Verwaltung, die Inventurdurchführung und die Lagersteuerung (vgl. Abbildung 80). Diese Funktionen sind von einem Warenwirtschaftssystem - je nach konkreten Anforderungen der Handelsbranche - zu erfüllen.

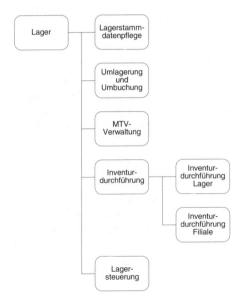

Abbildung 80:   Lager: Teilfunktionen

---

[310] Vgl. Kapitel 3.11.
[311] Vgl. Tietz (1993), S. 696 ff.

3.6.1   Lagerstammdatenpflege

Im Rahmen der Lagerstammdatenpflege werden die Daten über die Lagerstrukturen (von den Lagerbereichen bis hin zu den einzelnen Lagerplätzen) angelegt und verwaltet. Hierarchisch untergliedert sich ein Lager in einzelne Lagerbereiche, die die innere Grobstruktur des Lagers repräsentieren. Typische Lagerbereiche sind der Kommissionierbereich, der Reservelagerbereich, der Wareneingangsbereich, der Versand- und der Warenausgangsbereich. In Kommissionierbereichen werden die Artikel auftragsbezogen zusammengestellt, indem die Ware von den Kommissionierplätzen entnommen wird. Aufgrund der begrenzten Lagerkapazität im Kommissionierlagerbereich existieren Reserveplätze und Reservelagerbereiche. Eine weitere Einteilung der Lagerbereiche lässt sich nach dem Merkmal der Umschlagsgeschwindigkeit in Schnelldreher- und Langsamdreherbereiche vornehmen. In einem Schnelldreherbereich werden die Artikel gelagert, die eine hohe Umschlagsgeschwindigkeit aufweisen. Bei ihnen ist die Effizienz der Ein- und Auslagerung von höherer Bedeutung als bei Langsamdrehern. Um eine weitere Differenzierung der Lagerbereiche vornehmen zu können, ist häufig eine Hierarchie über die Lagerbereiche nötig. Beispielsweise kann der Lagerbereich Kommissionierung in verschiedene Unterlagerbereiche unterteilt werden, denen konkrete Kommissionierer zugeordnet werden. Alternativ kann eine Unterteilung auch nach der Lagertechnik (Blocklager, Regallager etc.) oder nach Sortimentsbereichen vorgenommen werden.

Unterhalb des Lagerbereichs werden die Strukturierungsebenen Gang,[312] Turm (oftmals auch als Haus bezeichnet), Ebene und Feld genutzt, um die realen Lagerstrukturen abzubilden.[313] Die Anzahl der *Lagerstrukturebenen* und die bei diesen definierbaren Lagereigenschaften stellen die wesentlichen Merkmale zur Beurteilung der Mächtigkeit eines Warenwirtschaftssystems bezüglich der Abbildbarkeit komplexer Lagerstrukturen dar. Dabei sind entsprechend der obigen Darstellung für komplexere Lager im Großhandelsbereich oftmals mindestens sechs Lagerstrukturebenen sinnvoll. Systeme die maximal bis zu drei Strukturebenen abbilden können sind in der Merkmalstabelle mit ◑ gekennzeichnet.

Die Lagerstrukturen und insbesondere die Lagerplätze werden üblicherweise im Rahmen des Customizings automatisch generiert, basierend auf individuellen Vorgaben (Art der Lagerplatznummerierung, Anzahl und Größe der Lagerbereiche etc.). Die den Lagerstrukturen zugeordneten Eigenschaften können auch nachträglich in - mehr oder weniger übersichtlichen - Lagerstammdateneditoren gepflegt werden. *x-trade* von Maxess bietet hierzu einen übersichtlichen grafischen Lagerbrowser an (vgl. Abbildung 81), der sowohl zum Erzeugen als auch zum Pflegen der Lagerstruk-

---

[312] Die Gangseite wird in der Regel nicht über ein explizites Konstrukt sondern über eine entsprechende Nummerierung der Lagerplätze verdeutlicht. Bei einem üblichen Verfahren werden die Türme auf der linken Gangseite ungerade nummeriert und die auf der rechten Gangseite gerade. Vgl. Becker, Schütte (2004), S. 505.

[313] Teilweise wird das Feld weiter unterteilt in verschiedene (Paletten-)Plätze.

turdaten genutzt werden kann. Ebenfalls ersichtlich ist in diesem Browser die Lager-
platzbelegung.

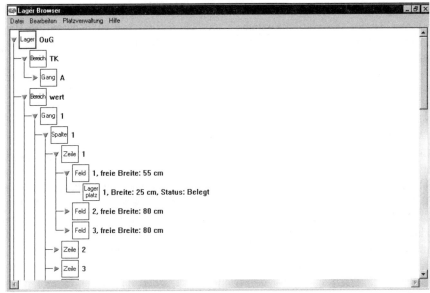

Abbildung 81:   Lagerbrowser in x-trade

Auf den einzelnen Strukturierungsebenen können unterschiedliche Lagerplatzeigen-
schaften definiert werden. Für eine automatische Ermittlung von geeigneten freien
Lagerplätzen bei der Einlagerung, sind insbesondere Volumen- und Gewichtsrestrik-
tionen zu beachten. Diese können bei fast allen betrachteten Warenwirtschaftssystemen hinterlegt werden. Überraschend ist allerdings, dass bei einer Reihe der
Warenwirtschaftssysteme diese Restriktionen nicht automatisch bei Ein- und
Umlagerungsvorgängen berücksichtigt werden.[314] Einige Systeme bieten zusätzlich
Möglichkeiten, die Lagerplätze bezüglich ihrer Eignung zur Lagerung von Gefahrgut
zu klassifizieren. Als weitere Eigenschaften sind unter anderem zu nennen: der
Lagertyp, der Greifzonen- und Reservelagerplatz, die erforderlichen Ladehilfsmittel,
die Position des Lagerplatzes im Lager und die Zuordnung des Lagerplatzes zu
bestimmten Einlagerungsstrategien (Festplatzlagerung oder chaotische Lagerplatzzuordnung).

Ebenfalls den grundsätzlichen strukturellen Lagereigenschaften kann das Merkmal
Mehrplatzfähigkeit eines Artikels zugeordnet werden. Hierunter wird die Möglichkeit
verstanden, einen Artikel zeitgleich auf verschiedenen Lagerplätzen innerhalb eines

---

[314]   Vgl. hierzu und im Folgenden die Ausführungen zur Wareneinlagerung in Abschnitt 3.5.3.6.

Lagers lagern zu können. Während das - teilweise bis Anfang der neunziger Jahre - in vielen Warenwirtschaftssystem nicht möglich war, wird dies heute von allen Systemen unterstützt, die eine umfassende Lagerverwaltung anbieten.

Lagerhaltungsstrategien definieren die Regeln, nach denen Artikel Lagerplätzen zugeordnet werden. Eine grundsätzliche Lagerhaltungsstrategie stellt darauf ab, die definierten Eigenschaften und Restriktionen der Lagerplätze einerseits sowie die Anforderungen und Merkmale der Artikel andererseits bei der Lagerplatzzuordnung zu berücksichtigen. Daneben kann insbesondere zwischen einer *Festplatzzuordnung* und einer *chaotischen Lagerhaltung* unterschieden werden. Bei der Festplatzzuordnung ist ein Artikel einem oder mehreren Lagerplätzen fest zugeordnet. Die Festplatzzuordnung ist gerade in Lagerbereichen, in denen manuell kommissioniert wird und Artikel über einen längeren Zeitraum zum festen Lagersortiment gehören, von Bedeutung. Die Gefahr der Festplatzzuordnung besteht darin, dass knapper Lagerplatz brachliegt, wenn Artikel nicht vorrätig sind, da dieser Platz von keinem anderen Artikel eingenommen werden kann. Bei der chaotischen Lagerhaltung werden Artikel bei Bedarf „irgendwelchen" Lagerplätzen zugeordnet, die geeignet und frei sind. Diese Lagerhaltungsstrategie eignet sich für automatisierte Lagerbereiche (Hochregallager) oder Lagerbereiche, die Nachschub- oder Reserveware für ein Kommissionierlager bereithalten. Der Vorteil dieser Strategie liegt in einer optimierten Ausnutzung des Lagerplatzes. Sie erfordert jedoch eine verlässliche informationstechnische Unterstützung der Lagerverwaltung, da sonst die Gefahr besteht, dass Artikelbestände und Lagerplätze vergessen werden. Typischerweise finden in einem Lager, in Abhängigkeit von Lagerbereich und Stabilität der Zugehörigkeit der Artikel zum Lagersortiment, unterschiedliche Lagerhaltungsstrategien Anwendung.

Einige WWS erlauben lagerplatzbezogen (oder artikelbezogen) eine explizite Festlegung verschiedener *Lagerungsarten*. So lässt sich über die Lagerungsart *artikelrein* (bzw. *artikelgemischt)* steuern, ob auf einem Lagerplatz zeitgleich mehrere unterschiedliche Artikel gelagert werden können. Über eine chargenreine Lagerung kann sichergestellt werden, dass auf einem Lagerplatz nicht zeitgleich zwei Chargen gelagert werden können. Einen Sonderfall stellt die MHD-reine Lagerung dar, bei der unterschiedliche Chargen dann gemeinsam gelagert werden können, wenn sie das gleiche Mindesthaltbarkeitsdatum (MHD-Datum) haben. Dies wird teilweise im Lebensmittelhandel verwendet, da hier aus Handelssicht[315] nur das MHD-Datum chargenbildend ist. Es sollte systemseitig sichergestellt werden, dass die zugeordneten Lagerungsarten bei der Einlagerung berücksichtigt werden. Werden diese Funktionen umfassender abgedeckt, so ist dies in der nachfolgenden Tabelle durch ● hervorgehoben.

---

[315] Die tatsächlichen Produktionschargen sind hierbei im normalen Handelsgeschäft irrelevant – anders beispielsweise im Baustoffhandel, wo Ziegel eines Auftrags aus einer Charge (= einem Brand) stammen sollten. Jedoch werden die Herstellerchargen im Lebensmittelhandel für Herstellerrückrufaktionen benötigt, so dass sie dennoch verwaltet werden.

3.6.2   Bestandsführung

Die Bestandführung kann *wert-* oder *mengenmäßig* erfolgen.[316] Insbesondere in Einzelhandelsunternehmen wird häufig anstelle der sonst üblichen mengenmäßigen Bestandsführung eine wertmäßige - auf Einkaufs- und Verkaufspreisen basierende - Bestandsführung durchgeführt. Mögliche Gründe für einen Verzicht auf eine artikelgenaue mengenmäßige Bestandsführung sind eine unzureichende technische Infrastruktur für die artikelgenaue Verkaufserfassung oder die organisatorischen Probleme einer artikelgenauen Bestandsführung, die aus der Art der gehandelten Ware (zum Beispiel Obst, Gemüse, Fleisch) resultieren kann.

Die Bewertung der Bestände wird bei der Wareneingangserfassung im Rahmen der Lieferscheinbewertung vorgenommen. Als wesentliche Bewertungsverfahren sind das Standardpreisverfahren und die Bewertung zum gleitenden Durchschnitt zu nennen. Beim Standardpreisverfahren werden alle Warenbewegungen zum festgelegten Standardpreis auf dem Warenkonto gebucht; die wertmäßigen Abweichungen (z. B. zwischen Bestell- und Standardpreis) werden auf einem gesonderten Preisdifferenzenkonto gebucht.[317] Beim gleitenden Durchschnittspreisverfahren (GLD) werden alle Artikelzu- und -abgänge zu den jeweils gültigen Preisen bewertet. Dadurch ändert sich der gleitende Durchschnittspreis eines Artikels bei jeder Warenzugangsbuchung, dem ein anderer Preis als der gültige gleitende Durchschnittspreis zugrunde liegt. Im Gegensatz zum Standardpreis passt sich die Bestandsbewertung beim GLD-Verfahren sukzessiv an geänderte Einkaufspreise an. Daneben haben sich für spezifische Situationen und Zielsetzungen folgende Bewertungsverfahren etabliert:

- *FiFo (first-in-first-out)*
  Das FiFo-Verfahren setzt eine differenzierte mengen- und wertmäßige Bestandsführung voraus. Zu unterschiedlichen Einkaufspreisen gebuchte Ware wird separat geführt; eine Durchschnittsbildung des Einkaufspreises wird nicht vorgenommen. Beim Warenverkauf wird die jeweils am längsten gelagerte Ware entsprechend des individuellen Einkaufspreises wertmäßig gebucht. Dieses Bewertungsverfahren führt zu einer schnelleren Anpassung der Bestandsbewertung an die Marktpreise, da auf eine Durchschnittsbildung verzichtet wird. Problematisch beim FiFo-Verfahren ist die aus veränderten Einkaufspreisen resultierende Schwankung der Bewertung. Bei den Einkaufspreisschwankungen, die nicht direkt an den Verkaufspreis weitergegeben werden, ergeben sich für die einzelnen Geschäftsvorfälle wenig aussagekräftige Handelsspannen. Für eine

---

[316] Anzumerken ist, dass bei einer mengenmäßigen Bestandsführung mit Hilfe eines Bewertungsverfahrens stets auch der wertmäßige Bestand zu ermitteln ist. Bei einer (rein) wertmäßigen Bestandsführung werden die Bestände hingegen oftmals nicht artikelgenau geführt, so dass eine Ableitung der einzelnen Artikelbestandsmengen nicht möglich ist.

[317] Vgl. Scheer (1995), S. 430.

marktgerechte Ermittlung der Warenbestände ist dieses Verfahren hingegen gut geeignet, so dass es vor allem für die Bilanzierung von Bedeutung ist.

- *LiFo (last-in-first-out)*
  Das LiFo-Verfahren entspricht von seiner Verfahrensweise her dem FiFo-Prinzip, allerdings wird die Ware wertmäßig gebucht, die als letztes eingelagert wurde. Dadurch richtet sich der Bestandswert besonders an den Artikeln aus, die am längsten auf Lager liegen. Dies führt zu einer marktfernen Bewertung.

- *Niedrigster Einkaufspreis*
  Eine Bewertung des Bestandes zum niedrigsten Einkaufspreis entspricht der Bewertung eines „vorsichtigen Kaufmanns". Die aktuellen Warenpreise haben bei dieser Strategie keinen Einfluss auf die Bewertung.

- *Letzter Einkaufspreis*
  Eine Bewertung zum letzten Einkaufspreis ist ein Verfahren zur marktnahen Bewertung von Lagerbeständen. Unabhängig vom ursprünglichen Einkaufspreis werden die Bestände einheitlich mit dem letzten Einkaufspreis bewertet.

Warenzugänge	Menge	Einzelpreis	Warenabgänge	Menge
15.06.2003	15	1,89 EUR	18.06.2003	5
15.08.2003	25	2,12 EUR	03.07.2003	5
20.08.2003	35	1,75 EUR	21.08.2003	20
22.08.2003	5	2,05 EUR		

Bestand am 22.8.03: 50 Stück

Bewertungsverfahren	Gesamtwert	Wert pro Stück
Standardpreis	90 EUR	1,80 EUR
GLD	95,89 EUR	1,92 EUR
FiFo	92,70 EUR	1,85 EUR
LiFo	98,95 EUR	1,98 EUR
niedrigster EK	87,50 EUR	1,75 EUR
höchster EK	102,50 EUR	2,05 EUR

Standardpreis: 1,80 EUR

Abbildung 82: Beispiel Bestandsbewertung

Bei nicht konstanten Einkaufspreisen ergeben sich je nach gewählten Bewertungsverfahren unterschiedliche Bewertungspreise. Abbildung 82 verdeutlicht dies an einem einfachen Beispiel. Bei gleichen Warenbewegungen ergibt sich je nach Bewertungsverfahren ein Bewertungsintervall je Stück von 1,75 EUR bis 2,05 EUR. Die Auswahl eines geeigneten Bewertungsverfahrens ist angesichts des Bewertungsspielraums abhängig von der verfolgten Zielsetzung (zum Beispiel Spannenermittlung, Steuerbilanz). Dabei sind die steuer- und handelsrechtlichen Restriktionen zu beachten. Aus steuerrechtlicher Sicht ist eine Bestandsbewertung nur nach dem LiFo-

Verfahren und dem GLD-Verfahren zulässig. Aus handelsrechtlicher Sicht sind alle Bewertungsverfahren erlaubt, die zu einer realistischen Bewertung der Bestände führen.[318] Je nach Warenart können aus handelsrechtlicher Sicht somit unterschiedliche Bewertungsverfahren zugelassen sein. Einige Systeme erlauben die parallele Bewertung nach unterschiedlichen Verfahren (zum Beispiel für unterschiedliche Auswertungszwecke oder Bilanzierungsverfahren, etwa HGB und IAS).

Eine besondere Bedeutung kommt der Unterteilung des Bestands in *Bestandsarten* zu. Bestandsarten gruppieren Artikelmengen nach unterschiedlichen Zwecken, wie Verfügbarkeitsmenge, Prüfmenge, Aktionsmenge, Bestellmenge der Kunden. Beispielsweise wird zwischen dem freien und dem physischen Bestand unterschieden, wobei die Differenz zwischen den beiden Bestandsarten durch den Kundenauftragsbestand repräsentiert wird. Die Gruppierungsmöglichkeiten von Beständen dienen unterschiedlichen logistischen Zwecken (im Beispiel: Sicherstellung der Auftragslieferfähigkeit). Neben dem freien, dem physischen und dem Kundenauftragsbestand werden in Handelsunternehmen eine Reihe weiterer Bestandsarten genutzt. Hervorzuheben sind der Qualitätsprüfbestand im technischen Großhandel, der Umlagerungs- und der Aktionsbestand. Beim Qualitätsprüfbestand werden bei Wareneingang Artikelmengen in den Qualitätsprüfbestand gebucht. Der Prüfbestand kann in logistischen Abläufen nicht genutzt werden, da er für diesen Zweck gesperrt ist. Erst nach erfolgter Prüfung der Artikelmengen und der Umbuchung in den verfügbaren Bestand können die Artikelmengen ein-, aus- oder umgelagert (Umlagerungsbestand) werden. Einen weiteren Sonderfall stellen im Handel Aktionsbestände dar, die unter anderem aus Erfolgsabgrenzungsgründen gebildet werden. Durch die Unterscheidung von Normal- und Aktionsbestand kann der Erfolg der Aktion ermittelt werden.

Im Gegensatz zu den zuvor genannten Bestandsarten, die dazu genutzt werden, um Warenbestände nach betriebswirtschaftlichen Aspekten bzw. ihrem aktuellen Status zu unterscheiden, dient eine Chargenverwaltung dazu, Bestände nach qualitativen Merkmalen (z.B. Verfalldatum) zu differenzieren.[319] Eine *Chargenverfolgung* umfasst die erforderlichen Funktionen, um jederzeit nachvollziehen zu können, welcher Kunde Waren aus welchen Lieferantenchargen erhalten hat. Im Pharmahandel und im Nahrungsmittelhandel (z. B. Herkunftsnachweis bei Fleisch) ist eine Chargenverfolgung aufgrund rechtlicher Reglementierungen erforderlich. Im technischen Handel und Baustoffhandel stellt eine Chargenverfolgung insbesondere sicher, dass Kunden bei Nachlieferungen Ware aus der gleichen Lieferantencharge erhalten, um beispielsweise Farbabweichungen zu verhindern. Erlauben die Systeme eine flexible Chargenbeschreibung und eine umfassende Chargenverfolgung, so ist dies in der Merkmalstabelle mit ● gekennzeichnet.

---

[318] Das Bewertungsvereinfachungsverfahren für gleichartige Vermögensgegenstände des Vorratsvermögens (§ 256 HGB) erlaubt eine LiFo-, eine FiFo- und jede sonstige bestimmte Verbrauchsreihenfolge, soweit dies den Grundsätzen ordnungmäßiger Buchführung entspricht.

[319] Zur Chargenverwaltung und weiteren möglichen Chargenmerkmalen vgl. Kapitel 3.4.2.

System-merkmale 12: Lager	Lagerstrukturebenen	Lagerplatzeigensch.					Mehrplatzfähigkeit eines Artikels	Lagerhaltung			Bestandsführung[A]	Möglichkeit negativer Bestände
		Max. Gewicht	Max. Volumen	Gefahrgut	Lagerungsarten	Grafische Darstellung Lagerbelegung		Festplatz	Chaotische Lagerhaltung	Kombinierte Festplatz / chaotische Lagerhal.		
A.eins	●	○	○	○	◐	○	●	●	○	○	M	●
abas	◐	●	◐	◐	●	○	●	●	●	●	M	●
ASW	●	●	◐	●	●	○	●	●	●	●	M	●
AUPOS	●	●	●	◐	●	○	●	●	●	●	M	●
AW 400	◐	○	○	○	◐	○	●	●	○	○	M	●
b2 Handel	●	●	●	○	●	●	●	●	●	●	M	●
Bison Solution	◐	●	●	◐	◐	○	●	●	●	●	M	●
Brain AS	●	●	●	◐	●	●	●	●	●	●	M,W	○
Compex	◐	◐	◐	◐	○	○	●	●	●	●	M	●
Conaktiv	◐	○	○	○	○	○	○	●	●	○	M	●
Corporate WINLine	◐	○	○	○	◐	○	●	●	○	○	M	●
CSB-System	●	●	●	●	●	●	●	●	●	●	M	●
DCW-Wawi.	●	●	●	◐	◐	◐	●	●	●	○	M	●
DEWAS / MESS	◐	○	○	○	○	○	○	○	○	○	M,W	●
diamod	◐	●	●	●	○	○	○	○	○	○	M	○
e.fet Wawi.	●	◐	◐	◐	●	○	●	●	●	●	M	●
FEE	◐	○	○	○	○	○	○	○	○	○	M,W	●
Formica SQL	◐	○	○	○	○	○	●	●	○	○	M	●
Futura ERS	●	○	○	○	◐	○	●	●	○	○	M,W	●
G.O.L.D.	●	●	◐	◐	●	○	●	●	●	●	M,W	●
GEAC System 21	◐	●	◐	◐	◐	○	●	●	●	●	M	●
gevis	●	●	●	●	◐	○	●	●	●	●	M	●
i/2	●	●	●	◐	●	○	●	●	●	●	M	●
iBaanERP	●	●	●	●	●	○	●	●	●	●	M	●
IFS Applications	●	○	○	◐	●	○	●	●	●	●	M	●
IN:ERP	◐	◐	◐	◐	◐	○	●	●	○	●	M	●
J.D. Edwards	●	●	●	●	●	●	●	●	●	●	M	●
JDA-PMM	○	○	○	○	○	○	○	○	○	○	M,W	●
KARAT	◐	○	○	○	◐	○	○	●	○	○	M	●
MBS-Apertum	●	○	○	○	○	○	●	●	●	●	M	●
MBS-Axapta	●	◐	◐	◐	●	○	●	●	●	●	M	●
MBS-Navision	●	●	●	●	○	○	●	●	●	●	M	●

[A] M=mengenmäßige Bestandsführung; W=wertmäßige Bestandsführung

| Bestandsbewertung | | | | | | Bestandsarten | | | | | | | System-merkmale 12: Lager |
Gleitender Durchschnitt	Standardpreis	FiFo	LiFo	Niedrigster EK-Preis	Letzter EK-Preis	Frei verwendbarer Bestand	Gesperrter Bestand	Kundenauftragsbestand	Lieferantenkonsignationslager	Umlagerungsbestand	Aktionsbestände m. eigener Bewertung	Chargenverfolgung	
●	●	○	○	○	●	●	●	●	●	●	●	◐	A.eins
●	●	○	○	○	●	●	●	○	●	○	●	●	abas
●	●	●	○	○	○	●	●	●	○	●	○	●	ASW
●	●	●	●	●	●	●	●	●	●	○	○	●	AUPOS
●	●	○	○	●	●	●	○	●	○	●	○	○	AW 400
●	●	●	○	●	●	●	●	●	○	○	●	●	b2 Handel
●	●	○	○	○	●	●	●	●	●	●	○	●	Bison Solution
●	●	●	○	●	●	●	●	●	●	●	●	●	Brain AS
●	●	●	○	●	●	●	●	●	●	○	●	◐	Compex
●	●	○	○	●	●	●	●	●	○	○	○	○	Conaktiv
●	●	●	●	●	●	●	○	●	○	○	○	●	Corporate WINLine
●	●	●	●	●	●	●	●	●	●	●	●	●	CSB-System
●	●	○	○	○	○	●	●	●	●	●	○	◐	DCW-Wawi.
●	○	○	○	●	●	○	○	○	○	○	○	○	DEWAS / MESS
○	○	○	○	○	○	○	○	○	○	○	○	○	diamod
●	●	●	●	●	●	●	●	●	●	○	○	◐	e.fet Wawi.
●	●	○	○	○	○	●	○	●	○	k.A.	k.A.	○	FEE
●	○	●	○	●	●	●	○	●	○	○	○	◐	Formica SQL
●	●	○	●	●	●	●	○	●	○	●	●	○	Futura ERS
●	○	●	○	○	○	●	●	●	○	●	○	◐	G.O.L.D.
●	●	●	○	○	●	●	●	●	○	●	●	◐	GEAC System 21
●	●	●	●	●	●	●	●	●	●	●	○	●	gevis
●	●	●	●	●	●	●	●	●	●	●	○	●	i/2
●	●	●	●	●	●	●	●	●	●	●	●	●	iBaanERP
●	●	●	●	○	●	●	●	●	●	●	●	●	IFS Applications
○	●	●	○	○	○	●	●	●	●	●	●	●	IN:ERP
●	●	●	●	○	●	●	●	●	●	●	○	●	J.D. Edwards
●	●	○	○	○	●	●	●	●	●	●	●	○	JDA-PMM
●	○	○	○	○	○	●	○	●	●	●	○	○	KARAT
●	●	○	○	●	●	●	●	●	●	○	●	●	MBS-Apertum
○	●	●	●	●	●	●	●	●	○	●	○	●	MBS-Axapta
●	●	●	●	○	●	●	●	●	●	●	○	●	MBS-Navision

System-merkmale 12: Lager	Lagerstrukturebenen	Lagerplatzeigensch.						Lagerhaltung			Bestandsführung[A]	Möglichkeit negativer Bestände
		Max. Gewicht	Max. Volumen	Gefahrgut	Lagerungsarten	Grafische Darstellung Lagerbelegung	Mehrplatzfähigkeit eines Artikels	Festplatz	Chaotische Lagerhaltung	Kombinierte Festplatz / chaotische Lagerhal.		
MKS Goliath	◑	○	○	○	○	○	○	●	○	○	M	○
Movex	●	●	●	●	●	○	●	●	●	●	M	○
oxaion	●	●	◑	◑	●	○	●	●	●	●	M	●
P2plus	●	◑	◑	◑	◑	○	●	●	●	●	M	●
PISA – Wawi.	●	●	●	●	●	●	○	●	●	●	M	●
Pollex LC	◑	◑	◑	◑	◑	○	●	●	●	●	M	●
priMio – E/Con	○	○	○	○	◑	○	○	●	○	○	M	○
ProALPHA	●	●	●	○	●	○	●	●	●	●	M,W	●
PRODIS	◑	●	◑	●	●	○	●	●	●	●	M	●
Profit-WWS	○	○	○	○	○	○	○	○	●	○	M	○
ProWWS	●	○	○	●	◑	○	●	●	●	●	M	●
Regulus	●	●	○	○	◑	○	●	●	●	●	M	●
Retek 10	●	●	●	●	●	●	●	●	●	●	M,W	●
Sangross V	●	●	◑	◑	○	○	●	●	●	●	M	●
SAP Business One	○	○	○	○	○	○	○	○	○	○	M	●
SAP mySAP Retail	●	●	◑	◑	●	●	●	●	●	●	M,W	●
SDS fashion	●	○	○	○	○	○	●	●	●	●	M	○
Semiramis	●	◑	◑	●	●	●	●	●	●	●	M,W	●
Skill Commercial	◑	○	○	○	○	○	●	●	●	○	M	●
SO:Business Soft.	●	○	○	●	●	○	●	●	●	●	M	●
SoftM Suite	●	●	◑	◑	◑	○	●	●	●	●	M	●
SQL-Business	●	●	●	●	○	○	○	●	●	●	M,W	●
Steps Business Sol.	◑	○	○	○	○	○	●	●	○	○	M	●
TRADEsprint	●	●	●	●	●	○	●	●	●	●	M,W	●
TS	●	○	○	○	○	○	●	●	○	●	M	●
Unitrade	●	●	●	○	●	○	●	●	○	○	M,W	●
UPOS	●	○	○	○	◑	○	●	●	○	●	M	●
VERA	◑	○	○	○	◑	○	●	●	●	●	M,W	●
W 5	◑	○	○	○	◑	○	○	●	●	○	M	●
WEST System	●	●	●	●	●	○	●	●	●	●	M	○
Wilken Materialw.	●	○	○	○	◑	○	●	●	○	○	M	○
x-trade	●	●	●	●	●	●	●	●	●	●	M	●

[A] M=mengenmäßige Bestandsführung; W=wertmäßige Bestandsführung

Bestandsbewertung						Bestandsarten							System-merkmale 12: Lager
Gleitender Durchschnitt	Standardpreis	FiFo	LiFo	Niedrigster EK-Preis	Letzter EK-Preis	Frei verwendbarer Bestand	Gesperrter Bestand	Kundenauftragsbestand	Lieferantenkonsignationslager	Umlagerungsbestand	Aktionsbestände m. eigener Bewertung	Chargenverfolgung	
●	●	○	○	○	●	●	●	●	○	○	○	●	MKS Goliath
●	●	●	○	○	○	●	●	●	●	●	●	●	Movex
●	●	●	●	●	●	●	●	●	●	●	●	●	oxaion
●	●	●	●	●	●	●	●	●	●	○	●	◐	P2plus
●	●	●	●	●	●	●	●	●	●	●	●	●	PISA – Wawi.
●	●	○	○	○	●	●	●	●	●	●	○	●	Pollex LC
●	○	●	●	○	○	●	○	●	○	○	○	◐	priMio – E/Con
●	●	○	○	●	●	●	●	●	●	●	●	●	ProALPHA
●	●	○	○	○	●	●	●	●	○	●	○	●	PRODIS
●	○	○	○	○	●	●	○	○	○	○	○	○	Profit-WWS
●	●	○	○	○	●	●	●	●	●	●	●	●	ProWWS
●	●	○	○	●	●	●	●	○	●	●	●	●	Regulus
●	●	○	○	●	●	●	●	●	●	●	●	◐	Retek 10
●	●	○	●	●	●	●	●	●	●	○	○	◐	Sangross V
●	●	●	●	○	●	●	○	○	○	○	○	◐	SAP Business One
●	●	●	●	○	○	●	●	●	●	●	●	●	SAP mySAP Retail
○	○	○	○	○	●	●	○	○	○	○	●	○	SDS fashion
●	●	●	●	○	●	●	●	●	●	●	●	●	Semiramis
●	●	●	○	●	●	●	●	●	○	●	○	●	Skill Commercial
●	●	●	●	●	●	●	●	●	●	●	●	●	SO:Business Soft.
●	●	●	○	●	●	●	●	●	●	○	●	●	SoftM Suite
●	●	○	○	○	●	●	●	●	●	○	○	◐	SQL-Business
●	●	●	○	●	●	●	○	●	○	○	○	○	Steps Business Sol.
●	●	●	●	●	○	●	●	●	●	●	●	●	TRADEsprint
●	●	●	●	●	●	●	●	●	●	●	●	◐	TS
●	●	○	○	●	●	●	○	●	●	●	●	●	Unitrade
●	●	○	○	●	●	●	●	●	●	○	○	◐	UPOS
●	●	○	○	●	●	●	●	●	●	●	○	◐	VERA
●	●	○	○	●	●	●	●	●	●	●	●	●	W 5
●	●	○	○	●	●	●	●	●	●	●	○	●	WEST System
●	●	●	●	●	●	●	●	●	○	○	●	●	Wilken Materialw.
○	○	●	●	●	●	●	●	●	○	○	●	◐	x-trade

3.6.3 Umlagerungen und Umbuchungen

Umlagerungen können sowohl innerhalb eines Lagers (beispielsweise zur Optimierung der Lagerauslastung oder zur Umlagerung von Ware aus dem Reserve- in
den Kommissionierbereich) oder zwischen verschiedenen Organisationseinheiten
eines Handelskonzerns durchgeführt werden. In den Fällen, in denen die Ware
innerhalb eines Unternehmens umgelagert werden soll, bezeichnet man die dazu
erforderlichen Transportaufträge als innerbetriebliche Transportaufträge.

Die Abwicklung *innerbetrieblicher Transportaufträge* kann von einem Warenwirtschaftssystem auf zwei Arten unterstützt werden. In der einfachen Form wird die
Umlagerung als kombinierte Aus- und Einlagerung umgesetzt, das heisst die normalen Wareneingangs- und -ausgangsprozesse werden auch für die internen Transportaufträge verwendet. Ein Nachteil dieser Vorgehensweise ist, dass der Wareneingang in der Filiale manuell erfasst werden muss. Effizienter ist die synchrone Betrachtung von Warenausgang in der abgebenden und Wareneingang in der empfangenden Einheit. Auf diese Weise kann eine manuelle Erfassung der Wareneingänge
in der empfangenden Organisationseinheit entfallen.

3.6.4 MTV-Verwaltung

Die *Verwaltung von Mehrwegtransportverpackungen* (MTV) - teilweise auch als
Leihgut bezeichnet - ist dem Bereich des Lagers zuzuordnen. MTV umfassen sowohl
klassische Transporthilfsmittel (THM) wie Euro-Paletten oder Faltkisten, als auch
mit dem Artikel physisch verbundene Leihgutverpackungen, wie Pfandflaschen und -
kisten (Leergut).[320] Zur Verrechnung der gelieferten und zurückerhaltenen Mehrwegtransportverpackungen werden pro Kunde oder Lieferant die MTV-Mengen festgehalten. Hierbei kann zwischen einer summarischen Betrachtung, einer Kontenführung mit Einzelbuchungen und Einzelbuchungen mit Identifikationsnummern
unterschieden werden. Bei einer *summarischen Betrachtung* werden alle MTV-
Lieferungen und -Rückgaben eines Kunden oder Lieferanten addiert. Im Warenwirtschaftssystem wird die Gesamtdifferenz zwischen gelieferten und zurückerhaltenen
MTV einer Periode geführt. Bei einer Kontenführung mit *Einzelbuchungen* wird für

---

[320] Häufig herrscht Uneinigkeit hinsichtlich der Abgrenzung von Transporthilfsmitteln, Mehrwegtransportverpackungen, Leihgut und Leergut. Hier wird unter einem *Transporthilfsmittel* jedes
Hilfsmittel zum Transport der Ware zum Kunden verstanden. Auch beim Verkauf von Artikeln
mitgelieferte THM, die kostenlos abgegeben werden. *Leihgut* ist ein spezifisches Transporthilfsmittel, für das ein Entgelt zu entrichten ist. *Mehrwegtransportverpackungen* sind
ebenfalls spezifische THM, die mehrfach verwendet werden können, so dass eine Kreislauf-
wirtschaft der MTV zwischen Abnehmern und Handelsunternehmen entsteht. Leergut ist eine
spezifische Art der Mehrwegtransportverpackung. Leergut unterscheidet sich von MTV, weil es
zum einen eine „innere Struktur" besitzen kann, also weitere Artikel umfasst (zum Beispiel eine
leere Kiste Bier mit 24 Flaschen). Zum anderen existieren bei Leergut zwei Kreisläufe (einer
zum Lieferanten und einer zum Kunden).

jeden MTV-Eingang und -Ausgang eine Buchung gespeichert (in der Regel mit Bezug auf den jeweiligen Geschäftsvorfall). Dies erlaubt ein Nachvollziehen aller MTV-Bewegungen und erlaubt die Kontrolle, dass ein Kunde nur MTV zurückliefert, die er auch zuvor erhalten hat. Mit der normalerweise periodisch durchgeführten Rechnungs- oder Gutschrifterstellung über die MTV wird das MTV-Konto beziehungsweise die MTV-Summe auf null zurückgesetzt.

Bei einigen MTV wird jede einzelne Transportverpackung mit einer Identifikationsnummer ausgezeichnet. Dies erlaubt die Berechnung ihrer Liegezeit beim Kunden. Identifikationsnummern werden beispielsweise bei KTG-Kabeltrommeln verwendet, bei denen zeitabhängige Leihgebühren berechnet werden. Für derartige MTV-Abwicklungen hat ein Warenwirtschaftssystem eine Identifikationsnummernverwaltung für MTV zu unterstützen.

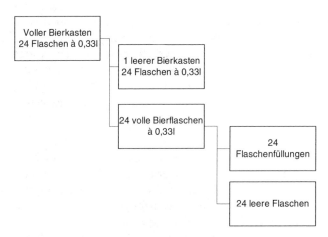

Abbildung 83:   Exemplarische Darstellung einer Leergut-Stückliste

Die meisten untersuchten Systeme, die eine Leihgutabwicklung umfassen, unterstützen die Definition verschiedener - meist beliebig vieler - MTV-Arten mit *variablen Pfand- oder Verrechnungspreisen*. Eine besonders hohe Flexibilität (hinsichtlich variabler Pfandsätze, der Auswertungsmöglichkeiten und der Set-Bildung von Artikel mit zugehörigen Leergutartikeln) wird erreicht, wenn MTVs bzw. Leihgut im WWS als *spezielle Artikelart* mit voller Artikelfunktionalität realisiert sind. Wird zudem eine mehrstufige Set-Bildung (Stücklistenbildung) unterstützt, so lassen sich auch komplexe Leergutstrukturen, z. B. ein voller Bierkasten (vgl. Abbildung 83), effizient handhaben.

3.6.5   Inventurdurchführung

Die Inventurdurchführung im Lager umfasst den Prozess, der notwendig ist, um die Vermögensgegenstände (im Lager die Bestände) eines Unternehmens zu ermitteln. Die aufgrund von HGB-Bestimmungen gesetzlich zumindest einmal jährlich durchzuführende Inventur führt im Handel aufgrund der großen Artikelzahl und -mengen zu enormen Kosten. Daher gibt es speziell auf die Anforderungen des Handels zugeschnittene Inventurverfahren und technische Hilfsmittel (beispielsweise MDE-Geräte).

Bei den Inventurverfahren lassen sich im wesentlichen drei Verfahren unterscheiden:

- *Stichtagsinventur*
  Bei einer Stichtagsinventur werden die kompletten Warenbestände an einem Stichtag (üblicherweise Bilanzstichtag) durch Zählen, Wiegen oder Messen aufgenommen. Aufgrund der Sortimentsbreite und -tiefe im Handel führt dies zu einem enormen Aufwand und erfordert die vorübergehende Stillegung des operativen Geschäftsbetriebs. Verschiedene Untersuchungen zu den Kosten einer Vollinventur verdeutlichen deren Bedeutung: BRENDEL/ZIMMERMANN nennen Inventurkosten von 2,00 EUR bis 5,00 EUR pro physisch zu zählendem Artikel und BELLINGER gibt je nach Größe und Struktur des Lagers Kosten in Höhe von 2 % bis 8 % des Lagerwertes an.[321]

- *Permanente Inventur*
  Bei der Permanenten Inventur wird der Zählaufwand über das Jahr verteilt, so dass keine Unterbrechung des Betriebsprozesses erforderlich ist. Jeder Artikel wird pro Geschäftsjahr einmal gezählt. Durch die Buchung von Lagerzu- und -abgängen wird der Bestand bis zum Bilanzstichtag fortgeschrieben. Da diese Form der Inventur ein Fortschreiben der ermittelten Bestände erfordert, setzt sie eine Lagerbuchhaltung voraus. Neben dem Vorteil der generellen zeitlichen Entzerrung der Inventur erlaubt die Permanente Inventur, Artikel dann zu zählen, wenn die Bestände gering sind und damit eine kostengünstige Inventur möglich wird. Die *Nullinventur*, eine spezielle Form der Permanenten Inventur, nutzt diese Überlegung, indem die Artikel dann gezählt werden, wenn kein Bestand mehr vorhanden ist (Nulllagerbestand). Auf die Artikelzählung kann bei dieser Inventurform vollständig verzichtet werden.

- *Stichprobeninventur*
  Das Missverhältnis zwischen den Kosten einer Stichtagsinventur und dem Wert der aufgenommenen Gegenstände bei niedrigpreisigen Sortimenten hat bereits in den 50er Jahren zu Forderungen nach der Anerkennung mathematisch-statistischer Verfahren für die Inventur geführt.[322] Bei derartigen Verfahren wird der gesamte Bestandswert auf Basis einer Stichprobe der Vermögensgegenstände

---

[321] Vgl. Brendel, Zimmermann (1982), S. 381; Bellinger (1977), S. 4.
[322] Vgl. Volk (1954), S. 871; Bujack, Roth (1959), S. 577.

ermittelt, so dass auf eine Zählung des gesamten Sortiments verzichtet werden kann. Dass dieses Verfahren, das seit mehr als 20 Jahren in Deutschland zugelassen ist (§ 241 HGB), kaum Verbreitung im Handel gefunden hat, liegt an den hohen gesetzlichen Anforderungen. Einerseits müssen die gewählten mathematisch-statistischen Verfahren den Anforderungen der GoB (Grundsätze ordnungsmäßiger Buchführung) entsprechen, andererseits muss der Aussagewert einer Stichprobeninventur dem einer Vollaufnahmeinventur entsprechen (Aussageäquivalenz).[323] Zur Sicherstellung der Inhaltsgleichheit der beiden Ermittlungsverfahren sind insbesondere im Einzelhandel mit seinen wert- und bestandsmäßig heterogenen Teilsortimenten so große Stichproben zu erheben, dass der zusätzliche organisatorische Aufwand den Nutzen des geringeren Zählaufwands oftmals übersteigt. Ein weiterer Nachteil der Stichprobeninventur besteht darin, dass bei den nicht manuell gezählten Artikeln - also den nicht zur Stichprobe gehörenden - Artikeln, keine Überprüfung und Korrektur der Sollbestände erfolgen kann. Dieses Inventurverfahren wird in den Warenwirtschaftssystem daher nur selten unterstützt.

Für die Inventurdurchführung sind vom Warenwirtschaftssystem verschiedene Hilfsmittel bereitzustellen. So sind *Inventurlisten* erforderlich, die die Artikel sortiert nach ihrer Anordnung im Lager enthalten, gegebenenfalls mit den Sollbeständen. Zunehmend findet eine Erfassung der Inventurdaten (Bestände und/oder Verkaufspreise) per MDE statt. Die Daten werden dann direkt an das Warenwirtschaftssystem übertragen, so dass die manuelle Wiedererfassung entfallen kann. Ergeben sich nach dieser Übertragung oder nach der Erfassung der Inventurdaten Abweichungen zu den Sollbeständen im Warenwirtschaftssystem, so sind *Nachzählbelege* zu drucken. Durch das erneute Nachzählen soll verhindert werden, dass richtige Sollbestände aufgrund von Zählfehlern geändert werden. Zudem unterstützen einige Warenwirtschaftssysteme ein zeitlich befristetes Sperren der zu zählenden Artikel. Diese Sperre verhindert alle Lagerbewegungen für die betroffenen Artikel, so dass insbesondere im Großhandelsbereich oder in Zentrallagern die Gefahr einer Kommissionierung während der Artikelzählung gebannt ist.

Eine *Inventurhistorie* bietet die Möglichkeit eines periodenübergreifenden Vergleichs der Inventurverläufe.

---

[323] Für die beiden zentralen Parameter bezüglich der Aussageäquivalenz, dem relativen Stichprobenfehler und der Sicherheitswahrscheinlichkeit, werden im HGB keine konkreten Angaben gemacht. Die in der juristischen Literatur vorherrschende Meinung geht von einer 95 %igen Sicherheitswahrscheinlichkeit bei einem 2 %igen relativen Stichprobenfehler aus. Das heisst, 95 % der Stichprobeninventuren führen zu einem Bestandswert, der um maximal 2 % vom unbekannten wahren Bestandswert abweicht. Vgl. hierzu IdW (1990), S. 654; Arbeitskreis Ludewig (1967), S. 71 und AWV (1984), S. 6.

3.6.6   Lagersteuerung

Im Großhandelsbereich, wie auch bei Zentrallagern filialisierender Handelsunternehmen, ist eine hohe Automatisierung der Ein-, Aus- und Umlagerungsvorgänge
festzustellen. Lagersteuerungssysteme müssen die hierzu erforderlichen informationstechnischen Voraussetzungen sicherstellen (beispielsweise die Anbindung und
Steuerung von Flurförderfahrzeugen).

Die Lagersteuerung kann in Abhängigkeit vom Leistungsumfang unterschiedlich
ausgestaltet sein. In der einfachsten Form folgt die Lagersteuerung ausschließlich den
Vorgaben des Wareneingangs (zum Beispiel feste Lagerplätze je Artikel) beziehungsweise des Warenausgangs (zum Beispiel feste definierte Kommissionier-
folgen). Ihre primäre Aufgabe beschränkt sich in diesem Fall auf die Weiterleitung
der zur Ein- und Auslagerung benötigten Informationen an die Flurförderfahrzeuge.
Eine „intelligentere" Lagersteuerung unterstützt auch die Lösung von Optimierungsaufgaben. So kann die Lagersteuerung in Hochregallagern beispielsweise genutzt werden, um die bei der Kommissionierung erforderlichen Transportaufträge
zeit- oder wegeminimal zu ermitteln. Die größeren auf den Großhandel ausgerichteten Systeme besitzen in der Regel Schnittstellen zu speziellen Lagerverwaltungs- und
-steuerungssystemen.[324]

---

[324]   Vgl. Kapitel 3.11.

Systemmerkmale 13: MTV / Inventur	Innerbetriebliche Transportaufträge[A]	MTV-Abwicklung					Inventurverf.			Inventurhilfsmittel			Inventurhistorie
		Summarische Betrachtung	Einzelbuchungen	Einzelbuchungen mit Identnummer	Variable Pfandsätze	Leihgut als spezieller Artikel	Stichtagsinventur	Permanente Inventur	Nullinventur	Ausdruck von Nachzählbelege	Sperren der zu zählenden Artikel	Scannerinventur	Inventurhistorie
A.eins	M,A	●	●	●	○	●	●	●	●	●	○	●	●
abas	M	○	●	○	○	●	●	●	●	○	○	●	●
ASW	M,A	○	●	○	○	○	●	●	●	●	●	●	○
AUPOS	M,A	●	●	●	●	●	●	●	●	●	●	●	●
AW 400	M,A	●	●	●	○	○	●	●	●	○	○	○	●
b2 Handel	M,A	●	●	●	●	●	●	●	●	●	○	●	○
Bison Solution	M	●	●	●	●	●	●	●	○	○	●	●	●
Brain AS	M,A	●	●	○	●	○	●	●	●	●	●	○	●
Compex	M	●	●	●	○	○	●	●	○	●	●	●	○
Conaktiv	M	○	●	○	○	○	●	○	○	○	○	○	●
Corporate WINLine	M	○	○	○	○	○	●	●	○	●	○	○	○
CSB-System	M,A	●	●	●	●	●	●	●	○	●	●	●	●
DCW-Wawi.	M	●	●	●	○	●	●	●	●	●	●	●	○
DEWAS / MESS	-	○	○	○	○	○	●	●	○	●	●	●	●
diamod	-	○	○	○	○	○	○	○	○	○	○	○	○
e.fet Wawi.	M	○	○	○	○	○	●	○	○	●	○	●	●
FEE	-	○	○	○	○	○	○	○	○	○	○	○	○
Formica SQL	M	○	○	○	○	○	●	●	○	●	○	○	○
Futura ERS	M,A	○	○	○	○	○	●	●	○	○	●	●	○
G.O.L.D.	M,A	●	●	●	○	●	●	○	○	●	●	●	●
GEAC System 21	M,A	○	○	○	○	○	●	●	○	●	○	●	●
gevis	M,A	●	●	○	●	●	●	●	●	●	○	●	○
i/2	M,A	●	●	○	○	●	●	●	●	●	●	●	●
iBaanERP	M,A	●	●	●	●	●	●	●	●	●	●	●	●
IFS Applications	M,A	●	●	○	●	●	●	●	●	●	●	●	●
IN:ERP	M	○	●	○	○	○	●	●	●	○	○	○	●
J.D. Edwards	M,A	○	●	●	●	●	●	●	●	●	●	●	●
JDA-PMM	M,A	○	●	○	○	○	●	●	●	●	●	●	●
KARAT	M	○	●	○	○	●	●	○	○	●	○	○	○
MBS-Apertum	M	○	●	●	○	○	●	●	○	●	●	●	●
MBS-Axapta	M,A	○	○	○	○	○	●	●	○	●	●	○	●
MBS-Navision	M,A	○	○	○	○	○	●	●	●	●	●	●	○

[A] M=manuelle Auslösung; A=automatische Auslösung

Systemmerkmale 13: MTV / Inventur	Innerbetriebliche Transportaufträge[A]	MTV-Abwicklung					Inventurverf.			Inventurhilfsmittel			
		Summarische Betrachtung	Einzelbuchungen	Einzelbuchungen mit Identnummer	Variable Pfandsätze	Leihgut als spezieller Artikel	Stichtagsinventur	Permanente Inventur	Nullinventur	Ausdruck von Nachzählbelege	Sperren der zu zählenden Artikel	Scannerinventur	Inventurhistorie
MKS Goliath	M	●	●	○	○	●	●	○	●	○	○	●	●
Movex	M,A	●	●	●	○	●	●	●	●	●	○	●	●
oxaion	M,A	○	○	○	○	○	●	●	●	○	●	○	●
P2plus	M	○	○	○	○	○	●	●	●	○	○	●	●
PISA – Wawi.	M,A	●	●	●	●	●	●	●	●	●	●	●	●
Pollex LC	M	●	●	●	◐	●	●	●	●	●	○	●	●
priMio – E/Con	-	○	○	○	○	○	○	○	○	○	○	○	○
ProALPHA	M,A	●	●	○	○	○	●	●	●	○	●	●	●
PRODIS	M	○	○	○	○	○	●	●	○	○	●	○	○
Profit-WWS	-	○	○	○	○	○	●	●	○	●	○	○	○
ProWWS	M	○	○	○	○	○	●	●	●	○	○	●	●
Regulus	M	●	●	●	●	●	●	●	●	●	○	○	●
Retek 10	M,A	●	●	○	◐	●	●	●	○	●	●	●	●
Sangross V	M,A	●	●	○	○	○	●	●	●	●	○	●	●
SAP Business One	M	○	○	○	○	○	●	●	○	○	○	○	○
SAP mySAP Retail	M,A	●	●	●	●	●	●	●	●	●	●	●	●
SDS fashion	M,A	○	○	○	○	○	●	●	○	●	○	●	○
Semiramis	M,A	○	○	○	○	○	●	●	●	●	●	●	●
Skill Commercial	M	●	●	○	○	○	●	●	○	●	○	●	●
SO:Business Soft.	M,A	●	●	○	●	●	●	●	●	●	●	●	●
SoftM Suite	M,A	○	●	○	○	●	●	●	●	●	●	●	●
SQL-Business	M,A	○	○	○	○	○	●	○	○	○	○	○	●
Steps Business Sol.	M	○	○	○	○	○	●	○	○	○	○	○	○
TRADEsprint	M,A	●	●	●	●	●	●	●	●	●	●	●	●
TS	M,A	○	○	○	○	○	●	●	●	●	○	○	●
Unitrade	M,A	●	●	●	●	●	●	●	○	●	●	●	●
UPOS	M,A	●	●	○	◐	●	●	●	○	●	○	●	●
VERA	M,A	●	●	○	●	●	●	●	○	●	●	●	●
W 5	M,A	●	●	◐	●	●	●	●	●	●	●	●	●
WEST System	M	●	●	●	●	●	●	●	○	●	●	○	●
Wilken Materialw.	M,A	○	●	●	●	●	●	●	●	●	●	○	●
x-trade	M,A	●	●	○	●	●	●	○	○	●	○	●	●

[A] M=manuelle Auslösung; A=automatische Auslösung

3.7   Distributionsprozess

Unter Distribution werden alle Entscheidungen und Handlungen zusammengefasst, die im Zusammenhang mit dem Weg einer Ware zum Endkäufer stehen. Die Distributionslogistik als auf die physische Bewegung der Ware ausgerichteter Bestandteil der Distributionspolitik[325] hat die Aufgabe der „art- und mengenmäßig, räumlich und zeitlich abgestimmten Bereitstellung der [Waren] derart, dass entweder vorgegebene Lieferzusagen eingehalten oder erwartete Nachfragen möglichst erfolgswirksam befriedigt werden können."[326] Aufgrund der höheren Marktnähe hat die Distributionslogistik eine höhere Wettbewerbswirksamkeit als die Beschaffungslogistik.[327]

Die Analyse der Warenwirtschaftssysteme folgt bei den Funktionen des Distributionsprozesses analog zum Beschaffungsprozess dem Strukturierungsrahmen des Handels-H-Modells. Unter dem Distributionsprozess werden hier die taktischen und operativen Aufgaben verstanden, die für den Verkauf der Artikel an bekannte oder anonyme Kunden erforderlich sind. Auf der Distributionsseite unterscheidet man die Teilfunktionen *Marketing*, *Verkauf*, *Warenausgang*, *Fakturierung* und *Debitorenbuchhaltung*. In Kapitel 3.7.2 wird im Rahmen eines Exkurses zudem auf der Themenkomplex Kooperative Marketing / Category Management vertieft.

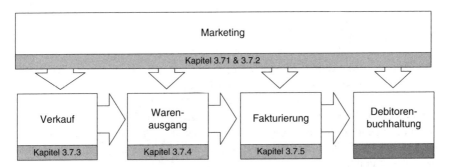

Abbildung 84:   Der Distributionsprozess

Unter *Marketing* wird hier das klassische Absatzmarketing verstanden. Innerhalb des Marketing können die vier Marketing-Mix-Instrumente Sortimentspolitik, Konditionspolitik, Kommunikationspolitik und Distributionspolitik unterschieden werden, von denen insbesondere sortiments- und konditionspolitische (Preis- und Rabattpolitik) Fragestellungen informationstechnisch im Funktionsbereich Marketing zu

---

[325]   Vgl. Meffert (1998), S. 583.
[326]   Ihde (1991), S. 225.
[327]   Vgl. Becker, Rosemann (1993), S. 109. Zur Bedeutung der Distribution vgl. auch Ahlert (1991), S. 14 f.

betrachten sind. Zentrales Objekt für die Durchführung dieser Aufgaben ist das Sortiment, das als Ergebnis aus dem Listungsprozess hervorgeht.

Der *Verkauf* wird durch Kundenangebot- und -auftrag geprägt. Man muss zwischen dem Einzel- und dem Groß- beziehungsweise Versandhandel differenzieren. Während sich beim stationären Einzelhandel die vier Teilaufgaben des Distributionsprozesses (außer Marketing) traditionell im Kassiervorgang bündeln, erfordern neue Geschäftsformen des Einzelhandels und das Großhandelsgeschäft alle vier Teilprozesse.

Gegenstand des *Warenausgangs* ist die logistische Abwicklung des Kundenauftrags. Dies umfasst die Planung von Auslieferungstouren sowie des Kommissioniervolumens, die Durchführung der Kommissionierung und die Bestandsführung und Warenausgangserfassung.

Die *Fakturierung* rechnet die Aufträge gegenüber den Kunden ab. Hierzu werden die Lieferscheine bewertet und Rechnungen erstellt. Die Bewertung der Lieferungen erfolgt hierbei kunden- oder kundengruppenspezifisch. Zur *Debitorenbuchhaltung* gehören die Aufgaben, die im Zusammenhang mit der Kundenzahlung durchzuführen sind. Das beinhaltet die Buchung und Kontrolle der offenen Posten sowie das Mahnwesen.

3.7.1 Marketing

Der Begriff des Marketing hat mehrere Ausprägungen. In einer weitgefassten Definition umfasst Marketing als Weiterentwicklung des Absatzbegriffs nicht eine einzelne separierbare Funktion, sondern alle Aktivitäten, die mit der Ausrichtung des Unternehmens auf die Kundenbedürfnisse in Zusammenhang stehen.[328] Dieser Auffassung folgend wird Marketing definiert als die „[...] Planung, Koordination und Kontrolle" der „auf die aktuellen und potenziellen Märkte ausgerichteten Unternehmensaktivitäten".[329]

Unter Marketing werden hier, einer engeren Betrachtungsweise folgend, die absatzpolitischen Instrumente verstanden.[330] Strukturiert man anhand der vier Instrumente des Marketingmix die in der Literatur zum Handelsmarketing diskutierten Themen (insbesondere die Standortpolitik, die Sortimentspolitik, das Kundenmanagement, die Konditionspolitik, die Verkaufspersonal- und Verkaufsservicepolitik, die Absatzwerbung und die Verkaufsraumgestaltung)[331] ergibt sich die in Abbildung 85 dargestellte Zuordnung.

---

[328] Vgl. Kotler, Bliemel (1995), S. 3.
[329] Meffert (1998), S. 7.
[330] Vgl. zu dieser Auffassung von Handelsmarketing Müller-Hagedorn (1993), S. 35.
[331] Zu den absatzpolitischen Instrumenten des Handels vgl. Müller-Hagedorn (1993), S. 110-313; Tietz (1993a), S. 173-306; Hansen (1990), S. 17-464.

Sortimentspolitik	**Kommunikations- politik**
-Sortimentsbreite und -tiefe -Eigenmarkenpolitik -Warenplanung -Artikellistung	-Werbung (z. B. Kataloge, Prospekte, Anzeigen) -Bedienungssystem -Beratung -Dienste nach dem Verkauf -Ladengestaltung -Plazierung der Artikel
Konditionspolitik	**Distributionspolitik**
-Verkaufspreise -Rabatte	-Art der Geschäftslage (City- oder Randlage) -Außendienst / Provisionspolitik

Abbildung 85:   Aktionsinstrumente des Absatzmarketing

Bei den aufgezeigten absatzpolitischen Fragestellungen sind mit der Standortpolitik im Rahmen der Distributionspolitik und der Verkaufspersonal- und -servicepolitik innerhalb der Kommunikationspolitik eher strategisch-taktische Fragestellungen gegeben, die im Rahmen des hier betrachteten prozessorientierten (und daher operativen) Distributionsbegriffes nicht erfasst werden. Sie werden vornehmlich durch Anwendungssysteme des Controllings unterstützt. Analoges gilt für die Verkaufsraumgestaltung, die ihren Rahmen durch die Betriebstypenausrichtung (zum Beispiel gehobenes Warenhaus) erhält.

Für die Unterstützung des Marketing sind von Warenwirtschaftssystemen Instrumente zur Lösung von Problemen des Kundenmanagements, der Sortimentspolitik, der Konditionspolitik und der Provisionspolitik anzubieten (vgl. Abbildung 86).

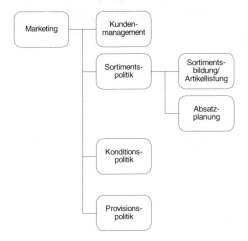

Abbildung 86:   Marketing: Teilfunktionen

3.7.1.1 Kundenmanagement

Der Kunde stellt den direkten Kontakt des Handelsunternehmens mit dem Absatzmarkt dar. In Abhängigkeit von der Handelsstufe sind anonyme Kunden (Einzelhandel) und bekannte Kunden (Großhandel) zu unterscheiden. Dies spiegelt sich auch in den Systemen wider, die lediglich im zweiten Fall über eine ausgeprägte Funktionalität des Kundenmanagements verfügen. Im Zusammenhang mit dem zunehmenden Einsatz von Kundenkarten wird auch im Einzelhandel die Identität des Kunden offengelegt.

Kundenmerkmale

Zur gezielten Kundenbearbeitung im Rahmen von Marketingaktionen ist detailliertes Wissen über die Kunden erforderlich. Zu diesem Zweck sind grundlegende *Kundenmerkmale* wie Region, Branche, Sortiment und Unternehmensgröße zu verwalten. Vielfach bieten die führenden WWS heute Möglichkeiten derartige Beschreibungsfelder auch individuell zu ergänzen, so dass eine flexible Klassifikation und Selektion der Kunden – gerade auch für Zwecke des Customer Relationship Managements (CRM) – unterstützt wird.

CRM ist in den letzten Jahren zu einem Schlagwort geworden, unter dem die verschiedensten kundenbezogenen Aktivitäten subsummiert werden (ausgehend von einer Kundenkontaktverwaltung, über den Kundensupport/Beschwerdemanagement, ein differenziertes Kampangenmanagement bis hin zum analytischen CRM[332]). Neben spezialisierten CRM-Lösungen[333] umfassen die WWS zunehmend umfangreichere integrierte CRM-Funktionen. Vielfach abgedeckt werden zumindest Basisfunktionen in den Bereichen Kontaktmanagement (teilweise mit integrierter Dokumentenverknüpfung) und Kampangenplanung. So kann vielfach aus dem WWS heraus eine Kundenmenge selektiert werden (z. B. nach Kundenmerkmalen oder historischem Kaufverhalten) und gezielt im Rahmen eines Serienmailings angesprochen werden. Vergleiche hierzu auch die Systemangaben zur Abdeckung der CRM-Funktionalität in Merkmalstabelle 1.

Das System *Microsoft Business Solutions-Navision* ermöglicht beispielsweise auf Basis einer detaillierten Klassifikation von Kunden und Interessenten die fundierte Zielgruppenselektion im Rahmen von Marketingkampagnen. Dadurch ist es zum Beispiel möglich, für den Abschluss von Wartungsverträgen eine Zielgruppe auszuwählen, in der all diejenigen Kunden zusammengefasst werden, die in der Vergangenheit ein bestimmtes Produkt erworben haben.

---

[332] Das analytische CRM umfasst die Analyse des Kundenverhaltens basierend auf kundenindividuellen Daten (z. B. im Großhandel oder bei Einsatz von Kundenkarten auch im Einzelhandel). Aus der Kenntnis und dem Verstehen des Kundenverhaltens lassen sich dann Maßnahmen für ein aktives CRM ableiten.

[333] Für einen umfassenden Überblick über 107 aktuelle CRM-Lösungen und ihre Leistungsmerkmale vgl. Schwetz (2003).

Zur Verwaltung qualitativer Informationen über Kunden („Insolvenzgerücht") bieten freie *Infotextfelder* eine geeignete Möglichkeit. Die Aktualität solcher Informationen wird durch eine automatische Wiedervorlage nach bestimmten Fristen oder eine definierte Gültigkeit der Angaben erhöht.

Für eine effiziente Verwaltung der Kunden sind Gruppierungsmöglichkeiten erforderlich. Auf diese Weise können Massendatenänderungen beschleunigt und Zuordnungsmaßnahmen vereinfacht werden. Letzteres trifft zum Beispiel auf die Listung von Artikeln bei Kunden zu, die dann lediglich einmal einer entsprechenden Kundengruppe zugeordnet werden müssen. Gleiches gilt für die Zuordnung von Konditionen, die nicht kundenspezifisch ausgestaltet sind, sondern für eine Gruppe von Kunden Gültigkeit besitzen.

Kundenrollen

Grundsätzlich können Kunden analog zu den Lieferanten in unterschiedlichen Beziehungen (*Kundenrollen*) zum Handelsunternehmen stehen. Sie können die Rolle des Auftraggebers, des Lieferungsempfängers, des Rechnungsempfängers und des Bonusempfängers einnehmen. So muss ein Auftraggeber wie der Zentraleinkauf eines Industrieunternehmens nicht mit dem Lieferungsempfänger, einem dezentralen Werk, identisch sein. Der Rechnungsempfänger kann wiederum ein externer Dienstleister zur Abwicklung der Administrationsprozesse sein.

Eine systemgestützte Abwicklung derartiger Prozesse erfordert eine entsprechende Rollendefinition im Kundenstamm. Idealerweise sollten die unterschiedlichen Rollen von anderen „Kunden" wahrgenommen werden können, d.h., es sollte möglich sein, im Kundenstamm bei einem Kunden zu hinterlegen, dass er eine bestimmte Rolle nicht selbst wahrnimmt, sondern diese durch einen anderen Kunden aus dem Kundenstamm übernommen wird (z. B. Kunde 4523 hat als abweichenden Rechnungsempfänger den Kunden 4524). Eine Sonderstellung nimmt die Lieferanschrift ein, da – zumindest im Baustoffhandel und im technisch geprägten Großhandel – einem Kunden verschiedene Lieferadressen zuordenbar sein müssen, welche dann auftragsindividuell selektiert werden.

Schließlich ist für die Abrechnung von Boni an Kunden, die in Einkaufsverbänden organisiert sind, eine entsprechende Verwaltung von *Verbandszuordnungen* erforderlich. Dies erleichtert die Ermittlung von Bezugsgrößen für entsprechende Bonusansprüche erheblich.

Kundenhierarchien

Ebenfalls analog zur Lieferantenseite kann es zweckmäßig bzw. erforderlich sein, hierarchische Kundenstrukturen explizit im WWS abzubilden. Teilweise kann hierfür das bereits vorgestellte Konstrukt der abweichenden Rolleninhaber genutzt werden. So ist es möglich, die einzelnen Standorte eines Kunden als separate Kunden anzulegen und für die Faktura die Zentrale als abweichenden Rechnungsempfänger zu definieren.

Liegen komplexere Kundenstrukturen vor und sind insbesondere übergreifende *Preis- und Konditionsfestlegungen* erforderlich, so ist eine Abbildung mehrstufiger Kundenhierarchien i. d. R. unumgänglich. Vielfach ist es dadurch auch möglich, auf übergeordneter Ebene (z. B. Zentrale des Kunden) *Kontrakte* zu definieren, welche für alle untergeordneten Kunden (z. B. einzelne Standorte) gemeinsam Gültigkeit besitzen und im Rahmen der Auftragsbearbeitung auch referenziert werden können.

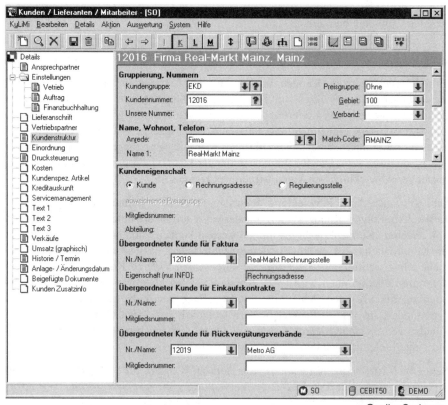

Quelle: Godesys.

Abbildung 87: Flexible Definition von Kundenhierarchien in SO:Business Software

SO:Business Software erlaubt eine flexible Bildung derartiger Kundenhierarchien, indem jedem Kunden für verschiedene Zwecke Kunden übergeordnet werden können. So können für die Faktura, die Zuordnung von Einkaufskontrakten als auch die Be- und Abrechnung von Rückvergütungen unterschiedliche Kunden übergeordnet werden (vgl. Abbildung 87).

Eine besondere Herausforderung stellt die Abbildung hierarchischer Kundenstrukturen dar, wenn große deutsche Konsumgüter- und Lebensmittelhandelsunternehmen als Kunden im WWS abzubilden sind. Das speziell auf Importeure und Hersteller von Markenartikeln ausgerichtete System *ProWWS* greift dieses Problem auf und bietet hierzu neun-stufige Kundenhierarchien (z. B. Firma – Europa Zentrale – Konzern Zentrale – Nationale Zentrale – Regionale Zentrale – Vertriebslinie – Vertriebsschiene – Kunde). Dies erlaubt beispielsweise die integrierte hierarchische Abbildung der kompletten Strukturen der Metro AG (mit der Unterscheidung der Vertriebsschienen extra und real) bis hinunter auf die einzelnen Marktstandorte. Neben entsprechenden statistischen Auswertungen können auch Preise, Konditionen (inklusive Bonusvereinbarungen) und Kontrakte auf allen Ebenen definiert werden.

Vertreterzuordnung

Insbesondere im Großhandel werden die Kunden von *Vertretern* betreut. Je nach Organisationsform des Außendienstes können dabei eine oder mehrere Zuordnungen erforderlich werden. Wesentliche Differenzierungsmerkmale der WWS sind hierbei die Anzahl der (dem Kunden) zuordenbaren Vertreter und deren Artikelzuordnung. Im einfachsten Fall können beim Kunden oder der Kundengruppe ein oder mehrere Vertreter fest hinterlegt werden, welche parallel eine Provision erhalten. Im flexibleren Fall werden für den Kunden bzw. die Kundengruppe die Vertreter in Abhängigkeit von den Artikeln festgelegt. So kann es für unterschiedliche Sortimente verschiedene Vertreter geben. Im Regelfall ist bei der Auftragserfassung eine Übersteuerung des Standardvertreters möglich. Teilweise werden auch komplexe Hauptvertreter-Untervertreter-Konstrukte unterstützt bei denen zum Beispiel der Hauptvertreter sämtlichen Umsatz mit einem Kunden zugeordnet bekommt und additiv Sortimentsvertreter jeweils den auf ihr Sortiment entfallenen Umsatz zugeordnet bekommen.

Auch im Einzelhandel (z. B. Textilhandel) erfolgt teilweise analog eine Verkäuferzuordnung zum getätigten Umsatz. Allerdings bezieht sich diese jeweils nur auf den einzelnen Verkaufsvorgang, so dass keine entsprechenden Zuordnungen im Kundenstamm erfolgen.

In Abhängigkeit von der Vertreterzuordnung und dem Kundenumsatz erfolgt periodisch die Provisionsberechnung (vgl. hierzu Abschnitt 3.7.1.4).

System-merkmale 14: Kunden-management	Kundennummer[A]	Kundenmerkmale					Kundenrollen				Kundenhierarchien[B]	Vertreterzuordnung	Artikelbezogene Vertreterzuordnung
		Basismerkmale	Freie Infotextfelder	Infofelder mit Gültigkeit	Infofelder mit autom. Wiedervorlage	Verbandszuordnung	Auftraggeber	Lieferungsempfänger	Rechnungsempf.	Bonusempfänger			
A.eins	N,X	●	●	●	●	●	●	●	●	●	S	◐	O
abas	N,X	●	O	O	●	●	●	●	●	O	S	◐	O
ASW	X	◐	●	O	O	●	●	●	●	●	S,P,K	●	O
AUPOS	N,X	●	●	O	●	●	●	●	●	O	S,P,K	●	●
AW 400	N	●	●	O	O	●	●	●	●	●	S	◐	O
b2 Handel	N	●	●	O	O	●	●	●	●	O	S,P	●	●
Bison Solution	N,X	●	●	O	O	●	●	●	●	●	S	◐	O
Brain AS	N,X	●	●	O	●	●	●	●	●	●	S,P,K	●	●
Compex	N	●	O	●	●	●	●	●	●	●	S	◐	O
Conaktiv	N,X	●	●	O	O	●	●	●	●	O	S	◐	O
Corporate WINLine	N,X	●	●	O	O	●	●	●	●	O	S,K	●	O
CSB-System	N,X	●	●	●	●	●	●	●	●	●	S,P,K	●	●
DCW-Wawi.	N	●	O	●	O	●	●	●	●	●	S	◐	O
DEWAS / MESS	X	O	O	O	O	O	O	O	O	O	-	O	O
diamod	N	●	●	O	O	●	●	●	●	●	S,P	●	O
e.fet Wawi.	N,X	◐	●	O	O	●	●	●	●	●	S,P,K	●	●
FEE	N	k.A.	O	O	O	O	O	O	O	O	-	k.A.	O
Formica SQL	N	◐	●	O	●	O	●	●	●	O	S	O	O
Futura ERS	N	●	O	●	O	●	●	●	●	●	S	◐	O
G.O.L.D.	N,X	●	●	O	O	●	●	●	●	O	S	O	O
GEAC System 21	X	◐	O	O	●	●	●	●	●	●	k.A.	◐	O
gevis	N,X	●	●	O	O	●	●	●	●	●	S	◐	O
i/2	N	●	●	O	O	●	●	●	●	●	S,P,K	●	O
iBaanERP	N,X	●	●	●	●	●	●	●	●	●	S,P,K	●	●
IFS Applications	N,X	●	●	O	O	●	●	●	●	●	S,P,K	◐	O
IN:ERP	N	●	●	O	O	●	●	●	●	O	k.A.	◐	O
J.D. Edwards	N	●	●	●	O	●	●	●	●	●	S,P	●	●
JDA-PMM	N	●	●	O	O	●	O	O	O	O	S,P,K	O	O
KARAT	N	◐	O	O	O	O	●	●	●	O	S	◐	O
MBS-Apertum	X	●	O	O	●	●	●	●	●	O	S	◐	O
MBS-Axapta	N,X	●	●	O	●	●	●	●	●	O	S	◐	O
MBS-Navision	N,X	●	●	●	●	●	●	●	●	O	S	◐	O

[A] N=numerisch; X=alphanumerisch
[B] S=Statistiken (z. B. Gesamtumsatz); P=Preise/Konditionen; K=Kontrakte

System-merkmale 14: Kunden-management	Kundennummer[A]	Kundenmerkmale					Kundenrollen				Kundenhierarchien[B]	Vertreterzuordnung	Artikelbezogene Vertreterzuordnung
		Basismerkmale	Freie Infotextfelder	Infofelder mit Gültigkeit	Infofelder mit autom. Wiedervorlage	Verbandszuordnung	Auftraggeber	Lieferungsempfänger	Rechnungsempf.	Bonusempfänger			
MKS Goliath	N	●	●	●	●	○	●	●	●	○	S	◐	●
Movex	N,X	●	●	○	○	●	●	●	●	●	S,P,K	●	○
oxaion	N	●	●	●	●	●	●	●	●	●	S,P,K	●	●
P2plus	N,X	●	●	○	●	●	●	●	●	○	S,P,K	◐	●
PISA – Wawi.	X	●	●	●	●	●	●	●	●	●	S,P,K	●	●
Pollex LC	N	●	○	●	●	●	●	●	●	○	S	●	○
priMio – E/Con	N,X	●	●	○	○	○	●	●	●	○	S	◐	○
ProALPHA	N	●	●	●	●	●	●	●	●	○	S	●	●
PRODIS	X	●	●	○	○	●	●	●	●	○	S	◐	○
Profit-WWS	N,X	k.A.	●	○	○	●	●	●	●	○	k.A.	◐	○
ProWWS	N	●	○	○	○	●	●	●	●	●	S,P,K	●	●
Regulus	N	●	●	○	○	●	●	●	●	●	S,P,K	◐	○
Retek 10	N	●	○	○	○	○	●	●	●	○	S	●	○
Sangross V	N,X	●	○	●	○	●	●	●	●	○	-	◐	○
SAP Business One	N,X	◐	●	○	○	○	●	●	●	○	S	○	○
SAP mySAP Retail	N,X	●	●	○	○	●	●	●	●	●	S,P,K	●	○
SDS fashion	N	k.A.	●	○	○	●	○	○	○	○	k.A.	k.A.	○
Semiramis	N,X	●	●	●	●	●	●	●	●	●	S	◐	○
Skill Commercial	N,X	●	●	○	●	●	●	●	●	●	S,P,K	◐	○
SO:Business Soft.	N,X	●	○	●	●	●	●	●	●	●	S,P,K	●	●
SoftM Suite	N	●	●	○	●	●	●	●	●	●	S,P	◐	○
SQL-Business	N	◐	○	○	●	●	○	●	●	●	S,P,K	◐	○
Steps Business Sol.	N,X	●	●	○	●	●	●	●	●	●	S,P	◐	○
TRADEsprint	N,X	○	○	○	○	○	●	●	●	●	S,P,K	◐	○
TS	N	◐	○	○	●	●	●	●	●	●	k.A.	◐	○
Unitrade	N,X	●	○	○	●	●	●	●	●	●	S,P,K	●	●
UPOS	N	◐	○	○	○	●	●	●	●	●	S,P	◐	○
VERA	N	●	●	●	●	●	●	●	●	●	S,P	◐	○
W 5	N	●	●	○	○	●	●	●	●	○	S,P,K	●	○
WEST System	N,X	●	●	○	○	○	●	●	●	●	S,P,K	●	●
Wilken Materialw.	X	◐	●	○	○	●	●	●	●	○	S	●	●
x-trade	N,X	●	●	○	○	●	●	○	●	○	S,P	○	○

[A] N=numerisch; X=alphanumerisch
[B] S=Statistiken (z. B. Gesamtumsatz); P=Preise/Konditionen; K=Kontrakte

3.7.1.2 Sortimentspolitik

Die Sortimentspolitik stellt eine Kernfunktion von Handelsunternehmen dar.[334] Im Rahmen der Sortimentspolitik ist einerseits festzulegen, welche Warengruppen in welcher Tiefe geführt werden sollen (Sortimentsbildung/Artikellistung). Andererseits ist der mengenmäßige Absatz sowie der Umsatz für die Artikel zu prognostizieren (Absatzplanung).

Sortimentsbildung/Artikellistung

Bei der Sortimentsplanung werden die Artikel festgelegt, die ein Handelsunternehmen im Sortiment führen möchte. Es geht um die Frage, ob das Sortiment verändert oder beibehalten werden soll. Bei einer Veränderung des Sortiments ist zwischen einer Sortimentsexpansion, einer Sortimentskonsolidierung und einer Sortimentskontraktion zu unterscheiden. Bei Sortimentsentscheidungen handelt es sich in der Regel um schlechtstrukturierte Entscheidungen. Informationen über Kaufprozesse in Anwendungssystemen bieten Ansatzpunkte zur Unterstützung der Aufnahme von Artikeln in oder ihre Elimination aus dem Sortiment.

Mit der Aufnahme von Artikeln in das Sortiment ist noch nicht festgelegt, welche Artikel wie an welche Kunden zu distribuieren sind. Somit ist des weiteren festzulegen, welches Zentral- oder Regionallager für die Distribution der Artikel zuständig ist. Weiterhin sind die Artikel *Kunden und Filialen zuzuordnen*, um die Belieferung der Kunden und Filialen zu ermöglichen. Der Prozess der Zuordnung der Artikel zu Kunden wird als Artikellistung bezeichnet. Innerhalb der Listung ist festzulegen, welche Artikel hinsichtlich Sortimentsbreite und -tiefe und anderer Marketingüberlegungen wie Preisstruktur und Abnehmerregion in das Sortiment eingebettet werden können. Während bei Discounter-Vertriebsschienen in allen Filialen tendenziell die gleichen Artikel gelistet sind, werden in anderen Vertriebsschienen, zum Beispiel Warenhäusern, je nach Ort und Region filialindividuelle Listungen durchgeführt. Klassifikationen von Sortimenten können genutzt werden, wenn beispielsweise in einer Warenhaus-Vertriebsschiene Filialen unterschiedlicher Größen zusammengefasst sind, so dass in Abhängigkeit von den Filialen abweichende Sortimentstiefen angeboten werden. Einige Filialen führen ein breites und tiefes Sortiment, bei kleineren Filialen beschränkt sich das Angebot hingegen auf einen geringeren Sortimentsumfang. Bei einigen Vertriebsschienen sind die Filialleiter weitgehend unabhängig von zentralen Vorgaben, so dass eine manuelle Zuordnung von Artikeln zu Kundensortimenten erforderlich ist.

Neben automatischen Listungsregeln sind auch manuelle Regeln erforderlich, in denen das Marketing die Artikel den einzelnen Kundengruppen beziehungsweise Kunden manuell zuordnet (*Positivlistung*). Bei der manuellen Listung ist es zur Erhöhung der Effizienz üblich, die Artikel zu Teilsortimenten beziehungsweise Artikel-

---

[334] Vgl. Seyffert (1972), S. 10.

gruppen zusammenzufassen und anschließend den Kunden beziehungsweise Kundengruppen zuzuordnen. Zur Abbildung von Sonderfällen dient die Möglichkeit der „Negativlistung", die den Ausschluss eines üblicherweise in eine bestimmte Artikelgruppe gehörenden Artikels im Einzelfall bewirkt.

Die Listung ist stets zeitbezogen, das heisst ein Artikel wird für einen bestimmten Zeitraum einem Kunden/einer Filiale zugeordnet. Zum einen werden für bestimmte Verkaufsförderungsmaßnahmen (zum Beispiel Aktionen) die Artikel nur befristet den Filialen zur Bewirtschaftung zur Verfügung gestellt, und zum anderen begrenzt der Lebenszyklus die Listung der Artikel. Insbesondere Saisonartikel haben einen kurzen Lebenszyklus, der eine zeitabhängige Artikel-Kunden-Zuordnung erfordert. Bei Saisonartikeln sind einmalige (◑) und zyklische Saisonartikel (●) zu unterscheiden. Der erstgenannte Saisonartikeltyp ist insbesondere im Textilhandel gebräuchlich, da dort der Beschaffungs- und Distributionsprozess ausschließlich für eine Saison erfolgt. Hingegen handelt es sich bei zyklischen Saisonartikeln um solche, die nur in bestimmten Zeiträumen (auch Zeitfenstern) des Jahres verkauft werden können. Der zeitliche Aspekt der Artikellistung kann durch Möglichkeiten der Zeitsteuerung bei der Zuordnung detailliert abgebildet werden.

Die komplexe Sortimentssteuerung kann in *mySAP Retail* durch sogenannte Sortimentsbausteine vereinfacht werden. Sortimentsbausteine sind in den Fällen hilfreich, in denen über einen längeren Zeitraum mit konsistenten Artikelbündeln gearbeitet werden soll. Artikel können dabei explizit oder über definierte Regeln entsprechenden Sortimentsbausteinen zugeordnet werden. Hierbei werden unterschiedliche Arten von Sortimentsbausteinen unterschieden:

- Normalbausteine definieren langfristig weitgehend einheitlich zu listende Artikel (zum Beispiel Markenartikel),
- Lokale Bausteine können jeweils nur einem spezifischen Sortiment zugeordnet werden,
- Exklusionsbausteine setzen anderweitige Listungen außer Kraft,
- Aktionsbausteine fassen Artikel, die einer Aktion angehören, zusammen,
- Rack-Jobber-Bausteine fassen die Artikel zusammen, die von Lieferanten in den Filialen selbständig bewirtschaftet werden.

mySAP Retail ermöglicht auch eine flexible Zuordnung der im Rahmen der Sortimentsplanung erstellten Sortimentsbausteine zu Verteilzentren, Filialen und Kunden. Die Artikel werden hierbei je Filiale nach Abteilung, Layout und Platzierungsgruppe in der Sortimentsliste sortiert und damit entsprechend der Reihenfolge der Artikel im Regal aufgelistet.

Werden die beschriebenen Funktionen der Sortimentsbausteine von einem System umfassend abdeckt, so ist dies in der Merkmalstabelle als ● dargestellt. Kommt den Sortimentsbausteinen hingegen primär ein reiner Gruppierungscharakter, im Sinne einer vereinfachten Artikelgruppenlistung zu, so ist dies durch ◑ gekennzeichnet.

Die Systeme *G.O.L.D.* und *mySAPRetail* bieten beispielweise zur Unterstützung der Sortimentsplanung und der Regalgestaltung standardmäßig eine Schnittstelle zum Space-Managementsystem *Apollo* (vgl. Abschnitt 3.11.3).

Absatzplanung

Die Entscheidungen der Sortimentsbildung und Artikellistung bilden die Grundlage der Absatzplanung. Dabei können einerseits die *Planungsebene* und andererseits die Planungsparameter unterschieden werden. Die Planung wird zweckmäßigerweise warenorientiert, d. h. auf Ebene von Warengruppen oder – seltener - Einzelartikeln, vorgenommen. Alternativ können Planungen kundengruppen-, vertreter- oder regionenbezogen durchgeführt werden. Darüber hinaus sind auch Kombinationen dieser Kriterien möglich (beispielsweise für alle Kunden wird warengruppenbezogen geplant).

Um ein konsistentes Gesamtbild der Planung zu erhalten, sind darüber hinaus *Verknüpfungen zwischen den unterschiedlichen Hierarchieebenen* eines Planungsobjektes, beispielsweise zwischen Artikel und Warengruppe, erforderlich. Auf diese Weise können Planwerte auf Artikelebene in die Planung auf Warengruppenebene integriert werden. Hierbei kann differenziert werden zwischen einer Bottom-up-Planung und einer Top-down-Planung. Bei ersterem Ansatz erfolgt zunächst eine Planung auf detailliertester Ebene (z. B. Kunde-Artikel), nachfolgend werden die Planwerte der nächsthöheren Ebene (z. B. Kunde-Artikelgruppe) durch Aggregation ermittelt. Bei der Top-down-Planung erfolgt die initiale Planung hingegen auf der aggregierten Ebene. Die Einzelplanwerte der unteren Ebenen erhält man durch ein Herunterbrechen der Werte mit einer geeigneten Schlüsselung. Werden von einem System beide Ansätze unterstützt und wird somit eine Gegenstromplanung ermöglicht, so ist dies in der Merkmalstabelle mit ● dargestellt.

Als Planungsgrößen werden insbesondere *Absatzmenge*, der *Umsatz* und der Deckungsbeitrag verwendet. Eine wichtige Hilfe für die Planung stellt hierbei das *Kundenpotenzial* dar. Das Kundenpotenzial zeigt den Gesamtumsatz eines Kunden in einer Warengruppe mit allen relevanten Lieferanten auf. Auf Grundlage dieser Informationen können Ansatzpunkte zur Kundenbearbeitung aufgezeigt werden. Werden systemseitig nur wenige Planungsgrößen (z. B. eine reine Mengenplanung) unterstützt, so ist dies in der Merkmalstabelle durch ◑ gekennzeichnet.

Beispielsweise ermöglicht das System *proALPHA* die Prognose von Absatzzahlen mit Hilfe mathematischer Prognoseverfahren auf der Grundlage von Vergangenheitswerten. Die Planung erfolgt auf der Ebene von Warengruppen. Die Prognose kann um manuelle Planungen ergänzt werden, die ausgehend von einer Jahresplanung eine Verteilung auf einzelne Monate ermöglichen. Der Absatzplan enthält sowohl Mengen als auch Werte. Die Bewertung erfolgt zu Planpreisen.

Systemmerkmale 15: Sortimentspolitik	Artikellistung							Ebene d. Absatzplanung					Hierar. Verknüpfung	Planungsgrößen
	Kundengruppe / Filialgruppe[A]	Alle Kunden / Alle Filialen[A]	Sortimentsbausteine	Grafische Sortimentsgestaltung	Positivlistung	Negativlistung	mit Zeitsteuerung	Kunde	Artikel	Vertreter	Region	Warengruppe		
A.eins	A,G,S	A,G,S	○	○	●	○	◑	●	●	●	●	●	◑	◑
abas	-	-	○	○	○	○	○	●	●	○	●	●	○	◑
ASW	-	A	○	○	●	○	○	●	●	●	●	●	○	◑
AUPOS	A,G,S	A,G,S	○	○	●	○	○	●	●	●	●	●	●	●
AW 400	A,G,S	A,G,S	○	○	●	○	●	●	○	○	●	○	◑	◑
b2 Handel	-	-	◑	○	○	○	○	●	●	○	○	○	◑	◑
Bison Solution	A,G,S	A,G,S	○	○	●	○	○	●	●	●	●	●	○	◑
Brain AS	-	-	○	○	○	○	○	●	●	●	●	●	●	◑
Compex	A,G,S	A,G,S	◑	○	●	●	●	●	●	●	●	●	◑	◑
Conaktiv	-	-	○	○	○	○	○	○	○	○	○	○	○	○
Corporate WINLine	A	A	○	○	○	○	◑	●	●	●	●	●	○	◑
CSB-System	A,G,S	A,G,S	◑	○	●	●	●	●	●	●	●	●	●	●
DCW-Wawi.	A,G,S	A,G,S	○	○	●	●	◑	○	○	○	○	○	○	○
DEWAS / MESS	A,G	A,G	○	○	●	○	○	○	○	○	○	○	○	○
diamod	-	-	○	○	○	○	○	○	○	○	○	○	○	○
e.fet Wawi.	-	-	○	○	○	○	○	○	○	○	○	○	○	○
FEE	-	-	○	○	○	○	○	○	○	○	○	○	○	○
Formica SQL	-	-	○	○	○	○	○	○	○	○	○	○	○	◑
Futura ERS	A,G,S	A,G,S	○	○	●	○	●	○	○	○	●	●	◑	◑
G.O.L.D.	A,G,S	A,G,S	◑	○	●	○	◑	○	●	○	●	○	○	◑
GEAC System 21	A,G,S	A,G,S	○	○	●	○	○	○	○	○	○	○	○	○
gevis	A,G,S	A,G,S	○	○	●	○	○	●	●	●	○	●	◑	◑
i/2	A	-	○	○	●	○	○	●	●	●	○	●	◑	◑
iBaanERP	A,G,S	-	◑	●	●	○	◑	●	●	●	●	●	●	●
IFS Applications	A	-	○	○	●	○	◑	●	●	○	○	●	●	◑
IN:ERP	-	-	○	○	○	○	○	●	●	●	●	●	○	●
J.D. Edwards	A,G,S	-	◑	●	●	●	○	●	●	●	●	●	◑	●
JDA-PMM	A,G,S	-	◑	○	●	●	●	●	●	●	●	●	●	◑
KARAT	-	-	○	○	○	○	○	○	○	○	○	○	○	○
MBS-Apertum	A,G,S	-	○	○	●	●	○	○	○	○	○	○	○	○
MBS-Axapta	-	-	○	○	○	○	○	○	●	○	○	○	○	◑
MBS-Navision	A,G	A,G	○	○	●	○	◑	●	●	●	●	●	◑	◑

[A] A=Artikel, G=Artikelgruppe, S=Gesamtsortiment

System-merkmale 15: Sortiments-politik	Artikellistung							Ebene d. Absatzplanung						
	Kundengruppe / Filialgruppe^A	Alle Kunden / Alle Filialen^A	Sortimentsbausteine	Grafische Sortimentsgestaltung	Positivlistung	Negativlistung	mit Zeitsteuerung	Kunde	Artikel	Vertreter	Region	Warengruppe	Hierar. Verknüpfung	Planungsgrößen
MKS Goliath	-	-	○	○	○	○	○	●	●	○	○	●	○	○
Movex	A,G	-	○	○	●	○	◐	●	●	●	●	●	●	◐
oxaion	A	A,S	○	○	●	○	◐	●	●	●	●	●	◐	◐
P2plus	-	-	○	○	○	○	○	○	●	○	○	○	○	○
PISA – Wawi.	A,G,S	A,G,S	◐	○	●	●	○	●	●	●	●	●	◐	◐
Pollex LC	-	A	○	○	●	○	○	○	○	●	○	●	○	◐
priMio – E/Con	A	0	○	○	●	○	○	○	○	○	○	○	○	○
ProALPHA	-	-	○	○	○	○	○	●	●	○	●	●	○	●
PRODIS	A,G,S	A,G,S	○	○	●	●	◐	○	●	○	●	●	◐	◐
Profit-WWS	-	-	○	○	○	○	○	○	○	○	○	○	○	○
ProWWS	A,G,S	A,G,S	◐	○	●	●	○	●	●	●	●	●	○	◐
Regulus	A,S	-	○	○	●	●	○	○	○	○	○	○	○	○
Retek 10	A,G,S	A,G,S	●	○	●	●	◐	●	●	○	●	●	●	●
Sangross V	A,G,S	A,G,S	○	○	●	●	○	●	○	○	○	○	○	◐
SAP Business One	-	-	○	○	○	○	○	●	○	○	○	○	○	◐
SAP mySAP Retail	-	A,G,S	●	○	●	●	●	●	●	●	●	●	●	◐
SDS fashion	-	-	○	○	●	○	●	○	○	○	○	○	○	○
Semiramis	-	-	○	○	○	○	○	●	●	●	○	●	○	◐
Skill Commercial	A	A	○	○	●	○	◐	●	●	●	●	●	○	◐
SO:Business Soft.	A,G,S	A,G,S	○	○	●	●	●	●	●	●	●	●	○	◐
SoftM Suite	A,G	A,G	○	○	●	○	○	●	●	●	●	●	●	◐
SQL-Business	A,G,S	A,G,S	○	○	●	○	○	●	●	●	●	●	●	●
Steps Business Sol.	-	-	○	○	○	○	○	○	○	○	○	○	○	○
TRADEsprint	A,G,S	A,G,S	●	○	●	●	●	●	●	○	●	●	●	◐
TS	A,G,S	A,G,S	○	○	●	○	○	●	●	●	○	●	○	◐
Unitrade	A,G,S	A,G,S	◐	○	●	○	●	○	○	○	○	○	○	○
UPOS	-	A	◐	○	●	○	●	●	○	●	○	○	○	◐
VERA	A,G,S	A,G,S	○	○	●	●	○	●	●	●	○	●	◐	●
W 5	A,G,S	A,G,S	◐	○	●	●	●	●	●	●	●	●	○	○
WEST System	A,G,S	A,G,S	○	○	●	○	○	●	●	●	○	●	●	◐
Wilken Materialw.	-	-	○	○	○	○	○	○	○	○	○	○	○	○
x-trade	A,G,S	A,G,S	●	○	●	○	●	○	○	○	○	○	○	○

[A] A=Artikel, G=Artikelgruppe, S=Gesamtsortiment

3.7.1.3 Konditionenpolitik

In vielen Bereichen des Handels kommt dem Preis überragende Bedeutung im Wettbewerb zu. Die Verkaufspreiskalkulation im Handel hat diesem Sachverhalt Rechnung zu tragen und insbesondere die Preissensibilität der Abnehmer bei unterschiedlichen Artikeln zu berücksichtigen.

Bei der Verkaufspreiskalkulation werden die Abgabepreise an die Abnehmer ermittelt. Aufgrund der hohen Anzahl unterschiedlicher Artikel sind „Faustregeln" und cost-plus-Verfahren unumgänglich.[335] Als Faustregeln, die sich aus dem Verkaufsverhalten der Abnehmer ableiten lassen, nennt beispielsweise SIMON:

- „Für Produkte mit besonderer Wahrnehmung seitens der Verbraucher ('politische' Produkte wie Brot, Milch, Butter, Benzin) sollen die Aufschlagsätze sehr niedrig sein.
- Bei Massenwaren sollen die Aufschläge niedriger sein als bei Spezialitäten.
- Die Aufschlagsätze sollen sich an der Konkurrenz orientieren [...]."[336]

Zusätzlich wird der Verkaufspreis durch diverse *optische Rundungsregeln*, die verkaufspsychologische Aspekte berücksichtigen (zum Beispiel 1,95 EUR statt 2,06 EUR), beeinflusst.[337] Die folgende Abbildung zeigt die Realisation der Handelskalkulation im System *mySAP Retail* auf (vgl. Abbildung 88).

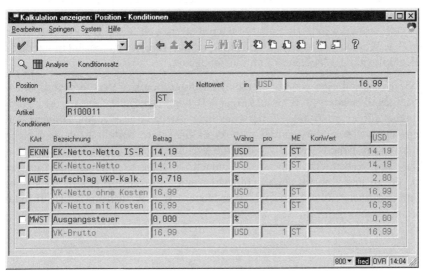

Quelle: SAP AG.

Abbildung 88: Handelskalkulation im System *mySAP Retail* (alte Oberfläche)

---

[335] Vgl. Simon (1992), S. 50.
[336] Simon (1992), S. 517.
[337] Vgl. Meffert (1998), S. 485.

Im Einzelhandel sind die *Verkaufspreise* für alle Kunden, die an einem Standort bedient werden, i. d. R. einheitlich. Demgegenüber findet im Großhandel ein differenziert ausgestaltetes Konditionen- und Rabattsystem Verwendung. Die Verkaufspreise können Gültigkeit für einen einzelnen Kunden (als kundenspezifischer Sonderpreis), für eine Kundengruppe oder für alle Kunden besitzen. Zudem reduziert sich der Artikelpreis oftmals bei Abnahme größerer Mengen. Dies kann in fast allen Systemen flexibel über mengen- oder wertbezogene *Preisstaffeln* abgebildet werden.

Die Nutzung von Rabatten eröffnet eine weitere kundenspezifische Preisdifferenzierung, indem sie für einzelne Artikel, eine Artikelgruppe (zum Beispiel ein Teilsortiment) oder das Gesamtsortiment definiert werden können. Die möglichen Konstellationen einer differenzierten Gestaltung von Kundenkonditionen entsprechen strukturanalog den Ausführungen zu Lieferantenkonditionen, so dass an dieser Stelle auf eine detaillierte generelle Darstellung der Konditionsproblematik im Verkauf verzichtet wird.[338]

Neben den kundenspezifischen Artikelpreisen gewinnt die Abbildung stundengenauer Konditionen im Einzelhandel an Bedeutung, da einige Handelsunternehmen – beispielsweise Kaufland – die Obst und Gemüse-Preise oder auch andere Artikel in Stundenintervallen reduziert. Neben der Preisabschriftenproblematik sind auch die Sonderpreise für bestimmte Sortimentsbereiche an bestimmten Tagen und Zeiten in Handelsunternehmen keine Seltenheit. Beispielsweise bietet der norddeutsche Händler dodenhof in der Zeit von 15:00-16:00 Couchgarnituren und in der Zeit von 17:00-18:00 Schrankwände zu einem Sonderrabatt von 10 % an. Derartige, zumeist auf einzelne Warengruppen gerichtete Sonderrabatte führen zu einer nicht unerheblichen Komplexität der Verkaufskonditionenthematik.

Hingewiesen sei auf eine weitere Komplexitätsdimension der Verkaufskonditionen, da in einigen Branchen (z. B. Baustoffhandel) durch spezielle Objekt- oder Baustellenpreise für einen Kunden unterschiedliche Artikelpreise gelten können – je nachdem für welchen Verwendungszwecks er die Ware bestellt bzw. an welche Lieferadresse sie geliefert wird. Werden die verschiedenen Ebenen und Konstrukte zur Preis- und Rabattdefinition parallel genutzt, so kann es mitunter sehr schwer werden, Preise und Rabatte nachzuvollziehen und sinnvoll anzupassen. Eine sehr effiziente und übersichtliche Lösung bietet hierzu das u. a. auch im Baustoffhandel eingesetzte System *Unitrade* (vgl. Abbildung 89).

---

[338] Vgl. die Konditionspolitik im Einkauf, Kapitel 3.5.1.3.

In einer einzigen Maske ist es möglich, Preis, Rabatte, Staffeln sowie Preislisten- und Konditionsschemazuordnung zu pflegen. Es lassen sich u. a. folgende Änderungen durchführen:

- Pflege eines *neuen Preises* für einen Artikel oder eine Artikelgruppe (in der Abbildung als Rabattgruppe bezeichnet)
  - o gültig für eine Kundengruppe,
  - o einen Kunden oder
  - o nur für eine bestimmte Lieferadresse eines Kunden

- Pflege eines *neuen Rabattsatzes* für einen Artikel oder eine Artikelgruppe (in der Abbildung als Rabattgruppe bezeichnet)
  - o gültig für eine Kundengruppe,
  - o einen Kunden oder
  - o nur für eine bestimmte Lieferadresse eines Kunden

- Definition von Preisen/Rabatten abhängig von *Lieferbedingungen* (z. B. Lager vs. Strecke)

- Definition von Rabatten, die nur für Artikel bestimmter Hersteller gelten

- Zuordnung von *Preislisten* zu Kundengruppen, zu Kunden und zu einzelnen Lieferadressen von Kunden (auch abhängig von den Lieferbedingungen)

Damit werden in *Unitrade* im Extremfall sowohl der Basispreis als auch die darauf anzuwendenden Rabatte abhängig vom Artikel, der Artikelgruppe, dem Hersteller, der Kundengruppe, dem Kunden, dem Lieferanten, der Lieferadresse, dem Zeitpunkt und der Artikelmenge ermittelt.

Eine Erweiterung ist sogar dahingehend vorstellbar, dass neben der konditionsrelevanten Lieferadresse zusätzlich noch eine konditionsrelevante Objektadresse aufgenommen wird. Denn es lassen sich in der Praxis Beispiele finden, in denen dieses bereits äußerst komplexe Preisfindungssystem nicht ausreicht, da die Lieferadresse nicht der Objektadresse entspricht, für die der Artikel bestellt wurde und deren Konditionen gelten sollen. Dies ist u. a. dann der Fall, wenn Artikel vor ihrer Verwendung zunächst zu einem Dienstleister geliefert werden sollen, der sie veredelt (z. B. Verzinkung von Eisenteilen).

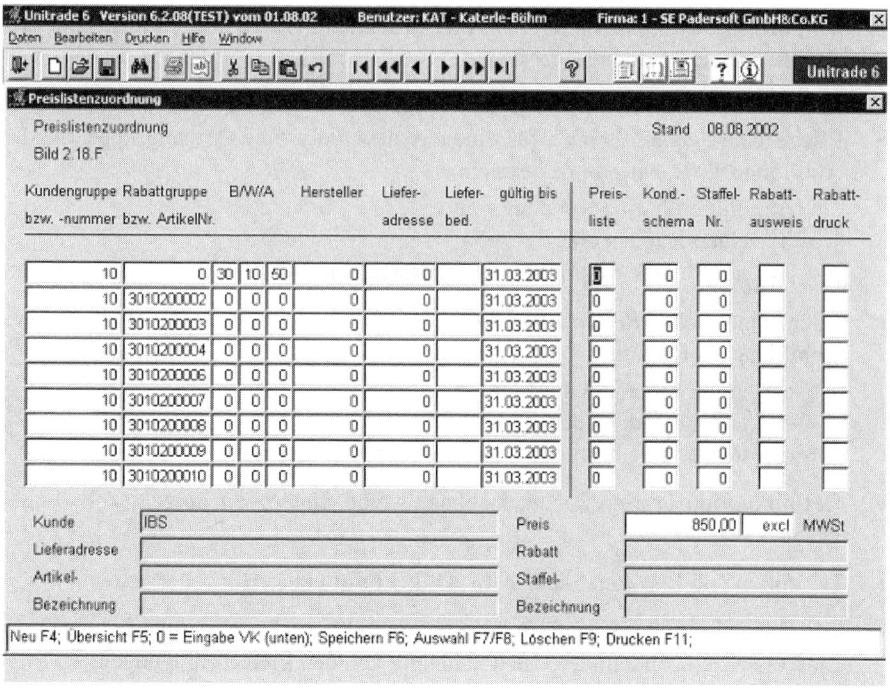

Abbildung 89: Schnellerfassungsmaske für komplexe Verkaufspreise und -rabatte

Ebenso wie im Beschaffungsprozess spielt die *Zeitsteuerung* bei den Preisen und Konditionen im Distributionsprozess eine zentrale Rolle. Die Anforderungen können hier ebenso von der Beschaffung auf die Distribution übertragen werden.

Für die Ermittlung von Kundenpreisen sind auch die logistisch aufwendigen Klein-lieferungen durch *Kleinmengenzuschläge* zu berücksichtigen. Die Systeme können danach unterschieden werden, ob Kleinmengenzuschläge lediglich pauschal oder differenziert in Abhängigkeit von Kunden- und Artikel (-gruppen) definiert werden können.

Die zunehmende Komplexität der Konditionengestaltung führt zu einem hohen Maß an Intransparenz. Um sicherzustellen, dass ein Kunde aus der Vielfalt der für ihn gültigen Konditionen die bestmögliche erhält, dient die Funktion der *Bestpreis-findung*. Bestpreise reduzieren zeitintensive Nachverhandlungen, die häufig die Kundenzufriedenheit nicht unwesentlich beeinträchtigen können.

Die Fähigkeit, *kundenspezifische Preislisten* zu erzeugen und bereitzustellen, stellt gerade in komplexen Konditionssystemen einen zusätzlichen Kundenservice dar und ist im Großhandel von besonderer Bedeutung.

Wie die Auswertung zeigt, sind die meisten Systeme grundsätzlich in der Lage, komplexe Preis- und Konditionsstrukturen zu verwalten. Aufgrund der hohen Unternehmensspezifität dieser Strukturen ist jedoch davon auszugehen, dass im Fall der Neueinführung eines Warenwirtschaftssystems in nahezu jedem Fall eine Anpassung des Systems oder der Konditionsstruktur der Unternehmung erforderlich ist.

Weitere Besonderheiten hinsichtlich der Abbildung von Preisen und Konditionen finden sich beispielsweise in den folgenden Systemen:

Retek 10 erlaubt eine automatische Anpassung von Verkaufspreisen basierend auf hinterlegten Änderungsregelungen. So können beispielsweise Absatz- und Bestandskenngrößen oder auch Preise von Wettbewerbern[339] die Basis für automatisierte Preisvorschläge bzw. Preisänderungen bilden. Ebenso können „Lead Items" und Folgeartikel definiert werden. Bei letzteren können Regeln hinterlegt werden, wie sich der Artikelpreis automatisch aus dem Preis des „Lead Items" ableiten soll. So ist es bei Preisänderungen nur erforderlich, den Preis des „Lead Items" anzupassen. Zudem können die Preisregeln auch genutzt werden, um sicherzustellen, dass bei Preisaktionen nicht versehentlich eine größere Packungsgröße günstiger wird als eine kleinere Packung des gleichen Artikels.

Semiramis bietet die Möglichkeit, Verkaufspreise und -konditionen zunächst nur zu simulieren. Hierbei können die üblichen Preis- und Konditionsänderungen auf unterschiedlichen Ebenen vorgenommen und die daraus resultierenden Auswirkungen auf die tatsächlichen Kundenpreise / -preislisten analysiert werden. Entsprechen die Ergebnisse nicht den Erwartungen, können die vorgenommenen Änderungen direkt wieder verworfen werden.

Beispielsweise verfügen *mySAP Retail* und *Retek 10* über eine Abschriftenplanung, mittels derer Preissenkungen automatisiert werden können. Dies ist insbesondere im Hinblick auf die Bestandsminimierung für Saisonartikel am Ende einer Saison hilfreich. Abschriftenregeln standardisieren und automatisieren das Abschriftenverfahren. Hierzu können unterschiedliche Schablonen definiert werden, die beispielsweise 30% Abschrift nach 60 Tagen, 50% Abschrift nach 90 Tagen etc. vorsehen.

Das System *SANGROSS* bietet differenzierte Möglichkeiten zur Berücksichtigung von tagespreisabhängigen Preisbestandteilen. Dies ist insbesondere für Artikel mit Edelmetallanteil von Bedeutung, deren Wert sich aus der Tagesnotiz ergibt. Ein Beispiel hierfür ist der Kupferanteil in Kabeln im Elektrogroßhandel. Unterstützt

---

[339] *Retek 10* erlaubt es, mehrere Wettbewerberpreise je Filiale zu hinterlegen. Die Aufnahme von Wettbewerberpreisen durch entsprechende Marktbegehungen und die Ableitung einer darauf aufbauenden eigenen Preisstrategie ist vor allem im anglo-amerikanischen Raum verbreitet. In Deutschland stellt dieser Ansatz (noch) eher eine Ausnahme dar.

wird auch die Definition von mehreren unterschiedlichen Metallanteilen für einen Artikel.

Neben den direkten Konditionen, die den einzelnen Geschäftsvorfall beeinflussen, sind die indirekten nachträglichen Konditionen, sog. Boni, zu unterscheiden. Boni werden üblicherweise am Ende einer Abrechnungsperiode in Abhängigkeit eines aufgelaufenen Bonusanspruches an den Kunden ausgeschüttet. Die informationstechnische Unterstützung der Bonusabrechnung reduziert in erheblichem Umfang den ansonsten erforderlichen manuellen Aufwand und die möglichen Abrechnungsfehler. Der Bonusanspruch hängt vom Umfang des Geschäftsvolumens ab und kann sich auf umgesetzte Mengen oder Werte beziehen. Bonussätze können wie Rabattsätze auf Ebene der Artikel, Artikelgruppen beziehungsweise des Gesamtsortimentes differenziert vorliegen. Um einzelne große und individuell verhandelte Geschäftsvorfälle (zum Beispiel Objektgeschäfte) nicht in der Bonusabrechnung zu berücksichtigen, sind entsprechende geschäftsvorfallabhängige *Ausschlusskennzeichnungen* erforderlich. Die Überlegungen zur Zeitsteuerung der Bonussätze lassen sich von den Rabatten analog übertragen. Werden umfangreichere Bonusvereinbarungen genutzt, so sollte das WWS auch eine *automatisierte Bonusabrechnung* und direkte Gutschriftserstellung für die Kunden (bzw. Verrechnung) anbieten. Einzelne Systeme erlauben es bereits, auch Teilabrechnungen der Boni vorzunehmen und basierend auf einer laufenden Verfolgung der Bonusansprüche der Kunden Rückstellungen in der Finanzbuchhaltung zu bilden.

Die zunehmende Bedeutung von Kontrakten und Rahmenverträgen ist auch in den Informationssystemen zu berücksichtigen. Grundsätzlich können – analog zur Beschaffungsseite – Wert- und Mengenkontrakte sowie Lieferpläne unterschieden werden. Wertkontrakte legen ein Abnahmevolumen wertmäßig fest und sind üblicherweise im Gegenzug mit besonderen Konditionen verbunden. Mengenkontrakte definieren für einen bestimmten Zeitraum ein mengenmäßiges Abnahmevolumen für einen Artikel beziehungsweise Artikelgruppe zu fixierten Preisen. Lieferpläne definieren Zeitpunkt, Menge und Preis des Abnahmevolumens. Kontrakte und Rahmenverträge dienen der Erhöhung der Planungssicherheit und der Stabilisierung von bilateralen Geschäftsbeziehungen.

3.7.1.4 *Provisionspolitik*

Die Anreiz- und Entlohnungssysteme für Vertriebsmitarbeiter, insbesondere Vertreter, beinhalten in der Regel Provisionssysteme.[340]

Provisionen haben die Aufgabe im Vertrieb notwendige standardisierte Verhaltensweisen (Außendienstauftritt, Preispolitik) sicherzustellen sowie das persönliche Engagement, Kreativität und individuelle Leistungsbereitschaft zu fördern. Neben

---

[340] Vgl. im folgenden Meffert (1998), S. 843ff.

den finanziellen Anreizen, die Provisionen bieten, stehen eine Reihe weiterer Anreiz-
instrumente zur Verfügung (vgl. Tabelle 7).

Materiell/Finanziell	Gemischt	Immateriell
- Fixgehalt	- Verkaufswettbewerbe	- Statusmotive
- Provision	- Beförderung/ Karriereplan	- Soziale Anerkennung
- Geldprämie		- etc.
- Sachprämie	- Dienstwagen	

Quelle. Meffert (1998) S. 844.

Tabelle 7: Leistungsanreiz-Instrumente

Aufgrund ihrer unmittelbaren, ergebnisorientierten Anreizwirkungen eignen sich
Provisionen als Steuerungsinstrument im Verkauf. Allerdings bergen Provisions-
systeme die Gefahr eines zu aggressiven Verkaufsverhaltens, das das Image des
Unternehmens negativ beeinflussen kann. Üblicherweise werden Provisionen in
Verbindung mit einem fixen Grundgehalt bezahlt.

Als *Bemessungsgrundlage* für die Provisionsberechnung steht der erzielte Umsatz
oder die abgesetzte Menge eines Vertreters im Vordergrund. Aus betriebswirtschaftlicher Sicht erscheint es darüber hinaus sinnvoll, den Deckungsbeitrag, d. h.
den Rohertrag der getätigten Geschäfte, als Bemessungsgrundlage heranzuziehen, da
Umsätze allein keine Aussagen über die Vorteilhaftigkeit der getätigten Geschäfte
zulassen. Werden diese Bemessungsgrundlagen nur teilweise angeboten, so ist dies
in der Merkmalstabelle durch ◐ gekennzeichnet.

Provisionssätze können wie Rabatte und Boni differenziert nach unterschiedlichen
Ebenen wie Artikeln, Artikelgruppen oder einheitlich für das Gesamtsortiment
festgelegt werden. Eine Differenzierung der Provisionssätze kann in Abhängigkeit
der Höhe der Bemessungsgrundlage zum Beispiel in *Wert- und Mengenstaffeln*
erfolgen.

System-merkmale 16: Konditions-politik	VK-Preise				Rabatt			Ebene der Rabattdefinition			Bonus		
	Nettopreis+Zuschlag	Optische Rundung	Preis-Staffelarten[A]	Ebene der Preisdefinition[B]	Rabattarten	Naturalrabatt	Verkaufsrabattbezug[C]	Gesamtsortiment[B]	Artikelgruppe[B]	Artikel[B]	Ebene der Bonusdefinition[D]	Bonusausschluss	Bonusberechnung
A.eins	●	●	M,W	A,G,K	●	●	P,G,A	A,G,K	A,G,K	A,G,K	A,G,S	O	O
abas	●	●	M	A,G,K	●	●	P,G,A	A,G,K	A,G,K	A,G,K	A	O	O
ASW	●	●	M,W	A,G,K	●	●	P,G	A,G,K	A,G,K	A,G,K	A	●	●
AUPOS	●	O	M,W	A,G,K	●	●	P,G,A	A,G,K	A,G,K	A,G,K	S	O	●
AW 400	●	●	M,W	A,G,K	●	●	P,G,A	A,G,K	A,G,K	A,G,K	-	O	O
b2 Handel	●	●	M,W	A,G,K	●	O	P,G	A,G,K	A,G,K	A,G,K	A	●	O
Bison Solution	●	O	M,W	A,G,K	●	O	P,G,A	A,G,K	A,G,K	A,G,K	-	O	O
Brain AS	●	●	M,W	A,G,K	●	●	P,G,A	A,G,K	A,G,K	A,G,K	A,G,S	●	●
Compex	●	●	M,W	A,G,K	●	O	P,G,A	A,G,K	A,G,K	A,G,K	-	O	O
Conaktiv	●	O	M	A,G,K	●	O	P,G	A,G,K	A,G,K	A,G,K	-	O	O
Corporate WINLine	●	O	M	A,G,K	O	●	P,G	A,G,K	A,G,K	A,G,K	-	O	O
CSB-System	●	O	M,W	A,G,K	●	●	P,G,A	A,G,K	A,G,K	A,G,K	A,G,S	●	●
DCW-Wawi.	●	O	M,W	A+,G	●	●	P,G	A,G,K	A,G,K	A,K	A,G,S	●	●
DEWAS / MESS	●	●	-	A,G,K	●	●	P	-	-	A,K	-	O	O
diamod	●	O	M,W	A,G,K	●	O	P,G	-	-	A,G,K	A	O	O
e.fet Wawi.	O	O	M,W	A,G,K	O	●	P,G	A,G,K	A,G,K	A,G,K	-	O	O
FEE	●	O	k.A.	A	k.A.	O	-	-	-	-	-	O	O
Formica SQL	●	O	M,W	A,G,K	O	O	P,G	A,G,K	K	G,K	-	O	O
Futura ERS	●	●	M,W	A,G,K	●	●	P,G	A,G,K	A,G,K	A,G,K	A,G,S	●	●
G.O.L.D.	●	●	M,W	A,G,K	●	●	P,G,A	A,G,K	A,G,K	A,G,K	A,G,S	O	●
GEAC System 21	O	O	M,W	A,G,K	●	O	P,G,A	A,G,K	A,G,K	A,G,K	A,G,S	●	O
gevis	●	●	M,W	A,G,K	●	●	P,G	A,G,K	A,G,K	A,G,K	A,G,S	●	O
i/2	●	O	M,W	A,G,K	●	●	P,G,A	A,G,K	A,G,K	A,G,K	G,S	O	O
iBaanERP	●	●	M,W	A,G,K	●	●	P,G,A	A,G,K	A,G,K	A,G,K	A,G,S	●	●
IFS Applications	●	O	M,W	A,G,K	●	●	P,G,A	A,G,K	A,K	A,K	S,A	●	●
IN:ERP	●	O	M	A,G,K	●	O	P,G,A	A,G,K	A,G,K	A,G,K	A	●	O
J.D. Edwards	●	O	M,W	A,G,K	●	●	P,G,A	G,K	A,G,K	A,G,K	A,G,S	●	O
JDA-PMM	●	●	M,W	A,G,K	●	●	P,G,A	A,G,K	A,G,K	A,G,K	-	O	O
KARAT	●	O	M,W	A,G,K	●	●	P,G	A	-	G,K	-	O	O
MBS-Apertum	●	O	M,W	A,G,K	●	O	P,G,A	A,G,K	A,G,K	A,G,K	A,G,S	O	O
MBS-Axapta	●	O	M,W	A,G,K	●	●	P,G,A	A,G,K	A,G,K	A,G,K	-	O	O
MBS-Navision	●	●	M,W	A,G,K	O	O	P,G	A,G,K	A,G,K	A,G,K	-	O	O

[A] M=Mengenstaffeln; W=Wertstaffeln
[B] A=alle Kunden; G=Kundengruppe; K=einzelner Kunde
[C] P=Position; G=Positionsgruppe; A=Auftrag
[D] A=Artikel; G=Artikelgruppe; S=Sortiment

Preise	Rabatte	Vorerfassung	Preishistorie	Mehrere Zeiträume	Gesch. Zeiträume	Kleinmengenzuschläge[A]	Bestpreisfindung	Kundenspez. Preislisten	Kontraktarten[B]	Bemessungsgrundlage	Ebene der Provisionsdefinition[C]	Wertstaffeln	Mengenstaffeln	Systemmerkmale 16: Konditionspolitik
●	●	●	○	●	●	●	●	●	M,W	●	A,G,S	●	●	A.eins
●	●	●	○	●	●	◐	●	●	M,L	◐	A,G,S	○	○	abas
●	●	●	○	●	●	◐	●	●	M,W	○	A	●	●	ASW
●	●	●	●	●	●	●	●	●	M,L	●	A,G,S	●	●	AUPOS
●	●	●	○	●	○	●	●	●	-	◐	A,S	○	○	AW 400
●	●	●	●	○	○	●	●	●	M,L	●	A,G,S	○	○	b2 Handel
●	●	●	●	●	●	●	●	●	M,W,L	○	A,G,S	●	●	Bison Solution
●	●	●	●	●	●	●	○	●	M,W,L	●	A,G,S	●	●	Brain AS
●	●	●	●	●	●	●	●	●	M,W	◐	A,G,S	○	●	Compex
●	○	○	○	○	○	○	○	○	-	○	A	○	○	Conaktiv
●	●	●	●	●	●	●	●	●	M,W	●	A,G,S	○	●	Corporate WINLine
●	●	●	●	●	●	●	●	●	M,W,L	●	A,G,S	●	●	CSB-System
●	●	○	●	●	●	◐	●	●	M,W,L	◐	-	○	○	DCW-Wawi.
●	○	●	○	○	○	○	○	○	-	○	-	○	○	DEWAS / MESS
●	●	○	○	○	○	◐	●	●	M	●	G,S	○	○	diamod
●	●	●	●	●	●	◐	●	●	M,W,L	●	A,G,S	●	○	e.fet Wawi.
○	○	○	○	○	○	○	○	○	-	k.A.	-	○	○	FEE
○	●	●	○	○	○	○	○	○	M,L	●	S	●	○	Formica SQL
●	○	●	○	●	○	◐	●	●	-	◐	A,G,S	○	○	Futura ERS
●	●	●	●	●	●	●	○	○	-	○	-	○	○	G.O.L.D.
●	●	○	○	●	○	●	○	●	M,L	◐	-	○	○	GEAC System 21
●	●	●	●	●	●	●	●	●	M,L	●	A,G,S	○	●	gevis
●	●	●	●	●	○	◐	●	●	M,W,L	◐	G,S	●	●	i/2
●	●	●	●	●	●	●	●	●	M,W,L	●	A,G,S	●	●	iBaanERP
●	●	●	●	●	○	◐	●	●	M,W,L	◐	A,G,S	●	●	IFS Applications
●	●	●	○	○	○	◐	●	●	M,W	○	G,S	○	○	IN:ERP
●	●	●	○	●	●	●	○	●	M,L	◐	A,G,S	●	●	J.D. Edwards
●	●	●	●	●	●	●	●	●	-	○	-	○	○	JDA-PMM
●	●	○	●	○	○	◐	○	○	-	◐	S	●	○	KARAT
●	●	●	○	●	●	◐	●	●	M,W,L	◐	A,S	○	○	MBS-Apertum
●	●	●	○	●	○	○	●	●	M,L	●	A,G,S	○	○	MBS-Axapta
●	●	●	●	●	●	◐	●	●	M,W	◐	S	○	○	MBS-Navision

[A] P=pauschal, K=kundenspezfisch, A=artikel(gruppen)spezifisch
[B] M=Mengenkontrakt; W=Wertkontrakt; L=Lieferplan
[C] A=Artikel; G=Artikelgruppe; S=Sortiment

System-merkmale 16: Konditions-politik	VK-Preise				Rabatt			Ebene der Rabattdefinition			Bonus		
	Nettopreis+Zuschlag	Optische Rundung	Preis-Staffelarten[A]	Ebene der Preisdefinition[B]	Rabattarten	Naturalrabatt	Verkaufsrabattbezug[C]	Gesamtsortiment[B]	Artikelgruppe[B]	Artikel[B]	Ebene der Bonusdefinition[D]	Bonusausschluss	Bonusberechnung
MKS Goliath	●	○	M	A,G,K	◐	○	P,G	A	A,K	A,K	-	○	○
Movex	●	●	M	A,G,K	●	●	P,G,A	A,G,K	A,G,K	A,G,K	A,G,S	●	●
oxaion	●	●	M,W	A,G,K	●	●	P,G	A,G,K	A,G,K	A,G,K	A,G,S	●	●
P2plus	●	○	M,W	A,G,K	●	○	P,G,A	A,G,K	A,G,K	A,G,K	A,G,S	○	●
PISA – Wawi.	●	●	M,W	A,G,K	●	○	P,G	A,G,K	A,G,K	A,G,K	A,G,S	●	●
Pollex LC	●	●	M,W	A,G,K	●	○	P,G,A	A,G,K	A,G,K	A,G,K	-	○	○
priMio – E/Con	●	●	M	A,G	●	○	P,G	G,K	G,K	G,K	-	○	○
ProALPHA	●	●	M	A,G,K	●	○	-	A,G,K	A,G,K	A,G,K	-	○	○
PRODIS	●	●	M,W	A,G,K	●	○	P,G	A,G,K	A,G,K	A,G,K	A,S	●	○
Profit-WWS	●	○	M,W	A	●	●	P,G	K	K	K	-	○	○
ProWWS	●	●	M,W	A,G,K	◐	●	P,G	A,G,K	A,G,K	A,G,K	A,G,S	○	●
Regulus	●	○	M,W	A,G,K	●	●	-	A	A,G,K	A,G,K	G,S	○	○
Retek 10	●	●	M,W	A,G,K	●	●	P,G,A	A,G,K	A,G,K	A,G,K	-	○	○
Sangross V	●	●	M,W	A,G,K	●	●	P,G,A	A,G,K	A,G,K	A,G,K	A,G,S	●	○
SAP Business One	●	○	M	A	●	○	P,G	-	-	-	-	○	○
SAP mySAP Retail	●	●	M,W	A,G,K	●	○	P,G,A	G,K	G,K	G,K	A,G,S	●	●
SDS fashion	○	○	k.A.	A,K	◐	○	P	K	-	-	S	○	○
Semiramis	●	○	M,W	A,G,K	●	●	P,G	A,G,K	A,G,K	A,G,K	A,G,S	●	●
Skill Commercial	●	○	M,W	A,G,K	◐	○	P,G	A,G,K	A,G,K	A,G,K	-	○	○
SO:Business Soft.	●	○	M,W	A,G,K	●	●	P,G,A	A,G,K	A,G,K	A,G,K	A,G,S	●	●
SoftM Suite	●	○	M,W	A,G,K	●	●	P,G,A	A,G,K	A,G,K	A,G,K	A,G,S	●	●
SQL-Business	●	○	M,W	A,G,K	●	○	P,G,A	A,G,K	A,G,K	A,G,K	-	○	○
Steps Business Sol.	●	○	M,W	A,G,K	●	○	P,G,A	A,G,K	A,G,K	A,G,K	-	○	○
TRADEsprint	●	●	M,W	A,G,K	●	●	P,G,A	A,G,K	A,G,K	A,G,K	A,G,S	●	●
TS	●	●	M,W	A,G,K	●	●	P,G,A	A,G,K	A,G,K	A,G,K	A,G,S	●	○
Unitrade	●	●	M,W	A,G,K	●	●	P,G,A	A,G,K	A,G,K	A,G,K	A,G,S	●	●
UPOS	●	●	M	A,G,K	●	●	P,G,A	A,G,K	A,G,K	A,G,K	A,G,S	○	○
VERA	●	●	M,W	A,G,K	●	●	P,G,A	A,G,K	A,G,K	A,G,K	A,G,S	●	○
W 5	●	○	M,W	A,G,K	●	○	P,G	A,G,K	A,G,K	A,G,K	A,G	●	●
WEST System	●	○	M,W	A,G,K	●	○	P,G	K	K	A,K	-	○	○
Wilken Materialw.	●	○	M,W	A,G,K	●	○	P,G	A,G,K	A,G,K	A,G,K	A	○	○
x-trade	●	○	M	A,G,K	●	●	P,G,A	K	K	K	-	○	○

[A] M=Mengenstaffeln; W=Wertstaffeln
[B] A=alle Kunden; G=Kundengruppe; K=einzelner Kunde
[C] P=Position; G=Positionsgruppe; A=Auftrag
[D] A=Artikel; G=Artikelgruppe; S=Sortiment

| Zeitsteuerung | | | | | | Kleinmengenzuschläge[A] | Bestpreisfindung | Kundenspez. Preislisten | Kontraktarten[B] | Provisionsberechnung | | | | System-merkmale 16: Konditionspolitik |
Preise	Rabatte	Vorerfassung	Preishistorie	Mehrere Zeiträume	Gesch. Zeiträume					Bemessungsgrundlage	Ebene der Provisionsdefinition[C]	Wertstaffeln	Mengenstaffeln	
●	●	○	●	●	○	○	○	●	M	◐	A	○	○	MKS Goliath
●	●	●	●	●	●	●	○	●	M,L	●	A,G,S	●	○	Movex
●	●	●	●	●	●	●	○	○	M,L	◐	A,G,S	●	●	oxaion
●	●	●	●	●	●	●	○	○	M,W,L	●	G,S	○	○	P2plus
●	●	●	●	●	●	●	○	●	M,W,L	●	A,G,S	●	●	PISA – Wawi.
●	●	●	●	●	●	●	●	●	-	◐	A,G,S	●	●	Pollex LC
●	●	●	●	○	○	○	●	●	-	◐	S	○	○	priMio – E/Con
●	●	●	●	●	●	◐	○	●	M,L	●	A,G,S	○	○	ProALPHA
●	●	●	●	●	●	●	●	●	M,L	◐	G	○	○	PRODIS
●	○	○	○	○	○	○	○	○	-	◐	S	○	○	Profit-WWS
●	●	●	●	●	●	●	●	●	-	●	A,G,S	●	○	ProWWS
●	●	●	○	○	○	○	●	○	M	●	A,G,S	●	●	Regulus
●	●	●	●	●	●	●	○	●	-	◐	G	○	○	Retek 10
●	●	●	●	●	●	◐	○	●	M,W,L	◐	A,G,S	○	○	Sangross V
●	●	●	●	●	○	●	○	○	-	◐	A,G	○	○	SAP Business One
●	●	●	●	○	●	●	○	●	M,W,L	●	A,G,S	●	●	SAP mySAP Retail
○	○	○	○	○	○	○	○	○	-	○	A,G,S	○	○	SDS fashion
●	●	●	●	●	●	○	●	●	M,W,L	●	A,G,S	●	●	Semiramis
●	●	●	●	○	○	◐	●	●	M,L	●	A,G	●	●	Skill Commercial
●	●	●	●	●	●	●	●	●	M,W,L	●	A,G,S	●	●	SO:Business Soft.
●	●	●	●	●	○	◐	●	●	M,W	◐	A,G,S	○	○	SoftM Suite
●	●	●	○	○	○	◐	●	○	M,L	●	A,G,S	○	○	SQL-Business
●	○	○	○	○	●	○	○	●	M,W	◐	A,G	○	○	Steps Business Sol.
●	●	●	●	●	●	●	●	●	M,W,L	●	A,G,S	●	●	TRADEsprint
●	●	●	●	●	○	◐	●	●	M	◐	A,G,S	○	○	TS
●	●	●	●	●	○	●	●	●	M,W,L	●	A,G,S	○	○	Unitrade
●	●	●	●	●	○	●	○	●	M,L	●	G	●	○	UPOS
●	●	●	○	●	●	●	●	●	M	●	A,G,S	●	●	VERA
●	●	●	●	●	●	○	●	●	M	●	A,G,S	○	○	W 5
●	●	●	●	●	●	◐	●	●	M,W,L	●	A,G,S	○	○	WEST System
●	●	●	●	●	●	●	●	○	-	○	-	○	○	Wilken Materialw.
●	●	●	●	●	○	○	●	●	-	○	-	○	○	x-trade

[A] P=pauschal, K=kundenspezfisch, A=artikel(gruppen)spezifisch
[B] M=Mengenkontrakt; W=Wertkontrakt; L=Lieferplan
[C] A=Artikel; G=Artikelgruppe; S=Sortiment

3.7.2   Exkurs: Kooperatives Marketing / Category Management

Die neueren Überlegungen bei der Sortimentsplanung sollen sich an den Konsumentenbedürfnissen orientieren, die auf Grund der technischen Möglichkeiten auch aus den Kassendaten abgeleitet werden können.[341] Diese Vorstellung kommt im Category Management besonders deutlich bei der Definition der Warengruppen zum Ausdruck, da nicht produktorientierte Aspekte, sondern eine am Kundennutzen orientierte Zusammenfassung von Produkten vorgenommen werden soll.[342] Diese Artikelgruppierung wird dann als Kategorie und nicht mehr als Warengruppe im traditionellen Sinn bezeichnet.

Die Wunschvorstellung der Handelsunternehmen besteht darin, mit Hilfe statistischer Verfahren die Zusammenhänge zwischen Artikeln aus Kundensicht zu analysieren. Angesichts der Datenmengen sind diese Wunschvorstellungen, die häufig mit der Implementierung von Data Warehouses verbunden sind, bislang unerfüllt geblieben. Der wesentliche Vorteil einer datengestützten Analyse liegt in einer Rationalisierung bislang eher willkürlicher Entscheidungsprozesse.

Die Ausrichtung der Sortimente am Kundennutzen erfordert für Handels- und Industrieunternehmen, sofern ein kooperatives Category Management betrachtet wird,[343] ein Vorgehensmodell, aus dem die Analyse- und Gestaltungsaktivitäten hervorgehen. Ein solches acht Phasen umfassendes Vorgehensmodell wurde im Rahmen der ECR-Bemühungen entwickelt und enthält die wichtigsten Aufgaben und Zielsetzungen von Sortimentierungsprozessen (vgl. Abbildung 90).[344] Dabei wird innerhalb dieses Vorgehensmodells sowohl die Sortiments-, die Preis-, die Platzierungs- und die Verkaufsförderungspolitik thematisiert. Zum Category Management gehören aus dem Marketing-Mix die Sortimentspolitik und die Preispolitik sowie die Verkaufsförderungspolitik.

---

[341] Vgl. im folgenden auch Becker, Schütte (2004), Kapitel 7.

[342] Zu einem Vergleich von Definitionen des Category Managements vgl. Schröder (2003), S. 13 f., der auch zu dem Schluss kommt, dass die kundenbedürfnisbezogene Bildung von Warengruppen das einzig konstitutive Merkmal des Category Managements ist.

[343] Grundsätzlich lassen sich drei Formen des Category Management unterscheiden: das Handels-, das Industrie- und das kooperative Category Management, vgl. auch Holzkämper (1999), S. 48 ff. Vgl. auch Schröder (2003), S. 22 f. Auf Grund der Betrachtung übergreifender Kooperationsfelder wird hier allgemein von Category Management gesprochen, auch wenn viele Aspekte für ein Handels-Category Management gelten, da die kooperative CM-Form auch als Spezialfall des Handels-CM aufgefasst werden kann, vgl. ebenda, S. 53. Zum Category Management aus Herstellersicht vgl. Hahne (1998).

[344] In der Literatur wird die vierte Phase als „Kategorien-Leistungsanalyse", die fünfte Phase als „Kategorien-Strategie" und die sechste Phase als „Kategorien-Taktiken" bezeichnet. Im Sinne einer einheitlichen Bezeichnungskonvention, wie sie auch bei den Grundsätzen ordnungsmäßiger Modellierung gefordert waren, wird hier immer ein substantiviertes Verb verwendet. Des weiteren wird die vierte Phase als „Kategorien‐Zielformulierung" benannt, da die Definition des Soll-Zustands im Vordergrund steht, der wiederum in der betriebswirtschaftlichen Literatur mit dem Terminus Technicus „Ziel" verbunden wird.

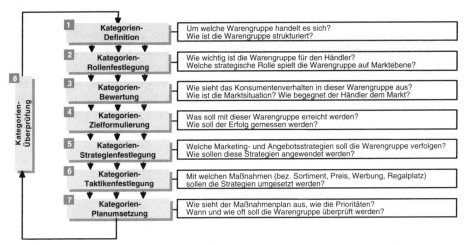

Quelle: in Anlehnung an CCG (2002), S. 7.

Abbildung 90:   Category-Management-Vorgehensmodell

In der *ersten Phase*, der Kategoriendefinition, ist die wesentliche Zielsetzung, eine abgrenzbare und hinsichtlich ihres Erfolgsbeitrags messbare Zusammenfassung von Artikeln zu erreichen, wobei die Kundenbedürfnisse auf diese Weise besser befriedigt werden sollen. Die zur Erreichung dieser Warenzusammenfassung erforderlichen Aktivitäten sind zunächst die Identifikation der Kundenbedürfnisse und die Identifikation von Warengruppen, die als eigenständig betrachtet und bewertet werden können. Die aus Sicht der Verbraucher vorzunehmende Artikelzusammenfassung hat stärker auf die Entscheidungen des Konsumenten und seine Motive zu achten, damit die Warenzusammenfassungen nicht produktorientiert wie in der Vergangenheit („Warengruppenhierarchien"), sondern vor allem verbrauchsorientiert sind.

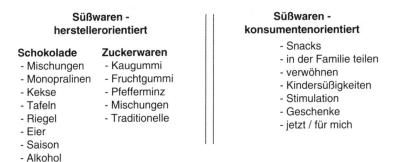

Abbildung 91:   Beispiel für die Restrukturierung von Warengruppen zu Kategorien

Damit ist eine Category eine aus Sicht der Konsumentenbedürfnisse zusammengestellte Menge von Artikeln, die als eigenständige Einheit bewertet und gesteuert werden kann (Annahme dieser Überlegungen sind geringe Interdependenzen zwischen den definierten Warengruppen bzw. Kategorien). Da nicht sämtliche Kunden differenziert gesprochen werden können, müssen – quasi als Vorgabe für ein CM-Projekt – relevante Zielkunden definiert werden, da nur für diese die Definition von Kategorien erfolgen kann. Es bedarf vor der Durchführung des CM-Prozesses und damit einer grundsätzlichen strategischen Definition, was die Inhalte der Differenzierungsstrategie sind.[345] Ein Beispiel, wie aus dem Kundenbedürfnis die übergeordnete Kategorie eines Handelsunternehmens entwickelt werden kann, geht aus der nachfolgenden Abbildung hervor.

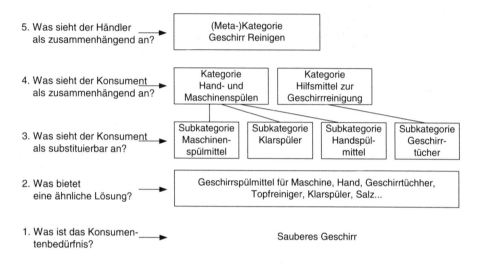

Quelle: CCG (2002).

Abbildung 92: Exemplarisches Vorgehen zur Definition von Kategorien

Die Definition von Kategorien führt in Handelsinformationssystemen zu erheblichen Veränderungen, da die Warengruppen bis dato noch als Bestandsführungs- und als Auswertungsebene dienen. Die Umsatz- und Rohertragsinformationen sowie die Verbundeffekte werden bei einem konsequenten Category Management auf Ebene von Kategorien analysiert. Offen ist, wie die an Warengruppen gebundenen Bestandsdaten auch auf Ebene von Kategorien ausgewiesen werden können, da eine parallele Bestandsführungsebene auf Grund der Massendaten nicht handhabbar erscheint, Kategorien einem schnelleren Wandel unterlegen und dem Filialmanagement nicht sonderlich eingeprägt sind.

---

[345] Zur Differenzierungsstrategie vgl. Kapitel 1. Es wird hier angenommen, dass die Definition von Kategorien für die Unternehmen, die eine Kostenführerschaft anstreben, nicht sinnvoll ist. Der Grundgedanke des Category Managements ist es, zugeschnitten auf einen definierten Kreis von Zielkunden individuelle Sortimente anzubieten. Bei einer Kostenführerschaft hingegen werden standardisierte, vor allem umschlagträchtige Sortimente angeboten, die auf Grund ihrer Begrenztheit i. d. R. sämtliche Kunden ansprechen können.

In der *zweiten Phase* werden die Rollen bestimmt, die eine Kategorie für das Unternehmen besitzt. Die Rolle bezeichnet die Bedeutung der einzelnen Kategorie im Rahmen des Sortiments. Es werden i. d. R. Profilierungs-, Routine-, saisonale Profilierungs-, Ergänzungs- und saisonale Ergänzungssortimente als Rollen unterschieden. Beispielsweise sollen die Profilierungskategorien so gebildet sein, dass die Betriebsstätte vom Kunden als maßgeblich wahrgenommen wird, das Unternehmen in diesen Bereichen ein überlegenes Preis-/Leistungsverhältnis anzubieten hat und von einem durchschnittlichen Anteil am Gesamtsortiment von ca. 5-7 % ausgegangen wird. Die Kategorien, die das Pflichtsortiment darstellen, werden als Routine-Kategorien eingeordnet und nehmen ca. 50-60 % des Sortimentes ein.

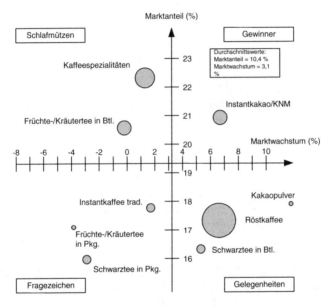

Quelle: CCG (2002).

Abbildung 93:   Quantitative Analyse mittels Portfoliotechnik

Die Saisonsortimente (Standard oder Ergänzung) führen zu einer weiteren Differenzierung des Sortimentes und werden mit ca. 15-20 % des Sortimentsumfanges eingeschätzt. Die reinen Ergänzungssortimente umfassen „Mitnahmeartikel" und dienen vor allem den Betriebstypen, die ein One-Stop-Einkauf ermöglichen wollen. Dieser Sortimentsanteil wird auf ca. 15-20 % geschätzt. Vor der Festlegung der Rolle einer Warengruppe bedarf es noch der Bewertung der momentanen Situation der Kategorien, wobei zwischen einer qualitativen und einer quantitativen Analyse unterschieden werden kann (zur quantitativen Analyse vgl. Abbildung 93). In praxi weit verbreitet ist die Darstellung des Marktanteils und des Marktwachstums, wie sie aus der Portfoliotechnik bekannt ist. Im Rahmen der quantitativen Analyse werden das Marktwachstum (aktuelles Jahr zu Vorjahr), Marktvolumen, Umsatz und Umsatzanteil (des Handelsunternehmens) bei der Kategorie, Umsatzwachstum des Handelsunternehmens (aktuelles Jahr zu Vorjahr), Marktanteil des Handelsunternehmens sowie die Marktanteile der Wettbewerber untersucht.[346] Die quantitative Analyse kann mit Hilfe unterschiedlicher multikriterieller Entscheidungstechniken vorgenommen werden. Für die qualitative Analyse wird der Einfluss von Wettbewerbern, Kunden, Lieferanten und des Marktes insgesamt berücksichtigt.

Nach der Bewertung der Soll-Situation der Kategorien, die letztlich die strategische Wunschposition bei den einzelnen Kategorien ausdrückt und auf Basis von Analysen ermittelt wurde, bedarf es in der *dritten Phase* einer Bewertung der Istsituation, um darauf aufbauend konkrete Maßnahmen zu entwickeln. Zu diesem Zweck wird – analog der Vorgehensweise in der zweiten Phase – durch Verbraucher-, Hersteller-, Markt- und Händlerbewertungen eine Datenbank aufgebaut, die Soll-Ist-Abweichungen aufdeckt und anhand von Kennzahlen unterschiedlicher Ebenen wie Kunden (z. B. durchschnittliche Ausgaben in der Warengruppe, Kauffrequenz, Durchschnittsbon, Kaufhäufigkeit in der Warengruppe) oder Angebotsstruktur (z. B. Sortimentsbreite, Preispolitik, Aktionspolitik, Platzierungspolitik, Logistik) Ursachen aufdecken soll, die es zu beheben gilt. Nach diesem Analyseschritt sind die Bewertungsergebnisse für die Kategorien und die wichtigsten Entwicklungsbereiche bekannt.

Die *vierte Phase* dient der Leistungsanalyse der Kategorien, indem ausgehend von den in der zweiten Phase definierten Rollen und den in der dritten Phase identifizierten Bewertungen die Ziele der Kategorien zwischen Handels- und Herstellerunternehmen abgestimmt werden müssen, um zu einem Geschäftsplan mit Zielen in den Bereichen Kunde, Markt, Finanzen und Produktivitäten (oder anderen Leistungsgruppen) zu gelangen. Exemplarisch gehen die Ergebnisse einer solchen Zielformulierung aus Tabelle 8 hervor.

Kundenbezogene Leistungskennzahlen	Ist 200	Plan 200	Plan 200	Plan 200
Warenkorbgröße [€]	30,0	31,2	33,0	34,0
Kundenloyalität	36,5	37,0	37,0	38,0
Ø Bon in WG [€]	8,0	8,0	8,3	8,5
Frequenz p.a.	700.000	707.000	802.680	854.129

Marktbezogene Leistungskennzahlen	Ist 200	Plan 200	Plan 200	Plan 200
Marktanteil [%]	7,0	7,0	8,0	8,5
Marktwachstum der Warengruppen [%]	1,0	1,0	1,5	1,5

Finanzielle Leistungskennzahlen	Ist 200	Plan 200	Plan 200	Plan 200
Umsatz [T€]	10.500	10.605	12.281	13.239
Umsatzwachstum [%]	1,0	1,0	15,8	7,8
Marge [%]	35,0	36,0	36,5	36,8

Produktivitäts-Leistungskennzahlen	Ist 200	Plan 200	Plan 200	Plan 200
Umsatz/qm [T€]	14,4	14,7	15,3	16,0
Umsatz/Mitarbeiter [€]	3.000	3.080	3.100	3.350
Lagerumschlag	6,0	6,1	6,4	6,7

1) Flächenbereinigt

In Anlehnung an Roland Berger (2001).

Tabelle 8: Ergebnisse der Zielformulierung

---

[346] Zu weiteren möglichen Bewertungskriterien vgl. Schröder (2003), S. 26 ff.

Die Zielformulierung folgt in einer *fünften Phase,* der Definition der Kategorie-Strategien, indem ausgehend von der zugewiesenen Rolle und den Ergebnissen aus der Leistungsanalyse festgelegt werden soll, welche Maßnahmen zur Umsetzung der intendierten Zielsetzungen durchgesetzt werden sollen. Die wichtigsten Strategien, die in praxi bei den einzelnen Kategorien eingesetzt werden können, sind:[347]

- *Frequenzbildung*: Es wird die Zielsetzung verfolgt, die Häufigkeit des Kunden-besuchs in der Einkaufsstätte zu erhöhen. Diese Intention lässt sich allerdings nur bei Kategorien erreichen, bei denen die Produkte eine hohe Preissensibilität der Nachfrage besitzen, häufig eingekauft werden müssen und eine hohe Käuferreichweite besitzen.

- *Transaktionswert steigern*: Der Anteil der Kundenausgaben in einer Kategorie soll gesteigert werden.

- *Rohertrag erhöhen*: Die Spanne und der Umsatz in einer Kategorie sollen gesteigert werden.

- *Marktanteile verteidigen*: Die erworbenen Marktanteile sollen erhalten bleiben, sofern in der Kategorie bereits ein hoher Marktanteil gegeben ist.

- *Begeisterung erzeugen*: Diese zunächst qualitative Zielsetzung dient dazu, durch Events oder andere Formen der Aufmerksamkeitserregung eine hohe Bekannt-heit zu erhalten, die zum Aufbau einer Betriebstypenmarke beiträgt.

- *Image verbessern*: Das Image einer Kategorie und damit der Einkaufsstätte soll durch Handelsmarken oder die Einkaufsumgebung verbessert werden.

- *Cashflow erhöhen*: Der Cashflow einer Kategorie kann beispielsweise durch eine Steigerung der Einkaufshäufigkeit oder die Erhöhung des Einkaufswertes gesteigert werden.

Die *sechste Phase* widmet sich der Festlegung der jeweiligen Taktiken für die in der fünften Phase entwickelten Kategorien-Strategien. Dabei werden ausgehend von den Kategorien-Rollen und den hierzu abgestimmten Marketing-Strategien konkrete Maßnahmen (Taktiken) abgeleitet, um die Marketing-Strategien umzusetzen. Dabei sind im Sinne des Marketing-Mixes unterschiedliche Maßnahmen in Abhängigkeit von der jeweiligen Kategorien-Rolle zu wählen (vgl. Tabelle 9).

Die den Rollen zugewiesenen Taktiken besitzen einen normativen Charakter und beinhalten für jedes Teilgebiet des Marketing-Mixes bereits implizit ein Vorgehen, was zu analysieren ist. Anhand der Sortimentspolitik soll dies näher veranschaulicht werden. Ausgehend von der gewünschten Marktabdeckung beispielsweise in der Kategorie „Alles für das Kind" sind die unproduktiven Artikel jene Artikel, die einen nur geringen Beitrag zur erforderlichen Marktabdeckung beitragen (z. B. goldene Spielringe) und die für die Zielerreichung wichtigen Artikel sowie solche, die das Sortiment erweitern können, zu identifizieren. Auf Basis dieser Informationen sind Artikel einer Kategorie auszulisten, in der Listung weiter zu berücksichtigen oder

---

[347] Vgl. CCG (2002), S. 51; Holzkämper (1999), S. 76 ff.

neu einzulisten. Abschließend wird eine Gesamt-Planung auf Basis dieser Festlegungen vorgenommen, die mit dem (den) Industrieunternehmen, welches für die
Kategorie verantwortlich oder mitverantwortlich ist, abzustimmen ist. Außerdem
sind neben der Sortimentsfestlegung auch die Entscheidungen über die Platzierung
zu treffen, da diese für den geplanten Absatz und Umsatz zwingend erforderlich sind.

Kategorien -Rolle	Kategorien -Taktiken			
	Sortimentspolitik	Preispolitik	Regalpräsentation	Verkaufsförderung

Profilierungs-Rolle	• Vollständige Auswahl
	– Beste Auswahl auf
	  dem Markt
	– Kategorien
	– Ausg. Segmentierungen
	– Marken
	– Artikel
		• Führende Position
		– Optimaler Kunden-
		  nutzen
		– Gesamte Kategorien
			• Optimale Lage im Outlet
			– Hohe Kunden-
			  frequenz
			– Hohe Kontaktzeit
			– Große Flächen
				• Hohes Aktivitätsniveau
				– Hohe Frequenz
				– mehrere Werbe-
				  träger
				– Individuelle
				  Anpassung

Pflicht-Rolle	• "Breite" Auswahl –
	  Wettbewerbsfähigkeit
	  im Markt
	– Subkategorien
	– Wichtige Marken
	– Wichtige Artikel
		• Wettbewerbsfähig –
		  Konsistent
		– Übereinstimmung mit
		  dem Wettbewerb
		– Wichtige Kompo-
		  nenten einer Waren-
		  gruppe
			• Durchschnittliche Lage
			  im Outlet
			– Hohe Frequenz
			• Hohe Flächen-
			  zuordnung
				• Durchschnittliches
				  Aktivitätsniveau
				– Durchschnittliche
				  Frequenz
				– Durchschnittliche
				  Dauer
				– Mehrere Werbeträger

Impuls-/Saison-Rolle	• "Zeitgerechte" Auswahl
	– Subkategorien
	– ausgep. Subkategorien
		• Wettbewerbsfähig –
		  Saisonal
		– Geringe Abweichung
		  vom Wettbewerb
		– Einige Komponenten
		  der Warengruppe
			• Gute Position im Laden
			– Hoher Kundenverkehr
			– Durchschnittliche
			  Flächen
				• Saisonale/zeitgerechte
				  Aktivität
				– Mehrere Werbe-
				  träger

Ergänzungs-Rolle	• "Begrenzte" Auswahl
	– Wichtige Marken/
	  Artikel
		• Akzeptabel
		– Innerhalb eines Ab-
		  weichungsintervalls
		  von 15% vom
		  Wettbewerb
			• Verfügbare Lage im
			  Laden
			– Kleine Flächen
				• Niedriges Aktivitäts-
				  niveau
				– Ausgewählte
				  Werbeträger

Quelle: CCG (2002), S. 54.

Tabelle 9: Kategorie-Taktiken und ihr Zusammenhang zu Kategorie-Rollen

In der *siebten Phase*, der Planumsetzung, werden die zuvor festgelegten Maßnahmen
der einzelnen Bereiche (Sortiment, Preis, Verkaufsförderung etc.) Verantwortlichen
und Terminen zugeordnet. Auf diese Weise soll eine konkrete Ergebnisüberwachung
für das Management ermöglicht werden. Eine wesentliche Voraussetzung für dieses
Unterfangen ist die Ergebnisbewertbarkeit, d. h. die einzelnen Maßnahmen müssen
isoliert zurechenbare Ergebnisse aufweisen.

Die *achte Phase* dient der Kontrolle, indem die bereits in der Zielformulierung ver-
wendeten Kennzahlen aufgegriffen werden und für das Controlling der Maßnahmen
des Category Managements dienen. Zu diesem Zweck werden i. d. R. Über-
wachungsrhythmen mit dem entsprechenden Teilnehmerkreis vereinbart, damit in
gewissen Intervallen von den Kategorie-Verantwortlichen vor einer übergeordneten
Instanz berichtet wird, so dass im Abweichungsfall auch Maßnahmen eingeleitet
werden (Planrevision oder weitere Maßnahmen).

Weitergehende Überlegungen im Rahmen des kooperativen Marketings, wie die Verkaufsförderungspolitik, etc. sei auf die entsprechende Literatur verwiesen.[348]

---

[348] Vgl. etwa Becker, Schütte (2004), S. 697 ff.

System-merkmale 17: Category Management	Explizite Definition von Categories	Explizite Definition von Category-Rollen	Integration von Marktforschungsdaten	Definition kooperativer Workflows / Aktionen
A.eins	O	O	O	O
abas	●	O	O	O
ASW	●	O	O	O
AUPOS	●	O	●	O
AW 400	O	O	O	O
b2 Handel	O	O	O	O
Bison Solution	●	O	O	O
Brain AS	●	●	O	O
Compex	●	●	O	O
Conaktiv	O	O	O	O
Corporate WINLine	O	O	O	●
CSB-System	●	O	●	O
DCW-Wawi.	O	O	O	O
DEWAS / MESS	●	O	O	O
diamod	O	O	O	O
e.fet Wawi.	O	O	O	O
FEE	O	O	O	O
Formica SQL	O	O	O	O
Futura ERS	●	O	O	O
G.O.L.D.	●	O	O	O
GEAC System 21	O	O	O	O
gevis	●	O	O	O
i/2	O	O	O	O
iBaanERP	●	O	O	O
IFS Applications	●	O	O	O
IN:ERP	●	O	O	●
J.D. Edwards	●	O	O	O
JDA-PMM	●	●	●	O
KARAT	O	O	O	O
MBS-Apertum	O	O	O	O
MBS-Axapta	O	O	O	O
MBS-Navision	●	O	O	●

System-merkmale 17: Category Management	Explizite Definition von Categories	Explizite Definition von Category-Rollen	Integration von Marktforschungsdaten	Definition kooperativer Workflows / Aktionen
MKS Goliath	O	O	O	O
Movex	O	O	O	O
oxaion	O	O	O	O
P2plus	O	O	O	●
PISA – Wawi.	●	O	O	O
Pollex LC	O	O	O	O
priMio – E/Con	O	O	O	O
ProALPHA	●	O	O	●
PRODIS	O	O	O	O
Profit-WWS	O	O	O	O
ProWWS	O	O	O	O
Regulus	O	O	O	O
Retek 10	●	●	●	●
Sangross V	O	O	O	O
SAP Business One	O	O	O	O
SAP mySAP Retail	●	●	●	●
SDS fashion	O	O	O	O
Semiramis	●	O	●	●
Skill Commercial	O	O	O	O
SO:Business Soft.	●	O	●	●
SoftM Suite	●	O	O	O
SQL-Business	O	O	O	O
Steps Business Sol.	●	O	O	●
TRADEsprint	O	O	O	O
TS	O	O	O	O
Unitrade	O	O	O	●
UPOS	O	O	O	O
VERA	●	O	O	O
W 5	O	O	O	O
WEST System	●	O	●	O
Wilken Materialw.	●	O	O	O
x-trade	●	O	●	●

3.7.3   Verkauf

Unter Verkauf werden alle operativen Aufgaben zusammengefasst, die der Anbah-
nung, Vereinbarung und Durchführung eines Umsatzvorgangs mit Kunden dienen.
Zum Verkauf gehören neben den Funktionen der Kundenangebotsbearbeitung, die
nur bei Großhandelsunternehmen mit einem hohen relativen Wertgewicht der Ab-
satzvorgänge benötigt werden, die Auftragsbearbeitung, die Reklamationsbearbeitung und die Außendienstunterstützung (vgl. Abbildung 94).

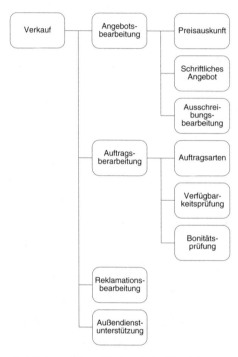

Abbildung 94:   Verkauf: Teilfunktionen

3.7.3.1   Angebotsbearbeitung

Das Kundenangebot ist eine Willenserklärung eines Anbieters gegenüber einem potenziellen Kunden. In einem Kundenangebot bietet das Handelsunternehmen einzelne
oder mehrere Artikel dem Kunden zu bestimmten Konditionen an. Grundsätzlich
können die *Preisauskunft*, das *schriftliche Angebot* und das *Ausschreibungsangebot*
als Arten der Angebotsbearbeitung unterschieden werden.

Die *Preisauskunft* stellt eine mündliche, meistens telefonische Auskunft dar. Um ein konsistentes Auskunftsverhalten sicherzustellen, sind solche Preisauskünfte zu verwalten und bei erneuter Anfrage anzuzeigen. Eine Verbindung zur Auftragserfassung ist hilfreich, um bei der Auftragsabwicklung die erteilten Preisauskünfte berücksichtigen zu können.

Das *schriftliche Angebot* stellt den klassischen Fall der Angebotsbearbeitung dar. Mittels einer Kalkulationsfunktion können kunden- oder fallspezifische Preise zum Zeitpunkt der Angebotserstellung kalkuliert werden. Dabei können die Zuschlagskalkulation, die ausgehend von einem Nettopreis einen Zuschlag berücksichtigt, beziehungsweise die Abschlagskalkulation, die von einem Bruttopreis ausgehend einen Abschlag einbezieht, unterschieden werden. In fast allen Systemen kann bei der Angebotserstellung der Deckungsbeitrag des gesamten Angebots angezeigt werden und somit Eingang in die vom Bearbeiter manuell durchzuführende Festlegung der Angebotssonderpreise finden. Einige Systeme unterstützen auch eine deckungsbeitragsorientierte Kalkulation (dargestellt als ●). Hierbei kann der gewünschte Gesamtdeckungsbeitrag des Angebots vorgegeben werden und das System bricht diesen wertanteilig auf die einzelnen Angebotspositionen herunter und leitet so automatisch die einzelnen Angebotspreise ab.

Vielfach noch recht eingeschränkt ist die *Flexibilität beim Angebotsaufbau* (dargestellt als ◗). Insbesondere wenn sich das Angebot auf eine externe Ausschreibungsunterlage bezieht, ist es erforderlich sich dieser extern vorgegebenen Struktur (beispielsweise hinsichtlich der Kapitel- und Positionsnummerierung oder der Ermittlung von Zwischensummen) anzupassen. Hierauf spezialisierte Programme bieten – wie aus Textverarbeitungsprogrammen bekannt – die Möglichkeit, die einzelnen Angebotspositionen flexibel mit einer echten mehrstufigen Gliederung („1.2.1") zu versehen. Kapitelüberschriften und Zwischensummen können auf jeder Ebene und für jedes Unterkapitel eingefügt werden.

Um bei Engpassartikeln dem Kunden auch sicher die unmittelbare Lieferung der Artikel zusichern zu können, erlauben einige Systeme direkt eine kundenbezogene *Bestandsreservierung bei der Auftragserteilung*. Werden zahlreiche Angebote mit eher geringer Auftragswahrscheinlichkeit erstellt, welche sich oftmals auf identische Artikel beziehen, so wird teilweise der Ansatz unterstützt, explizite Auftragswahrscheinlichkeiten zu hinterlegen und basierend auf der Auftragswahrscheinlichkeit nur eine Teilmenge zu reservieren.

Die Effektivität der Angebotsbearbeitung kann durch Funktionen zur *Angebotsverfolgung* mit Erstellung von Angebotsstatistiken, die Erfolgsquoten und -merkmale erfolgreicher Angebote ermitteln, erhöht werden. Hierbei wird offensichtlich, welche Kunden sich zwar regelmäßig (gegebenenfalls aufwendige) Angebote erstellen lassen, jedoch kaum darauf referenzierende Aufträge platzieren.

Im System *Compex Commerce* werden die unterschiedlichen Angebotsformen durch individuelle Dialogabfolgen unterstützt. Dabei werden fünf Erfassungsvarianten unterschieden:

- *Langsame Erfassung*: Hierbei wird jedes Eingabefeld der Erfassungsmaske angesprochen.

- *Mittelschnelle Erfassung*: In diesem Fall ist nur in ausgewählten Feldern eine Eingabe erforderlich, wobei die Erfassung an jeder Stelle der Eingabemaske abgeschlossen werden kann.

- *Schnelle Erfassung*: In diesem Fall stellt die Eingabe der Artikelnummer die einzig notwendige Angabe dar. Die Erfassung der Position wird danach sofort abgeschlossen.

- *Barcode-Erfassung*: Die Angebotspositionen werden durch den Einsatz eines mobilen Datenerfassungsgerätes oder eines stationären Barcode-Lesers erfasst.

- *Externe Erfassung*: Hierbei werden die Angebotspositionen (Artikelnummer und Menge) von externen Datenträgern eingelesen.

Innerhalb der Angebotsbearbeitung stehen ferner Kalkulationsfunktionen zur Verfügung, die eine Kalkulation sowohl auf Kopf- als auch auf Positionsebene ermöglichen.

Insbesondere im technischen Großhandel ist die Bearbeitung von *Ausschreibungen* für größere Objekte, wie Bauvorhaben, von großer Bedeutung. Diese entsprechen sehr großen Aufträgen und werden üblicherweise individuell kalkuliert. Grundlage stellen Ausschreibungsunterlagen dar, die die einzelnen Angebotspositionen detailliert beschreiben und vom Bauträger zur Verfügung gestellt werden. Grundsätzlich ist es möglich, dass für dasselbe Objekt Angebotsanfragen von mehreren Kunden (zum Beispiel Handwerker) vorliegen, die die konkrete Ausrüstung des Objektes vornehmen. Je nach Unternehmenspolitik sind in diesen Fällen für dasselbe Objekt und die einzelnen Kunden unterschiedliche Angebote zu verwalten.

Zur automatisierten Übernahme von Ausschreibungsinformationen in die Angebotskomponente von Warenwirtschaftssystemen hat sich das Datenaustauschformat GAEB etabliert.[349]

Die Möglichkeit, *Angebote in Aufträge zu übernehmen*, wirkt insbesondere bei umfangreichen Angeboten effizienzsteigernd. Die Angebote können komplett übernommen werden, oder es wird mit einer Positivlistung oder Negativlistung gearbeitet. Bei der Negativlistung werden die Positionen gekennzeichnet, die nicht übernommen werden sollen. Bei der Positivlistung werden die Positionen gekennzeichnet, die in einen Auftrag überführt werden sollen.

---

[349] Vgl. Kapitel 3.12.1.

System-merkmale 18: Angebots-bearbeitung	Preisauskunft			Schriftl. Angebot						Objekte		Angeb.-Übern.	
	Verwaltung	Info bei Anfrage	Info bei Auftrag	Verwaltung	Angebotskalkulation	Fexibilität Angebotsaufbau	Angebotsverfolgung	Bestandsreservierung möglich	Wiedervorlage	Objektverwaltung	Objektzuordnungen	Übernahme mit Negativlistung	Übernahme mit Positivlistung
A.eins	●	●	●	●	◑	◑	●	○	○	●	◑	○	●
abas	●	○	○	●	◑	◑	●	●	●	○	○	○	●
ASW	○	○	○	●	◑	○	●	○	○	○	○	●	●
AUPOS	●	○	○	●	◑	◑	●	●	●	●	●	●	●
AW 400	●	●	●	●	◑	◑	●	○	●	●	◑	●	○
b2 Handel	●	○	○	●	●	◑	●	○	●	○	○	●	●
Bison Solution	○	○	○	●	◑	●	●	●	●	●	◑	○	○
Brain AS	●	●	○	●	◑	●	●	○	●	●	●	○	●
Compex	●	●	●	●	◑	◑	●	○	●	●	●	●	●
Conaktiv	●	●	●	●	◑	●	●	○	●	○	○	○	○
Corporate WINLine	●	●	●	●	●	●	●	○	●	○	○	●	●
CSB-System	●	●	●	●	◑	●	●	●	●	○	○	○	●
DCW-Wawi.	●	○	○	●	◑	◑	●	○	○	●	●	○	●
DEWAS / MESS	keine Realisierung												
diamod	○	○	○	●	◑	○	●	○	●	○	○	○	●
e.fet Wawi.	○	○	○	●	◑	◑	●	○	●	○	○	○	●
FEE	keine Realisierung												
Formica SQL	●	○	○	●	◑	●	●	○	●	○	○	○	●
Futura ERS	●	●	●	●	◑	○	○	○	○	○	○	○	●
G.O.L.D.	keine Realisierung												
GEAC System 21	●	●	●	●	◑	○	●	○	○	○	○	○	○
gevis	●	●	●	●	◑	○	●	●	●	●	●	●	●
i/2	●	●	○	●	◑	◑	●	○	●	●	◑	●	●
iBaanERP	●	●	●	●	◑	●	●	●	●	●	●	●	○
IFS Applications	○	○	○	●	◑	◑	●	○	●	●	◑	○	●
IN:ERP	●	●	●	●	◑	●	●	●	●	●	●	●	○
J.D. Edwards	●	○	○	●	◑	◑	●	●	○	○	○	○	○
JDA-PMM	keine Realisierung												
KARAT	○	○	○	●	◑	○	○	○	○	○	○	○	●
MBS-Apertum	●	○	●	●	●	◑	●	●	●	●	◑	○	○
MBS-Axapta	○	○	○	●	●	○	●	●	●	●	●	●	●
MBS-Navision	●	●	●	●	◑	●	●	○	●	○	○	○	○

System-merkmale 18: Angebots-bearbeitung	Preisauskunft			Schriftl. Angebot						Objekte		Angeb.-Übern.	
	Verwaltung	Info bei Anfrage	Info bei Auftrag	Verwaltung	Angebotskalkulation	Fexibilität Angebotsaufbau	Angebotsverfolgung	Bestandsreservierung möglich	Wiedervorlage	Objektverwaltung	Objektzuordnungen	Übernahme mit Negativlistung	Übernahme mit Positivlistung
MKS Goliath	●	○	○	●	◐	○	●	●	●	○	○	●	●
Movex	○	○	○	●	●	●	●	●	●	○	○	○	●
oxaion	●	●	●	●	◐	●	●	●	●	●	●	○	●
P2plus	●	●	○	●	●	●	●	○	●	●	◐	●	●
PISA – Wawi.	●	●	●	●	◐	●	●	●	●	●	●	●	●
Pollex LC	●	●	○	●	◐	◐	◐	●	○	●	●	◐	○
priMio – E/Con	●	○	○	●	◐	○	○	●	○	○	○	○	●
ProALPHA	●	○	○	●	◐	●	●	○	●	●	◐	●	●
PRODIS	○	○	○	●	◐	◐	○	○	○	○	○	●	●
Profit-WWS	●	○	○	●	◐	○	○	○	○	○	○	○	○
ProWWS	○	○	○	○	◐	○	○	○	○	○	○	○	○
Regulus	●	○	○	●	◐	○	○	○	●	○	○	○	●
Retek 10	○	●	●	○	○	○	○	●	○	○	○	○	○
Sangross V	●	●	●	●	◐	○	●	○	○	●	◐	●	●
SAP Business One	○	○	○	●	◐	○	○	○	○	●	◐	●	●
SAP mySAP Retail	●	●	●	●	◐	○	○	○	○	○	○	●	●
SDS fashion	keine Realisierung												
Semiramis	●	○	○	●	◐	●	●	●	●	●	◐	●	●
Skill Commercial	●	●	●	●	◐	●	●	○	●	○	○	○	○
SO:Business Soft.	●	●	●	●	●	●	●	●	●	●	◐	●	●
SoftM Suite	●	●	●	●	◐	○	●	○	●	●	◐	○	●
SQL-Business	●	○	●	●	●	○	●	○	●	●	◐	○	●
Steps Business Sol.	●	●	○	●	◐	●	●	○	●	○	○	○	○
TRADEsprint	●	●	●	●	◐	●	●	●	●	○	○	●	●
TS	●	●	●	●	◐	○	●	○	○	●	◐	○	○
Unitrade	●	●	●	●	●	●	●	●	●	●	●	○	●
UPOS	●	●	●	●	◐	●	●	○	●	○	○	●	●
VERA	●	●	●	●	◐	◐	●	○	●	●	●	○	●
W 5	●	●	●	●	◐	●	●	○	●	●	◐	○	●
WEST System	●	○	○	●	◐	◐	●	○	●	○	○	●	●
Wilken Materialw.	○	○	○	○	◐	○	○	○	●	○	○	○	●
x-trade	●	○	○	○	◐	○	○	○	○	○	○	○	○

3.7.3.2 Auftragsbearbeitung

Bei der Auftragsbearbeitung ist zwischen der Abwicklung auf Großhandels- und auf Einzelhandelsebene zu unterscheiden. Im Einzelhandel fallen der Verkauf, der Warenausgang, die Fakturierung und die Debitorenbuchhaltung i. d. R. am Point of Sale (POS) zusammen. Die für die Kassiervorgänge erforderlichen Daten werden vom Verkauf bereitgestellt, und die Abverkaufsdaten werden vom POS zurückgemeldet. Die Abwicklung des Verkaufs im Einzelhandel wird im Rahmen des Filialmanagements betrachtet (vgl. Kapitel 3.8). Im Großhandel werden die Kundenaufträge im Anwendungssystem erfasst, und zu einem späteren Zeitpunkt folgt die Kommissionierung, Auslieferung und Fakturierung.

Die Ausgestaltung der Auftragsbearbeitung variiert in Abhängigkeit von unterschiedlichen Auftragsarten. Die *Auftragsarten* lösen unterschiedliche Folgeaktionen aus. Im Handel, insbesondere im Großhandel, sind der Sofort-, der Termin-, der Strecken- und der Kommissionsauftrag sowie der Barverkauf von Bedeutung. Eine Übersicht der grundsätzlichen Belegflüsse der Auftragsarten zeigt Abbildung 95.

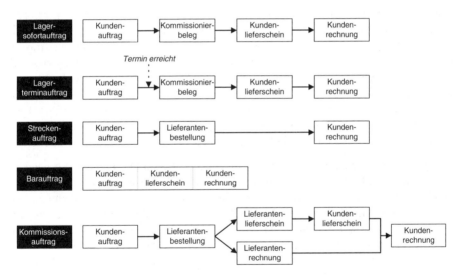

Abbildung 95: Auftragsartenspezifische Belegflüsse

Beim Sofortauftrag wird direkt im Anschluss an die Auftragserfassung ein Kommissionierauftrag im Lager erzeugt und die Ware an den Kunden ausgeliefert. Der Terminauftrag löst die Kommissionierung zu einem definierten Zeitpunkt aus, um die Ware dem Kunden zum gewünschten Termin anzuliefern. Der Streckenauftrag ist dadurch gekennzeichnet, dass der Kundenauftrag an den Lieferanten der Ware weitergeleitet wird. Dieser liefert die Ware direkt an den Kunden. Das Lager und die Logistik des Handelsunternehmens werden durch diese Auftragsart nicht berührt. Die

Abrechnung erfolgt allerdings zwischen Handelsunternehmen und Kunde. Der Kommissionsauftrag betrifft solche Waren, die das Handelsunternehmen nicht führt, jedoch auf Kundenwunsch bei entsprechenden Lieferanten beschafft. Der Kundenauftrag wird in diesem Fall an den Lieferanten weitergeleitet. Mit dem Eingang der Ware beim Handelsunternehmen wird automatisch die Kommissionierung und Auslieferung ausgelöst.

Im System *Prodis* können die Geschäftsprozesse des Vertriebs über frei konfigurierbare Vorgänge zusammengestellt werden. Dabei werden auch Vorgaben für die Beleggestaltung, den Versand und die Fakturierung definiert. Einige Standardvorgänge wie Angebote, Aufträge oder Musteraufträge sind bereits vordefiniert und individuell zu adaptieren. Die Abwicklung von Strecken- und Kommissionsaufträgen wird erheblich vereinfacht, wenn sowohl zwischen dem Kundenauftrag und der Lieferantenbestellung als auch zwischen der Lieferantenrechnung und der Kundenfaktura eine Integration der einzelnen Funktionen und Belege gegeben ist. Dadurch werden Doppelarbeiten und Übertragungsfehler reduziert. Die Auftragsart Barverkauf entspricht dem Fall des Sofortauftrages. Jedoch wird zusätzlich sofort die Faktura durchgeführt und der Zahlungseingang gebucht.

Eine sehr hohe Flexibilität und Effizienz in der Auftragsbearbeitung kann erreicht werden, wenn sich die Auftragsarten nicht auf einen Auftrag insgesamt, sondern lediglich auf einzelne Auftragspositionen beziehen. So kann ein Kundenauftrag in Abhängigkeit von den bestellten Waren(mengen) unterschiedliche Auftragsarten wie Sofort-, Strecken- oder Kommissionsauftragspositionen enthalten. Für den technischen Großhandel mit einer Vielzahl telefonischer Aufträge, die zeiteffizient erfasst werden müssen, bietet dieser Ansatz eine Steigerung der Erfassungsflexibilität. Dies unterstützt die dargestellte Funktionalität, da nicht für jede Auftragsart ein eigener Auftrag angelegt werden muss. Je Kundenkontakt ist damit ein Auftrag ausreichend.

Einige Systeme bieten die Möglichkeit, mehrere Auftragsarten in einem Vorgang zu kombinieren (z. B. Lager- und Streckenpositionen). Diese Funktionalität ist insbesondere im Rahmen der *telefonischen Auftragsbearbeitung* von Bedeutung, die üblicherweise unter hohem Zeitdruck abläuft. Das Verfahren ermöglicht, dass für einen telefonischen Kundenkontakt lediglich ein Auftrag mit den entsprechenden Informationen im Auftragskopf angelegt werden muss. Die Telefonauftragsbearbeitung kann darüber hinaus in der Weise unterstützt werden, dass die für die Auftragsbearbeitung relevanten Informationen zu einem Kunden, wie zum Beispiel in der Vergangenheit erstellte Angebote o. ä., sowie Informationen zu der gewünschten Ware angezeigt werden. Diese Funktionen werden insbesondere in Systemen, die auf den technischen Großhandel ausgerichtet sind, gezielt unterstützt.

Darüber hinaus verbessert und beschleunigt die Integration von Computer- und Telekommunikationstechnologie (*Computer Telephony Integration* - CTI) die Abwicklung der telefonischen Kundenaufträge und das aktive Telefonmarketing. So ermöglicht eine automatische Identifikation der Rufnummer des Anrufers eine Beschleunigung in der Auftragsabwicklung sowie eine Vorabinformation des Auftragsbearbeiters über den nächsten Anrufer. Ferner können die Kundendaten und relevante kundenbezogene Vorgänge (z. B. offene Aufträge) automatisch in der Anwendung vorgeblendet werden. Neben dem Einsatz im Telefonverkauf findet dieses Konzept auch Anwendung im Rahmen von Call-Center Lösungen.

Als konkretes Beispiel sei auf die umfassenden CTI-Funktionen des CRM-Moduls *CSB-Communication Ware* eingegangen, für welches die CSB System AG mit dem Offenen Wirtschaftspreis 2000 des Landes Nordrhein-Westfalen ausgezeichnet wurde. Der integrierte Phonemaster II bietet bei eingehenden Anrufen u.a. :

- die Identifikation des Anrufers im Rufzustand,
- das automatische Weiterleiten des Anrufs an den Sachbearbeiter des Kunden (z.B. bei Rufeingang über eine zentrale Rufnummer),
- den Aufruf des Kontaktmanagers als Popup und Anzeige der zugehörigen Kundenadresse und der relevanten Informationen.

Analog können bei ausgehenden Anrufen nachfolgende CTI-Funktionen genutzt werden:

- direktes Wählen aus der Anwendung,
- automatische Anlage eines Kontaktes in der Kundenkontakthistorie bei Aufbau der Verbindung,
- aktiver Telefonverkauf über Kundenlisten.

Die *Verfügbarkeitsprüfung* informiert darüber, ob die von einem Kunden bestellten Artikel ausgeliefert werden können. Eine einfache Form der Verfügbarkeitsprüfung prüft die Auftragsmenge gegen den frei verfügbaren Bestand. Der *frei verfügbare Bestand* ist die Menge, die sich aus dem physischen Bestand unter Berücksichtigung von Reservierungen für andere Aufträge ergibt. Insbesondere zur Verfügbarkeitsprüfung bei Terminaufträgen ist eine erweiterte Bestandsbetrachtung erforderlich. Diese bezieht sich auf den *disponierbaren Bestand*, der zusätzlich zum frei verfügbaren Bestand die bereits bekannten Zu- und Abgänge berücksichtigt, die bis zum Auslieferungstermin eintreten werden. Damit werden beispielsweise erteilte Lieferantenbestellungen in die Betrachtung einbezogen. Für nicht zum Wunschliefertermin verfügbare Artikel werden Rückstände gebildet, die in Abhängigkeit unterschiedlichster Kriterien aufgelöst werden können.[350]

Einen zentralen Aspekt in der Auftragsbearbeitung stellt die Prüfung der *Bonität* beziehungsweise des Kreditlimits des Kunden dar. Uneinbringliche Forderungen können in erheblichem Maße die Profitabilität des Unternehmens beeinflussen. Die Prüfung des Kreditlimits bezieht sich im einfachsten Fall auf einen festgelegten maximalen *Auftragswert*, der nicht überschritten werden darf. Um das gesamte *Obligo* des Kunden zu berücksichtigen, wird in einer umfangreicheren Kreditlimit-

---

[350] Vgl. Kapitel 3.5.3.5.

prüfung das gesamte gegenwärtige Geschäftsvolumen mit einem Kunden in die Betrachtung einbezogen. Zusätzlich zum Wert des aktuellen Auftrages wird der Umfang der fakturierten, noch nicht bezahlten Aufträge und noch nicht fakturierten Aufträge einbezogen. Die Folgen einer Überschreitung können unterschiedlich ausgestaltet sein. Eine *Erfassungssperre* verhindert die Annahme des Auftrages. Kundenfreundlicher ist es, den Auftrag zu erfassen, aber die *Auslieferung zu sperren*, bis aufgrund von Zahlungseingängen das Obligo das Kreditlimit wieder unterschreitet.

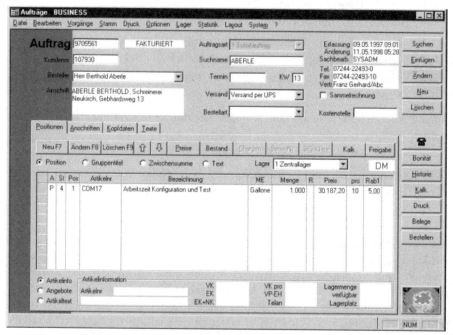

Quelle: Nissen & Velten.

Abbildung 96:   Auftragserfassung im System *SQL-Business*

Das System *SQL-Business* bietet eine optimierte Erfassungsmaske für den integrierten Verkäuferarbeitsplatz. Ausgehend von der Hauptmaske kann direkt in unterschiedlichste Bereiche wie Kundenbonität, Kalkulation und Bestandsauskunft verzweigt werden (vgl Abbildung 96). Im unteren Bildschirmbereich der Auftragserfassungsmaske werden Zusatzinformationen zum jeweils in Bearbeitung befindlichen Artikel (EK-Preis, VK-Preis, Bestand) oder frühere Angebote gegenüber dem Kunden eingeblendet. Neben den wichtigsten Befehlen können auch artikelspezifische Zusatzfunktionen wie etwa eine Chargenauswahl oder Seriennummernverwaltung über Schaltflächen aktiviert werden. Trotz der zahlreichen Informationen, ist die Maske übersichtlich und intuitiv zu bedienen. Eine Möglichkeit Liefer- und Zahlungsbedingungen in der Auftragsbearbeitung differenziert festzulegen bietet u.a. das System *Microsoft Business Solutions-Apertum* (vgl. Abbildung 97). Die spezielle

Eingabemaske für Lieferbedingungen und sonstige auftragsbezogene Bedingungen macht mit ca. dreißig Eingabefeldern deutlich, wie umfangreich die auf Auftragsebene hinterlegbaren Bedingungen sein können. Diese Angaben können teilweise (z. B. Standardzahlungsbedingung des Kunden) direkt aus dem Kundenstamm übernommen werden, so dass eine Eingabe nur bei auftragsindividuellen Abweichungen erforderlich wird.

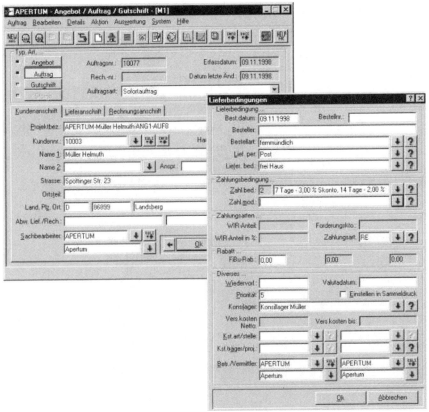

Quelle: Microsoft Business Solutions.

Abbildung 97: Auftragsbearbeitung mit differenzierten Lieferbedingungen im System *Microsoft Business Solutions-Apertum*

Bei der Gestaltung der verkaufsseitigen Belege ist zunehmend die Verwendung von Barcodes (sowohl auf Kopf- als auch auf Positionsebene) festzustellen. Beispielhaft für einen modernen Belegaufbau mit entsprechenden Barcodes und einen automatisch integrierten Artikelbild ist nachfolgend eine mit *oxaion* erstellte Auftragsbestätigung aufgeführt.

AUFTRAGSBESTÄTIGUNG

	Datum: 28.08.2002
Firma	**Auftragsnummer:** A2002/00103
Heinz Kalkbrenner Söhne GmbH	**Kundennummer:** 1000127 000
Am Mühlteich 11	**Unser Zeichen:** KD
34431 Marsberg	**Währung:** EUR
	Versandanschrift: Heinz Kalkbrenner Söhne GmbH
	Heckenäcker 3
	76316 Malsch

Versandart:	Spedition	**Bestellnummer:**	KALK-112
Verpackungsart:	Container	**Bestellangaben:**	Komm. Haake, Bock, Leica
Lieferkondition:	Kosten, Versicherung, Fracht		
Lieferangaben:	Spedition Nagel	**Bestelldatum:**	28.08.2002
Vertreter:	Müller, Heinz	**Sachbearbeiter:**	Uwe Klöditz
		Telefonnummer:	07243/590-258
		Email-Adresse:	uwe.kloeditz@command.de

Pos	Bezeichnung	Termin	Menge	Rabatt	Nettowert
			Einzelpreis	in %	
10	Rheocord-Messplatz	37.02	1 St		47.950,00
	Unsere TI-Id: **RM-2017**		47.950,00 EUR /Stück		

RM-2017

Vielen Dank für Ihren Auftrag, den wir zu den umseitig
abgedruckten Bedingungen annehmen und bestätigen.

Nettowert	**47.950,00 EUR**
	zuzüglich der zum Zeitpunkt der Lieferung gültigen MwSt.
Zahlungsbedingung	30 Tage netto

Mit freundlichen Grüßen

Uwe Klödik

i.A.

Uwe Klöditz

Abbildung 98:   Moderne Beleggestaltung am Beispiel einer Auftragsbestätigung

3.7.3.3   Reklamationsbearbeitung

Im Reklamationsfall meldet sich der Abnehmer beim Handelsunternehmen und bemängelt eine fehlerhafte Lieferung oder Rechnung. Im Rahmen der Reklamationsbearbeitung können die *Retouren- und die Gutschriftsabwicklung* als Folgeaktionen unterschieden werden. Im Rahmen der Gutschriftsabwicklung wird dem Kunden ein Betrag in vereinbarter Höhe gutgeschrieben. Dies wird erforderlich, wenn Fehler bei der Rechnungsstellung aufgetreten sind oder die Ware dem Kunden beschädigt angeliefert wurde. Im Rahmen der Retourenabwicklung wird die reklamierte Ware beim Kunden abgeholt und durch eine Ersatzlieferung oder eine Gutschrift ersetzt. Als Beleg im Rahmen der Retourenabwicklung dient ein sog. Retourenschein, der auf Grundlage der im Warenwirtschaftssystem erfassten Reklamation erzeugt wird. Unter Umständen kann die Retoure an den Lieferanten des Handelsunternehmens im Sinne eines Reparaturauftrages weitergeleitet werden.

Retouren und Gutschriften stellen somit keine originären Geschäftsvorfälle dar, sondern basieren auf Kundenaufträgen. Für die Gutschriftserstellung ist eine *Verknüpfung zwischen der Reklamation und dem ursprünglichen Auftrag* herzustellen, damit auf die Auftragskonditionen zurückgegriffen werden kann. Um darüber hinaus sicherzustellen, dass nicht eine größere Menge retourniert beziehungsweise gutgeschrieben wird als die, die ursprünglich ausgeliefert wurde, muss eine entsprechende *Mengenüberwachung* stattfinden. Diese berücksichtigt die ursprünglich ausgelieferte sowie die bereits reklamierte Menge.

Die Verwaltung des *Bearbeitungsstatus* der Reklamationsabwicklung (zum Beispiel „Lieferung reklamiert", „Abholschein erstellt", „Ware abgeholt" „Retoure geprüft", „Retoure gutgeschrieben"), bringt ein hohes Maß an Transparenz in den häufig unübersichtlichen Retourenabwicklungsprozess. Werden zusätzlich Plantermine für die Statusübergänge gepflegt, so können durch einfache Abfragen die Vorgänge selektiert werden, die überfällig sind und somit ein Nachfassen erfordern.

Zu fordern ist auch die Möglichkeit bei der Vereinnahmung der Retoure direkt die erforderlichen Folgeaktivitäten anzustoßen, ohne einen Vorgang wieder vollständig manuell erfassen zu müssen. So sollten die Artikelpositionen mit den entsprechenden Mengen automatisch übernommen werden können. Typische Grundarten der möglichen Folgeaktivitäten sind etwa die Initiierung einer Nachlieferung (und eine explizite Gutschrift der Retoure), eine kostenlose Ersatzlieferung, eine Rücknahme gegen Gutschrift sowie eine Rücksendung zum Lieferanten. Weitere Varianten können sich ergeben, wenn Aspekte wie eigene oder lieferantenseitige Reparaturtätigkeiten hinzu kommen.

Eine äußerst flexible und transparente Funktionalität zur Definition derartiger Retourenprozesse und -aktivitäten bietet *SO:Business Software* mit einer Art integriertem „Workflow-Designer" speziell für den Retourenprozess. Es können verschiedenste Retourenarten mit den jeweils durchzuführenden Prozessschritten definiert werden. Hierzu können Retourenstati frei vergeben und die jeweils zulässigen bzw. erforderlichen Aktivitäten sowie die erreichbaren Folgestati hinterlegt werden. Eine grafische Darstellung verdeutlicht die Zusammenhänge der Prozessschritte (Retourenstati) anschaulich (vgl. Abbildung 99).

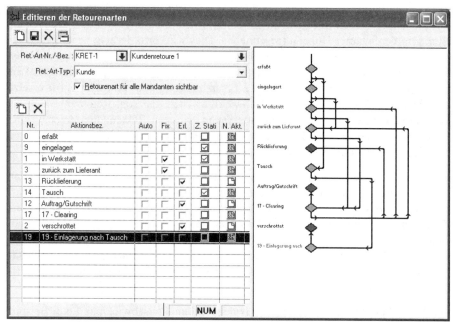

Quelle: Godesys.

Abbildung 99:   Retourenabwicklung in SO:Business Software

Zu Unterstützung des Reparaturprozesses bieten einige Systeme, wie u. a. *Abas-Business-Software, b2 Handel, GEAC System 21, iBaanERP, IFS Applications, IN:ERP, MOVEX, oxaion, PROfit-WWS, Semiramis, SO:Business Software* und *Unitrade* eine integrierte Werkstattverwaltung, die neben der Verwaltung des Reklamationsstatus i. d. R. auch die Erstellung von Kostenvoranschlägen unter Berücksichtigung von Garantiebedingungen sowie die Garantieabrechnung mit dem Hersteller unterstützt.

3.7.3.4 Außendienstunterstützung

Der Außendienst hat die Aufgabe, „Verkaufsabschlüsse durch Kommunikationsleistungen beziehungsweise Verkaufsgespräche zu erzielen".[351] Der Außendienst hat bestehende Kunden zu betreuen und neue Kunden hinzuzugewinnen.

Neben einer spezifischen Unterstützung durch Informationssysteme, die unter dem Stichwort Sales Force Automation (SFA) diskutiert werden, sind in bezug auf Warenwirtschaftssysteme insbesondere die Aspekte der Datenintegration und des Datenaustausches von Bedeutung. Ein *Onlinezugriff* vom Anwendungssystem des Außendienstes auf das zentrale Warenwirtschaftssystem ermöglicht aktuelle Auskünfte über die Verfügbarkeit von bestimmten Artikeln, den Bearbeitungsstand von Kundenaufträgen u.ä. Allerdings verursachen Onlineverbindungen entsprechende Kommunikationskosten. Geringere Kommunikationskosten verursachen solche Systeme, die lediglich periodisch - und nicht Online - Daten austauschen. Solche Systeme arbeiten mit sog. Replikationsmechanismen, das heisst Kopien der relevanten Datenbankteile.

Bei der Replikation ist zwischen einer vollständigen Replikation und einer teilweisen Replikation zu unterschieden. Aus Aufwands- und Zugriffsgründen ist es vielfach vorteilhaft, nicht alle Daten auf den Laptop jedes Außendienstmitarbeiters zu replizieren, sondern nur die für ihn jeweils relevanten Kundendaten und zugehörigen Geschäftsvorfälle.

Beispielsweise ermöglicht das System *J.D.Edwards* die Übermittlung der relevanten Daten sowie der Anwendungslogik des Vertriebsmoduls (Außendienstberatung und Vertragsschlüsse) auf einen Laptop. Offline erfasste Angebote, Aufträge oder andere Informationen können später durch eine Netzwerkverbindung in das zentrale Warenwirtschaftssystem überspielt werden.

---

[351] Kieliszek (1994), S. 11.

System-merkmale 19: Auftragsbearbeitung	Auftragsarten[A]	Mehrere Auftragsarten je Vorgang	Telefonaufträge				Verfügbarkeit		Auftrags-Sonderpreise	Bonitätsprüfung			
			Telefonauftragsfkt.	Mit Kundeninform.	Mit Artikelinform.	CTI	Freier Bestand	Disponierbarer Best.		Gegen Auftragswert	Gegen Obligo	Erfassungssperre	Auslieferungssperre
A.eins	So,T,S,B,K	○	●	●	●	○	●	●	◑	●	●	●	○
abas	So,T,S,B	○	●	●	●	●	●	●	◑	●	●	●	●
ASW	So,T,S,B,K	○	●	●	●	○	●	●	○	●	●	●	●
AUPOS	So,T,S,B,K	●	●	●	●	●	●	●	●	●	●	●	●
AW 400	So,T,S,B,K	●	●	●	●	●	●	○	◑	●	●	●	●
b2 Handel	So,T,S,B,K	○	●	●	●	●	●	●	◑	●	●	●	●
Bison Solution	So,T,S,B,K	○	●	●	●	○	●	●	●	●	○	●	●
Brain AS	So,T,S,B,K	●	●	●	●	○	●	●	◑	●	●	●	●
Compex	So,T,S,B,K	●	○	○	○	○	●	●	◑	●	●	●	●
Conaktiv	So,T,S,B	○	○	○	○	○	○	○	◑	●	●	●	●
Corporate WINLine	So,T,S,B,K	○	●	●	●	●	●	○	◑	●	○	○	○
CSB-System	So,T,S,B,K	●	●	●	●	●	●	●	●	●	●	●	●
DCW-Wawi.	So,T,S,B,K	●	●	●	●	●	●	●	◑	●	●	○	●
DEWAS / MESS	-	○	○	○	○	○	○	○	○	○	○	○	○
diamod	So,T,B,K	●	●	●	●	○	●	●	◑	○	○	○	●
e.fet Wawi.	So,T,S,B,K	●	○	○	○	○	●	●	◑	●	○	●	○
FEE	Keine Realisierung												
Formica SQL	So,T,B	●	●	●	○	●	●	○	◑	○	○	○	○
Futura ERS	So,T,S,B,K	○	○	○	○	●	●	○	◑	●	●	○	○
G.O.L.D.	So,B	●	○	○	○	○	●	○	○	○	○	○	○
GEAC System 21	So,T,S,B,K	●	●	●	●	○	●	●	◑	●	●	●	●
gevis	So,T,S,B,K	○	●	●	●	●	●	●	●	●	●	●	●
i/2	So,T,S,B	○	●	●	●	●	●	●	●	●	●	●	●
iBaanERP	So,T,S,B,K	○	○	○	○	●	●	●	◑	●	●	●	●
IFS Applications	So,T,S,B,K	○	○	○	○	●	●	●	◑	●	●	●	●
IN:ERP	So,T,S,B,K	○	●	●	●	○	●	●	●	●	○	●	●
J.D. Edwards	So,T,S,B,K	○	●	●	●	○	●	●	●	●	●	○	●
JDA-PMM	So,T,S,K	○	○	○	○	●	●	●	●	○	○	○	○
KARAT	So,T,S,B	●	○	○	○	○	●	○	◑	○	●	●	○
MBS-Apertum	So,T,S,B,K	○	●	●	●	○	●	○	◑	○	●	●	●
MBS-Axapta	So,S,K	○	●	●	●	●	●	●	○	●	○	●	○
MBS-Navision	So,T,S,B,K	○	●	●	●	●	●	●	○	●	●	○	○

[A] So=Sofortauftrag; T=Terminauftrag; K=Kommissionsauftrag; B=Barverkauf; S=Streckenauftrag

Gutschrift		Retourenabwicklung								Außendienst			System-merkmale 19: Auftragsbearbeitung
Verknüpfung v. Gutschrift und Auftrag	Überwachung der Gutschriftsmengen	Verknüpfung v. Retoure und Auftrag	Überwachung der Gutschriftsmengen	Retourenabholschein	Statusverwaltung	Nachlieferung	Kostenl. Ersatzl.	Rücknahme / Gutschrift	Rücksendung an Lieferanten	Online-Zugriff	Offline-alle Kunden	Offline-best. Kunden	
●	●	●	●	●	○	○	○	○	○	●	○	○	A.eins
●	○	●	○	●	○	●	●	●	○	●	●	○	abas
●	○	●	○	○	●	●	●	●	●	●	○	○	ASW
●	●	●	●	●	○	○	○	●	○	●	●	●	AUPOS
●	●	●	●	●	●	●	●	●	●	●	○	○	AW 400
●	○	○	○	●	●	●	●	●	●	●	●	●	b2 Handel
●	●	●	●	○	●	●	○	●	○	●	○	○	Bison Solution
●	●	●	●	●	○	○	○	●	○	●	○	○	Brain AS
●	●	●	●	●	●	○	○	○	○	●	○	○	Compex
●	○	●	○	●	●	●	●	●	●	●	○	○	Conaktiv
●	○	●	○	●	○	●	○	●	○	●	●	○	Corporate WINLine
●	○	●	○	●	●	●	●	●	●	●	●	●	CSB-System
●	●	●	●	●	○	○	○	○	○	●	○	○	DCW-Wawi.
○	○	○	○	○	○	○	○	○	○	○	○	○	DEWAS / MESS
●	●	●	●	○	●	●	●	●	●	●	○	●	diamod
●	●	○	●	○	●	●	●	●	○	●	○	○	e.fet Wawi.
○	○	○	○	○	○	○	○	○	○	○	○	○	FEE
●	○	○	○	○	○	○	○	●	●	●	○	●	Formica SQL
●	○	●	○	●	●	○	○	●	●	○	○	○	Futura ERS
●	●	●	●	●	●	●	●	●	●	○	○	○	G.O.L.D.
●	●	●	●	●	○	○	○	●	○	○	○	○	GEAC System 21
●	○	●	○	●	●	●	●	●	●	●	●	○	gevis
●	○	●	○	●	○	●	●	●	●	●	○	○	i/2
●	●	●	●	●	●	●	●	●	●	●	●	●	iBaanERP
●	●	●	●	●	●	●	●	●	●	●	●	●	IFS Applications
●	○	●	○	●	●	●	●	●	●	●	○	●	IN:ERP
●	○	●	○	●	●	○	●	●	●	●	●	○	J.D. Edwards
○	○	○	○	○	○	○	○	○	○	○	○	○	JDA-PMM
●	●	●	●	●	○	●	○	●	●	●	○	○	KARAT
●	●	●	●	●	●	●	●	●	●	●	●	○	MBS-Apertum
●	●	●	●	○	○	○	○	●	○	●	○	○	MBS-Axapta
●	○	●	○	●	○	●	●	●	●	●	○	○	MBS-Navision

System-merkmale 19: Auftrags-bearbeitung	Auftragsarten[A]	Mehrere Auftragsarten je Vorgang	Telefonaufträge				Verfügbarkeit		Auftrags-Sonderpreise	Bonitätsprüfung			
			Telefonauftragsfkt.	Mit Kundeninform.	Mit Artikelinform.	CTI	Freier Bestand	Disponierbarer Best.		Gegen Auftragswert	Gegen Obligo	Erfassungssperre	Auslieferungssperre
MKS Goliath	So,T,S,B,K	○	●	●	●	●	●	●	◐	●	○	○	●
Movex	So,T,S,B,K	●	●	●	●	●	●	●	●	●	●	○	●
oxaion	So,T,S,B,K	○	●	●	●	○	●	●	○	●	●	●	●
P2plus	So,T,B,K	●	●	●	●	●	●	●	◐	●	○	○	●
PISA – Wawi.	So,T,S,B,K	○	●	●	●	●	●	●	●	●	●	●	●
Pollex LC	So,T,S,B,K	●	●	●	●	●	●	●	◐	●	●	●	●
priMio – E/Con	So,T,B	○	○	○	○	○	●	○	◐	○	○	○	○
ProALPHA	So,T,S,B,K	○	●	●	●	●	●	●	●	●	●	●	●
PRODIS	So,T,S,B,K	○	○	○	○	○	●	○	◐	○	○	○	○
Profit-WWS	So,B	○	○	○	○	○	○	○	◐	○	●	○	○
ProWWS	So,T,S,B,K	○	○	○	○	○	●	●	●	●	●	●	●
Regulus	So,T,S,B,K	●	●	●	●	○	●	●	○	○	○	○	○
Retek 10	So,T,S,B,K	○	●	●	●	●	●	●	●	●	●	●	●
Sangross V	So,T,S,B,K	○	●	●	●	○	●	●	◐	●	●	●	●
SAP Business One	So,S,B	○	○	○	○	○	●	○	○	●	●	●	●
SAP mySAP Retail	So,T,S,B,K	●	●	●	○	●	●	●	●	○	●	○	●
SDS fashion	-	○	○	○	○	○	○	○	○	●	○	○	○
Semiramis	So,T,S,B,K	●	○	○	○	○	●	●	●	●	●	○	○
Skill Commercial	So,T,S,B,K	○	●	●	○	●	●	●	●	●	●	○	●
SO:Business Soft.	So,T,S,B,K	○	●	●	●	●	●	●	●	●	●	●	●
SoftM Suite	So,T,S,B,K	●	●	●	●	●	●	●	○	●	●	●	●
SQL-Business	So,T,S,B,K	○	●	●	●	○	●	○	◐	●	●	●	●
Steps Business Sol.	So,T	○	●	●	○	●	●	●	○	◐	○	○	○
TRADEsprint	So,T,S,B,K	○	○	○	○	●	●	●	◐	●	●	○	●
TS	So,T,S,B,K	●	●	●	●	○	●	●	○	◐	●	●	●
Unitrade	So,T,S,B,K	●	●	●	●	○	●	●	●	●	●	●	●
UPOS	So,T,S,B,K	○	●	●	●	○	●	○	●	●	●	○	●
VERA	So,T,S,B,K	●	●	●	●	○	●	●	●	●	●	●	●
W 5	So,T,S,B,K	○	●	●	●	○	●	●	●	●	●	●	●
WEST System	So,T,S,B,K	●	●	●	●	○	●	●	◐	●	○	●	●
Wilken Materialw.	So,T,S,B	●	○	○	○	○	●	○	●	○	●	○	○
x-trade	So,T,S,K	●	●	●	●	○	●	●	◐	●	○	●	●

[A] So=Sofortauftrag; T=Terminauftrag; K=Kommissionsauftrag; B=Barverkauf; S=Streckenauftrag

Gutschrift		Retourenabwicklung								Außendienst			System-merkmale 19: Auftrags-bearbeitung
Verknüpfung v. Gutschrift und Auftrag	Überwachung der Gutschriftsmengen	Verknüpfung v. Retoure und Auftrag	Überwachung der Gutschriftsmengen	Retourenabholschein	Statusverwaltung	Nachlieferung	Kostenl. Ersatzl.	Rücknahme / Gutschrift	Rücksendung an Lieferanten	Online-Zugriff	Offline-alle Kunden	Offline-best. Kunden	
●	○	●	○	○	○	●	●	●	○	●	○	○	MKS Goliath
●	○	●	○	○	●	●	○	●	●	●	●	●	Movex
●	○	●	○	○	○	○	○	○	○	●	○	○	oxaion
●	○	○	○	○	○	○	○	●	●	●	○	○	P2plus
●	●	●	●	●	●	●	●	●	●	●	●	●	PISA – Wawi.
●	●	●	●	●	●	○	○	○	○	●	●	○	Pollex LC
●	●	●	●	●	●	●	●	●	●	●	●	○	priMio – E/Con
●	●	●	●	●	○	●	●	●	●	●	○	○	ProALPHA
●	○	●	○	○	○	○	○	○	○	●	○	○	PRODIS
●	●	●	●	○	●	○	○	○	○	○	○	○	Profit-WWS
●	○	●	○	●	○	●	●	●	○	●	○	●	ProWWS
●	○	●	○	●	○	○	○	●	○	●	○	●	Regulus
●	○	●	○	●	●	●	●	●	●	●	○	○	Retek 10
●	●	○	○	●	●	○	○	○	○	●	●	○	Sangross V
●	○	●	○	●	○	○	○	○	○	●	○	○	SAP Business One
●	●	●	●	●	●	●	●	●	●	○	●	○	SAP mySAP Retail
○	○	○	○	○	○	○	○	○	○	●	○	○	SDS fashion
●	●	●	●	○	●	●	●	●	●	●	○	●	Semiramis
●	●	●	○	○	○	●	●	●	○	●	●	●	Skill Commercial
●	○	●	○	●	●	●	●	●	●	●	●	●	SO:Business Soft.
●	○	●	●	●	●	○	○	●	○	●	●	●	SoftM Suite
○	○	●	○	●	●	○	○	○	○	●	●	○	SQL-Business
●	●	●	●	●	○	○	○	○	○	●	●	●	Steps Business Sol.
●	○	●	○	●	●	●	●	●	●	●	●	●	TRADEsprint
●	○	●	○	●	●	○	○	○	○	●	○	○	TS
●	●	●	●	●	●	●	●	●	●	●	●	○	Unitrade
●	●	●	●	●	○	○	○	●	○	●	○	○	UPOS
●	○	●	○	●	●	●	●	●	●	●	●	○	VERA
●	○	●	○	●	○	●	●	●	●	●	●	○	W 5
●	●	○	●	○	●	●	●	●	●	●	●	○	WEST System
●	○	○	○	○	●	○	○	○	○	○	●	●	Wilken Materialw.
●	●	●	●	●	●	●	○	●	●	○	○	○	x-trade

3.7.4   Warenausgang

Der Warenausgang bildet den Abschluss des betrieblichen Logistikprozesses. Der Warenausgang hat die Aufgabe, die aus dem Kundenauftrag resultierenden logistischen Aufgaben in der vereinbarten Menge, Qualität und Zeit zu erfüllen. Ausgehend vom Liefertermin muss die Ware rechtzeitig bereitgestellt, kommissioniert und ausgeliefert werden. Der Warenausgang bildet aus logistischer Sicht den Abschluss des Distributionsprozesses, bevor eine Fakturierung der gelieferten Ware vorgenommen werden kann. Zu den einzelnen Funktionen des Warenausgangs vgl. Abbildung 100.

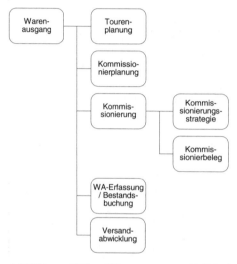

Abbildung 100:   Warenausgang: Teilfunktionen

3.7.4.1   Tourenplanung

Die Tourenplanung stellt ein in der betriebswirtschaftlichen Theorie vieldiskutiertes Entscheidungsproblem dar. Insbesondere das Operations Research hat sich intensiv mit Fragestellungen der Tourenoptimierung auseinandergesetzt.[352] Auch wenn das Problem der Tourenplanung auf vielfältige Weise mit anderen Planungsproblemen durch Wechselwirkungen verknüpft ist (zum Beispiel Kommissionierplanung, Beladungsplanung), wird es in der Regel als Partialproblem betrachtet. Für die Lösung werden Heuristiken notwendig, um eine zumindest befriedigende Lösung des Problems erzielen zu können.

---

[352] Vgl. u. a. Müller-Merbach (1988), S. 292 ff. Zu Anforderungen an EDV-gestützte Tourenplanungssysteme vgl. Klemt (1987). Vgl. auch Ravndal (1987).

Für den Großhandel beziehungsweise das Zentrallager im filialisierenden Einzel-handel ist typischerweise die Situation gegeben, dass die *Touren relativ fest* sind und sich von Woche zu Woche nur wenig ändern. Jeder Kunde ist einer definierten Tour zugeordnet und wird dementsprechend in einem festem Rhythmus (zum Beispiel einmal pro Woche an einem festen Wochentag) beliefert. Das Problem der Touren-planung tritt damit nur sporadisch auf (wenn neue Abnehmer hinzukommen, bei Aktionen etc.). Voraussetzung für einen festen Tourenplan ist, dass sich die Gesamt-volumina der Lieferungen pro Tour von Woche zu Woche nicht wesentlich unter-scheiden. Eine flexiblere Tourenplanung wird erforderlich, wenn Kunden *wochen-tagesabhängig unterschiedliche Touren* unterschiedlich beliefert werden. Ein besonderes Problem der Tourenzuordnung besteht zudem bei Baustellenlieferungen, da dort die Lieferadressen regelmäßig wechseln.

Eine lieferungsabhängige Tourenplanung ist insbesondere bei sehr stark wechselnder Kunden- und Lieferungsstruktur beziehungsweise Lieferungsvolumen von Bedeu-tung. In diesem Fall wird von gegebenen Auslieferungsaufträgen der Kunden aus-gegangen und eine i. d. R. streckenminimale Tour berechnet. Aufgrund der spezi-fischen algorithmischen Anforderungen an die Tourenplanung wird dieses Problem häufig außerhalb von Warenwirtschaftssystemen behandelt. Entsprechende Touren-planungssysteme können über Schnittstellen an ein Warenwirtschaftssystem ange-bunden werden. So bietet *Sangross* mit der engen Verzahnung mit dem Touren-planungssystems *Intertour* einen effizienten Ansatz, auch umfassendere Touren-planungsfunktionalität (z. B. Planung unter Berücksichtigung detaillierter Straßen-karten) ohne Systembrüche nutzen zu können. Einige Warenwirtschaftssysteme (vgl. Merkmalstabelle 20) bieten eine eigene grundlegende Tourenplanungsfunktionalität, welche auch die gewünschten Anlieferzeiten sowie die Volumen- und Gewichts-restriktionen der eingesetzten LKW berücksichtigt.

3.7.4.2 Kommissionierplanung

Bei fest definierten Touren ist der Tourenplan des Tages Auslöser der Kommissio-nierplanung. In der Tourenplanung wurden die Touren und die zugehörigen Abneh-mer festgelegt.

Die Kommissionierplanung dient der Simulation des bevorstehenden Kommis-sioniervolumens (Kapazitätsnachfrage) und der Verteilung der Kapazitätsbean-spruchung im Zeitablauf. Die Anzahl zu bearbeitender Aufträge in einer Kommis-sionierwelle determiniert das Ausmaß der beiden konfliktären Zielgrößen Durchlauf-zeit der Aufträge und Kapazitätsauslastung.

In Abhängigkeit von der Lagertechnik (Hochregallager, Blocklager, Durchlauf-regallager) kann es erforderlich sein, die Kommissionierplanung differenziert nach Lagerbereichen vorzunehmen.

Für die effiziente Abwicklung des Kommissioniervolumens kann das Kommissioniervolumen eines Tages auf sogenannte *Kommissionierwellen* aufgeteilt werden.
Eine erste Kommissionierwelle läuft beispielsweise von 06:00 Uhr bis 09:00 Uhr und
wird anschließend ausgeliefert. Eine zweite Kommissionierwelle schließt sich an die
erste Welle an und wird von 09:00 Uhr bis 13:00 bearbeitet und ausgeliefert. Durch
die Aufteilung des Gesamtkommissioniervolumens auf einzelne Wellen können
Engpässe im Bereich der Tourenbereitstellung sowie im Rampenbereich reduziert
werden. Ferner ermöglichen die differenzierten Auslieferungszeiten ein höheres Maß
an zeitlicher Flexibilität, insbesondere bei den zur ersten Kommissionierwelle eines
Tages gehörenden Touren.

In *mySAP Retail* kann das Liefervolumen für einen Tag, eine Woche oder einen beliebigen anderen Zeitraum detailliert analysiert werden. Eine Groblastvorschau ermöglicht die Ermittlung des am nächsten Tag zu bearbeitenden Gewichtes und
Volumens sowie der zur Abwicklung erforderlichen Arbeitszeit. Ferner können die
Lieferungen, die zur Kommissionierung fällig sind, zu Kommissionierwellen zusammengefasst werden.

3.7.4.3 Kommissionierung

Bei der Kommissionierung werden auf Basis von Kommissionieraufträgen die von
den Abnehmern bestellten Waren zusammengestellt.[353]

Bei den Kommissionierstrategien können insbesondere die ein- und die zweistufige
Kommissionierung unterschieden werden.[354] Bei der einstufigen Kommissionierung
werden anhand von Kommissionieraufträgen (die einen i. d. R. lagerbereichsbezo-
genen Auszug des Kundenauftrages darstellen) die Artikel kundenauftragsbezogen
kommissioniert und in der Warenausgangszone des Lagers für den Versand bereitgestellt. Bei der zweistufigen, auftragsübergreifenden Kommissionierung wird
artikel- und nicht kundenauftragsbezogen kommissioniert, d. h. zunächst wird die
Gesamtkommissioniermenge eines Artikels aus dem Lager entnommen und erst
anschließend auf die einzelnen Kunden aufgeteilt. Die verwendete Kommissionier-
strategie und deren informationstechnische Unterstützung hängt von dem eingesetzten *Kommissionierverfahren*, der *Lagerorganisation* für das Sammeln, Lagern
und Transportieren von Artikeln sowie von der *eingesetzten Technik* ab.[355]

---

[353] Vgl. Pfohl (1995), S. 78.
[354] Die Kommissionierung eines kompletten Auftrags, wie er in der Filiale vom Kunden selbst
vorgenommen wird, wird hier nicht betrachtet. Es wird mit der mehrstufigen Kommissionierung
versucht, eine bessere Kapazitätsauslastung durch die Bildung von Sammelaufträgen zu
erzielen. Vgl. Ihde (1991), S. 249.
[355] Zur Gestaltung von Kommissionierverfahren vgl. Schwarting (1986).

Die *Kommissionierverfahren* können danach unterschieden werden, ob die Zusammenstellung durch das Personal oder unter Verwendung von Automaten erfolgt.[356] Sofern Mitarbeiter die Kommissionierung übernehmen, kann differenziert werden zwischen:[357]

– Mann-zur-Ware
   Beim Verfahren „Mann-zur-Ware" bewegt sich der Kommissionierer zur Ware hin. Exemplarische Mann-zur-Ware-Systeme sind Lager mit Fachbodenregalen, Blocklager, Durchlaufregale ohne Transporthilfsmittel sowie mit manuell bedienten Regalförderfahrzeugen oder Kommissionierstaplern, Hochregallager mit manuell bedienten Regalförderfahrzeugen oder Kommissionierstaplern oder Lager mit Verschieberegalen.

– Ware-zum-Mann
   Hier wird die Lagereinheit der Ware zum stationären Kommissionierer transportiert, der die entsprechende Kommissioniermenge entnimmt. Die restliche Menge der Lagereinheit wird in das Lager zurücktransportiert. Auch ein vollautomatisiertes Hochregallager realisiert das Verfahren Ware-zum-Mann. Eine geringe Anzahl an Auftragspositionen, die Zulässigkeit längerer Auftragsdurchlaufzeiten und das Fehlen von Eilaufträgen stellen die wichtigsten Einsatzvoraussetzungen des Verfahrens Ware-zum-Mann dar.[358]

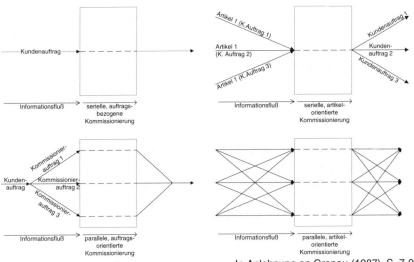

In Anlehnung an Gronau (1987), S. 7-9.

Abbildung 101: Kommissionierorganisationsformen

---

[356] Vgl. Rauch (1987), S. 389.
[357] Vgl. im folgenden Schulte (1995), S. 116 ff. Der Einsatz von Kommissionierautomaten ist aufgrund der Anforderung an die Einheitlichkeit der Artikel bezüglich Geometrie und Verpackungsart im Handel nur in seltenen Fällen vorteilhaft. Vgl. ebenda, S. 118 f.
[358] Zu Eignungskriterien der Verfahren vgl. Rupper (1991), S. 191 f., und die dort zitierte Literatur.

Die Anpassung der Kommissionierung an die bestehende Infrastruktur wird im wesentlichen durch die beiden Parameter Reihenfolge der Kommissionierung und Wahl zwischen einer einstufigen (auftragsorientierten) oder zweistufigen (artikelorientierten) Kommissionierung bestimmt. Aus Abbildung 101 gehen die vier Kombinationsmöglichkeiten hervor.[359]

Die serielle, auftragsorientierte Kommissionierung ist die einfachste Art der Kommissionierung, da die einzelnen Kommissionierpositionen nacheinander gesammelt werden. Sie ist organisatorisch überschaubar, erfordert einen geringen Koordinationsbedarf und ist für kleine Lager geeignet. Bei einer seriellen, artikelorientierten Abwicklung wird eine hohe Ressourcenausnutzung beim Sammeln angestrebt, was aber dazu führt, dass jeder Artikel noch einmal bewegt werden muss, damit der Auftrag zusammengestellt werden kann. Bei einer parallelen, auftragsorientierten Durchführung werden die Kundenaufträge in lagerbereichsbezogene Kommissionieraufträge gesplittet und parallel bearbeitet. Diese Abwicklungsform bietet sich an, wenn die Aufträge einen hohen Umfang besitzen, schnell bearbeitet werden müssen und eine hohe Heterogenität des Lagersortiments gegeben ist. Die parallele, artikelorientierte Kommissionierung fasst die bestehenden Aufträge zu internen Aufträgen zusammen, die in den unterschiedlichen Lagerbereichen parallel bearbeitet werden. Sie versucht die Vorteile der zweistufigen Kommissionierung und der parallelen Bearbeitung zu vereinen.

In Abhängigkeit des eingesetzten Kommissionierverfahrens (manuell oder technisch), der Kommissionierorganisation (einstufig, mehrstufig) und der Strukturierung des Lagers (ein oder n Lagerbereiche) sind unterschiedliche Unterlagen beziehungsweise Belege für die Kommissionierung erforderlich.

Im Fall der manuellen, einstufig-auftragsorientierten Kommissionierung in einem homogen strukturierten Lager kann mit dem Lieferschein kommissioniert werden. Sämtliche Positionen eines Kundenauftrages sind auf dem Lieferschein vermerkt und werden sukzessive kommissioniert (serielle, auftragsbezogene Kommissionierung). Abweichungen zwischen Auftragsmenge und tatsächlich kommissionierter Menge werden handschriftlich auf dem Lieferschein vermerkt und nach Abschluss der Kommissionierung in das Warenwirtschaftssystem übertragen, um eine korrekte Fakturierung zu gewährleisten. Diese Form der Kommissionierung findet sich insbesondere in kleinen und überschaubaren Lagerstrukturen.

Ist ein Lager in heterogene Bereiche mit unterschiedlichen Lagertechniken aufgeteilt, wird ein Kundenauftrag auf einzelne Kommissionierbelege aufgeteilt (parallele, auftragsbezogene Kommissionierung). Jeder *Kommissionierbeleg* ist dabei einem bestimmten *Lagerbereich* zugeordnet. Nach Abschluss der Kommissionierung wird auf Grundlage der tatsächlich kommissionierten Mengen ein den gesamten Kundenauftrag umfassender Lieferschein erstellt.

---

[359] Vgl. im folgenden Gronau (1987), S. 6 ff.

Die Kommissionierpositionen eines Kommissionierbelegs werden sinnvollerweise in einer an der Lagerorganisation ausgerichteten *Reihenfolge* gedruckt. Dadurch wird eine zeit- und wegeoptimierte Kommissionierung möglich.

Werden aufgrund der eingesetzten Lagertechnik die Artikel einzeln kommissioniert, erfolgt dies auf Basis von Pickzetteln oder Kommissionieretiketten. Auf einem Pickzettel ist die für einen bestimmten Artikel zu kommissionierende Menge vermerkt. Entsprechend der eingesetzten *Kommissioniertechnik* kann die Kommissionierung manuell oder maschinell erfolgen. Die maschinelle Durchführung wird durch moderne Lagertechniken wie Infrarotsteuerung, automatische Förderfahrzeuge oder automatische Sortiereinrichtungen unterstützt.[360] Die Kommunikation von Gabelstaplern mit Infrarot- oder Datenfunktechnik beispielsweise hat den Vorteil, dass Kommissionieraufträge (aber auch Einlagerungsaufträge) aktuell nach Prioritätskriterien vergeben werden können. Zudem wird ein weitgehend papierloser Betrieb im Lager möglich. Automatische Förderbänder erlauben anhand von Strichcodes auf den Behältern den vollautomatischen Transport von Teilkommissionen zum Versandfeld des Kunden.

Sind nicht sämtliche Artikel eines Kundenauftrags vorrätig, ist eine vorläufige Teillieferung mit den verfügbaren Artikeln oder eine spätere Volllieferung möglich. Um dem Kundenwunsch nach einer einmaligen *Volllieferung* nachzukommen beziehungsweise nicht notwendige Auslieferungsfahrten mit Einzelkomponenten zu vermeiden, sind von einem Warenwirtschaftssystem Funktionen zur Volllieferungssteuerung bereitzustellen. Eine Volllieferung kann sich dabei

- auf einen gesamten Kundenauftrag mit sämtlichen Positionen und Mengen,
- auf eine Gruppe von Positionen (beispielsweise Lampen und Leuchtmittel) innerhalb eines Kundenauftrages oder
- auf die Gesamtmenge einzelner Auftragspositionen

beziehen.

3.7.4.4 *Warenausgangserfassung und Bestandsbuchung*

An die *Warenausgangserfassung* schließt sich die *Buchung der Bestände* an. Bei der Auftragsfreigabe im Lager wird bereits eine Bestandsreservierung vorgenommen, damit dem Verkauf keine „Schein-Verfügbarkeit" suggeriert wird. Mit der Erfassung der Warenausgänge wird die Reservierung aufgelöst. Eine Warenausgangserfassung ist erforderlich, um die tatsächlich kommissionierte Menge im Warenwirtschaftssystem zu erfassen. Nur auf diese Weise ist eine exakte Bestandsfortschreibung und eine fehlerfreie Fakturierung sichergestellt. Die Erfassung des Warenausgangs wird

---

[360] Vgl. Geitz (1993); Fehr (1986). Zu innerbetrieblichen Transportsystemen vgl. Müller (1981).

durch die Quittierung der Kommissionieraufträge vorgenommen. Im *automatisierten* Fall meldet das System (vollautomatisch) nach der Kommissionierung den Auftrag als erledigt zurück. Sofern die Bestätigung des Warenausgangs *manuell* dem System mitgeteilt werden muss, wird von halbautomatischen Systemen gesprochen (beispielsweise bei der Auslagerung ganzer Paletten durch einen Staplerfahrer, der per Funksteuerung mit dem Lagersteuerungssystem verbunden ist).

Wird die Kommissionierung mit Hilfe von Lieferscheinen, Kommissionierlisten, Etiketten oder Pickzetteln vorgenommen, ist eine manuelle Rückmeldung der kommissionierten Menge erforderlich. Eine individuelle Rückmeldung jeder einzelnen Position führt zu hohem Erfassungsaufwand. Dieser kann reduziert werden, wenn Kundenaufträge, Lieferscheine oder Kommissionierlisten komplett unter Hinzuziehung von *Positiv- oder Negativlisten* zurückgemeldet werden. Bei der Positivlistung werden aus einem Auftrag nur solche Positionen zurückgemeldet, die markiert worden sind. Im Fall der Negativlistung werden alle außer den markierten Positionen zurückgemeldet. Einen pragmatischen Weg zur Bestandsbuchung stellt eine *automatisierte Ausbuchung nach einem definierten Zeitablauf* dar. Dabei wird, sofern ein Vorgang nicht manuell gebucht wurde, beispielsweise nach 24 Stunden eine entsprechende Bestandsverminderung vorgenommen. Dieses Verfahren reduziert zwar den Erfassungsaufwand erheblich, birgt jedoch die Gefahr von Fehlern, wenn korrigierte Kommissionierunterlagen nicht rechtzeitig erfasst werden konnten. Darüber hinaus wird die Fakturierung erst nach einer zeitlichen Verzögerung möglich, so dass die Rechnung nicht zusammen mit der Lieferung verschickt werden kann.

Wurde nicht auf Grundlage des Lieferscheins kommissioniert, wird mit der Warenausgangserfassung die Lieferscheinschreibung angestoßen. „Der Lieferschein ist eine Aufstellung der mit der Lieferung an einen Kunden gelieferten Ware nach Art und Menge. Er wird mit der Ware der belieferten Betriebsstätte ausgeliefert."[361] Je nach Umfang können mehrere Lieferscheine je Kunde notwendig werden. Der Lieferschein ist zugleich das Dokument für den Transportführer, um die Anlieferung beim Kunden vorzunehmen. Werden mehrere Kunden durch einen Transportführer im Rahmen einer Tour angefahren, so sind die einzelnen Lieferscheine um eine übergreifende *Ladeliste* zu ergänzen. Zur Beschleunigung der Wareneingangserfassung des Kunden kann bei der Ablieferung der Waren eine kundenspezifische *Packstückliste* dienen, die die angelieferten Packstücke auflistet.

Ergeben sich bei der Auslieferung der Waren Abweichungen zwischen den auf den Lieferscheinen vermerkten Mengen oder sonstige mit der Lieferung in Zusammenhang stehende Reklamationen (falsche Ware, defekte Ware etc.), so sind die korrigierten Lieferscheine nach der Auslieferung zu erfassen, um Gutschriften oder Nach- und Ersatzlieferungen auszulösen.

---

[361] CCG (1980), S. 16.

In den einzelnen Branchen werden mitunter unterschiedliche Transporthilfsmittel verwendet. Im Fall von Mehrwegtransportverpackungen gehen diese nicht in das Eigentum des Kunden über sondern werden lediglich verliehen. Aufgabe der Warenausgangserfassung ist es dann, die Transporthilfsmittel mengenmäßig zu erfassen.

3.7.4.5 Versandabwicklung

Sämtliche beim Versand durch einen Paketdienst erforderlichen Aufgaben werden unter der Überschrift Versandabwicklung zusammengefasst. Im klassischen Versandhandel und zunehmend auch im Großhandelsbereich werden Paket- und Kurierdienste für Kleinlieferungen eingesetzt. Einerseits erlaubt dies eine flächendeckende Belieferung, andererseits kann eine Belieferung durch Paketdienste auch innerhalb des Liefergebietes zu geringeren Auslieferungskosten führen.

Die Liberalisierung des Paketzustellmarktes hat zu einer großen Zahl an Versandunternehmen mit unterschiedlichen Tarifen und einem nicht einheitlichen Formularwesen geführt. Zentrale Anforderung an eine integrierte Versandabwicklungsfunktion eines Warenwirtschaftssystems ist die automatisierte Auswahl des preiswertesten Versandunternehmens sowie die - gegebenenfalls Versandfirmen-individuellen - Versandunterlagen zu erstellen. Exemplarisch sei hier das Modul Versand des Systems *Microsoft Business Solutions-Apertum* beschrieben, das die genannten Anforderungen umfassend abdeckt. *Microsoft Business Solutions-Apertum* erlaubt die Hinterlegung der Tariftabellen der unterschiedlichen Versandfirmen (u. a. UPS, Transoflex, DPD, Systemgut und Deutsche Post). Die erforderlichen Daten (zum Beispiel Adressdaten) werden aus der Auftragsverwaltung übernommen und eine automatische Tarifierung wird nach Eingabe des Paketgewichtes durchgeführt. Die individuellen Versandbelege (zum Beispiel UPS-Manifest I oder Paketscheinausdruck mit Barcode für DPD) werden ebenso automatisch erstellt wie Nachnahmebelege oder Versandlisten. Positiv hervorzuheben ist zudem die Möglichkeit, die im Versandmodul ermittelten Versandkosten für die spätere Rechnungserstellung zu speichern. Ein Integration des Aufrufs der UPS-Sendungsverfolgung im Internet, erlaubt eine Überwachung des Status der Versandstücke.

Eine interessante Funktionalität zur Sendungsverfolgung bietet *i/2*. Mehrere Kundenaufträge können zu einer Sendung (z. B. bei einer Containerverschiffung) zusammengefasst und mit den relevanten Daten verwaltet werden. Analog lässt sich diese Funktionalität auch zur Importabwicklung nutzen. Mehrere Bestellungen (auch bei unterschiedlichen Lieferanten) können zu einer Sendung (z. B. Container) zusammengefasst werden. Neben den üblichen Verschiffungsdaten und Frachtdaten kann auch eine effiziente Sendungsüberwachung realisiert werden, um beispielsweise sicherstellen zu können, dass benötigte importierte Aktionsware rechtzeitig zum Aktionsbeginn in den Filialen zur Verfügung steht.

System-merkmale 20: Warenausgang	Tourenplanung					Komm.-Planung				Kommissionierung		
	Feste Tourzuordnung	Wochentagsabhängige Tourzuordnung	Tourenplanung mit Anlieferzeiten	Tourenplanung mit Volumina	Tourenplanung mit Gewichten	Gesamtlager	Lagerbereiche	mit Personaleinsatzplanung	Kommissionierwellen	Kundenauftragsbezogen	Artikelbezogen (Sammelkommiss.)	Kommissionierbelege
A.eins	●	●	○	○	○	●	●	○	●	○	●	◐
abas	●	○	○	○	○	●	○	○	●	●	○	◐
ASW	●	●	●	●	●	●	●	○	●	●	●	●
AUPOS	●	○	○	●	●	●	●	●	●	●	●	●
AW 400	●	○	○	○	○	●	●	○	●	●	●	◐
b2 Handel	●	●	○	○	○	○	○	○	○	●	●	●
Bison Solution	●	○	○	○	○	●	●	○	●	●	●	◐
Brain AS	●	○	○	○	○	●	●	○	●	●	●	◐
Compex	●	○	○	○	○	●	●	●	●	●	●	●
Conaktiv	○	○	○	○	○	○	○	○	○	●	○	●
Corporate WINLine	●	○	○	○	○	●	●	○	●	●	●	◐
CSB-System	●	●	●	●	●	●	●	●	●	●	●	●
DCW-Wawi.	●	○	○	○	○	●	●	○	●	●	○	●
DEWAS / MESS	○	○	○	○	○	○	○	○	○	○	○	○
diamod	○	○	○	○	○	●	○	○	○	●	○	◐
e.fet Wawi.	○	○	○	○	○	●	●	○	○	●	○	◐
FEE	○	○	○	○	○	○	○	○	○	○	○	○
Formica SQL	●	○	○	○	○	●	○	○	○	●	○	◐
Futura ERS	○	○	○	○	○	●	○	○	○	○	●	◐
G.O.L.D.	●	●	●	●	●	●	●	○	●	●	●	●
GEAC System 21	○	○	●	●	●	●	●	○	●	●	●	◐
gevis	●	●	○	●	●	●	●	○	●	●	●	◐
i/2	●	○	○	○	●	●	●	●	●	●	●	●
iBaanERP	●	○	●	●	●	●	●	○	●	●	●	●
IFS Applications	●	●	●	○	○	●	●	○	●	●	●	●
IN:ERP	●	○	○	○	○	●	●	○	●	●	○	◐
J.D. Edwards	●	○	○	○	○	○	○	○	●	●	●	●
JDA-PMM	●	●	○	○	○	○	○	○	○	○	○	○
KARAT	○	○	○	○	○	○	○	○	○	●	○	◐
MBS-Apertum	●	○	○	○	○	●	●	●	○	●	○	◐
MBS-Axapta	○	○	○	○	○	●	●	○	○	●	●	◐
MBS-Navision	●	○	○	○	○	●	●	○	●	●	●	●

Sortierung der Kommissionierpositionen	Vollieferung			WA-Buchung					Ladebelege		System-merkmale 20: Warenausgang
	Auftragsebene	Positionsebene (Positionsmenge)	Positionsgruppenebene	Manuell - positionsbezogen	Manuell - auftragsbezogen	Positiv-Auswahl	Negativ-Auswahl	Automatisch nach Zeitablauf	Ladeliste	Packstückliste	
●	●	●	●	○	○	○	○	●	●	●	A.eins
●	●	●	○	○	●	●	○	○	●	●	abas
◐	●	●	○	●	●	●	●	●	●	○	ASW
●	●	●	●	●	●	●	●	●	●	●	AUPOS
◐	●	●	○	○	○	○	○	●	●	●	AW 400
●	●	●	●	●	●	●	○	○	●	●	b2 Handel
◐	●	●	○	●	●	●	○	○	●	○	Bison Solution
◐	●	○	●	●	●	●	○	○	●	●	Brain AS
●	●	●	○	●	●	●	●	●	●	●	Compex
◐	●	○	○	○	●	○	○	○	●	○	Conaktiv
◐	●	○	○	●	●	○	○	○	●	●	Corporate WINLine
●	●	●	●	●	●	●	○	●	●	●	CSB-System
◐	●	●	○	●	●	●	○	○	●	○	DCW-Wawi.
○	○	○	○	○	○	○	○	○	○	○	DEWAS / MESS
◐	●	●	○	●	●	●	○	○	○	●	diamod
◐	●	●	○	●	●	●	○	○	●	●	e.fet Wawi.
○	○	○	○	○	○	○	○	○	○	○	FEE
◐	●	○	○	●	●	○	○	○	○	●	Formica SQL
◐	●	●	○	●	●	○	○	●	○	●	Futura ERS
●	●	●	○	●	●	○	○	●	●	●	G.O.L.D.
●	○	○	○	○	○	○	○	○	●	●	GEAC System 21
●	●	●	○	●	●	●	○	○	●	●	gevis
●	●	●	○	●	●	●	●	●	●	●	i/2
◐	●	●	○	●	●	●	●	●	●	●	iBaanERP
◐	●	○	○	●	●	●	○	○	●	●	IFS Applications
●	●	●	●	●	●	○	○	●	●	●	IN:ERP
●	●	●	●	●	○	●	○	●	●	●	J.D. Edwards
○	○	○	○	○	○	○	○	○	○	○	JDA-PMM
◐	○	○	○	●	●	○	○	○	○	○	KARAT
◐	●	●	○	○	●	●	○	○	●	●	MBS-Apertum
●	●	●	●	●	●	○	○	○	○	●	MBS-Axapta
◐	●	○	○	●	●	●	●	○	○	○	MBS-Navision

System-merkmale 20: Warenausgang	Tourenplanung					Komm.-Planung				Kommissionierung		
	Feste Tourzuordnung	Wochentagsabhängige Tourzuordsnung	Tourenplanung mit Anlieferzeiten	Tourenplanung mit Volumina	Tourenplanung mit Gewichten	Gesamtlager	Lagerbereiche	mit Personaleinsatzplanung	Kommissionierwellen	Kundenauftragsbezogen	Artikelbezogen (Sammelkommiss.)	Kommissionierbelege
MKS Goliath	○	○	○	○	○	○	○	○	○	●	○	◑
Movex	●	●	●	●	●	●	○	●	●	●	●	●
oxaion	●	○	○	○	○	●	○	○	●	●	●	◑
P2plus	●	○	○	○	○	○	○	○	●	●	●	◑
PISA – Wawi.	●	○	○	●	●	●	●	○	●	●	●	●
Pollex LC	●	○	○	○	○	○	○	○	●	●	●	◑
priMio – E/Con	○	○	○	●	●	●	○	○	●	●	●	◑
ProALPHA	●	●	○	○	○	●	●	○	●	●	○	●
PRODIS	●	○	○	○	○	●	○	○	○	●	○	◑
Profit-WWS	○	○	●	○	○	○	○	○	○	○	○	○
ProWWS	●	●	●	○	●	●	●	○	●	●	●	●
Regulus	●	●	●	○	●	●	●	○	●	●	○	●
Retek 10	○	●	●	○	○	●	●	●	●	●	●	●
Sangross V	○	●	●	○	○	○	○	○	○	●	○	●
SAP Business One	○	○	○	○	○	○	○	○	○	●	○	◑
SAP mySAP Retail	●	●	○	○	○	●	○	○	●	●	●	●
SDS fashion	○	○	○	○	○	○	○	○	○	○	○	○
Semiramis	○	○	○	○	○	●	●	○	○	●	●	●
Skill Commercial	●	○	○	○	○	○	○	○	○	●	●	◑
SO:Business Soft.	●	●	●	○	●	●	●	●	●	●	●	◑
SoftM Suite	●	●	●	●	●	●	●	○	●	●	●	●
SQL-Business	●	●	○	○	○	○	○	○	●	●	○	◑
Steps Business Sol.	○	○	○	○	○	●	○	○	○	○	○	◑
TRADEsprint	●	●	●	●	●	●	●	●	●	●	●	●
TS	●	○	○	○	○	○	●	○	●	●	○	◑
Unitrade	●	●	●	●	●	●	●	○	●	●	●	◑
UPOS	●	●	○	○	○	●	●	○	●	●	○	◑
VERA	●	○	○	●	●	●	●	○	●	●	●	◑
W 5	●	○	○	○	○	●	●	○	●	●	○	◑
WEST System	○	○	○	○	○	●	●	○	○	●	●	◑
Wilken Materialw.	○	○	○	○	○	●	●	●	○	●	●	◑
x-trade	●	●	●	●	●	●	●	○	●	●	●	●

Sortierung der Kommissionierpositionen	Vollieferung			WA-Buchung					Ladebelege		System-merkmale 20: Warenausgang
	Auftragsebene	Positionsebene (Positionsmenge)	Positionsgruppenebene	Manuell - positionsbezogen	Manuell - auftragsbezogen	Positiv-Auswahl	Negativ-Auswahl	Automatisch nach Zeitablauf	Ladeliste	Packstückliste	
◐	●	●	○	●	●	●	●	○	○	●	MKS Goliath
●	●	●	●	●	●	●	○	○	●	●	Movex
◐	●	○	○	●	●	●	●	●	●	●	oxaion
●	●	○	○	●	●	●	○	○	●	●	P2plus
●	●	●	○	●	●	●	●	○	●	●	PISA – Wawi.
●	●	●	○	●	●	●	●	●	●	●	Pollex LC
◐	●	●	○	●	●	●	●	○	●	○	priMio – E/Con
●	●	●	○	●	●	○	○	●	●	●	ProALPHA
○	○	○	○	●	●	●	○	○	○	●	PRODIS
○	○	○	○	○	○	○	○	○	○	○	Profit-WWS
●	●	●	○	●	●	●	○	●	●	●	ProWWS
◐	○	○	○	●	●	○	●	○	●	●	Regulus
●	●	●	●	●	●	●	●	●	●	●	Retek 10
○	●	●	○	●	●	●	●	○	●	●	Sangross V
○	●	●	○	○	○	○	○	○	○	○	SAP Business One
●	●	○	○	●	●	●	○	○	●	●	SAP mySAP Retail
○	○	○	○	○	○	○	○	○	○	○	SDS fashion
●	●	●	○	●	●	●	●	○	○	○	Semiramis
◐	●	●	○	●	●	○	○	○	●	●	Skill Commercial
●	●	●	○	●	●	●	○	○	●	●	SO:Business Soft.
◐	●	●	○	○	○	○	○	●	●	●	SoftM Suite
◐	○	●	○	○	●	●	○	○	○	●	SQL-Business
○	○	○	○	●	●	●	○	●	○	○	Steps Business Sol.
●	●	●	●	●	●	○	○	●	●	●	TRADEsprint
○	●	●	○	○	○	○	○	●	●	○	TS
●	●	●	○	●	●	●	○	○	●	●	Unitrade
◐	●	●	○	●	●	○	○	○	●	○	UPOS
◐	○	●	○	●	●	○	○	●	●	●	VERA
●	●	●	○	●	●	●	○	○	●	●	W 5
◐	●	●	○	●	●	●	○	○	●	●	WEST System
●	●	●	○	○	○	●	●	○	○	●	Wilken Materialw.
○	○	○	○	●	●	●	●	○	●	●	x-trade

3.7.5   Fakturierung

Die Aufgaben der Fakturierung sind spiegelbildlich zur Rechnungsprüfung zu interpretieren. Bei der Fakturierung wird eine Bewertung des Kundenlieferscheins vorgenommen und die Rechnung erzeugt.

Zu den Funktionen der Fakturierung können insbesondere die Bewertung des Kundenlieferscheins, die diversen Formen der Rechnungsstellung an den Kunden und die Berechnung nachträglicher Vergütungen (Boni) des Kunden gezählt werden (Abbildung 102).

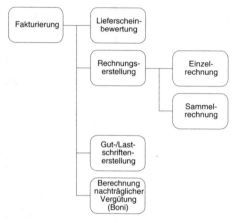

Abbildung 102:   Fakturierung: Teilfunktionen

Lieferscheinbewertung

Die Bewertung des Lieferscheins mit den gewährten Konditionen führt zur Einzelrechnung. Die Einzelrechnung ist die Grundlage der Folgeaktivitäten im Rahmen der Fakturierung. Bei der Bewertung des Lieferscheins ist darauf zu achten, dass die mit der Anlage des Auftrags festgelegten Konditionszusagen auch eingehalten werden. Dieser Aspekt hat eine zeitliche und eine mengenmäßige Komponente. So ist aus zeitlicher Sicht entscheidend, ob die Konditionen, die zum *Zeitpunkt* des Auftrags, der Lieferung oder der Fakturierung gültig waren beziehungsweise sind, zur Bewertung herangezogen werden. Aus mengenmäßiger Sicht ist zu berücksichtigen, ob bei der Berücksichtigung von Mengenstaffeln die *Auftragsmenge* oder die *Liefermenge* gilt. Minderlieferungen aufgrund fehlenden Bestands sollten nicht zu einer Reduzierung des zu gewährenden Konditionsvolumens führen.

Rechnungserstellung

Der Kunde erhält Einzelrechnungen oder Sammelrechnungen, in denen Rechnungsbeträge kumuliert werden. Das Erreichen des *Abrechnungszeitpunkts* wird bei Sammelrechnungen zeitraum- oder wertbezogen definiert, das heisst die Abrechnung wird am Ende einer Abrechnungsperiode oder nach Überschreiten eines definierten Fakturabetrages erstellt. *Sammelrechnungen* ermöglichen gegenüber Einzelrechnungen Einsparungen bei Abwicklungskosten (zum Beispiel Rechnungen erstellen, sortieren, kuvertieren, frankieren). Andererseits wirken sich Sammelrechnungen negativ auf die Liquiditätssituation aus, da die Faktura nicht sofort erfolgt und sich damit der Zahlungseingang verzögert.

Bei Einzelrechnungen werden die gelieferten Mengen bewertet und den Kunden in Rechnung gestellt. Eine Einzelrechnung enthält das Datum, den Gesamtbetrag je Mehrwertsteuersatz, die Zahlungsbedingungen, die einzelnen Rechnungspositionen mit Artikelnummer und -menge sowie den Rechnungsnettobetrag der Position. Bei Sammelrechnungen werden als Positionen die Gesamtbeträge der einzelnen Rechnungen aufgelistet (evtl. mehrwertsteuersatzgenau).

Die Lieferscheinbewertung und Rechnungserstellung erfolgt in den meisten Systemen weitgehend automatisiert. Im System *Compex* können Regeln festgelegt werden, in Abhängigkeit derer die Fakturierung vorgenommen wird. Hierbei sind beispielsweise die folgenden Regeln denkbar:

- Sämtliche Positionen müssen einen Einkaufspreis ungleich Null aufweisen.

- Der Mindestdeckungsbeitrag muss überschritten sein.

Eine Besonderheit im Rahmen der Fakturierung von Streckengeschäften ist im System *Sangross* realisiert. Zur Sicherstellung einer mengen- und preisgerechten Fakturierung werden Ein- und Ausgangsrechnungen bei sog. Streckendirektlieferungen (Kunde holt Ware selbst beim Lieferanten ab) automatisch gegenübergestellt und verglichen.

Gutschriften-/Lastschriftenbearbeitung

Gutschriften haben ihre Ursache meist in Reklamationen oder Retouren, die zu einer Forderung des Kunden gegenüber dem Unternehmen führen. Allerdings sind auch Gut- und Lastschriften ohne vorhergehende Vertriebsaktivitäten denkbar.

Berechnung nachträglicher Vergütungen für Kunden (Bonus)

Die Berechnung nachträglicher Vergütungen, die dem Kunden zu gewähren sind, erfolgt analog der beim Lieferanten skizzierten Vorgehensweise. Die mit dem Abnehmer ausgehandelten Boni und sonstigen nachträglichen Vergütungen werden auf Basis der Rechnungsdaten ermittelt und dem Abnehmer entweder bei der nächsten Rechnung gutgeschrieben, oder es wird eine gesonderte Gutschrift erstellt.

Eine *Gesamtabrechnung* bezieht sich auf den gesamten innerhalb des vertraglich vereinbarten Zeitraums aufgelaufenen Bonusanspruch. Eine *Teilabrechnung* kann beispielsweise im Rahmen einer Jahresvereinbarung in den einzelnen Quartalen bereits aufgelaufene Bonusansprüche unterjährig abrechnen.

System-merkmale 21: Fakturierung	Lieferscheinbewertung				Rechnungserstellung					Bonus		
	Nach Auftragsdatum	Nach Lieferdatum	Nach Auftragsmenge	Nach Liefermenge	Sofort-Faktura	Faktura-Perioden	Bei Mindestwertüber.	Sammelfakturen	Rechnungssplit	Bonusabrechnung	Gesamtabrechnung	Teilabrechnung
A.eins	●	●	●	●	●	●	●	●	○	●	○	○
abas	●	○	●	○	●	●	●	●	●	●	●	○
ASW	●	●	●	●	●	●	○	●	○	●	○	○
AUPOS	●	●	●	○	●	●	●	●	●	●	●	●
AW 400	●	●	●	○	●	●	●	●	●	○	○	○
b2 Handel	●	●	●	○	●	●	○	●	○	○	○	○
Bison Solution	○	●	○	●	●	●	○	●	○	●	○	●
Brain AS	●	●	●	●	●	●	○	●	●	●	●	●
Compex	●	●	●	●	●	●	●	●	●	●	●	○
Conaktiv	●	●	●	●	●	○	○	●	○	○	○	○
Corporate WINLine	●	○	●	●	●	○	○	●	○	○	○	○
CSB-System	●	●	●	●	●	●	●	●	●	●	●	●
DCW-Wawi.	●	●	○	●	●	●	●	●	○	●	●	●
DEWAS / MESS	○	●	○	●	●	○	○	○	○	○	○	○
diamod	●	○	●	○	●	●	○	●	○	●	○	○
e.fet Wawi.	○	○	○	○	●	●	○	●	○	●	○	○
FEE	○	○	○	○	○	○	○	○	○	○	○	○
Formica SQL	●	○	●	○	●	●	○	●	○	○	○	○
Futura ERS	○	●	○	○	●	●	○	●	●	●	●	○
G.O.L.D.	●	●	●	○	●	●	●	●	●	●	○	○
GEAC System 21	●	●	●	●	●	●	○	●	●	●	●	●
gevis	●	●	●	●	●	●	●	●	●	●	●	●
i/2	●	○	●	○	●	●	○	●	○	●	○	○
iBaanERP	●	●	●	●	●	●	○	●	●	●	●	●
IFS Applications	●	●	○	○	●	●	○	●	○	●	●	○
IN:ERP	●	●	●	●	●	○	○	●	●	○	○	○
J.D. Edwards	●	●	●	●	●	●	●	●	●	●	●	●
JDA-PMM	○	○	○	○	○	○	○	○	○	○	○	○
KARAT	●	○	●	○	●	●	●	●	●	○	○	○
MBS-Apertum	●	●	●	●	●	●	○	●	●	●	●	●
MBS-Axapta	○	○	●	●	●	●	○	●	○	○	○	○
MBS-Navision	●	○	●	○	●	●	○	●	○	○	○	○

System-merkmale 21: Fakturierung	Lieferscheinbewertung				Rechnungserstellung					Bonus		
	Nach Auftragsdatum	Nach Lieferdatum	Nach Auftragsmenge	Nach Liefermenge	Sofort-Faktura	Faktura-Perioden	Bei Mindestwertüber.	Sammelfakturen	Rechnungssplit	Bonusabrechnung	Gesamtabrechnung	Teilabrechnung
MKS Goliath	●	○	●	●	●	○	○	●	○	○	○	○
Movex	●	●	○	●	●	●	○	●	○	●	●	●
oxaion	●	○	●	○	●	●	○	●	○	●	●	●
P2plus	●	○	●	●	●	○	○	●	●	●	●	●
PISA – Wawi.	●	●	●	●	●	●	●	●	●	●	●	●
Pollex LC	●	●	●	●	●	●	●	●	●	○	○	○
priMio – E/Con	●	●	●	●	●	●	○	●	○	○	○	○
ProALPHA	●	●	●	●	●	●	○	●	●	○	○	○
PRODIS	●	●	●	●	●	●	○	●	○	●	○	○
Profit-WWS	○	○	○	○	●	●	○	●	●	○	○	○
ProWWS	●	●	●	●	●	●	○	●	○	●	●	●
Regulus	●	●	○	●	●	●	●	●	●	●	○	●
Retek 10	○	○	○	○	○	○	○	○	○	○	○	○
Sangross V	●	○	●	○	●	●	●	●	●	●	●	●
SAP Business One	●	○	●	○	●	○	○	●	○	○	○	○
SAP mySAP Retail	●	●	●	●	●	●	●	●	●	●	●	●
SDS fashion	○	○	○	○	○	○	○	○	○	○	○	○
Semiramis	●	●	●	●	●	●	○	●	●	●	●	●
Skill Commercial	●	●	●	○	●	●	○	●	○	○	○	○
SO:Business Soft.	●	●	●	●	●	●	●	●	○	●	●	●
SoftM Suite	●	○	●	○	●	●	○	●	○	●	○	○
SQL-Business	●	●	●	○	●	●	●	●	●	○	○	○
Steps Business Sol.	●	●	●	●	●	●	○	○	○	○	●	●
TRADEsprint	●	●	○	●	●	●	○	●	●	●	●	●
TS	●	●	●	●	●	●	●	●	●	●	●	●
Unitrade	●	●	●	●	●	●	●	●	○	●	●	○
UPOS	●	○	●	○	●	●	●	●	●	●	○	○
VERA	●	●	●	●	●	●	●	●	●	●	●	●
W 5	●	●	●	●	●	●	○	●	●	●	●	●
WEST System	●	○	●	○	●	●	○	●	●	○	○	○
Wilken Materialw.	●	○	●	○	●	●	●	○	●	○	○	○
x-trade	○	●	●	○	●	●	○	●	●	○	○	○

3.8 Filialmanagement

3.8.1 Besonderheiten im mehrstufigen Handel

Aufgrund der räumlich-geografischen Verteilung der Betriebsstätten sowie der Heterogenität der Aufgaben und Prozesse in den zentralen bzw. dezentralen Unternehmensstandorten, ergeben sich in mehrstufigen Handelsunternehmen besondere Anforderungen an die Gestaltung des Warenwirtschaftssystems. Aus Filialsicht lassen sich vier softwaretechnische Lösungskonzepte unterscheiden (vgl. Abbildung 103):

Kassensystem

In dieser einfachsten Form (1-stufiges Handelsinformationssystem) beschränkt sich die DV-Unterstützung auf Kassensysteme[362] in den Filialen. Zu deren Funktionsumfang gehören die Preisfindung, der eigentliche Abverkauf und die Zahlungsabwicklung. Eine filialübergreifende oder zentralseitige DV-Unterstützung ist nicht gegeben. Aufgrund der eingeschränkten Leistungsfähigkeit und der fehlenden standortübergreifenden Funktionalität stellen 1-stufige Handelsinformationssysteme ein technologisch veraltetes Konzept dar.

Filialwarenwirtschaftssystem

Zur Erweiterung der DV-Unterstützung in der Filiale kann zusätzlich zu den Kassensystemen ein eigenständiges Filialwarenwirtschaftssystem (FWWS) eingesetzt werden (2-stufiges Handelsinformationssystem). Filialwarenwirtschaftssysteme sind funktionsreduzierte einstufige Warenwirtschaftssysteme, die für den Einsatz in Filialen konzipiert sind. Zu ihren Grundaufgaben gehört die Abwicklung der Filialwareneingänge, die Warenausgangs- bzw. Verkaufsdatenerfassung sowie gegebenenfalls die Lagerverwaltung und Bestandsführung in der Filiale. Die Kassensysteme können per Online-Verbindung zum FWWS oder offline betrieben werden. Aus Sicherheitsaspekten werden Kassensysteme in der Regel offline betrieben, damit auch bei einem Ausfall des Filialwarenwirtschaftssystems eine Nutzung der Kassen möglich ist. Die volle Leistungsfähigkeit entfalten Filialwarenwirtschaftssysteme nur bei einer Kopplung mit einem zentralen Warenwirtschaftssystem, so dass 2-stufige Warenwirtschaftssysteme in der Praxis eine geringe Relevanz besitzen.

Kopplung eines zentralen und dezentralen Warenwirtschaftssystems

Das in der Praxis dominierende Konzept in mehrstufigen Handelsunternehmen stellt eine Kopplung der Filialsysteme (Kassensysteme und Filialwarenwirtschaftssystem)

---

[362] Ein Kassensystem kann aus einer einzelnen Kasse, einem Verbundsystem aus Haupt- und Nebenkassen oder einem lokalen Netzwerk (LAN) mit einem Kassenserver und daran angeschlossenen Kassen bestehen. Vgl. Stahlknecht, Hasenkamp (1999), S. 387 f.

mit einem zentralen Warenwirtschaftssystem dar (3-stufiges Handelsinformationssystem). Dadurch kann ein intensiver und zeitnaher Informationsaustausch zwischen
den Filialen und der Zentrale realisiert werden, so dass beispielsweise eine zentrale
Disposition basierend auf den Abverkaufsdaten der Filiale möglich wird. Dieses
Konzept bietet eine Basis für eine flexible Verteilung der betriebswirtschaftlichen
Aufgaben zwischen der Zentrale und den Filialen. Die konkrete Ausgestaltung wird
wesentlich durch das Rollenverständnis der Systemmitglieder, die Art der dezentralen Einheiten (z. B. kleine SEH vs. SB-Warenhäuser) beeinflusst.[363] In mehrstufigen
Handelssystemen mit dezentraler Organisationsform[364] erweitert sich der Funktions-
umfang der Filialwarenwirtschaftssysteme beispielsweise um

- Teilfunktionen des Einkaufs (bspw. hinsichtlich regionaler Zusatzsorti-
  mente),

- Aufgaben der Disposition sowie

- Aufgaben des Verkaufs und der Fakturierung.[365]

Die in den Kassensystemen erforderlichen Daten werden per POS-Download in
regelmäßigen Abständen entweder direkt vom zentralen Warenwirtschaftssystem
oder indirekt über das Filialwarenwirtschaftssystem auf die Kassensysteme herunter-
geladen. In der Gegenrichtung werden per POS-Upload die Abverkaufsdaten (aggre-
giert oder auf Bonebene) sowie die Geldbewegungen an die zentralen warenwirtschaftlichen Systeme übertragen.[366]

Ein vollintegriertes Warenwirtschaftssystem

Ein vollintegriertes Warenwirtschaftssystem ist ein Softwareprodukt, das als mehrstufiges Warenwirtschaftssystem sowohl die Aufgaben in der Systemzentrale unterstützt als auch eine dedizierte Abbildung der dezentralen Einheiten und der dortigen
Funktionen und Prozesse erlaubt. Ein eigenständiges Filialwarenwirtschaftssystem ist
in den dezentralen Einheiten nicht mehr erforderlich, diese greifen direkt über
Standleitung oder Internet auf das zentral betriebene System zu. Zur Vereinfachung
der Bedienung sind im Regelfall nur die für die Verkaufsstätten erforderlichen bzw.
erlaubten Funktionen des Warenwirtschaftssystems für diese sichtbar bzw. nutzbar.

---

[363] Vgl. Rotthowe (1998), S. 121.
[364] Eine dezentrale Organisationsform mehrstufiger Handelsunternehmen zeichnet sich dadurch
       aus, dass die dezentralen Einheiten weitgehend selbstständig in ihrem Marktgebiet agieren
       können, während sich die Zentrale primär als Dienstleister für diese Einheiten sieht. Vgl.
       Schröder, Tenberg (1997), S. 155 f. Dezentrale Organisationsformen finden sich vielfach bei
       kooperierenden Verbundgruppen sowie zunehmend bei Filialunternehmen. Vgl. Tietz (1993), S.
       423 f.; vgl. auch die Übersicht dezentral organisierter Handelsunternehmen bei Rotthowe
       (1998), S. 133.
[365] Vgl. Rotthowe (1998), S. 125 f.
[366] Vgl. z. B. SAP (1997), S. 8-3 ff.

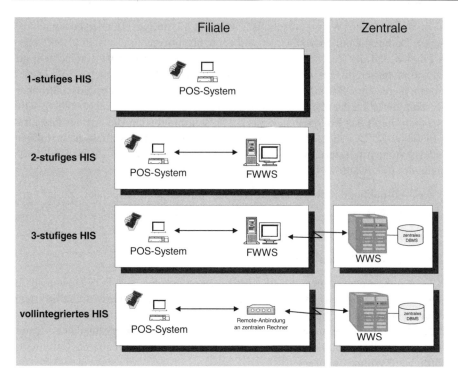

Abbildung 103: Technische Realisierungsmöglichkeiten für Warenwirtschaftssysteme in mehrstufigen Handelsunternehmen aus Filialsicht

Das Management verteilter Handelsstrukturen in filialisierenden Handelsunternehmen stellt spezifische Anforderungen an Warenwirtschaftssysteme. Grundsätzlich wird unter einer Filiale eine selbständige Einheit innerhalb einer Vertriebsschiene eines mehrstufigen Handelsunternehmens verstanden.[367] Eine Filiale ist in die Administration und die Logistik der Handelszentrale eingebunden und stellt die Schnittstelle des Handelsunternehmens zu den Endkunden dar.

Die warenwirtschaftlichen Aufgaben und Funktionen unterscheiden sich in einigen Aspekten erheblich von den Funktionen einer Handelszentrale. Diesem Umstand hat die Funktionalität von Warenwirtschaftssystemen Rechnung zu tragen. Für Warenwirtschaftssysteme, die Filialfunktionalitäten bieten, können zwei Implementierungsformen unterschieden werden. Einerseits kann die Filialfunktionalität als Teil eines einheitlichen Warenwirtschaftssystems implementiert sein, das sowohl in der Zentrale als auch in den Filialen mit jeweils spezifischen Funktionalitäten eingesetzt wird. Andererseits kann die Funktionalität auch in einem gesonderten Filialwaren-

---

[367] Niederlassungen von Großhandelsunternehmen werden hier nicht unter dem Begriff Filiale subsumiert, weil ihre funktionalen Anforderungen an Warenwirtschaftssysteme denen der Handelszentralen weitgehend entsprechen.

wirtschaftssytem implementiert sein (FWWS), das über definierte Schnittstellen an das zentrale Warenwirtschaftssystem angekoppelt ist. Eigenständige Filialwarenwirtschaftssysteme haben im Vergleich zu zentralen Warenwirtschaftssystemen mit Filialfunktionalität den Vorteil geringerer Kommunikationskosten, da nur zu bestimmten Zeitpunkten Kommunikationsverbindungen für den Massendatenaustausch erforderlich sind. Des weiteren reduziert der Einsatz von Filialwarenwirtschaftssystemen das Risiko von Systemausfällen. Sie betreffen so nicht das gesamte Unternehmen, sondern lediglich einzelne Filialen oder die Zentrale. Auf der anderen Seite schränkt diese Implementierungsform die Aktualität der Informationen, die in der Handelszentrale zur Verfügung stehen - vor allem bei Abverkäufen - erheblich ein. Im Folgenden wird von dem Implementierungsaspekt abstrahiert. Statt dessen steht die Funktionalität im Vordergrund, wobei hier im wesentlichen die Unterschiede und Erweiterungen der Filialwarenwirtschaft im Vergleich zur zentralen Warenwirtschaft betrachtet werden.

Den Zusammenhang zwischen Zentrale, Filiale und Lieferanten zeigt Abbildung 104 am Beispiel der Informations- und Warenflüsse des Systems *GOLD* auf.

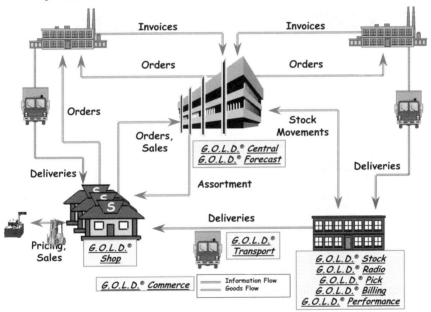

Quelle: Aldata Retail Solutions.

Abbildung 104: Informations- und Warenflüsse zwischen Zentrale und Filiale am Beispiel des Systems *GOLD*

Dezentrale Systeme sind beispielsweise *DEWAS* (Dezentrales Warenwirtschaftssystem) von *Superdata*, das das Zentralsystem *MESS* (Mehrfilialsteuerungssystem) ergänzt, sowie *JDA's Distributed Store System* für Windows (*Win/DSS*). Bei *DEWAS* handelt es sich um ein auf die Anforderungen des SB-Einzelhandels ausgerichtetes

Filialwarenwirtschaftssystem, das sowohl autonom als auch in Verbindung mit Zentralsystemen eingesetzt werden kann. *JDA's Win/DSS* beinhaltet sowohl Kassenfunktionen als auch Back Office Funktionen wie die Bestandskontrolle, die Verwaltung von Kundenprofilen, das Mitarbeiter-Management, das Cash-Management oder das Berichtswesen.

Die *DEWAS*-Komponente *PEP* geht über die warenwirtschaftlichen Funktionalitäten hinaus und bietet die Möglichkeit der Personaleinsatzplanung. Aufgrund von Tagesfrequenzdaten, die aus Kassen- und Waagensystem ausgelesen werden, kann eine kapazitätsabhängige Mitarbeitereinsatzplanung abgeleitet werden (vgl. hierzu Abschnitt 3.10.3).

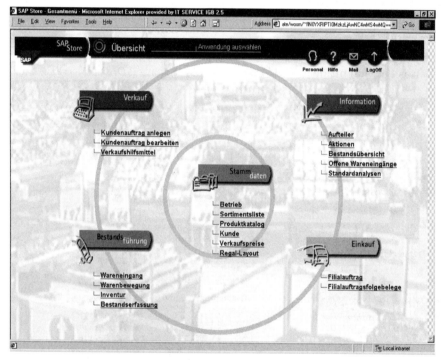

Abbildung 105:   SAP-Store-Lösung

Den Ansatz eines vollintegrierten Warenwirtschaftssystems verfolgt die *SAP AG* mit ihrem *Retail Store* bzw. der auf dem *Enterprise Portal* aufsetzenden Lösung für die Filiale, in die der Retail Store als Lösung für die Warenwirtschaft integriert ist. Bei dem Storemanager kommt eine Portaltechnologie zum Einsatz, die es gestattet, verschiedene Funktionen unter einer einheitlichen graphischen Oberfläche den Mitarbeitern in der Filiale darzustellen. Die SAP-eigene Storefunktionalität wird über die Sichten Warenwirtschaft, Filialcontrolling, Personalwirtschaft, Information und

Office angeboten. Aus der Abbildung 105 geht zunächst die Darstellung der warenwirtschaftlichen Funktionen hervor, die bewusst einfach gehalten ist.

In die Sicht Warenwirtschaft können auch die entsprechenden Kassenfunktionalitäten
eingebettet werden (z. B. Wincor Nixdorf, GK). Beispielsweise geht aus Abbildung
106 hervor, wie die Integration moderner Kassensysteme in eine einheitliche Oberfläche realisiert werden kann. Aufgrund der zertifizierten Schnittstellen zum Retail-
System sind damit Medienbrüche und Quellen für Datenkonsistenzen vermeidbar.

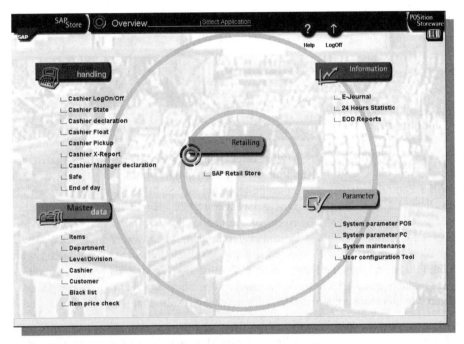

Abbildung 106: Wincor Nixdorf POSition Storeware 6.0

Die technische Konzeption dieser Filial-Zentral-Lösung geht aus Abbildung 107
hervor. In der Zentrale wird die Hardware für die Datenbank und die Applikationen
vorgehalten, in der Filiale erfolgt ein Zugriff über das Internet und die technische
Kommunikation wird über den Web-Server bzw. den Internet Transaction Server der
SAP realisiert.

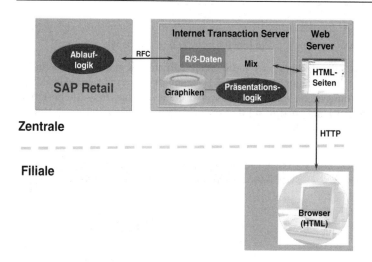

Abbildung 107: Technisches Konzept für die SAP Filial-Zentral-Lösung

Bei der Warenwirtschaftssicht wird direkt ein View auf die Filialfunktionen der Retaillösung angezeigt. Die zentrale Lösung ist damit sowohl für die Filiale als auch für die Zentrale nutzbar, was konzeptionell und aus Sicht der laufenden Kosten als überlegen zu bezeichnen ist. Eine Ausgestaltung der einzelnen Sichten ist darüber hinaus ebenfalls individualisierbar, da sämtliche Transaktionen des SAP-Systems internetfähig sind und in den Storemanager aufgenommen werden können. Während die Warenwirtschaftssicht ein View auf das IS-Retail-System der SAP bietet, wird beim Filialcontrolling die Funktionalität des Business Warehouses genutzt, um durch Viewbildung unterschiedliche Auswertungen überblicksartig dem Filialmanager oder deren Abteilungsleitern aufbereiten zu können (vgl. Abbildung 108).

Der nachfolgenden Abbildung kann ein Beispiel entnommen werden, in der links die Warengruppenumsätze einer Filiale, in der Mitte ein Kiviat-Graph für die unterschiedlichen Umsätze der verglichenen Filialen und rechts die Exceptions angezeigt werden, d.h. die Umsätze und Bestände, die als kritisch eingeschätzt werden. Weitere Auswertungsmöglichkeiten sind in dem zweiten, unteren Teil der Abbildung dargestellt. Es können flexibel die Darstellungen gewählt werden, die aus Sicht des jeweiligen Unternehmens gewünscht werden, da eine vollständige Web-Fähigkeit des Business Warehouses hier keine Limitationen setzt.

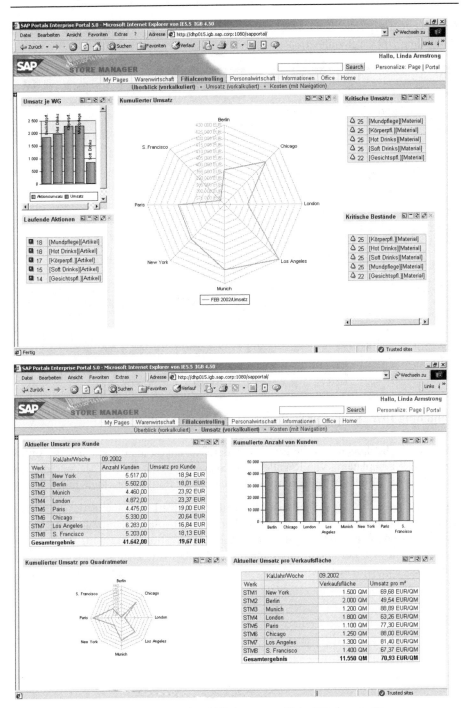

Abbildung 108: Storemanager der SAP-Lösung - Sicht Filialcontrolling

Eine weitere typische Sicht ist die der Personalwirtschaft, welche exemplarisch in Abbildung 109 dargestellt ist.

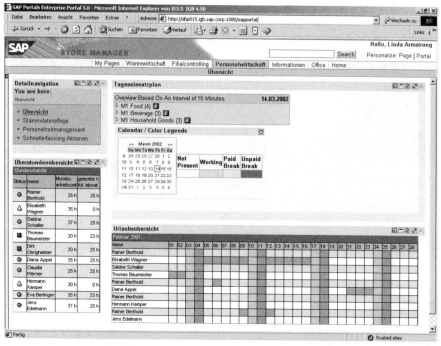

Abbildung 109:   Storemanager der SAP – Personalwirtschaftssicht

Weitere Möglichkeiten, wie die Einbettung der Exchange-Funktionalitäten, des Intranets, von Werbeplanern, von Regallayouts (Spaceman) oder anderer Medien, die zur Steuerung der Filialen erforderlich sind, ist mittels der Portaltechnologie möglich.

Es dürfte angesichts der technischen Möglichkeiten unverkennbar sein, dass für Filialen, die in hohem Maße selbstständig geführt werden sollen, kaum eine Alternative zur Portaltechnologie mit Zugriff auf zentrale Applikationen existiert. Bei Filialen hingegen, die wie bei einem Discounter streng nach Vorgaben geführt werden, ist diese Leistungsfähigkeit nicht erforderlich (und i. d. R. wirtschaftlich nicht gerechtfertigt).

3.8.2 Funktionen des Filialmanagements

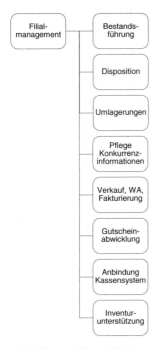

Abbildung 110: Filialmanagement: Teilfunktionen

Bestandsführung

Ein wesentlicher Unterschied zwischen Zentrale und Filale besteht in der Art der Bestandsführung. Während in einem Zentrallager üblicherweise mengenmäßige Bestände geführt werden, werden die Bestände in Filialen häufig auf wertmäßiger Basis fortgeschrieben. Die wertmäßige Bestandsfortschreibung erfolgt nicht auf der Ebene des Artikels, sondern auf der Artikel- oder Warengruppenebene. Dieses Verfahren hat seine Ursache in veralteten Kassensystemen und organisatorischen Schwierigkeiten, artikelgenaue Bestände abzubilden. Das hat zur Folge, dass Abverkäufe nicht artikelgenau, sondern lediglich auf der Ebene von Warengruppen erfasst werden. Die warengruppenbezogene Betrachtung erlaubt nur eine wertmäßige Betrachtung der Bestände. Die Bewertung erfolgt auf Einkaufs- und Verkaufspreisebene, damit die Handelsspanne errechnet werden kann.

In *mySAP Retail* wird die Verwaltung von Beständen auf Warengruppenebene durch den sogenannten Warengruppenwertartikel realisiert. Dabei kann die Zuordnung oder Definition der Bestandsführungsart (Warengruppe, Artikel) individuell für die Filialen festgelegt werden. Auf diese Weise kann den technischen Eigenschaften der unterschiedlichen Kassensystemen Rechnung getragen werden. Neben der Bestandsverwaltung im Rahmen von Warengruppen wird zukünftig auch die Bestandsauswertung auf Ebene von Abteilungen möglich, die insbesondere für Warenhäuser erforderlich ist. Damit wird eine zweite Bestandsführungsebene geschaffen, die die Flexibilität des Systems erhöht. Karstadt plant angeblich die Einführung des mySAP Retail-Systems mit 20.000 Abteilungen und 7 Millionen Artikeln.

Disposition

Voraussetzung der Artikeldisposition durch die Filiale ist, dass die Artikel gelistet sind. Die Listung der Artikel schlägt sich in den Filialen in der Regel in *Ordersätzen* nieder. Für die Disposition sind insbesondere die bestellrelevanten Daten des Ordersatzes (u. a. Artikeldaten, Bestellmengeneinheiten, Lieferantendaten) von Bedeutung. Zudem enthalten die Ordersätze Angaben zum Bezugsweg, da beispielsweise auf einem Ordersatz für eine Bestellmengeneinheit von einen bis zehn Stück als Lieferant das Zentrallager angegeben ist, während größere Mengeneinheiten direkt beim Lieferanten bestellt werden sollen. Ordersätze können einer Filiale in Papierform beispielsweise als Liste oder in elektronischer Form zur Verfügung gestellt werden. Elektronische Ordersätze sind insbesondere im Hinblick auf die Anbindung von externen Filial-Warenwirtschaftssystemen von Bedeutung.

Als *Dispositionsprinzipien* können eine zentrale Disposition, eine dezentral-filialorientierte Disposition und eine dezentral-zentrale Disposition unterschieden werden. Die Auswahl des Dispositionsprinzips erfolgt in Abhängigkeit von den zu disponierenden Artikeln. Im Fall der dezentralen Disposition werden in der Filiale die Bedarfsmengen ermittelt und die Bestellungen direkt an die Lieferanten übermittelt. Werden die Bestände wertmäßig geführt, muss die Disposition weitgehend manuell beziehungsweise visuell als Sichtdisposition erfolgen. Sind dagegen mengenmäßige Bestände bekannt, kann die Ermittlung der Bedarfsmengen durch das Warenwirtschaftsystem erfolgen. Die Zentrale beziehungsweise das Zentrallager des Handelsunternehmens stellt in diesem Szenario lediglich eine besondere Form eines Lieferanten dar. Im Fall der zentralen Disposition wird die gesamte Bedarfsermittlung und Bestellübermittlung von der Zentrale für die Filialen vorgenommen. Voraussetzung hierfür ist, dass die Bestandsführung mengenmäßig erfolgt. Eine zentrale Disposition ist dann sinnvoll, wenn auf diese Weise Degressionseffekte (zum Beispiel Konditionsvorteile, Kostendegressionseffekte) erzielt werden können. Eine Kombination aus den beiden dargestellten Prinzipien stellt die dezentral-zentrale Disposition dar. In diesem Szenario wird zunächst auf der Ebene der Filiale der Bedarf ermittelt und dieser anschließend an die Zentrale übermittelt. Dies betrifft im Unterschied zur dezentralen Disposition auch solche Artikel, die nicht von der Zentrale an die Filialen geliefert werden. Auf der Ebene der Zentrale werden die Bedarfsmengen der Filialen zusammengefasst und unter Berücksichtigung von Konditionsvorteilen in Bestellungen umgesetzt. Dieses Prinzip sichert den Filialen einen hohen Grad an Autonomie und bietet aus zentraler Perspektive die Möglichkeit, lokale Besonderheiten bei der Disposition zu berücksichtigen und gleichzeitig die Synergievorteile der Einbindung in ein Filialsystem zu realisieren.

Die Verteilung der bestellten Mengen auf die einzelnen Filialen erfolgt in der Zentraldisposition mit Hilfe von Aufteilern.[368]

Umlagerungen zwischen Zentrale und Filiale

Durch die Lieferung von Artikeln aus einem Zentrallager in eine Filiale ändert sich zwar nicht der Gesamtbestand der Menge eines Artikels, der im Unternehmen verfügbar ist, wohl aber der physische Lagerort. Diese Veränderung ist durch entsprechende Bestandsbuchungen zwischen den Lagerorten Zentrale und Filiale abzubilden.

Für die Verbuchung der Bestandsbewegungen zwischen Filiale und Zentrale können drei Verfahren unterschieden werden. Sind die Zentrale und die Filiale Organisationseinheiten eines rechtlich eigenständigen Unternehmens, so liegt bei der Lieferung von Artikeln von der Zentrale an die Filiale eine Bestandsverschiebung vor. Sehr effizient kann die Bestandsverschiebung abgewickelt werden, wenn die Warenausgangsbuchung in der Zentrale automatisch zu einer Wareneingangsbuchung in der Filiale führt. Dieses Verfahren eignet sich dann, wenn die Identität von Warenausgangsmenge der Zentrale und Wareneingangsmenge der Filiale sehr wahrscheinlich ist, also insbesondere Schwund (beispielsweise bei sehr hochwertigen Artikeln), Verderb (zum Beispiel bei Frischware) oder Diebstahl ausgeschlossen werden können. Sofern die genannten Einsatzvoraussetzungen nicht gegeben sind, werden manuelle Wareneingangsbuchungen in der Filiale notwendig, die Aufwand nach sich ziehen. Das Verfahren kann vereinfacht werden, indem in der Filiale der Warenausgangsbeleg der Zentrale als Wareneingangsbeleg vorgeschlagen wird. Sind Filiale und Zentrale zwar verbundene, aber rechtlich selbständige Unternehmen, ist eine Lieferung zwischen Zentrale und Filiale rechnungswesenrelevant und muss wie ein Verkauf an Dritte verbucht werden. Analog zur manuellen Wareneingangsbuchung im vorherigen Fall sind aber auch hier entsprechende Vorschlagswerte auf Grundlage des Warenausgangsbeleges oder automatische Buchungen denkbar.

Pflege Konkurrenzinformationen

Die Berücksichtigung von Konkurrenzinformationen ist bis dato in nur wenigen Systemen über die reine Auswertungsfunktionalität hin möglich. Das System *Retek 10* ist hier eine Ausnahme, da dort erfasste Konkurrenzinformationen automatisch zur Anpassung von Preisen etc. führen kann.

In der Regel sind die wichtigsten Informationen die Preise der Konkurrenten, die es zu erfassen gilt. Auch wenn eine filialbezogen Erfassung von Konkurrentenpreisen in Einzelfällen zu unterstützen ist, wird i.d.R. mit einer Clusterung von Betrieben gearbeitet, für die die gleichen Wettbewerbspreise gelten. Diese Preise werden zu

---

[368] Zur Aufteilerfunktionalität der Systeme und den unterstützten Aufteilerregeln vgl. Kapitel 3.5.2.4.

Warenkörben zusammengefasst, um auch Indikationen über Warenkorbpreise der Konkurrenten zu erhalten. Die Warenkörbe können sich auf die Ebenen 800 Artikel (Discount-Artikel), 1.500 Artikel und 3.000 Artikel beziehen. Diese drei Warenkörbe sind für den Vergleich unterschiedlicher Wettbewerber erforderlich und geben für die Preis- und Sortimentssteuerung unterschiedliche Anhaltspunkte. Die Erfassung der Konkurrentenpreise erfolgt i.d.R. mit MDE-Geräten, da sich bilaterale Regelungen vor Ort durchzusetzen scheinen, in denen sich die Marktleiter gegenseitig die Preise transparent machen. Neben der Erfassung von Konkurrenzpreisen können auch Aktionspreise aus Datenbanken wie dem MAPIS-System der Markant genutzt werden, um Informationen über die hausinterne Aktionspreispolitik nutzen zu können.

Verkauf, Warenausgang und Faktura

Auf der Distributionsseite ist die filialbezogene Besonderheit der Warenwirtschaft, dass Verkauf, Warenausgang beziehungsweise die Kommissionierung und die Fakturierung zeitlich und sachlich am Point of Sale zusammenfallen. Der Kunde führt, abgesehen von wenigen Bedienbereichen, die Kommissionierung selbständig durch. Die Erfassung des Warenausgangs wie auch die Fakturierung erfolgen am Check Out mittels Datenkassen. In Abhängigkeit von der Informationsgenauigkeit (artikelgenaue oder wertmäßige Bestandsführung) werden die Abverkaufsdaten artikelgenau oder in verdichteter Form erfasst. In der Regel entstehen hierbei keine offenen Posten, die in einer Debitorenbuchhaltung verwaltet werden müßten, da die Rechnungen sofort beglichen werden.

Die Abläufe beinhalten Abweichungen, wenn Kunden- und Kreditkarten eingesetzt werden, die zunehmende Verbreitung finden.[369] Zunächst sind reine Kreditkarten zu nennen, die von Kreditkartengesellschaften ausgegeben werden (zum Beispiel EuroCard, Visa, American Express). Von Kreditkarten sind Kundenkarten abzugrenzen, die von den Handelsunternehmen an die Kunden ausgegeben werden, um durch die Gewährung von Sonderleistungen unter anderem eine höhere Kundenbindung zu erreichen. Darüber hinaus können Informationen über die Kunden gesammelt und ausgewertet werden, die eine systematische Durchführung von Werbeaktionen und anderen verkaufsfördernden Maßnahmen ermöglichen (direktere Ansprache des Kunden und Personalisierung des Kundenkontaktes). Die dritte Kartenform ist eine Kombination von Kunden- und Kreditkarte, bei der ein Handelsunternehmen eine Kooperation mit einer Kreditkartengesellschaft eingeht. Kreditkarten allein führen zu keiner wesentlichen Veränderung des Distributionsprozesses. Integrierte Kundenkreditkarten hingegen bedingen eine Fakturierung und die Bearbeitung in der Debitorenbuchhaltung, so dass sich in diesem Fall der funktionale Umfang des Distributionsprozesses der Abwicklung im Großhandel annähert.

---

[369] Zu Kundenkarten als Instrument zur Verbesserung der Kundeninformationen vgl. Mohme (1995), S. 283ff.

Die Integration der Kreditkartenabwicklung in das Warenwirtschaftssystem erleichtert die Bearbeitung insbesondere in den Fällen, in denen durch die Kundenkredit karten offene Posten in der Finanzbuchhaltung erzeugt werden. Für die Abrechnung mit den entsprechenden Kreditkartenunternehmen werden offene Posten in der Debitorenbuchhaltung erzeugt und zusammengefasst übertragen. Auch *Win/DSS* unterstützt unterschiedliche Zahlungsarten inklusive Fremdwährungen am Check-Out.

Gutscheinabwicklung

Ein besonderer Geschäftsvorfall, der in einzelnen Handelsbereichen (Buchhandel, Tonträgerhandel, Haushaltswarenhandel, Weinhandel etc.) von großer Bedeutung ist, ist die Gutscheinabwicklung. Ein Gutschein entspricht einer Kundenvorauszahlung und ist insofern rechnungswesenrelevant. Ein entsprechender Posten ist auszubuchen, wenn ein solcher Gutschein eingelöst wird. Um Transparenz über die Gutscheinverbindlichkeiten zu erreichen und gegebenenfalls Mißbrauch vorzubeugen, kann je nach Umfang des Gutscheingeschäfts eine Funktionalität zur Gutscheinverwaltung ein Warenwirtschaftssystem sinnvoll ergänzen.

Anbindung Kassensystem

Die Erfassung des Warenausgangs erfolgt mittels Datenkassen am Check Out. Die Datenkassensysteme sind üblicherweise nicht Bestandteil des Warenwirtschaftssystems. Allerdings können sie über entsprechende Schnittstellen sehr eng an das Warenwirtschaftssystem angebunden werden. Die zentrale Schnittstelle von der Warenwirtschaft zum Kassensystem umfasst den Download der Artikel- und Preisinformationen. Auf diese Weise wird an den Kassen ein Preis-Look-up sowie eine artikelgenaue Erfassung der Verkaufsvorgänge möglich. In umgekehrter Richtung vom Kassensystem zum Warenwirtschaftssystem sind unterschiedlich ausgestaltete Schnittstellen denkbar. So können einerseits die Verkaufsvorgänge in verdichteter und unverdichteter Form an die Warenwirtschaft übertragen werden. Diese Informationen stellen die Grundlage für die Bestandsfortschreibung und Auswertungen des Kaufverhaltens (zum Beispiel Bonanalysen) dar. Andererseits sind auch Geldbewegungen bzw. Geldbestände zu übertragen, um in der Zentrale Transparenz über die Finanz- und Liquiditätssituation im Unternehmen zu erreichen.

Inventurunterstützung

Die Inventurunterstützung im Filialmanagement ist abhängig vom Inventurverfahren, welches heute in der Regel die körperliche Inventur sämtlicher Artikel ist.. Zukünftig gehen die Bestrebungen zu einer permanenten Inventur in der Filiale, die vor allem eine geschlossene Warenwirtschaft unterstellt. Die permanente Inventur lässt sich vor allem mit einer bei einer automatischen Disposition erfolgenden Generierung von Ausnahmemeldungen kombinieren, indem in dem Wirtschaftsjahr mindestens eine Ausnahmemeldung für den Artikel zu einer physischen Bestandsrückmeldung aus dem Markt generiert werden muss.

System-merkmale 22: Filial-management	Bestandsführ.			Elektronischer Ordersatz	Dispositionsprinzip[A]	Umlager.				Anbindung Kassensystem			
	Mengenmäßig	Wertmäßig (EK-Preis)	Wertmäßig (VK-Preis)			Autom. Bestandsb.	Manuelle Bestandsb.	Verkauf z. Zen. + Fil.	Gutscheinverwaltung	Download	Upload[B]	Eigene PC-Kasse	Kassenschnittstellen
A.eins	●	O	O	●	D,Z,G,N	●	●	O	●	●	V,U,W,G	O	O
abas	●	O	O	●	Z,G,N	●	O	O	O	O	-	O	◑
ASW	O	O	O	O	k.A.	O	O	O	O	O	-	O	O
AUPOS	●	●	●	●	D,Z,G	●	●	●	O	●	V,U,W,G	●	◑
AW 400	●	O	O	●	D,Z,G	●	●	●	O	O	-	O	O
b2 Handel	●	O	O	O	D,Z,G,N	●	●	●	●	●	V,U,W,G	●	◑
Bison Solution	●	●	O	●	D,N	O	●	●	●	●	V,U,W,G	●	O
Brain AS	●	●	O	●	D,Z,G,N	●	●	●	O	●	V,U,W	O	◑
Compex	●	O	O	●	D,Z	●	O	●	●	●	V,U,W,G	●	O
Conaktiv	●	●	●	O	-	O	O	O	O	O	-	O	O
Corporate WINLine	●	O	O	●	Z,N	O	●	O	O	O	-	O	◑
CSB-System	●	O	O	●	D,Z,G,N	●	●	●	●	●	V,U,W,G	O	●
DCW-Wawi.	●	●	O	●	D,Z	O	●	●	O	●	V,U,W,G	●	O
DEWAS / MESS	●	●	●	●	D,G	●	●	●	●	●	V,U,W,G	O	●
diamod	●	O	O	●	G,N	●	O	●	O	●	U	●	◑
e.fet Wawi.	●	O	O	O	G	O	●	O	O	O	-	O	O
FEE	●	●	●	●	D,Z	●	●	O	●	●	W	●	O
Formica SQL	O	O	O	O	-	O	O	O	O	O	-	O	O
Futura ERS	●	●	●	●	D,Z,G,N	●	O	●	●	●	V,U,W,G	●	●
G.O.L.D.	●	●	●	●	D,Z,G,N	●	●	●	O	●	V,U,W	●	●
GEAC System 21	O	O	O	O	N	O	O	O	O	O	-	O	O
gevis	●	O	O	●	D	●	●	●	O	●	V,U	●	◑
i/2	●	O	O	●	D,Z,G,N	●	●	●	●	●	V,U,W,G	●	O
iBaanERP	●	O	O	●	D,Z,G,N	●	●	●	O	●	-	O	O
IFS Applications	●	O	O	●	D,Z,G	O	●	●	O	●	-	O	O
IN:ERP	●	O	O	O	D,G	O	●	●	O	O	-	O	O
J.D. Edwards	●	O	O	●	D,Z,N	●	●	●	O	●	V,W,G	O	O
JDA-PMM	●	●	●	●	D,Z,G,N	●	●	●	●	●	V,U,W,G	●	●
KARAT	●	O	O	O	Z	●	●	O	O	O	-	O	O
MBS-Apertum	●	O	O	●	G	●	●	●	●	●	V,U,W	O	◑
MBS-Axapta	●	O	O	●	D,Z,G	O	●	●	O	O	-	O	O
MBS-Navision	●	●	O	●	D,Z,N	●	●	O	O	●	V,U,W	●	O

[A] D=dezentral; Z=zentral; G=gemischt; N=Nachschubdisposition (one-sell-one-buy)
[B] V=verdichtete Verkaufsvorgänge, U=unverdichtete Verkaufsvorgänge, W=Warenbewegungen, G=Geldbewegungen

System-merkmale 22: Filial-management	Bestandsführ.			Elektronischer Ordersatz	Dispositionsprinzip[A]	Umlager.				Anbindung Kassensystem			
	Mengenmäßig	Wertmäßig (EK-Preis)	Wertmäßig (VK-Preis)			Autom. Bestandsb.	Manuelle Bestandsb.	Verkauf z. Zen. + Fil.	Gutscheinverwaltung	Download	Upload[B]	Eigene PC-Kasse	Kassenschnittstellen
MKS Goliath	○	○	○	○	-	○	○	○	●	○	-	●	◐
Movex	●	○	○	●	D,Z,G,N	●	●	●	○	●	V,W,G	○	◐
oxaion	●	○	○	○	D,Z,G,N	●	●	●	○	○	-	○	◐
P2plus	●	○	○	○	D,Z,G	●	●	●	○	○	-	○	○
PISA – Wawi.	●	○	○	●	D,Z,G,N	●	○	●	●	●	V,U,W,G	●	●
Pollex LC	●	○	○	●	D,Z,G	●	●	●	●	●	U,W,G	●	○
priMio – E/Con	●	○	○	○	D,G	○	●	○	●	●	U,W	●	○
ProALPHA	○	○	○	○	-	○	○	○	○	○	-	○	○
PRODIS	●	○	○	●	D,G,N	●	○	●	○	○	-	○	○
Profit-WWS	●	●	○	○	-	○	○	○	●	○	-	○	○
ProWWS	○	○	○	○	-	○	○	○	○	○	-	○	○
Regulus	●	○	○	●	-	○	●	●	○	○	-	○	○
Retek 10	●	●	●	●	D,Z,G,N	●	●	●	○	●	V,U,W,G	●	●
Sangross V	●	●	●	○	D,Z	●	●	●	○	○	-	○	○
SAP Business One	●	○	○	○	k.A.	○	○	○	○	●	W	●	◐
SAP mySAP Retail	●	●	●	●	D,Z,G,N	●	●	●	●	●	V,U,W,G	○	◐
SDS fashion	●	○	○	●	-	●	○	●	●	●	U,W,G	○	○
Semiramis	●	●	○	●	D,Z,G,N	●	●	●	○	●	V,U,W	○	○
Skill Commercial	●	○	○	○	-	○	●	○	○	●	V,G	●	◐
SO:Business Soft.	●	○	●	●	D,Z,G,N	●	●	●	○	●	U,W	○	◐
SoftM Suite	●	○	○	○	D,Z,G,N	●	○	●	●	○	V,U,W,G	○	○
SQL-Business	●	○	○	●	D,Z,N	○	○	○	○	●	V,U,W,G	●	○
Steps Business Sol.	○	○	○	○	-	○	○	○	●	●	V,U,W,G	●	○
TRADEsprint	●	●	○	●	D,Z,G,N	●	●	●	○	●	V,U,W,G	●	●
TS	●	○	○	●	G,N	●	○	●	○	●	U	○	○
Unitrade	●	●	●	●	D,Z,G,N	●	●	●	●	●	V,U,W,G	●	●
UPOS	●	●	○	○	D,Z	●	●	●	○	○	-	○	○
VERA	●	●	○	●	D,Z,G	○	○	●	●	●	V,U,W,G	●	◐
W 5	●	○	○	●	D,Z,G,N	●	●	●	●	●	V,U,W,G	●	◐
WEST System	●	○	○	○	D,Z,G	●	●	○	○	●	V,U,W,G	○	◐
Wilken Materialw.	●	○	○	○	D,Z,G,N	○	●	○	○	○	-	○	●
x-trade	○	○	○	●	D	○	○	●	○	○	-	○	○

[A] D=dezentral; Z=zentral; G=gemischt, N=Nachschubdisposition (one-sell-one-buy)
[B] V=verdichtete Verkaufsvorgänge, U=unverdichtete Verkaufsvorgänge, W=Warenbewegungen, G=Geldbewegungen

3.9   Führungsinformationssystem

Die bisher dargestellten Funktionalitäten von Warenwirtschaftssystemen beziehen sich fast ausnahmslos auf die Unterstützung und Abwicklung einzelner Geschäftsvorfälle. Informationen zur Beurteilung der Vorteilhaftigkeit einzelner Transaktionen liegen in der Regel im Warenwirtschaftsystem direkt vor.

Managemententscheidungen gehen jedoch über den einzelnen Geschäftsvorfall hinaus. Sie beziehen sich auf Kategorien von Geschäftsvorfällen. Dabei besteht die Aufgabe des Managements darin, das Unternehmen so zu steuern, dass Erfolg und Liquidität langfristig gesichert sind. Aufgrund der Vielzahl zu berücksichtigender Einflussfaktoren ist das Entscheidungsfeld komplex. Zusätzlich zur wachsenden Komplexität sind Managemententscheidungen einer zunehmenden Veränderlichkeit wesentlicher Einflussfaktoren ausgesetzt.[370]

Die zunehmende *Komplexität*[371] äußert sich im Handel insbesondere in einer stärkeren Individualisierung der Gesellschaft mit individualisierten Kundenpräferenzen, zum Beispiel im Hinblick auf Produkte, Einkaufszeiten oder Absatzkanäle (beispielsweise stationärer Einzelhandel, Versandhandel, Electronic Commerce). Die Komplexität wird verschärft durch die damit einhergehende Zunahme der Zahl von Produkten beziehungsweise Produktvarianten, die individuellen Bedürfnissen Rechnung tragen sollen. Auf der Beschaffungsseite wird durch die Globalisierung des Beschaffungsmarktes und einer Zunahme potenzieller Lieferanten die Komplexität erhöht.[372] Neben der externen Komplexität des Unternehmensumfelds ist die interne Komplexität von Handelsunternehmen aufgrund variierender Geschäftsprozesse gestiegen. Die konstatierte *Dynamik* manifestiert sich im Handel insbesondere in der Vielzahl und Häufigkeit der Produktneueinführungen, verbunden mit einer hohen Versagerquote und entsprechend häufigen Artikelauslistungen.[373]

Das Management von Handelsunternehmen erfordert die zeitgerechte Bereitstellung von Informationen, um unternehmensinterne und -externe Veränderungen frühzeitig erkennen zu können. Dabei ist zu berücksichtigen, dass die verfügbare Reaktionszeit durch die zunehmende Dynamik abnimmt, andererseits aber die zunehmende Komplexität mehr Zeit zur Informationsverarbeitung und Entscheidungsfindung erfordert. Es kommt somit zu einem Auseinanderklaffen von erforderlicher und verfügbarer Reaktionszeit, die einer Zeitschere mündet (vgl. Abbildung 111).

---

[370]   Vgl. zum Beispiel Horvath (1996), S. 3 ff.
[371]   Vgl. Adam, Johannwille (1998).
[372]   Vgl. Piquet (1998), S. 281 ff.
[373]   Einer Studie der MADAKOM zufolge lag die Innovationsquote bei ausgewählten Produkten 1995 bei 50%.

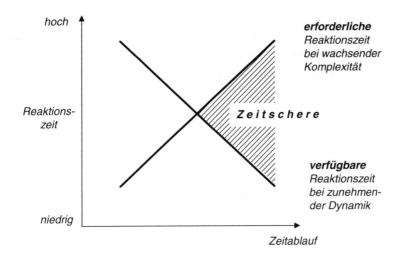

in Anlehnung an: Hungenberg (1993), S. 64.

Abbildung 111: Die Zeitschere als Folge zunehmender Umweltdynamik und -komplexität

Warenwirtschaftssysteme stellen aufgrund ihrer direkten Beziehung zu Marktpartnern eine zentrale Informationsquelle für das Informations- und Berichtssystem des Managements dar. Ein Instrument zur Beherrschung der Komplexität des Handelsgeschäftes besteht in der Verdichtung der einzelnen Geschäftsvorfälle auf wichtige, übergeordnete Entscheidungs- beziehungsweise Berichtsobjekte.

Ein klassisches Berichtsobjekt stellt die Periode dar. Hierbei werden die Geschäftsvorfälle eines als Periode definierten Betrachtungszeitraumes (Woche, Monat, Quartal etc.) zusammengefasst. Durch den Vergleich der Periodenergebnisse im Zeitablauf lassen sich Entwicklungstrends erkennen.

Allerdings ist eine ausschließlich periodenorientierte Betrachtung in der Regel wenig operational. Die zusammengefassten Geschäftsvorfälle sind zu heterogen, als dass konkrete Ursachen und Einflussgrößen für erkannte Entwicklungen erkennbar wären und sich konkrete Entscheidungen aus diesen Informationen ableiten ließen. Aus diesem Grund ist es erforderlich, die periodenorientierte Betrachtung mittels weiterer *Berichtsobjekte* zu differenzieren. Solche Berichtsobjekte sind Kunden, Artikel oder Regionen.

Durch die Zusammenfassung der Geschäftsvorfälle nach Kunden wird u. a. die Wichtigkeit und die Profitabilität einzelner Kunden transparent und zeigt deren Einfluss auf das Gesamtergebnis auf. Hiermit lassen sich Entscheidungen des Kundenmanagements fundieren. Die Verdichtung der Geschäftsvorfälle nach einzelnen Artikeln zeigt Schwerpunkte auf und macht Entwicklungen in der Artikelattraktivität und -profitabilität transparent. Die Informationen können Entscheidungen im

Rahmen von Sortimentsbereinigungen anstoßen. Bei einer Analyse nach Regionen kann beispielsweise festgestellt werden, ob bestimmte regionenspezifische Expansions- und Wachstumspläne realisiert werden können.

Die Geschäftsvorfälle lassen sich auf der Absatzseite insbesondere anhand der *Prozessphasen* in Auftragsbearbeitung, Lieferung, Faktura und gegebenenfalls Reklamation differenzieren. Die differenzierte Analyse von Geschäftsvorfällen erlaubt es nicht nur, abgeschlossene Aufträge zu betrachten, sondern auch bereits solche, die sich noch „in der Pipeline" befinden.

Durch die explizite Betrachtung von Reklamationen sollen Problemfaktoren, die sowohl in Form von aufwendigen Reklamationsabwicklungen Ressourcen in Anspruch nehmen als auch die Kundenzufriedenheit negativ beeinflussen, erkannt und gegebenenfalls eliminiert werden. Problemfaktoren können beispielsweise unzuverlässige Produkte sein, die nicht den Ansprüchen der Kunden gerecht werden.

Neben der Verdichtung der Einzelfallinformationen stellen im Rahmen des Berichtswesens *ABC-Analysen* ein wichtiges Instrument bei der Komplexitätsbeherrschung dar. Hierbei werden die Betrachtungsobjekte - wie Kunden, Artikel oder Filialen - in Abhängigkeit von bestimmten Variablen wie Umsatz, Deckungsbeitrag oder Plan-/Ist-Abweichungen sortiert und in Klassen eingeteilt. Die Klasse A beinhaltet die wichtigsten Kunden oder Artikel, die ca. 70-80 Prozent des Gesamtumsatzes oder Gesamt-Deckungsbeitrages bedingen. Auf diese hat sich die Aufmerksamkeit des Managements zu konzentrieren.

Das Artikelinformationssystem der Systemfamilie *DEWAS/MESS* bietet unter anderem Informationen über

- Absatz, VK, EK, Umsatz, Ertrag, Bestand, Spanne und Bestandswert,

- in einzelnen Märkten, Warengruppen oder mit Lieferanten,

- für beliebige Zeiträume (Tage, Wochen, Monate, Jahre),

- für Marktgruppen (Vetriebsschienen) oder einzelne Aktionen an.

Das System *Unitrade* bietet darüber hinaus die Möglichkeit, im Rahmen seines Führungsinformationssystems explizite Handlungsvorlagen zu erzeugen. Beispiele hierfür sind Lagerabbauvorschläge und Ertragsausfallberechnungen.

System-merkmale 23: FIS	Bezugsobjekt				Prozessphase				Vergleiche			ABC-Analysen				
	Perioden	Artikel	Kunden	Regionen	Auftragseingang	Lieferungen	Fakturen	Reklamationen	IST / PLAN	IST / IST-Vormonat	IST / IST-Vorjahr	Kunden	Artikel	Umsatz	Deckungsbeitrag	Plan/Ist-Abweichung
A.eins	●	●	●	●	●	●	●	●	●	●	●	●	●	●	●	●
abas	●	●	●	●	●	●	●	●	●	●	●	●	●	●	○	○
ASW	●	●	●	●	●	●	●	●	●	●	●	●	●	●	●	●
AUPOS	●	●	●	●	●	●	●	●	●	●	○	●	●	●	●	●
AW 400	●	●	●	●	●	●	●	●	●	●	●	●	●	●	●	●
b2 Handel	●	●	●	●	●	○	●	●	●	●	●	●	●	○	○	○
Bison Solution	●	●	●	●	●	●	●	○	●	●	●	●	●	●	●	○
Brain AS	●	●	●	●	●	●	●	●	●	●	●	●	●	●	●	●
Compex	○	●	●	●	●	●	●	●	○	○	○	●	●	●	●	○
Conaktiv	●	●	●	●	●	●	●	●	○	●	●	●	●	●	○	○
Corporate WINLine	●	●	●	●	●	●	●	●	○	●	●	●	●	●	○	○
CSB-System	●	●	●	●	●	●	●	●	●	●	●	●	●	●	●	●
DCW-Wawi.	●	●	●	●	●	●	●	○	○	●	●	●	●	●	○	○
DEWAS / MESS	●	●	○	●	○	○	○	○	●	●	●	○	●	●	●	●
diamod	●	●	●	○	●	○	●	●	●	●	●	●	●	●	○	○
e.fet Wawi.	●	●	●	○	●	●	●	●	○	●	●	○	○	○	○	○
FEE	*keine Angaben*															
Formica SQL	●	●	●	○	●	●	●	●	●	●	●	○	○	○	○	○
Futura ERS	●	●	●	●	●	●	●	●	●	●	●	●	●	●	●	●
G.O.L.D.	●	●	●	○	●	●	●	○	●	●	●	●	●	●	○	●
GEAC System 21	●	●	●	●	●	●	●	●	●	●	●	●	●	●	●	●
gevis	●	●	●	●	●	●	●	●	●	●	●	●	●	●	●	●
i/2	●	●	●	○	●	●	●	●	●	●	●	○	○	○	○	○
iBaanERP	●	●	●	●	●	●	●	●	●	●	●	●	●	●	●	●
IFS Applications	●	●	●	●	●	●	●	●	●	●	●	●	●	●	●	●
IN:ERP	●	●	●	●	●	●	●	○	●	●	●	●	●	●	○	○
J.D. Edwards	●	●	●	●	●	●	●	●	●	●	●	●	●	●	●	○
JDA-PMM	●	●	●	●	●	●	○	●	●	●	●	●	●	●	●	●
KARAT	●	●	●	○	○	○	○	○	○	○	○	○	○	○	○	○
MBS-Apertum	●	●	●	○	●	●	●	●	●	○	●	○	○	○	○	○
MBS-Axapta	●	●	●	●	●	●	●	○	●	●	●	●	●	●	○	○
MBS-Navision	●	●	●	●	●	●	●	●	●	●	●	●	●	●	●	●

System-merkmale 23: FIS	Bezugsobjekt				Prozessphase				Vergleiche			ABC-Analysen				
	Perioden	Artikel	Kunden	Regionen	Auftragseingang	Lieferungen	Fakturen	Reklamationen	IST / PLAN	IST / IST-Vormonat	IST / IST-Vorjahr	Kunden	Artikel	Umsatz	Deckungsbeitrag	Plan/Ist-Abweichung
MKS Goliath	●	●	●	●	○	○	○	○	●	●	●	○	○	○	○	○
Movex	●	●	●	●	●	●	●	●	●	●	●	●	●	●	●	●
oxaion	●	●	●	●	●	●	●	●	○	●	●	●	●	●	○	○
P2plus	●	●	●	●	●	●	●	●	●	●	●	●	●	●	○	○
PISA – Wawi.	●	●	●	●	●	●	●	●	●	●	●	●	●	●	●	●
Pollex LC	*keine Angaben*															
priMio – E/Con	○	○	○	○	○	○	○	○	○	○	○	○	○	○	○	○
ProALPHA	●	●	●	●	●	●	●	●	●	●	●	●	●	●	●	●
PRODIS	○	●	●	○	○	○	○	○	●	○	○	○	●	○	○	○
Profit-WWS	○	●	●	○	●	●	●	○	●	●	●	●	●	●	●	●
ProWWS	●	●	●	●	●	●	●	●	●	●	●	●	●	●	●	●
Regulus	●	●	●	●	●	●	●	●	○	●	●	●	●	●	●	○
Retek 10	●	●	●	●	●	●	●	●	●	●	●	●	●	●	●	●
Sangross V	●	●	●	●	●	●	●	●	●	●	●	●	●	●	●	○
SAP Business One	●	●	●	○	●	●	●	○	○	○	○	●	●	○	○	○
SAP mySAP Retail	●	●	●	●	●	●	●	●	●	●	●	●	●	●	●	●
SDS fashion	●	●	●	●	○	●	●	○	○	●	●	●	●	●	○	○
Semiramis	●	●	●	●	●	●	●	●	●	●	●	●	●	●	●	●
Skill Commercial	●	●	●	●	●	●	●	○	●	●	●	●	●	●	●	●
SO:Business Soft.	●	●	●	○	●	○	●	○	●	●	●	●	●	●	●	●
SoftM Suite	●	●	●	●	●	●	●	●	●	●	●	●	●	●	●	●
SQL-Business	●	●	●	○	●	●	●	●	●	●	●	●	●	●	●	●
Steps Business Sol.	●	●	●	●	●	●	●	○	○	○	○	●	●	○	○	○
TRADEsprint	●	●	●	●	●	●	●	●	●	●	●	●	●	●	●	●
TS	●	●	●	●	●	●	●	●	●	●	●	●	●	●	○	○
Unitrade	●	●	●	●	●	●	●	●	○	●	●	●	●	●	●	○
UPOS	●	●	●	○	●	○	●	●	●	●	●	●	●	●	●	○
VERA	●	●	●	●	●	●	●	●	●	●	●	●	●	●	●	●
W 5	●	●	●	●	●	●	●	●	●	●	●	●	●	●	●	●
WEST System	●	●	●	●	●	●	●	○	●	●	●	●	●	●	○	○
Wilken Materialw.	●	●	●	○	●	○	●	○	○	○	○	●	●	●	●	○
x-trade	●	●	●	●	●	●	●	●	●	●	●	●	●	●	○	●

3.10 Rechnungswesensysteme

Neben den zentralen Prozessen, die traditionell vom Warenwirtschaftssystem unterstützt werden, gibt es weitere Aufgaben in Handelsunternehmen, die durch Softwaresysteme unterstützt werden können. Der Nutzen der gesamten Anwendungssystemlandschaft in einem Handelsunternehmen ist höher, wenn die unterschiedlichen Systeme integriert sind. Integration von Informationssystemen bedeutet insbesondere, dass Informationssysteme auf dieselbe Datenbasis zurückgreifen und eine weitgehend automatisierte Kommunikation zwischen den einzelnen Teilsystemen realisiert ist. Dies ist beispielsweise der Fall, wenn eine in der Warenwirtschaft erfolgte Faktura automatisch in der Finanzbuchhaltung verbucht wird.

Sind die unterschiedlichen Funktionsbereiche eines Handelsunternehmens nicht komplett durch ein integriertes Informationssystem abgedeckt, so besteht die Möglichkeit, Anwendungssysteme für unterschiedliche Funktionsbereiche über Schnittstellen miteinander zu koppeln. Solche Schnittstellenkopplungen von Informationssystemen vermindern den manuellen Übertragungsaufwand zwischen unterschiedlichen Systemen sowie die damit einhergehende Gefahr von Fehlern. Schnittstellen selber erfordern jedoch Entwicklungs- und Wartungsaufwand. Im Vergleich zu integrierten Systemen haben schnittstellenorientierte Systeme in der Regel den Nachteil geringerer Datenaktualität und eingeschränkter übergreifender Auswertungsmöglichkeiten. Insbesondere das Problem des Wartungs- und Entwicklungsaufwandes von Schnittstellen ist jedoch reduziert, wenn in den Warenwirtschaftssystemen bereits Schnittstellen zu spezifischen Partnersystemen vorgesehen sind. Die Schnittstellenbeziehungsweise Zusatzsystemlösungen haben darüber hinaus den Vorteil, dass unter Umständen aus unterschiedlichen möglichen Zusatzlösungen, das für das Unternehmen geeignetste Angebot ausgewählt werden kann.

3.10.1 Finanzbuchhaltung

Die Finanzbuchhaltung als Bestandteil der externen Rechnungswesen dient der Erfassung und Dokumentation sämtlicher Geschäftsvorfälle zum Zweck der Rechnungslegung.[374] Die von der Finanzbuchhaltung erzeugten Informationen richten sich primär an externe Adressaten.

Die Produkte für die Finanzbuchhaltung nehmen im Bereich der betriebswirtschaftlichen Anwendungssoftware eine besondere Stellung ein: Einerseits kommt heute kein Unternehmen - mit Ausnahme von Kleinstunternehmen - ohne eine softwaretechnische Unterstützung für die Finanzbuchhaltung aus, so dass es ein hohes Marktpotenzial für Finanzbuchhaltungssysteme gibt. Andererseits sind die Funktio-

---

[374] Vgl. Eisele (1993), S. 3 ff.

nen von Finanzbuchhaltungssystemen in hohem Maße durch rechtliche Vorschriften reglementiert, so dass in den Basisfunktionen kaum Unterschiede zwischen den verschiedenen Standardsoftwaresystemen existieren. Der hohe Standardisierungsgrad und die Notwendigkeit regelmäßig rechtliche Änderungen einzupflegen, hat dazu geführt, dass im Bereich der Finanzbuchhaltung fast ausschließlich Standardsoftware eingesetzt wird, welche grundsätzlich auch in guter Qualität für alle Firmengrößen, von Kleinunternehmen bis hin zu internationalen Konzernen, am Markt verfügbar ist.[375]

Die Finanzbuchhaltung besteht im wesentlichen aus den Komponenten Hauptbuchhaltung, Anlagen- und Personenbuchhaltung. Die *Hauptbuchhaltung* hat neben den Sachkontenbuchungen insbesondere die Aufgabe, den Jahresabschluss mit der Bilanz, GuV und gegebenenfalls einem Anhang sowie einem Lagebericht zu erstellen. Die Anlagenbuchhaltung hat die Aufgabe der Verwaltung und Kontrolle des Anlagevermögens. Die Personenbuchhaltung hat neben anderen Aufgaben auch die Kreditoren- und Debitorenbuchhaltung zu unterstützen. Die *Kreditorenbuchhaltung* bildet den Abschluss des Beschaffungsprozesses.[376] Ihre Hauptaufgabe besteht in der Regulierung der Offenen Posten, die wiederum das Ergebnis der in der Rechnungsprüfung erfassten und geprüften Rechnung darstellen.

Die *Debitorenbuchhaltung* bildet analog den Abschluss des Distributionsprozesses. Ebenso wie die Kreditorenbuchhaltung ist auch die Debitorenbuchhaltung durch eine hohe Branchenneutralität gekennzeichnet. Zu den Kernaufgaben gehört die Debitorenstammdatenpflege, die Buchung von Rechnungen, Gutschriften und nachträglichen Abrechnungen (Bonuszahlungen), der Einzug bzw. die Abbuchung, die Buchung des Zahlungseingangs, das Mahnwesen und das Kreditmanagement.[377] Dem vom operativen Tagesgeschäft entkoppelten Kreditmanagement kommt aufgrund der gesamtwirtschaftlichen Lage und der deutlich zunehmenden Anzahl an Insolvenzen eine große Bedeutung zu. Basierend auf einer Bonitätseinstufung des Kunden sind Kredite zu vergeben und diese ebenso wie die Kundenbonität permanent zu kontrollieren. Realisiert wird dies vielfach durch die Festlegung eines kundenindividuellen Kreditlimits, das beim Erfassen von Aufträgen überprüft und fortgeschrieben wird. Aufgrund des nicht unerheblichen Ausfallrisikos, gehen Handelsunternehmen zunehmend dazu über, einerseits zur Forderungsabsicherung gewährte Kredite bei Kreditversicherungen rückzuversichern; andererseits wird zur Bonitätsbeurteilung auf externe Informationsquellen wie beispielsweise die Creditreform[378] zurückgegriffen.

Eine vollständig in das SAP Debitorenmanagement integrierte Lösung für beide Einsatzbereiche bietet die Command AG mit den SAP Add-Ons *KVsprint* (Kredit-

---

[375] Vgl. Klein, Vering (2003).
[376] Vgl. Becker, Schütte (2004), S. 382.
[377] Zu den einzelnen Teilaufgaben vgl. Becker, Schütte (2004), S. 493 ff.
[378] Vgl. www.creditreform.de

versicherungs-Management) und *CREFOsprint* (Online-Anbindung an die Creditreform).

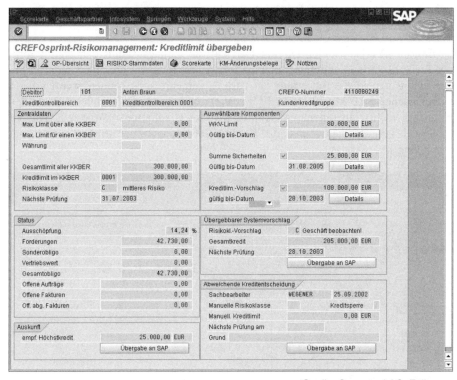

Quelle: Command AG, Ettlingen.

Abbildung 112: Festlegung und Übergabe des Debitoren-Kreditlimits an SAP mit
dem SAP Add-On CREFOsprint der Command AG

KVsprint wurde zusammen mit führenden Kreditversicherern entwickelt[379] und
erlaubt einen direkten elektronischen Datenaustausch zwischen dem Handelsunternehmen und dem Kreditversicherer. Die Funktionen von KVsprint umfassen u. a.:

- Antragsdaten und -status der Kreditversicherungen

- Einzellimite und Gesamtlimite bei Kundenhierarchien

- Neu- und Erhöhungsanträge der Versicherungssummen

- automatische Zuordnung entstehender OPs zur Kreditversicherung (mit
  Historie)

---

[379] So können u. a. die Verträge von Hermes (AVB99), Gerling (Global Trading Policy) und AKV
Mainz (Goballiance Contract) abgebildet werden.

- Kontrolle und Meldungen der Kreditüberschreitung

- Meldung der Ultimosalden und der Monatsumsätze

- Selbstprüfung der Bonität bei unbenannten (d. h. pauschal) versicherten Kunden

CREFOsprint erlaubt einen Direktzugriff auf die Onlineauskunft der Creditreform zur Risikobewertung und unterstützt die Inkasso-Abwicklung über die Creditreform. Um eine ganzheitliche Bewertung des Risikos vornehmen zu können, werden die in verschiedenen SAP-Module (u. a. FI und SD) vorhandenen Daten integriert mit den benutzergerecht aufbereiteten Auskunftsdaten der Creditreform dargestellt. Hierauf basierend können dann fundierte Kreditentscheidungen getroffen werden (vgl. Abbildung 112).

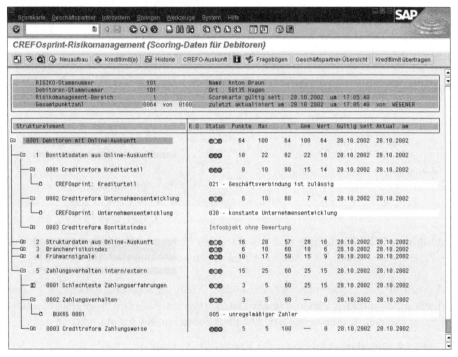

Quelle: Command AG, Ettlingen.

Abbildung 113:   Scoringkarte für Debitoren im CREFOsprint-Risikomanagement

Zu den zentralen Funktionen von CREFOsprint im Bereich Risikomanagement und Inkasso gehören:

- Historisierte Speicherung eingeholter Wirtschaftsauskünfte

- Rechercheverwaltung mit persönlicher Arbeitsvorrat-Liste

- Früherkennung von Insolvenzrisiken durch individuell einstellbare hierarchisierbare Ampelfunktionen bzw. Scorecard-Funktionalität (vgl. Abbildung 113)

- papierlose Übertragung der Inkassoaufträge an die Creditreform

- automatische Statusrückmeldung der Inkassovorgänge an SAP

Die verfügbaren Finanzbuchhaltungssysteme lassen sich grundlegend in zwei Kategorien einteilen: Zum einen können Finanzbuchhaltungssysteme als Komponente von umfassenderen *ERP-Systemen* angeboten werden, zum anderen existieren auch *reine Finanzbuchhaltungssysteme.*

Ein Vorteil der ERP-Systeme liegt in der möglichen engen Verzahnung mit den operativen PPS- oder Warenwirtschaftsfunktionen. Dies ist beispielsweise der Fall, wenn eine im Warenwirtschaftssystem erfolgte Faktura automatisch in der Finanzbuchhaltung verbucht wird. Vielfach können die Finanzbuchhaltungskomponenten von ERP-Systemen (z. B. SAP FI) auch losgelöst eingesetzt werden, wodurch sie nicht nur für Nutzer des kompletten ERP-System geeignet sind. Aber auch Zusatzlösungen lassen sich heute über Schnittstellen effizient an die operativen Systeme ankoppeln, so dass eine Datenübergabe ohne manuellen Eingriff möglich wird.

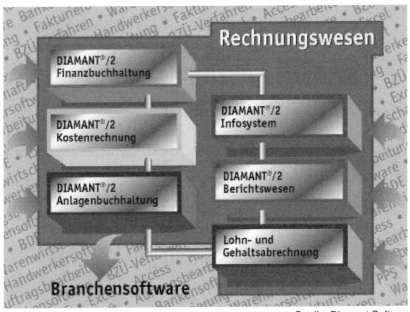

Quelle: Diamant Software.

Abbildung 114: Module des Rechnungswesens am Beispiel des Programms *Diamant/2*

Die Realisierung der Finanzbuchhaltung als Zusatzsystem bietet den Vorteil, dass unter Umständen – unabhängig von der gewählten Warenwirtschaftslösung – aus unterschiedlichen möglichen Finanzbuchhaltungsprodukten das für das Unternehmen geeignetste Angebot gewählt werden kann. Dieser Argumentation folgend verzichten vor allem mittelständische Warenwirtschaftssystemanbieter auf die Entwicklung eigener Finanzbuchhaltungskomponenten und bietet stattdessen umfassende Schnittstellen zu externen Finanzbuchhaltungssystemen an. Viele dieser Systeme decken - direkt oder über Zusatzmodule - auch die weiteren Funktionen des Rechnungswesens, d.h. die Kostenrechnung, die Anlagenbuchhaltung und die Lohn- und Gehaltsabrechnung, integriert ab (vgl. beispielsweise Abbildung 114). Diese Systeme werden im Rahmen dieses Buches nicht weiter differenziert und nur im Bereich der Finanzbuchhaltung aufgelistet (vgl. Tabelle 10).

Produkt	Anbieter	Kontakt	
CARAT	CARAT Software GmbH Forsthausstraße 1 78048 Villingen-Schwenningen	Tel.: Fax: Email: www:	07721 / 4070-0 07721 / 4070-2402 info@carat-software.com www.carat-software.com
Diamant / 2	Diamant Software Sunderweg 2 33649 Bielefeld	Tel.: Fax: Email: www:	0521 / 94260- 00 0521 / 94260-29 info@diamant-software.de www.diamant-software.de
EBS Financials	EBS Software GmbH Messerschmittstr. 45 89231 Neu-Ulm	Tel.: Fax: Email: www:	0731 / 97495-0 0731 / 97495-20 info@quantum.de www.ebssoftware.de
Kissels Finanzbuchhaltung	Kissels Software GmbH Aachener Str. 675 50933 Köln	Tel.: Fax: Email: www:	0221 / 949834-0 0221 / 949834-1 info@kissels.de www.kissels.de
Mosaic/4	Inoma AG Marktgasse 5 CH-4051 Basel	Tel.: Fax: Email: www:	++41 61 / 2649555 ++41 61 / 2622005 info@inoma.ch www.inoma.ch
Oracle Applications - Financials	ORACLE Deutschland GmbH Hauptverwaltung Riesstr. 25 80992 München	Tel.: Fax: Email: www:	089 / 1430-0 089 / 1430-1150 - www.oracle.de
SAP FI/CO/AM/HR	SAP Aktiengesellschaft Neurottstraße 16, 69190 Walldorf	Tel.: Fax: Email: www:	06227 / 7-47474 06227 / 7-57575 - www.sap.com
Sage KHK	Sage-KHK GmbH Berner Str. 23 60437 Frankfurt	Tel.: Fax: Email: www:	069 / 50007-111 069 / 50007-277 - www.sagekhk.de
SBS Rewe	SBS Software GmbH Pforzheimer Str. 46/1 75015 Bretten	Tel.: Fax: Email: www:	07252 / 919 - 0 07252 / 919 - 159 info@sbs-software.de www.sbs-software.de

Schilling Rechnungswesen	SoftM Software und Beratung AG Messerschmittstraße 4 D-80992 München	Tel.: Fax: Email: www:	089 / 14329 - 0 089 / 14329 - 114 softm.muenchen@softm.de www.softm.de
Syska SQL Rewe	Syska GmbH Am Sandfeld 9 76149 Karlsruhe	Tel.: Fax: Email: www:	0721/ 985 93 - 0 0721 / 985 93 - 60 info@syska.de www.syska.de
Varial	Varial Software AG Liebermannstrasse 1 22605 Hamburg	Tel.: Fax: Email: www:	0180-5152000 0180-5152001 info@varial.de www.varial.de

Tabelle 10: Kurzübersicht Finanzbuchhaltungssoftware

3.10.2 Kostenrechnung

Die Kosten- und Erlösrechnung im Handel hat im wesentlichen die Aufgabe, über die Wirtschaftlichkeit des Instrumentaleinsatzes zu informieren.[380] Darüber hinaus hat sie die Aufgabe, bei betriebswirtschaftlichen Entscheidungsproblemen die entscheidungsrelevanten Kosten und Erlöse zu ermitteln. Analog zur Finanzbuchhaltung werden dabei die Geschäftsprozesse des Unternehmens abgebildet. Im Gegensatz zur Finanzbuchhaltung ist die Kosten- und Erlösrechnung nicht an gesetzliche Vorgaben gebunden. Des weiteren unterscheidet sich die Kosten- und Erlösrechnung von der Finanzbuchhaltung durch ein höheres Maß an Differenzierung. In der Kosten- und Erlösrechnung wird neben den Konten ein weiteres Differenzierungsmerkmal, die Abrechnungseinheit, unterschieden. Das bedeutet, dass die Kosten der Geschäftsvorfälle nicht nur nach den Kostenarten (beispielsweise Personal, Ware, Strom) sondern auch nach dem Ort des Kostenanfalls (beispielsweise Zentrallager, Filiale A) differenziert werden. Dies gilt analog für Erlöse. Hier hat sich eine Aufschlüsselung nach Warengruppen als hilfreich erwiesen.

So wird ein höheres Maß an Transparenz hinsichtlich der ökonomischen Leistungsfähigkeit des Unternehmens erreicht. Je nach Organisationsform können die Abrechnungseinheiten als Kostenstellen oder Profit Center organisiert sein.

Produkt	Anbieter	Kontakt	
Corporate Planner	CP Corporate Planning AG Altonaer Straße 59 - 61 20357 Hamburg	Tel.: Fax: Email: www:	040 / 431333 - 0 040 / 431333 - 33 controlling@corporate-planning.com www.corporate-planning.com

Tabelle 11: Kurzübersicht Controllingprogramme

---

[380] Vgl. Schweitzer, Küpper (1995), S. 13 ff.

3.10.3 Personalwirtschaft

Die Bedeutung der Personalwirtschaft manifestiert sich im Handel insbesondere im hohen Anteil der Personalkosten an den Handlungskosten (ca. 60 Prozent). Aufgabengebiete der Personalwirtschaft sind insbesondere die Personalabrechnung (Lohn & Gehalt sowie Reisekosten) und das Personalmanagement (Personalverwaltung, Personalkostenplanung, Personalbeschaffung und Personalentwicklung) sowie die Personaleinsatzplanung. Angelehnt an diese Teilgebiete sind vielfach auch die Softwaresysteme für die Personalwirtschaft strukturiert. So ist beispielsweise die Produktfamilie LOGA von P&I in die beiden zentralen Komponenten *LOGO 2001 für Payroll* (Personalabrechnung) und *LOGA HMRS* (Human Ressource Management) unterteilt (vgl. Abbildung 115).

Quelle:P&I Personal & Informatik AG.

Abbildung 115: Aufgaben der Personalwirtschaft am Beispiel der LOGA-Produktreihe von P&I

Die *Personalabrechnung* besteht aus der Brutto- und Nettolohnberechnung. Die Bruttolohnberechnung erfolgt auf Basis von Festgehältern, auf Zeitlohn- oder auf Leistungslohnbasis. Für die Durchführung der Zeitlohnberechnung müssen entsprechende Daten aus vorgelagerten Zeiterfassungssystemen vorhanden sein. Hierbei bietet sich eine Positiv-Zeiterfassung an, es werden die An- und Abwesenheitszeiten erfasst. Somit können bei entsprechenden organisatorischen Anweisungen (zum Beispiel bei Kommissionierern im Lager) die Anwesenheitszeiten in produktive und unproduktive Zeiten aufgeteilt werden.

Die *Personaleinsatzplanung* beinhaltet die sachliche und zeitliche Zuordnung von Mitarbeitern zu Tätigkeitsbereichen. Die Personaleinsatzplanung wird im Einzel- und Großhandel zu unterschiedlichen Zwecken verwendet:

- In Einzelhandelsunternehmen wird der Einsatz des Verkaufspersonals sowie bei der Inventur der Umfang erforderlicher Mitarbeiterresourcen gesteuert.
- In Großhandelsunternehmen wird insbesondere der Einsatz der Lagermitarbeiter in der Kommissionierung sowie ggf. im Wareneingang geplant.

Bei der Personaleinsatzplanung in der Kommissionierung ist der Kapazitätsnachfrage (das Kommissioniervolumen) das Kapazitätsangebot in Form von zu Kommissionierbereichen zugeordneten Mitarbeitern gegenüberzustellen. Bei der Zuordnung von Kommissionierern sind die Produktivitätsgrade, wie sie auch aus der Kommissionierlohnberechnung hervorgehen, zu berücksichtigen. Analog kann die Personaleinsatzplanung für den Wareneingang basierend auf den von den Lieferanten anvisierten Lieferungen vorgenommen werden.

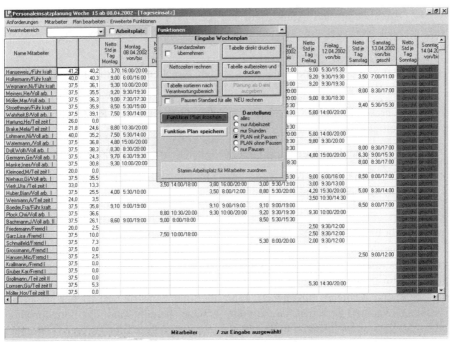

Quelle: Superdata.

Abbildung 116: Personaleinsatzplanung mit PEP von Superdata

Das *Personalmanagement* deckt vor allem die Personalverwaltung, die Planung der Aus- und Weiterbildung und das Bewerbermanagement ab. Die führenden Spezialsysteme bieten in diesem Bereich umfassende Funktionen, von der elektronischen Personalakte, der strukturierten Dokumentation von Personalgesprächen, der Verwaltung und dem Abgleich von Mitarbeiter- und Stellenprofilen bis hin zu einer Soll- und Ist-Stellenbelegung.

Die Personalwirtschaft, insbesondere die Personalabrechnung, ist hochgradig durch rechtliche Vorschriften und diverse Pflichtmeldungen reglementiert. Beispielhaft sei auf die *VOLL-DEÜV-Fähigkeit* eingegangen, welche eine Kernanforderung an Lohn- und Gehaltssysteme darstellt:

Gemäß § 28a des SGB IV hat der Arbeitgeber den Einzugsstellen der gesetzlichen Krankenkassen zu jedem in der Kranken-, Renten- oder Arbeitslosenversicherung versicherten Beschäftigten Meldungen (z. B. über Beginn und Ende der Beschäftigung) zu erstatten. Um eine effiziente Abwicklung zu erreichen, ist eine Automatisierung dieser Meldungen erforderlich, was allerdings nur unter Beachtung der Datenerfassungs- und Übermittlungsverordnung (DEÜV) realisierbar ist. Hierzu unterstützt beispielsweise *SBS Lohn* die Erstellung der Sozialversicherungsmeldungen per Diskette oder als DFÜ-Meldung. Hierunter fallen u. a.

- Anmeldung und Abmeldung bei Beschäftigungs-Aufnahme bzw. -Ende oder Änderung des Versicherungsverhältnisses (z. B. Beitragsgruppenwechsel),

- Unterbrechnungsmeldungen (z. B. bei Krankengeldbezug für einen kompletten Kalendermonat),

- Jahresmeldungen – Bescheinigung der zur gesetzlichen Rentenversicherung beitragspflichtigen Bruttoentgelte,

- Sondermeldungen, z. B. Einmalbezüge in beitragsfreien Zeiten und

- Stornierungen der oben genannten Meldungen bei rückwirkender Korrektur des Meldetatbestands.

Kombiniert mit einer in der Regel jährlich erforderlichen Anpassung der Berechnungsregeln bzw. der Höchst- und Beitragsbemessungsgrenzen für die Sozialabzüge ist ein hoher Aktualisierungsaufwand durch den Softwareanbieter gegeben. Dies hat viele, insbesondere mittelständisch geprägte, WWS-Anbieter dazu bewegt, keine eigene Lohn & Gehalt-Lösung anzubieten, sondern eine enge Koppelung mit einem der führenden Anbieter einzugehen. Eine derartige Konstruktion ist nur selten als (größerer) Nachteil zu sehen, zumal viele Anbieter bemüht sind, das Fremdprodukt als OEM-Version weitgehend in ihre Lösung zu integrieren. Eine Auswahl führender Lohn & Gehalt-Lösungen ist Tabelle 12 zu entnehmen.

Produkt	Anbieter	Kontakt	
Exact Lohn X / XXL	Exact Software Deutschland GmbH & Co. KG Kirchenstraße 68 81675 München	Tel.: Fax: Email: www:	089 / 36042-0 089 / 36042-299 vertrieb@exactsoftware.de www.exactsoftware.de
PAISY	ADP Employer Services GmbH Frankfurter Str. 227 63263 Frankfurt	Tel.: Fax: Email: www:	069 / 5804-0 069 / 5804-200 apd@de.adp.com www.de.adp.com
LOGA-Produktreihe	P&I Personal & Informatik AG Kreuzberger Ring 56 65205 Wiesbaden	Tel.: Fax: Email: www:	0611 / 7147- 0 0611 / 7147- 220 info@pi-ag.com www.pi-ag.com
SBS Lohn	SBS Software GmbH Pforzheimer Str. 46/1 75015 Bretten	Tel.: Fax: Email: www:	07252 / 919 - 0 07252 / 919 - 159 info@sbs-software.de www.sbs-software.de

Tabelle 12:   Kurzübersicht Personalplanungs- und –abrechnungssysteme

3.11 Zusatzsysteme

3.11.1 Dispositionssysteme

Dispositionssysteme haben, nachdem die Verfahren mehr als 30 Jahre alt sind, nun auch - in Form spezialisierter Lösungen - Eingang in die Handelspraxis gefunden. So hat die SAF AG hat mit der aus dem Forschungsbereich von Herrn Prof. Dr. Arminger stammenden Verfahren ein weit verbreitetes System, den *Superstore,* für die Filialen entwickelt. Diese Lösung ist beispielsweise bei real, den C+C-Betrieben der Metro und bei tegut und dm im Einsatz.

Bei den Lösungen für die automatische Disposition sind funktional die bereits diskutierten Alternativen möglich, die entweder eine Vollautomatisierung oder eine halbautomatische Disposition unterstützen (vgl. Abschnitt 3.5.2.3). Darüber hinaus ist zu beachten, ob eine artikelgenaue Bestandsführung vorliegt. Neben dieser ersten groben Unterscheidung der Dispositionssysteme, bedarf es einer Betrachtung der Hardwarekonzeption für die Disposition in den Filialen. Es kann hier unterschieden werden zwischen einem rein dezentralen Einsatz, bei dem die dezentrale vorhandenen Abverkaufs-, Bestands- und Warenbewegungsdaten die Bestellvorschläge bzw. Bestellmengen ermittelt werden, und einem zentralen Ansatz, bei welchem hingegen die erforderlichen Informationen an einen Zentralrechner übermittelt werden, der dann für „alle" Filialen die entsprechenden Mengen berechnet.

Produkt	Anbieter	Kontakt	
Advanced Store/Warehouse Management by E3	JDA Software GmbH Schwannstr. 6 40476 Düsseldorf	Tel.: Fax: Email: www:	0211 / 70260-0 - info.de@jda.com www.jda.com
Logomate	Remira Informationstechnik GmbH	Tel.:	0231 / 758 12 - 0
	Martin-Schmeißer-Weg 4 44227 Dortmund	Fax: Email: www:	0231 / 758 12 - 11 mate@remira.de www.remira.de
SAP F+R-Engine	SAP Aktiengesellschaft Neurottstraße 16, 69190 Walldorf	Tel.: Fax: Email:	06227 / 7-47474 06227 / 7-57575 -
		www:	www.sap.com
Superstore / SuperWarehouse	SAF Germany Lohnerhofstr. 2 78467 Konstanz	Tel.: Fax: Email: www:	07531 / 892 94-0 07531 / 892 94-10 contact@saf-ag.com www.saf-ag.com

Tabelle 13:   Kurzübersicht Dispositionssysteme

3.11.2 Lagersteuerung

Die zunehmende Automatisierung der Ein-, Aus- und Umlagerungsprozesse erfordert deren informatorische Unterstützung, die mit Lagersteuerungssystemen erfolgt. Lagersteuerungssysteme haben die Aufgabe, die technische Anbindung von Förderfahrzeugen an das Lagerverwaltungssystem sowie deren Steuerung sicherzustellen.

Hinsichtlich des Funktionsumfangs der Lagersteuerung können verschiedene Ausgestaltungsformen unterschieden werden. Zum einen kann die Lagersteuerung ausschließlich die Vorgaben des Wareneingangs (Einlagerungsstrategien) und des Warenausgangs (Auslagerungsstrategien) ausführen. In diesem Fall ist der Kommunikationsumfang zwischen Wareneingang und Lager einerseits und Warenausgang und Lager andererseits gering. Zum anderen können auch Optimierungsaufgaben von der Lagersteuerung übernommen werden. Beispielsweise werden in Hochregallagern bei der Kommissionierung Transportaufträge in der Weise zusammengestellt, dass der Transportweg minimiert wird. In diesem Fall sind von der Lagersteuerung auch Funktionen zur Ermittlung der optimalen Einlagerungs- und Auslagerungsstrategien zu übernehmen, indem es anhand verwalteter Entfernungen der einzelnen Lagerplätze den von einem Förderfahrzeug zu überbrückenden Transportweg optimiert.

Produkt	Anbieter	Kontakt	
LAGOS	CAIB GmbH Postfach 1137 71534 Murrhardt	Tel.: Fax: Email: www:	07192 / 7056 07192 / 3803 - www.caib.de
proLogistik	ProLogistik GmbH & Co. KG Fallgatter 1 44369 Dortmund	Tel.: Fax: Email: www:	0231 / 5194-0 0231 / 5194-94 info@prologistik.com www.prologistik.de
TRIPOWER	BeraC GmbH Kolumbusstr. 14 22113 Hambug	Tel.: Fax: Email: www:	040 / 731208-0 040 / 731208-66 - www.berac.de
WAMAS	Salomon Automation GmbH Friesachstr. 15 A-8114 Friesach b. Graz	Tel.: Fax: Email: www:	+43 3127 / 200-00 +43 3127 / 200-22 office@salomon.at www.salomon.at

Tabelle 14: Kurzübersicht Lagersteuerungssysteme

3.11.3 Space Management

Im Einzelhandel nimmt die Präsentationspolitik eine wesentliche absatzpolitische Funktion ein. Durch eine warenspezifische Verkaufsraumgestaltung, eine geeignete Artikelplatzierung und durch die Zahl der Frontstücke (Facing) im Regal können Impulse ausgehen, die Kaufentscheidungen fördern.[381] Während die Verkaufsraumgestaltung primär in den Bereich der Ladenarchitektur fällt, werden die Aspekte der Artikelauswahl und -platzierung unter den Begriffen *Regaloptimierung* oder *Space Management* subsumiert.

Das Space Mangement umfasst alle Maßnahmen, die dazu dienen, das Potenzial der Verkaufsfläche unter Ertragsgesichtspunkten zu optimieren. Es kann damit als eine zentrale Komponente des Category-Management-Prozesses[382] gesehen werden.

Space-Management-Systeme übernehmen aus dem Warenwirtschaftssystem die relevanten Artikeldaten wie die Artikelbezeichnung, die EAN, die Warengruppenzuordnung, die Einkaufs- und Verkaufspreise die Absatzmengen in der Vergangenheit, die Vorgabewerte und die Verpackungsmaße. Das Ladenlayout und die Regalflächen, die in den Warenwirtschaftssystemen oftmals nicht abgebildet sind, werden i. d. R. direkt im Space-Management-System gepflegt. Die Sortimentsbreite und -tiefe und die oftmals große Filialanzahl sowie der unterschiedlichen Regalflächen und -anordnungen erfordern eine effiziente DV-Unterstützung.[383]

---

[381] Vgl. Barth (1996), S. 223-225.
[382] Vgl. Abschnitt 3.7.2.
[383] Zu praktischen Erfahrungen mit einem Regaloptimierungssystem im Sortimentsgroßhandel vgl. Ring (1992), S. 579 ff.

Eine Auswahl der marktführenden Anbieter spezieller Space-Management-/Regaloptimierungssysteme enthält Tabelle 15.

Produkt	Anbieter	Kontakt	
Apollo Professional 8.1	PictureBox Retail Consulting GmbH[384]	Tel.:	0211 / 493261-0
		Fax:	0211 / 493261-29
	Düsseldorfer Straße 189	Email:	info@picturebox.de
	40545 Düsseldorf	www:	www.infores.com
Shelf Logic	Logical Planning Systems Ltd.	Tel.:	+1 (631) 289-0055
	22 Colony Drive	Fax:	+1 (631) 475-9534
	11741 Holbrook, NY	Email:	info@logicalplanning.com
	USA	www:	www.shelflogic.com
SIRIUS 3	Numerikon	Tel.:	0202 / 76969-52
	Ingeniuergesellschaft mbH	Fax:	0202 / 76969-53
	Müngstener Str. 10	Email:	info@numerikon.de
	42285 Wuppertal	www:	www.numerikon.de
SpaceMan Suite	AC Nielsen GmbH	Tel.:	069 / 7938-0
	Ludwig-Landmann-Str. 405	Fax:	069 / 7938-993
	60486 Frankfurt / Main	Email:	-
		www:	www.acnielsen.de
Space Management Solutions by Intactix	JDA Software GmbH	Tel.:	0211 / 70260-0
	Garather Schlossallee 19	Fax:	0211 / 70260-11
	40595 Düsseldorf	Email:	info.de@jda.com
		www:	www.jda.com

Tabelle 15:   Kurzübersicht Space Management- / Regaloptimierungssysteme

Neben allgemeinen Erfolgsfaktoren wie z. B. der Unternehmensorganisation, der Verfügbarkeit der notwendigen Daten und der tatsächlichen Umsetzung der taktischen Optimierungsergebnisse ist für ein erfolgreiches und effizientes Space Management vor allem die IT-gestützte Komplettintegration der strategische, taktischen und operativen Aufgabenbereiche von großer Bedeutung. Mit der Aufnahme der Intactix-Lösungen in das JDA-Produktportfolio, bietet JDA mit den *Space Management Solutions by Intactix* eine der funktional umfangreichsten integrierte Lösungen an. Nachfolgend wird anhand dieser Lösung aufgezeigt, wie die zentralen Aufgabenbereiche des Space Managements, die Listungsentscheidung, die Flächenplanung, die Sortimentsentwicklung und die Regalplanung, softwaretechnisch unterstützt werden können.

Listungsentscheidung

In einem integrierten Space-Management-System wird diese Aufgabe vom Category Manager bzw. Einkäufer wahrgenommen. Hierzu kann mit der Anwendung *Efficient Item Assortment by Intactix* auf bewährte Methoden aus der Praxis zurückgegriffen werden, wie dem von ECR Europe fixierten *Efficient Item Assortment Prozess* (vgl.

---

[384] PictureBox ist der deutsche Distributor der Category Management Software von Information Resources, Inc. (www.infores.com), zu der u. a. die Apollo-Produktfamilie gehört.

Abbildung 117). Dieser reduziert in sechs Stufen die Gesamtheit aller im Markt verfügbaren Artikel einer Warengruppe auf diejenigen, die der Strategie des Unternehmens hinsichtlich der qualitativen und der leistungsorientierten Ziele möglichst nah sind.

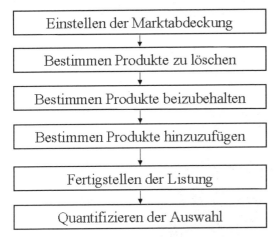

Abbildung 117:   6-Stufen-Prozess zur Listungsentscheidung von ECR Europe[385]

Flächenplanung
Die Flachenplanung umfasst grundsätzlich drei Aufgaben, die mit Hilfe von Grund-rissplänen der Verkaufsstätten bewältigt werden:

- Festlegen der Flächen für die Hauptwarengruppen in den Verkaufsstätten
- Festlegen der Warenträger- und Elemente und deren Aufbau
- Zuordnen der Warengruppen zu den Warenträgern

Die Mitarbeiter des Flächenplanungsteams arbeiten i. d. R. filialspezifisch wobei die individuellen Verkaufsflächeninformation idealerweise die Basis für die Regal-planung bilden sollten. Als Software-Lösung steht den Flächenplanern die Anwen-dung *Floor Planning by Intactix* zur Verfügung mit der sie u. a. folgende Ziele ver-folgen können:

- Anordnung der Hauptwarengruppen optimieren,
- Nachbarschaftseinflüsse der Warengruppen steuern,
- Flächenrentabilität von ausgewählten Stellplätzen maximieren,
- Detaillierte Filial-, Abteilungs-, Gang-, Sektions-, und Regalperformance-analysen durchführen,
- Planogramme-Filial-Zuordnungen ausführen.

---

[385] Zu ECR Europe vgl. http://www.ecrnet.org.

Zur Abbildung des Filiallayouts und der detaillierten Darstellung der einzelnen Regale kann auf vordefinierte Standardregalelemente zurückgegriffen werden. Neben der schematischen Darstellung der Filialen (vgl. Abbildung 118) wird von den führenden Space-Management-Programmen auch eine 3D-Darstellung der Filialen unterstützt. Die Filiale kann dabei virtuell durchwandert werden, so dass ein realistischer räumlicher Eindruck der Gegebenheiten möglich wird.

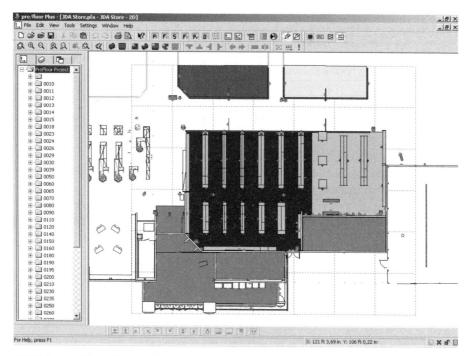

Abbildung 118: Flächenplanung mit Floor Planning von Intactix

Sortimentsentwicklung

Bei der Listungsentscheidung stand die tatsächlich vorhandene Platzierungsfläche zunächst nicht im Vordergrund; der Fokus lag auf der richtigen Auswahl der Produkten, die die strategischen Anforderungen des Unternehmens bestmöglich erfüllen. Im Rahmen der Sortimentsentwicklung kommt nun den aus der gegebenen Platzierungsfläche resultierenden Restriktionen eine große Bedeutung zu. Durch das Zusammenführen der Informationen der Listungsentscheidung und der Flächenplanung wird mit der Anwendung *Shelf Assortment by Intactix* die richtige Auswahl an Produkten für eine bestimmte Filiale bzw. eine Filialgruppe ermittelt und in einem *Planogramm*[386] gespeichert. Die filialspezifische Planogrammerstellung kann im

---

[386] Ein Planogramm ist ein detailliertes Diagramm, welches einerseits zeigt, wie und wo Produkte in den Regalen und Displays zu platzieren sind, und andererseits detaillierte Plan- und Ist-

Shelf Assortment by Intactix durch die Kaskadierung von Mutterplanogrammen auf Tochterplanogramme vereinfacht werden.

Regalplanung

Aufgabe der Regalplanung ist es, die Ware unter Berücksichtigung der Vorgaben der Listungsentscheidung, der Flächenplanung und der Sortimentsentwicklung „optimal" im Regal zu platzieren. Als Subziele lassen sich eine abverkaufsgerechte Platzierung (Vermeidung von Bestandslücken und von Überbeständen) und ein verkaufswirksames Regalbild (Gleichbleibende Ordnung im Regal und eine horizontale bzw. vertikale Blockbildung, bspw. zur Steigerung von Impluskäufen) identifizieren.

Bei der Ermittlung der optimalen Anzahl an Frontstücken eines Artikels sind neben den Erlösen fünf unterschiedliche Kostenkategorien zu berücksichtigen: [387]

- Kosten der durch die Platzierungsentscheidung belegten Verkaufsfläche,
- Kapitalbindungskosten,
- Nachfüllkosten zur Vermeidung von Präsenzlücken,
- Fehlmengenkosten aufgrund von Nichtkäufen bei Präsenzlücken („Out-of-Stock"-Situationen),
- Opportunitätskosten aufgrund der Verdrängung anderer ertragsstarker Produkte.

Die Zuordnung von Artikeln zu Regalen oder Regalbausteinen kann entweder manuell durch Auswählen und Platzieren der einzelnen Artikel oder teilautomatisiert über Platzierungsregeln erfolgen. Durch die automatische Überwachung der zuvor eingepflegten räumlichen Restriktionen (Regal- beziehungsweise Regalbodenbreite, -höhe und -tiefe), wird sichergestellt, dass sich die erstellten Regalbelegungspläne auch später in der Filiale umsetzen lassen. Bei der Regalbelegungsplanung können ästhetische Aspekte durch das Einblenden von Bildern der Originalproduktverpackungen berücksichtigt werden. Neben der operativen Erstellung von neuen Regalbelegungen eignen sich die Regaloptimierungsprogramme auch zu flächen- beziehungsweise regalbezogenen Auswertungen. So können die Regale nach betriebswirtschaftlichen Kennzahlen (beispielsweise Umschlagshäufigkeit, Umsatz, Deckungsbeitrag etc.) farbig gekennzeichnet werden.

Beispiele zur Regalplanung und Auswertung mit *Space Planning by Intactix* und dem *Spaceman von ACNielsen* zeigt Abbildung 119 auf.

Größen zu den einzelnen Produkten enthalten kann. Ein Planogramm dient zur Analyse der Raum- und Flächennutzung und umfasst dazu auch monetäre Daten wie Umsätze, Erträge etc. sowie weitere Auswertungen, die es den Händlern und Herstellern ermöglichen, die Regalpräsenz zu planen, umzusetzen und laufend zu kontrollieren, um die letztendlich die Flächeneffizienz zu maximieren.

[387] Vgl. Barth (1996), S. 226 f.

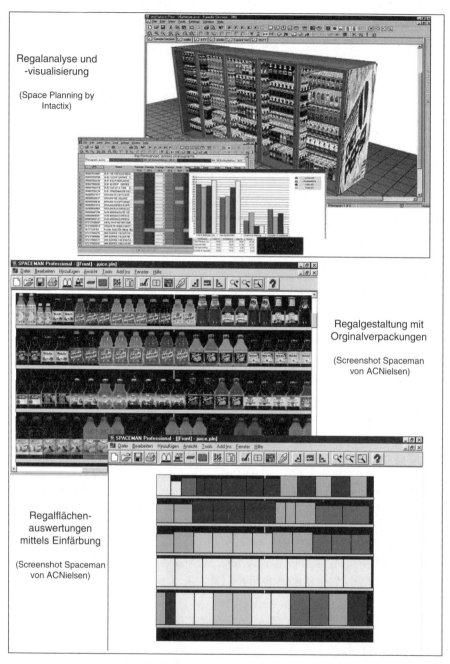

Abbildung 119: Visualisierung und Auswertungen im Rahmen der Regalplanung

3.11.4 Zeiterfassung

Zeiterfassungssysteme sind im Handel insbesondere für die Ermittlung der Anwesenheitszeiten der Mitarbeiter und deren Zuordnung zu Kostenstellen von Bedeutung. Bei der mitarbeiterbezogenen Zeiterfassung wird die Anwesenheitszeit des Mitarbeiters, gegebenenfalls differenziert nach bestimmten Zeitarten, als Grundlage für die Berechnung von Lohn- und Gehalt herangezogen. Daneben stellen die erfassten Ist-Zeiten das Pendant zur Einsatzzeitplanung dar. Besteht die Notwendigkeit, einzelne Tätigkeiten bestimmten Abrechnungsobjekten wie Kunden, Lieferanten, Filialen etc. direkt zuzuordnen, um differenzierte Wirtschaftlichkeitsbetrachtungen durchführen zu können, ist eine differenzierte Zeiterfassung erforderlich. Dies ist insbesondere im Logistikbereich von Bedeutung. Das hat zur Folge, dass zu Beginn und am Ende entsprechender Arbeitsgänge (Kommissionieren, Einlagern, etc.) Zeitmeldungen an elektronischen Zeiterfassungsgeräten erforderlich sind.

Produkt	Anbieter	Kontakt	
Benzing	Kaba Benzing GmbH Albertistrasse 3 78056 Villingen-Schwenningen	Tel.: Fax: Email: www:	07720 / 603-0 07720 / 603-102 vsup@kbs.kaba.com www.benzing.de
Zeus	Isgus Informatik GmbH Hertichstr. 57 71229 Leonberg	Tel.: Fax: Email: www:	07152 / 9750-0 - - www.isgus.de
Kieven	Kieven GmbH Frankfurter Weg 72 33106 Paderborn	Tel.: Fax: Email: www:	05251 / 17292-0 05251 - 17292-30 info@kieven.de www.kieven.de
Taris	Atross Software AG Wamslerstraße 4 81829 München	Tel.: Fax: Email: www:	089 / 42771-0 089 / 42771-100 info@atoss.de www.atos.de

Tabelle 16: Kurzübersicht Zeiterfassungssysteme

3.11.5 Archivsysteme

Bei den Geschäftsprozessen in Handelsunternehmen entstehen viele Belege. Diese Belege können von dem Unternehmen selbst erstellt werden und beispielsweise an Kunden (Rechnung) oder Lieferanten (Bestellung) gesendet werden. Oder die Belege werden von den Geschäftspartnern erstellt (beispielsweise Kundenauftrag, Lieferantenlieferschein) und gehen dem Handelsunternehmen zu. Diese Belege unterliegen gesetzlichen Aufbewahrungsfristen. Hierbei ist zwischen Buchungsbelegen, die die Grundlage für Buchungen in Haupt- und Nebenbüchern den der Finanzbuchhaltung sind, und empfangenen oder abgesandten Handelsbriefen unterschieden. Die Aufbewahrungsfrist für Buchungsbelege[388] wurde im Rahmen des Steueränderungsgesetzes 1998 von sechs auf zehn Jahre verlängert.[389] Für Handelsbriefe gilt weiterhin eine Aufbewahrungsfrist von sechs Jahren.

Sowohl Handelsbriefe als auch Buchungsbelege können in elektronischer oder in Papierform vorliegen. Elektronische Belege sind solche Belege, die im Warenwirtschaftssystem selbst erzeugt oder per elektronischem Datenaustausch von den Geschäftspartnern übertragen werden. Aufgrund des hohen Geschäftsvolumens ergibt sich im Lauf der Zeit eine sehr große Datenmenge, die eine effiziente Handhabung erschwert. Archivsysteme bieten die Möglichkeit, die elektronischen Belege nach einem definierten Zeitraum zu archivieren. Die Belege werden nicht mehr aktiv im Warenwirtschaftssystem verwaltet, sondern es wird ein Verweis auf den entsprechend archivierten Beleg in einem Archivsystem hergestellt. Eine Übersicht verschiedener Archivierungssysteme ist Tabelle 17 zu entnehmen.

Produkt	Anbieter	Kontakt	
CE Archiv	CE Computer Equipment AG Herforder Straße 155a 33609 Bielefeld	Tel.: Fax: Email: www:	0521 / 9318-01 0521 / 9318-111 info@ce-ag.com www.ce-ag.com
Docuware	Docunet AG Therese Giehse-Platz 2 82110 Germering	Tel.: Fax: Email: www:	089 / 894433- 0 089 / 8419966 docunet@docunet.de www.docunet.de
Easy Archiv	EASY SOFTWARE AG Eppinghofer Straße 50 45468 Mülheim an der Ruhr	Tel.: Fax: Email: www:	0208 / 45016-0 0208 / 45016-90 information@easy.de www.easy.de
Habel DMS	HABEL GmbH Hinteres Öschle 2 78604 Rietheim-Weilheim	Tel.: Fax: Email: www:	07461 / 9353-0 07461 / 9353-99 info@habel.de www.habel.de
IBM EDMSuite / Image Plus	IBM Deutschland GmbH Pascalstr. 100 70569 Stuttgart	Tel.: Fax: Email: www:	0711 / 785-0 0711 / 785-3511 halloibm@de.ibm.com www.ibm.de
iXOS-Archive	iXOS Software AG Technopark Neukeferloh Bretonischer Ring 12 85630 Grasbrunn	Tel.: Fax: Email: www:	089 / 4629-0 089 / 4629-1199 office@ixos.de www.ixos.de
Proxess	EASY Geschäftsstelle West Rennweg 60 56626 Andernach	Tel.: Fax: Email: www:	02632 / 405-0 02632 / 405-900 infowest@easy.de www.proxess.de

Tabelle 17:   Kurzübersicht Archivsysteme

---

[388]   Vgl. § 257 Abs. 1 Nr. 4 HGB, § 147 Abs. 1 Nr. 4 AO.
[389]   Vgl. Art. 2 und 4 des Steuerungsänderungsgesetzes 1998 vom 19. Dezember 1998, BGBl. I S. 3816.

Die Archivierung von Papierbelegen, die nicht im Warenwirtschaftssystem erfasst wurden, verfolgt zwei Zwecke. Zum einen soll durch eine technologiegestützte Archivierung die enorme Menge der zu archivierenden Belege effizient bewältigt werden. Hierzu werden die Papierbelege optisch erfasst (Scanning), im Archivsystem gespeichert und mit dem Geschäftsvorfall im Warenwirtschaftssystem verbunden. Zum anderen soll durch die Verknüpfung von Warenwirtschaftssystem und Archivsystem der jederzeitige Zugriff auf die Papierbelege ermöglicht werden, ohne dass der Papierbeleg von Arbeitsplatz zu Arbeitsplatz durch das Unternehmen transportiert werden muss. Dies erhöht die Effizienz der Geschäftsprozesse, da die Informationen schneller vorliegen und manuelle Transporttätigkeiten entfallen.

3.11.6 Internet / WWW

Das Medium, das derzeit die stärksten Wachstumsraten beim unternehmensübergreifenden Informationsaustausch zwischen Industrie, Handel und Konsumenten aufweist, ist das Internet. Das Internet ist kein dediziertes Netz, sondern eine Verbindung zwischen Teilnetzen. Da jedes Teilnetz unabhängig von den anderen Teilnetzen existieren kann, ist ein hohes Maß an Verfügbarkeit gegeben. Die ursprüngliche Aufgabe des Internets, der Austausch von Daten, Texten und Artikeln, ist durch die Entwicklung des multimedialen World Wide Web -Dienstes (WWW) erheblich erweitert worden. Der einfache, schnelle und billige Austausch elektronischer Dokumente hat dazu geführt, dass das Internet auch für den Austausch von kommerziellen Dokumenten wie Produktkatalogen, Aufträgen, Rechnungen, zur Lieferung immaterieller Waren wie zum Beispiel Musik und Software sowie zur Erbringung neuer Dienstleistungen wie dem Electronic-Banking genutzt wird. Geschäftsprozesse, die auf diese Weise technologisch unterstützt werden, werden unter dem Oberbegriff Electronic Commerce (EC) zusammengefasst.[390]

Ein kritischer Erfolgsfaktor im Rahmen des Electronic Commerce ist die Verbindung der internetorientierten Systeme mit dem Warenwirtschaftssystem, damit die Geschäftsprozesse möglichst medienbruchfrei und effizient abgewickelt werden können. Dabei können grundsätzlich zwei Strategien für die Nutzung des Internets unterschieden werden. Der Outside/In-Ansatz sieht vor, dass die Abwicklung des durch das Internet unterstützen Geschäftsprozesses durch besondere Systeme, Merchant Server, erfolgt. Diese sind über Schnittstellen mit dem WWS verbunden. Der Inside/Out-Ansatz sieht dagegen vor, dass die Abwicklung der Geschäftsprozesse im Internet direkt aus dem Warenwirtschaftssystem heraus erfolgt. Dabei werden als die wichtigsten Funktionalitäten die Warenpräsentation innerhalb von *Produktkatalogen*, die Möglichkeit der *Verfügbarkeitsprüfung* bestimmter Artikel (ATP-Available to Promise), die Möglichkeit zur *Auftragserfassung* durch den Kunden, das echtzeitorientierte *Nachverfolgen des Auftrags- und Lieferungsstatus* auf der Business-to-

---

[390] Vgl. Kalakota, Whinston (1996), S. 2ff. Zum Einfluss auf den Handel vgl. Kapitel 1.1.4.

Consumer-Seite sowie die *Verwaltung von Konsignationsbeständen* durch den Lieferanten auf der Business-to-Business-Seite gesehen.

Eine Übersicht über Merchant-Server-Systeme, die im Rahmen des Outside/In-Ansatzes Verwendung finden können, zeigt Tabelle 18.

Produkt	Anbieter	Kontakt	
IBM NetCommerce	IBM Deutschland GmbH Pascalstr. 100 70569 Stuttgart	Tel.: Fax: Email: www:	0711 / 785-0 0711 / 785-3511 halloibm@de.ibm.com www.ibm.de
Internolix	INTERNOLIX AG Lister Str. 18 30163 Hannover	Tel.: Fax: Email: www:	0511 / 3989-345 0511 / 3989-951 info@internolix.com www.internolix.com
ISales.Shop	interSales AG Internet ommerce Subbelrather Str. 247 50825 Köln	Tel.: Fax: Email: www:	0221 / 27 90 50 0221 / 72 30 25 info@intersales.de www.intersales.de
Intershop	INTERSHOP AG Intershop Tower 07740 Jena	Tel.: Fax: Email: www:	03641 / 50-0 03641 / 50-1002 info@intershop.de www.intershop.de
Openshop	Wilken GmbH Hörvesinger Weg 25-29 89081 Ulm	Tel.: Fax: Email: www:	0731 / 96500 0731 / 618174 w@wilken.de www.openshop.de

Tabelle 18: Kurzübersicht Merchant-Server/Online-Shop-Systeme[391]

3.12 Überbetriebliche Konzepte

3.12.1 Datenaustausch

Handelsunternehmen stehen aufgrund der von ihnen wahrgenommenen Bündelungs-und Sortimentsfunktion[392] notwendigerweise in intensiven Kommunikationsbeziehungen mit Herstellern und (End-)Abnehmern. Neben dem breiten Spektrum an unterschiedlichen Marktpartnern (vgl. Abbildung 120) stellt vor allem deren absolute Anzahl (insbesondere die Lieferanten- und Kundenanzahl) als auch die Intensität der Kommunikationsbeziehungen eine handelsspezifische Besonderheit dar.

---

[391] Zu einer umfassenden Übersicht vgl. http://www.ecin.de.
[392] Vgl. z. B. Tietz (1993), S. 13.

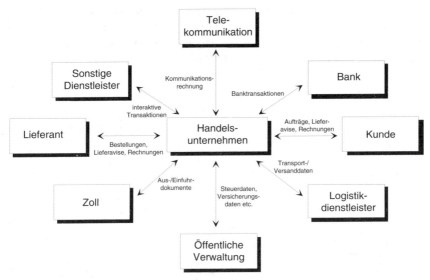

In Anlehnung an Picot, Neuburger, Niggl (1993), S. 21.

Abbildung 120: Schnittstellen zwischen Handelsunternehmen und Marktpartnern

Durch die große Zahl an Transaktionen im Handel birgt die Übermittlung bzw. der Erhalt von Geschäftsdaten auf elektronischem Weg ein hohes Rationalisierungspotential.[393] Zwischen Industrie- und Handelsunternehmen einerseits sowie Handelsunternehmen und Kunden andererseits können neben den Artikelstammdaten vor allem Bewegungsdaten wie Bestellung, Auftrag, Lieferschein, Rechnung und Zahlung elektronisch übertragen werden (vgl. Abbildung 121).

Während beim traditionellen Geschäftsdatenaustausch über Brief, Telefax, Telex oder Telefon jede Transaktion zweimal im EDV-System erfasst wird (die Bestellung des Handels ist der Auftrag der Industrie), entfällt bei elektronischem Datenaustausch (EDI, Electronic Data Interchange) die jeweils zweite Erfassung. Jede Transaktion muss nur dort im System erfasst werden, wo sie erstmalig auftritt.

EDI ist im wesentlichen für Transaktionen mit „starkem Routinecharakter, hohem Volumen und zeitkritischer Bedeutung"[394] geeignet. Die mit EDI erzielbaren Kostenreduzierungen nehmen mit dem Transaktionsvolumen zu, da dieses das Ausmaß der Nutzbarmachung von Economies of scale determiniert. Das Geschäftsdatenvolumen

---

[393] Verschiedene Veröffentlichungen zeigen eindrucksvoll die erzielbaren Einsparpotenziale auf: Neuburger (1994), S. 33 verweist darauf, dass in einem Einzelhandelsunternehmen durch elektronischen Datenaustausch die manuelle Erfassung von 10.000 Rechnungen pro Tag eingespart werden konnte. Kimberley (1991), S. 179 führt ein kanadisches Handelsunternehmen an, bei dem die Mitarbeiteranzahl in der Rechnungsprüfung nach Einsatz elektronischer Übertragungsverfahren um 200 Mitarbeiter reduziert werden konnten.

[394] Vgl. Sedran (1991), S. 17.

ist insbesondere bei den Bestell- und Rechnungsdaten im Rahmen des Beschaffungsprozesses und den Auftrags- und Abnehmerrechnungsdaten beim Distributionsprozess hoch, so dass sich dort der Einsatz von EDI besonders anbietet. Weitere
Geschäftsdaten, die per EDI übertragen werden können, sind Liefer- und Zahlungs-
avise, Bestandsdaten, Anfragen und Angebote.

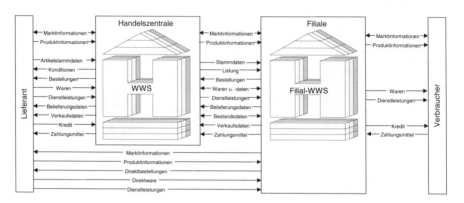

Abbildung 121:   Informationsobjekte im Rahmen des Geschäftsdatenaustauschs

Die Marktpartner haben meist unterschiedliche interne Datenformate für die auszutauschenden Daten. Damit das empfangende System die Daten weiterverarbeiten
kann, muss bei zwei Marktpartnern ein Konvertierungsprogramm die Daten von Format A in das Format B umwandeln. Wenn der Datenverkehr nicht nur unidirektional
verläuft, sondern in beiden Richtungen erfolgen soll, ist ein weiteres Konvertierungsprogramm erforderlich, das Format B in Format A umwandelt. Tritt ein weiterer
Marktpartner mit dem Datenaustauschformat C hinzu, der mit den beiden Marktpartnern Geschäftsdaten austauschen möchte, sind vier neue Konvertierungspro-
gramme (C-A, C-B, A-C, B-C) notwendig. Mit der Anzahl der teilnehmenden Marktpartner wächst die Anzahl der Kopplungsprogramme quadratisch (genau: n(n-1)).
Jede Änderung im internen Datenformat führt folglich zu einem erheblichen Anpassungsbedarf an den Schnittstellenprogrammen. Eine derartige Kopplungsform ist
nur bei sehr spezifischen Transaktionsbeziehungen, die einen strategischen Wett-
bewerbsvorteil implizieren, sinnvoll.

Die wirtschaftlichen Vorteile einer Standardisierung haben ihren Niederschlag in
Regelwerken gefunden, von denen die Bemühungen der Centrale für Coorganisation
(CCG) mit den diversen SEDAS-Projekten besondere Relevanz für Handelsunternehmen besitzen.[395] Beim *SEDAS-Datenservice* bestehen Regelungen über die
zwischen Industrie- und Handelsunternehmen auszutauschenden Bestell-, Auftrags-
bestätigungs-, Lieferanzeige-, Rechnungs- und Regulierungsdaten. Hierbei können

---

[395]   Zu den SEDAS-Projekten vgl. Eierhoff (1993), S. 65; Hallier (1992), S. 113-116; Schade
(1991), S. 235 f.; Spitzlay (1992), S. 14-18.

die Daten direkt zwischen den Partnern oder über eine Clearingstelle, die als Serviceleistung von der CCG angeboten wird, ausgetauscht werden.

SINFOS ist ein führender Artikelstammdatenpool, in dem die Artikeldaten in standardisierter Form gespeichert werden.[396] Zu diesem Zweck werden von Herstellern standardisierte Artikelinformationen (zum Beispiel EAN, Höhe, Breite, Länge, Gewicht, Ursprungsland) an einen CCG-Datenpool übertragen und bei Datenänderungen aktualisiert. Die Handelsunternehmen rufen selektiv die von ihnen benötigten Artikelinformationen ab.

Daneben haben sich in einigen Branchen – teils von Branchenverbänden, teils von Einkaufsvereinigungen initiiert – spezialisierte Stammdatenkataloge etabliert, etwas *PhonoNet*[397] im Bereich Tonträger, ARUA im Bereich Autozubehör/KFZ-Teile oder *ELDANORM/DATANORM* im technischen Großhandel und im Elektrohandwerk. Letztere unterstützten auch den digitalen Austausch von Artikelpreislisten, welche die in diesen Sortimentsbereichen typischen Elemente der Preis- und Konditionsgestaltung, wie tagespreisabhängige Metallzuschläge, explizit unterstützen. Ein spezifisches Format zum Austausch von Ausschreibungsdaten, die sich auf Bauobjekte beziehen ist das *GAEB*-Format. Dieses Format erlaubt einen großen Effizienzgewinn bei der Bearbeitung der üblicherweise sehr umfangreichen Ausschreibungen, da die arbeitsintensive und fehleranfällige Erfassung der einzelnen Positionen entfällt.

Neben diesen nationalen und auf den Handel bezogenen Standards etabliert sich zunehmend *EDIFACT* (Electronic Data Interchange For Administration, Commerce and Transport) als internationaler Standard. Allerdings geht mit der Allgemeingültigkeit dieser Norm eine datenmäßige Überfrachtung einher, so dass beispielsweise bei einer Nutzung der EDIFACT-Norm für den Rechnungsdatenaustausch der Umfang der zu übertragenden Daten im Vergleich zu SEDAS um 40 Prozent zunimmt.[398] Diese Komplexität der EDIFACT-Norm hat zur Bildung von EDIFACT-Subsets geführt, durch die branchenspezifische Besonderheiten effizient abgebildet und nicht relevante Datenelemente des Basisstandards eliminiert werden. Ein EDIFACT-Subset ist somit eine auf einen spezifischen Anwenderkreis zugeschnittene Teilmenge des EDIFACT-Nachrichtentyps.[399] Beispiele relevanter EDIFACT-Subsets für Handelsunternehmen sind:[400]

- EANCOM (Konsumgüter)
- EDITEX (Textilien)

---

[396] Vgl. Zentes, Anderer (WWS) (1993). Die Bedeutung von SINFOS zeigt sich u. a. daran, dass im Lebensmittelhandel sämtliche scannenden Organisationen Mitglied des Datenpools sind und dieser von über 450 Herstellern mit Artikeldaten gefüllt wird. Vgl. Hertel (1999), S. 161.

[397] PhonoNet (http://phononet.de) bietet für angeschlossene Handelsunternehmen einen Stammdatenkatalog mit Online-Recherchefunktion, ferner agiert PhonoNet als Clearingstelle für Tonträgerfachgeschäfte.

[398] Vgl. Hallier (1992), S. 114.

[399] Dirlewanger (1992), S. 37, nennt für eine Rechnung eines Subsets sogar nur einen Umfang von 20 Prozent der Daten, die in einer EDIFACT-Rechnung vorhanden sind.

[400] Vgl. Staudte (1997), S. 28; vgl. auch Hertel (1998), S. 83.

- EDICOS (Kosmetikprodukte)
- EDIFASHION (Modische Bekleidung)
- EDIWHITE (Haushaltsgeräte, „weiße Ware")
- EDIFURN (Möbel)
- EDIFICE (Elektrogeräte und -bauteile)
- EDIBDB (Bau- und Heimwerkerbedarf)
- EDITOOL (Werkzeuge)

Problematisch ist die Existenz der unterschiedlichen EDIFACT-Subsets vor allem für (Groß-)Handelsunternehmen mit einem breiten Sortiment (beispielsweise mit Konsumgütern, Haushaltsgeräten und Elektrogeräten), da in Abhängigkeit vom Lieferanten verschiedene Subsets zu unterstützen sind.

Eine zunehmende Verbreitung als offenes Schnittstellenformat ist bei XML zu beobachten. XML steht für "Extensible Markup Language" ("erweiterbare Auszeichnungssprache"). XML kann verwendet werden, um strukturierte Informationen zu speichern und um Informationen so zu verpacken, dass sie zwischen heterogenen Computersystemen übertragen werden können, die anderenfalls nicht miteinander kommunizieren könnten. XML wird als erweiterbar bezeichnet, weil die Sprache eine Metasprache ist, die den Entwurf eigener Auszeichnungssprachen für domänenspezifische Anwendungskontexte ermöglicht.[401]

Speziell im elektronischen Handel wurden in den letzten Jahren einige Vorhaben zur Standardisierung von Prozessen initiiert. Dafür gibt es eine Reihe von Gründen:[402]

• Neue Geschäftsmodelle erfordern eine engere Integration entlang der Wertschöpfungskette

• Unternehmensfusionen erfordern häufig eine Integration der bestehenden Systeme

• Die sinnvolle Nutzung des Internet als Kommunikations- und Handelsplattform wird als langfristiger Erfolgsfaktor immer wichtiger.

• Die starke Diffusion von XML verspricht eine gemeinsame sprachliche Infrastruktur als Basis für weitere Standardisierungsvorhaben.

• Standardisierungskonzepte verringern den Aufwand der Integration.

Aufgrund der zunehmenden Präsentation von Waren im Internet, sind erste Standards für Produktkataloge erkennbar, die allerdings bisher nur eingeschränkt von Systemanbietern unterstützt werden. Hervorzuheben ist insbesondere der Produktkatalog-Standard *BMEcat* des Bundesverbands Materialwirtschaft, Einkauf und Logistik e.V.[403] Das auf XML basierende BMEcat-Format wurde entwickelt, um den Austausch von Produktdatenkatalogen zwischen Lieferanten und beschaffender Unter-

---

[401] Vgl. http://www.w3.org/XML/
[402] Vgl. Frank (2001), S. 283.
[403] Vgl. http://www.bme.de.

nehmung zu standardisieren und so zu vereinfachen.[404] Bei einem Produktdatentausch können die vom Lieferanten zur Verfügung gestellten Katalogdokumente, ggf. angereichert durch multimediale Daten wie Bilder und Grafiken, direkt in die Shopsysteme der Händler übernommen werden. Die erzeugten Dokumente erfüllen außerdem die Voraussetzungen für die automatisierte Verarbeitung von Bestellungen und den elektronischen Austausch von Rechnungsdaten.

Besondere Vorteile können Warenwirtschaftssysteme bieten, die bereits vorerfasste Artikeldaten zur Verfügung stellen oder Zugriff auf branchenorientierte Stammdatenkataloge bieten. So stellt beispielsweise das System PROfit-WWS im Rahmen des Artikeldatenservice sämtliche Artikel, die bei dem Einkaufsverband RUEFACH gelistet sind, zur Verfügung. Einen ähnlichen Ansatz stellt die Anbindung führender (branchenspezifischer) Artikelstammdatenkataloge dar. Verbreitet sind hier u. a. der TecDoc-Katalog und HeinzeBauOffice.

Der *TecDoc-Katalog* (http://www.tecdoc.de) stellt das führende Informationssystem der Zulieferindustrie für den freien KFZ-Ersatzteilmarkt zur Identifizierung und Bestellung von Teilen dar. Gesellschafter der TecDoc sind führende KFZ-Zulieferer bzw. KFZ-Teile-Hersteller, wie Bosch, Continental und Varta. Durch die Breite Basis an Gesellschaftern und Datenlieferanten hat sich das TecDoc-Format zum Branchenstandard für den KFZ-Teilemarkt entwickelt. Der TecDoc-Katalog erscheint vierteljährig auf CD-Rom, ist in 13 Sprachen verfügbar und bietet mit über 500.000 Artikel (oftmals mit Grafiken) von mehr als 110 unterschiedlichen Herstellern mit einem Datenvolumen von insgesamt über 22,5 GB die umfassendste verfügbare Datenbasis für die eindeutige und fehlerfreie Identifikation von KFZ-Teilen. Als *TecDoc Select* bietet die TecDoc Informationssystem GmbH eine speziell für Handelsunternehmen interessante Zusatzfunktionalität, durch die Händler den Katalog bzw. Teile daraus mit ihren individuellen Verkaufspreisen versehen und an ihre Kunden verteilen können. Neben der Artikelidentifikation kann dann auch die Bestellung (mit Warenkorbfunktionalität) direkt aus dem Katalog heraus erfolgen: Die bestellten Artikel werden dann vom TecDoc-Katalog über eine Exportschnittstelle zur Verfügung gestellt, so dass sie direkt in das Warenwirtschaftssystem des Händlers eingelesen werde können. Ebenso kann aus dem WWS heraus gezielt auf bestimmte Artikelbeschreibungen (z. B. alle Luftfilter eines PKW-Types) zugegriffen werden.

HeinzeBauOffice ist ein Gemeinschaftsprojekt des Bundesverbandes des Deutschen Baustoff-Fachhandels e.V. und der Heinz GmbH Celle. Fokus ist effiziente Unterstützung des Baustoff-Fachhandels bei der Kundenberatung. Hierzu bietet die Heinze Baudatenbank eine umfassende Marktübersicht der relevanten Artikel mit ausführlichen Firmen- und Produktinformationen in Text und Bild. Alle Artikel sind klassifiziert, so dass auch eine Suche über Eigenschaften möglich ist. Neben den eigentlichen Artikelbeschreibungen sind auch diverse handelsspezifische Angaben, z. B. Verbrauch, Entsorgung der Verpackung und Gefahrstoffinformationen verfügbar.

---

[404] Vgl. www.bmecat.org.

System-merkmale 24: Datenaustausch	Belegarten Beschaffung					Belegarten Distribution					EDI-Formate			Subset	
	Lieferantenanfrage	Lieferantenangebot	Lieferantenbestellung	Lieferantenlieferavis	Lieferantenrechnung	Kundenanfrage	Kundenangebot	Kundenauftrag	Kundenlieferavis	Kundenrechnung	SEDAS	DATANORM	Weitere[A]	EANCOM	Weitere
A.eins	●	●	●	●	●	●	●	●	●	●	○	●	S	●	○
abas	○	○	●	●	●	○	○	●	●	●	○	●	-	○	○
ASW	●	●	●	●	●	●	●	●	●	●	●	○	P	●	◐
AUPOS	●	●	●	●	●	●	●	●	●	●	○	●	-	○	◐
AW 400	○	○	●	○	○	○	○	●	○	●	○	●	E	○	◐
b2 Handel	●	●	●	●	●	●	●	●	●	●	●	●	E	●	○
Bison Solution	○	○	○	○	○	○	○	○	○	○	○	○	-	○	○
Brain AS	○	○	●	●	●	○	○	●	●	●	○	○	S	●	●
Compex	●	●	●	●	●	●	●	●	●	●	○	●	-	●	○
Conaktiv	○	○	○	○	○	○	○	○	○	○	○	○	-	○	○
Corporate WINLine	○	○	○	○	○	○	○	○	○	○	○	●	E	○	○
CSB-System	●	●	●	●	●	●	●	●	●	●	●	●	E,G,S	●	○
DCW-Wawi.	○	○	○	●	●	○	○	○	●	●	○	○	-	○	○
DEWAS / MESS	○	○	○	○	●	○	○	○	○	○	●	○	S	●	○
diamod	○	○	○	○	○	○	○	●	●	●	○	○	-	○	◐
e.fet Wawi.	○	○	○	○	○	○	○	○	○	○	○	○	-	○	○
FEE	○	○	○	○	○	○	○	○	○	○	○	○	-	○	○
Formica SQL	○	○	○	○	○	○	○	○	○	○	○	●	-	○	○
Futura ERS	●	●	●	●	●	○	○	○	○	○	○	○	-	●	○
G.O.L.D.	●	●	●	●	●	●	●	●	●	●	●	○	S	●	●
GEAC System 21	○	○	●	○	○	○	○	●	○	●	●	○	P	●	○
gevis	○	○	●	○	●	○	○	●	○	●	●	○	-	●	○
i/2	●	●	●	●	●	●	●	●	●	●	○	○	-	○	○
iBaanERP	○	○	●	●	●	○	○	●	●	●	○	○	-	○	○
IFS Applications	●	●	●	●	●	○	●	●	●	●	○	○	-	○	○
IN:ERP	●	●	●	●	●	●	●	●	●	●	●	●	E,G,S	●	○
J.D. Edwards	●	●	●	●	●	●	●	●	●	●	○	○	-	○	○
JDA-PMM	○	○	●	●	●	○	○	○	○	○	○	○	-	●	○
KARAT	○	○	○	○	○	○	○	○	○	●	○	○	-	●	○
MBS-Apertum	○	○	●	○	●	○	○	○	○	○	○	●	E	○	○
MBS-Axapta	○	○	○	○	○	○	○	○	○	○	○	○	-	○	○
MBS-Navision	●	●	●	●	●	●	●	●	●	●	○	●	E	○	○

[A] E=ELDANORM, G=GAEB, P=PHOENIX, S=SINFOS

System-merkmale 24: Datenaustausch	Belegarten Beschaffung					Belegarten Distribution					EDI-Formate			Subset	
	Lieferantenanfrage	Lieferantenangebot	Lieferantenbestellung	Lieferantenlieferavis	Lieferantenrechnung	Kundenanfrage	Kundenangebot	Kundenauftrag	Kundenlieferavis	Kundenrechnung	SEDAS	DATANORM	Weitere[A]	EANCOM	Weitere
MKS Goliath	○	○	○	○	○	○	○	○	○	○	○	○	-	○	○
Movex	○	○	●	●	●	○	○	●	●	●	○	○	-	●	○
oxaion	○	●	●	●	●	○	●	●	●	●	○	○	S	●	○
P2plus	○	○	○	○	○	○	●	●	●	●	○	●	-	○	○
PISA – Wawi.	●	●	●	●	●	●	●	●	●	●	○	●	E,G,S	○	○
Pollex LC	○	○	●	○	○	○	○	●	○	●	●	●	-	●	○
priMio – E/Con	○	○	○	○	○	○	○	○	○	○	○	○	-	○	○
ProALPHA	●	●	●	●	●	●	●	●	●	●	○	●	-	○	○
PRODIS	○	○	○	○	○	○	○	○	○	○	○	○	-	○	○
Profit-WWS	○	○	○	○	○	○	○	○	○	○	○	●	-	○	○
ProWWS	○	○	○	○	○	○	○	●	●	●	●	○	S	●	○
Regulus	○	○	○	○	○	○	○	●	●	●	○	○	-	●	○
Retek 10	○	●	●	●	●	○	○	○	○	○	○	○	-	○	○
Sangross V	○	○	●	○	○	○	○	●	○	●	○	●	E	●	●
SAP Business One	○	○	●	○	●	○	●	●	○	●	●	●	G	●	●
SAP mySAP Retail	●	●	●	●	●	●	●	●	●	●	○	○	-	●	●
SDS fashion	○	○	○	○	○	○	○	○	○	○	○	○	-	○	○
Semiramis	○	○	●	●	●	○	●	●	●	●	●	●	E,G,P,S	●	●
Skill Commercial	○	○	●	●	●	○	○	●	●	●	○	●	-	●	○
SO:Business Soft.	○	○	●	○	●	○	●	●	●	●	○	●	G,S	●	○
SoftM Suite	○	○	●	●	●	○	○	●	●	●	●	○	P,S	●	○
SQL-Business	●	●	●	●	●	●	●	●	●	●	○	●	-	●	○
Steps Business Sol.	○	○	○	○	○	○	○	○	○	○	○	○	-	○	○
TRADEsprint	●	●	●	●	●	●	●	●	●	●	○	○	-	●	○
TS	○	○	●	○	●	○	○	○	○	○	○	●	-	○	◖
Unitrade	●	●	●	●	●	●	●	●	●	●	●	●	E	●	○
UPOS	○	○	●	○	○	○	○	●	○	●	○	●	E,G	●	◖
VERA	○	○	●	○	●	○	○	●	○	●	○	●	-	●	◖
W 5	●	●	●	●	●	○	●	●	○	●	●	○	-	●	○
WEST System	●	●	●	●	●	○	○	●	○	○	○	○	-	○	○
Wilken Materialw.	○	○	○	○	○	○	○	○	○	○	○	○	E,S	○	○
x-trade	○	○	●	●	●	○	○	●	●	●	●	○	-	●	○

[A] E=ELDANORM, G=GAEB, P=PHOENIX, S=SINFOS

3.12.2 Kooperative Logistik

Die ersten nachhaltigen Überlegungen zur Zusammenarbeit zwischen Industrie- und Handelsunternehmen stammen aus dem Textilbereich und wurden unter dem Begriff „Quick Response" eingeführt. Unter *Quick Response* werden Konzepte subsumiert, deren konstituierendes Merkmal ein wirtschaftsstufenübergreifendes Pull-System der Warenbeschaffung ist, d. h. der Distributionsprozess triggert unmittelbar Beschaffungsaktivitäten. Beispielsweise löst der Verkauf von Textilien an einen Endkunden am Point-of-Sale alle Beschaffungsaktivitäten von der Bestellung der Ware (Handelsunternehmen) über Veredelungsprozesse bis hin zur Bestellung der Rohmaterialien aus.[405] Obgleich Quick Response im Handel seit langem verbreitet ist, hat sich in jüngster Zeit als Vokabel für die kooperative Logistik das *Supply Chain Management* durchgesetzt. Das Supply Chain Management, das besser als Supply Web Management bezeichnet werden sollte, setzt sich mit dem Management von Logistikprozessen auseinander, an denen mehrere Akteure beteiligt sind.[406] Die Ausrichtung an kooperativen Prozessen stellt damit den Kern des Supply Web Managements dar. Die Unterscheidung zwischen Quick-Response-Konzepten und dem Supply Chain Management ist kaum möglich, da beiden Konzepten die gleiche betriebswirtschaftliche Intention einer unternehmensübergreifenden Logistik inhärent ist. Allerdings ist beim SCM nicht zwangsläufig ein Pull-System als konstituierendes Merkmal gefordert, so dass Quick Response als eine Ausgestaltungsform des Supply Chain Management interpretiert werden kann.

Quick Response und Supply Chain Management haben die gesamte logistische Kette und deren optimale Ausgestaltung im Fokus. Dies führt dazu, dass der Preis eines Artikels seine dominierende Rolle verliert. Kostensenkungspotenzial ergibt sich durch Vereinheitlichungen der angelieferten Logistischen Einheiten, durch größere Bestelleinheiten, durch die terminliche Koordination der Warenanlieferungen, durch den Wegfall von Kontrollen (z. B. im Wareneingang) und durch die zeitgerechte Bereitstellung von Abverkaufsinformationen an die Industrie. Vor allem kommt eine optimierte Logistikabwicklung allen Geschäftspartnern zugute, während Preisverhandlungen, die zu Gunsten eines Marktpartners abgeschlossen werden, immer zu Lasten des anderen Marktpartners gehen.

Die Ausgestaltung des Supply Web Managements für Handelsunternehmen ist nur situativ vorzunehmen, da es vielfältige Einflussgrößen gibt, die sich einer Generalisierung entziehen. Als Ordnungsrahmen für die Facetten des Supply Web Managements kann das „House of SCM" verwendet werden (vgl. Abbildung 122), welches vor allem die beiden Hauptkomponenten Integration und Koordination unterscheidet. Zum Block der Integration gehört zunächst die Selektion der Partner eines Supply

---

[405] Zum Quick-Response-Konzept in der Textilwirtschaft vgl. Hensche (1991), S. 276 ff.
[406] Zu einem Vergleich von Definitionen des Supply Chain Managements vgl. Kotzab, Schnedlitz (1999), S. 141 f. sowie Stadtler (2000), S. 7; Thaler (2001), S. 18.

Webs. Die Effektivität und Effizienz des Netzwerks ist Gegenstand der Netzwerkorganisation und der Zusammenarbeit, die die zweite Komponente bildet. Ebenfalls für die Effizienz ist die Art der Führung von Bedeutung, die deshalb den dritten Block der Integration bildet. Die Koordinationskomponente wiederum erfordert die Kommunikationstechnologie, die Orientierung an Prozessen sowie den Einsatz von neuen Planungskonzepten. Auf diesen beiden Säulen basierend, sollen die Ziele Wettbewerbsfähigkeit und Kundenservice erreicht werden.

Die keinesfalls in sämtlichen Bereichen neuartigen Überlegungen werden in Abbildung 122 dadurch ausgedrückt, dass das Fundament aus bekannten Theoriekonzepten besteht.

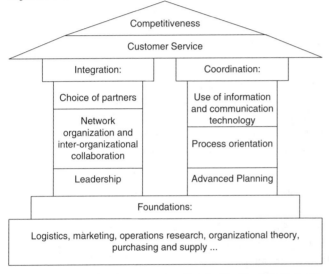

Quelle: Stadtler (2000), S. 10.

Abbildung 122: House of Supply Chain (Web) Management

Die mit *kooperativen Logistikprojekten* verbundenen Einsparpotenziale erstrecken sich auf diverse Bereiche, wobei im Folgenden die Beschaffungs- und die Transportlogistik als zwei logistische Kooperationsbereiche näher untersucht werden sollen.

Kooperative Beschaffungslogistik

Die mit einer *kooperativen Beschaffungslogistik* verbundenen Einsparpotenziale erstrecken sich auf diverse Bereiche:[407]

- Durch eine zwischen Industrie- und Handelsunternehmen abgestimmte Nachschubsteuerung sollen 0,5 % des Einzelhandelsumsatzes eingespart werden können.

---

[407] Vgl. Töpfer (1996), S. 12; Zentes (1996), S. 41.

- Die Verteilung der Dispositionsaufgaben zwischen Industrie- und Handelsunternehmen ist der am meisten diskutierte Bereich für Kooperationsbemühungen zwischen Industrie- und Handelsunternehmen mit dem Ziel, Präsenzlücken und Bestände zu reduzieren.

- Die Nutzung von Cross-Docking-Verfahren bietet die Möglichkeit für das Handelsunternehmen, durch die Koordination mit den Lieferanten bestandslose Transit-Terminal-Systeme zu realisieren, was zu einer Erhöhung der Umschlagsgeschwindigkeit führt.

Die Kooperationsfelder im Bereich der Logistik werden unter dem Oberbegriff *Efficient Replenishment* subsumiert.[408] Es sollen alle Aktivitäten in der Lieferkette vom Produzenten über die diversen Handelsstufen bis zum Konsumenten aufeinander abgestimmt werden, um erhebliche Verbesserungspotenziale realisieren zu können. Die Prognosen schwanken in Abhängigkeit von der Quelle nicht unerheblich.

Das Efficient Replenishment ist als Strategie zu verstehen, d. h. neben der Zielsetzung der effizienten Warenversorgung sind auch Maßnahmen zur Umsetzung erforderlich. Die in praxi bestehenden Probleme in der Warenversorgung, wenn nur der jeweils vorgelagerten Dispositionsstufe die Bestellmenge mitgeteilt wird, werden in der Literatur als Bullwhip-Effekt (Peitscheneffekt) diskutiert.[409] Die auf jeder Wertschöpfungsstufe isolierte Bestellmengenermittlung führt zu einem „Aufschaukeln" der Bestellmengen.[410]

CPFR

Die Teilkonzepte des Efficient Consumer Response sind relativ autonom zueinander. Insbesondere die Zusammenhänge zwischen Supply und Demand Side werden nicht ausreichend thematisiert. Aus diesem Grunde wurde unter dem Akronym *Collaborative Planning, Forecasting and Replenishment* ein Vorgehensmodell entwickelt, das aus neun Schritten besteht, welches die integrierte gemeinschaftliche (Collaborative) Planung (Planning), Bedarfsprognose (Forecasting) und Nachschubsteuerung (Replenishment) anstrebt, wobei ausgehend von Marketingüberlegungen die Logistik konzipiert wird.[411] Somit lassen sich im CPFR-Konzept das kooperative Marketing und die kooperative Logistik nicht voneinander trennen.

Das CPFR-Konzept stellt ein Referenz-Prozessmodell und ein Referenz-Datenmodell zur Verfügung, welches in unterschiedlichen Anwendungssituationen angepasst werden kann. Im Folgenden soll ausschließlich auf das neun Schritte umfassende Prozessmodell eingegangen werden, welches sich in die drei übergeordneten Phasen

---

[408] In der Literatur wird mitunter auch der Begriff Continuous Replenishment verwendet.

[409] Vgl. u. a. Lee, Padmanabhan, Whang (BW I) (1997), S. 546; Lee, Padmanabhan, Whang (BW II) (1997), S. 93.; Zäpfel, Wasner (1999), S. 298. Zu praktischen Beispielen des Bullwhip-Effekts und seiner Beseitigung durch VMI vgl. Thonemann (2001), S. 10-2 ff.

[410] Vgl. hierzu auch die Auseinandersetzung im Rahmen der automatischen Dispositionssysteme.

[411] Vgl. im Folgenden insbesondere Bauer, Görtz (2002); CCG (CPFR) (2002).

Planung, Prognose und Nachschubsteuerung einteilen lässt, wie Abbildung 123 entnommen werden kann.[412]

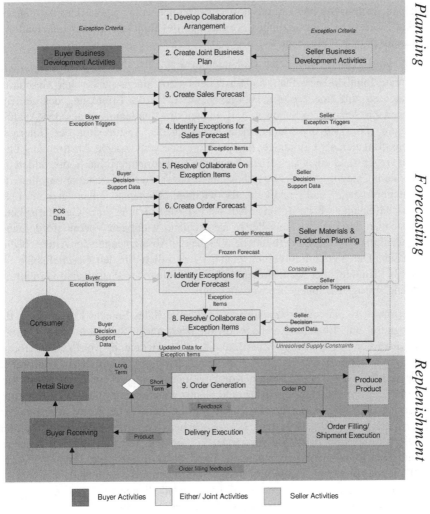

Quelle: Voluntary Interindustry Commerce Standards Association.

Abbildung 123: CPFR-Referenzprozessmodell

1) Der erste Schritt besteht in der Festlegung einer *grundsätzlichen Rahmenvereinbarung* (Develop Collaboration Agreement), d. h. es werden der Gegenstand, die Zielsetzung und die Voraussetzungen der Kooperation fixiert. Basis ist die Definition des Kooperationsumfangs (welche Warengruppen, welche Vertriebs-

---

[412] Vgl. Seifert (2002), S: 62 ff.

schienen, welche Handelsstufe etc.). Bei den Zielen der Kooperation ist festzulegen, anhand welcher Messgrößen eine Bewertung der Zielerreichung möglich
ist (z.B. Umsatz, Produktverfügbarkeit). Des Weiteren werden Verantwortlich-
keiten, technische und organisatorische Rahmenbedingungen (Datenaustausch,
Häufigkeit der Projektsitzungen, Teilnehmer des Projekts, Art des Informationsaustausch usw.) festgelegt.

2) Die zweite Phase dient der Entwicklung eines *gemeinsamen Geschäftsplans*
(Create Joint Business Plan) auf Basis der unternehmensspezifischen Geschäfts-
strategien, um eine konkrete Vorgehensweise für die Erreichung der gemeinsamen Zielsetzung zu bilden. I. d. R. dienen die Überlegungen aus den Ausführungen zum Category Management bezüglich der Abstimmung der Unternehmensstrategien als Grundlage, da auch dort eine gemeinsame Abstimmung über
den Gegenstand eines Geschäftsplanes, die Kategorien, erfolgt. Somit bilden die
aus dem Category Management bekannten Kategorien, die Kategorienrollen, die
Kategorienziele und -taktiken als wichtige Elemente einen gemeinsamen
Geschäftsplan.[413] Eine Besonderheit bei der Abstimmung eines Geschäftsplanes
besteht in der Einbeziehung der in Deutschland wichtigen Verkaufsförderungsmaßnahmen, da diese in erheblichem Maße die Absatzmengen der Artikel beeinflussen. Der Verkaufsförderungsplan ist wesentlich für den Geschäftsplan, da
nur bei Kenntnis der Maßnahmen in den nachfolgenden Phasen eine vernünftige
Mengenprognose abgegeben werden kann.

3) Die *Bedarfs- oder Abverkaufsprognose* (Create Sales Forecast) dient dazu, die
Prognose auf Einzelartikelebene differenziert nach Standard- und Aktions-
abverkäufen vorzunehmen. Zur Bemessung der Bedeutung von Verkaufsförderungsmaßnahmen werden „Lift-Tabellen" verwendet,[414] aus denen hervorgeht,
zu welchen Absatzsteigerungen Kombinationen von Verkaufsförderungen führen (z. B. Preissenkung um 10 % und Handzettelwerbung führen zu Absatzstei-
gerung von 30 %). Bei der Prognose werden statistische Werte aus den Vor-
perioden verwendet, wie dies bei sämtlichen Verfahren der „automatischen
Disposition" üblich ist. Sie verwendet in Abhängigkeit von Produkt, Industrie
und Handelspartnern vergangenheits- und zukunftsbezogene Daten wie z. B.
POS- oder Shipment-Daten. Der konkrete Erhebungszeitraum ist dabei abhängig
von produkt- und lieferantenspezifischen Besonderheiten wie bspw. der Wieder-
beschaffungszeit. Das mittelfristige Ziel ist es, eine verbesserte Steuerung der
Warenverfügbarkeit zu erreichen. Bei der Erstellung der Prognose lassen sich
drei Alternativen unterscheiden. Erstens kann im Geschäftsplan geregelt sein,
dass Handel und Industrie gemeinsam eine Prognose erstellen. Auf Basis der
internen Datenquellen des Handelsunternehmens wird eine Prognose erstellt, das
Industrieunternehmen nimmt unabhängig davon eine eigene Prognose vor. Eine
zweite Alternative besteht darin, dass nur der Handel eine Prognose erstellt.

---

[413] Vgl. CCG (CM) (2002), S. 10.
[414] Vgl. Bauer, Görtz (2002), S. 24 f.

Drittens kann auch das Industrieunternehmen ausschließlich für die Prognose verantwortlich sein. Wichtig bei der Prognose ist auch die Vorgabe eines Prognosezeitraumes (Woche, Monat, Tag).

4) Im vierten Schritt werden *Abweichungen in der Bedarfsprognose* (Identify Exceptions for Sales Forecast) erkannt, die außerhalb der gemeinsam im Geschäftsplan festgelegten Abweichungsgrenze (z. B. 10%) liegen. Sofern beispielsweise im Geschäftsplan für neue Filialen ein Absatzplus beim Lieferanten von 10 % angenommen wurde, der Zuwachs aber nur bei 5 % liegt, ist eine Prognoseabweichung in dem Umfang vorhanden, die zu einer Aktualisierung der Bedarfsprognose führt. Bei einer Unterschreitung des Intervalls (im Beispiel von 10 %) hingegen bedarf es keiner Aktualisierung.

5) Liegen Abweichungen vor, müssen ggf. entsprechende Reaktionen (z. B. Promotions) vereinbart werden. Auf dieser Basis wird eine *Aktualisierung der gemeinsamen Bedarfsprognose* (Resolve/Collaborate on Exception Items) vorgenommen und verabschiedet, die der veränderten Situation Rechnung trägt.

6) Im sechsten Schritt wird darauf aufbauend eine *Bestellprognose* (Create Order Forecast) generiert, die die Bedarfsprognose und den gemeinsamen Geschäftsplan unterstützt und weitere Einflussfaktoren wie Bestandsdaten, offene Bestellungen u. ä. mit einbezieht. Kurzfristige Daten werden dabei für die Auftragserzeugung genutzt und der eher langfristige Teil für die Gesamtplanung. Generell ist der zeitliche Horizont der Bestellprognose kürzer als der der Bedarfsprognose.

7) Auch in der Bestellprognose können Differenzen auftreten. Das *Erkennen dieser Abweichungen in der Bestellprognose* (Identify Exceptions for Order Forecast) erfolgt wie in Schritt 4. Zu beachten ist, dass insbesondere der Detaillierungsgrad höher und die Reaktionszeit verkürzt ist.

8) Die „*Aktualisierung der gemeinsamen Bestellprognose*" (Resolve/ Collaborate on Exception Items) geschieht analog zu Phase 5.

9) Abschließend wird der *Auftrag* (Order Generation) auf Basis der bereits verabschiedeten Bestellprognose erstellt.

Die mit CPFR verbundenen Zielsetzungen sind dabei identisch mit denen des ECR-Konzepts, lediglich die präferierten Maßnahmen weichen voneinander ab. Es besteht zwar eine Verbundenheit zu den Konzepten Efficient Replenishment und Efficient Promotion, sie ist aber weniger deutlich ausgeprägt. Das Hauptaugenmerk liegt vielmehr auf der verbesserten Prognosefunktion u. a. bedingt durch die Einbeziehung des Internet.[415] Sie führt zur Reduzierung der Bestände entlang der Wertschöpfungskette und erhöht die Produktverfügbarkeit und damit verbunden den Servicegrad.

---

[415] Vgl. Stackpole (2000), S. 1.

4 Warenwirtschaftssysteme im Überblick

Nach der detaillierten prozessorientierten Analyse der Standard-Warenwirtschaftssysteme im Hauptteil dieses Buchs wird nachfolgend in Abschnitt 4.1 jedes der betrachteten Systeme mit einem Kurzportrait zusammenfassend gewürdigt. Darüber hinaus wird eine Auswahl der zentralen handelsbezogenen Branchenlösungen basierend auf SAP (vgl. Abschnitt 4.2) und basierend auf Microsoft Business Solutions-Navision (Abschnitt 1.1) mit einem Kurzprofil vorgestellt.

4.1 Kurzportraits WWS

Die Systeme sind alphabetisch nach Systemnamen geordnet. Zum Zweck einer vereinfachten Zuordnung sind in der nachstehenden Tabelle Systemname und Name des jeweiligen Anbieters gegenübergestellt.

Anbieter	Warenwirtschaftssystem
ABAS Software AG	abas-Business-Software
Aldata Retail Solutions GmbH	G.O.L.D.
AP Automation + Productivity AG	P2plus
Bäurer Aktiengesellschaft	b2 Handel
Beck, Lang & Partner	FORMICA PPS / WWS
Bison Schweiz AG	Bison Solution
Bölte GmbH	AW 400
BRAIN Industrie GmbH	BRAIN AS
BSK Software GmbH	PISA Warenwirtsch.
C.I.S. Cross Industrie Software AG	Semiramis
Command AG	oxaion
Command AG	TRADE*sprint*
Compex Systemhaus GmbH	Compex Commerce
Connectivity GmbH	ConAktiv
CSA – Complex Software Application GmbH	KARAT
CSB-System AG	CBS-SYSTEM
CSG AUPOS GmbH	AUPOS
DCW Software Deutschland GmbH	DCW-Warenwirtschaft
e.bootis.ag	e.fet Warenwirtschaft
Eldicon GmbH	WEST System
FEE-Software GmbH	FEE
FIS GmbH	SAP Business One
Futura Retail Solution AG	Futura ERS

GEAC	GEAC System 21
GODEsys GmbH	SO: Business Software
GWS – Gesellschaft f. Warenwirtschaftssysteme mbH	gevis
Intentia Deutschland GmbH	MOVEX
International Business Systems (IBS)	ASW
IFS Deutschland GmbH&Co. KG	IFS Applications
Informing AG	IN:ERP
Peoplesoft (J. D. Edwards Deutschland GmbH)	J.D. Edwards
JDA Software GmbH	JDA-PMM
Maxess Systemhaus GmbH	x-trade
Mesonic Software GmbH	Corporate WINLine
Microsoft Business Solutions Deutschland	MBS[416] - Axapta
Microsoft Business Solutions Deutschland	MBS - Apertum
Microsoft Business Solutions Deutschland	MBS - Navision
Mirella - software-engineering & consulting GmbH	PriMio – E/Con
MKS Software Management AG	MKS Goliath
Neutrasoft	VERA
Nissen & Velten Software GmbH	SQL-Business
orgaplus Software GmbH	W5
POLLEX-LC Software GmbH	POLLEX-LC
Polynorm Software AG	i/2
ProALPHA Software AG	proALPHA Trade
PRORATIO Systeme + Beratung GmbH	proWWS
SHD Datentechnik GmbH & Co. KG	SANGROSS
Retek Deutschland GmbH	Retek 10
SAG Systemhaus GmbH	PRODIS
SAP AG	SAP mySAP Retail
SAP AG	SAP Business One
Science Data Software GmbH	SDS fashion
SE@Padersoft Software GmbH & Co. KG	UNITRADE
SEV GmbH	TS
Skill Software GmbH	Skill Commercial
SoftM Software und Beratung AG	SoftM Suite
SoftwareCompany AMIC GmbH	A.eins
SPI GmbH	Profit-WWS
SSA Global GmbH (Baan Deutschland GmbH)	iBaan ERP
Step Ahead AG	Steps Business Solution
Superdata EDV-Vertriebs GmbH	DEWAS / MESS / PEP
texdata software gmbh	DIAMOD
Topfashion GmbH & Co. KG	Futura ERS
Update Solution AG	UPOS Business Software
Wilken GmbH	Wilken Materialwirtschaft
Wojcicki Unternehmensberatung	REGULUS

---

[416] MBS = Microsoft Business Solutions.

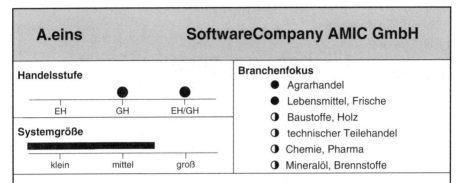

A.eins   **SoftwareCompany AMIC GmbH**

Handelsstufe

EH   GH   EH/GH

Systemgröße

klein   mittel   groß

Branchenfokus
- ● Agrarhandel
- ● Lebensmittel, Frische
- ◐ Baustoffe, Holz
- ◐ technischer Teilehandel
- ◐ Chemie, Pharma
- ◐ Mineralöl, Brennstoffe

Das *Warenwirtschafts- und Finanzbuchhaltungssystem A.eins* ist mit *über 600 Installationen* (sowie ca. 800 Installationen des Vorgängersystems) das führende nicht-genossenschaftliche Warenwirtschaftssystem im *Agrarbereich*. A.eins kann auf den üblichen *Windowsplattformen* mit der Datenbank *Sybase* eingesetzt werden. *Terminalserverlösungen* werden ebenfalls unterstützt. A.eins ist *mandanten- und mehrlagerfähig*.

Neben dedizierten Lösungen im Bereich des Agrar-/Nahrungsmittelhandel, beispielsweise für *Saatguthandel und -produktion* oder den *Obst & Gemüse-Handel*, existieren auch *Branchenerweiterungen* für den Baustoff-, Mineralöl- und den technischen Teilehandel. Die große Verbreitung im Agrar- und Nahrungsmittelhandel hat zu einer umfassenden Abdeckung der branchenspezifischen Anforderungen, wie einer durchgehenden Kontrakt- und Partienverwaltung, einer Preisfindung abhängig von Qualitäts- und Preisvereinbarungen, einer Leergutverwaltung und der DSD-Abrechnung sowie der Anforderungen des *Saatgutgesetzes* geführt. Auch die *Düngemittel- und Pfanzenschutzmittelverwaltung* sowie die Erstellung einer *Hoftorbilanz* werden softwaretechnisch umfassend unterstützt.

A.eins bietet die Möglichkeit, Kontrakte mit Preis- bzw. Mengenvereinbarungen und Laufzeiten zu verwalten sowie Restmengen, Bewegungen, Erfüllungsgrad etc. zu überwachen. Für den Barverkauf und den *POS-Arbeitsplatz* stellt A.eins ein Kassensystem zur Verfügung: Erfassung über Tastatur, Scanner, Magnetkarten und MDE sind ebenso integriert wie die Unterstützung moderner Zahlungsverfahren (Bar, Scheck, Kredit, Gutschein, Lastschrift, EC-Cash etc.).

Mit dem integrierten Auswertungstool *Quickreport* stehen flexible und zugleich sehr einfach zu bedienende Abfrage- und Reportingmöglichkeiten zur Verfügung. Eine eigene Archivierungslösung rundet das Gesamtsystem ab.

Adresse: **Stuthagen 25**
         24113 Molfsee
Tel.:   **04347 / 7156**
E-Mail: **info@amic.de**
WWW: **www.amic.de**

Gegründet: **1981**
Mitarbeiter: **54**
Standorte: -

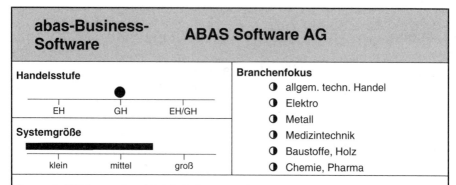

Das seit 1985 von der ABAS Software AG entwickelte System *abas-Business-Software* hat sich in den letzten Jahren zu einem führenden mittelständischen ERP-Systeme im deutschsprachigen Raum entwickelt. In der u. a. von der Konradin Verlagsgruppe initiierten ERP-Studie 2003 belegt abas-Business-Software in der Gesamtbewertung Platz 1. Als ERP-System umfasst es neben den warenwirtschaftlichen Modulen integriert auch ein PPS- sowie ein Rechnungswesen-Modul (Fibu, Controlling).

abas-Business-Software weist über *1400 Installationen* in mittelständischen Betrieben auf; ein Kundensegment, das von der ABAS Software AG als Unternehmen mit bis zu 1000 Mitarbeitern definiert wird. Aktuell sind ca. 700 Installationen serverseitig unter dem Betriebssystem Linux in Betrieb. Daneben werden die üblichen Windows-Plattformen, UNIX und auch die IBM iSeries unterstützt.

abas-Business-Software bietet umfassende und ausgereifte Funktionen in den Bereichen PPS, WWS und eBusiness. Neben EDI- und SCM-Funktionen steht beispielsweise auch eine integrierte Lösung zur *Außendienststeuerung* zur Verfügung. Mit modernen Zusatzmodulen, wie der *abas-eB-Workbench*, die u. a. einen *grafischen Prozess-Editor* und einen grafischen Produktkatalog-Editor umfasst, sowie dem *ERP-Webinterface*, das die flexible Darstellung von abas-Daten im Web ermöglicht (z. B. als Auskunftssystem für Kunden), und der flexiblen GUI-Gestaltung verdeutlicht abas-EKS seine State-of-the-Art-Technolgie.

Die *funktionalen Schwerpunkte* von abas-Business-Software sowie die Kundenstruktur machen deutlich, dass das System insbesondere auf produzierende Betriebe und den (technisch geprägten) *Großhandel* ausgerichtet ist. Referenzkunden im Handelsumfeld sind u. a. *Medicon eG (Chirugische Instrumente)* und *TAMRON Europe GmbH (Kamaraobjektive)*.

Adresse: **Südendstraße 42**	Gegründet: **1980**
76135 Karlsruhe	Mitarbeiter: **75**
Tel.: **0721 / 9672301**	Standorte: Vertriebspartner 20 x in D; sowie
E-Mail: **info@abas.de**	in 18 Ländern weltweit
WWW: **www.abas.de**	

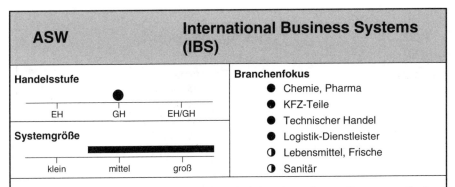

Die IBS (Hauptsitz in Stockholm, Schweden) ist *einer der größten europäischen Softwareanbieter* für IBM iSeries-Anwendungen. ASW-DIS (Warenwirtschaft) und ASW-FIN (Finanzwesen) bilden die Kernstücke des integrierten Supply-Chain-Management-Systems ASW. Weitere Module wie ASW-INV (Bestandsverwaltung), ASW-WHM (chaotische und dynamische Lagerverwaltung), ASW-SVC (Service), ASW-CRM und ASW-WEB (Internetanbindung inkl. Web-Store) runden die ASW-Funktionalität ab. Seit 1989 ist ASW weltweit mit *ca. 5.000 Installationen* vertreten. ASW kann parallel mit *modernem GUI* und *zeichenorientiertem Greenscreen* genutzt werden.

Speziell für den *Pharma-Großhandel* existiert mit *IBS-Pharma* eine auf ASW basierende umfassende Branchenlösung, die neben den funktionalen Spezifika des Pharma-Großhandels (z. B. einer phonetischen Korrektur bei der Artikelsuche) auch die in dieser Branche typischen hohen Transaktionsvolumina effizient unterstützt. So lassen sich bis zu 2,9 Mio. Auftragspositionen pro Stunde abwickeln.

Der fokussierte Kundenkreis setzt sich aus mittleren bis größeren Großhandelsunternehmen und Distributeuren zusammen. ASW deckt dabei mit 28 Länderversionen und 17 Sprachversionen gerade die Anforderungen international tätiger Unternehmen umfassend ab. Referenzkunden sind u.a. *Miele* (diverse Landesgesellschaften) und Galexis.

Mit dem Zusatzprodukt *Virtual Enterprise* bietet IBS eine moderne Lösung zur nahtlosen Integration mit Partnern in der Supply Chain, so dass *kollaborativer Handel* möglich wird. Die XML-basierte Kommunikation von Virtual Enterprise kann darüber hinaus auch unternehmensintern, bspw. zur Integration heterogener IT-Lösungen unterschiedlicher Landesgesellschaften, nutzbringend verwendet werden.

Adresse: **Deelbögenkamp 4c** **22297 Hamburg** Tel.: **040 / 5145-10** E-Mail: **ibsinfo@ibsde.de** WWW: **www.ibsde.de**	Gegründet: **1969** Mitarbeiter: **2200** Standorte: Niederlassungen in 32 Ländern

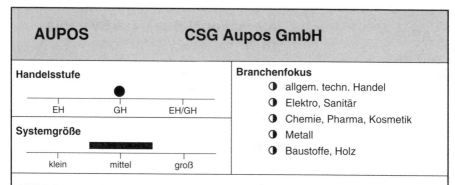

AUPOS (= <u>A</u>uftrags- <u>u</u>nd <u>p</u>roduktions<u>o</u>rientiertes <u>S</u>ystem) ist primär auf *Fertigungs- und Großhandelsunternehmen* ausgerichtet. Es umfasst die typische Funktionsbreite eines ERP-Systems, wobei die Bereiche Finanzbuchhaltung und Lohn & Gehalt über die Integration von Fremdprodukten abgedeckt werden. So kann für die Finanzbuchhaltung *Varial* als integriertes OEM-Produkt (mit Online-Anbindung z. B. für Kreditlimitüberwachung) genutzt werden. Alternativ stehen Fibu-Schnittstellen (u. a. zu *Diamant, Lexware* und zur *Datev*) zur Verfügung.

AUPOS ist auf verschiedenen Hardwareplattformen, u. a. *IBM iSeries, HP 9000* und *PC-Plattformen*, unter den relevanten Unix- bzw. Windows-Betriebssystemen sowie unter *Linux* einsetzbar.

Schwerpunktbranchen von AUPOS im Produktionsbereich sind der Metall- und Maschinenbau, Technische Textilien, Glasverarbeitung (mit der speziellen Branchenlösung *AUPOS-GLAS*) und Bettwaren. Hervorzuheben ist hierbei insbesondere das *integrierte CAD-Modul* und die flexible *Verschnittoptimierung*. Im Handelsumfeld erscheint AUPOS vor allem geeignet für Formen des (technisch geprägten) Großhandels. AUPOS zeichnet sich in diesem Anwendungsbereich durch eine große Funktionsbreite und -tiefe aus. Spezifika, wie eine *durchgängige Chargenorientierung, Seriennummern, Verkaufssets* und *Artikelvarianten* werden umfassend unterstützt. Auffällig ist auch die umfassende Funktionalität im Bereich Angebots-/Auftragswesen mit Funktionen wie Speicherung von *Preisauskünften, Reservierung bei Angebotserstellung, flexible Angebots-/Auftragsstrukturierung mit Zwischensummen, Rabatte auf Zwischensummen, Kombination von Lager- und Streckenpositionen in einem Auftrag* etc.

AUPOS wird derzeit in ca. *300 Installationen* – schwerpunktmäßig in Deutschland - eingesetzt.

Adresse: **Haus Uhlenkotten 26**	Gegründet: **1981**
48159 Münster	Mitarbeiter: **50**
Tel.: **0251 / 21090-0**	Standorte: -
E-Mail **info@aupos.de**	
WWW: **www.aupos.de**	

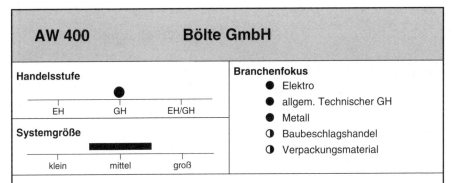

AW 400 — Bölte GmbH

Handelsstufe

EH — GH — EH/GH

Systemgröße

klein — mittel — groß

Branchenfokus
- ● Elektro
- ● allgem. Technischer GH
- ● Metall
- ◑ Baubeschlagshandel
- ◑ Verpackungsmaterial

Das *System AW 400* stellt eine speziell auf die Belange des mittelständischen Großhandels ausgerichtete Lösung für die IBM iSeries dar. Neben dem zeichenorientierten Greenscreen können eine grafische Oberfläche und ein Web-Front-End (auch kombiniert in einer Installation) genutzt werden.

Erstmals 1992 installiert, existieren 28 *Installationen* in Deutschland sowie eine Installation in Österreich. Ein Schwerpunkt bei der Entwicklung bestand darin, die für den (Elektro-)Großhandel typischen Datenvolumina effizient bewältigen zu können. So geht die Bölte GmbH von einem durchschnittlichen Bewegungsdatenvolumen von ca. 100.000 Bewegungen je 10 Mio. Umsatz aus.

Ein wesentlicher Branchenfokus liegt auf dem Elektrogroßhandel (AW 400 Elektrogroßhandel), dessen Spezifika, wie Restlängenverwaltung, KTG-Trommelverwaltung, mehrere Metallzuschläge, DEL-Notiz, separater ELDANORM-Datenpool etc., umfassend unterstützt werden. Hingegen ist derzeit im Standard keine Seriennummern- und keine Chargenverwaltung verfügbar. Hervorzuheben ist ein sehr übersichtliches und effizient zu bedienendes Modul für den Telefonverkauf.

Weitere branchenspezifische AW 400-Varianten existieren für den *Metallhandel* (AW 400 Metall), den allgemeinen technischen Handel (AW 400 Technischer Handel) und den *Baubeschlagsgroßhandel*. Einzelne Installationen finden sich auch im Bereich des *Lebensmittel- und des Verpackungsmaterialgroßhandels*.

Die Systeminstallationen decken eine Größenordnung *zwischen 20 und 160 Online-Usern* ab, mit einer typischen Installationgröße von ca. 90 Usern und teilweise mehr als 50.000 aktiven Artikel. Die systemtechnischen Maximalgrößen liegen dabei noch deutlich höher.

Adresse: **Breslauer Str. 35**
33098 Paderborn
Tel.: **05251 / 1770-0**
E-Mail: **willi.boelte@boelte-gmbh.de**
WWW: **www.boelte-gmbh.de**

Gegründet: **1977**
Mitarbeiter: **12**
Standorte: -

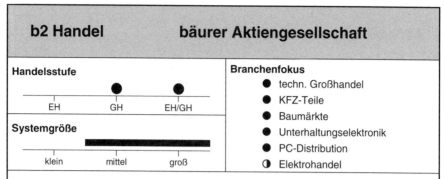

b2 Handel   **bäurer Aktiengesellschaft**

Handelsstufe

EH   GH   EH/GH

Systemgröße

klein   mittel   groß

Branchenfokus
- techn. Großhandel
- KFZ-Teile
- Baumärkte
- Unterhaltungselektronik
- PC-Distribution
- Elektrohandel

b2 der bäurer AG ist ein neu entwickeltes branchenneutrales ERP-System, das als *b2 Handel* in einer speziell auf Handelsunternehmen ausgerichteten Branchenlösung verfügbar ist. Zusatzfunktionen wie *CRM, EDI, Finanzmanagement, Data Warehouse und Archivierung* werden umfassend durch Eigenlösungen oder integrierte Partnerlösungen abgebildet. Seit der Markteinführung von b2 in 2000 wurden bereits *ingesamt ca. 420 Installationen* realisiert; davon entfallen 25 auf die Branchenlösung b2 Handel. Mit *b2 Kompakt* steht eine vorkonfigurierte, lauffähige Lösung für kleinere Unternehmen zur Verfügung.

Als Vorgängersysteme von b2 sind die bäurer-Lösung *bäurer.TRADE* und die von AC-Service übernommenen Lösungen *AUDIAL* und *FAMAC* zu sehen. Insgesamt betreut Bäurer bei diesen Lösungen einen umfassenden Kundenstamm von *über 2000 Installationen* und hält einen signifikanten Marktanteil gerade im technisch geprägten Großhandel.

b2 Handel ist eine technologisch überzeugende Lösung, die allerdings noch nicht in allen Bereichen die Funktionstiefe – insbesondere bei einigen branchenspezifischen Funktionen – erreicht hat, die beispielsweise AUDIAL oder FAMAC geboten haben. Umfassende Funktionen stehen bereits im Bereich Chargen- und Seriennummernverwaltung zur Verfügung. Ebenso können durch die PPS-Funktionalität auch umfassend Produktions- und Veredelungsaufgaben abgebildet sowie eine Werkstattverwaltung unterstützt werden. Ein weiterer funktionaler Schwerpunkt ist die Geräteverwaltung/-vermietung und die Gerätewartung. Hervorzuheben ist ferner die flexible Maskengestaltung, die u. a. eine beliebige Feldreihenfolge ermöglicht und es erlaubt, feldbezogene Entry- und Exit-Funktionen zu definieren.

Eingesetzt wird *b2 Handel* u. a. bei Gravis (Apple-Distributor, Zentrale & 23 Filialen, 150 User).

Adresse: **Humboldtstr. 10**	Gegründet: **1988**
78166 Donaueschingen	Mitarbeiter: **600**
Tel.: **0771 / 9211-0**	Standorte: Berlin, Dortmund, Dresden,
E-Mail: **info@baeurer.de**	Hamburg, Wien, Wels, Zürich
WWW: **www.baeurer.de**	

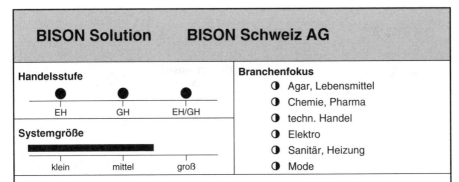

BISON Solution   BISON Schweiz AG

Handelsstufe	Branchenfokus
● EH ● GH ● EH/GH	◑ Agar, Lebensmittel
Systemgröße	◑ Chemie, Pharma
▬▬▬▬ klein mittel groß	◑ techn. Handel
	◑ Elektro
	◑ Sanitär, Heizung
	◑ Mode

Die Bison Group ist 2000 aus der Fusion der ehemaligen AGRO-DATA AG und der BF Group hervorgegangen. Sie zählt heute mit zu den führenden Schweizer IT-Komplettanbietern.

Das System BISON Solution stellt eine 1997 begonnene komplette Systemneu-entwicklung in moderner Java-Architektur dar, die auf Internettechnologien ausgerichtet ist und den J2EE-Standard vollständig erfüllt. Neben einem Rich-Java-Client wird seit kurzem parallel ein reiner html-Client angeboten.

Seit 2000 konnten 5 Installationen von BISON Solution umgesetzt werden. Neben BISON Solution vertreibt BISON auch weiterhin das langjährig bewährte ERP-System alpha.px2 (ca. 300 Installationen in 8 Ländern).

BISON Solution ist eine weitgehend branchenneutrale Lösung für mittelstän-dische Handels- und Produktionsunternehmen, die besonders durch ihre moderne technologische Basis überzeugt (Hardware-/Softwareunabhängigkeit, 100% Java, flexible Maskengestaltung, durchgängige Workflowintegration durch den BISON Designer, direkte CRM-Integration). Die in BISON Solution abgebildeten Pro-zesse lassen sich durch eine Änderung der Workflowdefinitionen im Rahmen des Customizings an die jeweiligen Spezifika anpassen. Ein umfassendes grafisches Geschäftsprozessmodell („Basis-Referenzmodell"), das integriert die Workflows für alle Geschäftsprozesse darstellt, befindet sich zur Zeit in der Entwicklung.

Bision Solution ist mandaten- und mehrsprachenfähig (derzeit verfügbar: Deutsch, Englisch und Französisch). Zur Fibu-Anbindung stehen Schnittstellen zur Verfügung. Hervorzuheben ist im Modebereich eine umfassende Lot-Funktio-nalität, bei der von zunächst artikelunabhänigen Rastereinteilungen (Größen-einteilungen) artikelspezifische Lots gebildet werden können.

Adresse:	**Enterprise**	Gegründet:	**1982**
	CH-6210 Sursee	Mitarbeiter:	**350**
Tel.:	**++41 (0)41 / 926 02 60**	Standorte:	Düsseldorf/Kaarst, München;
E-Mail:	**mail@bison-group.com**		Bern, Winterthur, Sursee,
WWW:	**www.bison-group.com**		Puidoux

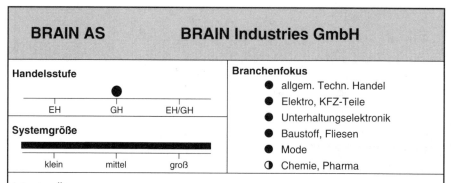

BRAIN AS   BRAIN Industries GmbH

Handelsstufe

EH   GH   EH/GH

Systemgröße

klein   mittel   groß

Branchenfokus
- ● allgem. Techn. Handel
- ● Elektro, KFZ-Teile
- ● Unterhaltungselektronik
- ● Baustoff, Fliesen
- ● Mode
- ◑ Chemie, Pharma

Mit der Übernahme der BRAIN International AG durch *Agilisys Inc.* im Dezember 2002 gehört auch die BRAIN Industrie GmbH zur Agilisys-Gruppe. Mit über 400 Installationen von BRAIN AS (Fokus technisch geprägter Großhandel) und BRAIN Collection (Fokus Textilhandel und -produktion) existiert eine breite Kundenbasis.

Zusammen mit *BRAIN* Financials & Controlling und BRAIN EIS/EIP, einem unternehmensweit einsetzbaren Informations- und Reportingwerkzeug zur Aufbereitung, Visualisierung und Analyse betriebswirtschaftlicher Unternehmensdaten, können die gesamten betriebswirtschaftlichen Funktionsbereiche einheitlich durch BRAIN AS bzw. BRAIN COLLECTION unterstützt werden. Technologisch ist BRAIN auf die IBM iSeries (ehemals AS/400) ausgerichtet. Parallel können in einer Installation sowohl 5250-Terminalemulationen als auch Windows-Clients (fat-client) und java-basierte Web-Clients (thin-client) genutzt werden.

BRAIN gehört zu den technologisch ausgereiften und *funktional umfassenden ERP-Lösungen.* Komplexe Organisationsstrukturen lassen sich ebenso wie differenzierte Lagerstrukturen effizient abbilden. In den Schwerpunktbranchen technisch geprägter Großhandel und Textilhandel werden die Branchenspezifika in bemerkenswerter Tiefe und Breite abgedeckt (z. B. *Seriennummern, Chargen, Verkaufssets und Metallzuschläge* (mit *DEL-Notiz und separatem Ausweis der Metallzuschläge) bzw. Matrixvarianten, Saisonorientierung mit beliebig vielen Saisons, Vororder, Zuteilung über flexible Zuteilungsregeln und „Modell" als Sammelartikel).* Refererenzkunden von BRAIN Collection sind u. a. *Atair GmbH (Fein- u. Strickstrumpfwaren) und VAUDE Sport GmbH & Co. KG (Sport- und Outdoorartikel).* BRAIN AS setzen u. a. ein *Christian Fischbacher(Handel mit Heimtextilien und Acessoires, 180 Mitarbeiter),, Theo Keller GmbH* (Teppichgroßhandel, 180 Mitarbeiter) und *Hans Hess Autoteile GmbH* (200 Mitarbeiter).

Adresse: **Kesselstr. 17**
         70327 Stuttgart-Wangen
Tel.:   **0711 / 38961-0**
E-Mail: **info@brain-industries.de**
WWW: **www.brain-industries.de**

Gegründet: **1993**
Mitarbeiter: **120** (Agilisys-Gruppe 725)
Standorte: Stuttgart, Berlin, Österreich, Schweiz (Partner)

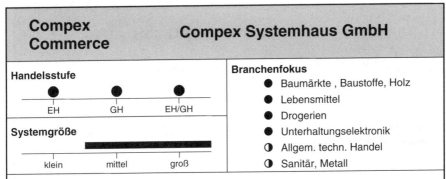

Compex Commerce	**Compex Systemhaus GmbH**

Handelsstufe	Branchenfokus
● EH ● GH ● EH/GH	● Baumärkte , Baustoffe, Holz ● Lebensmittel ● Drogerien ● Unterhaltungselektronik ◑ Allgem. techn. Handel ◑ Sanitär, Metall
Systemgröße klein mittel groß	

Compex Commerce ist eine speziell auf die Bedürfnisse des Handels ausgerichtete *Logistik- und Warenwirtschaftssoftware*, die sowohl für den filialisierenden Einzelhandel als auch für den reinen Großhandel geeignet ist. Das System umfasst eine integrierte Finanzbuchhaltung und ein explizites Controlling-Modul. Als Datenbank wird primär *Oracle* genutzt, als Serverplattform werden vor allem *IBM-Serverreihen* (z. B. IBM RS 6000) unter IBM-AIX eingesetzt. Für kleinere Installationen steht eine *Linux-Version* zur Verfügung. Compex Commerce ist mehrsprachig und bietet parallel eine textbasierte und eine grafische Oberfläche. Unter der Bezeichnung *Compex Visual Commerce* ist für Herbst 2003 zusätzlich ein *Java-Client* angekündigt. Das System wird von 85 Kunden mit insgesamt ca. 23.000 User-Lizenzen (concurrent User) eingesetzt.

Neben der Abdeckung der typischen Großhandelsprozesse liegt ein Fokus von Compex Commerce in der effizienten Unterstützung der Sortimentsgestaltung und der Logistikprozesse mehrstufiger Handelsunternehmen (inkl. chaotischer Lagerverwaltung). Artikel können parallel in zwei Mengeneinheiten (z. B. Stück und kg) bestandsgeführt werden. Umfassend abgedeckt werden ferner Verkaufssets, Displays und die MTV-/Leergutverwaltung.

Das *Compex-Referenzmodell* erlaubt eine Ableitung eines kundenindividuellen Prozessmodells im Rahmen der Einführung. Compex Commerce gehört dabei zu den wenigen Systemen, die eine direkte Anpassung der Software und der Ablauflogik durch Änderungen auf Modellebene durchgängig unterstützen. Die kundenspezifischen Modelle können auch zur Systemnavigation verwendet werden.

Zu den größeren Handelskunden, die Compex in Deutschland und im osteuropäischen Ausland in den letzten Jahren gewinnen konnte, zählen u. a. *Rewe Unterhaltungselektronik (ProMarkt)* und *Penny (international)*.

Adresse: **Hebelstr. 22** **69115 Heidelberg** Tel.: **06221 / 5381-0** E-Mail: **vertrieb@compex.de** WWW: **www.compex.de**	Gegründet: **1990** Mitarbeiter: **70** Standorte: -

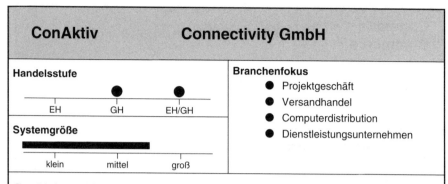

ConAktiv positioniert sich als *Management Software für Dienstleister*, welche in (projektorientierten) Handelsunternehmen ebenso wie bei IT-Dienstleistern, Softwarehäusern, Unternehmensberatungen und Werbeagenturen von ca. 10 bis mehreren hundert Mitarbeitern eingesetzt wird. Für diese existieren mit *ConAktiv Handel, ConAktiv Agentur, ConAktiv Verleih* und *ConAktiv Projekt* jeweils speziell zugeschnittene System- bzw. Lizensierungsvarianten.

Neben einer Unterstützung für die klassische warenwirtschaftliche Auftragsabwicklung liegt der Fokus von ConAktiv vor allem in der effizienten Unterstützung von Spezifika des *Projekt- und Dienstleistungsgeschäfts*. So werden als Komponenten u. a. *Vertragsmanagement, Verleih, Kundendienst & Support, Terminplanung* und *Zeiterfassung* sowie eine *umfassende Projektmanagementkomponente* angeboten. Zur Fibu-Anbindung stehen diverse Standardschnittstellen, u. a. zu *Datev, KHK und Diamant*, zur Verfügung.

ConAktiv basiert auf der *Datenbank 4th Dimension*, welche einen *integrierten Web-Server* umfasst, und kann sowohl auf *Windows-* als auch auf Mac-*Plattformen* betrieben werden. Bisher wurden ca. *150 Installationen* von ConAktiv realisiert.

Hervorzuheben ist die umfassende und *flexible Projektmanagementfunktionalität*, die weit über die Funktionalität von klassischen Warenwirtschaftssystemen hinausgeht. Ausgehend von einer Kapazitäts- und Auslastungsplanung für technische Ressourcen oder Mitarbeiter können Projekte geplant und kalkuliert werden. Die Projektabrechnung kann flexibel nach Festpreis oder Aufwand über Abschlags- oder Sammelrechnungen erfolgen. Dabei kann ConAktiv Rechnungsvorschläge basierend auf den projektbezogen geleisteten Stunden, den zugeordneten Materialien und externen Dienstleistungen erzeugen.

Adresse: **Am Exerzierplatz 2** **68167 Mannheim** Tel.: **0621 / 777 79-0** E-Mail: **info@conaktiv.de** WWW: **www.conaktiv.de**	Gegründet: **1995** Mitarbeiter: **20** Standorte: -

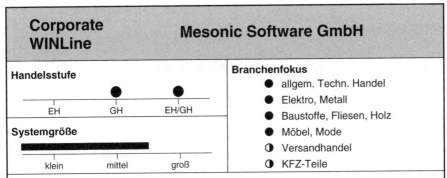

Corporate WINLine — **Mesonic Software GmbH**

Handelsstufe

EH GH EH/GH

Systemgröße

klein mittel groß

Branchenfokus
- allgem. Techn. Handel
- Elektro, Metall
- Baustoffe, Fliesen, Holz
- Möbel, Mode
- ◐ Versandhandel
- ◐ KFZ-Teile

Die *Produktlinie WINLine* wurde von Mesonic für Mittel- und Kleinbetriebe als *branchenneutrale betriebswirtschaftliche Komplettlösung* entwickelt. Basierend auf einer einheitlichen Systembasis werden für unterschiedliche Kundengruppen drei Lizenz- bzw. Systemausprägungen angeboten: Während unter der Produktbezeichnung *WINLine* vor allem Kleinunternehmen adressiert werden, richtet sich die hier betrachtete, *modular konfigurierbare Corporate WINLine* an mittlere Betriebe. Unter der Produktbezeichnung *Mesonic Business Compact* bietet Mesonic zudem eine vorkonfigurierte Basisversion (u. a. inkl. Archivierung, Kostenrechnung, Anlagen- und Finanzbuchhaltung) auf *Mietbasis* mit einem festen userbezogenen Monatspreis an. Nicht nur in dieser Variante gehört WINLine – insbesondere für kleinere Unternehmen - zu den Komplettlösungen mit attraktivem Preis-Leistungsverhältnis.

Weltweit sind *über 55.000 Installationen* der WINLine Produktlinie im Einsatz. Allein in Deutschland und Österreich arbeitet Mesonic mit *über 700 Vertriebspartner* zusammen. Server- und clientseitig werden die üblichen *Windowplattformen* unterstützt. Als Datenbank können der *Microsoft SQL Server* und für kleinere Installationen auch *Microsoft SQL Server 2000 Desktop Engine (MSDE)* oder *Microsoft Access* genutzt werden

Corporate WINLine ist *mandanten- und mehrsprachenfähig* und deckt integriert die Bereiche Auftragsbearbeitung/Warenwirtschaft, Fertigung, Finanzbuchhaltung, Anlagenbuchhaltung, Kostenrechnung, Lohn & Gehalt sowie Archivierung ab. Das Zusatzmodul *WINLine WEB Edition* erlaubt eine umfassende Anbindung an das Internet, Intranet und Extranet (z. B. B2B- und B2C-Web-Shop, Außendienst-Informationssystem, Personal-Informationssystem, Web-CRM und Web-CMS).

Adresse: **Hirschberger Straße 18**
27383 Scheeßel
Tel.: **04263 / 93900**
E-Mail: **info@mesonic.de**
WWW: **www.mesonic.de**

Gegründet: **1978**
Mitarbeiter: **60**
Standorte: Wien, Mailand, Tschechien, USA, Bolivien

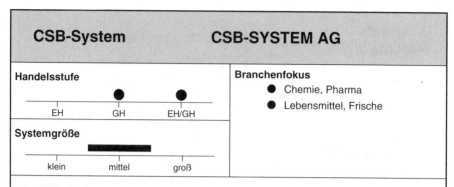

Die CSB-SYSTEM Gruppe erzielt mit ca. 500 Mitarbeitern einen Umsatz von 60,3 Mio. EUR. Die CSB-SYSTEM AG konzentriert sich als Branchenanbieter auf die Kernbereiche Nahrung & Genuss, Chemie & Farben, Pharmazie & Kosmetik und Handel & Logistik. Die Softwarelösung ist sowohl auf *Produktionsbetriebe* wie auch auf reine *Handelsbetriebe* der zuvor genannten Branchen ausgerichtet. Die typische Installationsgröße liegt bei *30-100 Usern*, die größte realisierte Installation umfasst über 500 User. Aufgrund der internationalen Vertriebsaktivitäten werden nahezu 30 Dialogsprachen (unter anderem russisch und chinesisch) unterstützt.

Aufgrund der durchgängigen Ausrichtung auf die chargen-/prozessorientierte Industrie, die Lebensmittelbranche und den chargenorientierten Handel zeichnet sich CSB-System durch eine sehr gute Unterstützung der Anforderungen dieser Branchen aus. So umfasst die Branchenlösung für den Lebensmittelsektor u. a. eine lückenlose Herkunftssicherung, eine Bildanalyse zur Produkt-Klassifizierung sowie Funktionen zur Einkaufs- und Zerlegeoptimierung. Einsatz findet CSB-System im *Nahrungsmittelbereich* unter anderem in den Produktionsbetrieben bei EDEKA, ADEG, COOP sowie bei Herstellern wie Onken, Zott und Akzo Nobel. Für kleinere bis mittelgroße Handelsunternehmen dieser Branchen – insbesondere in Kombination mit eigenen Produktions- oder Veredelungsaktivitäten – stellt CSB-System eine bewährte und funktional ausgereifte Lösung dar.

Hervorzuheben ist die einfache Möglichkeit zur Realisierung von CTI (*Computer Telephony Integration*) durch Einsatz des CSB-Phonemasters II sowie die funktional umfassende eCRM-Lösung Communication Ware, die zahlreiche Funktionen zur Unterstützung des Kommunikations-, Marketing- und Call Center-Managements bietet. Diese Innovativität von CSB-System wird dokumentiert durch über 180 Patente, Gebrauchs- und Geschmacksmuster.

Adresse:	**An Fürthenrode 9-15**	
	52511 Geilenkirchen	
Tel.:	**02451 / 625-350**	
E-Mail:	**info@csb-system.com**	
WWW:	**www.csb-system.com**	

Gegründet:	**1977**
Mitarbeiter:	**500**
Standorte:	28 Niederlassungen in D sowie in Europa, Südafrika, Südamerika, USA/CND

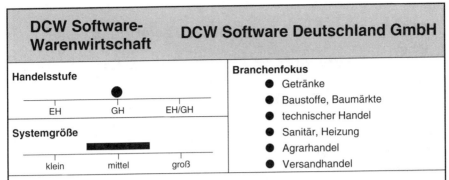

DCW Software-Warenwirtschaft

DCW Software Deutschland GmbH

Handelsstufe

EH GH EH/GH

Systemgröße

klein mittel groß

Branchenfokus
- Getränke
- Baustoffe, Baumärkte
- technischer Handel
- Sanitär, Heizung
- Agrarhandel
- Versandhandel

DCW wurde 1982 gegründet und ist heute mit über 220 Mitarbeitern in 7 Ländern mit eigenen Niederlassungen verteten. Das auf der IBM iSeries basierende Standardsystem *DCW Software-Warenwirtschaft* ist als universelle, integrierte Standardsoftware für den Großhandel konzipiert. Eine spezielle Branchenvariante existiert für *Brauereien, Getränkeindustrie und -handel.*

Die *typische Installationsgröße liegt bei etwa 30 Usern*, die größte Installation umfasst mehr als 300 User. DCW Software ist in *12 Sprachversionen*, die userabhängig parallel genutzt werden können, und in *29 Länderversionen* verfügbar. Letztere umfassen insbesondere die unterschiedlichsten Fibu-Anforderungen. Die Internet-/WebShop-Komponente unterstützt ebenfalls Mehrsprachigkeit.

Die *DCW Software-Warenwirtschaft* ist vollständig integriert in das *DCW Software-Rechnungswesenmodul* mit Finanz- und Anlagenbuchhaltung sowie Kostenrechnung, so dass jederzeit ein direkter Durchgriff auf die Finanzbuchhaltung möglich ist. Da ein Fokus auf diese enge Verzahnung gelegt wird, werden standardmäßig keine Schnittstellen zu externen Fibu-Systemen angeboten. Als Benutzeroberfläche steht sowohl eine grafische als auch ein effizient bedienbare zeichenorientierte Version zur Verfügung, welche auch parallel in einer Installation genutzt werden können. Neben dem *Internetshop* und dem integrierten Dokumentenmanagementsystem ist das *Zusatzmodul Electronic Banking Plus* hervorzuheben, das u. a. die automatische Übernahme und Kontierung von Kontoauszugsdaten sowie einen automatisierten OP-Ausgleich ermöglicht und so zu einer deutlichen Reduzierung von Routinearbeiten beiträgt.

Im Einsatz ist die DCW Software-Warenwirtschaft weltweit *bei über 800 Kunden*, u. a. bei Beate Uhse, Timberland, Gütersloher Baubedarf und der Erdinger Brauerei.

Adresse: Augustaanlage 32 **68165 Mannheim** Tel.: **0621 / 4383-150 (Frau Jochim)** E-Mail: **info@dcw-software.com** WWW: **www.dcw-software.com**	Gegründet: **1982** Mitarbeiter: **220** Standorte: Österreich, Schweiz, Polen, Italien, Griechenland, Tschechien

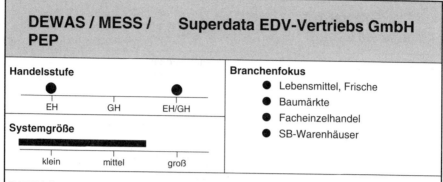

DEWAS / MESS / PEP   Superdata EDV-Vertriebs GmbH

Handelsstufe

EH   GH   EH/GH

Systemgröße

klein   mittel   groß

Branchenfokus
- Lebensmittel, Frische
- Baumärkte
- Facheinzelhandel
- SB-Warenhäuser

DEWAS III ist ein auf den *SB-Einzelhandel* ausgerichtetes *Warenwirtschaftssystem*, das die Arbeitsabläufe Preispflege, Druck von Regaletiketten, Bestellung, Wareneingang, Kassenbabrechnung, Inventur und Rechnungsprüfung abdeckt. DEWAS wird in unterschiedlichsten Filialgrößen von 0,2 Mio. EUR Umsatz mit einer Kasse bis hin zu Filialen mit über 40 Mio. EUR Umsatz pro Jahr eingesetzt. Mit Installationen in *über 6.000 Betrieben bei über 80 Handelsunternehmen* gehört es zu den Marktführern im Filialbereich. DEWAS wird in Europa in 6 Ländern eingesetzt. Zu den Spezifika von DEWAS gehören Online Bestandsführung, Anschluss von diversen Kassen- und Waagensystemen, Automatische Disposition, Permanente Inventur, Anschluss von Funk-MDEs, EDI-Unterstützung, elektronische Regaletiketten. Referenzkunden sind u. a. *REWE, SPAR, Douglas, Bünting, Fressnapf, Wasgau, Bartels&Langnes, , Kloppenburg, Budnikowsky*.

Das *Mehrfilial-Steuerungs-System* (MESS) kann in den Zentralen von Mehrfilialisten zur *Steuerung und Abrechnung der Filialen* eingesetzt werden. Für die Filialen werden Artikel, EAN-Referenzen, Abteilungen, Warengruppen, Konditionen, Lieferanten und Preise zentral gepflegt. Dabei können unterschiedliche Vertriebs- und Preisschienen berücksichtigt werden. MESS versorgt dezentrale Warenwirtschaftssysteme wie DEWAS in den Filialen und kann Filialdaten abrechnen und auswerten. Neben der Stammdatenpflege werden die Module Rechnungsprüfung und Berichtswesen angeboten. Die Zielgruppe umfasst Handelsunternehmen mit 10 bis 200 Mio Euro Jahresumsatz.

PEP (Personaleinsatzplanung) unterstützt die Wochenplanung unter Berücksichtigung von Personalkosten, Qualifikation, Verfügbarkeit, Leistungszahlen sowie der Kundenfrequenz an den einzelnen Wochentagen. Der Mitarbeiter kann je nach Qualifikation an mehreren Arbeitsplätzen eingesetzt werden.

Adresse: **Ruhrstr. 90** **22761 Hamburg** Tel.: **040 / 853262-0** E-Mail: **info@superdata.de** WWW: **www.superdata.de**	Gegründet: **1987** Mitarbeiter: **34** Standorte: -

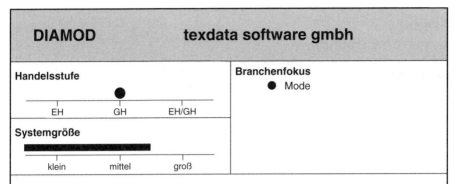

DIAMOD von der texdata software GmbH ist eine *speziell auf Hersteller und Händler von Bekleidung aller Art sowie auf die Schuhindustrie* ausgerichtete Lösung. Sowohl die im Modebereich typische Saisonware als auch Standardware kann effizient über DIAMOD abgewickelt werden

DIAMOD basiert auf einer *Oracle-Datenbank* und kann unter *Windows, Unix und Linux* genutzt werden. Das System ist mit deutscher, englischer und französischer Oberfläche verfügbar. Von den insgesamt ca. *140 Installationen* befindet sich der Großteil in Deutschland.

Zu den Modulen von DIAMOD gehören u. a. eine *Jahresplanung*, die *Saisonplanung*, das Retourenmanagement, eine *Einzelteilverfolgung*, eine differenzierte *Labelerstellung* sowie eine *Zollabwicklung*. Durch ein intelligentes auf die Bekleidung abgestimmtes Nummernsystem und die daraufhin entwickelten Programme wird eine Minimierung des saisonal wiederkehrenden Erfassungsaufwands angestrebt.

Eingesetzt wird DIAMOD u. a. bei Herstellern und Großhändlern in den Sortimentsbereichen Sports & Sportswear, Hemden, Lederbekleidung, Schuhe und Heimtextilien.

Adresse: **Im Mittelfeld 1** 　　　　 **76135 Karlsruhe** Tel.:　　 **0721/986490** E-Mail:　 **office@texdata.de** WWW:　 **www.texdata.de**	Gegründet: **1983** Mitarbeiter: k.A. Standorte: -

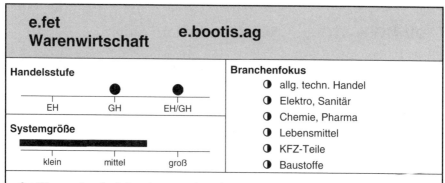

Handelsstufe	Branchenfokus
EH GH EH/GH	◑ allg. techn. Handel
	◑ Elektro, Sanitär
Systemgröße	◑ Chemie, Pharma
	◑ Lebensmittel
klein mittel groß	◑ KFZ-Teile
	◑ Baustoffe

e.fet Warenwirtschaft ist eine von der e.bootis.ag mit moderner Java-Technologie komplett neu entwickelte WWS-Lösung, die seit Herbst 2003 am Markt verfügbar ist. e.fet Warenwirtschaft (fet = free electronic trade) zeichnet sich durch eine integrierte e-Business-Fähigkeit und eine weitestgehende Plattformunabhängigkeit aus. Diverse Datenbanken werden unterstützt, u. a. DB/2, Informix, MS SQL-Server, Oracle und Sybase.

Auch wenn in der aktuellen Version noch nicht alle typischen Funktionsbereiche (z. B. Prognosefunktionen oder Bonusabwicklung) umfassend unterstützt werden, zeichnet sich e.fet Warenwirtschaft für ein so junges System durch eine breite Funktionalität aus. Für kleinere und mittlere Handelsunternehmen ohne allzu spezifische Branchenanforderungen stellt e.fet Warenwirtschaft eine interessante und technologisch überzeugende Lösung dar, die ihre Stärken insbesondere bei der Kombination klassischer Handelsprozesse und elektronischer Handelsprozesse verdeutlicht.

Ergänzt wird das Produktangebot der e.bootis.ag durch den *fet-Katalogmanager*, der eine flexible Erstellung von Katalogen unterstützt (frei definierbare Katalogstruktur, verschiedene Artikelklassifizierungen durch Objekte und Sachmerkmale, unterschiedliche Sichten für die einzelnen Teilnehmer, unterschiedliche Preisfindungsalgorithmen)

Referenzen der e.bootis.ag im eBusiness-Bereich sind u. a. der Internet-Shop der WEMAG (Großfachhändler für Werkzeuge und Maschinen; *über 40.000 Artikel* umfassendes Sortiment im e.bootis-Shop; importiert über BMEcat) und die Backring Rhein-Ruhr GmbH (bis zu 5.000 Artikel umfassende Produktpalette von Backmitteln und Zutaten über Frischwaren und Getränken bis zu Backstubeneinrichtungen).

Adresse: **Am Luftschacht 21** **45307 Essen**	Gegründet: **1982** Mitarbeiter: k.A.
Tel.: **0201/8596-0** E-Mail: **info@ebootis.de** WWW: **www.ebootis.de**	Standorte: Hamburg, Waiblingen

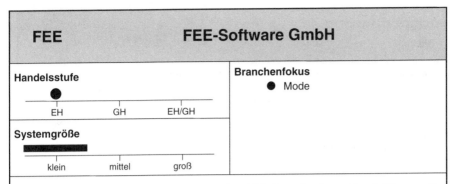

Das Warenwirtschaftssystem FEE ist eine Windows-basierte *Speziallösung für den modischen Einzelhandel*. Insbesondere im Bereich des Textil-, Schuh- und Sport-Einzelhandels ist es in mehr als 1.000 Fachgeschäften im Einsatz. Damit gehört FEE in Deutschland zu den führenden Systemen in diesem Marktsegment.

In seiner *Grundversion* ist FEE für einen Betrieb geeignet, eine umfassende Filialverwaltung (bis zu 999 Filialen) ist jedoch als Zusatzmodul verfügbar.

Zur Kassenabwicklung steht mit *FEE-Kasse* eine speziell für den Textileinzelhandel konzipierte PC-Kassensoftware zur Verfügung. Wesentliche Funktionen sind eine integrierte Gutscheinverwaltung, die Abbildung des Lastschriftverfahrens mit Datenträgeraustausch, die Abwicklung kundenbezogener Abverkäufe, eine Kundenkreditverwaltung sowie die Verwaltung von Kundendateien. Der Datenaustausch zur FEE-Warenwirtschaft kann über Disketten oder File-Transfer erfolgen.

Als spezifische Funktionen für den Modebereich sind zu nennen: eine Artikelverwaltung mit *Einzelidentifikationsnummern*, eine explizite Saisonverwaltung, eine umfassende Variantenverwaltung, ein spezielles *Größenraster für Jeans- und Miederwaren*, ein Modul zur *Limitplanung* sowie umfangreiche Druckmöglichkeiten für Auszeichnungs- und Strichcode-Etiketten. Ein Schwerpunkt liegt auf flexiblen Auswertungsmöglichkeiten (unter anderem Lieferanten-, Filial- und Warengruppenerfolgsrechnung, Größen- und Preisgruppenstatistiken sowie ein aggregiertes „Chefinfo"). FEE stellt eine ausgereifte und bewährte Lösung für einzelne Einzelhandelsgeschäfte und kleinere und mittelgroße Einzelhandelsketten dar.

Adresse:	**Giersberg 38**	Gegründet:	**1986**
	53547 Dattenberg	Mitarbeiter:	**10**
Tel.:	**02644 / 9500-0**	Standorte:	-
E-Mail:	**info@fee.info**		
WWW:	**www.fee-software.com**		

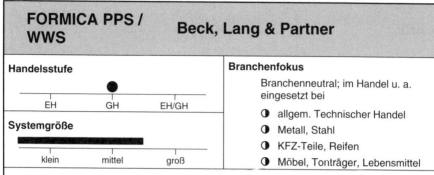

FORMICA PPS / WWS — **Beck, Lang & Partner**

Handelsstufe

EH   GH   EH/GH

Systemgröße

klein   mittel   groß

Branchenfokus

Branchenneutral; im Handel u. a. eingesetzt bei

◑ allgem. Technischer Handel

◑ Metall, Stahl

◑ KFZ-Teile, Reifen

◑ Möbel, Tonträger, Lebensmittel

FORMICA PPS/WWS ist eine universelle PPS- und Warenwirtschaftslösung mit integrierter Zeiterfassung, Finanzbuchaltung und Lohn-&Gehaltsabrechnung, die in der Einzel- und Serienfertigung als auch bei *Großhandelsunternehmen* und bei Dienstleistern eingesetzt wird. Neben der Basislösung stehen mit *FORMICA small business* (max. 5 User) und *FORMICA Advantage Handel und Dienstleistung* (max. 15 User) zwei Produktvarianten speziell für kleinere Unternehmen zur Verfügung. FORMICA ist *PC-basiert* und wird in *über 200 Installationen* unter *Novell, Linux* und *Windows-Varianten* eingesetzt.

Typische Spezifika des technisch geprägten Handels, wie eine differenzierte Seriennummernvergabe und -verwaltung, eine Chargenverwaltung und Metallzuschläge (inkl. DEL-Notizen), werden umfassend von FORMICA abgedeckt. Hervorzuheben sind das Vertriebsinformationssystem, das Kundenbetreuungsakten mit Aktivitäten und angehängten Dokumenten anbietet, und das UPS-Versandmodul. Handelsunternehmen mit angegliederter Fertigung können zudem auf die PPS-Funktionalität von FORMICA zurückgreifen. Nicht bzw. nicht umfassend abgedeckt sind bisher einige handelsspezifische Funktionsbereiche, wie EK-/VK-Boni, Zeitsteuerung der Konditionen und das Aktionsgeschäft.

Für die gesamte FORMICA-Produktschiene bietet Beck, Lang & Partner ein interessantes Lizenz- und Preismodell an. Einerseits kann neben den klassischen Datenbanken Interbase und SQL-Server mit *Paradox* eine Datenbank gewählt werden, für die *keine Kosten für Runtime-Lizenzen* anfallen; andererseits fallen auch *keine Kosten für laufende Wartungsverträge* für FORMICA an. Neue Releaseversionen werden den Kunden kostenlos zur Verfügung gestellt – lediglich der anfallende Einführungsaufwand wird berechnet. Für Handelsunternehmen, denen die angebotene Funktionstiefe reicht, dürfte FORMICA ein sehr attraktives Preis-/Leistungsverhältnis bieten.

Adresse:	Fritz-Müller-Str. 107 73730 Esslingen	Gegründet:	1994
Tel.:	0711 / 315478-0	Mitarbeiter:	12
E-Mail:	post@blp.de	Standorte:	Weimar; Vertriebspartner in
WWW:	www.blp.de		Bamberg, Berlin, Hamburg, Dillenburg, Norderstedt

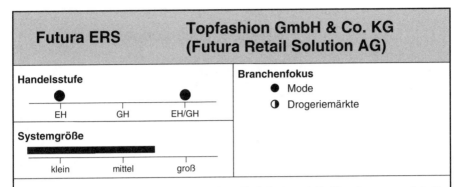

Futura ERS	**Topfashion GmbH & Co. KG (Futura Retail Solution AG)**
Handelsstufe EH ● GH EH/GH ● **Systemgröße** klein mittel groß	**Branchenfokus** ● Mode ◑ Drogeriemärkte

Futura ERS ist eine von der Futura Retail Solution AG, Hamburg entwickelte mandatenfähige, mehrsprachige Warenwirtschaft für den Facheinzelhandel mit besonderen Leistungsmerkmalen für den modischen Handel (in Form von Shop-, Kaufhaus- oder Filialanwendungen). Futura ERS wird über eigene Tochtergesellschaften in der Schweiz, Österreich, Großbritannien, Holland und Frankreich vertrieben und wird europaweit in mehr als 15.500 Einzelhandelsfilialen genutzt. Ein zentraler Vertriebs- und Servicepartner für Deutschand ist Topfashion, welche auch bei dieser Untersuchung als Ansprechpartner diente.

Für die Abbildung von Filialverbunden bietet Futura ERS die Möglichkeit, hierarchische Organisationsstrukturen im System anzulegen. Futura ERS liefert eine komplette Budgetplanung mit integriertem Limitsystem, Orderkontrolle, Wareneingang, Etikettierung und Filialverteilung mit Tourenplanung. Erprobte Nachliefer-, Umlagerungs- und Auffüllverfahren sichern die bedarfsorientierte Warenverfügbarkeit in den Filialen. Dabei wird auch das Never-Out-of-Stock-Verfahren unterstützt. Speziell auf die Problematik von Modeartikel ausgerichtet sind die flexiblen Farb/Größen-Raster und die umfassene Set- und Lot-Funktionalität. Eine filialgenaue Preisgestaltung, die Durchführung von Promotions (zum Beispiel „Three for two") und die Integration von Franchisepartnern zeichnen Futura ERS aus. Futura ERS bietet ein „Top down controlling" mit Einsatz graphischer Auswertungen zur schnellen visualisierten Beurteilung des Geschäftserfolges.

Futura ERS verfügt über integrierte PC-orientierte Kassensysteme sowie die Möglichkeit zum unternehmensübergreifenden Datenaustausch mittels EDI (EANCOM).

Eingesetzt wird Futura ERS u. a. bei Ulla Popken, Hudson Kunert, Escada Italien, England und Holland sowie bei Werdin.

| Adresse: **Häldenfeld 4**
71723 Grossbottwar
Tel.: **07148 / 1628-0**
E-Mail: **info@topfashion-futura.de**
WWW: **www.topfashion-futura.de** | Gegründet: **1995**
Mitarbeiter: **12 (Futura-Gruppe: 120)**
Standorte Futura AG: Stelle, Hechingen und diverse Auslandsstandorte |

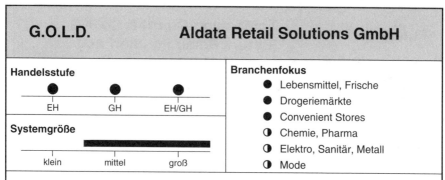

G.O.L.D.   Aldata Retail Solutions GmbH

Handelsstufe

●   ●   ●

EH   GH   EH/GH

Systemgröße

klein   mittel   groß

Branchenfokus
- ● Lebensmittel, Frische
- ● Drogeriemärkte
- ● Convenient Stores
- ◑ Chemie, Pharma
- ◑ Elektro, Sanitär, Metall
- ◑ Mode

Die Aldata Retail Solutions GmbH (ehemals Agiplan a+o) tritt mit der *Produkt-linie G.O.L.D* als Komplettanbieter für Handelsunternehmen in den Bereichen Warenwirtschaft und Logistik auf. Mit internationalen Handelsunternehmen, wie Lekkerland (D), Yves Rocher (D), Photo Niedermeyer (A), MIGROS und Jumbo (CH), Casino, LeClerc (F), Ahold (Polen, Tschechien, Asien), Euronova (Osteuropa) und DELHaize (Belgien) als Kunden beweist Aldata Retail Solutions seine Kompetenz in der Unterstützung *komplexer Lagerstrukturen und der Realisierung innovatiover Logistik- und Lagerprozesse.*

Das Warenwirtschaftssystem G.O.L.D. ist speziell auf den *mehrstufigen, filialisie-renden Handel ausgerichtet.* Umfassend abgedeckt werden die im mehrstufigen Handel typischen Anforderungen an Logistik- und Lagersteuerung. Neben Modulen für die klassische zentrale Warenwirtschaft und die Filialwarenwirt-schaft bietet G.O.L.D. umfassende Zusatzmodule im Logistik-/Lagerbereich, wie G.O.L.D STOCK (Lagerverwaltung), WACO (automatische Lager), G.O.L.D. VOCAL (Kommissionierung mit Sprachunterstützung), G.O.L.D. PickByLight und G.O.L.D RADIO (Staplersteuerung und -optimierung per Funk).Aufgrund der Fähigkeit, *komplexe Organisationsstrukturen* von Handelsunternehmen, wie unterschiedliche Vertriebsschienen, abzubilden, eignet sich G.O.L.D. gut für den Einsatz in großen Handelsorganisationen. Diese Ausrichtung spiegelt sich in der *differenzierten* Möglichkeit der *Konditionsgestaltung* wieder. So können neben den Standardkonditionsarten auch Naturalrabatte als Kondition definiert und die volle Konditionsfunktionalität kann für Bonusvereinbarungen genutzt werden.

Durch die internationalen Referenzen wurde G.O.L.D in 20 Sprachen übersetzt. Die Anwendung kann in einer Installation parallel in bis zu fünf Sprachen betrieben werden.

Adresse: **Ruppmannstr. 33**
          70565 Stuttgart
Tel.:   **0711 / 78072-0**
E-Mail: **info@agiplan-software.de**
WWW: **www.agiplan-software.de**

Gegründet: **1989**
Mitarbeiter: **50**
Standorte: -

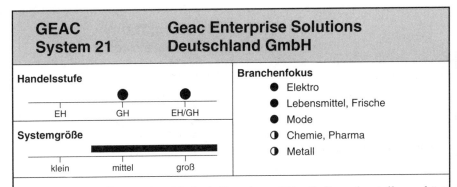

Geac Computer Corporation Limited, Kanadas größter Softwarehersteller, gehört mit 18.000 Kunden und 2.500 Mitarbeitern weltweit zu den führenden Software-Anbietern. Die Marktverantwortung für Deutschland, Österreich und der Schweiz liegt bei Geac Deutschland mit Hauptsitz in Villingen-Schwenningen.

Das Angebot von Geac umfasst *branchenübergreifende, kommerzielle Standard-software-Lösungen*. Im Handel konzentriert sich Geac mit dem System 21-Warenwirtschaft auf Großhandelsunternehmen und mehrstufige Handelsunternehmen. Dabei werden vor allem Lösungen für Pharma/Kosmetik, Nahrungs- und Genußmittel, Metall- und Elektrohandel sowie die Bekleidungs- und Schuhbranche bereitgestellt.

In der Beschaffung ist eine firmen- und standortübergreifende Disposition realisiert, die das *automatische Sourcing* nach benutzerdefinierten Regeln erlaubt. Dabei werden eingehende Kundenaufträge mit allen verfügbaren Beständen abgeglichen. Darauf aufbauend können Vorschläge für optimale Transportwege, schnellen Lieferservice und Lieferantenbestellungen generiert werden. Im Vertrieb werden interessante Lösungen im Bereich *nachträglicher Vergütungen*, der Verwaltung von Werbekostenzuschüssen, der variablen Definition von Displays, der *DSD-Abrechnung* und der Bezugsberechtigung durch Listung angeboten. Hervorzuheben ist zudem die bereits im Standard lieferanten- und abnehmerseitig umfassende EDI/EDIFACT-Unterstützung.

Ein Data Warehouse bildet die Basis für das Management- und das Executive Informationssystem (MIS/EIS). *Vorkonfigurierte* branchenbezogene *Referenzmodelle* von System 21 erleichtern den Zeitaufwand bei Systemeinführung.

Adresse: **Max-Planck-Str. 11** **780052 Villingen-Schwenningen** Tel.: **07721 / 941-0** E-Mail: **info@.geac.de** WWW: **www.germany.geac.com**	Gegründet: **1971** Mitarbeiter: **150** (Geac weltweit: 2500) Standorte: Köln, Wien, diverse weltweit

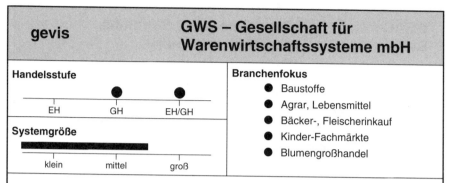

Die GWS ist ein Komplettanbieter, der sich auf die Entwicklung von Warenwirtschafts- und Informationssystemen für *verbundorientierte Handels- und Dienstleistungsunternehmen* sowie auf ergänzende Beratungsleistungen und Schulungen spezialisiert hat. Mehr als 700 Kunden setzen in über 1000 Installationen Produkte der GWS ein, davon entfallen *ca. 80 Installationen auf gevis*.

gevis wurde aufbauend auf der bewährten *technologischen Basis von Microsoft Business Solutions-Navision* entwickelt und zeichnet sich durch eine *Vielzahl zusätzlicher Funktionen* (z. B. Leergutverwaltung, Gewichtsartikel, erweiterte Stücklistenfunktionalität) aus. Ein besonderer Fokus wurde auf die Ergonomie des Systems und zusätzliche Hilfen zur *effizienten (Artikel-) Stammdatenpflege* gelegt; so wird u. a. eine *zentrale Artikelstammdatenpflege* effizient unterstützt.

gevis ist so ausgelegt, dass sowohl die Verbundzentralen, als auch die Mitglieder einheitlich mit gevis arbeiten können und eine enge medienbruchfreie Verzahnung von Zentrale und Mitgliedern erreicht wird.

Ergänzend zu gevis oder als Stand-Alone-Lösung einsetzbar bietet die GWS, ebenfalls auf Basis von Microsoft Business Solutions-Navision, eine *zertifizierte Speziallösung für die Zentralregulierung*. Diese bietet eine außergewöhnliche Flexibilität zur Abbildung der kreditorischen und der debitorischen ZR-Konditionen und Zahlungsfristen (z. B. wahlweise getrennt nach Warengruppen, Lieferart etc.). Bei der Abrechnung der periodischen Vergütungen werden diverse Verfahren (u. a. die *unterjährige Ausschüttung von Jahresvergütungen*) unterstützt.

Darüber hinaus umfasst das Leistungsspektrum der GWS ein komplettes Internetportfolio, von der Gestaltung reiner Internetpräsenzen, über E-Commerce- und Sicherheitssysteme, bis hin zu umfassenden Portallösungen.

Adresse:	**Krögerweg 10**	Gegründet:	**1992**
	48155 Münster	Mitarbeiter:	**149**
Tel.:	**0251 / 7000 - 02**	Standorte:	München, Nürnberg,
E-Mail:	**info@gws.ms**		Karlsruhe
WWW:	**www.gws.ms**		

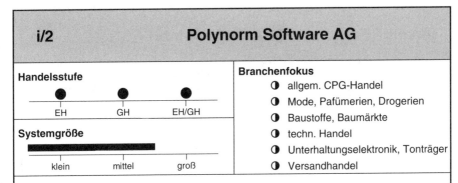

Die Polynorm Software AG entwickelt und implementiert als *Generalunternehmer* (Hardware, Software, Beratung und Support) für Schweizer KMUs anpassungsfähige, betriebswirtschaftliche Informatik-Gesamtlösungen. *i/2 – The Swiss Business Solution* ist eine speziell auf den Schweizer Markt ausgerichtete *branchenunabhängige WWS-Lösung* für Handelsunternehmen. Neben ca. *80 Installationen in der Schweiz* existieren vereinzelte Installationen in Deutschland. Ferner erfolgt über Partner ein aktiver Vertrieb in Tschechien (bisher 4 Installationen). i/2 basiert durchgängig auf den standardisierten Entwicklungstools, Datenbanken und Messaging-Servern von *Progress*. Als Oberfläche stehen ein *charakterbasiertes, ein graphisches* in die MS-Windows Umgebung eingebettetes Interface mit Office-Integration sowie ein *Web-Interface* zur Verfügung, welche parallel genutzt werden können. Durch die Spezialisierung auf den Handel deckt i/2 die handelsspezifischen Anforderungen (z. B. flexible Konditionen, Boni, Kontrakte) in hohem Maße ab. Speziell für den Einzelhandel, wo i/2 in größeren Einzelstandorten bis hin zu mittleren Filialketten (z. B. Pafümerie mit 120 Filialen) vertreten ist, stehen als Ergänzung ein abgestimmtes *Retail-Frontend* (u. a. mit Funktionen zur Zeiterfassung und zur Disposition) und die *Offline Touch-Screen Kassenlösung i/2POS* zur Verfügung. Aus funktionaler Sicht hervorzuheben sind ferner die *Sendungsverwaltung* für importierende Unternehmen (z. B. zur Containerverfolgung) und eine *Versandetikettenerstellung für Post und Spediteure mit integrierter Versandkostenerrechnung.*

Polynorm hat sich darüber hinaus einen Namen durch *praxisgerechte eBusiness-Lösungen* gemacht (u. a. der als „best of swiss web 2001" prämierter E-Shop von Otto Fischer AG, www.ofag.ch, sowie der als „best of swiss web 2002" ausgezeichneter E-Shop von Waser Büro, www.waserbuero.ch).

Adresse:	**Europa-Strasse 18**	Gegründet:	**1984**
	CH-8152 Glattbrugg/Zürich	Mitarbeiter:	**40**
Tel.:	**+41 (0)1 / 828 81 81**	Standorte:	-
E-Mail:	**mail@polynorm.ch**		
WWW:	**www.polynorm.ch**		

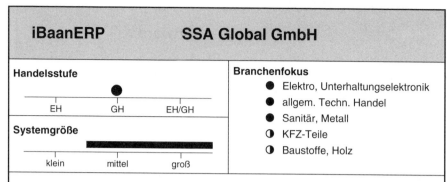

iBaanERP   **SSA Global GmbH**

Handelsstufe

EH	GH	EH/GH

Systemgröße

klein	mittel	groß

Branchenfokus
- ● Elektro, Unterhaltungselektronik
- ● allgem. Techn. Handel
- ● Sanitär, Metall
- ◑ KFZ-Teile
- ◑ Baustoffe, Holz

iBaanERP ist der seit 2000 verfügbare Nachfolger des ERP-Systems Baan IV. Seit Mitte 2003 gehört Baan zur *SSA Global* einem weltweiten Anbieter für erweiterte Enterprise Ressource Planning Software und integrierte e-Business-Lösungen. Die Basislösung *iBaan Industry Solutions* wird dabei ergänzt durch *iBaan for Customer Relationship Management, iBaan for Supply Chain Management* und *iBaan for Product Lifecycle Management*. Mit Baan Dimensions steht darüber hinaus ein Add-on für den *Stahl, Papier- und Kabelhandel* zur Verfügung. Ende 2003 hat SSA Global die Roadmap für die Baanproduktreihe konkretisiert und für Mitte 2004 als nächste Generation der ERP-Plattform *SSA Baan ERP 6* angekündigt.

Neben Produktionsbetrieben und öffentlichen Verwaltungen ist iBaanERP vor allem auf den technisch geprägten Großhandel ausgerichtet. iBaanERP bietet in diesem Umfeld eine große Funktionsbreite und -tiefe. Artikelsets werden ebenso wie Chargen und Seriennummern durchgängig unterstützt. Die Preis- und Konditionsfindung basiert auf einem transparenten Matrixmodell, bei dem unterschiedlichste Parameter, wie Kunde, Kundengruppe, Rechnungsempfänger, Region, Auftragsart, VK-Abteilung, Hersteller, Warengruppe und Währung flexibel kombiniert werden können. Hervorzuheben sind ferner das umfassende Referenzmodell, das im Rahmen der Einführung als Basis für die Ableitung des kundenspezifischen Modells dient. Modelländerungen führen dabei direkt zu einer Anpassung der Programmlogik im Sinne eines Customizings.

iBaanERP und die Vorgängerversion Baan IV sind weltweit bei über 6.500 Unternehmen im Einsatz; davon befinden sich ca. 800 Installationen in Deutschland. Zu den Baan-Kunden in Deutschland gehören Liebherr, Gildemeister, Daimler Chrysler, Volkswagen und das Land Niedersachsen.

Adresse: **Bismarkstr. 120** **47057 Duisburg** Tel.: **0203 / 306-1100** E-Mail: **info @ssaglobal.de** WWW: **www.ssaglobal.de**	Gegründet: k.A. Mitarbeiter: k.A. Standorte: weltweit

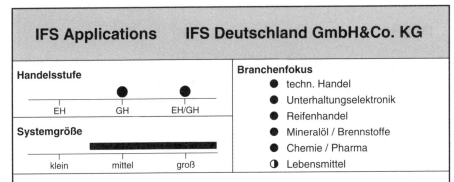

IFS Deutschland ist die Tochter der schwedischen IFS, die mit 78 Niederlassungen in über 40 Ländern, mit über 3.200 Mitarbeitern und über 3000 Systeminstallationen in die Riege der großen weltweit tätigen ERP-Anbieter aufgestiegen ist (Platz 6 nach Softwarelizenzumsatz).

Das ERP-System IFS Application, das seit ca. drei Jahren aktiv vertrieben wird, ist allein in Deutschland bereits mehr als 50 mal im Einsatz. Das parallel gepflegte System IFS-IV stützt sich derzeit in Deutschland noch auf über 350 Installationen.

IFS Application ist ein in den letzten Jahren neu entwickeltes System, das komplett objektorientiert und konsequent komponentenbasiert zu 100 % in Java erstellt wurde. Die Konfiguration des Systems kann entsprechend sehr feingranular auf Ebene der Komponenten erfolgen. In punkto Softwarearchitektur, Softwaretechnik und Benutzerergonomie ist IFS Applications eines der führenden ERP-System. Unterstützt werden diverse UNIX- und Windowsplattformen, als Datenbank wird einheitlich Oracle eingesetzt.

Neben der durchgängigen Workflowintegration, der flexible Anbindung mobiler Clients (z. B. PDA, WAP-Mobiltelefone) sowie der CRM- und Call-Center-Funktionalität stellt die umfassende SCM- und Logistik-Funktionalität einen Schwerpunkt dar.

Mit IFS Personal Portal steht eine leicht personalisierbare Lösung zur Realisierung interner Mitarbeiter- und externer Unternehmensportale zur Verfügung.

Für den IFS Business Modeler ist ein handesspezifisches Referenzprozessmodell verfügbar, das auch in die individuelle Online-Hilfe integriert werden kann, um in der Hilfefunktion die Prozesslogik und die Abhängigkeiten auf anschauliche Weise verdeutlichen zu können.

Adresse: **Am Weichselgraben 16** **91058 Erlangen** Tel.: **09131 / 7734-0** E-Mail: **ifs@ifsde.com** WWW: **www.ifsde.com**	Gegründet: **1983** Mitarbeiter: **3200** Standorte: 78 Niederlassungen in 44 Ländern, in D: Neuss, Dortmund, Heidelberg, Hamburg, Erlangen

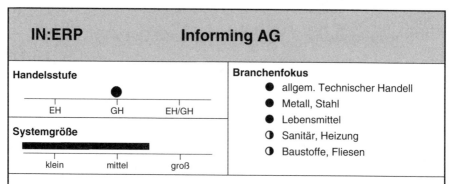

IN:ERP   **Informing AG**

Handelsstufe	**Branchenfokus**
EH GH EH/GH	● allgem. Technischer Handell
Systemgröße	● Metall, Stahl
klein mittel groß	● Lebensmittel
	◑ Sanitär, Heizung
	◑ Baustoffe, Fliesen

Die Informing AG bedient als *Komplettanbieter* schwerpunktmäßig den schweizer Markt *mit einem klaren KMU-Fokus* (ab ca. 10 User bis hin zu mehreren 100 Usern). IN:ERP ist eine *branchenunabhängige, pc-basierte Lösung*, welche unter den diversen *Windows-Versionen* und unter *Linux* eingesetzt werden kann. Datenbankseitig wird sowohl der MS SQL-Server als auch Oracle unterstützt. IN:ERP ist durchgängig objektorientiert in Smalltalk erstellt und umfasst alle typischen Funktionsbereiche einer ERP-Lösung; wobei die *Finanzbuchhaltung* standardmäßig durch die als OEM-Produkt *eingebundenen Speziallösungen Diamant* oder *Abacus* abgedeckt wird.

In der Schweiz gibt es *ca. 200 Installationen* von IN:ERP, hinzu kommen vereinzelte Installationen in Osteuropa. IN:ERP ist mehrsprachig mit verfügbaren Oberflächen in Deutsch, Englisch, Französisch und Italienisch.

IN:ERP basiert auf einer Fat-Client-Architektur, welche über ein entsprechendes Skripting eine *flexible Anpassung der GUI und der abgebildeten Geschäftsprozesse erlaubt.* Mit den durchgängig realisierten IN:BOS (Informing Business Object Services) bietet IN:ERP eine umfassende und flexible Basis für die (individuelle) Ausgestaltung von Internet-Anwendungen. Funktional hervorzuheben ist u. a. die ausgeprägte CRM-Funktionalität, welche insbesondere auch in Kombination mit den Workflow-Funktionen die typischen CRM-Anforderungen umfassend abdeckt, und das integrierte Management Informations System. Zu den *ergonomischen Highlights* gehören u. a. die Definition von userbezogenen Filtern für Stamm- und Bewegungsdaten, ein integrierter Notizzettel mit Wiedervorlage und eine integrierte Dokumentenablage (mit Bezug zu Kunden, Aufträgen etc.).

Referenzkunden im Handelsumfeld sind u. a. interoffice (Büroartikel) und die *Montana International Sport AG, Stans* (Sportartikel).

Adresse: **Hansmatt 32**	Gegründet: **1987**
CH-6370 Stans	Mitarbeiter: **40**
Tel.: **041 / 6188444**	Standorte: Köln, Lausanne, Horgen, Ft.
E-Mail: **informing@informing.ch**	Lauderdale (USA)
WWW: **www.informing.ch**	

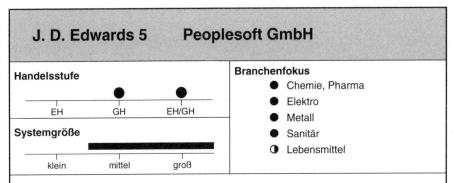

J. D. Edwards, 1977 in Denver, USA gegründet, ist ein weltweit vertretener Anbieter von Unternehmenssoftware. Im Herbst 2003 wurde J.D. Edwards von *Peoplesoft* übernommen. Das technologisch ausgereifte Standardsoftwarepaket J. D. Edwards 5 ist weitgehend datenbank- und *hardwareunabhängig* und unterstützt sowohl die *Windows-Plattformen* als auch *die IBM iSeries-, UNIX- und Großrechnerplattformen.* Parallel zum traditionellen GUI-Frontend können direkt *JAVA- und html-Applikationen* generiert werden, so dass J.D. Edwards 5 auch im Browser lauffähig ist. Unter dem Nachfolgeprodukt *Peoplesoft EnterpriseOne* wird diese Lösung künftig im Peoplesoft-Portfolio weitergeführt.

J. D. Edwards 5 ist eine Universallösung mit Berücksichtigung von Handelsspezifika, die sich vorrangig an den mittelständischen Großhandel und internationale Konzerne richtet. Anwender finden sich überwiegend in den Handelsbranchen *Elektro, Metall, Sanitär, Chemie/Pharma.* Die typischen Installationsgrößen liegen bei *ca. 50-100 Usern, bis hin zu mehreren 1000 Usern.* Durch den *internationalen Support, 24 Sprach- und diverse Länderversionen*, sowie differenzierte Möglichkeiten zur Abbildung von komplexeren Unternehmensstrukturen, stellt J. D. Edwards gerade für multinationale Unternehmen eine interessante Lösung dar.

Neben den tradtionellen warenwirtschftlichen Funktionen umfasst J.D. Edwards eine eigene Finanzbuchhaltung sowie umfassende Zusatzmodule für die Bereiche SCM, CRM, Supplier Relationsship Management und Business Intelligence.

Weltweit existieren *über 10.000 Installationen* von J. D. Edwards 5 und den Vorgängersystemen, u. a. OneWorld, (schwerpunktmäßig in den USA, in Deutschland ca. 300 Installationen). Kunden im deutschsprachigen Raum sind z. B. Rotkäppchen, Nintendo Europe, Sennheiser, Leifheit und Fischer Ski.

Adresse: **Feringastr. 13** **85774 München-Unterföhring** Tel.: **089 / 992150-00** E-Mail: **germany@jdedwards.com** WWW: **www.peopesoft.de**	Gegründet: **1987** Mitarbeiter: **8400** Standorte: in über 30 Ländern weltweit

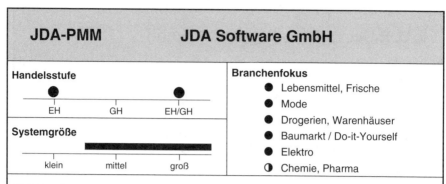

JDA-PMM   **JDA Software GmbH**

Handelsstufe

EH   GH   EH/GH

Systemgröße

klein   mittel   groß

Branchenfokus
- Lebensmittel, Frische
- Mode
- Drogerien, Warenhäuser
- Baumarkt / Do-it-Yourself
- Elektro
- Chemie, Pharma

JDA ist einer der *weltweit führenden Softwareanbieter* für den mehrstufigen Handel, wie die weltweit mehr als 4.800 Kunden von JDA belegen, welche primär aus diesem Segment stammen. Mit den *JDA Portfolio Solutions* bietet JDA eine umfassende komponentenbasierte Gesamtlösung für mittlere und große Handelsunternehmen. Zu den Kernkomponenten gehören die Anwendungsbereiche *Advanced Opimization, Zuteilung & Replenishment* (u. a. mit *Replenishment by E3* und *Advanced Allocation by Arthur*), *Business Intelligence, Collaborative Solutions, Customer Management, Warenwirtschaftssysteme, Planung & Prognose* (u. a. mit den bewährten Produkten von *Intactix zur Regal- und Flächenoptimierung*), *Filialsysteme* und *Ertragsmanagement*. Die hier betrachtete *zentrale WWS-Lösung JDA-PMM* (Portfolio Merchandise Management) ist weltweit bei ca. *90 Kunden* im Einsatz. JDA-PMM kann basierend auf einer *Oracle-Datenbank* auf der *IBM pSeries*, der *HP 9000*, der *SUN* oder *PC-basiert* eingesetzt werden. Speziell für die *IBM iSeries* bietet JDA zudem die zentrale WWS-Lösung *JDA-MMS* (Portfolio Merchandise Management System-i) an.

JDA-PMM richtet sich vor allem an größere mehrstufige Handelsunternehmen. Hier bietet JDA-PMM flexible und mächtige Funktionen, um Artikeldaten zu verwalten, Warenbestände und Sortimente – auch bei einer Vielzahl an Filialen – zu optimieren, Preisstrategien festzulegen und zu verbessern, die Wiederbefüllung zu optimieren und die Produktivität und Genauigkeit der Zentrallager zu verbessern. In Kombination mit den weiteren Komponenten der JDA Portfolio Solutions wird eine abgestimmte Funktionsbreite und -tiefe geboten, welche kaum von anderen Anbietern erreicht wird.

Eingesetzt wird JDA-PMM u. a. bei *Foschini, Intergro, River Island, Shell, World Duty Free, AEON, Meijer Stores* und *Sodimac*.

Adresse: **Schwannstraße 6**
           40476 Düsseldorf
Tel.:   **0211/70260-0**
E-Mail: **info.de@jda.com**
WWW: **www.jda.com**

Gegründet: **1985**
Mitarbeiter: 1.200
Standorte: weltweit

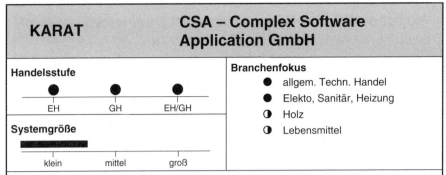

Handelsstufe

EH · GH · EH/GH

Systemgröße

klein · mittel · groß

Branchenfokus
- allgem. Techn. Handel
- Elekto, Sanitär, Heizung
- Holz
- Lebensmittel

CSA positioniert sich als Komplettanbieter für die Durchführung von Individual-software- und Standardsoftwareprojekten bei kleineren und mittleren Unternehmen. Die von CSA entwickelte standardisierte Warenwirtschaftslösung KARAT wird ergänzt durch darauf abgestimmte, ebenfalls eigenentwickelte Produkte für die Bereiche Finanzbuchhaltung (TOPAS), Kostenrechnung (OPAL), Lohn- und Gehaltsabrechnung (RUBIN) und Anlagenbuchhaltung (JUWEL). Neben diesen Produkten bietet CSA mit CSA-TEXTIL-WWS eine eigenständige Lösung speziell für den Textileinzelhandel an.

Als technologische Basis kann einerseits auf die üblichen Windowsplattformen zurückgegriffen werden, andererseits ist KARAT unter Unix-Betriebssystemen (z. B. SCO-Unix, IBM-AIX, HP-UX und Linux) weitgehend plattformunabhängig einsetzbar. Bei der Datenhaltung stützt sich KARAT auf C-Isam-Filestrukturen ab. KARAT kann sowohl mit einer zeichenorientierten als auch einer grafischen Oberfläche genutzt werden.

Im deutschsprachigen Raum existierten 11 Installationen von KARAT mit Schwerpunkt im technisch geprägten Handel. Einzelne Installationen gibt es auch im Lebensmittelgroßhandel und im Konsumgüterhandel. Die typische Installationsgröße liegt im Bereich von 10-30 Usern (concurrent User).

KARAT ist mandantenfähig und speziell auf die Abbildung von Handelsunternehmen mit mehreren Standorten bzw. Filialen ausgerichtet. Die Kernfunktionalität ist branchenneutral gestaltet, wird aber durch Spezifika wie Metallzuschläge (inklusive DEL-Notiz) und eine durchgängige Seriennummernverwaltung ergänzt.

Adresse: **Waldstraße 29**
64331 Weiterstadt
Tel.: **06151 / 8789-0**
E-Mail: **l.Neubauer@csa.de**
WWW: **www.csa.de**

Gegründet: **1982**
Mitarbeiter: **15**
Standorte: -

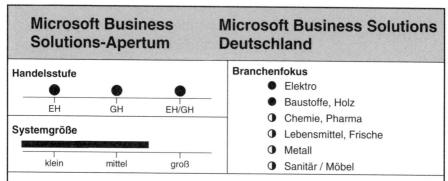

Das vormals von Great Plains vertriebene *ERP-System Microsoft Business Solutions-Apertum* ist durch eine Vielzahl an Zusatz- und Ergänzungsmodulen branchenübergreifend in *Dienstleistungs-, Handels- und Produktionsunternehmen* einsetzbar. Von den drei betrachteten Lösungen der Microsoft Business Solutions Deutschland ist Apertum die „kleinste" Lösung. Apertum wird von Microsoft als „wirtschaftliche Komplettlösung für kleinere und mittlere Unternehmen" positioniert.

Client- und serverseitig werden die relevanten aktuellen *Windows-Betriebssysteme* unterstützt, als Datenbank können der *Microsoft SQL-Server* oder *Oracle* genutzt werden. Für Apertum, welches mit *über 800 Installationen in Europa* vertreten ist, stehen mehrsprachige Oberflächen (z. B. in Deutsch, Englisch, Französisch, Italienisch und Tschechisch) zur Verfügung. Apertum ist mandanten- und mehrlagerfähig. Die unterschiedlichen Produktlinien erlauben eine Abdeckung von Kleininstallationen bis hin zu mittleren Installationen.

Der konsequent modulare Aufbau mit Modulen, wie Kommissionierung, Inventur, Retoure, Intrastat, Barcode und Kasse, erlaubt eine anforderungsgerechte und wirtschaftlich sinnvolle Konfiguration des Systems. Aufgrund dieser Flexibilität ist Microsoft Business Solutions-Apertum sowohl für den Groß- als auch den (filialisierenden) Einzelhandel geeignet. Ein funktionaler Schwerpunkt liegt auf den Anforderungen des technisch geprägten Großhandels (Seriennummern, Verkaufssets, Metallzuschläge, DEL-Preisnotiz etc.).

Gerade für kleinere Großhandelsbetriebe, die gegebenenfalls kombiniert auch Produktions- oder Montagefunktionen wahrnehmen, erscheint Apertum als eine ERP-Lösung mit attraktivem Kosten-Leistungsverhältnis.

Adresse:	**Notkestr. 9-11**	Gegründet:	**1992**
	22607 Hamburg	Mitarbeiter:	**3800**
Tel.:	**040 / 899 677-0**	Standorte:	Niederlassungen weltweit
E-Mail:	**info@navision.de**		
WWW:	**www.microsoft.com/germany/**		
	businessSolutions		

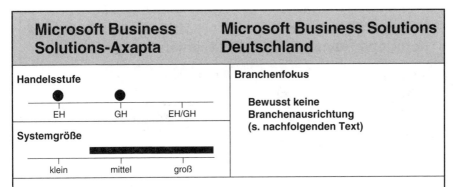

Microsoft Business Solutions-Axapta ist die „*größte*" und technologisch modernste (Erstinstallation 1998) der drei betrachteten Microsoft-Lösungen. Axapta ist als integriertes ERP-System zu charakterisieren, dass alle Unternehmensbereiche (inkl. Produktion, Finanzbuchhaltung und Personalverwaltung) abdecken kann. Axapta wendet sich u. a. an global agierende Unternehmen im Mittelstand, die ihre Geschäftsprozesse optimieren möchten und nach Wachstum und Internationalität streben. Weltweit gibt es *über 3.000 Installationen*, davon ca. 300 in Deutschland.

Ähnlich wie bei Microsoft Business Solutions-Navision ist Microsoft Business Solutions-Axapta *weitgehend branchenneutral* aufgebaut. Allerdings existieren (bisher) kaum branchenbezogene Partnerlösungen. Anpassungen werden aufgrund der Kundenstruktur typischerweise projektindividuell realisiert.

Vorteile von Axapta sind u. a. in der Internationalität (mit nur einer Produkt-CD weltweit), der guten Skalierbarkeit und der modernen Systemarchitektur zu sehen. Microsoft Business Solutions-Axapta wurde konsequent für Microsoft Windows und das Internet entwickelt. Technologisch ist Axapta auf die Windowsplattformen ausgerichtet, als Datenbank kann neben dem Microsoft SQL-Server auch Oracle eingesetzt werden.

Neben den warenwirtschaftlichen Basisfunktionen bilden die Bereiche *CRM* (z. B. Kampangenverwaltung und -auswertung, Kundenkontaktmanagement, durchgängige MS Outlook-Integration und Telemarketing mit CTI) und E-Business (z. B. Webanwendung Customer Self-Service, durchgängige Web-Integration mit flexiblen Tools) einen Schwerpunkt. Das *Commerce Gateway* unterstützt auf Basis des Microsoft *BizTalk Servers* XML-basiert den effizienten elektronischen Austausch von Geschäftsdokumenten (EDI).

Adresse: **Notkestr. 9-11** **22607 Hamburg** Tel.: **040 / 899 677-0** E-Mail: **info@navision.de** WWW: **www.microsoft.com/germany/** **businessSolutions**	Gegründet: **1983** Mitarbeiter: **3800** Standorte: Niederlassungen weltweit

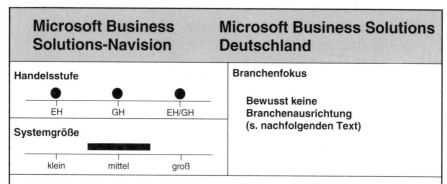

Microsoft Business Solutions-Navision wurde ehemals von Navision unter dem Produktnamen *Navision Attain* als *Nachfolger von Navision Financials* vertrieben. Mit über 7.000 Installation in Deutschland gehört Microsoft Business Solutions-Navision zu den marktführenden Softwaresystemen für *mittelständische Unternehmen* mit Jahresumsätzen zwischen 5 und 250 Millionen EUR. Weltweit existieren in mehr als 100 Ländern insgesamt über 60.000 Installationen.

Microsoft Business Solutions-Navision verfolgt eine *„funktionsreduzierte"* Produktphilosophie. Es deckt alle betriebswirtschaftlichen Bereiche (von der Finanzbuchhaltung bis zur PPS) ab, beschränkt sich aber auf die *Kernprozesse*. Spezifische (zum Beispiel branchenspezifische) Anforderungen werden im Basissystem bewusst nicht umgesetzt. Der Fokus liegt vielmehr auf einer einfachen Strukturierung und flexiblen Erweiterbarkeit, um das System leicht an individuelle Anforderungen anpassen zu können. Zu diesem Zweck arbeitet Microsoft Business Solutions in Deutschland mit über 200 Business Solutions Partnern zusammen, die branchenorientierte Anpassungen vornehmen und Zusatzmodule erstellen können. So existieren unter anderem Speziallösungen für den *textilen Einzel- und Großhandel*, den *Baustoffhandel*, den *Möbelhandel* sowie den *Werkzeug- und Armaturenhandel*. Eine Übersicht der Branchenlösungen findet sich unter http://www.navision.com/de/SolutionFinder/start.asp. Eine *Auswahl der handelsbezogenen Branchenlösungen* inklusive einer Kurzcharakterisierung der Spezifika und Stärken der Lösungen ist im *Abschnitt 1.1* aufgeführt. Bei der funktionalen Analyse ist zu beachten, dass Funktionen, die im Basissystem nicht umgesetzt sind, vielfach durch entsprechende Zusatzmodule oder (einfache) individuelle Anpassungen realisiert werden können. Microsoft Business Solutions-Navision ist daher insbesondere für mittelgroße Unternehmen geeignet, die einen Mittelweg zwischen Standard- und Individualsoftware beschreiten wollen.

Adresse:	Notkestr. 9-11	Gegründet:	1983
	22607 Hamburg	Mitarbeiter:	3800
Tel.:	040 / 899 677-0	Standorte:	Niederlassungen weltweit
E-Mail:	info@navision.de		
WWW:	www.microsoft.com/germany/		
	businessSolutions		

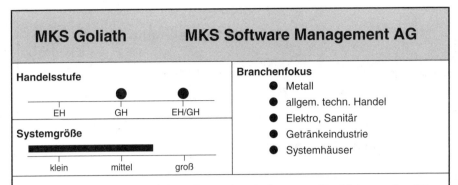

MKS Goliath   **MKS Software Management AG**

Handelsstufe

EH   GH   EH/GH

Systemgröße

klein   mittel   groß

Branchenfokus
- Metall
- allgem. techn. Handel
- Elektro, Sanitär
- Getränkeindustrie
- Systemhäuser

MKS Goliath ist ein flexibles *Warenwirtschaftssystem* für kleine und mittlere Handelsunternehmen, das in ca. *280 Installationen* in Deutschland und Österreich eingesetzt wird. Neben den warenwirtschaftlichen Kernfunktionen steht ein integriertes Dokumentenverwaltungssystem, eine umfassende CRM-Funktionalität mit CTI-Integration und Kontaktmanagement ebenso wie eine Anbindung der Microsoft Office-Produkte (inklusive MS Outlook und MS Project) und der Tobit Software zur Verfügung. *MKS Digital Voice* bietet in Verbindung mit dem MKS Connector die Möglichkeit zur Archivierung und Verwaltung von akustischen Informationen (z. B. Gesprächsaufzeichnungen).

MKS Goliath ist ein *PC-basiertes WWS*, das unter den aktuellen Windows-Versionen einsetzbar ist. Als Datenbank wird *MS FoxPro 8.0* genutzt. Neben der deutschen Oberfläche stehen u. a. auch eine englische, eine französische, eine polnische und eine russische Oberfläche zur Verfügung.

Dedizierte Branchenlösungen mit einer umfassenden Berücksichtigung der jeweiligen Branchenspezifika existieren für den *Metallhandel* (z. B. Brücken-waagenmodul, Analysemodul, Hedging/Preissicherung), die *Getränke-Industrie* (z. B. Pfandartikel, Pfandmodul, Kundenhierarchien, Jahresrückvergütungen) und *Systemhäuser* (z. B. Werkstatt- / Reparaturmodul, RMA-Modul, UPS-Versand, CTI).

Das *"Auftrags-Center"* und das *"Finanz-Center"* sind das Kernstück von MKS-Goliath. Kunden-, Artikel- und Projektdaten; Angebote und Aufträge; Kostenverfolgung und Speditionspapiere; Rechnungen und Offene Posten; Kunden-Notizen und Kunden-Umsätze und Auswertungen stehen integriert zur Verfügung. Das Finanz-Center bietet eine mandantenfähige und branchenunabhängige Lösung zur Überwachung der Zahlungsvorgänge.

Adresse: **Ailingerstr. 10** **88046 Friedrichshafen** Tel.: **07541 / 3851-20** E-Mail: **willkommen@mks-ag.de** WWW: **www@mks-ag.de**	Gegründet: **1999** Mitarbeiter: k.A. Standorte: -

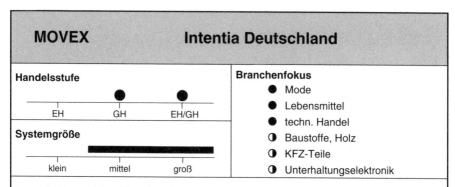

Intentia Deutschland ist eine Tochter der *schwedische Intentia*, welche weltweit in über 40 Ländern präsent ist. Intentia tritt als IT-Komplettanbieter auf, der Hardware, Software und Einführung/Beratung abdeckt.

Das branchenneutrale *ERP-System MOVEX* ist sowohl als *RPG-* als auch als *Java-Lösung* verfügbar, welche mit dem gleichen Client genutzt werden können. Die moderne Java-Version unterstützt eine echte n-tier-Architektur. Die dadurch mögliche Skalierbarkeit zeigt sich in Installationsgrößen von 50 Usern bis hin zu mehr als 10.000 Usern. Insgesamt existieren welt*weit mehr als 5000 MOVEX-Installationen*, davon etwa 120 in Deutschland. MOVEX ist auf den Plattformen *IBM iSeries, Windows NT/XP* und *Sun Solaris* verfügbar.

Mit der *Industry Application Distribution* gibt es eine speziell auf Großhandel & Distribution ausgerichte Variante von MOVEX. Funktional hervorzuheben sind u. a. die *durchgängige Chargenverwaltung* und eine *ausgefeilte Variantenkonfigurationslösung*.

Ein Fokus von MOVEX liegt auf *e-Collaboration*, d. h. der dv-technisch unterstützten Einbindung der Geschäftspartner in die zentralen Geschäftsprozesse – bspw. über das Internet. Dedizierte Lösungen stehen hier für die Bereiche *Customer Relationship Management, Supply Chain Planning & Execution* und *Partner Relationship Management* zur Verfügung.

Mit dem *Enterprise Process Manager* bietet Intentia ein Referenzprozessmodell, das projektspezifisch angepasst werden kann, und aus dem heraus sich direkt die individuellen MOVEX-Menüstrukturen für die einzelnen Benutzer bzw. Rollen generieren lassen. Ferner kann aus den Prozessschritten des Prozessmodells direkt in die MOVEX-Anwendung verzweigt werden, so dass es auch gut für Schulungszwecke etc. genutzt werden kann.

Adresse:	**Itterpark 1**	Gegründet:	**1984**
	40724 Hilden	Mitarbeiter:	**3500**
Tel.:	**02103 / 80906-0**	Standorte:	München, Stuttgart, Bremen,
E-Mail:	**info@intentia.de**		Hamburg, Nordhorn; sowie in
WWW:	**www@intentia.de**		über 40 Ländern weltweit

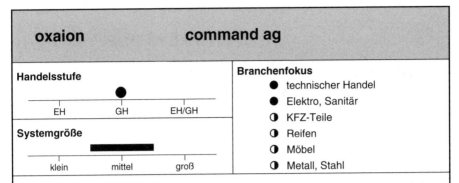

oxaion	command ag
Handelsstufe	**Branchenfokus**

Handelsstufe

EH — GH — EH/GH

Systemgröße

klein — mittel — groß

Branchenfokus
- ● technischer Handel
- ● Elektro, Sanitär
- ◑ KFZ-Teile
- ◑ Reifen
- ◑ Möbel
- ◑ Metall, Stahl

oxaion (*vormals FRIDA*) ist eine auf *mittelständische Unternehmen* ausgerichtete universelle ERP-Lösung für die *IBM iSeries*. Um eine zentrale Datenbank (DB2/400) sind die Module Beschaffung, Lager, Vertrieb, Produktion, Service und Verwaltung/Büro angeordnet. Letzeres deckt die Finanz- und Anlagenbuchhaltung sowie das Controlling ab. Aufgrund des modularen Aufbaus können einzelne Module auch selektiv eingesetzt werden. Die Command AG bietet eine *siebenjährige Weiterentwicklungsgarantie* für die Software.

Neben verschiedenen Branchenlösungen für produzierende Betriebe (Einzel- und Serienfertiger) existiert auch eine speziell auf den *(technischen) Großhandel* ausgerichtete Version von oxaion bei der auch zusätzliche Fremdprodukte (z. B. für die Paketoptimierung oder die Verwaltung von Zolllagern) eingebunden werden können. Etwa ein Fünftel der *350 Kunden*, die oxaion im Einsatz haben, ist ausschließlich oder schwerpunktmäßig im Handel bzw. der Distribution tätig.

Die betriebswirtschaftliche Basisfunktionalität von oxaion wird ergänzt durch leistungsfähige Tools für den flexiblen Export von Daten nach Word oder Excel, für die Unterstützung webbasierter Prozesse und einen Formulargenerator, welcher eine freie Gestaltung von Belegen in Word erlaubt. So können beispielsweise Bilder, Barcodes und gescannte Unterschriften auf einfache Weise in beliebige oxaion-Belege integriert werden.

Die Architektur von oxaion ist seit Release 5.3 auf *Business-Komponenten-Technologie* umgestellt worden, wodurch u. a. eine *moderne 3-tier-Architektur* unterstützt wird. Die Applikationslogik wird komplett in *Java* realisiert. Dadurch kann oxaion clientseitig direkt im Browser betrieben werden. Parallel wird auch weiterhin eine zeichenorientierte Oberfläche für Terminals unterstützt.

Adresse: **Eisenstockstr. 16** **76275 Ettlingen** Tel.: **07243 / 590-0** E-Mail: **info@command.de** WWW: **www.command.de**	Gegründet: **1978** Mitarbeiter: **220** Standorte: Berlin, Dortmund, Hamburg

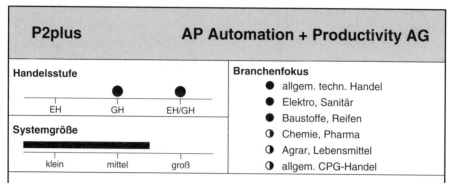

P2plus ist eine moderne mehrsprachige und mandantenfähige eERP-Lösung, die die Funktionsbereiche mittelständischer Unternehmen umfassend abdeckt. Kernmodule von P2plus sind neben dem APS/SCM-Modul die Module Warenwirtschaft, CRM & VIS, Finanz, Internet Shop, Intranet und BDE. P2plus ist komplett in Java entwickelt und direkt im Web-Browser lauffähig. Die ergonomisch gestaltete, übersichtliche Java-Oberfläche erlaubt eine flexible Anpassung und mitarbeiter- bzw. rollenbezogene Individualisierung der Masken und Menüs.

Weltweit gibt es über 1500 P2-Installationen, davon entfallen derzeit ca. 60 Installationen auf P2plus. P2plus ist stringent auf die Microsoft-Technologie ausgerichtet: Als Betriebssystem werden ausschließlich die Windows-Varianten unterstützt; als Datenbank wird der MS SQL-Server eingesetzt. Eine enge Integration findet ferner mit Microsoft Exchange statt (bspw. beim Dokumenten- und Workflowmanagement sowie bei der Gestaltung von Mitarbeiterportalen).

2002 wurde AP für die Lösung P2plus von Microsoft für die innovative Nutzung der Microsoft .NET-Technologie und den realisierten Anwendernutzen mit dem internationalen Microsoft Certified Partner Award 2002 für die beste .NET-Anwendung des Jahres ausgezeichnet.

P2plus ist im Kern branchenneutral ausgerichet, bietet aber eine große Funktionsbreite (u. a. Seriennummern, Chargen, Wartungs-/Mietvertragsverwaltung, Intrastat-Abwicklung). Die Stärke von P2plus resultiert vor allem aus der modernen Systemarchitektur, der hervorzuhebenden Systemergonomie und insbesondere aus der konsequenten und umfassenden Integration der Microsoft-Produkte und -Funktionen, wodurch vielfältige Kommunikations- und Arbeitsprozesse deutlich vereinfacht werden. Wer die Bindung an eine Betriebssystemplattform nicht scheut, kann mit P2plus die vorhandenen Vorteile einer derartigen Festlegung umfassend erschließen.

Adresse: **Schoemperlenstr. 12b** **76185 Karlsruhe** Tel.: **0721 / 5601-30** E-Mail: **info@ap-ag.com** WWW: **www.ap-ag.com**	Gegründet: **1993** Mitarbeiter: **260** Standorte: Hamburg, Hannover, Erkrath, Filderstatt, München

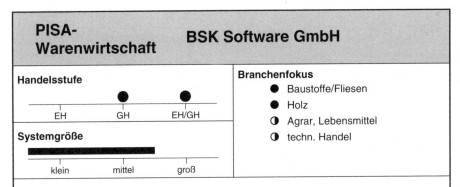

PISA-Warenwirtschaft ist eine modular aufgebaute parametergesteuerte Standard-software, die mehrfilialfähig und mandantenfähig ist. PISA-Warenwirtschaft ist bei über 90 Unternehmen vor allem in den Bereichen Baustoff-/Fliesenhandel, Baumärkte und Holzhandel im Einsatz.

PISA-Warenwirtschaft kann auf einer Vielzahl an Hardwareplattformen einsetzt werden, u.a. *PC, IBM RS 6000, HP 3000 und SNI RM/XM.* Als Datenbank wird *Informix* verwendet, die Systemprogrammierung erfolgt in ROSI SQL und ROSI 2000.

Auf die PISA-Warenwirtschaft *abgestimmte BSK-Eigenprodukte* stehen mit der *EXPERT*-Serie für die Bereiche Finanzbuchhaltung, Kostenrechnung, Anlagen-buchhaltung und Lohn&Gehalt zur Verfügung. Im Bereich Dokumentenmanage-ment wird eine enge Integration mit dem *Dokumentenmanagementsystem GEDOS* angeboten.

Eine *Kassenanbindung* kann durch die *Eigenlösung PISA-Kassensystem* sowie über Schnittstellen zu den führenden Kassenanbietern, wie SNI, IBM und NCR, erfolgen. Weitere Schnittstellen existieren zu diversen Wiegesystemen/Waagen, zu Mischanlagen, MDE-Geräten, zur Anbindung externe Internet-Shop-Sys-teme sowie zu Poststraßen.

Die klare Fokussierung auf den Baustoff-/Holzhandel und die langjährige Branchenerfahrung zeigt sich an den abgedeckten Branchenspezifika, wie einer Anbindung an die *Heinze BauOFFICE-Datenbank*, einer umfassende Provisions- und Bonusabbildung, sowie einer Chargen- und Seriennummernverwaltung.

Adresse: **Bahnhofstr. 10**		Gegründet: **1983**
79206 Breisach		Mitarbeiter: k.A.
Tel.: **07667 / 9440-0**		Standorte: Mühlhausen, Bernstorf
E-Mail: **info@bsk-software.de**		
WWW: **www.bsk-software.de**		

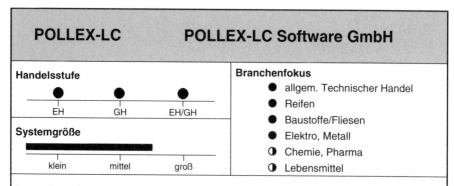

POLLEX-LC   **POLLEX-LC Software GmbH**

Handelsstufe

EH   GH   EH/GH

Systemgröße

klein   mittel   groß

Branchenfokus
- allgem. Technischer Handel
- Reifen
- Baustoffe/Fliesen
- Elektro, Metall
- ◑ Chemie, Pharma
- ◑ Lebensmittel

Das branchenneutrale *Auftragsbearbeitungs- und Warenwirtschaftssystem* POLLEX-LC (vormals *logical*CIRCLE!) wurde von der POLLEX-LC Software GmbH basierend auf einer modernen technologischen Basis *komplett neuentwickelt*. Es ist seit 1998 am Markt verfügbar und bewährt sich in *über 200 Installationen* (primär in Deutschland und Österreich, aber auch in Benelux, Frankreich und Ungarn). Vertrieb und First-Level-Support erfolgen in Deutschland durch die ADN Advanced Distribution GmbH, Bochum (http://www.adn.de).

POLLEX-LC ist *konsequent modular* aufgebaut, so dass die relevanten Module projektindividuell zusammengestellt werden können. Neben den üblichen warenwirtschaftlichen Modulen existieren u. a. die Module *Reparatur, Kassenmodul, E-Shop, Leergutverwaltung, Stücklisten, Intrastat* sowie diverse Spezifika des technisch geprägten Handels, wie *Chargen- und Seriennummernverwaltung, die Erfassung von Aufmaßen, eine Objektverwaltung und Metallzuschläge*. Durch ein Produktions-Modul ist POLLEX-LC zudem insbesondere auch für Handelsunternehmen geeignet, die - wie im technischen Handel oftmals üblich - auch *Produktionsfunktionen* wahrnehmen.

Hervorzuheben ist das vollständig in die WWS-Funktionalität integrierte *CRM-Modul* von POLLEX-LC, welches *diverse CRM-Funktionen* umfasst (z. B. *CTI*, eine *Workflowdefinition* arbeitsteiliger Prozesse, welche u. a. eine Integration der Bereiche Marketing, Vertrieb und Kundendienst ermöglicht, eine *Kampagnenplanung* sowie eine *umfassende Kontakthistorie*). Flexibel können mit dem CRM-Modul individuelle Prozesse mit den durchzuführenden Aufgaben, ihrer sachlogischen Reihenfolge und den jeweils verantwortlichen Mitarbeitern bzw. Rollen definiert werden.

Adresse: **Achleiten 34**
            A-4532 Kematen an der Krems
Tel.:   **+43 7228 / 6460-0**
E-Mail: **office@pollex-lc.com**
WWW: **www.pollex-lc.com**

Gegründet: **1982**
Mitarbeiter: **15**
Standorte: Bochum (Distributor für D)

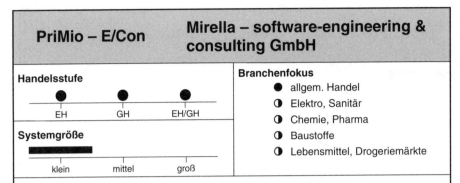

PriMio – E/Con	Mirella – software-engineering & consulting GmbH
Handelsstufe	**Branchenfokus**

Handelsstufe

● ● ●

EH   GH   EH/GH

Systemgröße

klein   mittel   groß

Branchenfokus
- ● allgem. Handel
- ◑ Elektro, Sanitär
- ◑ Chemie, Pharma
- ◑ Baustoffe
- ◑ Lebensmittel, Drogeriemärkte

PriMio – E/Con ist ein *neu entwickeltes, brancheneutrales Warenwirtschafts-system* für kleinere Einzel- und Großhandelsbetriebe (Erstinstallation 2001), das als *100%ige Microsoft Windows-Anwendung* konzipiert wurde. Als Datenbank wird Oracle auf einem Windows-, Unix- oder Linux-Server eingesetzt. Als Erweiterung zu den integrierten Reportingmöglichkeiten besteht eine Schnittstelle zu *Crystal Reports*.

Aktiv vertrieben wird PriMio – E/Con neben dem deutschsprachigen Markt auch in Rumänien, so dass es zu den wenigen kleineren Lösungen zählt, die im Standard eine *rumänische Systemoberfläche* enthalten. Seit 2001 wurden einige Installationen in Deutschland, Österreich und Rumänien realisiert.

PriMio – E/Con ist *mandantenfähig* und erlaubt die *Abbildung von Zentral-Filial-Strukturen*. Es unterstützt effizient die zentralen warenwirtschaftlichen Prozesse des Einzel- und des Großhandels. Eine Reihe von Zusatzfunktionen (z. B. Bonusabrechnung, Bedarfsprognose, Set- und Alternativartikel) befinden sich zur Zeit in der Realisierung. Funktional hervorzuheben ist eine *umfassende Retourenverwaltung* aus der heraus direkt die notwendigen Folgeaktionen, wie z. B. Reparaturauftrag, Ersatzlieferung und Gutschrift, erstellt werden können.

Neben den warenwirtschaftlichen Funktionen wird auch eine (einfache) *integrierte Finanzbuchaltung* mitangeboten, welche allerdings für Deutschland noch nicht zertifiziert ist.

Adresse: **Zegginstr. 3** **81369 München**	Gegründet: **1996** Mitarbeiter: k.A. Standorte: Rumänien
Tel.: **089/748885-0** E-Mail: **mirella@mirella.de** WWW: **www.mirella.de**	

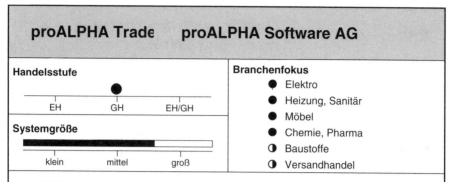

proALPHA Trade	proALPHA Software AG
Handelsstufe	**Branchenfokus**
● (GH) — EH / GH / EH/GH	● Elektro
Systemgröße	● Heizung, Sanitär
(balken bis groß) — klein / mittel / groß	● Möbel
	● Chemie, Pharma
	◑ Baustoffe
	◑ Versandhandel

proALPHA stellt von der Philosophie ein ERP-System dar, das den Anspruch erhebt, die betriebswirtschaftlichen Aufgaben des Mittelstands umfassend integriert abzubilden. Neben der Warenwirtschaft wird auch die Produktionsplanung und -steuerung (PPS), das Finanzwesen, die Kosten- und Leistungsrechnung sowie das Personalwesen unterstützt. Für angrenzende Aufgabenbereiche, wie Dokumenten-Management, Customer Relationship Management (CRM), Supply Chain Management (SCM) oder Computer-Telephony-Integration (CTI), stehen eigenentwickelte Zusatzkomponenten zur Verfügung. Ebenfalls integriert sind E-Business-Funktionalitäten und eine durchgängige Workflowunterstützung.

Die handelsspezifische Branchenlösung *proALPHA Trade* ist auf Großhandelsbetriebe – insbesondere im technisch geprägten Handel – ausgerichtet. Sehr gut abgedeckt werden auch die Anforderungen von Handelsunternehmen, die zusätzlich Produktionsfunktionen wahrnehmen. Im Produktionsbereich sind die umfassenden APS-Funktionalitäten (Advanced Planning and Scheduling) hervorzuheben, die proALPHA zu einem der führenden Systeme im Bereich APS werden lassen. Eine Besonderheit stellen die fünf unterschiedlichen Länderversionen von proALPHA dar, die neben den Sprachversionen auch die gesetzlichen Vorgaben und finanztechnischen Besonderheiten der Länder abdecken (z. B. automatische Ermittlung der Sales Tax in den USA).

Referenzkunden im Großhandel sind u.a. Ferdinand Gross GmbH & Co. (3 Standorte, ca. 220 Mitarbeiter; ca. 80.000 Artikel im Bereich Verbindungs-, Befestigungstechnik, Handwerk- und Elektrowerkzeuge; 16.000 Kunden) und AVS Schmersal (ca. 24 Mitarbeiter; ca. 60.000 Artikel im Bereich Sicherheitsschaltsysteme, Schalter und Sensoren) sowie Girsberger (Sitzmöbel).

Adresse: **Auf dem Immel 8** **67685 Weilerbach** Tel.: **06374/800-0** E-Mail: **info@proalpha.de** WWW: **www.proalpha.de**	Gegründet: **1992** Mitarbeiter: **310** Standorte: diverse in D, A, CH; sowie in F, H und USA

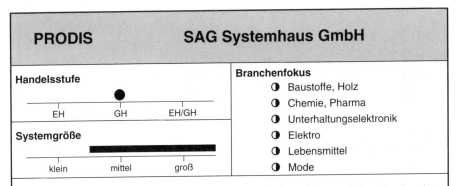

PRODIS, ursprünglich für die Fertigungsindustrie konzipiert, wird auch als reines *Warenwirtschaftssystem im Großhandel* eingesetzt. Insgesamt existieren weltweit (u. a. in Großbritannien, Frankreich, USA und Osteuropa) ca. 60 Systeminstallationen, davon 26 in Deutschland. PRODIS ist *plattformunabhängig* (u. a. IBM Mainframe, UNIX- oder Windows-NT-Rechner) einsetzbar und baut konsequent auf den Werkzeugen der Software AG auf. So erfolgt die Systementwicklung ebenso wie individuelle Anpassungen in *NATURAL*; als *Datenbank wird ausschließlich ADABAS*, die eigene Datenbank der Software AG, unterstützt.

Von der Produktphilosophie her stellt PRODIS eine flexibel anpassbare und erweiterbare branchenneutrale Lösung (*funktionsreduziertes System, vgl. Abschnitt 1.2.5.2*) dar. Im Standard existieren kaum Branchenspezifika - eine Ausnahme stellt die umfassend abgebildete Chargenverwaltung dar -, sondern diese werden kundenindividuell nach den konkreten Bedürfnissen realisiert. Über eine offene Schnittstelle lassen sich *unterschiedliche Fibu-Systeme* anbinden. Mit dem Zusatzprodukt X-Commerce bietet die SAG, der Produktphiliosophie von PRODIS folgend, eine flexibel anpassbare mandantenfähige Web-/E-Commerce-Lösung an. Mittels Direktdurchgriff auf die operative Datenbank von PRODIS (oder auch von anderen WWS) kann grundsätzlich jede WWS-Funktionalität einfach im Web verfügbar gemacht werden.

Einen interessanten Lösungsansatz – als *Mittelweg zwischen reiner Standard- und reiner Individualsoftware* - stellt PRODIS beispielsweise für Unternehmen dar, die die eingesetzte Software durch ihre eigene IT-Abteilung pflegen und weiterentwickeln möchten. Das Lizenzierungsmodell von PRODIS erlaubt konsequenterweise auch eine Variante, bei der auf eine laufende Softwarewartung verzichtet wird, so dass keine laufenden Lizenzkosten anfallen.

Adresse: **Alsfelder Str. 15-19** **64289 Darmstadt** Tel.: **06151 / 923291** E-Mail: **info@softwareag.com** WWW: **www.softwareag.com**	Gegründet: **1969** Mitarbeiter: **3200** Standorte: Berlin, Darmstadt, Düsseldorf, Hamburg, Hannover, München, Nürnberg, Stuttgart; und in 70 Ländern weltweit

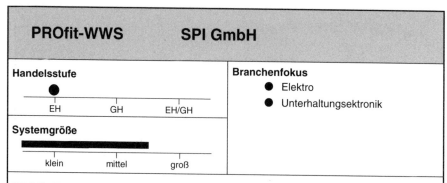

PROfit-WWS ist ein offenes Mehrplatz-Dialog-System für den *Rundfunk-, Fernseh- und Elektrofachhandel.* PROfit-WWS kann in einem breiten Spektrum von Betriebsgrößen eingesetzt werden. Im Tagesgeschäft des Einzelhandels unterstützt PROfit-WWS Geschäftsprozesse wie Barverkauf, Angebots- und Auftragsbearbeitung, Reparaturaufträge, Einkauf- und Lagerverwaltung sowie die Verwaltung der Kunden- und Lieferanten inklusive der Konditionenpflege. Ergänzt werden die operativen Funktionen um statistische Auswertungen und sogenannte Chef-Funktionen.

Besonders hervorzuheben ist der *Artikeldatenservice,* durch den sämtliche Stammdatensätze der bei *RUEFACH gelisteten Artikel* bereitgestellt werden. Damit wird eine aufwendige Ersterfassung der Artikel bei der Einführung des Systems überflüssig. Periodisch können die Datenbestände aktualisiert werden.

Mittels der *PC-Kasse* können Barverkäufe und An- und Teilzahlungen systemgestützt abgewickelt werden. Jede Kassenbewegung ist einem Mitglied des Verkaufspersonals automatisch zugeordnet, so dass differenzierte Auswertungen möglich werden.

Im Bereich der *Werkstattverwaltung* ermöglicht PROfit-WWS eine effiziente Abrechnung der Reparaturaufträge durch einen integrierten Katalog von Lohnleistungen. Ferner wird die Abwicklung notwendiger Folgeschritte wie die Garantieabrechnung an den Hersteller unterstützt.

Adresse:	**Kurt-Fischer-Str. 30a**	Gegründet: **1980**
	22926 Ahrensburg	Mitarbeiter: k.A.
Tel.:	**04102 / 706-0**	Standorte: Herne, Stuttgart, USA
E-Mail:	**info@spi.de**	
WWW:	**www.spi.de**	

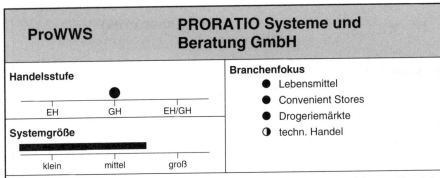

ProWWS — **PRORATIO Systeme und Beratung GmbH**

Handelsstufe

EH — GH — EH/GH

Systemgröße

klein — mittel — groß

Branchenfokus
- Lebensmittel
- Convenient Stores
- Drogeriemärkte
- techn. Handel

ProWWS ist speziell auf den Markenartikelvertrieb in den organisierten Handel, ausgerichtet. Es zielt damit auf Importeuere, Distributeure und klassische Handelsunternehmen, die Markenartikel an Handelskonzerne wie Metro, Edeka oder Spar liefern. ProWWS ist bei 13 Einzelkunden mit insgesamt über 100 Systeminstallationen im Einsatz. Die Useranzahl schwankt dabei von 5 bis über 150 User. Referenzkunden sind u. a. die Schokoladenfirmen Hachez und Feodora sowie das Importhaus K. H. Wilms / impuls Vermarktung GmbH & Co. KG (185 Mitarbeiter, über 50 Marken mit ca. 800 Artikeln, u. a. die Marken Fisherman's Friend, Stimorol, PEZ und Tabasco).

Eine besondere Anforderung stellen in diesem Umfeld die komplexen Kundenstrukturen und -hierarchien der Handelskonzerne dar, die jeweils sowohl für Preis-, Rabatt- und Bonusdefinitionen relevant sind als auch eine differenzierte Betrachtung im Rahmen des Controllings und der Deckungsbeitragsrechnung erfordern. ProWWS erlaubt die Abbildung bis zu 9-stufiger Kundenhierarchien (z. B. Konzern - Europa - Nationale Zentrale - Überregionale Zentrale - Regionale Zentrale - Vertriebslinie - Vertriebsschiene - Filiale) und ermöglicht es dadurch, beispielsweise den Metro-Konzern mit seinen relevanten Strukuren als Kunden in ProWWS abzubilden.

ProWEB ergänzt die Basisfunktionalität um Internetportale für Kunden, den Außendienst, die Lieferanten und ermöglicht eine Shop-Anbindung. Mit ProINFO steht ein leistungsfähiges Informationssystem zur Verfügung, dass umfassende Analysen nach Umsatz, Absatz und Deckungsbeitrag bei einer freien Navigation innerhalb der Kunden-, Artikel- und Vertriebshierarchien erlaubt.

ProWWS nutzt die IBM iSeries, die die Vorteile hoher Stabilität und flexibler Skalierbarkeit vereint.

Adresse: **Bischheimer Weg 1**
55129 Mainz
Tel.: **06131 / 95800-0**
E-Mail: **info@proratio.de**
WWW: **www.proratio.de**

Gegründet: **1998**
Mitarbeiter: **12**
Standorte: -

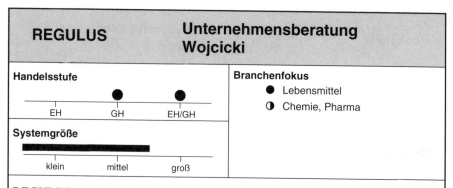

REGULUS ist ein seit 1998 verfügbares integriertes Warenwirtschaftssystem, das von der Unternehmensberatung Wojcicki *speziell mit und für die Ernährungsbranche* entwickelt worden ist.

Der Fokus liegt dabei sowohl auf der Abdeckung der spezifischen Anforderungen von *Herstellern* bzw. *Verarbeitern* (beispielsweise *landwirtschaftliche Erzeugerabrechnung, Ohrmarken, Schlachtung/Zerlegung und parallel geführte nichtlineare Mengeneinheiten (z.B. Stück und kg)*) als auch der Spezifika der *Lebensmittelgroßhandels* und der *Lebensmitteldistribution (z.B. MHD, Pfand-/Leergutproblematik, Frischemerkmale)*. Mit einer durchgängigen - auch mehrstufigen - Chargenverwaltung und -rückverfolgung sowie weiteren Zusatzfunktionen adressiert REGULUS auch Unternehmen, die im Pharma- und Chemiegroßhandel tätig sind.

REGULUS ist durchgängig mehrsprachenfähig. Die Programmoberfläche ist in Deutsch, Englisch und Polnisch verfügbar, weitere Sprachen können individuell ergänzt werden. Es werden die unterschiedlichen Windows-Plattformen und Linux unterstützt. Als Datenbank wird üblicherweise Microsoft FoxPro eingesetzt; eine Oracle- und DB/2-Unterstützung ist zur Zeit in der Planung.

In Deutschland gibt es 11 Installationen von REGULUS. Zu den Referenzkunden gehören einerseits Produktionsbetriebe wie die Löblein GmbH, Naunhof (Fleischverarbeitung und Wurstherstellung) andererseits auch reine Lebensmitteldistributeure wie der BLF Frischdienst, Velbert (120 Mitarbeiter, Lebensmittelvollsortimenter inkl. Frische-, Molkerei- und Tiefkühlartikel mit ca. 6.000 Lagerartikel).

Adresse: **Birk 49** **52146 Würselen** Tel.: **02405/896623** E-Mail: **ubw@online.de** WWW: **www.u-b-w.de**	Gegründet: **1989** Mitarbeiter: **k.A.** Standorte: Wrcoclaw (Polen)

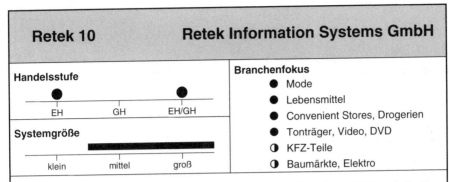

Retek 10 — **Retek Information Systems GmbH**

Handelsstufe

EH　GH　EH/GH

Systemgröße

klein　mittel　groß

Branchenfokus
- ● Mode
- ● Lebensmittel
- ● Convenient Stores, Drogerien
- ● Tonträger, Video, DVD
- ◐ KFZ-Teile
- ◐ Baumärkte, Elektro

Die US-amerikanische Firma Retek Inc. ist seit ihrer Gründung 1986 auf die Entwicklung von betriebswirtschaftlicher Software für Einzelhandelsketten und Massenfilialisten fokussiert. Die von der Filialanzahl größte Installation umfasst *mehr als 40.000 Filialen* (US Postal Service).

Die aktuelle *Produkt-Suite Retek 10* bietet eine Vielzahl an speziell auf den Einzelhandel ausgerichteten Lösungskomponenten für die Bereiche *Warenwirtschaft (Retek Merchandising Operations Manager), Planung & Optimierung, Customer Relationship Management* und *Supply Chain Management.* Neben einer großen Funktionsbreite und -tiefe der einzelnen Module zeichnet sich Retek 10 durch eine *Ausrichtung auf die hohen Datenvolumina von Massenfilialisten* (sowohl der Stamm- als auch der Bewegungsdaten, insbesondere der Abverkaufsdaten) und die damit einhergehenden *besonderen Ergonomieanforderungen bei der Massendatenbearbeitung* aus. So können diverse Daten redundanzfrei für die Filialgruppe statt die einzelnen Filialen definiert werden. Sehr hilfreich ist auch die Möglichkeit, Artikel nach beliebigen Kriterien dynamisch zu selektieren und auf die Ergebnismenge weitestgehend alle Funktionen anwenden zu können, die für Einzelartikel verfügbar sind. Besondere Stärken weist Retek 10 im Bereich Disposition und VK-Preismanagement auf. Ausgefeilte Verfahren für Push & Pull erlauben eine hohe Automatisierung der Warenverteilung. Basierend auf flexibel gestaltbaren Regeln schlägt das System VK-Preisänderungen automatisch vor.

Retek-Lösungen werden weltweit bei zahlreichen großen Einzelhändlern eingesetzt, so im Modebereich bei GAP, Ann Taylor, Selfridges, im Elektronikbereich u. a. bei Best Buy und Dixons, im Lebensmittel-/Drogeriebereich u. a. bei *Sainsbury's, Sonae* und *Tesco.* In Deutschland sind *A.T.U (Auto-Teile-Unger), Hettlage* und *AVA* Kunde von Retek.

Adresse: **Hans-Henny-Jahnn Weg 9**
22085 Hamburg
Tel.: **040 / 284 193 - 0**
E-Mail: **solutions@retek.com**
WWW: **www.retek.com**

Gegründet: **1986**
Mitarbeiter: **760**
Standorte: London, Cambridge, Paris; USA, AUS, J

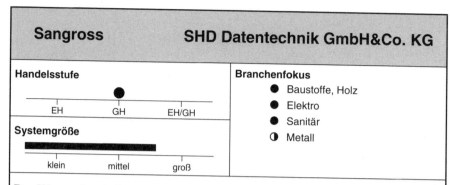

Das Warenwirtschaftssystem SANGROSS ist durch die 2001 erfolgte Übernahme des Geschäftsbereichs Sangross von Programm-Standard an die SHD übergegangen. SANGROSS ist insbesondere für den Einsatz in technisch ausgerichteten Großhandelsunternehmen geeignet.

Seit Release 5.4 setzt SANGROSS auf der postrelationale Datenbank Caché auf, die eine volle SQL-Funktionalität bietet. Der Aufbau von SANGROSS ist modular. Das Grundsystem kann um einzelne Funktionsblöcke (z. B. Angebotsverfolgung, Zeiterfassung oder Streckenregulierung) oder branchenspezifisch erweitert werden. So werden im Standard diverse Spezifika in den Bereichen *Sanitär-, Heizungsgroßhanel (z. B. EDITEC, DATANORM, VGA-Gutschriften, Badplan 3D-Schnittstelle und Artikelstammdatenpflege nach AGS, MKS und ITEK), Elektrogroßhandel (z. B. ELDANORM, DEL-Preisfindung, RGI-Rückvergütung und Garantienachlässe) sowie des Stahl-* und des *Baustoffgroßhandel* unterstützt. Diese branchenspezifischen Erweiterungen erlauben eine schnelle Einführung des Systems, die nur in geringem Umfang Anpassungen erforderlich macht.

Die Fokussierung auf ausgewählte Großhandelsbereiche und über 25 Jahre Know-How in der Entwicklung von Großhandelslösungen haben zu einem Programm mit hoher Anwendungsbreite und -tiefe geführt, das in den genannten (sowie in verwandten) Branchen eine effiziente und problemgerechten Unterstützung der Geschäftsprozesse ermöglicht.

Eine funktionsreduzierte und kostengünstigere Version von SANGROSS, die speziell auf kleinere Unternehmen ausgerichtet ist, wird als *SANGROSScompact* angeboten.

Adresse:	**Rennweg 60**	Gegründet:	**1983**
	56626 Andernach	Mitarbeiter:	**410**
Tel.:	**02632/295-0**	Standorte:	Andernach, Leonberg, Achim,
E-Mail:	**info@shd.de**		Neustadt/Aisch
WWW:	**www.shd.de**		

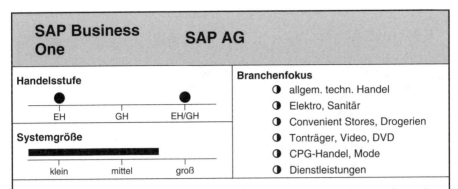

SAP Business One	SAP AG

Handelsstufe

●   ●

EH   GH   EH/GH

Systemgröße

▆▆▆▆▆▆▆▆▆▆▆▆

klein   mittel   groß

Branchenfokus

- ◑ allgem. techn. Handel
- ◑ Elektro, Sanitär
- ◑ Convenient Stores, Drogerien
- ◑ Tonträger, Video, DVD
- ◑ CPG-Handel, Mode
- ◑ Dienstleistungen

SAP Business One richtet sich an kleinere und mittlere Unternehmen mit weniger komplexen Anforderungen an Softwarelösungen. Als betriebswirtschaftliche Komplettsoftware deckt SAP Business One alle Kernbereiche von Handelsunternehmen, von der Buchhaltung über den Einkauf und Verkauf bis hin zur Administration und Bankenabwicklung ab.

Stärken zeigen sich auch in einer einfachen Integration von SAP Business One mit der mySAP Business Suite (bspw. bei einem Einsatz von SAP Business One in Tochterunternehmen oder Landesgesellschaften großer Konzerne).

SAP Business One ist eine in C^{++} geschriebene *Win32 basierende Client/Server-Applikation*, die unter den aktuellen *Windows-Versionen* und dem *MS SQL-Server* einsetzbar ist.

Die Angaben zu SAP Business One wurden von dem *SAP Full-Service-Haus FIS GmbH*, Grafenrheinfeld gepflegt, welches sich auf SAP-basierte Branchenlösungen und Zusatzentwicklungen für den technisch geprägten Großhandel spezialisiert hat. Neben der auf mySAP basierenden von der SAP AG qualifizierten Lösung FIS/wws (vgl. hierzu auch Abschnitt 4.2) bietet die FIS GmbH als Sales-and-Service-Partner für SAP Business One auch diverse Zusatzentwicklungen für SAP Business One an. Hierzu zählen u. a. FIS/pos, eine Anbindung an das Wincor-Kassensystem, FIS/pccash, ein Kassenmodul zu SAP Business One, eine erweiterte Angebotskalkulation sowie eine Datanorm- und GAEB-Abwicklung.

Kontaktdaten FIS Informationssysteme und Consulting GmbH

Adresse: Röthleiner Weg 1   E-Mail: info@fis-gmbh.de
            97506 Grafenrheinfeld   WWW: www.fis-gmbh.de
Tel.:   09723 / 9188-300

Adresse:	**Neurottstr. 16**	Gegründet:	**1972**
	69190 Walldorf	Mitarbeiter:	**20.000**
Tel.:	**0800 / 5 34 34 24**	Standorte:	weltweit
E-Mail:	**info.germany@sap.com**		
WWW:	**www.sap.de**		

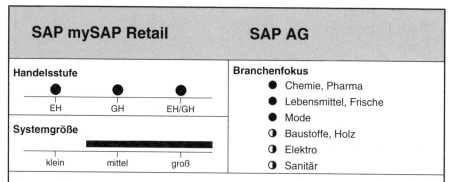

Das mySAP Retail stellt die branchenspezifische Lösung des R/3-Systems der SAP AG, Walldorf, dar. Das R/3-System von SAP ist das *weltweit weitverbreitetste ERP-System*. Auch im Handelsumfeld besitzt die SAP viele Kunden, die neben den Rechnungswesensystemen nun zunehmend auch die Warenwirtschaft von der SAP einsetzen.

Die Stärken von R/3 Retail liegen besonders in der *umfassenden Funktionalität* und den *sehr flexibel gestaltbaren Organisationsstrukturen*. So können komplexe internationale Konzernstrukturen innerhalb eines Mandanten abgebildet werden. Das System ist im Handel weit verbreitet, so zählen mehr als 14 der weltweit 100 größten Handelsunternehmen, wie etwa Carrefour, Karstadt, Migros, Metro, Edeka, Coop Schweiz, Spar Schweiz, zu den Kunden. In Deutschland setzen 18 der 30 größten Handelsunternehmen SAP ein. Bei der SAP sind mehr als 800 Mitarbeiter nur für den Handel in den Bereichen Entwicklung, Beratung und Produktmanagement tätig.

Das R/3-System kann auf allen gängigen Hard- und Softwareplattformen eingesetzt werden. Die SAP verfolgt einen Ansatz, in dem ein Kernsystem unabhängig von Releasewechseln (R/3 Enterprise) einsetzbar ist, die Erweiterungen in einem Extended System ausgeliefert werden und Releasewechsel für die einzelnen Softwaremodule nicht einheitlich sein müssen.

Bei der Warenwirtschaft wird ein zentraler Ansatz verfolgt, indem über das Internet auf ein zentrales WWS – unterstützt durch eine einfache Oberfläche – zugegriffen wird. Durch dieses Architekturkonzept und die Integrierbarkeit von Kassenlösungen und MDE-Geräten gehört mySAP Retail zu den integriertesten Handelsinformationssystemen für den mehrstufigen Einzelhandel.

Adresse: **Neurottstr. 16**
          69190 Walldorf
Tel.:   **0800 / 5 34 34 24**
E-Mail: **info.germany@sap.com**
WWW: **www.sap.de**

Gegründet: **1972**
Mitarbeiter: **20.000**
Standorte: weltweit

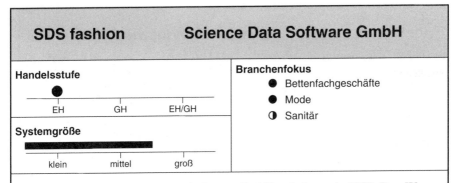

Das Softwarehaus Science Data Software GmbH existiert seit 1987. Das Warenwirtschaftssystem SDS fashion ist ein Speziallösung für den Einzelhandel und eignet sich insbesondere für die *Branchen Mode, Textilien, Heimtextilien und Schuhe*. Je nach Unternehmensgröße stehen unterschiedliche Konfigurationsmöglichkeiten - von der Einplatzversion für ein Einzelgeschäft bis zur Netzwerkversion (WAN) für filialisierende Einzelhandelsbetriebe - zur Verfügung. Derzeit wird SDS fashion in Boutiquen mit bis zu 250.000 EUR Jahresumsatz und Filialketten mit über 30 Outlets eingesetzt.

Die funktional mächtigste Version des Systems beinhaltet eine Fernauszeichnung der Ware und die Möglichkeit der Artikelreservierung vom Point of Sale aus (der gesamten Unternehmensbestand kann reserviert werden, das heisst, in jeder Filiale kann der Verkäufer uneingeschränkt über das gesamte Sortiment verfügen). Darüber hinaus kann jeder Kassen-PC als Warenwirtschaftsterminal mit vollem Funktionsumfang genutzt werden.

SDS fashion besteht aus den *Modulen* Warenbewegung, das jede Bewegung - sei es Wareneingang, Abverkauf oder Umlagerung zwischen Filialen - artikelgenau erfasst, einem Modul zur Inventur, einem zur Auswertung und einem Kassenmodul (*SDS cash*). Das Auswertungsmodul erlaubt beispielsweise die Analyse der Bestände nach Größen und Farben. Grundsätzlich können 99 unterschiedliche Farben und Größen definiert werden, wobei einem Artikel bis zu 20 Farben zugeordnet werden können. Eingesetzt wird SDS fashion u. a. beim Modehaus Fischer (Vollsortimenter, 14 Filialen), der Ketterer Jolly GmbH (Jeans, Sportswear, 11 Filialen) und der optus Textilhandel GmbH (DOB, 7 Filialen).

Adresse:	**Breslauer Strasse 23**	Gegründet:	**1987**
	69493 Hirschberg	Mitarbeiter:	k. A.
Tel.:	**06201 / 1802-0**	Standorte:	diverse Vertriebspartner
E-Mail:	**info@science-data-software.de**		
WWW:	**www.science-data-software.de**		

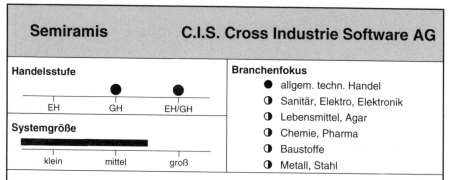

Semiramis   **C.I.S. Cross Industrie Software AG**

Handelsstufe

EH   GH   EH/GH

Systemgröße

klein   mittel   groß

Branchenfokus

- ● allgem. techn. Handel
- ◑ Sanitär, Elektro, Elektronik
- ◑ Lebensmittel, Agar
- ◑ Chemie, Pharma
- ◑ Baustoffe
- ◑ Metall, Stahl

Semiramis versteht sich als moderne branchenneutrale *ERP-II-Software*, die alle Bereiche eines Unternehmens und insbesondere auch die unternehmensübergreifenden Prozesse integriert unterstützt. Das durchgängige objektorientiert aufgebaute und in *reinem Java* programmierte System wird seit 2001 aktiv vertrieben und konnte bisher bei ca. *25 Kunden* eingeführt werden. Es gehört im deutschsprachigen Raum zu den jüngsten und technologisch modernsten ERP-Systemen.

Semiramis ist *vollständig im Internet-Browser lauffähig*, es sind keine weiteren Client-Installationen erforderlich. Im Gegensatz zu einigen anderen „browserfähigen" Systemen, wurde großer Wert auf die *übersichtliche Ausgestaltung und effiziente Bedienbarkeit* der Browser-Oberfläche gelegt. Technologisch werden für die zentrale Hardware *alle Plattformen* unterstützt für die eine Java Virtual Maschine verfügbar ist (u. a. *PC, IBM pSeries, IBM iSeries, Sun und Linux*), als Datenbank können *DB/2, MS SQL-Server oder Oracle* eingesetzt werden. Etwas untypisch für ein ERP-System wird keine eigene Fibu-Komponente, sondern integriert eine OEM-Version der *Varial World Edition (ebenfalls Java)* angeboten.

Die Funktionstiefe und -breite ist – insbesondere für ein derartig „junges" System – ungewöhnlich groß. Typische Artikelanforderungen des Handels (z. B. Verkaufssets, Artikelvarianten, Chargen, Seriennummern) werden ebenso wie differenzierte Lagerstrukturen, eine Kontraktverwaltung und Bonusvereinbarungen (nur VK-seitig) umfassend unterstützt. Für das nächste Release ist eine erweiterte Multi-Site-Funktionalität und die Abbildung von Leergut/MTV vorgesehen. Nicht in Semiramis enthalten ist derzeit eine eigene Prognosefunktionalität, hierzu kann ggf. ein externes Zusatzsystem eingesetzt werden. Hervorzuheben in Semiramis ist die *flexibel nutzbare Workflow-Komponente* und das *integriertes Archiv-System* für externe Belege (Knowledge Store), das eine einfache Verknüpfung der WWS-Stammdaten und der -Belege mit semistrukturierten Dokumenten zulässt.

Adresse: **Großer Kolonnenweg 21**
          30163 Hannover
Tel.:   **0511 / 966 05-0**
E-Mail: **info@semiramis.com**
WWW: **www.semiramis.com**

Gegründet: **1995, KTW-Group 1986**
Mitarbeiter: **KTW-Group: 200**
Standorte: München, Kirchbichl (A),
             Wien, Bozen, Zürich

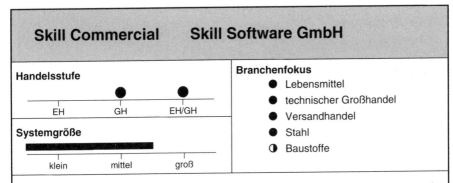

Handelsstufe

EH   GH   EH/GH

Systemgröße

klein   mittel   groß

Branchenfokus
- Lebensmittel
- technischer Großhandel
- Versandhandel
- Stahl
- ◑ Baustoffe

Die Skill Software GmbH erstellt seit 1991 *PC-basierte Softwarelösungen* für kleinere und mittlere Dienstleistungs- und Großhandelsunternehmen. Ausgehend von branchenneutrale Softwarekomponenten, die auf einer *einheitlichen SQL-Datenbank* (MS SQL-Server oder Sybase) aufsetzen, sind branchenspezifische Lösungen für Warenwirtschaft, Auftragsbearbeitung und Serviceabwicklungen abgeleitet worden. Im Handel liegt der Fokus von Skill Commercial vor allem in den Bereichen *Lebensmittelgroßhandel, technisch geprägter Großhandel, Baustoffgroßhandel* sowie *Versandhandel*, für welche jeweils vorkonfigurierte Branchenlösungen verfügbar sind.

Skill Commercial ist *mandantenfähig* und besitzt zur *Fibu-Anbindung* diverse Schnittstellen, u. a. zu SAP, KHK, Datev und HS/IBM.

Ausgereifte Replikationskonzepte erlauben die flexible *Anbindung von Filialen*, Servicestützpunkten und Außendienstmitarbeitern wie auch von Speditionen und Partnerfirmen. Die Bedienerführung und Oberfläche, die durchgängig den *Windows-Guidelines* entsprechen, berücksichtigen speziell die Anforderungen des Massengeschäfts im Großhandel.

Funktionale Besonderheiten stellen im Lebensmittelbereich die Möglichkeit dar, unterschiedliche Mengeneinheiten zu führen und *Kilo-Ware* gesondert zu verwalten. Im Bereich des technischen Großhandels sind u.a. eine *mächtige Seriennummernverwaltung* mit Unterseriennummern, die Verwaltung von Ersatzteilnummern und einer flexiblen Generierungsfunktionen für Eigenseriennummern sowie eine umfassende Werkstattverwaltung und -abrechnung zu nennen.

Abgerundet wird die Systemfunktionalität durch ein integriertes Vertriebssteuerungs- / CRM-System, den *Skill Sales-Manager*.

Adresse: **Bodelschwingstraße 11**
         60386 Frankfurt am Main
Tel.:   **069 / 401079-31**
E-Mail: **info@skillsoftware.de**
WWW: **www.skillsoftware.de**

Gegründet: **1991**
Mitarbeiter: **10**
Standorte: -

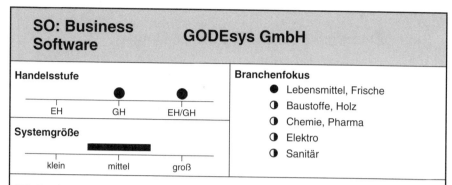

SO: Business Software ist für *Großhandelsunternehmen* entwickelt worden. Abgedeckt wird ein breites Spektrum an Branchen, vom *Konsumgüter- und Lebensmittelhandel* über *technisch ausgerichtete Großhandelsbetriebe* bis hin zum Handel mit Medizintechnik.

SO: Business Software besteht aus Modulen, die als *eigenständige Applikationen* realisiert sind. Durch das Modul *Rechnungswesen*, das sowohl die Finanz- als auch die Anlagenbuchhaltung und die Kostenrechnung umfasst, kann eine enge Verzahlung der warenwirtschaftlichen und der finanzbuchhalterischen Module erreicht werden. So wird beispielweise eine differenzierte *Kunden-Artikel-Deckungsbeitragsrechnung* unterstützt. Des weiteren stehen Spezialmodule für die schnelle und effiziente Pflege von Stammdaten, ein auf Microstrategy-Produkten basierendes *Data Warehouse* zur flexiblen Auswertung und Analyse der Geschäftsprozesse sowie mit *SO: E@SY* eine integriere E-Commerce- und E-Procurement-Lösung zur Verfügung.

Diverse funktionale Besonderheiten – u. a. eine flexible Set-Preis- und Angebotskalkulation, eine differenzierte Chargenabbildung mit Unterscheidung von Fremd- und Eigenchargen, eine mächtige Retouren-/Reklamationsabwicklung mit fexibel definierbarer Ablauflogik, die grafisch konfiguriert werden kann, sowie die differenzierte Abbildung komplexer Kundenstrukturen (beispielsweise die großen deutschen Lebensmittelhandelskonzerne) mit umfassenden Konditions- und Auswertungsmöglichkeiten - dokumentieren die Innovatitität von Godesys.

Anwender im Bereich der Lebensmitteldistribution sind u. a. der Tiefkühlspezialist Galileo Lebensmittel GmbH & Co. KG, Trierweiler, die Meylip Nahrungsmittelgesellschaft mbH, Herford und die Maple Leaf Rassau GmbH, Hamburg.

Adresse:	**Nikolaus-Kopernikus-Straße 3**	Gegründet:	**1992**
	55129 Mainz	Mitarbeiter:	**60**
Tel.:	**06131 / 95977-0**	Standorte:	Dortmund, Hannover, Villingen-
E-Mail:	**info@godesys.de**		Schwenningen; sowie Partner
WWW:	**www.godesys.de**		an weiteren Standorten

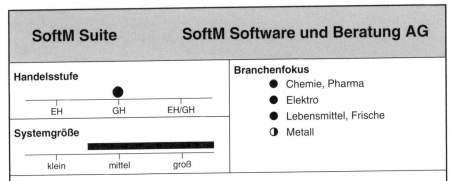

SoftM Suite	SoftM Software und Beratung AG

Handelsstufe

EH   GH   EH/GH

Systemgröße

klein   mittel   groß

Branchenfokus
- ● Chemie, Pharma
- ● Elektro
- ● Lebensmittel, Frische
- ◑ Metall

Die SoftM-Gruppe ist ein führender deutscher Anbieter von integrierter Business-Software für den Mittelstand. Als Anbieter für die IBM-Rechnerplattform iSeries (früher AS/400) wurde SoftM bereits 11 mal als „IBM Top-Geschäftspartner" sowie mit dem „Software Excellence Award" ausgezeichnet. Neben der iSeries wird seit 2002 auch Windows und ab 2003 zusätzlich Linux unterstützt. Es steht sowohl eine Windows-Oberfläche, ein Browser-Interface als auch eine 5250-Oberfläche (für die iSeries) zur Verfügung.

SoftM bietet mit der *integrierten Business-Software SoftM Suite* eine umfassende betriebswirtschaftliche Komplettlösung für die Bereiche Vertrieb, Materialwirtschaft, Fertigung und Rechnungswesen, welche speziell auf die Anforderungen von mittelständischen Unternehmen abgestimmt ist. Auch die „modernen" Themengebiete, wie CRM, SCM und e-Business werden umfassend unterstützt. Hervorzuheben ist die Durchgängigkeit und der erreichte hohe Integrationsgrad der Module, welche jedoch auch einzeln einsetzbar sind. Neben den warenwirtschaftlichen Funktionalitäten und der *umfassenden Chargenfunktionalität* ist auch das Modul SoftM *Hochregal/400* hervorzuheben, welches die Anforderungen im Bereich eines Hochregallagers und der „chaotische Lagerplatzverwaltung" abdeckt.

SoftM Suite ist bei *ca. 450 Kunden* im Einsatz (davon ca. 375 Installationen in Deutschland, 20 in der Schweiz und 15 in Österreich). Im Handelsbereich ist SoftM Suite vorrangig auf den Großhandel ausgerichtet und wird dort insbesondere in den Branchen *Lebensmittel, Elektro, Metall, Chemie/Pharma und Mineralöl* eingesetzt.

Referenzkunden von SoftM sind u. a. *Otto Supermarkt*, die *Ringfoto Gruppe*, *Meggle, Bökelunder*, die *Mitteldeutsche Baustoff GmbH, Sankyo Pharma* sowie *Austria Tabak*.

Adresse:	**Messerschmittstr. 4**	Gegründet:	**1973**
	80992 München	Mitarbeiter:	**450**
Tel.:	**089 / 14329-0**	Standorte:	**15 x in D, sowie in Österreich,**
E-Mail:	**info@softm-ag.de**		**Schweiz, Frankreich und**
WWW:	**www.softm-ag.de**		**Tschechien**

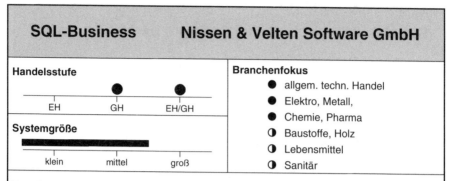

Das Warenwirtschaftssystem SQL-Business ist im deutschsprachigen Raum mit *ca. 300 Installationen* vertreten, die von Nissen & Velten sowie *20 (Vertriebs-) Partnern* betreut werden. SQL-Business ist ein offenes System mit Client/Server-Architektur, das auf relationen Datenbanken wie *Centura SQL-Base, MS SQL-Server und Oracle* aufsetzt.

SQL-Business ist eine mandatenfähige Komplettlösung, die die typischen Funktionsbereiche von Handelsunternehmen (inklusive eigener Lösungen für die Bereiche Finanzbuchhaltung/Kostenrechnung, Data Warehouse, CRM und Web-Shop/E-Commerce) umfassend abdeckt. Spezialmodule bieten ferner PPS-Funktionalitäten, eine integrierte Call-Center-Unterstützung und diverse Serviceprozesse (Werkstattabwicklung, Mietparkverwaltung, Abrechnung und Verwaltung regelmäßiger Wartungseinsätze etc.). Im Handelsumfeld wird SQL-Business primär im *Großhandel*, insbesondere im *technisch ausgericheten Großhandel*, sowie vereinzelt im *Versandhandel* eingesetzt.

Hervorzuheben sind bei SQL-Business u. a. die *durchgehende Chargen- und Seriennummernverwaltung*, die Verwaltung von *Gefahrguttexten und -datenblättern*, eine *bidirektionale Schnittstelle zu Paketversendern* (Export der Paketdaten und Import der Paketnummern, Versandkosten etc.), ein Modul zur *Barcode-Kommissionierung* sowie ein eigenes *Kassenmodul für Barverkäufe im Großhandel*. In der aktuellen Version 4.2 wird eine *umfassende Prognosefunktionalität* im Rahmen der Beschaffung angeboten. Anhand der historischen Abverkaufsmengen können *parallel sechs unterschiedliche Prognoseverfahren* durchgerechnet werden, so dass automatisch das „beste" Verfahren für die Prognose ermittelt werden kann. Basierend auf den Prognosewerten und der gewünschten Reichweite, kann so eine vollständig automatisierte Disposition erreicht werden.

Adresse:	**Goethestr. 33**	Gegründet:	**1989**
	78333 Stockach	Mitarbeiter:	**25**
Tel.:	**07771 / 879-0**	Standorte:	-
E-Mail:	**info@sql-business.com**		
WWW:	**www.sql-business.com**		

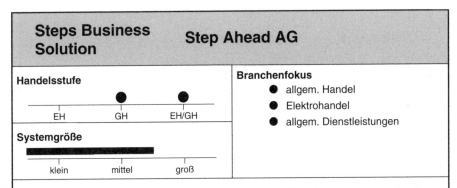

Steps Business Solution　　**Step Ahead AG**

Handelsstufe

EH　　GH　　EH/GH

Systemgröße

klein　　mittel　　groß

Branchenfokus
- allgem. Handel
- Elektrohandel
- allgem. Dienstleistungen

Die Step Ahead AG hat mit der von ihr selbst erstellten komponentenorientierten Softwareentwicklungsumgebung *Steps Software Fertigungsstraße*, mit Steps Business Solution, eine *moderne Business Software für kleinere und mittlere Unternehmen* entwickelt. Der Größenfokus liegt auf Installationen *mit bis zu 150 Usern*, für Kleinstinstallationen ist eine Small Edition (max. 5 Concurrent User) verfügbar.

Step Ahead arbeitet mit *über 60 (Vertriebs-)Partnern* zusammen, die neben projektspezifischen Anpassungen zum Teil auch *branchenbezogene Standardlösungen auf Basis der Steps Business Solution* entwickeln. Die strikte Komponentenorientierung und die hierauf ausgerichtete Entwicklungsumgebung Steps Software Fertigungsstraße ermöglichen eine effiziente Add-on-Programmierung und gewährleisten zugleich eine *Releasefähigkeit auch bei projektspezifischen Ergänzungen*.

Neben den klassischen warenwirtschaftlichen Funktionen (inklusive Seriennummernverwaltung und Unterstützung von Verkaufssets) werden ein umfassendes Kontaktmanagement (CRM), eine integrierte Dokumentenablage, eine Projektverwaltung mit Mitarbeitertätigkeitserfassung sowie ein dynamischer Web-Shop angeboten. Zugriff auf die Systemfunktionen erhält der Anwender entweder über klassische, an Windowsprodukte angepasste Oberflächen oder über Intranet/Internet. In Ergänzung dazu sind wichtige Outlook-Funktionen, wie Terminerinnerungen und das Anhängen von E-Mails oder Word-Dokumenten, in den Funktionsumfang integriert.

Steps Business Solution deckt bereits eine Reihe der typischen WWS-Funktionen ab, weitere befinden sich derzeit in der Entwicklung. Ergonomisch und technologisch ist Steps Business Solution - gerade für kleinere Handelsunternehmen - bereits heute überzeugend.

Adresse:	**Burgweg 6**	Gegründet:	**1999**
	82110 Germering	Mitarbeiter:	**26**
Tel.:	**089 / 89 40 60-0**	Standorte:	-
E-Mail:	**info@stepahead.de**		
WWW:	**www.stepahead.de**		

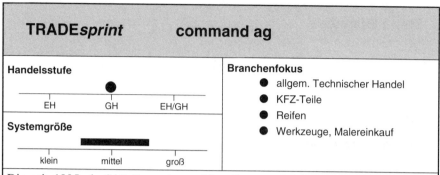

TRADE*sprint*   **command ag**

Handelsstufe

EH   GH   EH/GH

Systemgröße

klein   mittel   groß

Branchenfokus
- allgem. Technischer Handel
- KFZ-Teile
- Reifen
- Werkzeuge, Malereinkauf

Die seit 1995 als *SAP-Systemhaus* tätige Command AG hat abgeleitet aus umfangreichen Erfahrungen im technisch geprägten Handel mit TRADE*sprint* eine auf dem SAP R/3-System (Version 4.6 C) basierende Branchenlösung entwickelt. TRADE*sprint* setzt auf dem SAP R/3 Standardsystem auf, so dass auch Produktionsfunktionalität aus dem SAP PP-Modul genutzt werden kann. Zudem sind einige handelsspezifische Funktionen des SAP Retail-Systems (z. B. die Handelskalkulation) in TRADE*sprint* aktivierbar. Für den KFZ-Teile-Handel ist TRADE*sprint* als eine von der SAP AG qualifizierte *MySAP All-in-One-Lösung* – u. a. mit einer *TecDoc-Anbindung* - verfügbar. Ausgerichtet ist TRADE*sprint* auf den von der SAP AG definierten Mittelstandsbereich (bei Handelsunternehmen ca. 30 bis 260 Mio. EUR Jahresumsatz). Da es sich um ein komplett voreingestelltes, grundsätzlich direkt einsetzbares System handelt - der dadurch eingesparte Customizingaufwand liegt nach Angaben des Anbieters bei ca. 150 Manntagen -, ermöglicht TRADE*sprint* auch eine effiziente Einführung von SAP R/3 bei kleineren Unternehmen, für die SAP R/3 aufgrund der mit einem individuellen Customizing verbundenen Kosten bisher kaum eine Alternative darstellte.

TRADE*sprint* zeichnet sich durch zahlreiche Spezifika des (technischen) Handels aus, die in der Basisversion von R/3 nur unzureichend abgedeckt sind. Zu nennen sind u. a. die Auftragsschnellerfassung, die Bildverwaltung direkt im Artikelstamm, kombinierte EK/VK-Listen, der durchgängige Artikelzugriff auch über Hersteller-, Kundenartikelnummer oder EAN, die umfassende DSD-Abwicklung, Bonusvereinbarungen auf Artikel- und Kundengruppenebene sowie die Telefonverkaufsunterstützung (*Vertriebs-Cockpit*), welche einen direkten Zugriff auf die Kundendaten, die Kundenauftragsübersicht, die Lagerbestände und Lieferanteninformationen erlaubt. Hervorzuheben sind ferner die Add-ons KV*sprint* (Kreditversicherung) und CREFO*sprint* (Anbindung der Creditreform-Datenbank), die die Basis für ein umfassendes Debitorenmanagement bieten.

Adresse: **Eisenstockstr. 16**
          76275 Ettlingen
 	
Tel.:   **07243 / 590-0**
E-Mail: **info@command.de**
WWW: **www.command.de**
	Gegründet: **1978**
	Mitarbeiter: **220**
	Standorte: Berlin, Dortmund, Hamburg,
	                Düsseldorf

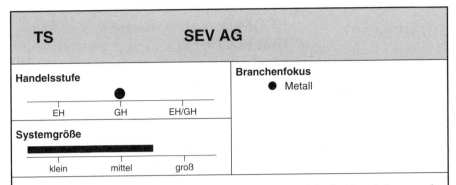

TS   **SEV AG**

Handelsstufe

EH   GH   EH/GH

Branchenfokus
● Metall

Systemgröße

klein   mittel   groß

Das Warenwirtschaftssystem TS - Technischer Handel Stahl wird von der SEV AG - Software, Entwicklung und Vertrieb Cooperation in Markgröningen angeboten. TS kann sowohl auf *Unix-Plattformen* als auch auf der *IBM iSeries* eingesetzt werden.

TS ist eine Speziallösung für den *Großhandel*, die rein auf den *Stahl- und Metallbereich* ausgerichtet ist. TS umfasst neben den üblichen warenwirtschaftlichen Funktionen u. a. eine Rest-/Unterlängenverwaltung, eine integrierte Tourenplanung und eine umfassende Provisionsabrechnung. *Spezialpakete von TS* stehen für den Edelstahlhandel, den Röhrenhandel und den Aluminiumhandel zur Verfügung. Ergänzt werden diese durch eine *Biegeverwaltung* sowie eine *Coil-Verwaltung*.

Mit über *230 Installationen und insgesamt mehr als 3.500 Arbeitsplätzen* gehört TS zu den Marktführern im Bereich der Stahl- / Metallhandelssysteme.

Die langjährige Erfahrung der SEV AG und die Konzentration auf diese Branchennische garantieren eine gute Abdeckung der spezifischen Anforderungen des Metallhandels, die in universellen Systemen oftmals nur unzureichend zu finden sind. Exemplarisch sei die für den mittelständischen Handel untypisch große Artikelanzahl genannt, die aufgrund unterschiedlicher Metallzusammensetzungen und -behandlungen entsteht (So werden im größten realisierten System mehr als 250.000 Artikel verwaltet).

Die typische Installationsgröße von TS - Technischer Handel Stahl liegt bei etwa 25 Usern, die größte Installation umfasst ca. 180 Online-User.

Adresse: **Maulbronner Weg 27**
           71706 Marktgröningen
Tel.:   **07145 / 9615-0**
E-Mail: **info@sev.de**
WWW: **www.sev.de**

Gegründet: **1975**
Mitarbeiter: **30**
Standorte: -

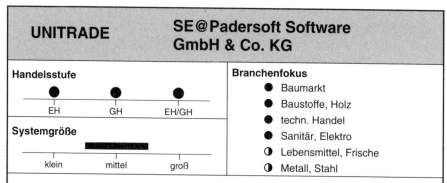

UNITRADE   **SE@Padersoft Software GmbH & Co. KG**

Handelsstufe

EH   GH   EH/GH

Systemgröße

klein   mittel   groß

Branchenfokus
- Baumarkt
- Baustoffe, Holz
- techn. Handel
- Sanitär, Elektro
- Lebensmittel, Frische
- Metall, Stahl

Padersoft ist seit 1986 als Lösungsanbieter insbesondere im Bereich Warenwirtschaft am Markt vertreten. UNITRADE ist ein integriertes Warenwirtschaftssystem mit Finanzbuchhaltung, das um das *Controlling-Tool UniVerse* zur Filial-, Kunden-, Lieferanten- und Sortimentsanalyse ergänzt werden kann. Zusätzlich angeboten wird mit dem *OrgMaster* ein Produkt zur Abbildung und Dokumentation einer prozessorientierten Organisationsstruktur. Mit *UniDMS* steht ein vollintegriertes eigenentwickeltes *Dokumenten-Management-System* und mit *UNITRADE 24 eine Internet-Lösung* zur Verfügung.

UNITRADE deckt das operative Aufgabenspektrum eines *mehrstufigen Handelsunternehmens*, d. h. die zentrale und die Filialwarenwirtschaft, umfassend ab. Neben einer eigenentwickelten PC-Kasse stehen Schnittstellen zu den führenden Kassenanbietern (z. B. IBM, SNI, NCR) zur Verfügung. Ein Controlling- und Informationssystem mit voll integrierter Ergebnisrechnung erlaubt ein Controlling der Prozesse. Die automatische Generierung von Entscheidungs- und Handlungsvorlagen, wie der Lagerabbauvorschlag oder die Ertragsausfallberechnung, sind neben der dreistufigen ABC-Analyse und der Top-down-Darstellung einige der hervorzuhebenden Eigenschaften des UNITRADE Informationswesens.

UNITRADE wird branchenübergreifend eingesetzt. Referenzkunden sind u. a. *Globus* (Baumärkte), *Hornbach* (Baustoffunion), Bauhaus, *McPaper* (Papierwaren, zentrale Warenwirtschaft, Steuerung von ca. 700 Filialen), Kleiner (Stahl & Sanitär, 300 User), Lufthansa Handel, Pflanzen Kölle und Foto Wöltje. Ferner besteht ein Rahmenvertrag mit der *Einkaufskooperation Interbaustoff*, von deren 300 Mitgliedsunternehmen 70 UNITRADE im Einsatz haben.

Adresse: **Vattmamstr. 7**
         33100 Paderborn
Tel.:   **05251 / 3017-00**
E-Mail: **info@unitrade.com**
WWW: **www.padersoft.de**

Gegründet: **1986**
Mitarbeiter: **40**
Standorte: -

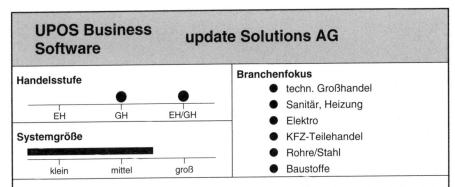

Die update Solutions AG, die aus einem Zusammenschluss der update SI und der update AG hervorgegangen ist, ist heute als *IT-Komplettanbieter* tätig. Mit 145 Mitarbeitern wird für 2003 ein Umatz von 35-38 Mio. EUR erwartet.

Die Standardsoftware UPOS Business Software zielt auf *Fertigungsbetriebe* sowie *Handelsunternehmen im Bereich des technischen Großhandels*. Voreingestellte Branchenlösungen existieren u. a. für *Heizung, Sanitär, Elektro, Baubedarf, Beschläge, KFZ-Teile und Röhren/Stahl*. Sie ist damit auch insbesondere für Handelsunternehmen mit eigenen „Produktionsfunktionen", z. B. Montage- oder Reparaturtätigkeiten, geeignet. UPOS Business Software ist bei ca. 270 Kunden im Einsatz. Die typische Installationsgröße liegt bei 50-80 Usern, die größte Installation umfasst mehr als 450 User. Ursprünglich auf die *IBM iSeries* festgelegt, ist UPOS Business Software nun auch auf *NT-Plattformen* und unter *Linux* einsetzbar. Zur *Fibu-Anbindung* stehen u. a. Schnittstellen zu IBM, DKS, Datev, DCW, IBS und Schilling zur Verfügung.

Die Fokussierung auf die Branchen des technischen Großhandels und die hohe Anzahl entsprechender Installationenen hat zu einer guten Abdeckung auch stark spezifischer Branchenanforderungen in UPOS Business Solution geführt. Spezifische Datenaustauschformate wie DATANORM, ELDANORM, ARUA oder ELGRON, Stammdatenpflege nach AGS, ITEK etc. werden ebenso unterstützt wie funktionale Spezifika (z. B. mehrere Metallzuschläge, DEL-Notiz, Restlängenverwaltung, Seriennummern, Chargen). Hervorzuheben ist das *lagerübergreifende Informations- und Bestellsystem*, das wesentlich zur Bestandstransparenz und zur Reduktion der Beschaffungs- und Lagerhaltungskosten beitragen kann.

Als Internetlösung steht mit webU ein leistungfähiges Informations- und Web-Shop-Modul zur Verfügung, das auch eine durchgängige Integration der Marktpartner im Sinne des SCM unterstützt.

Adresse:	**Albert-Schweiter-Str. 16**	
	95326 Kulmbach	
Tel.:	**09221 / 895-0**	
E-Mail:	**feike@update.de**	
WWW:	**www.updategmbh.de**	

Gegründet:	**1977**
Mitarbeiter:	**145**
Standorte:	Chemnitz, Meerane, Lauf, Regensburg, Dortmund, Nürnberg, Würzburg, Regensburg, Stuttgart/Heilbronn

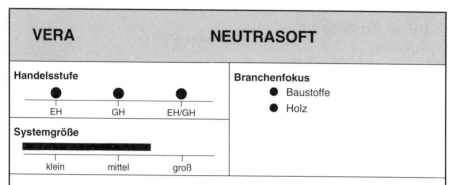

Die Firma Neutrasoft bietet mit VERA eine *speziell für den Baustoffhandel* entwickelte Lösung an. VERA deckt mit einer typischen Installationsgröße *von 30 Arbeitsplätzen* und einer größten Installation *von über 300 Arbeitsplätzen* die Bandbreite der im deutschen Baustoffhandel dominierenden Unternehmensgrößen ab. Mit *über 700 Installationen* in den Bereichen Holz-/Baustoffgroßhandel und Baumärkte sowie einer umfassenden, ausgereiften Branchenfunktionalität, die die über 20-jährige Erfahrung von Neutrasoft im Baustoffhandel widerspiegelt, nimmt VERA einen führenden Marktanteil in diesem Segment ein..

VERA ist modulartig aufgebaut und umfasst neben den üblichen betriebswirtschaftlichen Funktionsbereichen (inklusive Finanzbuchhaltung und Kostenrechnung) auch eine integrierte eigene Kassenlösung und ein Zeiterfassungs- und Zutrittskontrollsystem. Mit *eVERA* existiert eine Internetlösung, die neben den üblichen Produktkatalog- und Shop-Funktionalitäten durch Direktzugriff auf die WWS-Datenbank auch umfassende Echtzeitauskünfte (z. B. offene Posten, Auftragsstatus, Artikelverfügbarkeit) und individuelle Kundenstatistiken (z. B. Materialaufstellungen nach Baustellen) bietet.

Das Kernstück von VERA ist ein vielseitiges Verkaufs-, Abrechnungs- und Informationssystem, welches umfassend die spezifischen Anforderungen des Baustoffhandels abdeckt. Hervorzuheben ist das Konzept der *Intercompany-Abwicklung* zur Abbildung von mehreren Firmen/Mandanten, welches durch eine Differenzierung zwischen WWS- und Fibu-Mandaten für Warenwirtschaftssysteme dieser Größenordnung ungewöhnlich flexibel ist.

VERA wird u. a. eingesetzt bei *Kapella Baustoffe* (9 Standorte, 250 Mitarbeiter, Web-Shop mit über 12.000 Artikeln); *BBM-Baumärkte* (7 Standorte, 120 Mitarbeiter, 50.000 aktive Artikel).

Adresse:	**Hansaring 106**	Gegründet:	**1975**
	48268 Greven	Mitarbeiter:	**180**
Tel.:	**02571 / 505-0**	Standorte:	Bremen, Weinheim, Sömmerda,
E-Mail:	**info@neutrasoft.de**		Saarbrücken, Bad Hersfeld,
WWW:	**www.neutrasoft.de**		Villingen-Schwenningen

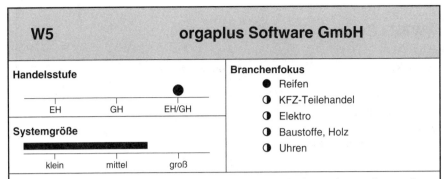

W5 ist ein integriertes Warenwirtschaftssystem, das insbesondere auf zentral gesteuerte Filialsysteme ausgerichtet ist. In Kombination mit den Zusatzsystemen K4 (Kostenrechnung), F4 (Finanzbuchhaltung), A8 (CRM) und E2 (Dokumentenmanagement) und einem eigenen Internet-Shop können alle zentralen Anwendungsbereiche softwaretechnisch unterstützt werden. W5 ist *mandantenfähig* und sowohl für den Zentral- als auch den Filialbetrieb ausgelegt. Die typische Installationsgröße der derzeit ca. 70 Installationen beginnt bei 10 bis 20 Usern und reicht bis zu mehreren hundert Usern.

Eingesetzt wird W5 vor allem in Unternehmen mit Filialanbindung in den Bereichen *technischer Großhandel, Elektrogroßhandel, Holzhandel, KFZ-Zubehörhandel und im Baustoffgroßhandel*. Unter der Bezeichnung *R4* steht eine speziell auf den *Reifenhandel* ausgerichtete Branchenlösung von W5 zur Verfügung. Neben zahlreichen Spezifika des Reifenhandels wird u.a. *eine Online-Anbindung an die Konditionsdatenbank der im Reifenhandel dominierenden Einkaufsvereinigung Top Service Team* angeboten, so dass bei der Auftragserfassung automatisch die aktuell gültigen Konditionen abgerufen werden können. Referenzkunden sind u.a. *Reifen Lorenz* (R4, 22 Standorte, 130 Online-Arbeitsplätze) und Knödler Baustoffe Heilbronn (W5, 14 Standorte, 60 Arbeitsplätze).

Eine Stärke von W5 liegt u. a. in der Abbildung von Kunden- und Lieferantenhierarchien, einer flexiblen Preis- und Konditionsgestaltung sowie diversen Funktionen, die eine zentrale Steuerung von Filialsystemen unterstützen. Neben der klassischen zeichenorientierten Oberfläche von W5, die den Einsatz von kostengünstigen Terminals erlaubt, befindet sich derzeit eine *JAVA-basierte grafische Oberfläche* in der Realisierung. Künftig wird es so möglich sein, in einer Installation parallel zeichenorientierte Terminals und PCs mit der grafischen Oberfläche von W5 zu nutzen.

Adresse:	**Stedingerstr. 11**	Gegründet:	**1978**
	74080 Heilbronn	Mitarbeiter:	**18**
Tel.:	**07131 / 3883-0**	Standorte:	-
E-Mail:	**info@orgaplus.de**		
WWW:	**www.orgaplus.de**		

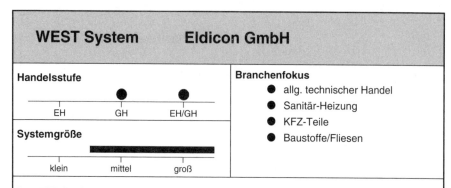

WEST System   Eldicon GmbH

Handelsstufe

EH   GH   EH/GH

Systemgröße

klein   mittel   groß

Branchenfokus
- allg. technischer Handel
- Sanitär-Heizung
- KFZ-Teile
- Baustoffe/Fliesen

Das WEST System ist eine *betriebswirtschaftliche Komponenten-Komplettlösung für Dienstleister, Handel und Industrie*, die neben den warenwirtschaftlichen und PPS-Funktionen integriert auch die Finanzbuchhaltung, Kostenrechnung und das Personalwesen abdeckt. Das System ist durchgängig objektorientiert aufgebaut und besteht aus ca. 100 Modulen (sogenannten DV-Kassetten), die ihrerseits stark komponentenorientiert strukturiert sind.

Für eine konkrete Kundeninstallation können individuell die Module und Komponenten ausgewählt werden, die benötigt werden. Spezifische Anforderungen, die sich nicht über die Parametrisierung der Standardlösung abdecken lassen, können durch die Einbindung zusätzlicher kundenspezifischer Komponenten realisiert werden.

WEST System ist im Kern mit dem Oracle Designer/2000 erstellt und kann auf *diversen Windows- und Unix-Plattformen* (u. a. auch unter *Linux*) eingesetzt werden. Als Datenbank wird *Oracle* genutzt.

WEST System deckt die typischen Basisfunktionen von Handelsunternehmen weitgehend ab und berücksichtigt auch Spezifika, wie CTI-*Integration, EDI-FACT, Workflowunterstützung* oder eine *integrierte Reisekostenabrechnung*.

Im Handels-/Dienstleistungsbereich wird WEST System u.a. eingesetzt bei der *Instandhaltungstochter der Karstadt-Quelle AG* (technischer Kundendienst), die mit ihren über 100 Niederlassungen komplett in einer Installation des WEST Systems abgebildet ist.

Adresse: **Lohhofer Straße 27**
                90453 Nürnberg
Tel.:   **0911 / 639085**
E-Mail: **office@eldicon.de**
WWW: **www.eldicon.de**

Gegründet: **1974**
Mitarbeiter: k.A.
Standorte: -

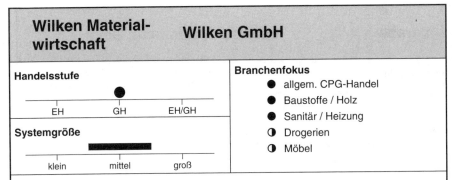

Wilken Materialwirtschaft   ## Wilken GmbH

Handelsstufe

	EH	GH	EH/GH

Systemgröße

	klein	mittel	groß

Branchenfokus
- ● allgem. CPG-Handel
- ● Baustoffe / Holz
- ● Sanitär / Heizung
- ◐ Drogerien
- ◐ Möbel

Die Wilken GmbH sieht sich als Anbieter von *Geschäftsprozess-Software zur effizienten Steuerung der Abläufe in Unternehmen und Verwaltungen.* Wilken Anwendungen für die Waren- und Materialwirtschaft, für das Finanz- und Rechnungswesen, für Controlling und Personalwirtschaft (letzteres basierend auf der bewährten Loga-Produktreihe von P&I) sowie die Branchenlösung für die Energieabrechnung (Wilken ENER:GY) sind heute *bei über 560 Kunden* im Einsatz.

Im November 2002 hat Wilken die *Exklusivrechte* an *Openshop* erworben und entwickelt die Produkte – gerade auch im Hinblick auf eine enge Integration mit der Wilken Materialwirtschaft – als „*e-business Lösung*" von Wilken weiter.

Die Wilken Materialwirtschaft ist weitestgehend datenbank- und hardwareunabhängig einsetzbar. Unterstützt werden u. a. DB/2, MS SQL-Server, Oracle und Informix bzw. HP 9000, PC-basierte Systeme, IBM RS 6000, SUN, Linux und IBM 370/390. Neben der klassischen Systemoberfläche steht auch ein ergonomischer Browser-Client zur Verfügung.

Wilken bietet damit ein ausgereiftes branchenneutrales Produktpaket an, das im Handelsumfeld insbesondere auf mittlere und größere Großhandelsunternehmen ausgerichtet ist. Hervorzuheben sind u. a. der integrierte Wilken Workflow, die integrierte e-Procurementlösung sowie die enge Verzahnung zwischen Warenwirtschaft und Rechnungswesen. Ab Version 3.0 werden auch eine chaotische Lagerhaltung und differenzierte Verkaufskontrakte sowie eine explizite Naturalrabattdefinition umfassend unterstützt.

Referenzkunden der Wilken Materialwirtschaft sind u. a. Böllhoff Werkzeuge und Verbindungstechnik, Höhenainer Delikatessen sowie die GfT, Hilden. Openshop wird u. a. eingesetzt von Schlecker, Quelle (CH) und ProSieben/Sat1.

Adresse: **Hörvelsinger Weg 25-29** **89081 Ulm** Tel.: **0731 / 9650-0** E-Mail: **w@wilken.de** WWW: **www.wilken.de**	Gegründet: **1977** Mitarbeiter: **190** Standorte: Berlin, Freidorf (CH)

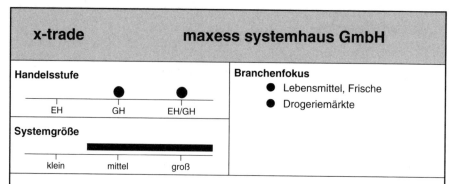

x-trade ist ein speziell auf die Anforderungen des *Lebensmittelhandel*s zuge-schnittenes Warenwirtschaftssystem, das von der maxess systemhaus GmbH (ehe-mals Markant-Südwest Software und Dienstleistungs GmbH) entwickelt und ver-trieben wird. Neben Installationen in der *Wasgau AG* (u. a. Einsatz im Zentral-lager) wurde das *Transshipment-Lager der MLogin*, einer Logistik-Initiative der Markant, mit x-trade ausgerüstet. Zur Zeit führen *Rewe Dortmund* und *COOP Schleswig-Holstein* x-trade als zentrales Warenwirtschaftssystem ein. Besonders geeignet ist x-trade im Lebensmittelhandel für *mittlere und große mehrstufige Handelsbetriebe* sowie für reine Großhandelsunternehmen.

x-trade ermöglicht eine *schlanke und effiziente Abwicklung der operativen Pro-zesse* des Lebensmittelhandels. Spezifische Anforderungen der Lebensmittelbran-che (differenzierte Bestell- und Abgabeeinheiten, Pfandproblematik, Artikelsor-tierungen, z. B. für Joghurt, Displays und frische-spezifische Artikelmerkmale) sind ebenso abgedeckt wie eine umfassende Kontraktverwaltung und eine Online-Wareneingangserfassung mit Scannerunterstützung. Mit dem Zusatzmodul *x-decision* wird eine *abgestimmte Data-Warehouse-Lösung* angeboten. Aufbauend auf alternativen Grundeinstellungen bilden die konsequent *objektorientierte Programmierung* und ein mit Unterstützung der Fraunhofer Gesellschaft ent-wickeltes Konzept zur Realisierung von Programmvarianten die Basis für die effiziente Umsetzung individueller Kundenanforderungen.

Zusammen mit *Superdata* (Filialwarenwirtschaft DEWAS) und *Salomon Automa-tion* (Lagerverwaltung- und -steuerungssysteme, WAMAS) hat maxess die Ko-operation *MoveRetail* (www.move-retail.com) gegründet, die für mittelständische (Lebensmittel-)Handelsunternehmen Komplettlösungen aus einer Hand anbietet und dabei die systemübergreifende Datenintegration in den Vordergrund stellt.

Adresse:	**Europaallee 3-5**	Gegründet: **1995**
	67657 Kaiserslautern	Mitarbeiter: **65**
Tel.:	**0631 / 303-2500**	Standorte: -
E-Mail:	**info@maxess.de**	
WWW:	**www.maxess.de**	

4.2 Kurzprofile mySAP Branchenlösungen

Speziell auf mittelständische Unternehmen ausgerichtet bieten zahlreiche Partnerunternehmen der SAP AG *mySAP All-in-One Branchenlösungen* an, welche eine deutliche Reduktion des Einführungs- und Customizingaufwands versprechen. In diesen Branchenlösungen sind einerseits erforderliche Branchenspezifika zusätzlich realisiert; andererseits ist das System i. d. R. bereits weitestgehend voreingestellt, so dass es ohne großen individuellen Customizingaufwand eingesetzt werden kann.

Für mittlere und kleinere Unternehmen bietet sich hiermit die Möglichkeit, SAP einzuführen, ohne individuell ein komplettes Customizing durchführen zu müssen. Zudem ist durch die Branchenspezialisierung der Partner eine entsprechend hohe Branchenkompetenz zu erwarten.

Nachfolgend ist eine Übersicht der handelsbezogenen mySAP All-in-One Branchenlösungen mit den Kontaktdaten der Anbieter, der Branchenausrichtung und einer Auswahl der zentralen Spezifika der Lösung aufgeführt.

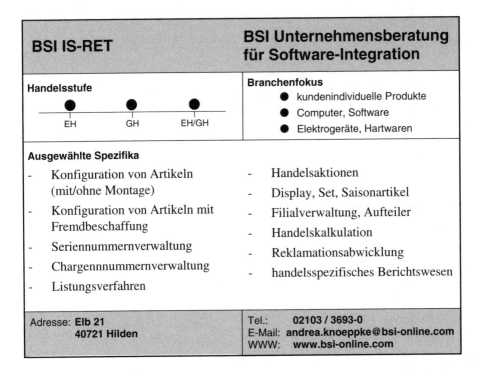

BSI e-Retail for telecommunication | BSI Unternehmensberatung für Software-Integration

Handelsstufe

EH   GH   EH/GH

Branchenfokus
- Elektrozubehör
- Elektrogeräte
- Handys, Handyzubehör

Ausgewählte Spezifika

- vereinfachter Beschaffungsprozess
- durchgängige Retourenbearbeitung
- Verwaltung der Provisionsforderungen
- Kassenanbindung über Webtechnologien auf XML-Basis

- Erfassung von Seriennummern (z. B. IMEI- oder SIM-Nummer) für Geräte und Verträge über Scanvorgänge
- Seriennummernrückverfolgung

Adresse: **Elb 21**
40721 Hilden

Tel.:   **02103 / 3693-0**
E-Mail: **andrea.knoeppke@bsi-online.com**
WWW: **www.bsi-online.com**

comTHA | Comgroup Gesellschaft f. Systemintegration GmbH

Handelsstufe

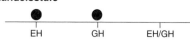

EH   GH   EH/GH

Branchenfokus
- Computer, Software
- Elektrozubehör / -geräte
- Autozubehör, Hartwaren

Ausgewählte Spezifika

- Klassifizierung von Produkten und Produktgruppen
- Fremdbearbeitung
- Handel ab Lager mit Halb- und Fertigfabrikaten
- Übernahme von Reklamationsbearbeitung
- Produktkatalog im Internet

- Preisfindung m. Lieferantenpreisen
- Mengen-, Wert- und Gruppenkontrakte im Vertrieb
- Barverkauf / Leihgutabwicklung
- Handels- u. Vertriebsstücklisten
- Mehrlager- und chaotische Lagerverwaltung

Adresse: **Max-Stromeyer-Str. 166**
78467 Konstanz

Tel.:   **07531/989-0**
E-Mail: **info@comgroup.de**
WWW: **www.comgroup.de**

FIS/wws — FIS Informationssysteme und Consulting GmbH

Handelsstufe

EH GH EH/GH

Branchenfokus
- allgem. Techn. Handel, Farben
- Sanitär, Elektro, Heizung, Metall
- Befestigungstechnik, KFZ-Teile

Ausgewählte Spezifika

- Barverkauf mit Sofortfaktura
- Positionssplitt
- Datenübergabe von Einkaufspreisen u. -rabatten an den Einkauf
- spezielle Auftragserfassung für Abholmärkte
- erweiterter Telefonverkauf /-auskunft

- Angebots-/ Auftragskalkulation online
- Auftragsmonitor zur Suche u. Auswertung v. Angeboten/ Aufträgen
- Retourenmonitor
- interaktive Einkaufspreissimulation, erweiterte Konditionen
- DATANORM, AGS, GAEB

Adresse: **Röthleiner Weg 1**
97506 Grafenrheinfeld

Tel.: **09723 / 9188-100**
E-Mail: **info@fis-gmbh.de**
WWW: **www.fis-gmbh.de**

it.trade — itelligence AG

Handelsstufe

EH GH EH/GH

Branchenfokus
- Baustoffe, Möbel
- Elektro, Metall, Computer
- Hartwaren, Drogeriewaren

Ausgewählte Spezifika

- Angebotsverwaltung
- Großhandelskasse
- Kassenbuch
- Versandsteuerung
- Lieferscheinverwaltung
- Umfassende Filialsteuerung

- Fuhrparksteuerung
- Lieferantenmahnwesen
- Bestellwesen für Lager-, Strecken- und Kommissionsgeschäfte
- Kreditlimit-Überwachung

Adresse: **Königsbrede 1**
33605 Bielefeld

Tel.: **0524 / 91448-0**
E-Mail: **sap-sales@itelligence.de**
WWW: **www.itelligence.de**

SAX Car-Parts   SAX AG

Handelsstufe

●   ●

EH   GH   EH/GH

Branchenfokus
- ● KFZ-Ersatzteile
- ● Autozubehör

Ausgewählte Spezifika

- Anbindung elektronischer Teilekataloge
- Auftragsschnellerfassung
- Erweiterte Preisfindung
- Nein-Verkauf

- Alt- und Pfandteileabwicklung
- Ersatzteillogik

Adresse:	Julius-Hölder-Str. 39 70597 Stuttgart

Tel.:	0711 / 727246-0
E-Mail:	saxinfo@sax-ag.de
WWW:	www.sax-ag.de

TRADE*sprint*   command ag

Handelsstufe

●

EH   GH   EH/GH

Branchenfokus
- ● allgem. Technischer Handel
- ● KFZ-Teile, Reifen
- ● Werkzeuge, Malereinkauf

Ausgewählte Spezifika

- Differenzierte Sortimentsgestaltung
- Filialanbindung
- Wegeoptimierung im Kommissionier- und Reservelager
- Ersatzartikellogik
- Handelsspezifisches Informations- und Berichtssystem

- Abbildung von Kundenhierarchien und Abrechnungsebenen
- Abbildung von Verbandsstrukturen
- erweiterter Telefonverkauf
- Altteileverwaltung
- ARUA-Standard für Preisübergabe
- TECDOC und TECCOM

Adresse:	Eisenstockstr. 16 76275 Ettlingen

Tel.:	07243 / 590-0
E-Mail:	info@command.de
WWW:	www.command.de

4.3 Kurzprofile Microsoft-Branchenlösungen

Ergänzend zu den im dritten Kapitel detailliert betrachteten drei Basislösungen von Microsoft, Microsoft Business Solutions-Apertum, Microsoft Business Solutions-Axapta und Microsoft Business Solutions-Navision existieren insbesondere beim letztgenannten System im Rahmen des Microsoft Branchenprogramms zahlreiche von Partnerunternehmen erstellte dedizierte Branchenlösungen.

Microsoft Business Solutions-Navision ist speziell auf dieses Partnerkonzept ausgerichtet. In der Basislösung wurde weitgehend auf die Realisierung branchenspezifischer Anforderungen verzichtet und stattdessen in der Konzeption des Systems ein Fokus auf eine leichte und effiziente Anpassbarkeit und Erweiterbarkeit gelegt. Hierauf bauen diverse Microsoft Business Solutions Partner auf, die sich speziell auf die Entwicklung und Vermarktung von vertikalen Lösungen auf Basis Microsoft Business Solutions konzentrieren (vgl. hierzu auch das Kurzprofil zu Microsoft Business Solutions-Navision auf in Kapitel 4.2).

Nachfolgend ist eine Übersicht der zentralen handelsbezogenen Branchenlösungen von Microsoft Business Solutions-Navision mit den Kontaktdaten der Anbieter, der Branchenausrichtung und einer Auswahl der zentralen Spezifika der Lösung aufgeführt.

Branchenlösungen, die (noch) nicht auf der aktuellen Version von Microsoft Business Solutions - Navision sondern auf der Vorgängerversion Navision Financials basieren, sind nachfolgend durch den Zusatz „Navision Financials" gekennzeichnet. Bei diesen Lösungen sollte im Einzelfall mit dem jeweiligen Anbieter abgestimmt werden, wie die weitere Releaseplanung aussieht und ob bzw. wann eine Migration der Branchenlösung auf die aktuelle Version von Microsoft Business Solutions-Navision vorgesehen ist.[417] Aufgrund des Leistungszuwachses der aktuellen Navisionversion gegenüber Navision Financials und den potenziell anfallenden zusätzlichen Migrationskosten dürfte eine Neueinführung einer auf Navision Financials basierenden Branchenlösung für eine (kurze) Übergangszeit nur in Ausnahmefällen sinnvoll sein.

---

[417] Microsoft Business Solutions verlangt von Partnern, die ihre Lösung weiterhin als Branchenlösung zertifiziert haben möchten, dass diese bis spätestens 12/2003 auf die aktuelle Version umgestellt werden.

Medizinischer Großhandel / Fertigung — KUMAvision AG

Handelsstufe

EH — GH — EH/GH

(Markierung bei GH)

Branchenfokus
- Medizintechnik
- Sanitätshäuser, Reha-Fachhandel
- Homecare

Ausgewählte Spezifika

- Lager- und Kommissionsware
- Erweiterte Artikelvarianten
- Geräteverwaltung
- Konsignationslagerverwaltung
- Ansichten und Probestellungen mit Statusverfolgung

- Spezialprozesse für Krankenhaus-, Arzt- und Sprechstundenbedarf
- Rezepturabwicklung
- Bewertung von Fallpauschalen
- Bonus- und Provisionsabwicklung
- Serviceabwicklung

Adresse: **Oberfischbach 3**
88677 Markdorf

Tel.: **07544 / 966-300**
E-Mail: **navision@kumavision.de**
WWW: **www.kumavision.de**

Elektroindustrie und -handel — KUMAvision AG

Handelsstufe

EH — GH — EH/GH

(Markierung bei GH)

Branchenfokus
- Elektro, Elektronik

Ausgewählte Spezifika

- Flexible Bonus- und Provisionsabrechnung
- Metallzuschläge im Verkaufs- und im Einkaufsmodul
- Serienanfragen an Lieferanten
- Miet- und Leihgeräteabwicklung
- Produktkonfigurator

- Logistikunterstützung für Außer-Haus-Fertigung
- Barcode-gestützte Frachtpapiere
- Erweiterte Preisfindung und Preiseinheiten
- Projektverwaltung mit Logistikintegration
- Artikelvariantenverwaltung

Adresse: **Oberfischbach 3**
88677 Markdorf

Tel.: **07544 / 966-300**
E-Mail: **navision@kumavision.de**
WWW: **www.kumavision.de**

Holz   acadon AG

Handelsstufe

EH   GH   EH/GH

Branchenfokus
- Holz, Holzimport

Ausgewählte Spezifika

- Aufmaßerfassung und Margenprüfung
- Fachrechenfunktionen und Maßumrechnung
- Holzzuschnitte / -veredelung
- Schnittstelle zu Heinze Datenbank für Katalogartikel

- Verwaltung von besonderen Dienstleistungen (z. B. Veredelung von Hölzern und Holzzuschnitte)

Adresse: **Merowingerstraße 37-41** **50374 Erftstadt-Bliesheim**	Tel.: **02235 / 686-0** E-Mail: **holz@acadon.de** WWW: **www.acadon.de**

Großhandel mit Industrie-bedarf und Werkzeugen   Kisling Consulting GmbH

Handelsstufe

EH   GH   EH/GH

Branchenfokus
- Industriebedarf
- Werkzeuge, Schrauben

Ausgewählte Spezifika

- Verwaltung großer Artikelbestände durch übergeordnete Artikelarten
- Artikelübernahmemodul mit Unterstützung von DATANORM, IMATEC, Sandvik u.a. Branchen-normen
- bis zu 30-stellige Artikelnummern
- gewichtsabhängige Zuschläge

- Zwischensummen in Angeboten und Aufträgen
- transparente Integration von Sonderartikeln (Einmalartikeln)
- differenzierte Provisions-möglichkeiten
- Legierungs- / Teuerungszuschläge
- Erweitere Warengruppenanalysen

Adresse: **Heiner-Fleischmann-Str. 6** **74172 Neckarsulm**	Tel.: **07132 / 9369-0** E-Mail: **info@kisling-consulting.de** WWW: **www.kisling-consulting.de**

Baustoffhandel & Baumärkte	**BOG Informationstechnologie & Services**
Handelsstufe 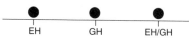	**Branchenfokus** ● Baustoffe, Holz ● Baumärkte ● Werkzeuge

Ausgewählte Spezifika

- separater Kassenserver für klassische Scannerkassen im EH und großhandelsorientierte Kassenlösung für Thekenverkauf
- umfassende Bonusfunktionalität
- DEL-Zuschlagsberechnung
- Baustellenverwaltung
- Reparatur und Vermietung

- branchenspezifische Schnittstellenformate (z.B. AGS, DATANORM, BMEcat)
- differenzierte Provisionierung (z. B. WGr-Vertreter mit geteilter Provision)
- Web-Shop-Integration
- Längen-/ Kabeltrommelverwaltung

Adresse: **Siemensstr. 57-59** **48153 Münster**	Tel.: **0251 / 7604-366** E-Mail: **navision@bog.de** WWW: **www.bog.de**

Automobilhandel & Werkstattanbindung **(Navision Financials)**	**Incadea AG**
Handelsstufe 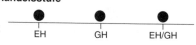	**Branchenfokus** ● PKW, Nutzfahrzeuge ● KFZ-Teile

Ausgewählte Spezifika

- Integration von Teilekatalogen und Preisen der Hersteller
- Werkstattplanung
- CRM-Komponente
- Kassenanbindung
- Werkstattabwicklung

- Zeitwirtschaft / Zeiterfassung
- Eurotax/DAT-Anbindung

Adresse: **Am Rossfeld** **83064 Raubling/Rosenheim**	Tel.: **08035 / 9838-06** E-Mail: **info@incadea.de** WWW: **www.incadea.de**

Frischdienst- und Tiefkühlhandel

Wilhelm + Zeller AG

Handelsstufe

EH — GH — EH/GH

Branchenfokus
● Lebensmittel, Frischwaren

Ausgewählte Spezifika

- Sonderpreise und Aktionspreise
- Kundenhistorie (Kundensortiment)
- Sozialbutterverwaltung
- Schulmilchabrechnung
- Leergutverwaltung
- Leihgeräteverwaltung
- Daueraufträge

- Tourenverwaltung
- erweiterte Preiskalkulation Einkauf
- erweiterte Preiskalkulation Verkauf

Adresse: **Neuhaldenstr. 32**
88214 Ravensburg

Tel.: **0751 / 76901-0**
E-Mail: **info@wz.ag**
WWW: **www.wz.ag**

Frischwaren-Großhandel   BBO Datentechnik

Handelsstufe

EH — GH — EH/GH

Branchenfokus
● Lebensmittel, Frischwaren

Ausgewählte Spezifika

- Partieführung
- Auftragsschnellerfassung
- Abbildung von Konzern- und Handelskettenstrukturen
- Berücksichtigung von Entsorgungsrabatten
- Erzeugerabrechnung für Hersteller

- Tourenplatz und Ladeliste
- Pfandbestände Kreditor und Debitor
- EDI
- DSD-Abwicklung
- MHD-Berücksichtigung

Adresse: **Breitenbachstr. 10**
13509 Berlin

Tel.: **030 / 435500-0**
E-Mail: **bbo@bbo.de**
WWW: **www.bbo.de**

Technischer Großhandel (TGH)

BOG Informations-technologie & Services

Handelsstufe

EH   GH   EH/GH

Branchenfokus
- techn. Handel
- Sanitär, Elektro, Werkzeuge
- Beschläge

Ausgewählte Spezifika

- Kabeltrommel- und Längenverwaltung
- Online- und Offline-Kassen
- Großhandelskasse für Thekenverkauf
- differenzierte Bonus- und Provisionsermittlung
- entfernungsabhängige Frachtzonen

- integrierte Reparatur- und Verleihabwicklung
- branchenspezifische Schnittstellen (z.B. AGS, DATANORM, BMEcat)
- Verbandsanbindung (z. B. E/D/E)
- Automatischer Import von Lieferantenkatalogen

Adresse: **Siemensstr. 57-59 48153 Münster**

Tel.:   **0251 / 7604-366**
E-Mail: **navision@bog.de**
WWW: **www.bog.de**

Möbelhandel

KUMA*vision* GmbH

Handelsstufe

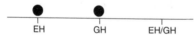

EH   GH   EH/GH

Branchenfokus
- Möbel

Ausgewählte Spezifika

- Branchenoptimierte Auftragserfassung
- Verwaltung von Variantenartikeln nach CSA-PRICAT
- Bonusabrechnung mit Herstellern, Händlern und Verbänden
- Abbildung von Montageaufträgen

- Ladelistengenerierung
- Verwaltung von Leihe / Miete / Ansicht
- Tourenverwaltung mit Erstellung von Speditionspapieren
- Grafisches Planungssystem

Adresse: **Nickelstr. 6 33378 Rheda-Wiedenbrück**

Tel.:   **05242 / 96610-0**
E-Mail: **navision@kumavision.de**
WWW: **www.kumavision.de**

Textileinzelhandel
(Navision Financials)

CABUS Computer-systeme Hamburg GmbH

Handelsstufe

EH · ——— GH ——— EH/GH

Branchenfokus
- ● Mode

Ausgewählte Spezifika

- Farben/Größen-Matrix
- Kollektionen
- Verkaufsstücklisten
- Einkaufs- und Verkaufsberichte pro Farbe und Größe
- Renner/Penner-Listen
- POS-Unterstützung

- Filialkonzept
- Shop-in-Shop
- Budget-Limit
- EDI
- Erweitertes Kundeninformationssystem

Adresse: **Notkestr. 7**
22607 Hamburg

Tel.: **040 / 89958-0**
E-Mail: **info@cabus.com**
WWW: **www.cabus.com**

Außenhandel

VISIONDATA business consult AG

Handelsstufe

EH ——— GH ● ——— EH/GH

Branchenfokus
- ● Rohstoffhandel
- ● importierender Großhandel
- ● Kontrakt- / Partienabwicklung

Ausgewählte Spezifika

- Kontraktverwaltung Einkauf / Verkauf
- Streckengeschäft
- Devisentermingeschäfte
- Vorkalkulation Einkauf / Verkauf
- Verschiffung
- Disposition und Abrufverwaltung

- Debit- Creditnoten
- Akkreditive
- Dokumentenverwaltung
- Auftragsnachkalkulation
- Partieabrechnung
- Long-Short-Betrachtung

Adresse: **Flughafenstr. 52**
22335 Hamburg

Tel.: **040 / 52701-0**
E-Mail: **info@visiondata.de**
WWW: **www.visiondata.de**

5 Ausblick

Effiziente Geschäftsprozesse werden im Handel immer wichtiger, da insbesondere durch das rasante Wachstum der Discounter, die seit jeher auf effiziente Prozesse geachtet haben, eine langfristige Wettbewerbsfähigkeit ohne die erforderlich Prozesseffizienz nicht gegeben ist. Für die Ausgestaltung der Geschäftsprozesse wiederum sind Warenwirtschaftssysteme erforderlich. Traditionell wird zwischen dem Einsatz von standardisierten Warenwirtschaftssystemen und effizienten Geschäftsprozessen ein konfliktäres Verhältnis vermutet. Es ist dabei die Frage zu klären, warum von einem Konfliktzustand ausgegangen wird.

In der Regel wird die Individualität von selbstentwickelten Programmen als einzige Möglichkeit für effiziente Geschäftsprozesse betrachtet, die auf die Belange des Unternehmens zugeschnitten sind. Gegen dieses Argument kann zunächst eingewendet werden, dass die eigenen Abläufe denen anderer Unternehmen nicht immer überlegen sein müssen. Möglicherweise ist dies zum Zeitpunkt des erstmaligen Vergleichs der Prozesse der Fall. Aber wie sieht es angesichts einer zukünftigen Entwicklung aus? Der individuelle Zuschnitt geht zumeist mit einer geringen Anpassungsflexibilität an zukünftige Veränderungen einher. Während Standardsoftware für eine Vielzahl an Unternehmen erstellt wurde, so dass auch andere Unternehmensgrößen und rechtliche Anforderungen (zum Beispiel Rechnungslegung nach dem US GAAP) berücksichtigt wurden, sind alternative Prozesse bei Individualsoftware nur selten berücksichtigt. Des weiteren ist nicht nur die potenzielle Möglichkeit, Vorteile durch Individualität zu realisieren, sondern auch die faktische Machbarkeit des Unterfangens zu bewerten. Die Chancen, ein großes Softwaresystem erfolgreich zu entwickeln, sind begrenzt, da das Know-how in der Regel nicht ausreicht, ein neues System zu erstellen und das alte System parallel zu betreiben.

Aus den vorgenannten Gründen wird die These vertreten, dass standardisierte Warenwirtschaftssysteme in der Regel eine notwendige Voraussetzung für erfolgreiche Geschäftsprozesse sind. In Einzelfällen kann die Entscheidung für Individualsoftware sehr sinnvoll sein, aufgrund der Erfahrungen in der betrieblichen Praxis hat sich die skizzierte These jedoch als gute Richtlinie herausgestellt. Nicht zuletzt das Problem der stetigen Weiterentwicklung der Software in technischer und funktionaler Hinsicht bei Individualsoftware scheint für Standardsoftware zu sprechen (bei mittelständischen Unternehmen ist eine Eigenentwicklung angesichts der begrenzten Ressourcen i. d. R. undenkbar). Die These, dass erfolgreiche Geschäftsprozesse den Einsatz von standardisierten Systemen erfordern, bildet das Fundament des vorliegenden Buches. Sie war zugleich der Anlass, Transparenz über am Markt verfügbare Softwareprodukte zu schaffen. Wie die Analyse gezeigt hat, existieren viele attraktive - insbesondere für mittelständische Handelsunternehmen geeignete - Lösungen. Zwar werden in Handelskonzernen differenzierte Organisations- und Artikelstrukturen benötigt, die häufig nur von großen ERP-Herstellern geboten werden. Allerdings sind auch viele Spezialanforderungen einzelner Branchen zu erfüllen, die in großen Systemen häufig nicht realisiert sind. Auch beim Einsatz eines ERP-Systems in einem Handelskonzern ist es denkbar, dass für Spezialanwendungen ein „kleineres" Standardsystem genutzt wird. Beispielsweise ist es möglich, dass ein ERP-Hersteller die erforderliche Funktionalität in ausgewählten Bereichen nicht zur Verfügung stellt. So sind die Anforderungen der Textilwirtschaft an ein Warenwirtschaftssystem nur in wenigen Systemen erfüllt, so dass ein zentrales ERP-System und ein weiteres Warenwirtschaftssystem für den Modebereich eingesetzt werden können. Die Auswahlproblematik wird bei solchen Alternativen deutlich komplexer, da nicht nur einzelne Systeme zu bewerten sind, sondern Systemkombinationen. Die Wirkungsanalyse wird schwieriger, da unbekannte Interdependenzen zwischen den beiden Systemen abzuschätzen sind. Die Tendenzen im Bereich der Softwareentwicklung, die aktuell unter dem Schlagwort Componentware diskutiert werden, weisen in die Richtung, mehrere Softwarekomponenten miteinander zu koppeln. Auch wenn die Verfasser noch erhebliche Bedenken gegenüber der Komposition von Softwarekomponenten hegen, ist in Anbetracht der Marktdominanz einiger ERP-Hersteller von den Herstellern kleinerer Softwaresysteme zukünftig eine bessere Anbindung an ERP-Systeme zu erwarten.

Warenwirtschaftssysteme, die seit ca. drei Jahrzehnten in Handelsunternehmen eingesetzt werden, sind einem ähnlichen Wandel unterlegen, wie die Handelsunternehmen selbst. Die Digitalisierung der Informationen, die Ökonomisierung der Welt und nicht zuletzt die Globalisierung werden neuartige Anforderungen an die Systeme hervorrufen, die derzeit noch nicht realisiert sind. Dabei kommt es vor allem darauf an, durchdachte Konzepte einzusetzen und nicht sofort eine Lösung für ein Problem zu finden, die beim Auftreten eines weiteren Problems der gleichen Art hinfällig wird. Der Handel besitzt seit jeher neuen Konzepten gegenüber eine kritische Grundeinstellung. Dabei hat sich vor allem das Management der Interdependenzen zwischen Lieferanten, Kunden und Artikeln als schwierig herausgestellt. Ausgewählte konzeptionelle Anforderungen an die zukünftige Ausgestaltung von Warenwirtschaftssystemen sind unter anderem

- konzeptionelle Hilfestellungen bei der Umsetzung von ECR-Maßnahmen. ECR-Konzepte stellen sich auf Handelsseite äußerst komplex dar, da nicht nur mit einem Lieferanten die Kooperation gestaltet werden muss. Wie sind die Interdependenzen zwischen den Sortimenten, über die einzelnen Categories hinaus, zu gestalten? Welche Implikationen hat dies für die Anwendungssystemgestaltung? Wie sind die Prozesse elektronisch miteinander zu verzahnen?

- die Entwicklung von Lösungsansätzen, wie die Möglichkeiten des E-Procurement mit dem klassischen Einkauf effizient kombiniert werden können. In ausgewählten Warenbereichen gewinnt der elektronische Einkauf – beispielsweise über elektronische Marktplätze – an Bedeutung. Zu diesem Zweck sind die Anwendungen dieser Marktplätze (GNX, WWRE) mit den Einkaufsfunktionalitäten der Systeme zu kombinieren. Es wird derzeit noch wenig darauf geachtet, wie eine Integration der Arbeitsprozesse erfolgen kann. Es wird zwar über Portale eine Lösung angeboten, die unterschiedlichen Anwendungen in einer Oberfläche zu integrieren, jedoch nicht die Integration der Prozesse sichergestellt.

- die Ausweitung der Vertriebsunterstützung in Warenwirtschaftssystemen. Die Autoren gehen davon aus, dass die Zukunft erfolgreicher Systeme vor allem in der zunehmenden Unterstützung von Vertriebsmaßnahmen besteht. Beispielsweise wird die Unterstützung detaillierter preispolitischer Maßnahmen, die weit über die einfachen cost-plus-Regeln tradierter Preispolitik hinausgehen, eine zwingende Forderung von Handelsunternehmen sein. Auch die Integration von Regalplatzoptimierungssystemen mit Listungen, die Integration der Planung mit Regalplatzoptimierungssystemen etc. werden in der immer wichtiger werdenden Steuerung der Instore-Marketing-Maßnahmen an Bedeutung gewinnen. Auch die zunehmende Dynamisierung ehemals statischer Sortimentsüberlegungen (früher gab es im Modebereich zwei Saisons, heute plant Karstadt mit der SAP-Einführung analog zu Tchibo 52 Wochen planen zu wollen).

Wie diese wenigen Ansätze belegen, scheinen die Entwicklungspotenziale für Handelsunternehmen weiterhin „unbegrenzt" zu sein, sofern innovative Konzepte genutzt werden. Aufgrund der bereits vorhandenen Effizienz, der realisierten - und zukünftig kaum mehr steigerungsfähigen - Degressionseffekte wird es darauf ankommen, sich auch in Handelsunternehmen auf den Weg in die Wissensgesellschaft einzustellen. Damit gewinnt der Faktor Personal eine herausragende Bedeutung.

Wie auch in anderen Branchen, wird die betriebliche Leistungserstellung im Handel immer vernetzter, so dass für eine effiziente Zusammenarbeit der Personen die Wissenshintergründe bekannt sein müssen. Je mehr die Wissensintensität eines Leistungsprozesses für die betriebliche Wertschöpfung an Bedeutung gewinnt, desto gravierender können sich solche Wissensdivergenzen auf das Prozessergebnis auswirken. Daher liegt es nahe, im Handel Wissensmanagement zu betreiben, indem nach Instrumenten gesucht wird, die Wissensdivergenzen identifizieren können und - sollten sie sich für die betriebliche Leistungserstellung als abträglich herausstellen - beseitigt oder aber zumindest kompensiert werden. Die Herausforderungen, das Gedankengut des Wissensmanagements umzusetzen, sind dabei enorm, denn es gilt noch immer: „Wir arbeiten in Strukturen von gestern mit Methoden von heute an Problemen von morgen vorwiegend mit Menschen, die Strukturen von gestern gebaut haben und das Morgen innerhalb der Organisation nicht mehr erleben werden."[418]

---

[418] Bleicher (1993), S. 31.

Literaturverzeichnis

- A -

Adam, D.: Investitionscontrolling. 3. Aufl., München, Wien 2000.

Adam, D.: Planung und Entscheidung. 4. Aufl., Wiesbaden 1996.

Adam, D.; Johannwille, U.: Die Komplexitätsfalle. In: Komplexitätsmanagement. Hrsg.: D. Adam. Wiesbaden 1998.

Ahlert, D.: Das Multikanalphänomen. In: D. Ahlert, J. Hesse (Hrsg.) Tagungsunterlagen zum Symposium Multikanal-Strategien – Viele Wege führen zum Kunden. Münster 17.11.2001.

Ahlert, D.: Warenwirtschaftsmanagement und Controlling in der Konsumgüterindustrie, In: D. Ahlert, R. Olbrich (Hrsg.), Integrierte Warenwirtschaftssysteme und Handelscontrolling. 3. Aufl., Stuttgart 1997, S. 3-112.

Ahlert, D.: Distributionspolitik. 2. Aufl., Stuttgart et al. 1991.

Ahlert, D.; Kenning, P.: Grundzüge des Betriebstypenmarkenmanagements. Arbeitspapiere des Lehrstuhls für Betriebswirtschaftslehre, insbesondere Distribution und Handel. Nr. 20. Münster 1999.

Alpar, P.; Grob, H.L.; Weimann, P.; Winter, R.: Unternehmensorientierte Wirtschaftsinformatik. Eine Einführung in die Strategie und Realisierung erfolgreicher IuK-Systeme. Wiesbaden 1998.

Alt, R.; Cathomen, I.: Handbuch Interorganisationssysteme. Anwendungen für die Waren- und Finanzlogistik. Zürich 1995.

Altmann, E.: Nutzwertanalyse für argumentative Planungsprozesse. Arbeitsberichte der GMD. Nr. 166. Sankt Augustin 1985.

Antweiler, J.: Wirtschaftlichkeitsanalyse von Informations- und Kommunikationssystemen (IKS). Wirtschaftlichkeitsprofile als Entscheidungsgrundlage. Köln 1995.

von Arb, R.: Vorgehensweisen und Erfahrungen bei der Einführung von Enterprise-Management-Systemen dargestellt am Beispiel von SAP R/3. Dissertation, Universität Bern. Bern 1997.

Arbeitskreis Ludewig: Die Vorratsinventur - Herkömmliche und moderne Systeme und Verfahren. Köln, Opladen 1967.

AWV: Warenwirtschaftssystem-gestützte Inventur im Handel. Eschborn 1996.

- B -

Baan (Hrsg.): Baan IV - Standardsoftware, Produktbroschüre. Hannover 1996.

Balzert, H.: Lehrbuch der Softwaretechnik: Software-Entwicklung. Heidelberg et al. 1996.

Bakos, J. Yannis: A Strategic Analysis of Electronic Marketplaces. MIS Quarterly, 15 (1991) 3, S. 295-310.

Barth, K.: Betriebswirtschaftslehre des Handels. 3. Aufl., Wiesbaden 1996.

Barrenstein, P.: Kritische Erfolgsfaktoren in Handel und Industrie. In: Informationssysteme für das Handelsmanagement. Konzepte und Nutzung in der Unternehmenspraxis. Hrsg.: D. Ahlert, J. Becker, R. Olbrich, R. Schütte. Berlin et al. 1998, S. 109-121.

Bauer, H. H.; Görtz, G.: Collaborative Planning, Forecasting and Replenishment (CPFR). Rahmenbedingungen, Vorgehen und Aussichten. Management Arbeitspapiere des Instituts für Marktorientierte Unternehmensführung. Nr. M68. Mannheim 2002.

Baumgarten, B.: Petri-Netze. Grundlagen und Anwendungen. Mannheim 1990.

Becker, J.; Rosemann, M.: CIM und Logistik. Die effiziente Material- und Informationsflußgestaltung in Industrieunternehmen. Berlin et al. 1993.

Becker, J.; Schütte, R.: Handelsinformationssysteme. 2. Aufl., Landsberg/Lech 2004.

Becker, J.; Uhr, W.; Vering, O.: Integrierte Informationssysteme in Handelsunternehmen auf der Basis von SAP-Systemen. Berlin u. a. 2000.

Berger, R.: Mit „Lean Management - schlanker, schneller und stärker" - sind Verbesserungspotentiale auch im Fachvertriebsweg der Elektroinstallationstechnik erkennbar und nutzbar? In: Messetreff '93. Arbeitskreis Elektro-Installationstechnik. o.Hrsg. Hannover 1993, S. 6-25.

Bernroider, E.; Koch, S.: Entscheidungsfindung bei der Auswahl betriebswirtschaftlicher Standardsoftware – Ergebnisse einer empirischen Untersuchung in österreichischen Unternehmen. Wirtschaftsinformatik 42 (2000) 4, S. 329-338.

Bellinger, R.: Stichprobeninventur - ein rationelles Verfahren und sein statistischer Hintergrund. DSWR, 6 (1977) 1, S. 3-10.

Bitz, M.: Entscheidungstheorie. München 1981.

Blackwell, R.D.: From Mind to Market. Reinventing the Retail Supply Chain. New York 1997.

Bleicher, K.: Dynamisch-integriertes Management. In: Strukturwandel in Management und Organisation. Neue Konzepte sichern die Zukunft. Hrsg.: H. Scharfenberg. Baden-Baden 1993, S. 29-53.

Borchert, S.: Der mittelständische Großhandel - ein IT-Muffel? Dynamik im Handel, o.Jg. (1999) 4, S. 15-17.

Borkner-Delcarlo, O.: Linux im kommerziellen Einsatz. München 1998.

Brandes, D.: Konsequent einfach: die ALDI-Erfolgsstory. Frankfurt/M., New York 1998.

Braun, G.E.: Der Beitrag der Nutzwertanalyse zur Handhabung eines multidimensionalen Zielsystems. WiSt, 11 (1982) 2, S. 49-54.

Brendel, T; Zimmermann, H.-J.: Programmsysteme zur Stichprobeninventur mit und ohne Bestandsfortschreibung. In: EDV-Systeme in Finanz- und Rechnungswesen. Hrsg.: P. Stahlknecht. Berlin et al. 1982, S. 380-392.

Brenner, W.: Auswahl von Standardsoftware. In: Integrierte Standardsoftware: Entscheidungshilfen für den Einsatz von Softwarepaketen. Band 2: Auswahl, Einführung und Betrieb von Standardsoftware. Hrsg.: H. Österle. Hallbergmoos 1990, S. 9-24.

Bretzke, W.-R.: Industrie- versus Handelslogistik. Der Kampf um die Systemführerschaft in der Konsumgüterdistribution. Logistik Management, 1 (1999) 2, S. 81-95.

Brynjolfsson, E.: The Productivity Paradox of Information Technology. Communications of the ACM, 36 (1993) 12, S. 67-77.

Brynjolfsson, E.; Hitt, L.M.: Beyond the Productivity Paradox. Computers are the Catalyst for Bigger Changes. Communications of the ACM, 41 (1998) 8. (http://ccs.mit.edu/erik, 20.6.1999)

Brynjolfsson, E.; Yang, S.: Information Technology and Productivity. A Review of Literature. Advances in Computers, 43 (1996) 2, S. 179-214. (http://ccs.mit.edu/ccswp202/, 19.02.1999)

Bujack, H.; Roth, L.: Schätzverfahren in der Inventur (Teil I). DB 12 (1959) 21, S. 577-579.

Bullinger, H.-J., Georgiadis, G., Huber, H., Niemeier, J.: Marktspiegel - Warenwirtschaftssysteme für den Großhandel. Baden-Baden 1990.

- C -

CCG (CM): Category Management Anwendungsempfehlungen I: Leitfaden zur Umsetzung von CPFR im deutschsprachigen Wirtschaftsraum. Köln 2002.

CCG (2002): Handbuch ECR-Demand Side. Der Weg zum erfolgreichen Category Management-Anwendumgsempfehlungen I. Köln 2002.

CCG (1997a): Arbeitsbericht 1996. Ausblick 1997. Hrsg.: Centrale für Coorganisation GmbH. Köln 1997.

CCG (1997b): Die EAN-Codes in der Konsumgüterwirtschaft. Coorganisation, o.Jg. (1997).

CCG (1997c): Standard-Warenklassifikation für Verbrauchsgüter, Gebrauchsgüter, Investitionsgüter und Rohstoffe. 2. Aufl., Köln 1997.

CCG: Efficient Consumer Response (ECR) - eine Materialsammlung. Hrsg.: Centrale für Coorganisation GmbH. Köln 1995.

CCG: Standardregeln zur Abrechnungstechnik im Streckengeschäft und zum Bestellverfahren im Überweisungsgeschäft. 2. Aufl., Köln 1980.

Churchman, C.W.: Die Konstruktion von Erkenntnissystemen. Frankfurt/M., New York 1973.

Clemons, E.K.; Reddi, S.P.: Some Propositions Regarding the Role of Information Technology in the Organization of Economic Activity. In: Proceedings of the HICSS 93. Eds.: J.F. Nunamaker, R.H. Sprague. Los Alamitos 1993.

Corsten, H.: Grundlagen der Wettbewerbsstrategie. Stuttgart, Leipzig 1998.

- D -

Daemisch, K.F.: Noch eine unendliche Geschichte? Information Week, o.Jg. (1999) 17/18, S. 36-42.

Davenport, T.H.: Passt Ihr Unternehmen zur Software? Harvard Business Manager, 21 (1999) 1, S. 89-99.

Dean, D.L.; Dvorak, R.E.; Holen, E.: Breaking through the barriers to new systems development. Practical - and tested - strategies for lightening the burden of "legacy" systems. The McKinsey Quarterly, o.Jg. (1994) 3, S. 3-13.

Deutsch, M.: Electronic Commerce. 2. Aufl., Braunschweig, Wiesbaden 1999.

Dichtl, E.; Lingenfelder, M.; Müller, S.: Die Internationalisierung des institutionellen Handels m Spiegel der Literatur. zfbf, 43 (1991) 12, S. 1023-1047.

Dirlewanger, W.: EDIFACT, der Schlüssel zum weltweiten Geschäftsverkehr. PIK, o.Jg. (1992) 15, S. 36-40.

von Dobschütz, L.: Wirtschaftlichkeitsanalyse von Anwendungssystemen: Prämissen und Praxis. Information Management, o.Jg. (1992) 4, S. 42-47.

Dörner, D.: Problemlösen als Informationsverarbeitung. Stuttgart et al. 1976.

Drucker, P.F.: Management Challenges for the 21st Century. New York 1999.

Dworatschek, S.; Hayek, A.: Marktspiegel Projektmanagement Software. Köln 1992.

- E -

Ebert, K.: Warenwirtschaftssysteme und Warenwirtschaftscontrolling. In: Schriften zur Distribution und Handel. Bd. 1. Hrsg.: D. Ahlert. Frankfurt/M.-Bern-New York 1986.

Eberhardt, C.: Logistik im Wandel. io Management Zeitschrift, 65 (1996) 3, S. 51-55.

Eeckhoff, J.; Schellhaass, H.: Einige Anwendungsprobleme der Nutzwertanalyse. Zeitschrift für Verkehrswissenschaft, 49 (1978) o.H., S. 83-93.

Eggert, U.: Mega-Trends im Verkauf. Was sich in Gesellschaft, Handel und Vertrieb ändert. Düsseldorf 1999.

Eierhoff, K.: Efficient Consumer Response (ECR) - ein neuer Weg in der Kooperation zwischen Industrie und Handel. In: Informationssysteme für das Handelsmanagement. Konzepte und Nutzung in der Unternehmenspraxis. Hrsg.: D. Ahlert, J. Becker, R. Olbrich, R. Schütte. Berlin et al. 1998, S. 365-386.

Eierhoff, K.: EDI optimiert Logistik. In: Jahrbuch der Logistik 1993. Hrsg.: R. Hossner. Düsseldorf 1993, S. 63-66.

Eisele, W.: Technik des betrieblichen Rechnungswesens: Buchführung - Kostenrechnung - Sonderbilanzen. 5. Aufl., München 1993.

Eisenführ, F.; Weber, M.: Rationales Entscheiden. 3. Aufl., Berlin u. a. 1999.

Ewers, H.-J.; Frisch, M.; Wein, T.: Skriptum zur Theorie des Marktversagens. Berlin, Münster 1990.

- F -

Fandel, G.; François, P.; Gubitz, K.-M.: PPS- und integrierte betriebliche Softwaresysteme. Grundlagen, Methoden, Marktanalyse. Berlin et al. 1997.

Fehr, G.: Moderne Lagertechniken im Handel. Köln 1986.

Figgen, B.: Category Management - das Kaufverhalten im Blick. In: Efficient Consumer Response. Strategische Waffe für Handel und Industrie. Hrsg.: J. Kilimann, H. von Schlenk, E.-Chr. Tienes. Stuttgart 1998, S. 115-133.

Forrester Research: Internet Commerce. (http://www.forrester.com/ER/press/ForrFind/0,1768,0, FF.html, 11.08.1999).

Frank, J.: Selektion von Standard-Software. Kriterien und Methoden zur Beurteilung und Auswahl von Software-Produkten. Dissertation, Universität Köln 1976.

Freemann, R.: Strategic Management. A Stakeholder Approach. London 1984.

Frese, E.: Grundlagen der Organisation. Konzept - Prinzipien - Strukturen. 6. Aufl., Wiesbaden 1995.

Friedrich, S.A.; Hinterhuber, H.H.; Rodens, B.: Handel und Industrie: Der Wertschöpfungs-partnerschaft gehört die Zukunft. io Management Zeitschrift, 64 (1995) 11, S. 40-44.

- G -

Geitz, H.: Innovative Kommissioniersysteme für die Distribution. In: Jahrbuch der VDO Gesell-schaft Fördertechnik, Materialfluß, Logistik. o. Hrsg. Düsseldorf 1993, S. 255-283.

Gronau, N.: Neuere Aspekte der Lager- und Kommissioniertechnik in logistischen Systemen. In: RKW-Handbuch Logistik. Band 2 Kennziffer 2530. Berlin 1987.

Göbbel, K.: Neue Waffen im Kampf um den Kunden. IT Services, o.Jg. (1999) 5, S. 44-48.

Goldammer, G.: Informatik für Wirtschaft und Verwaltung. Einführung in die Grundlagen. Wiesbaden 1994.

Gormley, J.T.; Bluestein, W.M.; Gatoff, J.; Chun, H.: The Runaway Costs of Packaged Apps. The Forrester Report, 3 (1998) 5.

Grob, H.L.: Einführung in die Investitionsrechnung. Eine Fallstudiengeschichte. 4. Aufl., München 2001.

Greune, M.: Der Erfolg externer Diversifikationen im Handel. Eine theoretische und empirische Untersuchung. Heidelberg 1997.

- H -

Hahne, H.: Category Management aus Herstellersicht. Ein Konzept des Vertikalen Marketing und dessen organisatorische Implikationen. Lohmar, Köln 1998.

Hallier, F.: Kommunikationstechnologie zwischen Handel und Industrie. HMD Theorie und Praxis der Wirtschaftsinformatik, 32 (1992) 165, S. 108-116.

Hammer, M.: Reengineering Work: Dont't automate, Obliterate. Harvard Business Review, o.Jg. (1990) 3, S. 107-123.

Hammer, M.; Champy, J.: Reengineering the Corporation. a manifesto for business revolution. London 1993.

Hansen, H.R.: Ausschaltung des institutionellen Handels durch Informations- und Kommunika-tionssystem. In: Informationssysteme für das Handelsmanagement. Konzepte und Nutzung in der Unternehmenspraxis. Hrsg.: D. Ahlert, J. Becker, R. Olbrich, R. Schütte. Berlin et al. 1998, S. 123-166.

Hansen, H.R.: Wirtschaftsinformatik. 7. Aufl. Stuttgart 1996.

Hansen, U.: Absatz- und Beschaffungsmarketing des Einzelhandels. 2. Aufl., Göttingen 1990.

Harting, D.: Lieferanten-Wertanalyse. Stuttgart 1989.

Hauschildt, J.; Chakrabarti, A.K.: Arbeitsteilung im Innovationsmanagement. In: Promotoren. Champions der Innovation. Hrsg. : J. Hauschildt, H.G. Gemünden. Wiesbaden 1998, S. 67-87.

Hauschildt, J.; Gemünden, H. G. (Hrsg.): Promotoren. Champions der Innovation. Wiesbaden 1998.

Hauschildt, J.; Keim, G.: Projektleiter als Prozesspromotoren. In: Promotoren. Champions der Innovation. Hrsg. : J. Hauschildt, H.G. Gemünden. Wiesbaden 1998, S. 212-231.

Hauschildt, J.; Kirchmann, G.: Zur Existenz und Effizienz von Prozesspromotoren. In: Promo-toren. Champions der Innovation. Hrsg. : J. Hauschildt, H.G. Gemünden. Wiesbaden 1998, S. 212-231.

Hauschildt, J.; Schewe, G.: Gatekeeper und Prozesspromotoren. In: Promotoren. Champions der Innovation. Hrsg. : J. Hauschildt, H.G. Gemünden. Wiesbaden 1998, S. 160-176.

Hebler, M.: Interview. In: Efficient Consumer Response. Strategische Waffe für Handel und In-dustrie. Hrsg.: J. Kilimann, H. von Schlenk, E.-Chr. Tienes. Stuttgart 1998, S. 23-33.

Heeg, F.J.: Projektmanagement. Grundlagen der Planung und Steuerung von betrieblichen Problemlösungsprozessen. 2. Aufl., München 1993.

Heidemann, C.: Die Nutzwertanalyse. Ein Beispiel für Magien und Mythen in der Entscheidungsdogmatik. In: Kritik der Nutzwertanalyse. Drei Beiträge von J. Eeckhoff, C. Heidemann, G. Strassert. Diskussionspapier des Instituts für Regionalwissenschaft der Universität Karlsruhe. Nr. 11. Karlsruhe 1981.

Heinrich, L.J.: Management von Informatik-Projekten. München, Wien 1997.

Heinrich, L.J. (1996a): Systemplanung I - Planung und Realisierung von Informatik-Projekten. 7. Aufl., München, Wien 1996.

Heinrich, L.J. (1996b): Informationsmanagement. 5. Aufl. 1996.

Heinrich, L.J.: Wirtschaftsinformatik. Einführung und Grundlegung. München, Wien 1993.

Heinrich, L.J., Burgholzer, P.: Informationsmanagement, 3. Aufl., München, Wien 1990.

Hensche, H.H.: Zeitwettbewerb in der Textilindustrie: Das Quick Response Konzept. In: Moderne Distributionskonzepte in der Konsumgüterindustrie. Hrsg.: J. Zentes. Stuttgart 1991, S. 275-309.

Hertel, J.: Erfolgsfaktor Warenwirtschaftssysteme. HMD Theorie und Praxis der Wirtschaftsinformatik, 38 (1998) 199, S. 75-90.

Hertel, J.: Warenwirtschaftssysteme - Grundlagen und Konzepte. 2. Aufl., Heidelberg 1997.

Hoffmann, W.; Kirsch, J.; Scheer, A.-W.: Modellierung mit Ereignisgesteuerten Prozessketten. Veröffentlichung des Instituts für Wirtschaftsinformatik. Heft 101. Hrsg.: A.-W. Scheer. Saarbrücken 1993.

Hoch, D.: Projekt- und Managementvoraussetzungen für das erfolgreiche Einführen von Standard-Software, In: Erfolgsfaktoren der integrierten Informationsverarbeitung, Proceedings Compas '87. o.Hrsg. Berlin 1987, S. 703-714.

Hoff, H.: Die Gestaltung von Entscheidungsprozessen in betrieblichen Gremien. Frankfurt/M. 1986.

Holzkämper, O.: Category-Management. Strategische Positionierung des Handels. Göttingen 1999.

Horvath, P.: Controlling. 6. Aufl., München 1996.

Horvarth, P.; Petsch, M.: Beurteilungskriterien für Standard-Anwendungssoftware für das betriebliche Rechnungswesen. HMD, 26 (1986) 132, S. 17-35.

Horvarth, P.; Petsch, M.; Weihe, M.: Standard-Anwendungssoftware für die Finanzbuchhaltung und die Kosten- und Leistungsrechnung: Auswahlkriterien, Marktübersicht, Leistungsprofile von Softwareprodukten. München, Wien 1983.

Huber, O.: Zur Logik multidimensionaler Präferenzen in der Entscheidungstheorie. Berlin 1977.

Hungenberg, H.: How to Ensure that Headquarters Add Value. Long Range Planning, 26 (1993) o.H., S. 62-73.

Husi, A.: EAN-System: Es geht weiter! Coorganisation, o.Jg. (1989) 2, S. 32-36.

- I -

IBM: Learn how On/Off Capacity on Demand works. http://www.ibm.com/servers/eserver/iseries/genie/demo/index_flat.html,. Download 15.08.2003.

IdW: Hauptfachausschuß (HFA) 1/1981 i.d.F. 1990. Stellungnahme: Stichprobenverfahren für die Vorratsinventur zum Jahresschluß. Wpg, 43 (1990) 22, S. 649-657.

Ihde, G.-B.: Transport, Verkehr, Logistik. 2. Aufl., München 1991.

Incandela, D.; McLaughlin, K.L.; Smith Shi, C.: Retailers to the world. McKinsey Quarterly, o.Jg. (1999) 3, S. 84-97.

Irrgang, W.: Strategien des vertikalen Marketing: handelsorientierte Konzeptionen der Industrie. München 1989.

- J -

Janko, W.; Taudes, A.; Dyduch, G.: Praktische Erfahrungen in der Bewertung von Büroautomatisierungssystemen. In: Lösungsansätze der Wirtschaftsinformatik im Lichte der praktischen Bewährung. Hrsg.: D. Bartmann. Berlin et al. 1991, S. 147-165.

Jost, P.-J.: Strategisches Konfliktmanagement in Organisationen. Eine spieltheoretische Einführung. Wiesbaden 1998.

- K -

Kahle, E.: Betriebliche Entscheidungen. Lehrbuch zur Einführung in die Entscheidungstheorie. München, Wien 1990.

Kaiser, H.; Paegert, Ch.; Schotten, M.: Auswahl von PPS-Systemen. In: Produktionsplanung und -steuerung. Hrsg.: Luczak, H.; Eversheim, W., Schotten, M., Berlin u.a. 1998, S. 292 - 326.

Kalakota, R.; Whinston, A.B.: Frontiers of the Electronic Commerce. Reading/Mass. et al. 1996.

Keller, G.; Nüttgens, M.; Scheer, A.-W.: Semantische Prozessmodellierung auf Basis „Ereignis-gesteuerter Prozessketten (EPK)". Veröffentlichung des Instituts für Wirtschaftsinformatik. Heft 89. Hrsg.: A.-W. Scheer. Saarbrücken 1992.

Kilimann, J.; von Schenk, H.: Die ECR-Bewegung - mehr Verständnis für den Kunden. In: Efficient Consumer Response. Strategische Waffe für Handel und Industrie. Hrsg.: J. Kilimann, H. von Schenk, E.-C. Tienes, Stuttgart 1998, S. 1-10.

Kirchmer, M.: Geschäftsprozessorientierte Einführung von Standardsoftware. Vorgehen zur Realisierung strategischer Ziele. Wiesbaden 1996.

Kiesliszek, K.: Computer Aided Selling. Unternehmensmorphologische Marktanalyse. Wiesbaden 1994.

Klemt, W.-D.: Anforderungen an EDV-gestützte Tourenplanungen. In: RKW-Handbuch Logistik. Band 3 Kennziffer 7390. Berlin 1987.

Klein, S.: The Strategic Potential of Electronic Commerce - An Introduction for Beginners. (http://www-iwi.unisg.ch/iwi4/cc/genpubs/ecintro.html, 20.5.96)

Klein, S.: Entwicklungstendenzen elektronischer Märkte: von high-volume commodity Märkten zu Konsumentenmärkten. Referat anläßlich der 5. Generalversammlung der SWICO. Zürich, 17.05.1994.

Klein, S.; Vering, O.: Software für die Finanzbuchhaltung – Unterschiede im Detail. is report 7 (2003) 3, S. 42-46.

König, W.; Wendt, O.: Network Infrastructure Economics - Dezentrale Koordination physischer und informationeller Logistiknetzwerke. In: Workshop „Intelligente Softwareagenten und betriebswirtschaftliche Anwendungsszenarien". Hrsg.: S. Kirn, M. Petsch. Arbeitsberichte des Instituts für Wirtschaftsinformatik der TU Ilmenau. Nr. 14, Juli 1999, S. 57-64.

Köpper, F.: Wie analysiert der Handel? Absatzwirtschaft, o.Jg. (1993) 11, S. 106-108.

Kosiol, E.: Organisation der Unternehmung. Wiesbaden 1962.

Kotler, P.; Bliemel, F.: Marketing-Management, 8. Aufl. Stuttgart 1995.

Kotzab, H.; Schnedlitz, P.: The Integration of Retailing to the General Concept of Supply Chain Management. Journal für Betriebswirtschaft, o. Jg. (1999) 4, S. 140-153.

Krähenmann, N.: Ökonomische Gestaltungsanforderungen für die Entwicklung elektronischer Märkte. Bamberg 1994.

Krelle, W.: Präferenz- und Entscheidungstheorie. Tübingen 1968.

Krüger, W.; Pfeiffer, P.: Eine konzeptionelle und empirische Analyse der Informationsstrategien und der Aufgaben des Informationsmanagements. zfbf, 43 (1991) 1, S. 21-43.

Kruschwitz, L.: Investitionsrechnung. 5. Aufl., Berlin, New York 1993.

Kuhn, A.; Hellingrath, H.: Supply Chain Management. Optimierte Zusammenarbeit in der Wertschöpfungskette. Berlin, Heidelberg 2002.

Kysela, K. D.: Großhandelsmarketing. Bergisch-Gladbach, Köln 1994.

- L -

Laux, H.: Entscheidungstheorie. 4. Aufl., Berlin et al. 1998.

Lee, H. L.; Padmanabhan, V.; Whang, S. (BW I): Information Distortion in a Supply Chain: The Bullwhip Effect. Management Science, 43 (1997) 4, pp. 546-559.

Lee, H. L.; Padmanabhan, V.; Whang, S. (BW II): The Bullwhip Effect in Supply Chains. Sloan Management Review, o. Jg. (1997) Spring, pp. 93-102. (auch erschienen unter „Der Peitscheneffekt in der Absatzkette. Harvard Business Manager, o. Jg. (1997) 4, S. 78-87)

Leist, G.: Nutzwertanalyse. In: Handwörterbuch der Planung. Hrsg.: N. Szyperski. Stuttgart 1989, Sp. 1259-1266.

Leszak, M.; **Eggert, H.**: Petri-Netz-Methoden und -Werkzeuge: Hilfsmittel zur Entwurfsspezifikation und -validierung von Rechnernetzen. Berlin, et al. 1988.

Lingenfelder, M.; **Lauer, A.**: Die Unternehmenspolitik im deutschen Einzelhandel zwischen Währungsreform und Währungsunion. In: Meilensteine im deutschen Handel: Erfolgsstrategien - gestern, heute und morgen. Hrsg.: E. Dichtl, M. Lingenfelder. Frankfurt/M. 1999, S. S. 11-55.

- M -

Madauss, B.J.: Handbuch Projektmanagement: mit Handlungsanleitungen für Industriebetriebe. Berater und Behörden. 3. Aufl., Stuttgart 1990.

Mag, W.: Grundzüge der Entscheidungstheorie. München 1990.

Martiny, L.; **Klotz, M.**: Strategisches Informationsmanagement, 2. Aufl., München, Wien 1990.

Mattheis, P.: Informationsmanagement im Maschinen- und Anlagenbau, In: Handbuch Informationsmanagement, Hrsg.: A.-W. Scheer. Wiesbaden 1993, S. 247-264.

Maxess: Warenwirtschaftssystem @x-trade. Die richtungsweisende Warenwirtschaftslösung für den Lebensmittelhandel. Kaiserslautern o. Jg.

Meffert, H.: Marketing : Grundlagen marktorientierter Unternehmensführung, 8. Aufl., Wiesbaden 1998.

Mertens, P. (1995a): Integrierte Informationsverarbeitung 1. Administrations- und Dispositionssysteme der Industrie. 10. Aufl., Wiesbaden 1995.

Mertens, P. (1995b) : Supply Chain Management (SCM). Wirtschaftsinformatik, 37 (1995) 2, S. 177-179.

Mertens, P.; **Schumann, P.**: Electronic Shopping-Überblick, Entwicklung und Strategie. Wirtschaftsinformatik, 38 (1996) 5, S. 515-530.

Michaelis, E.: Organisation unternehmerischer Aufgaben - Transaktionskosten als Beurteilungskriterium. Frankfurt, Bern, New York 1985.

Mintzberg, H.: Die Strategische Planung. Aufstieg, Niedergang und Neubestimmung. München, Wien 1995.

Mitroff, I.I.; **Featheringham, T.R.**: On Systemic Problem Solving and the Error of the Third Kind. Behavorial Science, 19 (1974) o. H., S. 383-393.

Moody, D.: Critical Success Factors for Implementing Information Resource Management. Australasian Conference on Information Systems (ACIS '96), Hobart, Tasmania Australia, December 13-15 1996.

Mori, M.; **Maeda, M.**; **Ogawa, Y.**; **Kaku, T.**: Enterprise Resource Planning Systems: Introduction of Nippon Stell's Systems Integration Approaches. Nippon Stell Technical Report No. 76. March 1998.

Mollaghasemi, M.; **Pet-Edwards, J.**: Technical Briefing: Making Multiple-Objective Descisions. IEEE Computer Society. Los Alamitos, CA 1997.

Mohme, J.: Der Einsatz von Kundenkarten zur Verbesserung des Kundeninformationssystems im Handel. Umsetzung anhand eines praktischen Falls. In: Integrierte Warenwirtschaftssysteme und Handelscontrolling: Konzeptionelle Grundlagen und Umsetzung in der Handelspraxis. Hrsg.: D. Ahlert, R. Olbrich. 2. Aufl., Stuttgart 1995.

Müller, T.: Innerbetriebliche Transportsysteme - Anforderungskriterien und Einsatzmöglichkeiten. In: RKW-Handbuch Logistik. Band 2 Kennziffer 2870. Berlin 1981.

Müller-Hagedorn, L.: Handelsmarketing, 2. Aufl., Stuttgart et al. 1993.

Müller-Hagedorn, L.; **Preißner, M.**: Die Entwicklung von Verkaufstechniken des Einzelhandels: Siegeszug der Selbstbedienung und Aufkommen der neuen Medien. In: Meilensteine im deutschen Handel: Erfolgsstrategien - gestern, heute und morgen. Hrsg.: E. Dichtl, M. Lingenfelder. Frankfurt/M. 1999, S. 147-179.

Müller-Merbach, H.: Operations-Research. 3. Aufl. München 1988.

Muschter, S.; **Österle, H.**: Investitionen in Standardsoftware: Ein geschäftsorientierter Ansatz zur Nutzenmessung und -bewertung. In: Electronic Business Engineering. 4. Internationale Tagung Wirtschaftsinformatik. Hrsg.: A.-W. Scheer, M. Nüttgens. Heidelberg 1999, S. 443-468.

- N -

Nagel, P.: Zielformulierung, Techniken der. In: HWO. Hrsg.: E. Frese. 3. Aufl., Stuttgart 1993, Sp. 2628-2634.

Neuburger, R.: Electronic Data Interchange. Einsatzmöglichkeiten und ökonomische Analyse. Wiesbaden 1994.

Nida-Rümelin, J.: Entscheidungstheorie und Ethik. München 1987.

- O -

Olbrich, R.: Unternehmenswachstum, Verdrängung und Konzentration im Konsumgüterhandel. Stuttgart 1998.

Orth, B.: Einführung in die Theorie des Messens. Stuttgart et al. 1974.

Ott, H.J.: Wirtschaftlichkeitsanalyse von EDV-Investitionen mit dem WARS-Modell am Beispiel der Einführung von CASE. Wirtschaftsinformatik, 35 (1993) 6, S. 522-531.

o.V. (1999a): Neue Plattform für R/3 - Auch SAP bekennt sich zu Linux. InformationWeek, o.Jg. (1999) 6, S. 12.

o.V. (1999b): Der Verbraucher weiß, was er will. Glendinning Consultants untersuchen Warengruppen aus Kundensicht. Lebensmittelzeitung Nr. 15 vom 16. April 1999.

o.V. (1999c): Wal-Mart-System geht in Serie. Lebensmittelzeitung vom 9. April 1999, S. 4.

o.V. (1999d): Wenco kasssiert Milleniums-Bonus. Lebensmittelzeitung vom 6. August 1999, S. 4.

- P -

Parunak, H.V.D.; VanderBok, R.S.: Modeling the Extended Supply Network. Presented at the ISA-Tech '98. Houston 1998.

Patzak, G.; Rattay, G.: Projekt-Management. Leitfaden zum Management von Projekten, Projektportfolios und projektorientierten Unternehmen. 3. Aufl., Wein 1998.

Perreault, Y,; Vlasic, T.: Baan IV implementieren. Haar 1998.

Peter, M.: Die Einführung von mySAP.com in einer Multi-Channel Handelsorganisation. In: Tagungsunterlagen SAP Forum Handel und Konsumgüterindustrie, 27. / 28. September 2001, Congress Center Düsseldorf, Vortrag A10. http://www.sap.com/germany/aboutSAP/events/show_review.asp?id=102, Download 15.12.2001.

Petri, C.: Kommunikation mit Automaten. Bonn 1962.

Petrovic, O.: Lean Management und informationstechnologische Potentialfaktoren. Wirtschaftsinformatik, 36 (1994) 6, S. 580-590.

Pfähler, W.; Wiese, H.: Unternehmensstrategien im Wettbewerb. Berlin et al. 1998.

Pfohl, H.-Chr.: Logistiksysteme. Betriebswirtschaftliche Grundlagen. 5. Aufl., Berlin et al. 1995.

Pfohl, H.-Chr.; Braun, G.E.: Entscheidungstheorie. Normative und deskriptive Grundlagen des Entscheidens. Landsberg/Lech 1981.

Picot, A.: Transaktionskosten im Handel. Der Betriebs-Berater, 41 (1986) 27, Beilage 13, S. 1-16.

Picot, A.: Der Transaktionskostenansatz in der Organisationstheorie: Stand der Diskussion und Aussagewert. Betriebswirtschaft, 42 (1982) o.H., S. 267-284.

Picot, A.; Dietl, H.: Transaktionskostentheorie. WiSt, 19 (1990) 4, S. 179-183.

Picot, A.; Reichwald, R.; Wigand, R. T.: Die grenzenlose Unternehmung. Wiesbaden 1996.

Pine, J.B.; Gilmore, J.H.: Willkommen in der Erlebnisökonomie. HarvardBusiness manager, 21 (1999) 1, S. 56-64.

Piquet, J.: Customer Category Management. In: Informationssysteme für das Handelsmanagement. Hrsg. v. D. Ahlert; J. Becker; R. Olbrich; R. Schütte. Berlin 1998, S. 281-287.

Porter, M.E.: Competitive Strategies. Techniques for Analyzing Industries and Competitors. New York 1980.

Potthof, I.: Empirische Studien zum wirtschaftlichen Erfolg der Informationsverarbeitung. Wirtschaftsinformatik, 40 (1998) 1, S. 54-65.

- R -

Rauch, M.: Papierloses Kommissionieren - Erfahrungen der technischen und betriebswirtschaftlichen Anwendungen. In: Tagungsbericht Deutscher Logistik Kongreß '87. Hrsg.: BVL. München 1987, S. 385-410.

Rall, K.: Berechnung der Wirtschaftlichkeit von CIM-Komponenten. CIM-Management, 7 (1991) 3, S. 12-17.

Ravndal, F.: Fuhrparkrationalisierung durch Tourenplanung- und -kontrolle. In: RKW-Handbuch Logistik. Band 2 Kennziffer 7310. Berlin 1987.

Rehkugler, H.; Schindel, V.: Entscheidungstheorie. Erklärung und Gestaltung betrieblicher Entscheidungen. 3. Aufl., München 1986.

Reichwald, R.; Dietel, B.: Produktionswirtschaft. In: Industriebetriebslehre. Hrsg.: E. Heinen. 9. Aufl., Wiesbaden 1991, S. 395-622.

Reisig, W.: Petri-Netze. 2. Aufl., Berlin et al. 1986.

Ring, N.G.: Die Funktion des Sortimentsgroßhandels unter besonderer Berücksichtigung eines Regaloptimierungssystems. zfbf, 44 (1992) 6, S. 566-585.

Rinza, P.; Schmitz, H.: Nutzwert-Kosten-Analyse. Eine Entscheidungshilfe. Düsseldorf 1977.

Ritter, S.: Coorganisation - gesehen als ECR-Infrastruktur. Coorganisation, o.Jg. (1995) 1, S. 26-30.

Rosemann, M.; Rotthowe, T.; Schütte, R.: Referenzmodelle zur Auswahl und Einführung von Standardsoftware. In: Business Computing mit SAP R/3. Modellierung, Customizing und Anwendung betriebswirtschaftlich integrierter Geschäftsprozesse. Hrsg.: P. Wenzel. Braunschweig, Wiesbaden 1998, S. 198-215.

Rosenstengel, B.; Winand, U.: Petri-Netze - Eine anwendungsorientierte Einführung. 4. Aufl., Braunschweig-Wiesbaden 1991.

Rotthowe, T.: Schnittstellen-Management im Handel. Wiesbaden 1998.

Rupper, P.: Wahl des optimalen Lager- und Kommissioniersystems. In: Unternehmenslogistik. Ein Handbuch für Einführung und Ausbau der Logistik im Unternehmen. Hrsg.: P. Rupper. 3. Aufl. Köln 1991, S. 183-198.

- S -

Sandler, G.: Zum Verhältnis zwischen Industrie und Handel. Der Markenartikel, 43 (1981) 8, S. 463-464.

SAP SI: Getränkeindustrie – Der richtige Mix für sprudelnde Geschäfte. SAP Systems Integration AG, http://www.sap-si.com/de/services/industry/beverage/, Download: 15.11.2003.

Schade, J.: Standardisierung der elektronischen Kommunikation: EDIFACT und SEDAS. In: Moderne Distributionskonzepte in der Konsumgüterwirtschaft. Hrsg.: J. Zentes. Stuttgart 1991, S. 225-242.

Schaden, M.: Interview. In: Efficient Consumer Response. Strategische Waffe für Handel und Industrie. Hrsg.: J. Kilimann, H. von Schlenk, E.-Chr. Tienes. Stuttgart 1998, S. 105-114.

SAP: Funktionen im Detail – Das Warenwirtschaftssystem der SAP. Walldorf 1997.

Scheer, A.-W. (1998a): ARIS - Modellierungsmethoden, Metamodelle, Anwendungen. 3. Aufl., Berlin et al. 1998.

Scheer, A.-W. (1998b): Wirtschaftsinformatik. Referenzmodelle für industrielle Geschäftsprozesse. Studienausgabe. 2. Aufl., Berlin u. a. 1998.

Scheer, A.-W. (1998c): ARIS – Vom Geschäftsprozeß zum Anwendungssystem. 3. Aufl., Berlin u.a. 1998.

Scheer, A.-W.: Wirtschaftsinformatik. 7. Aufl., Berlin et al. 1997.

Scheer, A.-W.: Architektur integrierter Informationssysteme, 2. Aufl., Berlin et al. 1992.

Scheer, A.-W.: EDV-orientierte Betriebswirtschaftslehre, 4. Aufl., Berlin et al. 1990.

Scheer, A.-W.: Absatzprognosen. Berlin et al. 1983.

Scherm, E.: Die Szenario-Technik - Grundlage effektiver strategischer Planung. WISU, 21 (1992) 2, S. 95-97.

Schönthaler, F.; Németh, T.: Softwareentwicklungswerkzeuge: methodische Grundlagen. Stuttgart 1990.

Schmid, B.: Elektronische Einzelhandels- und Retailmärkte. In: Electronic Mall. Banking und Shopping in globalen Netzen. Hrsg.: B. Schmid et al. Stuttgart 1995, S. 17-32.

Schmid, B.: Elektronische Märkte. Wirtschaftsinformatik, 35 (1993) 5, S. 465-480.

Schneeweiß, C.: Planung 1 - Systemanalytische und entscheidungstheoretische Grundlagen. Berlin et al. 1991.

Schneider, D.: Betriebswirtschaftslehre. Band 1: Grundlagen. München, Wien 1995a.

Schneider, D.: Informations- und Entscheidungstheorie. München, Wien 1995b.

Schreiber, J.: Beschaffung von Informatikmitteln. 3. Aufl., Bern u. a. 2000.

Schreyögg, G.: Organisation. Grundlagen moderner Organisationsgestaltung. Mit Fallstudien. Wiesbaden 1998.

Schreyögg, G.: Managementrolle: Stratege. In: Produktion als Wettbewerbsfaktor. Beiträge zur Wettbewerbs- und Produktionsstrategie. Hrsg.: H. Corsten. Wiesbaden 1995, S. 17-35.

Schröder, H.: Category Management. Eine Standortbestimmung. In: Category Management. Aus der Praxis für die Praxis. Hrsg.: H. Schröder. Frankfurt/Main 2003, S. 11-38.

Schütte, R. (1998a): Grundsätze ordnungsmäßiger Referenzmodellierung, Konstruktion konfigurations- und anpassungsorientierter Modelle. Wiesbaden 1998.

Schütte, R. (1998b): Analyse, Konzeption und Realisierung von Informationssystemen - eingebettet in ein Vorgehensmodell zum Management des organisatorischen Wandels. In: Informationssysteme für das Handelsmanagement - Konzepte und Nutzung in der Unternehmenspraxis. Hrsg.: D. Ahlert, J. Becker, R. Olbrich, R. Schütte. Berlin et al. 1998, S. 191-238.

Schütte, R. (1998c): Warenwirtschaftssysteme im Handel - Wer zu spät kommt, den ... Logistik heute, 20 (1998) 12, S. 62-64.

Schütte, R. (1997a): Effiziente Organisationen durch Informationsmodelle. In: Proceedings zu Handelsinformationssysteme 1997. Tagung vom 16.-17.04.1997 in Münster. Hrsg.: D. Ahlert, J. Becker, R. Olbrich, R. Schütte. Münster 1997, S. 13-1-13-14.

Schütte, R. (1997b): Supply Chain Management. In: Lexikon der Wirtschaftsinformatik. Hrsg.: P. Mertens et al. Berlin et al. 1997, S. 389-390.

Schütte, R. (1996a): Prozessorientierung in Handelsunternehmen. In: Geschäftsprozess-modellierung und Workflow-Management. Hrsg.: G. Vossen, J. Becker. Bonn et al. 1996a, S. 258-275.

Schütte, R. (1996b): Entwicklung einer Informationsstrategie. In: Münsteraner Fallstudien zum Rechnungswesen und Controlling. Hrsg.: J. Becker, H. L. Grob, W. v. Zwehl. München-Wien 1996, S. 129-157.

Schütte, R.; Schüppler, D.: Prozessorientierte Einführungsstrategien integrierter Handelsinfor-mationssysteme. HMD Theorie und Praxis der Wirtschaftsinformatik, 32 (1995) 186, S. 115-132.

Schütte, R.; von Uthmann, C.: Informationssysteme im Handel. Defizite und Herausforderungen. PIK, 20 (1997b) 4, S. 217-224.

Schulte, C.: Logistik. 2. Aufl., München 1995.

Schumann, M.: Wirtschaftlichkeitsbeurteilung für IV-Systeme, Wirtschaftsinformatik, 35 (1993) 2, S. 167-178.

Schwarting, C.: Optimierung der ablauforganisatorischen Gestaltung von Kommissioniersystemen. München 1986.

Schweitzer, M.; Küpper, M.: Systeme der Kosten- und Erlösrechnung, 6. Aufl., München 1995.

Schwetz, W.: Schwetz-Report Customer Relationship Management - Marktspiegel CRM 2003, 13. Aufl., Karlsruhe Juli 2003.

Sedran, T.: Wettbewerbsvorteile durch EDI. Information Management, 6 (1991) 2, S. 16-21.

Seifert, D.: CPFR als neuer Strategieansatz; in: D. Seifert: Collaborate Planning Forecasting and Replenishment – Supply Chain Managament der nächsten Generation. Bonn 2002. S. 55-88.

Seyffert, R.: Wirtschaftslehre des Handels. Hrsg.: E. Sundhoff. 5. Aufl., Opladen 1972.

Sieben, G.; Schildbach, T.: Betriebswirtschaftliche Entscheidungstheorie. 3. Aufl., 1990.

Sieben, G.; Schildbach, T.: Betriebswirtschaftliche Entscheidungstheorie. Vorlesungs-Skript, Köln 1972.

Simon, H.: Preismanagement. 2. Aufl., Wiesbaden 1992.

Singer, U.: Die Beurteilung der Wirtschaftlichkeit von Investitionen in Neue Produktionstechnologien. Dissertation, Hochschule St. Gallen. Bamberg 1990.

Spitzlay, H.: Die Bedeutung der Vereinheitlichung in der Logistik der Konsumgüterwirtschaft. RKW-Handbuch Logistik. Band 1, Kennziffer 720. Berlin 1992.

Stackpole, B.: IT Management - Put the right stuff on the shelves. http://itmanagement. earthweb.com/datbus/article.php/621291. Datum des Zugriffs: 03.11.2003.

Stadtler, H.: Supply Chain Management – An Overview. In: Supply Chain Management and Advanced Planning. Concepts, Models, Software and Case Studies. Hrsg.: H. Stadtler, C. Kilger. Berlin et al. 2000, S. 7-28.

Stahlknecht, P.; Hasenkamp, U.: Einführung in die Wirtschaftsinformatik. 9. Aufl., Berlin u. a. 1999.

Steffenhagen, H.: Konditionengestaltung zwischen Industrie und Handel. Wien 1995.

Szyperski, N.; Winand, U.: Entscheidungstheorie. Eine Einführung unter besonderer Berücksichtigung spieltheoretischer Konzepte. Stuttgart 1974.

- T -

Thaler, K.: Supply Chain Management. 3. Aufl., Köln 2001.

Thonemann, U. W.: Information-Driven Supply Chain Managemet. In: Handelsinformationssysteme 2001. Die digitale Brücke Hersteller-Händler-Kunden. Hrsg.: D. Ahlert, J. Becker, P. Kenning, R. Knackstedt. Münster 2001, S. 10-1 – 10-7.

Tietz, B. (1993a): Der Handelsbetrieb. 2. Aufl., München 1993.

Tietz, B. (1993b): Großhandelsperspektiven für die Bundesrepublik Deutschland bis zum Jahre 2010. Dynamik im Handel. Bd. 1. Frankfurt/M. 1993.

Tietz, B.: Limitrechnung im Handel. In: Handwörterbuch der Absatzwirtschaft. Hrsg.: B. Tietz, Stuttgart 1974, Sp. 1198-1204.

Töpfer, A.: Executive Summary. In: Efficient Consumer Response (ECR). Hrsg.: A. Töpfer. Heilbronn 1996, S. 9-19.

- U -

Underhill, P.: Why we buy. The Science of Shopping. New York 1999.

Urban, W.: Multi-Channel Retailing – die Strategie der neuen, New Economy. In: Tagungsunterlagen zum SAP Forum für Handel und Konsumgüterindustrie. 27./28. September 2001, Congress Center Düsseldorf, Vortrag P8. http://www.sap.com/germany/aboutSAP/events/ show_review.asp?id=102, Download 15.12.2001.

- V -

Vering, O.: Methodische Softwareauswahl im Handel – Ein Referenz-Vorgehensmodell zur Auswahl standardisierter Warenwirtschaftssysteme. Berlin 2002.

Vering, O., Wiese, J.: Auswahl integrierter Warenwirtschaftssysteme. In: Integrationsmanagement. Hrsg.: A.-W. Scheer, M. Rosemann, R. Schütte. Arbeitsberichte des Instituts für Wirtschaftsinformatik der Westfälischen Wilhelms-Universität. Münster. Nr. 65. Münster 1999.

Volk, F.: Wirtschaftlichkeit der körperlichen Bestandsaufnahme. DB 7 (1954) 42, S. 871.

- W -

Wagle, D.: The case for ERP systems. The McKinsey Quarterly, o.Jg. (1998) 2, S. 131-138.

Walter, A.: Der Beziehungspromotor: ein personaler Gestaltungsansatz für erfolgreiches Relationship Marketing. Wiesbaden 1998.

Weber, M.; Krahnen, J.; Weber, A.: Scoring-Verfahren - häufige Anwendungsfehler und ihre Vermeidung. Der Betrieb, 33 (1995) 33, S. 1621-1626.

Wendt, O.: Mythen der Informationsgesellschaft. Information Management, 11 (1996) 4, S. 6-13.

Wendt, O.; Rittgen, P.; König, W.: Lösungsraumbezogene Dekomposition komplexer Systeme als Konzept verteilter Problemlösung. Arbeitspapiere des Instituts für Wirtschaftsinformatik der Universität Frankfurt. Nr. 92-05. Hrsg.: W. König. Frankfurt 1992.

Wenzel, M.: Voice Picking als Optimierungstool in der Supply Chain. Tagungsordner Zentrale IT-Systeme im Handel, EHI-Technologie-Tage, Köln, 18.-20.11.2003.

Wenzel, P.; Post, H.: Business Computing mit Baan. 1998.

Wetekam, V.: Dynamische Nutzwert- und Wirtschaftlichkeitsanalyse von Informationssystemen: Dargestellt am Beispiel des Bild- und Befundmanagementsystems Sienet. Dissertation, Universität Leipzig. Leipzig 1996.

Whitten, J.L.; Bentley, L.D.: Systems Analysis and Design Methods. 4th Ed. Boston/Mass. et al. 1998.

Wiese, J.: Ein Entscheidungsmodell für die Auswahl von Standardanwendungssoftware am Beispiel von Warenwirtschaftssystemen. Arbeitsberichte des Instituts für Wirtschaftsinformatik. der Westfälischen Wilhelms-Universität Münster. Nr. 62. Münster 1998.

Wiezorek, H.: Efficient Consumer Response - Kooperation statt Konfrontation. In: Informationssysteme für das Handelsmanagement. Konzepte und Nutzung in der Unternehmenspraxis. Hrsg.: D. Ahlert, J. Becker, R. Olbrich, R. Schütte. Berlin et al. 1998, S. 387-401.

Wild, R.G.: Integrierte CAD-/Prototyping-Systeme in der Schmuckindustrie. Strategische Planung - Prozessmodellierung - Wirtschaftlichkeitsanalyse. Wiesbaden 1995.

Williamson, O.E.: The Economic Institutions of Capitalism. Firms, Markets, Relational Contracting. New York et al. 1985.

Witte, E.: Das Promotoren-Modell. In: Promotoren. Champions der Innovation. Hrsg.: J. Hauschildt, H.G. Gemünden. Wiesbaden 1998, S. 10-41.

Witte, T.: Heuristisches Planen, Vorgehensweisen zur Strukturierung betrieblicher Planungsprobleme, Wiesbaden 1979.

- Z -

Zangemeister, C.: Nutzwertanalyse in der Systemtechnik. 5. Aufl., Hamburg 1993.

Zäpfel, G.; Wasner, M.: Der Peitschenschlageffekt in der Logistikkette und Möglichkeiten der Überwindung chaotischen Verhaltens. Logistikmanagement, 1 (1999) 4, S. 297-309.

Zelewski, S.: Strukturalistische Rekonstruktion einer theoretischen Begründung des Produktivitätsparadoxons der Informationstechnik. In: Wirtschaftsinformatik und Wissenschaftstheorie. Bestandsaufnahme und Perspektiven. Hrsg.: J. Becker, W. König, R. Schütte, O. Wendt, S. Zelewski. Wiesbaden 1999, S. 25-68.

Zellekens, H.-J.: Scanner: Investitionen ohne Risiko. Dynamik im Handel, o.Jg. (1990) 4, S. 2-6.

Zentes, J.: Trends im Handel - Chancen und Risiken zwischenbetrieblicher Kooperationen. In: Informationssysteme für das Handelsmanagement. Konzepte und Nutzung in der Unternehmenspraxis. Hrsg.: D. Ahlert, J. Becker, R. Olbrich, R. Schütte. Berlin et al. 1998, S. 345-352.

Zentes, J.: ECR - eine neue Zauberformel? In: Efficient Consumer Response (ECR). Hrsg.: A. Töpfer. Heilbronn 1996, S. 24-46.

Zentes, J.; Anderer, M.: EDV-gestützte Warenwirtschaftssysteme im Handel. m&c 1 (1993) 1, S. 25-31.

Zentes, J.; Exner, R.: Studie Warenwirtschaftssysteme im Handel - über den Stand und die weitere Entwicklung von Warenwirtschaftssystemen im Einzelhandel mit Konsumgütern des täglichen Bedarfs. Rüschlikon 1989.

Zerdick, A.; Picot, A.; Schrape, K. et al.: Die Internet-Ökonomie. Strategien für die digitale Wirtschaft. 2. Aufl., Berlin et al. 1999.

Zimmermann, H.-D.; Kuhn, C.: Grundlegende Konzepte einer Electronic Mall. In: Electronic Mall. Banking und Shopping in globalen Netzen. Hrsg.: B. Schmid et al. Stuttgart 1995, S. 33-94.

Stichwortverzeichnis

Gutschein für Käufer des Buchs

„Erfolgreiche Geschäftsprozesse durch standardisierte Warenwirtschaftssysteme"

2. Auflage 2004

für den kostenlosen Zugriff auf die Lastenheftvorlage und eine im Preis um 25 % reduzierte Recherchelizenz des IT-Matchmaker*

Mit Kauf des vorliegenden Buches „Erfolgreiche Geschäftsprozesse durch standardisierte Warenwirtschaftssysteme" erhalten Handelsunternehmen kostenlosen Zugriff auf die Lastenheftvorlage/Checkliste des IT-Matchmakers der Trovarit AG für den Anwendungsbereich Warenwirtschaft zur Erstellung eines Lastenheftes. Auf Basis dieser Checkliste können Sie Ihre Anforderungen an ein Warenwirtschaftssystem umfassend formulieren.

Die Trovarit AG bietet darüber hinaus die Recherchelizenz des IT-Matchmakers mit einem Rabatt von 25% an*. Sie berechtigt zur Durchführung einer Marktrecherche im Anwendungsbereich Warenwirtschaft und ermöglicht es Ihnen basierend auf dem Datenbestand des IT-Matchmaker, die Warenwirtschaftssysteme zu identifizieren, die Ihre formulierten Anforderungen am weitesten abdecken. Die Lizenz schließt die Nutzung des gesamten Datenbestands einschließlich aller Informationen zu den Anbietern im Warenwirtschaftsbereich ein. Diese Lizenz ist ab Bestellung ein Jahr gültig.

IT-Matchmaker

Die Trovarit AG bietet unter www.it-matchmaker.com für Anwender und Berater online eine qualifizierte Übersicht über den Markt der betrieblichen Softwarelösungen in verschiedenen Anwendungsbereichen an. Der IT-Matchmaker ist eine anbieterneutrale Internetplattform, die den gesamten Prozess der Auswahl und Ausschreibung von Software-Lösungen unterstützt. Zur Unterstützung des Auswahlprozesses durch den IT-Matchmaker und zu einer kombinierten Nutzung dieses Buchs in Verbindung mit dem IT-Matchmaker vergleiche Abschnitt 2.5.2 dieses Buchs.

Trovarit AG, Kackertstr. 11, 52072 Aachen

info@trovarit.com Tel.: +49 (0)241 / 40009-0 FAX: +49 (0)241 / 40009-110

---

*Aktuelle Konditionen erhältlich unter (www.it-matchmaker.com). Im Übrigen gelten die AGB der Trovarit AG.

Druck: betz-druck GmbH, D-64291 Darmstadt
Verarbeitung: Buchbinderei Schaumann, D-64293 Darmstadt